教育部哲学社会科学系列发展报告
MOE Serial Reports on Developments in Humanities and Social Sciences

中国农村教育发展报告2011

Report on Rural Education Development in China 2011

邬志辉　秦玉友　主编

北京师范大学出版集团
BEIJING NORMAL UNIVERSITY PUBLISHING GROUP
北京师范大学出版社

图书在版编目(CIP)数据

中国农村教育发展报告2011/邬志辉，秦玉友主编.—北京：北京师范大学出版社，2012.10
（教育部哲学社会科学系列发展报告）
ISBN 978-7-303-14353-5

Ⅰ.①中… Ⅱ.①邬…②秦… Ⅲ.①乡村教育－教育事业－研究报告－中国－2011 Ⅳ.①G725

中国版本图书馆CIP数据核字（2012）第067270号

营销中心电话 010-58802181 58805532
北师大出版社高等教育分社网 http://gaojiao.bnup.com.cn
电子信箱 beishida168@126.com

ZHONGGUO NONGCUN JIAOYU FAZHAN BAOGAO 2011

出版发行：北京师范大学出版社 www.bnup.com.cn
北京新街口外大街19号
邮政编码：100875
印　　刷：北京京师印务有限公司
经　　销：全国新华书店
开　　本：170 mm × 228 mm
印　　张：32.75
字　　数：630千字
版　　次：2012年10月第1版
印　　次：2012年10月第1次印刷
定　　价：66.00元

策划编辑：郭兴举　　责任编辑：陈红艳
美术编辑：毛　佳　　装帧设计：彭莉莉
责任校对：李　菡　　责任印制：孙文凯

前言

2010年教育部社会科学司启动了“教育部哲学社会科学研究(发展)报告资助项目”。我们申报的《中国农村教育发展报告》成为首批唯一的教育类发展报告建设项目获得资助。我们理解，《中国农村教育发展报告》项目的获批，体现的既是国家对农村教育发展问题的高度重视，同时也是对我们20多年来长期从事农村教育研究的鼓励和认可。在此之前，我们编写的《中国农村教育调查年度报告》基本上参照的是国际组织的年度报告模式，每年一个主题，深度反映主题进展，譬如2007年的主题是《农村劳动力教育培训及转移的现状、问题与应对策略》、2008年的主题是《农村学校布局调整的现状、问题与解决方案》、2009年的主题是《农村师资队伍建设的现状、困境与突破思路》、2010年的主题是《农村义务教育质量的现状、症结与政策选择》。项目获批后，教育部社会科学司领导希望我们能把全景式报告与主题式报告结合起来，全面反映中国农村教育的发展进程。为此，我们多次邀请国内专家研讨，最终确定了“年度进展报告”+“专题研究报告”的总分结合模式，同时确定了关注农村教育发展进程中的重大问题，服务国家农村教育发展和重大教育决策，把自主调研数据与国家统计数据相结合、年度发展报告与政策咨询报告相结合、长期定点跟踪与数据库建设相结合的研究报告持续发展思路。

《2011中国农村教育发展报告》的重要背景是《国家中长期教育改革和发展规划纲要(2010—2020年)》(以下简称《教育规划纲要》)的颁布。《教育规划纲要》对农村教育给予了前所未有的全面重视，提出诸如“重点发展农村学前教育”“建立城乡一体化义务教育发展机制”“加快发展面向农村的职业教育”“以农村教师为重点，提高中小学教师队伍整体素质”“对长期在农村基层和艰苦边远地区工作的教师，在工资、职务(职称)等方面实行倾斜政策，完善津贴补贴标准。建设农村艰苦边远地区学校教师周转宿舍”“逐步实行城乡统一的中小学编制标准，对农村边远地区实行倾斜政策”“进一步完善中央财政和地方财政分项目、按比例分担的农村义务教育经费保障机制，提高保障水平。尽快化解农村义务教育学校债务”“进一步加大农村、边远贫困地区、民族地区教育投入”“提高农村义务教育家庭经济困难寄宿生生活补助标准，改善中小学生营养状况”“重点加强农村学校信息基础建设，缩小城乡数字化差距”“继续推进农村中小学远程教育，使农村和边远地区师生能够享受优质教育资源”等发展目标，并且多处使用“重点发展”“重点加强”等放在重点和优先地位的词语。不仅如此，在《教育规划纲要》颁布后的一年半时间里，中共中央政治局常委、国务院总理温家宝先后两次利用教师节机会走进农村学校：2010年与北京师范大学首批免费师范生代表一起来到河北省兴隆县六道河中学，提出“要重视和改善农村办学条件，提高农村教师待遇，让广大农村教师留得住、干得好、受尊重”；2011年来到河北省张北县第三中学，为广大农村教师作了题为《一定要把农村教育办得更好》的报告，强调“农村是社会的基础，改造社会必须从改造农村着手，而改造广大农村，必须从发展农村教育入手”，重申农村教育的战略地位。鉴于此，我们紧紧围绕《教育规划纲要》提出的农村教育发展目标开展研究工作。在年度进展报告方面，从事业发展、政策发展、学术发展和实践发展四个维度重点关注了农村学前教育、农村义务教育、农村普通高中教育、农村职业教育在一年半时间里的进展情况，并从国际典型经验与本土典型经验相结合的角度为中国农村教育的下一步发展提出了政策建议。在专题研究报告方面，我们选择了五个国家关注度和社会关注度都比较高的重大农村教育问题，运用自主开发的调研工具在全国范围内开展调查研究，内容涉及农村学前教育、农村义务教育、农村职业教育等众多领域，主题包括学前教育普及、县域内义务教育均衡发展、农村教育质量、农村学校布局调整、农村职业教育公益性等。在这些研究中，我们着力形成自己的分析框架，彰显自己的学术立场，真实反映农村教育发展的成就以及在发展进程中出现的问题，并提出问题的解决思路。

由于本报告的题目是《中国农村教育发展报告》，那么什么是“农村教育发展”就成为必须要给予回答的问题。在过去，我们把农村教育发展仅仅理解为增量上的教育普及和教育投入增长、存量上的受教育年限延长和教育资源配置优化，应该说这些都是可见的数量上的农村教育发展。近几十年来，人们的发展观发生了较大转变，认为教育质量的提高、教育结构的优化、教育效益的增强也是发展，农村教育发展维度开始向不能直接可见的方面拓展。这几年我们也越来越认识到，农村教育的发展绝不只是这些，更重要的还包括教育公平的达成和教育活力的展现等，所以我们不能仅仅就农村教育来看农村教育发展，还必须有更为宽广的社会视野。从这个意义上说，农村教育发展就是农村教育系统内在要素的质量、结构、功能与活力的不断增强，培养现代文明人的能力不断扩大，服务城乡社会发展的水平不断提高的过程。因此，农村教育发展至少包括三个层面：一是农村教育系统自身的发展，比如办学条件的改善、教师能力的提高、教育动力的激活、教育结构的优化、教育观念的更新等，这是农村教育功能发挥的物质、制度与精神基础；二是农村教育对象本身的发展，比如农村受教育者在知识、技能与能力，态度、情感与价值观，特别是文明生活方式、创新精神、实践能力、社会责任感等方面的发展，这是农村教育发展的根本目的与核心价值追求；三是农村学校社会服务的发展，比如农村学校对农村社区服务能力的提升、农村教育对农村产业升级服务能力的增强，农村教育对农村文化发展服务意识的提高等，这是农村教育真正嵌入农村社会、成为农村社会结构有机构成的必然要求。

然而，不能忽略的是，我们还必须把中国农村教育发展放在“社会结构转型”的大背景下加以考察。随着城镇化进程的快速推进、农村人口流动的日益频繁、城乡产业结构的日益融合，有人提出城乡教育由“二元”走向“一体”的过程就是农村教育发展，这种观点承认了农村教育的存在，并强调了城乡教育发展保障制度的一体化，但是另一种观点则强调“农村教育发展的最终结果就是消灭农村教育”，从根本上消解了农村教育的存在。近十余年来，农村学校布局调整的确在不断地加速着农村学校的消失。那么，究竟什么是农村教育发展的方向？如果农村教育发展的目的就是自身的消亡的话，我们该怎么为农村教育的死亡做准备呢？今天提出的“重点加强”和“重点发展”农村教育还有意义吗？这是一个十分要紧的关键问题！从西方早发国家的发展经验看，工业化和城市化是同步推进的，城市化的发展导致农村人口大幅度减少、农村教育规模下降，那么中国是不是也会出现与西方早发国家一样的发展格局呢？我们认为，随着城市化的推进，农村教育总量减少是一个不可避免的发展趋势，但这绝不意味着农村教育的消亡或消失。做出这样的判断不只是因为西方早发国家在城市化高度发展之后出现了“逆城市化”的发展趋势，更为重要的是，随着现代科学技术的发展，过去工业必须集聚在城市的生产方式出现了向农村聚集的可能，而且新的生态化农业、旅游观光农业以及现代的农村社区服务业的崛起，也会导致人口向农村的重新聚集。中国是人口大国，大都市化的发展模式并不符合中国国情，田园风格的小城镇生活才是中国的未来方向。粮食是中国持续健康发展的命脉，即使我们实现了粮食生产的科技化、机械化和现代化，从而导致直接的农业生产人口减少，但是，我们仍然需要通过在农村发展相应的二三产业来保持一定的人口，不管我们把这些人口称作城市人口还是城镇人口，从空间上看，这些人口很多仍需分布在现在的农村土地上，有人口就需要相应的教育，即使这些教育将来可能被称作城镇教育，但它的基础仍然是今天的农村教育。农村教育不能全部搬进县城。发展今天的农村教育，就是发展明天的现代社会。因此，我们必须要把今天的农村教育办好，让处在社会底层的农民满意，以实现社会的最大正义。

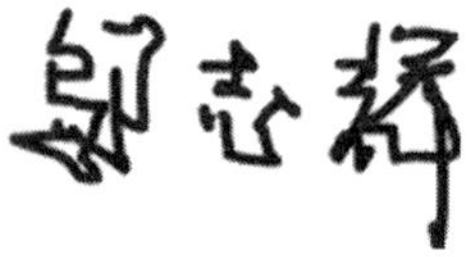

目　录

年度进展报告

专题研究报告

参考文献

后　记

表 目

图 目

专栏目

年度进展报告

中国要实现由“人力资源大国”向“人力资源强国”转变、由“中国制造”向“中国创造”跃升、由“城乡二元”向“城乡一体”社会结构转型，离开了农村教育的发展和农村人力资本的积累是不可能达成的。农村教育在全面建设小康社会中具有基础性、先导性和全局性的战略作用。

进入21世纪以来，中国政府高度重视农村教育发展。从2003年全国农村教育工作会议召开到2004年“两基攻坚计划”实施，从2005年建立农村义务教育经费保障新机制到2006年设立“农村特岗教师”，从2007年农村义务教育率先免费、首届免费师范生入学到2008年《教育规划纲要》的启动，农村教育发展一步一个脚印，扎实有力。

“年度进展报告”以《教育规划纲要》的颁布为时间节点，以农村学前教育、农村义务教育、农村普通高中教育、农村职业教育为主题，运用国家公布的统计数据、政策文本以及公开发表的学术文献，从事业发展、政策发展、学术发展、实践发展四个维度全面回应《教育规划纲要》提出的农村教育发展目标在一年多时间里的总体进展情况，总结与肯定经验，发现与研究问题，为中国农村教育走好2012献计献策。

第1章　农村学前教育年度进展报告

概　要

2010—2011年，中国的学前教育迎来了发展史上的春天。《教育规划纲要》和《国务院关于当前发展学前教育的若干意见》(以下简称《国十条》)等政策文件相继出台。学前教育在国民教育体系中的地位有实质性改变，党和政府领导人以及相关部门负责人多次实地调研，关注学前教育问题，与学前教育相关的三年或五年规划在各地也陆续产生。针对幼儿教师的国家级培训在全国各地相继展开。

我们目前的学前教育政策存在这样一些特点：强调政府的主导作用；关注学前教育的公益性与普惠性；注重因地制宜，尊重地区差异；强调政策的综合配套；幼儿教师培训先行；注重财政投入；重视学前教育的科学化等。

一年以来，关于学前教育的研究也讨论得非常热烈。如幼儿教育、幼儿教师的地位低下，城乡学前教育的不公平，学前教育的成本分担，政府在学前教育中的责任与学前教育的公益性内容引起学者们的关注。从现有的情况来看，我国农村学前教育的普及与推广是以正规与非正规学前教育机构开展的。其中正式的学前教育机构主要以乡镇中心幼儿园、捆绑式幼儿园、小学附属幼儿园的形式存在；在经济条件欠发达的地方，学前教育机构还存在非正式学前教育机构的形式，如家庭作坊式幼儿园、游戏点。

一、农村学前教育大事记

2010年5月5日国务院总理温家宝主持召开国务院常务会议，审议并通过《教育规划纲要》。其中涉及学前教育的相关问题有：学前教育地位、民办幼儿园、教师培训、农村学前教育发展规划等方面。

2010年6月12—18日，第二届中国幼儿园园长大会在厦门召开，基础教育二司副司长李天顺司长在会上作了发言。王化敏秘书长在第二届中国园长大会上的会议总结讲话。

2010年7月16日，刘延东会见全教会65名中小学幼儿园教师代表。

2010年11月2日，温家宝总理来到北京两所幼儿园，就发展学前教育问题进行调研，并与教师和家长座谈。

2010年11月3日，温家宝总理主持召开国务院常务会议，研究部署当前发展学前教育的政策措施。

2010年11月21日，《国务院关于当前发展学前教育的若干意见》发表，也称《国十条》。涉及学前教育发展方向、资源建设、幼儿教师队伍建设、幼儿教育的投入、幼儿园的准入管理、幼儿园安全监管、幼儿园的规范收费问题、科学保教、学前教育的工作机制、学前教育的行动计划十个方面。

2010年12月1日，全国学前教育工作电视电话会议召开。刘延东国务委员强调，要认真落实教育规划纲要和国务院关于发展学前教育的意见，把解决“入园难”作为实施《教育规划纲要》的重点任务和突破口。

2010年12月6日，教育部在其官方网站公布辽宁大连、安徽合肥等部分市、县成为加快学前教育发展的试点地区。其中还包括农村学前教育方面的试点，如黑龙江省、广西壮族自治区部分县、贵州省毕节地区等试点改革农村学前教育投入和管理体制，探索贫困地区发展学前教育的途径。

2010年年底，国家教育体制改革试点全面启动，加快学前教育发展是十大试点任务之一。

2011年1月10日和17日，教育部分别在天津市和南京市召开学前教育工作座谈会，交流各地贯彻落实《国务院关于当前发展学前教育的若干意见》和全国学前教育电视电话会议精神，加快发展学前教育，编制学前教育三年行动计划的有关进展情况。

2011年2月，教育部在公布《教育部2011年工作要点》时，提出要启动学前教育立法。

2011年3月8日，教育部办公厅发布《关于成立教育部学前教育三年行动计划推进工作领导小组的通知》，决定成立教育部学前教育三年行动计划推进工作领导小组，统筹推进学前教育发展。

2011年5月6日，32个省份(含兵团)中的12个省份向教育部报送了行动计划，即实施学前教育三年行动计划部署，缓解“入园难”问题。

2011年5月31日，中共中央总书记、国家主席、中央军委主席胡锦涛来到十堰市柳林幼儿园看望小朋友和幼儿教师。

2011年6月17日，教育部办公厅发布《关于推荐教育部学前教育专家指导委员会委员的通知》，对国家有关学前教育质量监督管理的相关政策和制度设计提供专业咨询。

2011年7月25日，教育部基础教育二司副司长李天顺、陕西省教育厅副厅长吕明凯、大连市教育局副局长杨跃权、北京师范大学教授冯晓霞做客人民网，谈“落实政府责任着力解决入园难”的话题。

2011年8月5日，教育部部长袁贵仁在延安市就落实《教育规划纲要》，加快发展基础教育和学前教育等进行调研。

2011年8月31日，国务院总理温家宝主持召开国务院常务会议，决定扩大中小学教师职称制度改革试点，增加财政投入支持发展学前教育。会议决定，按照地方为主、中央奖补的原则，进一步增加学前教育财政投入。“十二五”期间，中央财政将安排500亿元，重点支持中西部地区和东部困难地区发展农村学前教育。

2011年9月5日，全国学前教育三年行动计划现场推进会在西安召开，中共中央政治局委员、国务委员刘延东出席，强调指出要坚持公益性和普惠性原则，加大财政投入，建立科学规范，绩效管理，努力构建广覆盖、保基本、有质量的学前教育公共服务体系，促进学前教育发展水平整体提升，把好事办好。教育部部长袁贵仁也出席了会议，并且指出学前教育要提高保教质量，要防止“小学化”倾向。

2011年10月，教育部、财政部决定从2011年起，实施“幼儿教师国家级培训计划”(教师[2011]5号《教育部、财政部关于实施幼儿教师国家级培训计划的通知》)。其中包括高年级学前教育专业师范生、城镇幼儿园教师到农村幼儿园顶岗实习支教，置换出农村幼儿园骨干教师到高水平院校、幼儿师范专科学校和城市优质幼儿园进行为期3个月左右的脱产研修。

2011年11月27日，第五次全国妇女儿童工作会议在北京召开。中共中央政治局常委、国务院总理温家宝出席会议并讲话。温家宝强调，国务院已责成有关部门迅速制定校车安全条例。

2011年12月1日，全国农村留守儿童工作经验交流现场会在重庆召开。会上，教育部副部长刘利民部长强调，不能寄宿的农村留守儿童要就近入学，不能提供校车服务的地方不能随意撤并学校，以免造成因为路途遥远等原因使农村留守儿童安全得不到保障，甚至因此失学。

二、农村学前教育事业发展

(一)学前教育发展现状

到2010年，全国共有幼儿园15.04万所，比上年增加1.22万所，在园幼儿(包括学前班)2 976.67万人，比上年增加318.86万人。幼儿园园长和教师共130.53万人，比上年增加17.75万人。① 具体如下。

1. 幼儿园在数量上的增长

农村幼儿园主要由教育部门办园、民办园、集体办园和其他部门办园组成。教育部门办园被认为是公办园。教育部门在农村办园情况整体呈上升趋势：2006年的增长率是9.90%，2007年是—3.77%，有一点回落。2008年的增长速度是3.86%，2009年又有点回落，增长速度是—5.14%，到了2010年，增长速度又变为9.50%。农村民办园增长情况：2006年，11.54%；2007年，增长速度—1.68%；2008年，增长速度10.86%；2009年，增长速度9.05%；2010年，增长速度16.77%。集体办园和其他部门办园在农村呈下滑趋势。

从幼儿园数量变化趋势图来看(见图1.1)，我国幼儿园数量整体呈上升趋势(除2007年略有下降之外)，农村幼儿园数量已经占据较大比重，超过县镇和城市幼儿园数量。而从幼儿园数量分配与变化趋势图来看(见图1.2)，民办园在我国幼儿园发展中占据重要地位，除2007年略有下滑之外，其他年段呈发展上升势头；教育部门办园整体平稳，集体办园和其他部门办园数量略有下降趋势。

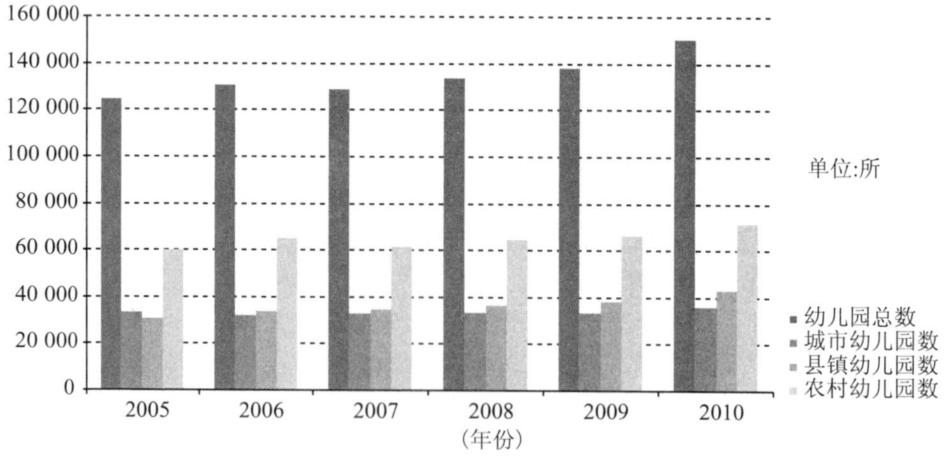

图1.1　幼儿园数量变化趋势

① 教育部：《2010年全国教育事业发展统计公报》，《中国教育报》2011年7月6日。

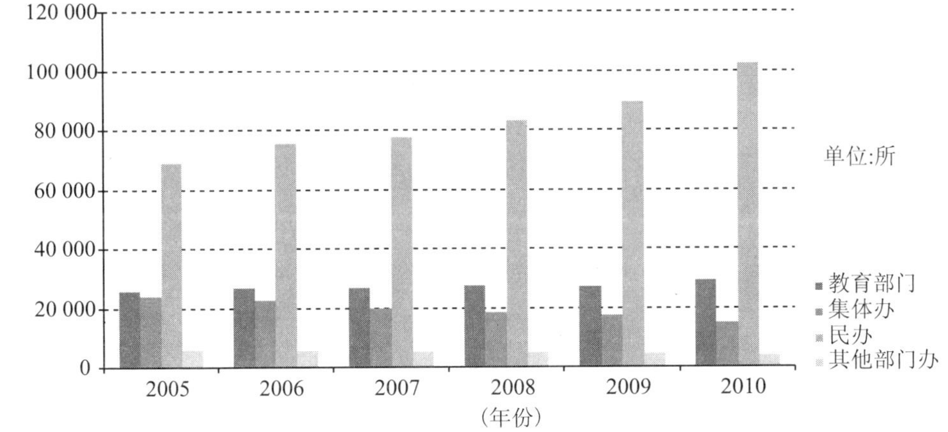

图 1.2　幼儿园数量分配与变化趋势

2. 教师数量与师幼比的变化

从幼儿教师数量变化图(见图 1.3)可以看出，幼儿教师数量在整体上呈上升趋势，特别是民办园教师增长速度比较大，教育部门幼儿园教师虽然也呈上升趋势，但相对平衡。农村幼儿园除了 2007 年有些波动外，整体趋势也呈上升态势。农村幼儿园中，民办园教师数量增长较快，其他部门办园和集体办幼儿园基本保持恒定，而教育部门所办园教师数量在 2010 年略有增长(24.04%)，这个增长速度不及民办园的增长速度(30.33%)，但比 2009 年的增长速度(0.23%)要大(所有图的数据来源于 2005—2010 年《教育统计年鉴》)。

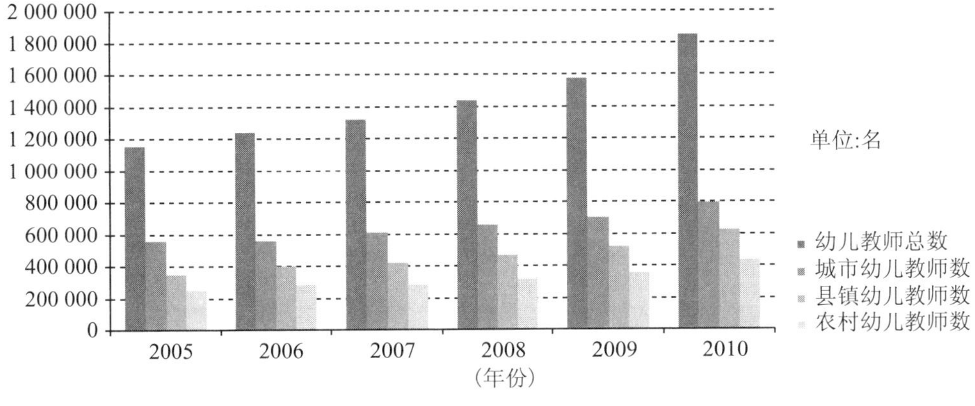

图 1.3　幼儿教师数量变化

2010 年农村教育部门办园，教师数量整体偏少，教育部门所办幼儿园的师幼比例偏高达到 1∶75，这个比例比 2009 年略有进步，2009 年农村教育部门办园的师幼比例为1∶93。县镇幼儿园中，教育部门幼儿园的师幼比例达到1∶31。

3. 在园幼儿数量的变化

2010年，全国民办园幼儿数量超过教育部门办园的幼儿数量，而且民办园幼儿数量整体呈上升趋势。这不同于教育部门办园幼儿数相对稳定。2010年，集体办园的幼儿数量较2009年也有显著增长(见图1.4)。

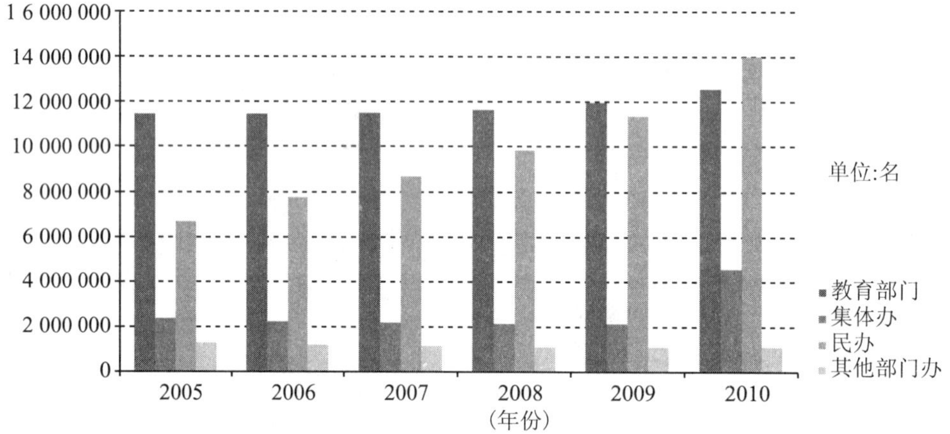

图1.4 在园幼儿数量构成走势

农村幼儿在园幼儿数自2005年起，就一直超过县镇幼儿园和城市幼儿园。但县镇幼儿园和城市幼儿园接收的幼儿数量呈上升趋势。其中教育部门所办幼儿园接收的幼儿数量持续增长，但增长速度不及民办园。2008年，民办园招收幼儿数量比教育部门招收的少，但2009年就稍微超过教育部门所办幼儿园，在2010年，这种趋势更明显(见图1.5和图1.6)。

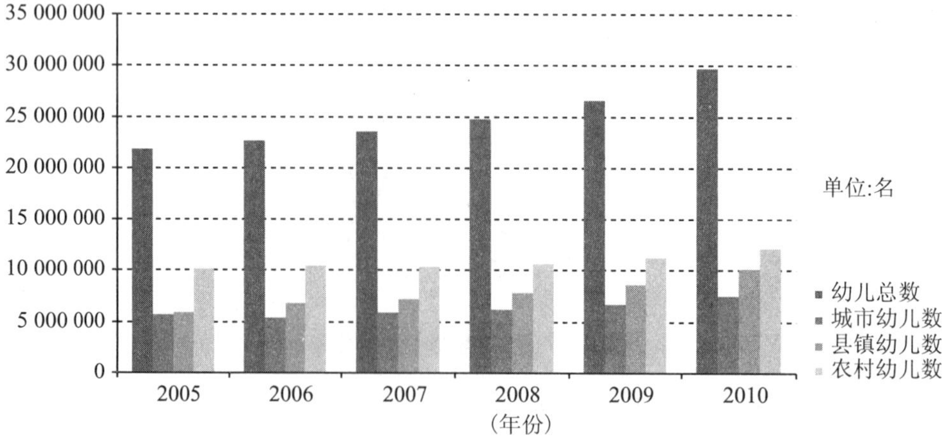

图1.5 在园幼儿数量变化

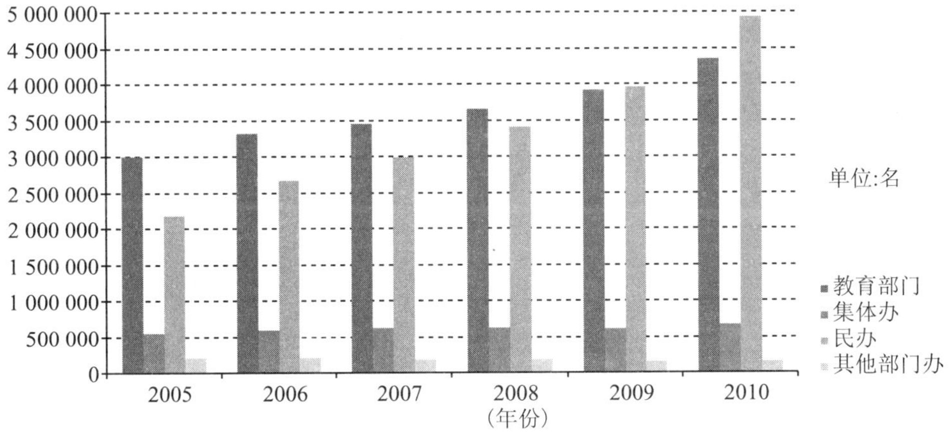

图 1.6　县镇幼儿园幼儿数量走势

农村幼儿园在园幼儿数量整体呈上升趋势(2007 年略有下降)(见图 1.5)，自 2005 年后有下滑趋势，特别是 2007 年下降明显，2008 年、2009 年、2010 年略有增长。民办园在园幼儿数量增长速度比较快。农村教育部门幼儿园招收的幼儿，2005 年后，连续下滑，2008 年、2009 年、2010 年相对稳定(见图 1.7)。

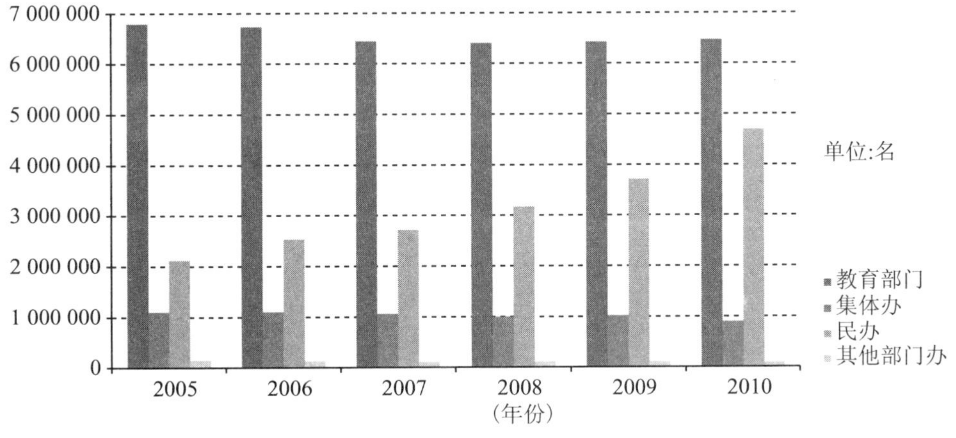

图 1.7　农村幼儿园幼儿数量走势

4. 幼儿园校舍变化

从幼儿园校舍面积变化图(见图 1.8)，可以看出，幼儿园校舍面积整体呈增长趋势。城市幼儿园增长相对较慢，县镇幼儿园校舍面积增长相对较快。由于农村幼儿园在园幼儿数量多，相比于城市幼儿园和县镇幼儿园，农村幼儿园的面积整体处于不达标状态。县镇幼儿园的校舍面积增长较快，在教学及辅助用房方面，县镇幼儿园与城市幼儿园间的差异呈现缩小趋势(见图 1.9)。

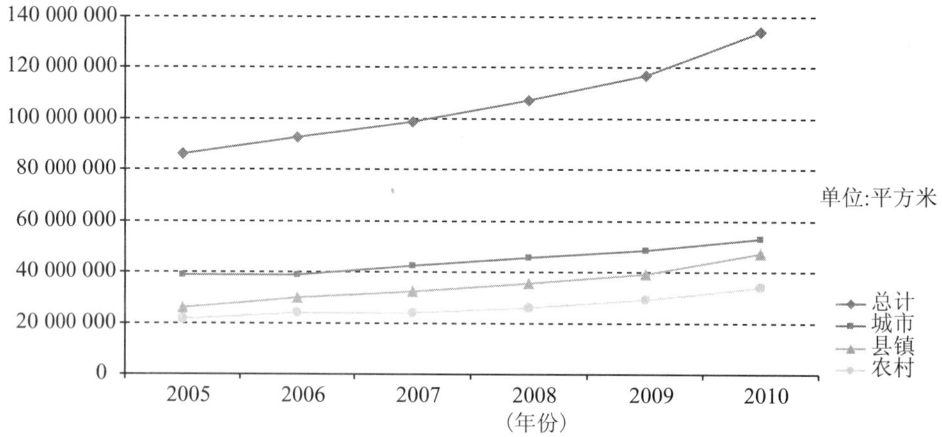

图 1.8 幼儿园校舍面积变化

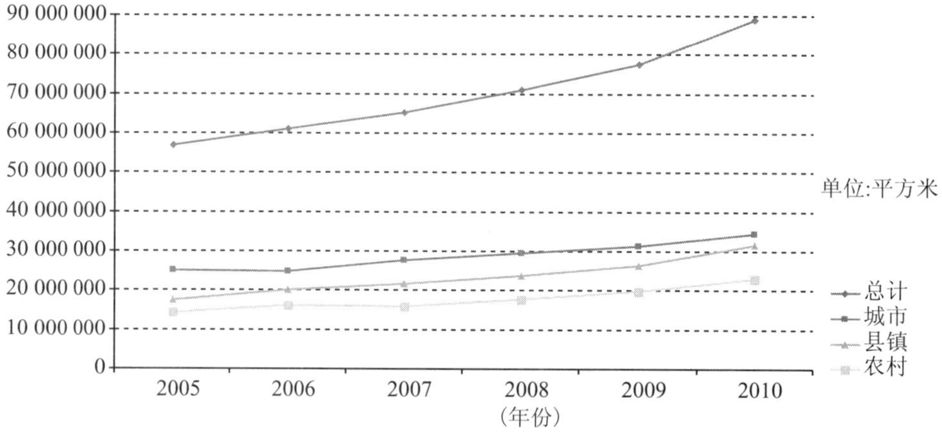

图 1.9 幼儿园教学及辅助用房变化

2009 年我国幼儿园校舍新增面积为 2 966 744 平方米，城市幼儿园新增校舍面积 787 775 平方米，县镇幼儿园新增校舍面积 1 141 458 平方米，农村幼儿园新增校舍面积 1 037 511 平方米。在 2010 年，校舍面积新增 4 177 352 平方米，其中城市幼儿园新增校舍面积为 1 027 453 平方米，县镇幼儿园新增校舍面积有 1 828 784平方米，农村幼儿园校舍面积新增 1 321 115 平方米，农村新增校舍面积超过城市。2010 年，城市、县镇、农村幼儿园的建筑面积都有所增长，县镇幼儿园建筑面积的增长速度最快(见图 1.10)。

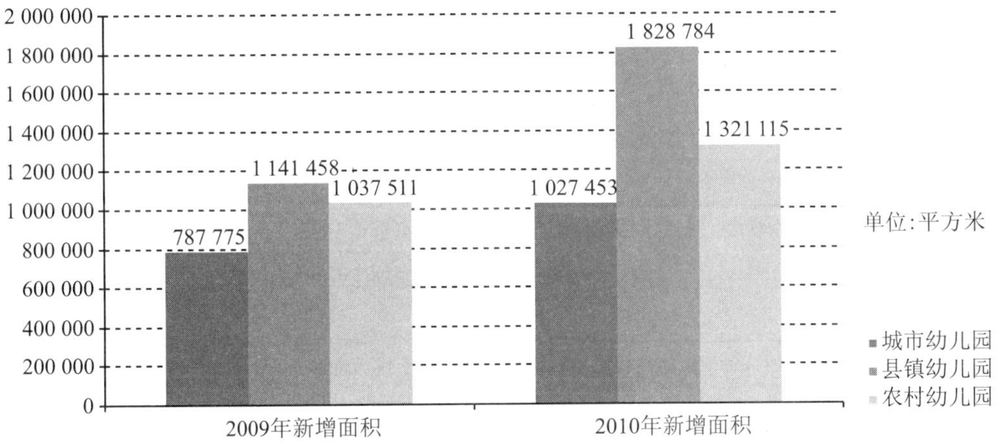

图 1.10　2009—2010 年幼儿园新增面积比较

(二)学前教育的进展行动

一年来，各级政府重视的程度空前、各级财政投入的力度空前、各项政策出台的密度空前、入园规模扩大的速度空前，学前教育落实教育规划纲要已初见成效，成为教育事业改革发展的新亮点。据统计，2010 年全国幼儿园数量比上年增加 1.2 万所，增长规模超过了前四年增量的总和；幼儿园在园人数增加了 319 万人，超过了前两年增量的总和。①

与此同时，为贯彻落实《国十条》和全国学前教育工作电视电话会议精神，多地、市制订学前教育三年行动计划，并于 2011 年 3 月 30 日前报送国家教育体制改革领导小组办公室备案。2011 年 5 月 6 日，教育部办公厅发布了《关于学前教育三年行动计划报送情况的通报》。截至 5 月 6 日，32 个省份(含兵团)中有 12 个省份按要求报送了行动计划。综合各地已发布的行动计划文本，可以看出，各地的学前教育三年行动计划中主要发展方向表现在以下方面。

1. 加大政府在学前领域的投入，重点农村公办园

各地在编制实施学前教育三年行动计划时，将学前教育项目纳入当地民生工程，财政预算向学前教育倾斜，通过加大投入力度，重点解决公办幼儿园不足尤其是农村公办园数量短缺的问题，从而提高学前一年、二年、三年的入园率。

① 《教育规划纲要颁布实施一周年教育部党组务虚会发言(三)》，《中国教育报》2011 年 8 月 4 日。

表1.1　　全国各地学前教育三年行动计划编制情况

三年行动计划		农村学校教育推进工程		经费筹措渠道
新建、改扩建幼儿园	9万多所	2010年	2011年	中央专项支出
新增园位	500多万个	10省启动试点	试点扩至25省	地方财政配套
新增投入	1 000多亿元	安排资金5亿元	资金增至15亿元	政府主导
		规划建设幼儿园416所	规划建设幼儿园891所	社会参与
				家庭合理分担

资料来源：董洪亮：《各地学前教育三年行动计划的编制工作已全部完结》，《人民日报》2011年9月29日。

专栏1.1　部分省份发展学前教育规划

福建：15亿元(其中省级财政3.78亿元)。2011年建成169所；2012年年底建成300所；三年规划建省、市、县(区)新建公办园1215所；改扩建公办园825所。计划三年内学前三年入园率达93%。

辽宁：计划投入17.7亿元；所需资金由省、市、县按1∶1∶1分担。三年新建、改扩建公办乡镇中心幼儿园600所，城镇公办幼儿园277所，接收小区配套幼儿园207所。

黑龙江：计划投入40亿元(其中省级财政6亿元)。以农村为重点，未来三年新建、改扩建1 200所公办幼儿园。

重庆：未来三年预计投入43亿元(其中市级财政6.3亿元)。新建360所乡镇公办中心幼儿园和270所城区幼儿园，改扩建450所公办幼儿园。

四川：将投入24亿元(其中省级以上财政8.4亿元)。三年新建、改扩建1 200所公办幼儿园，基本实现公办乡镇中心幼儿园全覆盖。

贵州：省级财政三年将投入2.5亿元，计划总投资48亿元。支持新建500所乡镇(街道)公办中心幼儿园。到2015年全省三分之二的乡镇和街道办事处至少有1所公办幼儿园。

陕西：未来三年投入30亿元(其中省级财政7.5亿元)。建设1 000所公办乡镇中心幼儿园。形成县、乡(镇)两级骨干体系和县、乡(镇)、村三级服务网络。

广西：三年内新建、改扩建幼儿园6 628所。

吉林：新建和改扩建839所公办幼儿园；乡镇中心幼儿园的新建、改建、扩建比例分别为54%、43.3%、38%。

海南：2011年，全省至少新建10所、改扩建50所公办乡镇中心幼儿园；2012年，至少新建15所、改扩建30所公办乡镇中心幼儿园；2013年，至少新建30所公办乡镇中心幼儿园、改扩建20所公办乡镇中心幼儿园，全省75%以上的乡镇建有公办乡镇中心幼儿园。2011年，学前一年毛入园率达70%以上；2012年，达75%以上；2013年，达80%以上。

宁夏：用3年时间，新建22所规模500人以上的县级幼儿园；97所规模300人左右的乡镇中心幼儿园。乡镇中心幼儿园覆盖率达到50.8%。2013年，学前1年、2年、3年毛入学率分别达到94%、70%、59%以上。

山东：公办幼儿园及在公办园就读的幼儿分别达到总数的70%。重点发展农村学前教育，每个乡镇至少建设1所公办中心幼儿园。2015年，学前三年毛入园率达到75%，经济发达地区达到85%以上。

安徽："城市市区、县城城区每3万常住人口建设1所以上不少于9个班建制的公办园"，"每个乡镇至少有1所独立建制的公办中心园"的总体要求，计划到2013年全省幼儿园总数达到8 770所，在园幼儿达到130万人，幼儿园教师新增4万人，达到8.7万人。学前三年毛入园率60%以上，达标幼儿园覆盖率达到60%，普惠性幼儿园及在园幼儿始终保持占全省幼儿园及在园幼儿总数的65%以上。

北京：市、区两级政府将投入49.6亿元规划建设并改扩建769所幼儿园。入园率达到95%以上。

天津：新建、改扩建120所公办幼儿园；每个乡镇建设1～2所独立建制的公办中心幼儿园，小学附设的乡镇中心幼儿园应逐步实行剥离，建设500个村办标准化幼儿园。学前三年适龄幼儿入园率达到95%。

内蒙古：三年内新建、改扩建1 480所幼儿园(其中新建847所、改扩建633所)。2013年，学前三年入园率达到70%。

资料来源：中国学前教育研究会：《三年行动计划简报》，2011年第2、3、4期。

专栏1.2　部分城市发展学前教育规划

广州：2013年，各区(县级市)公办幼儿园占比达30%以上，幼儿园专任教师学历达标率达99%，75%以上的幼儿园达到省、市规范化幼儿园标准，15%的幼儿园成为省、市示范性幼儿园的具体目标。城区毛入园率达100%，农村地区毛入园率达93%以上。

兰州：今年年内还将开工建设21所幼儿园，到2015年，新建百所幼儿园。

安阳：到2013年，全市将新建公办幼儿园114所以上，力争创建10所至15所一级一类幼儿园，5所至8所市级示范园，2所至4所省级示范园。

雅安：鼓励和引导民间资金，建造村级幼儿园。2013年新建和改扩建幼儿园25所。

娄底：连续三年每年新建、改扩建50所公办幼儿园。

济宁：到 2013 年，新建、改扩建公办和公办性质的幼儿园达到 801 所。

佛山：2013 年，按照省要求，佛山市的公办幼儿园比例逐步达到 30%，

西安：投入建设资金 6.4 亿元。未来五年(—2015 年)，全市将新建、改扩建幼儿园 431 所。

拉萨：投入经费 1 732 万元，新建 20 所乡村幼儿园。

资料来源：中国学前教育研究会：《三年行动计划简报》，2011 年第 2、3、4 期以及相关地方新闻报道。

2. 关注幼教保育质量，重点落实幼儿教师队伍的建设

各地在制订三年行动计划时，都将幼教师资问题作为一个重要问题进行了论述，并提出了具体的提高与保障措施。部分省市提出了公办幼儿园教师编制与教师准入制度建设，强调幼儿教师的职前培养等方面。同时还有国家级与省级培训。

专栏 1.3　部分省市幼儿教师政策

黑龙江：按教职工与幼儿 1∶6 的比例，逐步配齐公办园教职工，对公办园可采取全额核编、编内聘用、定编定人与定编不定人相结合的办法。幼儿园园长、教师、保育员、保健人员持证上岗。建立民办幼儿园园长报备制度。

吉林：地方政府负责调整、用足教师编制，逐步配齐公办幼儿园教职工，其他幼儿园按照国家相关规定保证人员配备。严格准入制度，统一组织教师资格考试和资格认定工作，实行持证上岗。少数民族幼儿园教师要具备实施双语教育的能力。中小学富余教师，经过专业培训合格后可转入学前教育。新招录幼儿园教师面向社会组织公开招聘。实施农村幼儿园教师援助计划，进一步加强农村幼儿园教师队伍建设。

安徽：省编制等部门在 2011 年年底前制定公布公办园教职工编制标准，对公办园进行分年度核编、分年度配齐。到 2013 年，通过公开招考 2 万人、小学教师转岗 5 000 人、聘用 1.5 万人，基本配齐公办园教职工，逐步稳定民办园教职工队伍。按照国家颁布的任职资格聘任幼儿园园长，促进园长专业化，提高园长管理水平。

天津：实施农村幼儿教师特岗计划，每年选派 300 名具有学前教育专业资质的大学毕业生到农村任教。

陕西：合理核定公办幼儿园教职工编制，逐步配足配齐，并根据生源变化情况及时予以调整。启动全省统一公开招聘公办幼儿园新任教师工作。

资料来源：中国学前教育研究会：《三年行动计划简报》，2011 年第 2、3、4 期。

各地还有常规的培训方案：①

吉林省把教研员队伍建设纳入到教研网络中，制定学前教育教师培养培训规划，完善幼儿园教师全员培训制度。组织实施教师能力提升计划，通过国家科研项目和园本教研、教学大赛等活动，培养一批教学标兵和教学新秀，切实提高幼儿园教师保教能力。

陕西省充分利用省、市、县(区)三级教师培训网络，2011 年对 5 000 名教师、600 名园长进行培训。其中省级培训 800 名教师、200 名园长，市、县(市、区)级培训 4 200 名教师、400 名园长。计划三年内完成 1.5 万名教师和 1 800 名园长的培训任务。

广西将幼儿园(含民办)园长和教师的培训纳入中小学继续教育规划。在师资培训专项经费中安排部分经费用于支持园长和教师的培训。2011 年，自治区财政将安排师资培训专项经费 3 000 万元。

天津实行幼儿园园长、骨干教师和农村教师全员培训工程，分期分批培训 300 名园长和 1 500 名骨干教师，并对 5 000 名农村幼儿教师进行全员培训。

安徽省每年培训 10 000 名以上幼儿教师。对中小学富余教师分批组织转岗培训，合格后转入幼儿园。

此外，部分省份把落实与提高幼儿园教师的地位与待遇放到议事日程。如吉林：人力资源和社会保障部门要完善和落实幼儿园教职工专业技术职称(职务)评聘机制和社会保障政策。政府相关部门要加强对社会力量办园和公民个人办园教师配备、进修提高、待遇落实等情况的监督。民办幼儿园聘任教职工要依法签订劳动合同，平等协商，合理确定教师工资，教师工资水平不得低于当地最低工资标准，按时足额发放教职工工资，提高教师福利待遇，依法缴纳各项社会保险费和住房公积金。黑龙江省重点关注民办园教师待遇，要求民办园举办者要与聘用教师签订劳动合同，参照公办园教师工资标准合理确定民办园教师最低工资标准。安徽省实行园长负责制、职级制和教职工结构工资制。

3. 为贫困边缘儿童提供资助，提高学前教育的普惠性

一年来，国家的学前教育政策除了向中、西部农村倾斜外，还对贫困地区儿童提供资助。部分省份已经先行开展类似活动，如福建省建立家庭经济困难儿童和残疾儿童接受普惠性学前教育资助体系，2011 年起省级财政对城乡低保家庭儿童给予每人每年 1 000 元保教费补贴。在陕西省，还开展了特殊儿童随班就读(幼儿园)工作，每个县(市、区)选择 1 所幼儿园，建立特殊儿童随班就读康复资

---

① 各地常规培训方案来源于中国学前教育研究会：《三年行动计划简报》，2011 年第 2、3、4 期以及相关地方新闻报道。

源中心，开展对特殊儿童及家长的教育指导。同时，陕西省计划在三年内基本实现学前一年免费教育。安徽省则建立对困难群体资助制度。制定并实施学前教育贫困幼儿资助办法，资助家庭经济困难儿童、孤儿和残疾儿童接受学前教育，并且高度重视进城务工农民子女、农村留守儿童入园，保障和维护他们接受学前教育的权益。

除了政府性的行为之外，近年来，一些公益组织和联合国儿童发展基金会，就西部贫困地区的学前教育展开了一些公益性活动，主要以幼儿教师培训为主。如儿基会于2011年8月在贵州和广西举办了农村幼儿园教师培训活动。

此外，相关公益组织还结合农村学前教育的需要，组织了案例分享会，向农村教师介绍优秀案例。如2010年12月9日，“农村儿童学前教育探索：公益组织案例分享会”在北京举行，活动由北京西部阳光农村发展基金会、奕阳教育研究院联合主办。活动旨在吸引更多的关注和支持，帮助更多的公益组织和民办幼儿园进入农村儿童学前教育领域。①

专栏1.4　西部地区开展学前教育巡回支教试点

中西部地区的学前教育问题与中部以及沿海经济发达地区不同，人口稀少，交通困难。人们对学前教育的认识普遍不足。针对当地的经济特点与地理位置特点，国家有意支持巡回支教试点工作。巡回支教试点主要通过教师的巡回指导和上门服务，向当地的散居适龄儿童提供灵活多样的教育，向家长宣传科学育儿知识，有效增加这些地区学龄前孩子接受基本学前教育机会，提高农村学前教育普及程度。

“试点工作”按照“省(市)自愿试点、中央财政补助”方式进行，志愿者服务期限为2年。政府将向巡回支教提供四个方面的支持。一是建立一支志愿者队伍，逐步形成覆盖农村偏远地区的学前教育服务网络。二是组织志愿者依托乡村幼儿园提供巡回支教服务，财政安排资金对巡回支教志愿者给予补助。三是向巡回支教志愿者提供岗前培训。四是利用当地闲置的公共资源合理设立巡回支教点，并配备必要的玩教具等设备设施。

资料来源：林茵、吴晶．中西部地区开展学前教育巡回支教试点 志愿服务为期2年，http://www.cnsece.com/，2011-10-06.

专栏1.5　农村留守儿童问题比较突出

目前在农村5周岁以下双亲外出留守儿童占同龄留守儿童总数的40.19%，四川、安徽、河南等7省0～5周岁留守幼儿均超过百万人。农村留守儿童的身

① 董洪．农村儿童学前教育探索：公益组织案例分享会举办．http://www.cnsece.com，2011年10月20日．

心健康、教育、权益维护以及安全问题也日益突出，如何切实解决这些问题，在为他们创造良好的生活环境同时，还能真正关注到他们的身心需求，也是值得全社会关注的问题。

资料来源：郭少峰：《农村5岁以下留守儿童达2 300万　亲情缺失伤害孩子》，《新京报》2011年11月21日。

三、农村学前教育政策分析

2010年《教育规划纲要》颁布实施后，又发布了《国十条》，还有相关的教师培训、财政政策一起形成了我国学前教育政策的宏观体系。综合这些政策内容后，我们发现我国学前教育政策呈现出以下特点。

第一，强调政府的主导地位。政府的主导地位，主要指政府的责任问题。从目前公布政策来看，政府担当了很大的责任，把学前教育纳入施政目标中。与以往各个时期的学前教育相比，我国学前教育政策，强调了各级政府的主导地位。这主要体现在公办园的兴建、向学前教育的财政投入、加大农村学前教育师资培训力度以及引导社会资源参与学前教育发展等方面。

国家提出重视学前教育，不只是停留在口头上，而且是落实在实际行动中。在提出公办园为主以后，政府投入大笔资金到学前教育领域。政府除了财政投入以外，还发挥引导作用，引导各种力量参与农村学前教育的发展。地方政府是发展学前教育、解决“入园难”问题的责任主体。各省(区、市)要建立督促检查、考核奖惩和问责机制，确保大力发展学前教育的各项举措落到实处，取得实效。各级教育督导部门要把学前教育作为督导重点，加强对政府责任落实、教师队伍建设、经费投入、安全管理等方面的督导检查，并将结果向社会公示。

专栏1.6　农村学前教育的安全问题

从近年来的新闻来看，我国农村幼儿园教育存在的安全隐患比较大，农村幼儿园教育的安全事故主要表现这样几种：园舍安全、饮食安全、校车安全、办园者聘用人员存在的不安全因素等。

园舍安全在近年来的报道中有一些涉猎，主要是办园者，租用旧房或自家闲置旧房改造，园舍本身存在安全隐患造成的安全事故。如围墙倒塌、房梁断裂，危及儿童的生命。

饮食安全主要是食物中毒事故。少数涉及刑事案件。幼儿园厨房设施不达标，没有专门的消毒设施。有的甚至把厨房与幼儿园活动室放置在一起，给幼儿留下安全隐患。幼儿被开水烫伤的事故时有发生。

由于幼儿园办园规模发展的需要，农村幼儿园的办园理念已经不同于过去教科书倡导的就近入园，方圆半径500米的概念。校车成为许多农村地区幼儿园的必选。同时也由于办园经费的制约，造成了校车安全隐患。校车安全是近年来比较突出的问题。部分事故涉及车辆本身，部分事故与车辆没有关系，而是制度不健全造成儿童的身心伤害。近几年比较典型的事例(山东、安徽、湖北)是儿童被留在车上，由于天气太热，车内温度太高，造成的伤亡事故。

还有一些被忽略的安全事故就是车辆本身的问题。车况不好，有的甚至是用报废的车辆作校车。还有车辆的保险问题。另外普遍存在的超载问题。一个8座的车辆往往装上16个儿童甚至是24、32、60多个儿童。

由于农村地区的幼儿园多数是个体承办，而且多数是夫妇同办的方式。近年来报道的相关事故，主要是由于用人不当对幼儿身心造成伤害(性侵害)。这些事故多数是与办园主体有关联的人员(如亲戚、爱人)对幼儿造成的人身伤害。

由体罚造成的安全事故，主要是由于教师教育方法欠妥，对儿童身心发展造成伤害。

农村学前教育的安全事故，除了办园者方面的原因外，最主要的责任在于政府在农村幼儿教育方面的监管不力。或者缺少相关的法律制约机制。监管者缺少相应的措施。

造成农村学前教育安全问题的主要原因在于：第一，目前农村的学前教育，办园者把更多的注意力放在教育上，对安全的重视程度不够，儿童的保育基本受到了忽视。第二，相关部门职能缺失，农村学前教育处于管理的真空地带。

因此，政府部门应该加强对幼儿园的安全监管，把一些安全隐患消灭在萌芽状态。特别是幼儿教育是一个综合性的管理，涉及教育、卫生、交通、公安等部门。特别是农村地区的交管部门，需要付出更多的努力，清除这些涉及车辆安全的校车。当然，最根本的办法是：加大政府办园行为。从根本上把不合格幼儿园排除在办园主体之外。

专栏1.7　教育部发文要求重视幼儿园校车安全

教育部通报的两起幼儿伤亡事故，一起为“麻城5·28车祸”。通报称：今年5月28日下午，湖北省黄冈市麻城一辆面包车(核载9人，实载22人)，运送21名幼儿(均3～5岁)回家，途中发生追尾……事故造成7名幼儿死亡，10多名幼儿受伤。

所通报的另一起事故为：5月29日早6时10分，安徽肥东县撮镇一所幼儿园校车司机将一名3岁幼儿遗忘并反锁在校车内6个小时。该幼儿因高温昏迷，经抢救无效死亡。

教育部称，上述两起事故均发生在未经审批、非法举办的幼儿园……当前农村民办幼儿园管理秩序比较混乱，存在许多安全隐患，严重威胁到幼儿的身体健康和生命安全。各地教育行政部门要加强与公安、工商等部门的合作，对本行政区域内所有幼儿园进行一次集中清理整顿。近年来，类似的事件在其他地方也时有发生……

资料来源：陈俊旺：《教育要求规范幼儿园办园行为》，《湖北日报》2007 年 7 月 4 日。

国家近期也开展了各种措施来保障幼儿教育的质量。2011 年 6 月 17 日，教育部发文筹备学前教育专家指导委员会，旨在建立科学的幼儿园保教质量评估和监管体系，加强对幼儿园保育教育工作的指导，全面提高学前教育质量，教育部研究决定成立教育部学前教育专家指导委员会，对国家有关学前教育质量监督管理的相关政策和制度设计提供专业咨询。

第二，强调学前教育的公益性与普惠性——重点发展农村学前教育。在《教育规划纲要》和《国十条》中，明确提出，近期学前教育的重点工程在农村学前教育，即努力提高农村学前教育普及程度；着力保证留守儿童入园；采取多种形式扩大农村学前教育资源，改扩建、新建幼儿园；充分利用中小学布局调整富余的校舍和教师举办幼儿园(班)，支持贫困地区发展学前教育。

在这两个政策中还提到政府建立学前教育机构时应多种形式并举，鼓励社会力量办园，优质公办幼儿园举办分园或合作办园，其出发点是公益性。国家实施推进农村学前教育项目，重点支持中西部地区；明确提出“十二五”期间中央财政将安排 500 亿元，重点支持中西部地区和东部困难地区发展学前教育。从去年开始启动的农村学前教育推进工程试点项目进展顺利，已经在 10 个省试点规划建设幼儿园 416 所，共投入 5 亿元。

地方各级政府也要安排专门资金，重点建设农村幼儿园，逐步完善县、乡、村学前教育网络。当然，发展农村学前教育，还要注意资源的利用率问题。发展农村学前教育要充分考虑农村人口分布和流动趋势，合理布局，有效使用资源。支持办好现有的乡镇和村幼儿园；重点支持中西部贫困地区，充分利用中小学富余校舍和社会资源，改扩建或新建乡镇和村幼儿园；对农村幼儿园园长和骨干教师进行培训。

针对农民工子女和家庭贫困儿童的资助体系也在实施之中。中央财政将设立“扶持城市学前教育发展奖补资金”，针对城市学前教育发展的难点和薄弱环节，着力解决城市普惠性学前教育资源不足的问题。奖补资金一是用于扶持进城农民工子女入园；二是用于扶持企事业单位办幼儿园和集体办幼儿园。中央财政依据各省制定的政策措施和扶持资金数给予奖补。从 2011 年秋季学期起，由地方先行建立学前教育资助政策体系，具体资助方式和资助标准由省级政府自行制定。中央财政根据地方出台的资助政策、经费投入及实施效果等予以补助。学前教育资助的主要对象是在经县级以上教育行政部门审批设立的普惠性幼儿园就读的家庭经济困难儿童、孤儿和残疾儿童，由当地政府予以资助。幼儿园要从事业收入中提取3%～5%比例的资金，用于减免、困难补助等。各地根据学前教育普及程度和发展情况，逐步对农村家庭经济困难和城镇低保家庭子女接受学前教育予以资助。

第三，因地制宜，尊重地区差异。发展农村学前教育时，目标不固定，没有强调统一的目标，而是要求根据当地实际，制定切实可行的目标，表现出政策的灵活性和方向性。在《教育规划纲要》和《国十条》中，提出了三年、二年、一年的灵活标准，即农村地区至少达到学前一年的标准。

专栏1.8 农村学前教育的问题需要具体对待

最近一段时间，各级政府对农村学前教育的重视，颇令人振奋。许多地方政府投入到农村学前教育的经费加上中央财政的500亿元，将有力推动农村学前教育事业的发展。但是在实际中，我们也发现了一些问题。一是农村幼儿园的布局与农村适龄儿童的关系问题；二是农村幼儿园的环境与幼儿园的游戏材料问题。前一个问题是宏观问题，涉及农村学前教育的发展方向，特别是未来农村学前教育的走向。这个问题本质上还含有农村学前教育的规模与发展模式选择的问题。这就是农村学前教育的布局与规划问题。

规划农村幼儿园的布局时，除了考虑儿童的整体数量外，还要考虑与农村人口数量、人口的职业分布等有关因素。这些因素影响着农村学前教育机构的类型。在一些人口相对稀少的农村，除了一些学者所倡导的临时游戏点外，我们觉得还应该尝试其他的方式，如复式教育、家庭代养等。

农村学前教育的园舍，在现行政策中，提及中小学布局调整后的校舍经过改造后作为幼儿园的园舍。这一思路有一定的可行性。但这并没有排除办园规模大小的问题，以及作为布局调整后的小学，如果生源不足又将如何处理。因此，幼儿教育机构的办园规模是一个值得思考和慎重的问题。

这就涉及因地制宜方面的问题，我们觉得可以分两个层次统计儿童数。统计拟办园地点所服务的农村儿童数，以3～6、7岁儿童作为一个指标，来确定学前儿童的办园规模。20～30人的地方，可以考虑办混龄班。30～60人可以考虑分班与混龄结合。70人以上的地方可以考虑办园。筹建幼儿园规模时，还应该考虑近两三年的出生人口，即未来三年内的人口变化。以几个相邻村为整体，一起规划。适当考虑交通问题。尽可能以某一个村为中心，利用布局调整后的中小学校舍，筹建一个幼儿园或班。

后一个问题是微观问题。目前的投资更多倾向于硬件，主要是房子。校舍的建设为儿童的安全或教育只是提供了最初的保障，但还不能保障真正的幼儿教育能够得到落实。因此，有利儿童发展的玩具、教具在农村幼儿园普遍被忽视了。利用游戏进行教学的方法是最有效的方法，在农村幼儿园相对比较少见。

对于一些地方，还需要适当关注贫困地区儿童的营养餐问题。这主要是针对贫困地区来说的，由于一些贫困地区，经济相对落后，除了提供合适的学前教育外，还应该考虑提供相关的营养餐，对这些地区的儿童来说，他们的营养状况如何，将影响到未来人口的质量。

与此建议相关的内容还有：针对1岁以内的儿童，国家能否提供相关的奶粉补贴，最好是合格的奶粉。尽量减少大头娃娃的出现。

从已经公布的三年规划方案来看，各地制定的目标还是有较大差异。《教育规划纲要》提出，到2020年，普及学前一年教育，基本普及学前两年教育，有条件的地区普及学前三年教育。重视0～3岁婴幼儿教育。形成惠及全民的公平教育。坚持教育的公益性和普惠性，保障公民依法享有接受良好教育的机会。建成覆盖城乡的基本公共教育服务体系，逐步实现基本公共教育服务均等化，缩小区域差距。这考虑到了我国的学前教育的现实。2009年，学前一年毛入园率74.0%；学前两年毛入园率65.0%；学前三年毛入园率50.9%。事实上，存在很大地区差异。经济条件好的地区，以及一些省会城市已经超过这个发展指标。农村入园率相对较低。所以农村学前教育应该是未来的重点。经济条件好的地方，把入园率、入园贵、入好园定为目标(如广州)，经济条件相对薄弱的地方，目标就低一些，如甘肃，定位在三年后的入园率为70%。

第四，政策的配套措施(综合配套)。《国十条》颁布后，有人结合《教育规划纲要》，温总理的北京幼儿园调研和《国十条》，认为这是发展学前教育的“组合拳”。其实国家今年的学前教育政策整体上也呈现出组合特征，这表现出了我国学前教育政策的目前特征，即综合配套。既有幼儿教师绩效工资分配政策，又有财政倾斜政策，还有国家幼儿教师培训政策，同时还有免费师范生政策，大中专师范院校发展规划等。学前教育发展虽然是一个系统工程，但重点在教育部门主管、有关部门分工负责的工作机制，形成推动学前教育发展的合力。《国十条》提出机构编制部门、财政部门、城乡建设和国土资源部门、人力资源和社会保障部门、综治、公安部门、卫生部门，还有民政、工商、质检、安全生产监管、食品药品监管等部门要根据职能分工，加强对幼儿园的指导和管理。妇联、残联等单位要积极开展对家庭教育、残疾儿童早期教育的宣传指导。充分发挥城市社区居委会和农村村民自治组织的作用，建立社区和家长参与幼儿园管理和监督的机制。

另外还有实验区政策问题。中国学前教育问题相对比较复杂，不同地方有不同的表现。2010年12月6日，教育部在其官方网站公布辽宁大连、安徽合肥等部分市县成为加快学前教育发展的试点地区。根据这份通知的思想，教育部在学前教育上的发展思路是以区域展开的。中共中央政治局委员、国务委员刘延东表示，各地要结合学前教育三年行动计划，针对办园体制、投入体制、管理体制、用人机制和工作机制中存在的深层次障碍，认真做好学前教育体制改革试点。要完善学前教育体制机制、构建学前教育公共服务体系试点地区，还要探索政府举办和鼓励社会力量办园的措施和制度、多种形式扩大学前教育资源试点地区以及试点改革农村学前教育投入和管理体制，探索贫困地区发展学前教育途径，改进民族地区学前双语教育模式和试点加强幼儿教师培养培训。另外，相关的政策不是由教育部单独制定，而是教育部联系财政部和相关部门共同制定并实施。这也体现出政策的整合性。

第五，重视教师培训。幼儿教师素质是影响幼儿教育质量的关键。除了《教育规划纲要》中提出的重视教师地位和待遇问题，如，严格执行幼儿教师资格标准，切实加强幼儿教师培养培训，提高幼儿教师队伍整体素质，依法落实幼儿教师地位和待遇。《国十条》强调各地要结合实际，核定公办幼儿园教职工编制，逐步配齐幼儿园教职工。其中也谈到了幼儿教师的资格准入制度、幼儿教师的地位和待遇问题，幼儿教师的准入需要经过公开招聘，中小学富余教师需要培训合格后才能转入学前教育。幼儿教育师资队伍的建设主要通过办好中等、高等师范院校的学前教育专业来完成。初中毕业起点的五年制学前专科培养模式与幼儿特教师资的培养也纳入到学前师资体系中来。还有非师范专业的毕业生的培训、园长、教师的培训。

2010年，为贯彻落实《国十条》和财政部、教育部《关于加大财政投入支持学前教育发展的通知》精神，加强农村幼儿教师队伍建设，提高农村幼儿教师素质，教育部、财政部决定从2011年起，实施“幼儿教师国家级培训计划”，所需经费由中央财政安排专项资金予以支持。培训对象：中西部地区农村公办幼儿园(含部门、集体办幼儿园)和普惠性民办幼儿园园长、骨干教师、转岗教师。这是人们所说的“幼儿教师国培计划”。

近年来，教育部还批准了若干幼儿中等学校升格为幼儿师范高等专科学校，为农村幼儿园培养合格的师资队伍。

专栏1.9 开展的幼儿园教师国家级培训

国家培训——幼儿园骨干教师培训项目，自2010年年底相继在全国各地展开，农村幼儿教师纷纷奔赴高校接受专业化培训。有一些省份也把国培计划纳入具体日程。

"国培计划(2010)——幼儿园骨干教师研修项目北京师范大学班"顺利开班。

2010年12月11日至20日，在东北师范大学举办了"国培计划(2010)——幼儿园骨干教师培训班"。

河南师范大学举行教育部、财政部"国培计划(2011)"——幼儿园骨干教师培训示范性项目开班典礼。

"国培计划(2011)——幼儿园骨干教师培训项目南京师范大学班"顺利开班。

"国培计划(2011)——幼儿园骨干教师培训项目华东师范大学班"开班典礼。10月17日上午在田家炳教育书院举行。

第六，注重经费保障。《教育规划纲要》中把保障经费作为一部分加以论述。《教育规划纲要》认为，教育投入是支撑国家长远发展的基础性、战略性投资，是教育事业的物质基础，是公共财政的重要职能。要健全以政府投入为主、多渠道筹集教育经费的体制，大幅度增加教育投入。

社会投入是教育投入的重要组成部分。充分调动全社会办教育的积极性，扩大社会资源进入教育途径，多渠道增加教育投入。完善财政、税收、金融和土地等优惠政策，鼓励和引导社会力量捐资、出资办学。完善非义务教育培养成本分担机制，根据经济发展状况、培养成本和群众承受能力，调整学费标准。完善捐赠教育激励机制，落实个人教育公益性捐赠支出在所得税税前扣除规定。

《国十条》把学前教育经费列入财政预算。新增教育经费要向学前教育倾斜。把财政拨款、家长分担、社会捐资等联系在一起。中央财政将设立专项经费，支持中西部农村地区、少数民族地区和边疆地区发展学前教育和学前双语教育。

第七，关注学前教育的科学化。学前教育的科学化问题，有这样几个层次：一是政策制定的科学性。《国十条》中提出，学前教育三年行动计划的制订和实施要结合本区域经济社会发展状况和适龄人口分布、变化趋势，科学测算入园需求和供需缺口，确定发展目标，分解年度任务，落实经费，以县为单位编制学前教育三年行动计划，有效缓解"入园难"。二是学前教育内容与方法的科学性。这在一定程度上体现出学前教育的质量追求。《国十条》强调游戏为基本活动，保教结合，寓教于乐，防止"小学化"倾向。同时要健全学前教育教研指导网络。同时还要考虑幼儿园教育和家庭教育的联系。

教育部基础教育二司司长郑富芝说，"有园上"提供的仅仅是受教育机会，但孩子能否受到科学的学前教育，能否获得身心健康和谐发展，主要取决于教师的教育观念和专业水平，取决于幼儿园能否为幼儿提供适应他们年龄特点和发展需要的保育和教育活动。因此要在加快幼儿园建设的同时，统筹考虑师资队伍建设和内涵发展。一是加强幼儿教师的培养培训，不断提高幼儿教师的专业素质和教育实践能力。二是配备符合儿童年龄特点、数量充足的玩教具和游戏材料、儿童读物和室内外设备设施，为儿童创设丰富的、有利于幼儿学习和探索的教育环境。三是建立健全教研制度，立足幼儿园的教育实践开展园本教研活动，建立教研人员定期走访指导制度。四要探索建立幼儿园保教质量监测评估体系，引导各类幼儿园不断提高办园水平和保教质量。质量与数量问题是学前教育发展过程中长期争议的问题，也是一个不容回避的现实问题。我国农村学前教育政策并不是以牺牲质量为前提，是以一定质量的学前教育为前提，在此基础上，发展相当数量的学前教育机构。

在《国十条》中，一定质量的学前教育成为建议内容之一。把国家标准、社会需求相结合，制定各种类型的办园标准。实行分类管理、分类指导。县级教育行政部门负责审批各类幼儿园，建立幼儿园信息管理系统，对幼儿园实行动态监管。对于那些达不到办园要求，不能保障幼儿安全、健康标示的，文件提出，当地政府要依法取缔。

对幼儿园教育来说，一定的质量还有着安全的含义。《国十条》提出，幼儿园需要健全各项安全管理制度和安全责任制，把全覆盖的幼儿园防护体系与内部安全管理相联系，并注意幼儿园所在街道、社区和村民委员会的共同作用。

第八，上下联动，共同谋求学前教育发展。2010—2011年度的系列学前教育政策的出台，一方面反映了民意；另一方面也引起国家高层的高度重视。今年的系列学前教育政策出台，与以往的政策有两个不同，一是出发点不同，以往的学前教育政策，更多地关注城市，对农村学前教育关注程度不够；二是过程的不同，以往的学前教育政策，更多的是自上而下，由上面制定，下面执行，这一次的学前教育政策，是上下联动，自十五大以来，一批学者在各种场合的呼吁，如庞丽娟委员长期呼吁学前教育立法，刘焱教授多次提交关注入园难、入园贵问题；相关媒体在入园问题上的宣传，引起了党和国家领导人的注意。党和国家领导人温家宝、刘延东多次到相关省份实地调研，了解情况，极大地促进了社会对学前教育的认识和支持。教育部的相关负责人也多次关注学前教育的问题，如教育部部长袁贵仁多次谈到学前教育的发展问题。还有众多学者长期研究与学前教育公平相关的问题。

当然也是民众长期表达的结果。自江苏民办幼儿园教师给温家宝总理写信以来，幼儿园教师的地位、待遇引起了众多学者的关注。国家关注民生的政策背景，促成了此次学前领域政策的出台，如民工问题，留守儿童问题。

《教育规划纲要》还谈到完善学前教育法律法规问题。《教育规划纲要》提出要制定有关学前教育、家庭教育的法律。同时还提出，各地根据当地实际，制定促进本地区教育发展的地方性法规和规章。

四、农村学前教育研究进展

(一)关于幼儿教育地位、幼儿教师身份的讨论与研究

对这个问题的思考，是以幼儿教师现状研究为基础的。一些研究生把幼儿教师的相关问题作为学位论文，从幼儿园的工资水平、职业认同感、职业倦怠感等方面作了一些实证性研究。特别是深圳22家公办幼儿园集体转制和江苏宿迁的卖园改制，幼儿园转制后，引起了学前教育研究者对幼儿教育地位、幼儿教师身份的诸多思考，如"幼儿教育还是教育吗?"，"幼儿教师是不是教师?"。

由于幼儿园转制后，大批幼儿教师转岗，造成了一些优质幼儿师资队伍流失，一些公办幼儿园变身为民营幼儿园，学前教育质量也急剧下滑。关于幼儿教师的工资与地位问题受到了关注。部分研究者应用社会学的相关原理进行了分析，认为目前幼儿教育的问题本质上是结构性困境。需要政府进行结构性调整，才能从根本上改变目前这种入园难、入园贵，农村学前教育质量低下的状况。

在国民教育体系中，幼儿教育的地位是不牢固的，尽管从理论上讲，幼儿教育是国民教育系列中的一员，事实上却遭到了许多歧视，如，从中央和地方政策来看，关于幼儿园的相关规定一直是以"加括号"的方式进行的(多数附属于中小学之后)，在人事编制系统中也缺乏独立的幼儿园教师编制。这种全国性政策使幼儿园教师的阶层身份不断边缘化。从地方政策来看，幼儿园教师阶层身份的不稳定性更加明显，阶层内分化与阶层间差异都相当突出。在一些地方，幼儿园教师的人事编制实行的是自然收缩的办法，在编教师退休一名，编制就减少一个，致使在编幼儿园教师越来越少。①

幼儿园教师现分成两类，公办教师和非公办教师。这两类幼儿园教师即使在同一所幼儿园工作，其待遇也不能相提并论。非公办教师的工资一般只是公办教师的一半甚至三分之一，转档落户、分房、职称评定、进修学习、评奖等机会也与公办教师不同。由于同工不同酬，非公办教师一般心理不平衡，敬业爱岗意识淡薄，稳定性差。在"非公办"学校，合同制幼儿教师队伍只能用《中华人民共和国劳动合同法》维护自己的权利，他们没有获得"教师"身份和权利的依据。②

研究者认为，正是由于从中央到地方各种政策的保护、执行不力，才导致了幼儿园教师去身份化的产生。实际上是由于政策的科学性问题，造成了幼儿教育

---

① 王海英：《身份、去身份化和再身份化——幼儿园教师身份的变迁和重构》，《幼儿教育：教育科学》2009年第10期，第16—20页。

② 步社民：《学前教育的"市场化之伤"——以浙江省部分区域为例》，《教育发展研究》2008年20期，第22—26页。

的发展困境。由于国有企业的转制，企业甩包袱似地把幼儿园推向市场，加上一些地方政府盲目采用市场化机制将公立幼儿园全部或部分推向市场，幼儿园从公办转为民办成为一阵风席卷全国。政府在没有进行相关实验的前提下，也没有妥善的政策，大批的幼儿园被迫转变机制，优秀幼儿教师转岗，国有资产也流失，幼儿教育面临的是一场浩劫。幼儿园教师的阶层地位岌岌可危。

与作为"公家人"的教师不同，绝大多数的幼儿园教师没有身份保障，他们大多在体制外生存，是一群特殊的"打工者"。社会学研究者(社会学家孙立平)认为，幼儿园教师成为弱势群体这一现象绝非一个孤立的事件，也并非"进步性趋势之外的某些枝节"，它是经济增长和社会发展之间出现断裂的一种表现。要想解决或改变幼儿园教师的生存困境，查漏补缺是无济于事的，它需要作出结构性调整，虽然这是难以一蹴而就的。①

专栏1.10 学前教育研究会进行西部农村幼儿教师培训需求调研

中国学前教育研究会是我国学前教育的专业组织协会。为了了解西部省份县级以下幼儿园教师专业发展和培训的需要，为更好地设计教育部师范司委托、联合国儿童基金会支持、中国学前教育研究会承担的西部农村幼儿教师培训项目，在虞永平教授带队的调研组于2011年7月上旬、中旬对西部三省市的部分县进行了调研。了解了县、乡(镇)幼儿教师的专业发展需求，工作中主要的问题和困难，最需要培训的内容，还与部分一线园长和教师进行了深入的座谈，并了解了基层行政领导的基本思路和已经采取的措施。与此同时，中国学前教育研究会还组织有关人员对四个贫困县的教师进行了问卷调查。这些调研工作对于完善农村幼儿园教师培训方案具有重要的意义。

资料来源：江夏．中国学前教育研究会进行西部农村幼儿教师培训需求调研．www.cnsece.com，2011-07-23，有改动。

(二)幼儿教育公平的讨论

幼儿教育中的公平问题，是在社会公平教育背景下产生的。有关于优质园和一般园的公平讨论，还有公办园和民办园的讨论。但目前的焦点集中在农村幼儿教育与城市幼儿教育差距上。

优质园与一般园的公平问题集中在优质园拥有更多的资源。直接结果是优质园与一般园之间的差异，以及随之而来的"择园"和"高交费"等问题。

---

① 王海英：《"幼儿园教师现象"的社会学分析》，《幼儿教育：教育科学》2009年第3期，第37—41页。

研究者①2007年调查浙江时，70%的受调查者认为当今的幼儿教育越来越不公平。市场推动下的幼儿教育公平失衡问题主要表现为幼儿教育资源配置不均，生活在同一片蓝天下的幼儿享受不到相同的学前教育。"择园"和"高交费"所带来的学生入学机会的不平等是这一问题的集中表现。

我国当代中小学的择校问题起源于政府的重点学校政策，当前在实现由精英教育向大众教育的转变后，这一政策的消极作用也凸显出来，它违背了教育的公正性。幼儿园的择园问题与此制度直接有关。择园问题的背后是教育公平的被破坏。当所有人都想去好幼儿园时，但好幼儿园总是有限的，结果是有限的资源会被少数有权的和有钱的人所占有。

公办园与民办园之间的公平问题，主要集中在民办园遭受到更大的压力，在资源享受上存在着与公办园不平等，民办园的水电、教师工资、教师职称以及教师的培训等方面都受到不公平对待。

对农村幼儿园与城市幼儿园的比较研究。研究者发现，城乡学前教育无论在质量和入园率两个方面都有较大的差异。首先表现为农村幼儿园师资的数量缺乏。2006年，全国在园幼儿2 263.85万人，以1∶15的师幼比计算，当年全国应配备幼儿教师150.92万人，实际上2006年包括园长在内的幼儿老师只有89.82万人，缺口达61.1万人，师资不足的地区主要集中在农村和县镇。2006年，农村在园幼儿1 047.84万人，占全国在园幼儿总数的46%，这与我国农业人口占到全国总人口70%左右的比例相比存在很大差距，说明仍有许多农村学前儿童还没有条件接受学前教育。其次，反映在幼儿教师的学历方面，农村幼儿园中"高中及以下学历"的幼儿老师比例约为66.95%，明显存在学历层次和专业水平不高的问题，县镇幼儿园有47.03%的教师学历不合格。再次，从城乡幼儿教师的职称来看，城市幼儿园49.28%未评职称，县镇幼儿园52.00%未评职称，农村幼儿园70.62%未评职称。按国家事业单位的工资金标准，依职称不同，月薪在2 000～3 000元；没有正式编制的城镇合同制教师，月薪在700～1 500元；农村民办幼儿园的教师月薪在300～800元，平均月薪400～450元。② 第四，研究者还从师幼比上来说明城乡幼儿教育的不平等。1997—2006年，城乡幼儿园师幼比形成鲜明对比，从整体上看，我国幼儿园师幼比基本在1∶24～1∶26，其中城市幼儿园稳定在1∶15～1∶17，而农村幼儿园师幼比在1∶31～1∶71。事实上，农村地区幼儿园的师幼比还存在类型差异，根据《教育统计年鉴》(2009

---

① 步社民：《学前教育的"市场化之伤"——以浙江省部分区域为例》，《教育发展研究》2008年第20期，第22—26页。

② 张朝、于宗富：《农村学前教育的困境与出路》，《教育发展研究》2009年第24期，第32—36页。

年、2010年)提供的数据，农村地区教育部门办园的师幼比偏高，2009年达到1∶120，2010年有所好转但也在1∶99。生均教学与辅助用房使用面积也存在着城乡差异，2010年城市幼儿生均教学与辅助用房使用面积达4.56平/人，县镇幼儿生均3.128平/人；农村幼儿生均1.886平/人。

(三)幼儿教育成本分担研究

教育部基础教育二司副司长李天顺回应网友留言称，要解决"入园贵"，首先就要加大政府对学前教育的财政投入。对于普惠性学前教育而言，合理的成本分担机制应该是基础。政府承担的教育成本越多，家长所承担的教育成本就会越少。

研究者认为，学前教育成本合理分担的前提，应该是准确的成本核算，成本核算标准的制订本身需要一系列的标准，如房屋设备的折旧标准，一幢楼房是什么结构的，成本应分摊在多少年中，教师的工资标准，日常公用经费标准等。当务之急是在借鉴经验的基础上，形成成本核算的可选择的模型，使不同类型、不同背景下的幼儿园都能很快核算出成本。①

对幼儿园成本分担有不同的探讨方式，深圳政府部门在调查研究后，提出了三个三分之一的观点，即教师工资、办公经费(日常开销)、房屋租金各占三分之一。以此作为一种标准，探讨教师最低保障工资，房屋开支。在此基础上探讨相关的成本分担问题，并以此分析幼儿园的收费与成本问题。如政府分担租金，家长所交的保育费负责教师的工资，日常开支由生活费支付。

浙江绍兴地区则实行县、镇、村共同分担的方式，共同承担幼儿园创建过程中的园舍费用。以此促进了农村幼儿园的发展。通过这种方式分担幼儿园的成本。陕西部分地方则根据幼儿园的情况给予不同规格的补贴。以此分担民办园的办园成本。

南京市相关人员结合实践阐述了相关的做法。南京市近几年已经在做幼儿园的成本核算工作。由于原有的收费标准已经不适应当前幼儿园的实际发展需要，从2002年开始，南京市按照人员支出(基本工资、津贴、奖金、社会保障等)、公用支出(办公用房、差旅费、房屋租赁费等)、对个人和家庭的补贴以及固定资产折旧等几个方面，对南京市的公办幼儿园进行成本调查。所有的成本都依据物价局已有的规范标准进行核算，例如，不同结构的房舍都各有一个固定的折旧率计算。连续做了3年测算后，对幼儿教育成本做了一些调整，比如说把幼儿教师班主任津贴以及伙食费等都列入幼儿园成本中，最后算出来的这个叫做"准成

① 江夏、郑慧俐:《学前教育谁埋单——教育专家"聚议"幼教成本分担》,《中国教师报》2011年5月27日。

本”。在这个“准成本”的基础上，制定了新的收费标准，并且把这个标准划分成5个等级，考虑到同一等级的幼儿园还存在着内部的差异，每个等级中，还设有20%的上下浮动。

2010年11月，江苏省政府提出了幼儿教育成本分担方法，即幼儿培养成本由政府、社会举办者和幼儿家庭共同承担。社会各部门、单位举办的幼儿园收费标准，参照政府举办的公办幼儿园执行。①

上海教育部门已经表示，哪怕是入园高峰年份，本市也不存在学前教育家长负担过重的问题。2009年上海市公办幼儿园占70.57%；公办园在园幼儿数占总在园人数的79.10%。对于公办一级和二级幼儿园不足的社区，由政府向附近的民办幼儿园购买服务，让孩子到民办就读但享受公办待遇。目前在上海的公办幼儿园就读，财政承担七成的办学成本，家长其实只需分担三成的成本。②

我国台湾地区在学前教育的成本核算方面已经积累了一些经验，经过多年实地进行考察、测算，收集了大量的资料和数据，形成了一套核算办园成本的方法。我国还有些地区目前也有一些实践经验，各地物价局在幼儿园成本核算方面也已经形成了较为规范的标准体系，可以依托这些已有的标准进行估算，对于不合理的标准，可以再进行适度调整。

我国学前教育实行的是以县为主的管理体制，现在急需针对某一个县、一个具体的幼儿园开展成本核算调研，只有这样，才能为政府制定学前教育财政投入政策提供依据。

(四)政府责任与幼儿教育的公益性的讨论

关于政府责任与幼儿教育的公益性问题是近年来讨论得比较热烈的问题。由幼儿园转制引发，但不局限于幼儿园转制。研究者在讨论幼儿园转制，当今社会存在的入园难、入园贵等问题时，发现造成这些问题的根本原因在于政府的责任不到位。

一些研究者比较国内外的学前教育现状时，更加证明了这个观点。政府对弱势群体的关注程度不够。学者们在分析我国学前教育政策时，还发现了一个需要思考的问题，政府不是没有重视学前教育，而是政府对关注的焦点存在分歧。学者们认为，尽管在特定历史时代制定的学前教育政策有其自身的因素，但这种关注城市幼儿园，特别是优质幼儿园的做法，明显不符合当代社会发展的潮流。

学前教育的慈善性与公益性应该是学前教育应有的特征，走市场化道路已经证明了一些问题的存在，如学前教育中的不公平，这些问题已经引起关注。

---

① 《政府将分担幼儿培养成本》，《扬州晚报》2011年11月8日。

② 王蔚：《上海公办幼儿园成本财政承担七成》，《新民晚报》2011年12月14日。

专栏1.11　美国、英国重视弱势群体的学前教育

20世纪60年代，美国的“开端计划”专门为弱势儿童提供补偿性学前教育。1965年批准的项目为9 600万美元。1981年开端法案，规定的拨款额为10.7亿美元，2005年的入学准备法案规定2006年财政的拨款为68.99亿美元，并要求保证2007—2011财政年度有如上数额拨款。美国开端计划已为2 000多万名弱势贫困儿童提供了早期教育服务。《不让一个儿童落伍》中新的“阅读优先”项目合并了原先分散在各种方案中的阅读计划，该法第1002条规定2002财政年度拨款9亿美元用于“阅读优先”项目，即在2001财政年度3亿美元的基础上再增加6亿美元，其目的在于帮助各州和学区在幼儿园至3年级发展各种以科学研究为基础的阅读项目，从而提高儿童的阅读能力。

英国在《2006年儿童保育法》中明确规定政府要“确保适龄儿童接受免费学前教育”。英国“确保开端计划”(Sure Start Program)中，三四岁儿童每周12.5小时、每年至少33周的免费教育所需经费也主要来自于英国政府的财政投入。

资料来源：刘小蕊、庞丽娟、沙莉：《美国联邦学前教育投入的特点及其对我国的启示》，《学前教育研究》2007年第3期；庞丽娟、夏婧、张霞：《世界主要国家和地区学前教育免费政策：特点及启示》，《比较教育研究》2010年第10期。

五、农村学前教育发展的主要模式

随着我国经济的快速发展，特别是在国家重视农村教育的背景下，我国农村学前教育发展很快。入园率和幼儿园数量都有较大程度的发展。但在总结这些发展的过程中，我们发现我国农村学前教育在整体上出现了一些特征，这些特征在正规学前教育机构和非正规学前教育机构中有不同的显现。

(一)正规学前教育机构

1. 乡镇中心模式

这种类型的学前教育机构，在农村地区占有较大的比重。

(1)乡镇中心幼儿园的特质与类型。这种模式通常设在乡镇或集市中心，向各村辐射。这种模式的资金来源大致有五种：政府投入、教育主管部门或中心学校从办公业务费中投入、中心学校部分投入与部分融资相结合、全部融资、招商引资。从乡镇中心幼儿园资金来源可以看出，乡镇中心幼儿园又可以分为公办幼儿园和民营幼儿园。

(2)乡镇中心幼儿园的作用。乡镇中心幼儿园模式在一定程度上是现行教育政策的表现。在2003年的国务院办公厅转发《关于幼儿教育改革与发展的指导意见》中明确提出“县级以上教育部门要加强幼儿教育管理，要办好乡镇中心幼儿园，发挥其对乡镇幼儿教育的指导作用，乡镇幼儿保育、教育的业务指导由乡镇中心幼儿园园长负责”。这种模式应该说在促进幼儿发展，满足农村地区家长对幼儿教育需要方面作出了较大的贡献。由于设立在乡镇，对带动周边农村学前教育具有较强的辐射作用，为推广农村学前教育起到了实质性或决定性的作用。

(3)乡镇中心幼儿园的局限。这种模式也存在一定的局限，特别在园舍条件、师资条件方面还存在一些问题。部分乡镇中心幼儿园的园舍多由一些旧房子改造完成，乡镇幼儿园办园条件相对简陋，有一些幼儿园甚至还存在安全隐患。在现实媒体报道与相关调查中，我们发现，许多乡镇中心幼儿园还普遍存在的另一个安全问题，那就是交通安全问题。为了扩大生源，许多乡镇中心幼儿园都置办了相应的交通工具(有的是租赁)，对交通工具的安全检查在许多地方还存在着空缺。

在一些地方，还普遍存在着教师方面的问题，如教师数量偏少，有的地方是一个教师包一个班；教师素质偏低，由于缺少在职培训机会，教师的教法陈旧，在教育方法、手段方面普遍存在简单、粗暴的问题，多数教师单纯为满足家长的要求，过于关注幼儿的纪律与识字，对幼儿游戏重视不够。教师工资偏低，普遍低于当地平均收入水平，这也容易导致教师的流动。这些幼儿园的教师多数是初中毕业学历，大多没有接受正规的学前教育培训，教师外出学习与交流的机会不多。

专栏 1.12　农村学前教育的“洛南模式”

洛南县城区原来只有 1 所公办幼儿园，远远满足不了群众的需求。在县城选择中心地段，政府投资 2 500 万元，规划建设了 3 所幼儿园，在 2 000 人以上的小区配套规划了一批幼儿园，着重解决城区幼儿入园难问题。二是着力推进乡镇中心幼儿园建设。并利用中小学布局调整后的富余校舍，改建、新建乡镇中心幼儿园，目前，所有乡(镇)都建起了中心幼儿园。三是着力推进村级幼儿园建设。本着大村独办、小村联办、就近方便的原则，把一批调整出来的校点，改造、扩建为村幼儿园，着重解决农村幼儿“无园上”问题。目前，已建成村级幼儿园 34 所。

资料来源：解艳华：《农村学前教育的“洛南模式”——陕西省洛南探索破解“无园上”、“师资缺”难题》，《人民政协报》2011 年 4 月 27 日。

2. 捆绑式幼儿园

(1)捆绑式幼儿园的特质与类型。通常把两个不同水平的幼儿园联结在一起，以高水平园带动低水平园，一般通过行政命令来实施。这种形式的捆绑当发生在城乡之间时，就称之为城乡一体化(式)幼儿园。当发生在乡镇与农村之间时，就是实际上的捆绑式幼儿园了。

和现行的农村乡镇中心幼儿园、农村小学附设幼儿园不同，这类幼儿园一般由当地政府投资，并纳入当地教委相关机构的管理范畴。这类幼儿园由于在体制上是公有，与城市幼儿园有较多的合作、交流，配备的园长和教师素质比较高，这些幼儿园管理规范，幼儿园的教育内容、教育形式、教育理念比较先进，教育水平相对较高，普遍获得农村幼儿家长的信任。这类幼儿园园舍比较新颖，占地面积普遍比较大，相对于一般的农村乡镇中心幼儿园或农村小学附设幼儿园，而且配备接受过正规(有时还可以理解为高规格)幼儿教育培训师资。由于投资相对较多，因此这类幼儿园存在于经济条件相对发达，而且具有重视学前教育传统的地方，如江苏、浙江等地比较普遍。

(2)捆绑式幼儿园的作用。发生在城市与农村之间的捆绑式幼儿园在理论上也有一种变化形式，可以由一所质量高的幼儿园兼并质量低的幼儿园，即所谓的一园二部或多部，在高质量幼儿园和低质量幼儿园之间实行教师的有效流通，使高质量幼儿园和低质量幼儿园绑在一起。由于师资在高质量幼儿园和低质量幼儿园间进行双向流通，高质量幼儿园的老师到低质量幼儿园任教，可以有效提高办园水平低的幼儿园的质量，而低质量幼儿园教师到高质量幼儿园工作，可以在业务上得到有效提高。因为真正的锻炼在日常的训练和工作中。

在现实中，城市幼儿园与农村幼儿园间形成的“姐妹园”形式更受欢迎。相对独立的农村幼儿园，由于教师的稳定性比较强，教育质量和水平更能得到有效的保证。从调查的情况来看，姐妹园式的协作、交流或沟通，通常以政府机构为纽带来进行，管理部门通过考核、经费运作等手段能有效促进城乡幼儿园间的互动。

(3)捆绑式幼儿园的相对局限性。理论上的理想化的捆绑式幼儿园，由于多发生在经济水平不一的幼儿园之间，高质量的幼儿园相对经济发达，交通便利，使不同水平的幼儿园教师交流遇到一些抵制，往往使经济相对欠发达地区的幼儿园教师向相对发达的地方流动容易，反之则流动困难，双向流动经常变成单向的。所以，需要借助于一定的制度，提高质量不同的幼儿园教师参与流通的积极性。

专栏 1.13　农村学前教育的“寿光模式”

现实中的捆绑在具体实践中略有变化，如现实中有一捆绑是以中心园为纽带而发生。是在规划中的捆绑，把本地幼儿园按资源配置差异捆绑在一起，如山东寿光的“镇村一体化”管理，在统一教学计划，统一课程的前提下，以中心幼儿园为龙头，辐射全镇所有学区幼儿园，学区幼儿园再具体分管各村办幼儿园。镇教办从中心幼儿园选派业务精、能力强的教师到学区园担任园长。教研骨干们经常“送教下乡”，到各村幼儿园进行实地研究和指导。此外，每周有一次教研活动，全镇所有幼儿教师到中心园进行教学观摩和业务学习。这种垂直式管理模式加强了农村幼儿园的管理和资源配置，发挥了中心幼儿园在全镇幼儿园中的窗口示范作用，让中心幼儿园成为当地学前教育的教研中心、师资培训中心，从根本上解决了农村幼儿园位置分散、师资薄弱的问题。这种捆绑是以宏观管理的统一性为前提，是当地教育系统内部的共同发展。

资料来源：翟博、张以瑾、商荣斌：《为孩子投资就是投资未来——解读农村学前教育发展的"寿光模式"》，《中国教育报》2010年12月19日。

3. 农村小学附设模式

(1)农村小学附设幼儿园的特质与类型。附设在小学的幼儿园，是乡镇中心幼儿园的另一种变化形式。这种幼儿园根据与小学的隶属关系，可以分为两种：一种是真正的隶属小学的幼儿园；第二种是借用小学名称，与小学并无真正隶属关系的幼儿园。隶属于小学的幼儿园，由小学校长负责全面管理，小学校长通常负责财务和人事方面的事务。而幼儿园园长只负责幼儿园内部的具体业务。这种形式的幼儿园的优点，有利于幼小衔接，使幼儿园与小学之间达到很好的过渡。

(2)农村小学附设幼儿园的作用。农村小学附设幼儿园在一些地方的农村幼儿家长中，具有一定的影响力。特别是公有制的体制能给农村幼儿家长更多的信任感。在目前情况下，附设在农村小学的幼儿园在广大农村具有一定的可行性，比较符合目前的实际，具有一定的推广价值。

(3)农村小学附设幼儿园的局限性。附设在农村小学的幼儿园通常设在小学布局调整以后空置下来的原小学校内，多数教师是原小学的富余教师，在小学布局调整后分流到幼儿园。这些再次上岗的教师由于没有接受过专门的幼儿教育培训，而且已经形成了小学化的教学方式，教学方法和手段上都存在小学化倾向。特别是这些调整下来的教师，多数由于年龄偏大，已经失去了继续学习的动力。

教育部资料统计：2009年小学附设幼儿班211 008个，其中学前班163 943个；2008年小学附设幼儿班、学前班223 852所，其中学前班，182 539个；2007年，小学附设幼儿班、学前班，239 875个，其中学前班200 354个；2006年小学附设幼儿班、学前班258 609个，其中学前班216 219个；2005年，小学附设幼儿班、学前班274 379个，其中学前班232 774个。从图1.11来看，整体呈下滑趋势。2010年，小学附设幼儿班持续下降，但学前班下降速度更快。

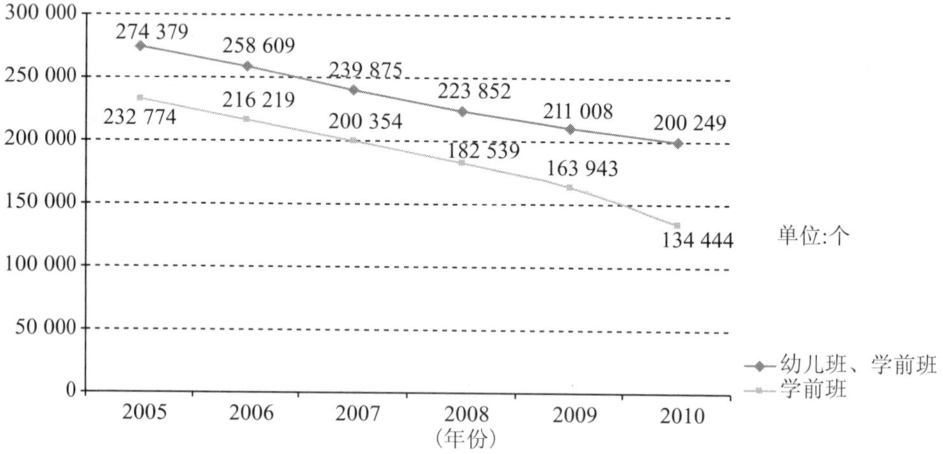

图 1.11 小学附设幼儿班、学前班走势图

(二)非正规学前教育机构

20世纪五六十年代起，我国部分地方就有流动幼儿园、马背幼儿园的说法，主要是为偏远地方的儿童送去相关的学前教育。由于这类幼儿园在时间、地点的不固定，在一定程度上也被认定为非正规学前教育。家庭作坊式幼儿园由于办园条件不一，严格意义上应该介于正规与非正规之间。

1. 家庭作坊模式

(1)家庭作坊式幼儿园的特质与类型。该种模式包括两种形式，一是家庭托儿所；二是家庭幼儿园。都以家庭为依托。主要区分应该体现在年龄上。在理论上讲，家庭托儿所招收的对象应该更小一些，2～4.5岁，而家庭幼儿园招收的孩子则从3岁开始。从目前情况来看，二者的界限不是很严格。

家庭作坊式的幼儿教育机构，存在一个共同的特点，即开设在家庭，一般以现行的住房为园舍，而国内家庭住房在设计上多以住宿为目的兴建。当用来开设幼儿园时，在面积上就有一定的局限。而且其他条件也存在一定的不足，如开设的班级也比较有限，多开设一个班级。家庭条件相对宽敞的机构，开设的班级就多一些，有的家庭幼儿园也开设6个班。园舍不太达标。

这类幼儿园在实际中比较受欢迎。在一些大城市和农村都存在。家庭作坊式幼儿教育机构在实际生活中也受到一些家长的欢迎。主要是他们收费低廉，离家庭住址相对较近，在教育内容与方法上能满足家长的特殊要求。

(2)家庭作坊式幼儿园的作用。在农村地区，特别是经济不太发达的地区，家庭作坊式幼儿园比较普遍，他们有时也表现为乡镇中心园式的特点。当一所家庭作坊式幼儿园，招收的儿童比较多，而且分布附近几个乡村时，他们实际上就充当了乡镇中心园的角色。

(3)家庭作坊式幼儿园的局限。这些幼儿园在办园条件方面普遍存在着需要改进的地方，安全事故方面应该成为重点关注的内容。在部分农村地区，由于家庭作坊式幼儿园相对较多，相互间就会存在一些恶性竞争。相互压价，有的幼儿园担心生源的流失，会减少相关的假期时间，这在一定程度上会增加幼儿的负担。由于部分的恶性竞争，相互压价，教师的工资收入也会受到影响。

地方政府对家庭作坊式幼儿园的态度也有明显的改变。在20世纪90年代末期，一些地方管理部门要么采取放任态度，要么采取限制的态度。特别是针对这类幼儿园的不规范保育与教育行为，有些地方甚至采取直接取缔的做法受到媒体关注。近年来，许多地方从政策范围内开始引导这些幼儿园向良性方向发展，如提供相关的教师培训。制定相关的收费指导政策，在防止高收费的同时，也防止恶性竞争，以保护教师的正当权益。

专栏1.14 对不合格幼儿园目前存在两种观点或思路

一种观点提出：山寨幼儿园应该正名。按照中国政府条例，在没取得教委颁发的办学许可证之前，幼儿园的开园、招生都是违法的。然而，在“入园难，入园贵，幼儿园收费贵过大学收费”的现实背景下，北京的这类无证园的数量却超出正规园，按照市民一般说法，它们也被称为“山寨幼儿园”。

山寨幼儿园是指在现行教育体制之外，由民间兴办、以低端人群特别是农民工学龄前子女为主要收托对象的多种类型的托幼机构。山寨园规模普遍较小；从地域分布和生源对象来看，山寨幼儿园多分布在大城市的城乡交界处，主要招收聚居在这里的外来农民工学前子女，也被称为“打工子弟幼儿园”、“农民工幼儿园”，属现有教育体制之外的办园类型。

对于近期北京市为解决入园难、入园贵而新建百所公办园的政策，张燕认为，这样以“集中资源办大事”的惯性思维在解决入园难问题只能是“杯水车薪”，因为北京市入园需求的3～6岁儿童大大超过供给。张燕指出，真正有效的解决途径是主管部门鼓励和扶持民间力量，通过提供教师培训或以购买服务的方式，扶持平民化的学前教育，让更多弱势人群的子女有受教育的权益。

事实上，相关媒体在浙江采访时，这些“山寨幼儿园”深受农民工欢迎，一是便宜；二是提供了正规幼儿园所不能提供的便利。

第二种思路，是根据本地的情况，在能满足学前教育需求的情况下，强调学前教育的质量。绍兴市近年来，坚持学前教育的质量，坚决取缔无证幼儿园。

绍兴：纳入学前教育发展体系，取缔无证幼儿园。

岁末年初(2007)，绍兴经济开发区、袍江工业区和镜湖新区会同市级有关部门对辖区内的无证幼儿园进行了清查，截至目前已取缔22家。对于个别存在侥幸心理，仍在继续开办的无证托幼园所，有关部门将进一步加大处罚力度。

市幼教办对已取缔的22家无证幼儿园进行清算，勾勒出无证园的“脸谱”：园址多办在套房、民房、营业房和厂房这“四房”内；有的园舍比较陈旧，房子结构不安全；无户外活动场地，更达不到消防要求。

目前，绍兴市学前三年幼儿入园率已达96%。全市113个乡镇(街道)均建立了中心幼儿园，其中70%以上的幼儿园已达到市级乡镇示范幼儿园标准。

2010年，绍兴市三年共取缔和撤并低、散、小幼儿园300多所。绍兴市区的新建小区就有20所配套幼儿园全部移交教育局办学。此举不仅节约了教育资金近5 000万元，还大大扩充了优质教育资源。教育局采取以下方式承办：一是教育部门直接举办。即由教育局选派园长、教师，保证办园经费，或扩大名园办学规模，由名园举办分园；二是实行国有民办。即由教育局选派园长、教师，办园经费采取自收自支办法，不足部门由教育局补贴；三是民办。即由教育局招聘园长，由园长自行招聘教师，实行自收自支。

资料来源：孟丹丹：《北京“山寨幼儿园”数量多过正规园》，《联合早报》2010年8月21日；沈卫莉、王利萍：《绍兴市区无证幼儿园已经取缔22家》，《绍兴晚报》2007年3月15日。

2. 游戏小组

(1)游戏小组的特质与类型。在21世纪初，针对大批农民工进城的现象，非正规学前教育——游戏小组就有了新的发展。由于它的服务对象是农民工子女，基本可以视为农村学前教育的延伸。游戏小组的场所也相对固定，而且时间也比较固定。作为非正规学前教育游戏小组，在组织形式上有民间办的，也有政府机构联合相关基金会共同举办。在办学形式上有固定形式的游戏小组，也有相对灵活的走教巡回游戏点。

(2)游戏小组的作用。游戏小组的作用也比较明显：作为社区教育，具有一定的地域性，供给与需要紧密联系，能够灵活地有针对性地发展适合家长、儿童需求的教育；适应当地环境和条件，因地制宜特征明显，成本低但效益高。①

(3)游戏小组的局限。这种非正规学前教育以强调通过游戏来学习外，它们的教育者不是固定，相比于正式学前教育机构，流动性比较大。如青海乐都县的游戏点。

专栏1.15 贫困山区学前教育难以开展 专家呼吁实现教育公平

自2009年9月起，青海省在中国发展研究基金会的帮助下，在国家扶贫开

① 张燕：《四环游戏小组的故事——面向流动儿童的非正规学前教育探索》，北京师范大学出版社2009年版，第33页。

发重点县乐都县开展了一项“走教”试验，为贫困边远山区的孩子开启了寻求智慧的大门。

乐都县是个地广人稀的国家级贫困县，全县19个乡镇中只有5个处在“两山夹一谷”的河谷地带，其他14个乡镇处于海拔2 500米以上的高寒山区。这些山区山大沟深，交通不便，人居分散，无法大规模举办幼儿园，14个山区乡镇的学前教育几乎是一片空白。2009年9月，中国发展研究基金会在乐都县以“走教”方式巡回施教，为无法上幼儿园的3～5岁幼儿提供学前启蒙教育。依据“一个村只要有10个学前儿童就设点”的原则灵活设置“早教点”。每个“早教点”每周安排不少于2个半天的课程，早教志愿者以游戏课为主，或组织孩子们玩益智游戏，或就近取材教孩子们制作标本。

经过近两年的努力，乐都县的“早教点”由过去的87个增加到140个，幼儿人数由2010年的1435人增长为3 128人，约占全县山区农村3～5岁幼儿的77%。“早教点”幼儿每年生均经费为821元，受教育成本相对较低。因此，在不具备大规模兴建乡镇中心幼儿园条件的贫困山区，可以乡镇中心幼儿园为依托，利用遍布各行政村的闲置村小学校舍，将撤并村小后富余的师资用到学前教育的走教之路上。

资料来源：贫困山区学前教育难以开展 专家呼吁实现教育公平. http://www.chinanews.com/，2011-10-26。

结语

从2010年到2011年，一年来，农村学前教育可以说发生了翻天覆地的变化。农村学前教育从社会“弃儿”到教育的“宠儿”。一些农村已经建起了乡镇中心幼儿园，或者临时性的游戏点。更多的地方政府把发展农村学前教育列入三年或五年规划。幼儿教师的地位和收入也有了明显提高，一些幼儿教师也在这个学前教育浪潮中转变为“公家人”。学前教育的收费也有了明确的限定，形成了政府、社会、家庭共同分担学前教育成本的局面。家长交的费用变少了，而学前教育质量整体上却提高了。从这些现象来看，受益最多的是农村孩子。而实际上，最终受益的还是国家。学前教育研究者们也在关注着学前领域的各种热点问题，正是研究者们与社会各种力量对学前教育的关注，使得学前教育问题走进国家政策体系，学前教育也迎来了发展史上的春天！

【本报告撰写人：严仲连、王海英、何静；谢福秀、陈泽婧进行了相关资料的收集；湖北省广水市教育局魏传波、石监，湖北江汉艺术职业学院胡箭提供了部分数据。】

第2章 农村义务教育年度进展报告

概 要

在我国社会转型、人民对教育要求普遍提高的历史背景下，义务教育发展的重点已由数量扩张向质量提高转变。以“均衡”作为主题促进义务教育公平发展成为当前我国教育改革与发展的战略重点与战略任务。义务教育具有全局性、基础性与先导性的特点，是我国国民教育的基础与教育改革的重点，农村义务教育的改革又是义务教育改革与发展的重点，保障义务教育发展的公平，尤其是城乡之间、区域之间、东中西部之间教育协调发展，有利于促进社会转型、社会变革中社会稳定与社会公平的实现；缩小城乡教育差距，提高教育质量，能够从根本上解决我国教育发展问题，促进我国从人口大国向人力资源强国转化。根据“十二五”规划与《教育规划纲要》，本报告主要从义务教育年度发展的大事记，义务教育均衡发展的实施与推进状况，义务教育年度政策及其解读，义务教育学术研究主要进展，义务教育区域推进的典型经验五个方面，对我国义务教育阶段尤其是农村义务教育发展的政策、学术研究、相关重要议题、发展状况进行了综合论述，全面呈现我国义务教育发展问题与状况、发展趋势，为促进义务教育均衡发展，促进农村义务教育质量提升，全面实施素质教育，为提高教育教学提供依据、指明方向。

一、农村义务教育大事记

2010年7月26—27日，全国中小学教师培训暨“国培计划”启动实施工作会议在京召开。此次会议是全国教育工作会议召开后的第一个全国性专项工作会议。

2010 年 7 月 29 日，《国家中长期教育改革和发展规划纲要(2010—2020 年)》颁布，其中，义务教育阶段的主要任务是：巩固提高九年义务教育水平、推进义务教育均衡发展、减轻中小学生课业负担。

2010 年 9 月 10 日，温家宝总理赴河北省承德市兴隆县六道河中学考察听课，与师生共度教师节，并发表《让农村教师留得住干得好受尊重》的重要讲话。

2010 年 10 月 13 日，教育部发布治理义务教育阶段择校乱收费指导意见。这是教育部官方首次明确了治理义务教育阶段择校乱收费的时间表。

2010 年 10 月 24 日，国务院办公厅印发《国务院办公厅关于开展国家教育体制改革试点的通知》，全面公布了国家教育体制改革的重点任务及试点地区、学校，标志着国家教育体制改革试点工作全面启动。其中，义务教育阶段的重点任务是推进义务教育均衡发展，多种途径解决择校问题。

2010 年 11 月 18 日，国家教育咨询委员会在北京宣告成立。这是中国教育史上首次设置专门机构，对国家教育重大改革发展政策进行调研、论证和评估。咨询委员会分为 10 个工作组，分别是：推进素质教育改革、义务教育均衡发展、职业教育办学模式改革、终身教育体制机制建设、创新人才培养模式改革、考试招生制度改革、现代大学制度建设、办学体制改革、保障体制机制改革、省级统筹综合改革。

2011 年 1 月 4 日，教育部印发《教育部关于大力加强中小学教师培训工作的意见》，贯彻落实全国教育工作会议精神和教育规划纲要，建设高素质专业化教师队伍。

2011 年 2 月 23 日，国家教育咨询委员会专题工作会议召开，分组评议了学前教育、义务教育、普通高中教育、职业教育、高等教育、继续教育、民办教育 7 个专题规划。

2011 年 3 月 9 日，教育部与北京、天津、河北、辽宁、上海、江苏、安徽、福建、江西、山东、河南、湖南、广西、海南、重庆 15 个省、自治区、直辖市人民政府签署义务教育均衡发展备忘录，共同推进义务教育均衡发展。

2011 年 3 月 28 日，成都市政府教育督导团、市教育局正式发布《成都市义务教育校际均衡监测年度报告(2010 卷)》，公布了成都市各区(市)县义务教育阶段学校校际间的均衡发展状况。这是成都市在全国首次发布致力于推动教育公平、促进义务教育均衡发展、以义务教育校际均衡为着眼点的监测“蓝皮书”。

2011 年 4 月 28 日，教育部在浙江省杭州市召开了全国部分省区义务教育发展工作座谈会。山西、内蒙古、吉林、黑龙江、浙江、湖北、贵州、云南、陕西、宁夏、新疆等省(区)教育厅、新疆生产建设兵团教育局负责同志参加了会议。

2011 年 5 月，财政部、教育部根据 2009 年、2010 年各地特岗教师人数，下达农村义务教育学校特设岗位教师2011—2012学年第一批中央专项资金25.2269亿元，中央财政年人均补助标准为2.054万元。

2011年5月21—23日，中国教育学会、中国扶贫开发协会和中国关心下一代工作委员会在河北省三河市联合召开了主题为"城乡一体化背景下的中国农村教育改革与发展"的首届中国农村教育论坛。论坛最后全票通过了旨在推进城乡教育一体化的《三河宣言》。

2011年5月24日，发布教育部办公厅、财政部办公厅做好2011年"中小学教师国家级培训计划"实施工作的通知。

2011年6月9日，中央财政拨付50亿元专项资金用于2011年全国中小学校舍安全工程，重点支持中西部七度以上地震高烈度，人口稠密地区的农村义务教育阶段学校的校舍安全工程。

2011年6月15日，教育部与云南省人民政府在北京签署加快云南教育事业发展、推进云南桥头堡建设战略合作协议和推进义务教育均衡发展备忘录。

2011年7月11日，教育部与浙江、贵州、陕西、山西、湖北、黑龙江、吉林、内蒙古、宁夏、新疆10个省份和新疆生产建设兵团签署义务教育均衡发展备忘录。

2011年8月18日，教育部办公厅发布《教育部办公厅关于组织实施"国培计划(2011)"——县级教师培训机构培训者远程培训项目的通知》。

2011年8月24日，教育部在北京召开全国中小学校车试点工作启动会，决定在浙江省湖州市德清县、山东省威海市和滨州市无棣县、辽宁省本溪市桓仁县、黑龙江省鸡西市、陕西省西安市阎良区6个地区开展中小学校车运营管理试点工作。

2011年8月28日，温家宝总理在河北省张北县农村教师大会上发表《一定要把农村教育办得更好》的讲话。

2011年9月24—25日，由教育部人文社会科学重点研究基地东北师范大学农村教育研究所主办的"城乡教育一体化与制度创新"国际学术研讨会在吉林省长春市东北师范大学举行。

2011年10月26日，国务院总理温家宝主持召开国务院常务会议，决定从2011年秋季学期起启动实施农村义务教育学生营养改善计划。

2011年10月28日，教育部、财政部在湖北省武汉市召开农村义务教育薄弱学校改造计划工作会议，主要包括教学装备类项目和校舍建设类项目。

2011年11月27日，温家宝总理在第五次全国妇女儿童工作会议上发表讲话，责成相关部门尽快制定校车安全条例，并建立相应管理制度。

二、农村义务教育事业年度发展状况①

(一)城乡义务教育办学规模发展状况

近年来，随着学龄人口的不断减少以及城镇化水平的不断提高，农村学校生源快速减少，而且农村人口居住比较分散，原先“村村办小学”的格局开始受到挑战，许多农村小学在校生不足50人，有的学校甚至没有了学生，“麻雀学校”和“空巢学校”大量出现，教学点更是难以为继。农村生源总量减少直接引发了农村学校的大规模撤并。

1. 义务教育阶段农村中小学在校学生数、学校数、班级数持续减少

在小学阶段，2006—2010年普通小学在校学生数、学校数、班级数总体上均呈逐年减少的趋势(见表2.1、表2.2和表2.3)。从分城乡数据来看，2006—2010年城市和县镇在校学生数和班级数均呈增长趋势，而农村普通小学在校生数和班级数则呈逐年递减的趋势(见表2.1和表2.3)。2006—2010年城市和农村小学学校数均呈减少的变化趋势，县镇小学学校数则呈波状增长的趋势(见表2.2)。由此可见，2006—2010年普通中小学在校生的减少主要是农村中小学在校生的减少，同时农村中小学生越来越向县镇集中。

在初中阶段，2006—2010年普通初中在校学生数、学校数、班级数总体上呈逐渐减少的趋势(见表2.1、表2.2和表2.3)，这与小学阶段基本保持一致。从分城乡数据来看，2006—2010年城市和县镇初中在校生数、学校数和班级数也呈增长趋势，而农村初中在校生数、学校数和班级数则呈逐年减少的变化趋势。由此可见，普通中小学学校数、班级数的减少主要是农村中小学学校数和班级数的减少，同时，农村中小学生越来越向城市和县镇集中，城市和县镇义务教育办学规模明显扩大。

表2.1　　2006—2010年城乡普通小学、普通初中在校学生数　　单位：万人

年份	普通小学				普通初中			
	合计	城市	县镇	农村	合计	城市	县镇	农村
2006	10 711.53	1 603.57	2 431.82	6 676.14	5 937.38	950.10	2 423.62	2 563.66
2007	10 564.00	1 761.08	2 552.19	6 250.73	5 720.90	1 047.59	2 430.00	2 243.32
2008	10 331.51	1 804.38	2 602.25	5 924.88	5 574.15	1 067.06	2 442.85	2 064.24
2009	10 071.46	1 778.77	2 637.15	5 655.54	5 433.64	1 059.05	2 440.08	1 934.51
2010	9 940.70	1 820.46	2 770.02	5 350.22	5 275.91	1 059.02	2 432.42	1 784.47

① 本部分除预算内生均教育经费、预算内生均教育事业费、预算内生均公用经费外，其余所有数据均来自2006—2010年的《中国教育统计年鉴》。

表 2.2　**2006—2010 年城乡普通小学、普通初中学校数**　单位：万所

年份	普通小学(含教学点)				普通初中(含九年一贯制)			
	合计	城市	县镇	农村	合计	城市	县镇	农村
2006	43.08	1.72	3.10	38.26	6.06	0.72	1.81	3.53
2007	40.51	1.78	3.25	35.47	5.91	0.76	1.87	3.29
2008	37.99	1.76	3.18	33.06	5.77	0.76	1.87	3.15
2009	35.27	1.66	3.10	30.51	5.62	0.73	1.87	3.02
2010	32.44	1.66	3.14	27.63	5.48	0.73	1.89	2.87

表 2.3　**2006—2010 年城乡普通小学、普通初中班级数**　单位：万个

年份	普通小学				普通初中			
	合计	城市	县镇	农村	合计	城市	县镇	农村
2006	295.18	34.19	50.00	211.00	106.55	18.84	41.76	45.95
2007	287.20	36.91	52.42	197.86	103.70	20.43	42.12	41.15
2008	278.35	37.80	53.32	187.24	102.07	20.81	42.66	38.59
2009	269.36	37.43	54.19	177.74	100.99	20.77	43.30	36.92
2010	261.64	38.17	56.67	166.80	99.73	20.95	44.01	34.77

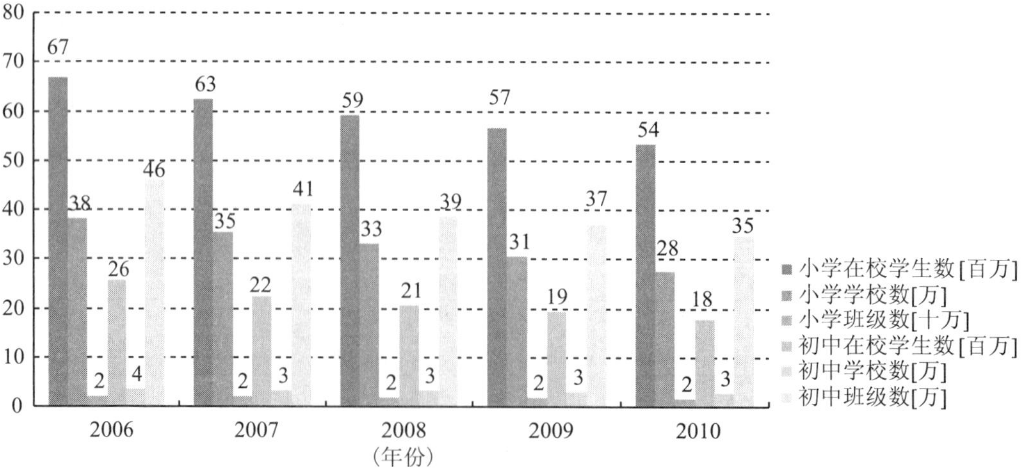

图 2.1　2006—2010 年城乡农村普通小学、普通初中在校学生数、学校数、班级数变化趋势

2. 城市小学校均规模扩大显著，农村初中校均规模不断萎缩

在小学阶段，尽管城市、县镇和农村的小学校均规模①均有所扩大(见表2.1)，但城市小学扩大最为显著。从分城乡数据来看，2006年城市小学(含教学点)平均规模为932.31人，到2010年则上升到1 096.67人，平均每校增加了164.36人，增幅达17.63%。2006年县镇小学(含教学点)的校均规模是784.46人，到2010年则增加到882.17人，平均每校增加了97.71人，增幅达12.46%。2006年农村小学(含教学点)的校均规模是174.49人，到2010年为193.64人，平均每校仅增加了19.15人，增幅达10.97%，城市小学的校均规模增幅最大。城市、县镇和农村小学校均规模呈倒梯形分布，城乡之间存在较大差距，截至2010年，城市、县镇和农村小学的校均规模分别为1 096.67人、882.17人、193.64人，农村比城市和县镇分别少了903.03人和688.53人(见表2.4)。

在初中阶段，2006—2010年间城市初中的校均规模呈逐渐上升的变化趋势，县镇初中的校均规模经历了先抑后扬又抑的曲线下降变化过程，农村初中的校均规模则呈逐渐下降的变化趋势，然而，初中校均规模总体趋势仍在下降。虽然从表面上看普通初中校均规模下降幅度不大，但是如果我们进一步观察就会发现，与城市和县镇相比，农村呈现相反的发展趋势(见图2.2)。2006年城市初中校均规模为1 319.58人，2010年达到1 450.71人，平均每校增加了131.13人。2006年县镇初中校均规模为1 339.02人，到2010年则为1 286.99人，平均每校减少了52.03人。2006年农村初中校均规模为726.25人，到2010年则减少到621.77人，平均每校减少了104.48人。从绝对数据来看，城市、县镇和农村初中校均规模呈倒梯形分布，城乡之间存在较大差距，截至2010年，城市、县镇和农村初中校均规模分别为1 450.71人、1 286.99人、621.77人，农村比城市和县镇分别少了828.94人和665.22人(见表2.4)。由此可见，义务教育阶段校均规模的下降主要源于农村中小学校均规模的萎缩。

表2.4　　2006—2010年城乡普通小学、普通初中校均规模　　单位：人

年份	普通小学(含教学点)				普通初中(含九年一贯制)			
	合计	城市	县镇	农村	合计	城市	县镇	农村
2006	248.64	932.31	784.46	174.49	979.77	1 319.58	1 339.02	726.25
2007	260.78	989.37	785.29	176.23	968.00	1 378.41	1 299.47	681.86
2008	271.95	1 025.22	818.32	179.22	966.06	1 404.03	1 306.34	655.31
2009	285.55	1 071.55	850.69	185.37	966.84	1 450.75	1 304.86	640.57
2010	306.43	1 096.67	882.17	193.64	962.76	1 450.71	1 286.99	621.77

① 校均规模是指平均每个学校现有的在校学生数。校均规模是评价学校办学规模的一个直接指标，也是判断农村学校布局调整力度的重要标准。

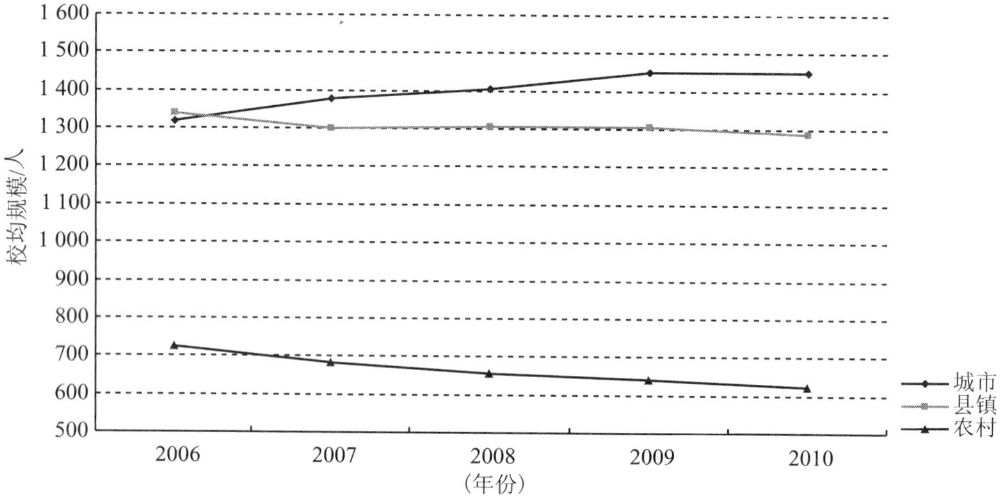

图 2.2 2006—2010 年普通初中(含九年一贯制)城乡校均规模变化趋势

3. 义务教育阶段城市和县镇大班额问题突出，初中阶段更为严峻

在小学阶段，虽然班均规模①在增加，但增加幅度并不显著。2006—2010 年城市和县镇小学(含教学点)的班均规模都呈现先扬后抑又扬的变化过程，农村小学(含教学点)则呈逐年增加的趋势。尽管 2006—2010 年，城市、县镇和农村小学(含教学点)班均规模的波动幅度并不大，但是，农村小学(含教学点)的班级规模基本保持稳定(31 人左右)，但城市和县镇小学(含教学点)的班级规模却都在 48 人左右，超过了国家规定的每班 45 人的警戒线(见表 2.5)。2007 年，OECD 国家小学平均班级规模为 21.4 人，其中，美国为 23.6 人，英国为 25.8 人，而我国城市、县镇和农村小学的平均班级规模分别为 48 人、49 人、32 人，远远高于 OECD 国家的平均水平。随着农民对优质教育的追求和选择性入学的大量出现，城市和县镇小学班级规模会有进一步加大的趋势，解决城市和县镇小学班级规模过大的问题已刻不容缓。

在初中阶段，尽管 2006—2010 年城市、县镇和农村班均规模都呈逐年减少的趋势，但是，从总体上看，城市、县镇和农村初中的班均规模均超过了国家规定的 50 人的警戒线(见表 2.5)。通过国际比较来看，2007 年，OECD 国家初中平均班级规模为 23.9 人，其中，美国为 24.3 人，英国为 22.6 人，而我国城市、县镇和农村初中的平均班级规模分别为 52 人、58 人、55 人，远远高于 OECD 国

① 班均规模是指平均每个班级现有的在校学生数。班均规模是判断学校教育教学质量的重要指标。

家的平均水平。初中阶段的大班级规模问题要比小学阶段更为严峻。

表 2.5 2006—2010 年城乡普通小学、普通初中班均规模 单位：人

年份	普通小学(含教学点)				普通初中(含九年一贯制)			
	合计	城市	县镇	农村	合计	城市	县镇	农村
2006	36.29	46.90	48.64	31.64	55.72	50.43	58.04	55.79
2007	36.78	47.71	48.69	31.59	55.17	51.28	57.69	54.52
2008	37.12	47.73	48.80	31.64	54.61	51.28	57.26	53.51
2009	37.39	47.52	48.66	31.82	53.80	50.99	56.35	52.40
2010	37.99	47.69	48.88	32.08	52.90	50.55	55.27	51.32

(二)城乡义务教育师资建设与配置状况

“择校”的实质是“择师”，教师资源是最重要的教育资源之一，教师资源均衡配置是实现义务教育均衡发展的必然条件。然而，我国长期存在义务教育教师身份不明确、城乡教师的政策不统一、区域内教师资源分配不均，以及“重点学校”政策和“以县为主”的教师工资政策的缺陷，都直接影响了义务教育教师资源的均衡配置。近年来，各级财政对农村义务教育的投入虽然不断增加，但师资队伍素质相对落后的局面仍无根本性转变，师资水平整体偏低已成为制约农村义务教育发展的关键因素，师资问题成了提升农村义务教育质量的瓶颈。

1. 义务教育阶段专任教师总量不断增加，农村中小学专任教师数量则逐年减少

由于学龄人口的逐年减少，以及学校布局调整政策的实施，普通中小学学校数、班级数、在校学生数在总量上都在持续减少，但专任教师总数却呈不断增加的趋势，这说明义务教育教师队伍在不断壮大，然而，从 2006—2010 年的分城乡数据看，义务教育师资配备在数量上仍然存在较大的城乡差异(见表 2.6)。

表 2.6 2006—2010 年城乡普通小学、普通初中专任教师数 单位：万人

年份	普通小学				普通初中			
	合计	城市	县镇	农村	合计	城市	县镇	农村
2006	559.29	83.02	119.80	356.46	347.78	61.28	133.82	152.68
2007	561.26	90.36	130.86	340.04	346.43	66.47	140.43	139.54
2008	562.19	92.96	135.51	333.73	346.90	68.24	144.26	134.40
2009	563.34	92.93	140.73	329.68	351.34	69.38	149.81	132.16
2010	561.71	94.73	147.92	319.06	351.38	69.55	152.32	129.51

在小学阶段，2006—2009 年小学专任教师数总体上呈逐年增多的趋势，

2010年专任教师数有所回落，但与2006年相比仍呈增长的变化趋势；在初中阶段，2006—2010年初中专任教师数总体上呈逐年增多的趋势，这与2006—2010年普通小学、普通初中在校生数并不存在完全对应关系。从分城乡数据来看，2006—2010年城市和县镇普通小学和初中专任教师数均呈增多的趋势，2009年城市普通小学专任教师数有所回落，但与2006年相比仍呈增加的趋势，农村普通小学和初中专任教师数则呈逐年递减的趋势(见表2.6)。总体来看，2006—2010年城市、县镇和农村普通小学、普通初中专任教师数的变化趋势与在校生数的变化趋势存在一定的对应关系。

表2.7　　2006—2010年城乡普通小学专任教师变动情况　　单位：万人

年份	增加教师				减少教师				净增教师(“—”代表净减人数)			
	合计	城市	县镇	农村	合计	城市	县镇	农村	合计	城市	县镇	农村
2006	68.84	8.58	15.13	45.13	69.37	8.78	11.06	49.53	—0.53	—0.20	4.07	—4.40
2007	69.03	11.06	15.93	42.04	66.51	8.37	12.39	45.76	2.52	2.69	3.54	—3.72
2008	65.74	9.69	15.30	40.76	64.82	7.96	11.76	45.11	0.92	1.73	3.54	—4.35
2009	67.23	8.99	16.84	41.40	66.08	7.77	11.93	46.39	1.15	1.22	4.91	—4.99
2010	62.20	8.73	16.27	37.20	63.84	7.55	12.69	43.60	—1.64	1.18	3.58	—6.40

注：普通小学专任教师变动情况中，“增加教师”包括录用毕业生、调入、校内调整和其他；“减少教师”包括自然减员、调出、校内调整和其他。

表2.8　　2006—2010年城乡普通初中专任教师变动情况　　单位：万人

年份	增加教师				减少教师				净增教师(“—”代表净减人数)			
	合计	城市	县镇	农村	合计	城市	县镇	农村	合计	城市	县镇	农村
2006	35.90	7.09	14.70	14.11	37.33	7.57	12.89	16.87	—1.43	—0.48	1.81	—2.76
2007	36.33	9.04	15.46	11.84	36.25	7.03	13.10	16.13	0.08	2.01	2.36	—4.29
2008	33.44	7.76	14.32	11.35	32.99	6.14	12.13	14.72	0.45	1.62	2.19	—3.37
2009	37.18	8.04	17.07	12.08	32.77	6.16	11.90	14.71	4.41	1.88	5.17	—2.63
2010	31.46	6.84	14.31	10.30	30.50	5.80	12.04	12.66	0.96	1.04	2.27	—2.36

注：普通初中专任教师变动情况中，“增加教师”包括录用毕业生、调入、校内调整和其他；“减少教师”包括自然减员、调出、校内调整和其他。

在小学阶段，2006—2010年普通小学专任教师数在总量上呈先扬后抑的变化趋势，2010年专任教师数有所回落。从分城乡数据看，2006—2010年城市和县镇普通小学的专任教师数每年都在增加，且县镇小学增加幅度最大，城市小学其次，农村普通小学专任教师数则每年都在大幅减少(见表2.7)。由此可见，普通小学专任教师的减少主要是农村小学专任教师的减少，这与在校学生数的变化趋势基本保持一致。

在初中阶段，2006—2010 年普通初中专任教师在总量上呈增加的变化趋势，尤其是 2009 年增加幅度最大。从分城乡数据看，除 2006 年城市初中专任教师数量有所减少之外，2006—2010 年城市和县镇初中专任教师每年均在增加，其中，县镇普通初中专任教师增加最多，城市其次，农村普通初中专任教师数则每年仍在不断减少(见表 2.8)。初中和小学专任教师的变动趋势基本保持一致。

2. 义务教育阶段师生比下降，教师配置状况得到改善

从师生比①来看，2006—2010 年普通小学、普通初中师生比总体上都呈逐渐提高的趋势。从分城乡数据来看，2006—2010 年城市、县镇和农村普通小学、普通初中师生比整体均呈提高的变化趋势，这与全国平均水平的变化趋势基本保持一致。在小学阶段，2006—2010 年城市和县镇的师生比均低于全国师生比的平均水平，农村的师生比则高于全国平均水平；在初中阶段，2006—2010 年城市和县镇的师生比均低于全国师生比的平均水平，县镇的师生比且低于城市和农村的师生比(见表 2.9)。这在一定程度上说明，按照师生比指标，小学阶段城市和县镇的教师资源比较短缺，而农村师资相对比较充裕；初中阶段城市和农村的师资比较充裕，县镇师资比较短缺。

2007 年世界各国小学师生比平均为 1∶25，发达国家小学师生比平均为 1∶14，转型国家小学师生比平均为 1∶17，发展中国家小学师生比平均为 1∶27。即使是经济合作与发展组织(OECD)国家，中小学的师生比亦存在显著差异。如美国小学的师生比是 1∶14，韩国小学的师生比则为1∶26；美国初中师生比是 1∶14，巴西初中师生比则为 1∶20。我国 2007 年小学师生比是 1∶19，初中师生比 1∶17，远远低于世界平均水平，与转型国家平均水平相近，在发展中国家处于领先地位。一般来说，师生比随着教育级别的提高而降低。在发达国家，小学和初中的师生比非常接近，如美国小学和初中的师生比均为 1∶14，英国小学和初中的师生比为 1∶18，1∶16；而在发展中国家，小学和初中的师生比相差较大。这些差异表明了各国对各级教育的重视程度，同时还反映出教师队伍的调整滞后于人口发展，滞后于教育需求。在很多发展中国家，高师生比与高辍学率有关，这反映了教育数量与质量之间的密切关系，教育质量低下的地区，入学率往往呈下降趋势，相反，师生比的下降则表明教育质量的提高。

---

① 师生比是指每个教师所负担的学生数。高等教育阶段，师生比的计算是专任教师数加上外聘教师数的 50%与在校学生数的比值。义务教育阶段，师生比的计算有两种：一是专任教师数与在校学生数的比值；二是教职工数与在校学生数与的值。由于国家统计数据采用的计算公式是专任教师数与在校学生数的比值，所以为了统一研究口径，我们对师生比的分析也采用这一计算公式。

表 2.9 2006—2010 年城乡普通小学、普通初中师生比情况

年份	普通小学				普通初中			
	合计	城市	县镇	农村	合计	城市	县镇	农村
2006	1∶19.15	1∶19.32	1∶20.30	1∶18.73	1∶17.07	1∶15.50	1∶18.11	1∶16.79
2007	1∶18.82	1∶19.49	1∶19.50	1∶18.38	1∶16.52	1∶15.76	1∶17.30	1∶16.08
2008	1∶18.38	1∶19.41	1∶19.20	1∶17.75	1∶16.07	1∶15.64	1∶16.93	1∶15.36
2009	1∶17.88	1∶19.14	1∶18.74	1∶17.15	1∶15.47	1∶15.26	1∶16.29	1∶14.64
2010	1∶17.70	1∶19.22	1∶18.73	1∶16.77	1∶15.01	1∶15.23	1∶15.97	1∶13.78

3. 按照师班比指标，农村小学教师资源紧张，初中阶段则差距不大

从师班比①来看，2006—2010 年普通小学、普通初中师班比总体上均呈逐渐降低的趋势，这与师生比反映的变化呈相反趋势。从分城乡数据来看，除城市普通小学外，2006—2010 年城市、县镇和农村普通小学、普通初中师班比整体均呈降低的变化趋势，与全国平均水平的变化趋势保持一致。在小学阶段，2006—2010 年城市和县镇的师班比均低于全国师班比的平均水平，农村的师班比则高于全国平均水平；在初中阶段，2006—2010 年城市和县镇的师班比均高于全国师班比的平均水平，农村的师班比则低于全国平均水平(见表 2.10)。这在一定程度上说明，按照师班比指标，小学阶段城市和县镇的教师资源比较短缺，而农村师资相对比较充裕；初中阶段城市和县镇的师资比较充裕，而农村师资比较短缺。这与按照师生比指标所得出的结论并不一致。

表 2.10 2006—2010 年城乡普通小学、普通初中师班比情况

年份	普通小学				普通初中			
	合计	城市	县镇	农村	合计	城市	县镇	农村
2006	1∶1.89	1∶2.43	1∶2.40	1∶1.69	1∶3.26	1∶3.25	1∶3.20	1∶3.32
2007	1∶1.95	1∶2.45	1∶2.50	1∶1.72	1∶3.34	1∶3.25	1∶3.33	1∶3.39
2008	1∶2.02	1∶2.46	1∶2.54	1∶1.78	1∶3.40	1∶3.28	1∶3.38	1∶3.48
2009	1∶2.09	1∶2.48	1∶2.60	1∶1.85	1∶3.48	1∶3.34	1∶3.46	1∶3.58
2010	1∶2.15	1∶2.28	1∶2.61	1∶1.91	1∶3.52	1∶3.32	1∶3.46	1∶3.72

① 师班比是指每个班级配备的教师数，师班比的计算是指专任教师数与班级数的比值。

4. 义务教育阶段专任教师整体学历层次不断提升，但城乡依然存在较大差距

教师学历结构是反映教师素质和教育教学水平的一个重要指标，同时也是衡量教育教学质量高低的一个重要标准。通过城乡义务教育阶段教师学历结构的分布情况以及高学历(本科以上)教师所占比例，可以发现义务教育阶段师资水平的城乡差距状况。

在小学阶段，2006—2010年城市普通小学研究生及本科学历的教师数量呈逐年上升的趋势，与此同时，专科及以下学历的教师数则呈逐年减少的趋势，其中，本科学历的教师数增加幅度最大；2006—2010年县镇普通小学专任教师研究生、本科和专科学历的教师数呈逐年上升的趋势，与此同时，高中及高中以下学历的教师数则呈逐年减少的趋势；2006—2010年农村普通小学专任教师研究生及本科学历的教师数呈逐年上升的趋势，与此同时，专科及以下学历的教师数则呈逐年减少的趋势，这与城市普通小学的专任教师职称结构变化趋势保持一致。城市、县镇和农村普通小学都是本科学历的教师数增加幅度最大(见表2.11)。

表2.11　　2006—2010年城乡普通小学专任教师学历结构　　单位：万人

年份	城乡	合计	研究生	本科	专科	高中	高中以下
2006	城市	82.82	0.13	21.08	47.15	14.24	0.22
	县镇	123.88	0.04	13.06	76.60	33.58	0.59
	农村	352.06	0.04	16.88	171.80	157.81	5.52
2007	城市	90.36	0.16	28.01	48.91	13.10	0.19
	县镇	130.86	0.04	18.11	81.13	31.08	0.50
	农村	340.04	0.04	22.41	176.58	136.67	4.35
2008	城市	92.96	0.24	34.32	47.22	11.03	0.16
	县镇	135.51	0.05	23.83	83.18	28.04	0.40
	农村	333.73	0.05	29.56	180.02	120.53	3.56
2009	城市	92.93	0.33	40.19	43.66	8.64	0.11
	县镇	140.73	0.07	31.19	84.44	24.70	0.34
	农村	329.68	0.07	39.67	181.96	105.07	2.91
2010	城市	94.73	0.44	45.65	41.48	7.07	0.09
	县镇	147.92	0.11	38.40	86.64	22.48	0.29
	农村	319.05	0.10	48.47	178.45	89.72	2.31

在初中阶段，2006—2010年城市、县镇和农村普通初中专任教师研究生及本科学历的教师数量呈逐年上升的趋势，与此同时，专科及以下学历的教师数量则呈逐年减少的趋势，其中，城市初中研究生和本科学历的教师数量增加幅度都

较大，而县镇和农村普通初中本科学历的教师数量增加幅度最大。初中阶段教师学历结构变动情况与小学阶段基本保持一致(见表2.12)。

表2.12 **2006—2010年城乡普通初中专任教师学历结构** 单位：万人

年份	城乡	合计	研究生	本科	专科	高中	高中以下
2006	城市	60.80	0.50	41.13	18.43	0.72	0.02
	县镇	135.63	0.22	55.59	75.68	4.05	0.09
	农村	149.92	0.14	44.79	97.20	7.62	0.18
2007	城市	66.47	0.69	47.15	18.00	0.62	0.02
	县镇	140.43	0.25	65.46	71.21	3.42	0.08
	农村	139.54	0.14	50.04	83.74	5.47	0.13
2008	城市	68.24	0.87	50.94	15.90	0.50	0.02
	县镇	144.26	0.31	75.61	65.42	2.86	0.06
	农村	134.40	0.17	56.72	73.30	4.11	0.10
2009	城市	69.38	1.14	54.21	13.62	0.39	0.01
	县镇	149.81	0.42	87.82	59.24	2.30	0.05
	农村	132.16	0.20	65.08	63.61	3.20	0.07
2010	城市	70.61	1.49	56.88	11.91	0.32	0.01
	县镇	154.59	0.53	97.08	55.03	1.91	0.04
	农村	127.15	0.25	69.45	54.97	2.43	0.05

从高学历教师比例来看，无论是小学阶段还是初中阶段，2006—2010年本科以上学历的专任教师比例均呈逐年上升的变化趋势，这说明教师的整体学历层次在不断提升。但是，从分城乡的数据来看，无论是小学阶段还是初中阶段均呈倒梯形分布，即城市教师学历层次高于县镇，县镇高于农村。从本科以上学历教师比例的提高幅度来看，2006—2010年小学阶段城市教师高学历教师比例提升幅度最大，提高了23.04个百分点，县镇其次，提高了15.46个百分点，农村提升幅度最小，只提高了10.41个百分点；与小学阶段正好相反，2006—2010年初中阶段农村教师高学历教师比例提升幅度最大，提高了24.85个百分点，县镇其次，提高了21.99个百分点，城市提升幅度最小，提高了14.20个百分点(见表2.13)。尽管如此，无论是小学阶段还是初中阶段，城市、县镇、农村专任教师整体学历层次均存在较大的差距，进一步提高农村中小学教师学历水平仍然是未来需要重点解决的问题之一。

表 2.13　2006—2010 年城乡普通小学、普通初中本科以上学历专任教师比例　单位：%

年份	普通小学				普通初中			
	合计	城市	县镇	农村	合计	城市	县镇	农村
2006	11.51	25.61	10.57	4.81	41.11	68.47	41.15	29.97
2007	12.25	31.18	13.87	6.60	47.26	71.97	46.79	35.96
2008	15.66	37.18	17.62	8.87	53.22	75.92	52.63	42.33
2009	19.80	43.60	22.21	12.05	59.45	79.78	58.90	49.39
2010	23.71	48.65	26.03	15.22	64.05	82.67	63.14	54.82

5. 义务教育阶段高级职称教师比例仍然存在城乡差距，初中阶段差距大于小学阶段

教师职称结构是反映教师素质和教育教学水平的一个重要指标，同时也是衡量教育教学质量高低的一个重要标准。通过城乡义务教育阶段教师职称结构的分布情况以及高级职称(中学高级)教师所占比例，可以反映义务教育阶段师资水平城乡的差距状况。

在小学阶段，2006—2010 年城市普通小学中学高级和小学高级职称教师数呈逐年上升的趋势，小学一级职称的教师数呈先扬后抑的变化趋势，小学二级职称的教师数呈逐年减少的趋势，与此同时，小学三级及未评职称的教师数则呈逐年增多的趋势。2006—2010 年县镇普通小学中学高级、小学高级和小学一级职称的教师数呈逐年上升的趋势，小学二级职称的教师数呈减少的变化趋势，小学三级职称的教师数呈先扬后抑的变化趋势，未评职称的教师数则呈逐年增多的趋势。2006—2010 年农村普通小学中学高级和小学高级职称的教师数呈增长的变化趋势，2010 年小学高级职称的教师数稍有回落但总体仍呈不断增长的变化趋势，小学一级、小学二级和小学三级职称的教师数呈逐年减少的趋势，与此同时，未评职称的教师数则呈逐年增多的变化趋势(见表 2.14)。农村普通小学专任教师职称结构变化呈现两极化分布，具有高级职称教师数和未评职称教师数均不断增长，这与城市和县镇小学并不一致。

表 2.14　2006—2010 年城乡普通小学专任教师职称结构　单位：万人

年份	城乡	合计	中学高级	小学高级	小学一级	小学二级	小学三级	未评职称
2006	城市	82.82	0.89	43.01	29.19	3.65	0.37	5.71
	县镇	123.88	0.79	60.88	49.07	6.64	0.49	6.00
	农村	352.06	1.14	149.20	152.45	28.46	1.52	19.29

续表

年份	城乡	合计	中学高级	小学高级	小学一级	小学二级	小学三级	未评职称
2007	城市	90.36	1.12	48.29	31.03	3.33	0.39	6.18
	县镇	130.86	1.00	66.49	50.49	5.80	0.55	6.53
	农村	340.04	1.28	152.32	144.15	23.24	1.28	17.78
2008	城市	92.96	1.36	51.21	30.48	2.97	0.41	6.53
	县镇	135.51	1.27	71.50	50.20	4.92	0.46	7.15
	农村	333.73	1.56	156.85	136.37	19.04	1.08	18.83
2009	城市	92.93	1.64	51.80	29.71	2.66	0.40	6.71
	县镇	140.73	1.68	76.14	50.20	4.39	0.46	7.86
	农村	329.68	1.93	160.17	130.01	16.97	1.07	19.54
2010	城市	94.73	1.94	53.02	29.88	2.50	0.37	7.02
	县镇	147.93	2.12	81.09	51.24	4.21	0.44	8.83
	农村	319.06	2.40	157.62	121.92	15.10	0.99	21.03

在初中阶段，2006—2010年城市普通初中中学高级、中学一级和中学二级职称的教师数呈逐年上升的趋势，中学三级职称的教师数呈逐年减少的趋势，与此同时，未评职称的教师数则呈逐年增多的趋势。2006—2010年县镇普通初中中学高级、中学一级和中学二级职称的教师数呈逐年上升的趋势，中学三级职称的教师数呈逐渐减少的趋势，未评职称的教师数则变化不大，基本保持稳定。2006—2010年农村普通初中中学高级职称的教师数呈逐年上升的趋势，中学一级职称的教师数呈波状下降的变化趋势，中学二级、中学三级及未评职称的教师数则呈逐年减少的趋势(见表2.15)。2006—2010年城市和县镇初中教师职称结构变化情况基本一致，农村初中高级职称教师比例增长较快，这与小学阶段的变化趋势并不相同。同时，初中阶段拥有高级职称的教师数远远高于小学阶段，截至2010年，小学阶段城市、县镇和农村具有高级职称教师数分别是1.94万人、2.12万人、2.40万人，初中阶段分别是15.50万人、17.12万人、11.35万人。

表2.15　　2006—2010年城乡普通初中专任教师职称结构　　单位：万人

年份	城乡	合计	中学高级	中学一级	中学二级	中学三级	未评职称
2006	城市	60.80	10.74	26.24	18.42	1.45	3.94
	县镇	135.63	9.09	54.07	54.55	8.38	9.54
	农村	149.92	6.92	52.83	64.04	13.15	12.99

续表

年份	城乡	合计	中学高级	中学一级	中学二级	中学三级	未评职称
2007	城市	66.47	12.33	28.65	20.06	1.40	4.03
	县镇	140.43	10.52	57.92	55.23	7.60	9.15
	农村	139.54	7.65	51.61	58.69	10.82	10.76
2008	城市	68.24	13.51	29.47	20.02	1.20	4.04
	县镇	144.26	12.51	61.26	54.93	6.28	9.28
	农村	134.40	8.79	51.64	55.32	8.63	10.01
2009	城市	69.38	14.60	29.71	19.94	1.03	4.10
	县镇	149.81	14.75	65.00	55.33	5.16	9.56
	农村	132.16	10.22	52.11	52.82	6.98	10.03
2010	城市	70.60	15.50	30.11	19.96	0.96	4.07
	县镇	154.59	17.12	68.11	55.33	4.50	9.53
	农村	127.15	11.35	50.88	49.48	5.67	9.77

从高级职称教师比例来看，无论是小学阶段还是初中阶段，2006—2010年具有高级职称的专任教师比例均呈逐年上升的变化趋势，这说明教师的整体职称层次在不断提升。从分城乡的数据比较来看，无论是小学阶段还是初中阶段均呈倒梯形分布，即城市教师学历层次高于县镇，县镇高于农村，并且这一态势在初中阶段表现更为明显。尽管农村中小学具有高级职称的教师比例增加较快，但是城乡差距逐年扩大的趋势也较为明显。从具有高级职称教师比例的提高幅度来看，在小学阶段，2006—2010年城市具有高级职称教师比例提升幅度最大，提高了1个百分点，县镇其次，提高了0.79个百分点，农村提升幅度最小，提高了0.43个百分点；在初中阶段，城市、县镇、农村具有高级职称教师比例提升幅度差距并不明显，城市提高了4.29个百分点，县镇提高了4.37个百分点，农村提高了4.31个百分点(见表2.16)。由此可见，无论是具有高级职称的专任教师数还是具有高级职称专任教师比例的提高幅度，初中阶段都要远远高于小学阶段。

表2.16　2006—2010年城乡普通小学、普通初中高级职称(中学高级)专任教师比例　单位：%

年份	普通小学(含教学点)				普通初中(含九年一贯制)			
	合计	城市	县镇	农村	合计	城市	县镇	农村
2006	0.50	1.07	0.64	0.32	7.72	17.66	6.70	4.62
2007	0.61	1.24	0.76	0.38	8.80	18.55	7.49	5.37

续表

年份	普通小学(含教学点)				普通初中(含九年一贯制)			
	合计	城市	县镇	农村	合计	城市	县镇	农村
2008	0.75	1.46	0.94	0.47	10.03	19.80	8.67	6.54
2009	0.93	1.76	1.19	0.59	11.26	21.04	9.85	7.73
2010	1.15	2.07	1.43	0.75	12.48	21.95	11.07	8.93

6. 小学教师存在老龄化现象，初中阶段教师年龄结构较为合理

年龄结构是学校教师长期聚集和更替所构成的自然形态的反映。理想的年龄结构状况应当是老中青相结合，并以中青年为主体，三者构成合理的比例。合理的教师年龄构成是反映教师整体素质高低的重要指标之一。

关于中小学教师的年龄限定，国家没有出台相关的标准，学术界也没有统一的观点。《国家教育督导报告》一般采用46岁以上的教师占全体教师的比例来反映教师的年龄结构是否合理，本研究沿用这一界定。在小学阶段，2006—2010年普通小学46岁以上教师的比例分别为29.04%、29.07%、29.46%、30.20%、30.08%，尽管2010年有所回落，但总体呈递增的变化趋势；30岁以下的教师比例分别为29.78%、28.33%、26.97%、25.29%、23.91%，呈逐年递减的变化趋势(见表2.17)，这在一定程度上说明普通小学存在教师老龄化现象，并且这种现象日益趋于严重化。在初中阶段，2006—2010年普通初中专任教师46岁以上的教师比例分别为13.56%、13.70%、14.22%、15.30%、16.06%，呈逐年递增的变化趋势；30岁以下的教师比例分别为35.79%、33.09%、30.75%、28.39%、26.51%，呈逐年递减的变化趋势(见表2.17)。与小学阶段相比，初中阶段的教师年龄结构分布较为合理。

表2.17 2006—2010年普通小学、普通初中专任教师年龄结构分布比例 单位:%

年份	普通小学(含教学点)			普通初中(含九年一贯制)		
	30岁以下	31～45岁	46岁以上	30岁以下	31～45岁	46岁以上
2006	29.78	41.18	29.04	35.79	50.65	13.56
2007	28.33	42.60	29.07	33.09	53.21	13.70
2008	26.97	43.57	29.46	30.75	55.02	14.22
2009	25.29	44.51	30.20	28.39	56.30	15.30
2010	23.91	46.00	30.08	26.51	57.43	16.06

(三)城乡义务教育办学条件发展状况

学校办学条件的建设和改善是实现义务教育均衡发展的物质基础，学校标准

化建设工程的实施是实现义务教育均衡发展的必要条件。义务教育阶段学校办学条件包括校舍的面积及其质量、教学仪器设备、计算机、图书等。其中，校舍建筑面积及其质量是办学的最基本保证，直接反映一个学校办学条件的状况，而图书、计算机、教学仪器设备拥有量的差异，则反映了校际之间在保障学校教育质量方面教育教学设施的差距。学校标准化建设的达标情况则从整体上反映了学校基础设施、教育教学设备以及信息化的建设情况，也从一定程度上反映了城乡义务教育学校标准化建设的实施状况。

1. 基本办学条件城乡差距依然存在，中小学计算机数量普遍不足，危房增加问题突出

在小学阶段，2006—2010 年城市、县镇和农村小学的生均办学条件变化趋势基本保持一致。其中，生均校舍面积呈逐年增加的变化趋势；生均体育场馆面积呈逐年减少的变化趋势；生均危房面积 2010 年略有回落，但总体仍呈增多的发展趋势；生均仪器设备总值和生均计算机台数变化不大，基本保持稳定；其余指标则呈略微增长的变化趋势。从分城乡数据来看，除生均校舍面积和生均体育场馆面积农村高于城市和县镇之外，城市、县镇和农村各项指标均呈倒梯形分布，即城市高于县镇，县镇高于农村(见表 2.18)。值得注意的是，无论是城市、县镇还是农村小学计算机数量都明显不足，危房问题突出。

表 2.18　　2006—2010 年城乡普通小学办学条件生均情况

年份	城乡	生均校舍建筑面积(平方米)	生均危房面积(平方米)	生均体育场馆面积(平方米)	生均固定资产总值(万元)	生均仪器设备总值(万元)	生均计算机台数(台)	生均图书藏量(册)	生均电子图书藏量(册、GB)①
2006	城市	5.30	0.04	4.24	0.52	0.07	0.08	16.82	3.36
	县镇	4.85	0.15	4.99	0.35	0.03	0.05	13.80	0.77
	农村	5.74	0.37	9.48	0.28	0.02	0.03	13.13	0.48
2007	城市	5.30	0.03	4.01	0.54	0.07	0.08	16.65	2.80
	县镇	4.95	0.10	5.01	0.39	0.04	0.05	14.02	1.05
	农村	5.86	0.28	9.48	0.28	0.02	0.03	13.38	1.49
2008	城市	5.23	0.06	3.83	0.56	0.07	0.08	16.45	2.81
	县镇	4.93	0.15	4.84	0.39	0.04	0.05	14.15	1.22
	农村	6.00	0.34	9.27	0.30	0.02	0.03	13.74	0.62

① 需要加以说明的是，2008 年之前电子图书藏量单位为“册”，自 2009 年开始，电子图书藏量单位由“册”改为“GB”，因此数据显示异常。

续表

年份	城乡	生均校舍建筑面积(平方米)	生均危房面积(平方米)	生均体育场馆面积(平方米)	生均固定资产总值(万元)	生均仪器设备总值(万元)	生均计算机台数(台)	生均图书藏量(册)	生均电子图书藏量(册、GB)①
2009	城市	5.37	0.29	3.77	0.73	0.07	0.07	17.20	0.24
	县镇	5.07	0.63	4.74	0.43	0.04	0.04	14.52	0.13
	农村	6.21	1.29	9.02	0.33	0.02	0.03	13.81	0.14
2010	城市	5.54	0.22	3.75	0.63	0.07	0.07	17.46	0.31
	县镇	5.18	0.53	4.73	0.52	0.04	0.04	14.99	0.14
	农村	6.39	1.20	9.06	0.44	0.02	0.03	14.47	0.16

在初中阶段，2006—2010年城市、县镇和农村初中生均办学条件变化趋势基本保持一致，这与小学阶段基本相同。其中，生均校舍面积和生均体育场馆面积呈逐年增加的变化趋势；生均危房面积2010年略有回落但与2006年相比仍呈增多的发展趋势；生均仪器设备总值和生均计算机台数变化不大，略有上升；其余指标则呈略微增长的变化趋势。从分城乡数据来看，除生均校舍面积和生均体育场馆面积农村高于城市和县镇之外，其余各项指标城市均明显优于县镇和农村，县镇和农村初中的办学水平则基本一致，没有较大差距(见表2.19)。值得注意的是，无论是城市、县镇还是农村初中计算机数量都明显不足，并且初中和小学也无明显差异，因此，加强普通中小学的信息化建设水平应成为当务之急。此外，危房增加是义务教育阶段的一个突出问题，事关学生人身安全，应引起足够的重视(见图2.3)。

表2.19　　2006—2010年城乡普通初中办学条件生均情况

年份	城乡	生均校舍建筑面积(平方米)	生均危房面积(平方米)	生均体育场馆面积(平方米)	生均固定资产总值(万元)	生均仪器设备总值(万元)	生均计算机台数(台)	生均图书藏量(册)	生均电子图书藏量(册、GB)
2006	城市	6.35	0.05	4.99	0.63	0.08	0.08	14.31	2.21
	县镇	6.04	0.18	5.75	0.41	0.03	0.05	13.63	0.82
	农村	6.74	0.29	8.46	0.36	0.04	0.05	16.72	0.60
2007	城市	6.59	0.04	4.95	0.65	0.07	0.08	14.56	2.59
	县镇	6.44	0.14	5.90	0.45	0.04	0.05	14.54	1.03
	农村	7.35	0.27	8.86	0.40	0.04	0.06	18.07	0.75

① 需要加以说明的是，2008年之前电子图书藏量单位为“册”，自2009年开始，电子图书藏量单位由“册”改为“GB”，因此数据显示异常。

续表

年份	城乡	生均校舍建筑面积（平方米）	生均危房面积（平方米）	生均体育场馆面积（平方米）	生均固定资产总值（万元）	生均仪器设备总值（万元）	生均计算机台数（台）	生均图书藏量（册）	生均电子图书藏量（册、GB）
2008	城市	6.93	0.09	5.01	0.72	0.08	0.09	15.25	2.65
	县镇	6.71	0.19	5.88	0.48	0.04	0.05	15.23	1.35
	农村	7.96	0.36	9.25	0.46	0.04	0.07	19.58	1.42
2009	城市	7.23	0.35	4.94	0.78	0.09	0.07	15.84	0.19
	县镇	7.11	0.84	5.97	0.42	0.04	0.05	16.33	0.16
	农村	8.60	1.39	9.50	0.53	0.05	0.06	20.61	0.20
2010	城市	7.62	0.27	5.11	0.87	0.09	0.08	16.60	0.23
	县镇	7.67	0.76	6.20	0.64	0.05	0.05	17.05	0.14
	农村	9.31	1.31	9.90	0.61	0.05	0.07	22.22	0.20

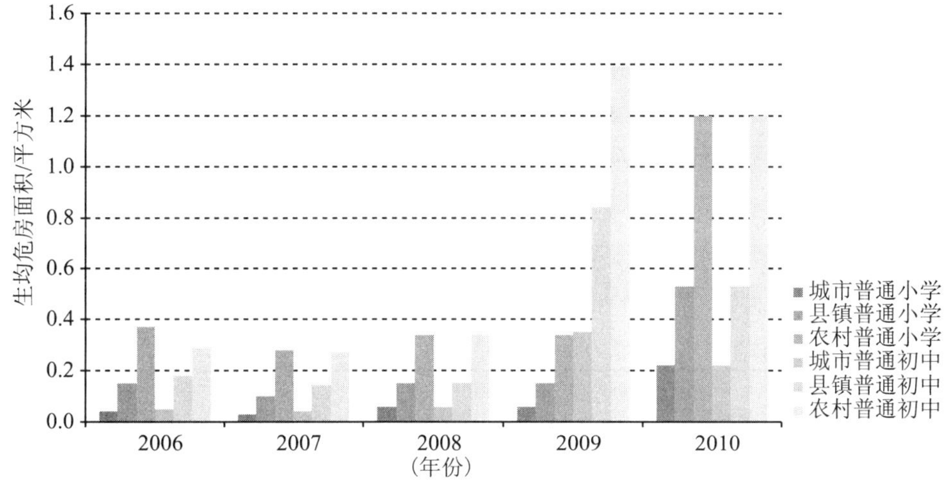

图 2.3　2006—2010 年城乡普通小学、普通初中生均危房面积

2. 义务教育阶段办学条件学校达标比例存在城乡差距，农村中小学建立校园网比例偏低

在小学阶段，2006—2010 年城市普通小学办学条件各项指标达标学校比例均呈逐年增长的发展趋势，而县镇和农村小学除了建立校园网学校比例呈逐年增长的发展趋势外，其余各项指标达标学校比例则均呈先扬后抑又扬的变化过程，但与 2006 年相比，总体上各项指标仍呈增长的变化趋势。从分城乡的绝对数据

比较来看，城市、县镇和农村呈现明显的倒梯形分布，即城市优于县镇，县镇明显优于农村，城市、县镇和农村小学之间存在较大差距，尤其在建立校园网学校比例上，截至2010年，城市、县镇和农村小学建立校园网的学校比例分别为63.86%、34.39%、7.09%，与城市和县镇相比，农村分别低了56.77和27.30个百分点(见表2.20)。

表2.20　2006—2010年城乡普通小学办学条件学校达标比例　单位:%

年份	城乡	体育场馆面积达标比例	体育器械配备达标比例	音乐器械配备达标比例	美术器械配备达标比例	教学自然实验仪器达标比例	建立校园网比例
2006	城市	62.90	71.34	69.78	66.81	72.15	50.49
	县镇	63.47	64.37	60.06	57.32	69.21	26.15
	农村	39.79	33.94	29.88	28.73	38.26	4.34
2007	城市	64.61	71.91	70.79	68.54	72.47	54.49
	县镇	64.31	64.92	60.92	58.46	69.54	26.77
	农村	40.71	34.96	31.15	30.11	38.96	4.93
2008	城市	64.77	73.30	71.59	69.89	73.30	57.39
	县镇	64.47	65.41	61.64	59.75	69.18	28.93
	农村	41.20	35.87	32.40	31.46	39.23	5.57
2009	城市	65.06	75.30	74.10	72.89	75.90	62.05
	县镇	63.23	64.52	60.97	59.03	67.74	31.61
	农村	39.53	34.74	31.53	30.71	37.92	6.19
2010	城市	67.47	77.71	76.51	75.30	77.71	63.86
	县镇	64.01	65.61	62.42	60.83	67.83	34.39
	农村	40.35	36.48	33.55	32.94	38.51	7.09

在初中阶段，2006—2010年城市普通初中办学条件各项指标达标学校比例均呈逐年增长的发展趋势，而县镇和农村普通初中除了建立校园网学校比例呈逐年增长的发展趋势外，其余各项指标达标学校比例则均呈先扬后抑又扬的变化过程，但与2006年相比，总体上各项指标仍呈增长的变化趋势，这与小学阶段的变化趋势基本保持一致。从分城乡数据比较来看，城市、县镇和农村呈现明显的倒梯形分布，即城市优于县镇，县镇优于农村。但是，与小学阶段相比，初中阶段城市、县镇和农村学校之间的差距明显变小，其中，在建立校园网学校比例上，截至2010年，城市、县镇和农村初中建立校园网的学校比例分别为71.23%、51.85%、36.59%，与城市和县镇相比，农村分别低了34.64和15.26个百分点(见表2.21)。

表 2.21 2006—2010 年城乡普通初中办学条件学校达标比例 单位:%

年份	城乡	体育场馆面积达标比例	体育器械配备达标比例	音乐器械配备达标比例	美术器械配备达标比例	理科实验仪器达标比例	建立校园网比例
2006	城市	66.74	70.86	68.31	66.54	75.54	58.26
	县镇	72.23	70.70	62.70	61.61	77.73	38.71
	农村	65.58	60.35	51.67	50.20	68.48	23.55
2007	城市	68.42	73.68	71.05	69.74	77.63	61.84
	县镇	73.26	71.66	64.17	63.10	78.07	40.64
	农村	66.87	61.70	53.80	52.58	69.60	27.66
2008	城市	69.74	73.68	71.05	69.74	78.95	65.79
	县镇	73.26	71.66	64.71	63.64	78.07	43.85
	农村	66.67	61.90	54.92	53.65	69.52	30.16
2009	城市	69.86	75.34	72.60	71.23	79.45	68.49
	县镇	71.66	70.59	64.17	63.64	77.54	48.13
	农村	64.90	60.93	53.97	52.98	68.87	33.77
2010	城市	71.23	76.71	73.97	73.97	80.82	71.23
	县镇	74.07	73.02	67.20	66.67	78.84	51.85
	农村	65.85	62.37	55.75	55.05	69.69	36.59

(四)城乡义务教育经费投入状况

在义务教育阶段，政府是主要的责任主体，政府的预算内教育财政拨款是影响义务教育发展的最重要因素之一，而预算内经费能够比较准确地反映政府财政资金对义务教育的支持程度。由于预算内教育事业费主要包括人员经费和公用经费，而教育质量在很大程度上取决于教学设备和教师水平，较多的教育经费不仅可以购买较先进的教学设备，也可以吸引较高水平的教师。因此，本研究选取了预算内教育经费、预算内教育事业费、预算内公用经费作为研究指标。

1. 义务教育阶段教育经费投入不断增长，但城乡差距并没有相应减小

在小学阶段，2005—2009 年全国小学和农村小学的生均预算内教育经费、生均预算内教育事业费、生均预算内公用经费均按照一定比例呈逐年增长的变化趋势。其中，普通小学分别增长了 2 064.05 元、2 030.68 元、577.18 元，增长幅度达到了 151.64%、153.00%、346.61%；农村小学分别增长了 2 006.00 元、1 973.20 元、548.31 元，增长幅度达到了 163.05%、163.77%、385.46%(见表 2.22)。由数据可知，2006—2009 年农村小学生均教育经费呈快速增长的发展趋势，甚至高于全国小

学，但是，农村小学的生均预算内教育经费、生均预算内教育事业费、生均预算内公用经费均低于全国，截至2009年，分别低了188.95元、179.84元、53.14元。

表2.22　2005—2009年全国小学、农村小学生均预算内教育经费状况①　单位：元

教育经费		2005年	2006年	2007年	2008年	2009年
全国小学	生均预算内教育经费	1 361.16	1 671.51	2 231.11	2 788.55	3 425.21
	生均预算内教育事业费	1 327.24	1 633.51	2 207.04	2 757.53	3 357.92
	生均预算内公用经费	166.52	270.94	425.00	616.28	743.70
农村小学	生均预算内教育经费	1 230.26	1 531.24	2 099.65	2 640.79	3 236.26
	生均预算内教育事业费	1 204.88	1 505.51	2 084.28	2 617.59	3 178.08
	生均预算内公用经费	142.25	248.53	403.76	581.88	690.56

2. 初中阶段城乡差距更为明显，农村义务教育经费投入应进一步改善

在初中阶段，2005—2009年全国初中和农村初中的生均预算内教育经费、生均预算内教育事业费、生均预算内公用经费均按照一定比例呈逐年增长的变化趋势。其中，普通初中分别增长了2 976.90元、2 833.37元、929.10元，增长幅度达到了190.58%、189.11%、398.96%；农村初中分别增长了2 912.40元、2 750.99元、928.37元，增长幅度达到了214.87%、209.26%、481.64%（见表2.23）。由数据可知，2006—2009年农村初中生均教育经费呈快速增长的发展趋势，甚至高于全国初中，但是，农村初中的生均预算内教育经费、生均预算内教育事业费、生均预算内公用经费均低于全国初中，截至2009年，分别低了271.23元、265.99元、40.86元。由此可见，初中阶段的教育经费增长幅度要高于小学阶段，但是，尽管义务教育经费投入在不断增多，城乡差距却并没有相应缩小，尤其是初中阶段，城乡差距更为明显，农村义务教育经费投入状况仍需进一步改善。

表2.23　2005—2009年全国初中、农村初中生均教育经费状况　单位：元

教育经费		2005年	2006年	2007年	2008年	2009年
全国初中	生均预算内教育经费	1 562.01	1 962.93	2 731.64	3 645.49	4 538.91
	生均预算内教育事业费	1 498.25	1 896.56	2 679.42	3 543.25	4 331.62
	生均预算内公用经费	232.88	378.42	614.47	936.38	1 161.98

① 本研究中的"城乡"主要根据居住区域来划分的，在《中国教育统计年鉴》中将全国划分为城市、县镇和农村，而在《中国教育经费统计年鉴》中只有农村的统计数据，特此注明。此外，由于2010年的《中国教育经费统计年鉴》至今尚未公开出版发行，故本部分仅分析2005—2009年的教育经费数据。

续表

教育经费		2005 年	2006 年	2007 年	2008 年	2009 年
农村初中	生均预算内教育经费	1 355.40	1 763.75	2 465.46	3 390.06	4 267.68
	生均预算内教育事业费	1 314.64	1 717.22	2 433.28	3 303.16	4 065.63
	生均预算内公用经费	192.75	346.04	573.44	892.09	1 121.12

自 2007 年开始，生均预算内教育经费、生均预算内教育事业费、生均预算内公用经费的增长都有了大幅度提高，农村义务教育经费保障新机制的全面实施是一个重要的影响因素。农村义务教育经费保障新机制的实施虽然在一定程度上提高了农村义务教育公用经费的保障水平，但是从总体来看仍然偏低，难以满足学校的正常需要(见图 2.4)。在校学生数是衡量学校规模及学校发展所需公用经费的重要参照量，政府对农村义务教育公用经费的划拨都是以生均公用经费为标准、按照学生数进行的。小规模学校由于学生数量少，获得经费总量就低，无法达到"最小有效规模"①，其办学成本相对较高，然而作为独立的基层教学单位，其日常教育教学开支一项都不能少，难免出现收支不平衡和入不敷出的情况，造成学校日常教育教学工作无法正常运转。我国农村义务教育阶段小规模学校占较大比例，因此，对农村中小学校仅仅按生均成本进行拨付经费是不科学的。

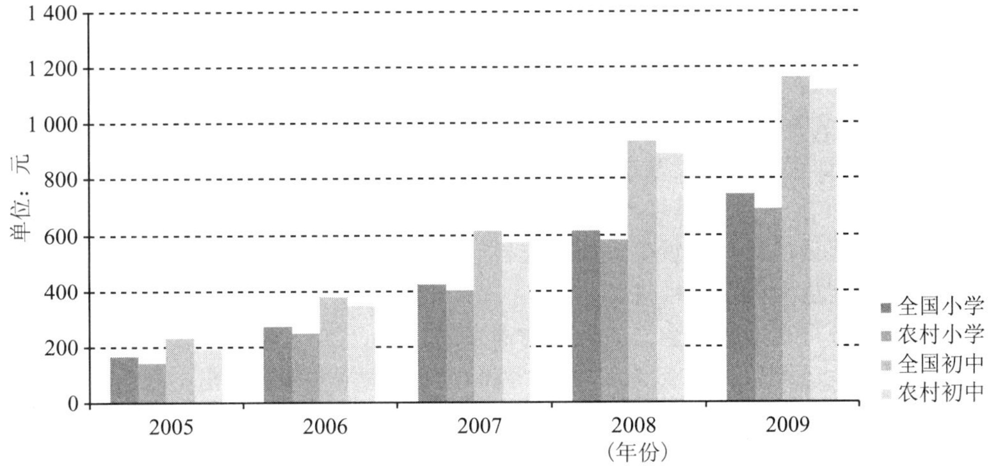

图 2.4　2005—2009 年小学、初中预算内生均公用经费比较

① 新古典经济学派认为，企业存在一个"最小有效规模"，只有超过这一规模水平才存在规模经济。学校在一定程度上也具备这一特性。

三、农村义务教育政策年度关键词

受长期以来城乡二元对立经济体制的影响，我国农村义务教育总体水平较低、发展缓慢、城乡差距明显，有限的义务教育资源在全社会范围内没有得到均等分配成为一个较为严重的社会公平问题。《教育规划纲要》"总体战略"中的"工作方针"指出："教育公平的关键是机会公平，基本要求是保障公民依法享有受教育的权利，重点是促进义务教育均衡发展和扶持困难群体，根本措施是合理配置教育资源，向农村地区、边远贫困地区和民族地区倾斜，加快缩小教育差距。教育公平的主要责任在政府，全社会要共同促进教育公平。"概括地讲，解决教育公平问题重点在于促进义务教育均衡发展，也就是将教育资源向农村地区、边远贫困地区和民族地区倾斜，以实现教育资源的合理配置。自《教育规划纲要》颁布后，全国各地积极准备，努力落实《教育规划纲要》提出的要求。2011 年，我国农村义务教育的政策走向可从以下几个关键词中看出。

(一)进一步推进城乡义务教育均衡发展：时间表与路线图

义务教育是面向全体适龄儿童少年的基本公共服务，提供基本均衡的义务教育是政府的法律责任，每一个适龄儿童少年都应该享有接受质量合格的义务教育的平等机会。义务教育均衡发展是其属性所决定的。推进义务教育均衡发展是今后一个时期工作的重中之重，其主要措施就是教育资源配置向农村、中西部和薄弱学校倾斜。《教育规划纲要》强调，"均衡发展是义务教育的战略性任务"，手段是"建立健全义务教育均衡发展保障机制"，"推进义务教育学校标准化建设"。具体地说是，"加快薄弱学校改造，着力提高师资水平。实行县(区)域内教师、校长交流制度。""加快缩小城乡差距。建立城乡一体化义务教育发展机制，在财政拨款、学校建设、教师配置等方面向农村倾斜。率先在县(区)域内实现城乡均衡发展，逐步在更大范围内推进。"

国家十分重视推进城乡义务教育均衡发展工作。2011 年 3 月公布的《中华人民共和国国民经济和社会发展第十二个五年规划纲要》进一步提出，要"合理配置公共教育资源，重点向农村、边远、贫困、民族地区倾斜，加快缩小教育差距。促进义务教育均衡发展，统筹规划学校布局，推进义务教育学校标准化建设。实行县(市)域内城乡中小学教师编制和工资待遇同一标准，以及教师和校长交流制度。取消义务教育阶段重点校和重点班。"国家"十二五规划"是一个全局性、系统性的规划，这就说明国家从整个社会发展角度来审视义务教育均衡发展问题。《教育规划纲要》作为与之相配套的具体方案，二者共同反映出这样的政策信息：义务教育均衡发展问题的主要解决方法就是向教育资源不足地区实施政策倾斜，以弥补教育资源不足之困境，最终达到与教育资源配置良好地区齐平，实现义务教育均衡发展。另外，义务教育先进地区帮扶后进地区也是解决问题的一个方法。按照这一解决思路，国家一方面强调推进义务教育均衡发展的重要性；另一方面则把推进义务教育均衡付诸实际行动中。根据《教育规划纲要》，国家积极构建促进义务教育均衡发展的政策体系，印发《教育部关于贯彻落实科学发展观进一步推进义务教育均衡发展的意见》；会同国家发展改革委员会、财政部研究起草推进义务教育均衡发展指导意见。通过加强督导、开展问责等途径全方位推进城乡义务教育均衡发展。

袁贵仁部长在中宣部等六部门举办的热点问题形势报告会上指出，2011 年将制定推进县域义务教育均衡发展指导意见，出台督导、考核和评估办法，推动以省(区、市)为单位确定推进县域内义务教育均衡发展的时间表和路线图。① 《关于印发教育部基础教育一司 2011 年工作要点的通知》也强调，“推动以省(自治区、直辖市)为单位确定推进县域内义务教育均衡发展的时间表和路线图。推动各省(自治区、直辖市)按照城乡一体化义务教育发展要求，依据国家相关标准，制定义务教育学校办学基本标准，推进义务教育学校标准化建设；细化和完善义务教育均衡发展的主要指标，重点确定推进县域义务教育均衡发展的规划，制定符合本省实际的评估验收标准和办法，建立推进县域义务教育均衡发展激励机制和问责制度；研究制定农民工随迁子女在输入地全日制公办学校和农村留守儿童在寄宿制学校接受义务教育的工作规划；做好国家义务教育均衡发展改革试点工作。国家实施义务教育学校标准化建设项目，包括继续完善义务教育经费保障机制和实施全国中小学校舍安全工程，启动农村义务教育薄弱学校改造计划。教育部和各省(自治区、直辖市)政府以备忘录的形式，确定各自推进义务教育均衡发展的任务，督促各地加强统筹，落实责任。”

《教育规划纲要》提出的“义务教育均衡发展改革试点”主要包括：“建立城乡一体化义务教育发展机制；实行县(区)域内教师、校长交流制度；实行优质普通高中和优质中等职业学校招生名额合理分配到区域内初中的办法；切实解决区域内义务教育阶段择校问题等。”早在 2010 年《教育部关于贯彻落实科学发展观进一步推进义务教育均衡发展的意见》就提出了地方各级行政部门推进义务教育均衡发展各自所承担的任务及完成时间：“省级教育行政部门要加大指导和统筹力度，制定和完善本地区义务教育学校基本办学标准，完善出台支持薄弱地区义务教育均衡发展的政策措施，加强对义务教育均衡发展状况的督导和监测，督促本行政

---

① 《袁贵仁在中宣部等六部门举办的热点问题形势报告会上报告摘要》，《中国教育报》2011 年 2 月 25 日。

区域内教育行政部门切实履行推进义务教育均衡发展职责。市(地)级教育行政部门要切实加强领导，研究制定本地区义务教育均衡发展规划，着重缩小区域内县与县之间义务教育发展差距。县级教育行政部门要在同级人民政府的领导下，切实履行以县为主的管理职责，并把推进义务教育均衡发展作为履行职责的重要内容，着力缩小学校间的发展差距，全面提高教育质量。力争在2012年实现区域内义务教育初步均衡，到2020年实现区域内义务教育基本均衡。”2010年10月24日，国务院办公厅公布了《国务院办公厅关于开展国家教育体制改革试点的通知》，规定省级政府要“统筹城乡、区域教育协调发展”，决定在部分地区和学校开展国家教育体制改革试点(见表2.24)。

表2.24 教育部推进义务教育均衡发展试点项目及地区

试点项目	试点地区
推进义务教育学校标准化建设，探索城乡教育一体化发展的有效途径	北京市部分区县、天津市、山西省、黑龙江省部分县市区、江西省、安徽省、湖南省、四川省成都市、新疆维吾尔自治区
创新体制机制，实施县域内义务教育学校教师校际交流制度，实行优质高中招生名额分配到区域内初中学校的办法，多种途径推进义务教育均衡发展	北京市、天津市、河北省、山西省晋中市、辽宁省部分市、吉林省通榆县、上海市、江苏省、浙江省嘉善县、安徽省、福建省部分市县、山东省、河南省、湖北省、广东省部分市区、海南省、四川省部分县、云南省、甘肃省部分市、青海省部分自治州、宁夏回族自治区、新疆维吾尔自治区部分县、新疆生产建设兵团农八师石河子市
完善农民工子女接受义务教育体制机制，探索非本地户籍常住人口随迁子女非义务教育阶段教育保障制度	北京市、上海市、安徽省、广东省、云南省、新疆维吾尔自治区
完善寄宿制学校管理体制与机制，探索民族地区、经济欠发达地区义务教育均衡发展模式	广西壮族自治区部分市县、贵州省毕节地区、甘肃省酒泉市、青海省海南藏族自治区
建立健全义务教育均衡发展督导、考核和评估制度	北京市、上海市、安徽省、云南省

2011年3月，教育部与北京等15个省、自治区、直辖市签署了义务教育均衡发展备忘录，在省部级层面上进一步强力推动义务教育均衡发展工作。2011年7月11日，在全国教育工作会议召开和《教育规划纲要》颁布实施一周年之际，

教育部与湖北、浙江、贵州、陕西、山西、黑龙江、吉林、内蒙古、宁夏、新疆等省(区)人民政府和新疆生产建设兵团在京签署义务教育均衡发展备忘录。至此，连同上半年已经签署的省份在内，教育部与27个省份及新疆生产建设兵团签署了义务教育均衡发展备忘录。备忘录描绘了义务教育均衡发展的时间表和路线图，义务教育均衡发展备忘录的签署，进一步强化了省级人民政府在统筹义务教育均衡发展中的责任，使教育部和各省(区、市)按照备忘录的要求加强自身工作，全力保障均衡发展目标如期实现。为体现分类指导、实事求是的原则，备忘录在坚持基本要求的前提下，体现一省一特色。在实施备忘录过程中，教育部支持各省做好国家教育体制改革试点项目工作，对各省通过省级人民政府认定的实现义务教育基本均衡发展县(市、区)进行审核认定并授牌。各省(区、市)将切实担负起促进义务教育均衡发展的责任。一是进一步明确分年度哪些县(市、区)实现县域义务教育基本均衡发展，制定出义务教育均衡发展的时间表、路线图。二是增加义务教育投入，提高城乡学校公用经费和生均教育经费标准。三是将县域义务教育均衡发展和义务教育标准化学校建设工作作为考核各市、县人民政府及其主要负责人的重要内容。四是探索建立均等配置义务教育资源、规范办学行为、实施素质教育的体制机制。五是因地制宜地推进义务教育均衡发展。①

城乡义务教育均衡发展正由试点阶段向全面实施阶段推进，一年来的主要政策实践如下。

1. 农村义务教育学校标准化建设

农村义务教育学校标准化建设项目主要包括中小学校舍安全工程和义务教育薄弱学校改造。《教育规划纲要》中关于“义务教育学校标准化建设”的要求是“实现城乡中小学校舍安全达标，改造小学和初中薄弱学校，尽快使义务教育学校师资、教学仪器设备、图书、体育场地基本达标。”2011年，中央财政在2010年80亿元基础上安排100亿元，扎实推进全国中小学校舍安全工程；安排专项资金83亿元启动实施“农村义务教育薄弱学校改造计划”；安排专项资金20亿元，继续组织实施中西部农村初中校舍改造工程；安排29亿元，支持中西部地区新建和改建特殊教育学校。一系列工程项目的开工实施和资金投入，消除了一大批沉积多年的校舍安全隐患，大大改善了学校办学条件。②

① 刘华蓉、张滢：《共同推进义务教育均衡发展——教育部与10省份及新疆生产建设兵团签署备忘录》，《中国教育报》2011年7月12日。

② 国家中长期教育改革和发展规划纲要实施一周年纪实. http://www.gov.cn/jrzg/2011-07/28/content_1915674_2.htm.

专栏2.1 全国中小学校舍安全工程扎实推进

山西在全国率先实施了中小学校舍安全工程，3年投入170多亿元，实现中小学校舍安全改造全覆盖，提前一年完成国务院提出的工程建设目标。北京市级财政对远郊区县转移支付42.5亿元，增强农村学校和薄弱学校办学实力。天津、湖南、宁夏等制定或完善本地区义务教育阶段学校基本标准，作为推进义务教育均衡发展重要依据。吉林省财政确定投入10亿元资金，支持推进义务教育均衡发展。河南省级财政安排专项资金1 500万元，为3 000所农村小学装备体育器材。

资料来源：焦新：《义务教育均衡发展，进入新阶段》，《中国教育报》2011年7月20日。

为进一步落实农村义务教育薄弱校改造计划，2011年10月28日，教育部、财政部在湖北省武汉市召开农村义务教育薄弱学校改造计划工作会议，提出了农村义务教育薄弱学校改造计划主要包括教学装备类项目和校舍建设类项目。会上刘利民副部长指出，要深刻认识实施好薄弱学校改造计划的重大意义，将实施薄弱学校改造计划列入教育工作的重要议事日程，抢抓机遇，加快发展，普遍改善农村义务教育的办学条件，全面提高农村教育的质量，力争早日实现区域内义务教育均衡发展的目标。刘利民强调，各地要明确实施薄弱学校改造计划的目标任务，准确把握工作重点和关键环节，切实把国家的有关要求落到实处，把项目实施好。图书、教学实验仪器设备、音体美等器材的配备要达到国家规定标准。多媒体远程教学设备要与学校教育信息化的推进相结合。校舍建设类项目亟须着重解决，提高使用效益。①

2. 规范农村寄宿制学校生活设施

学校生活卫生设施是学校教育教学环境的重要组成部分，与学生的健康成长息息相关。为贯彻落实《教育规划纲要》提出的“加快农村寄宿制学校建设，优先满足留守儿童住宿需求”、“提高农村义务教育家庭经济困难寄宿生生活补助标准，改善中小学生营养状况”的要求，教育部、卫生部依据农村中小学建筑、生活卫生设施等方面的相关标准和政策规定，于2011年8月16日制定了《农村寄宿制学校生活卫生设施建设与管理规范》(以下简称《规范》)。《规范》重点对饮用水设施、宿舍、食堂、浴室、厕所、垃圾和污水设施等学校生活卫生设施的建设与管理提出要求。要求各地在贯彻落实《教育规划纲要》，制定当地教育改革与发展规划以及实施中西部农村初中校舍建设工程、义务教育标准化建设等相关教育工程时，要统筹考虑和安排学校生活卫生设施的建设与改造，并加强规范管理，切实落实学校生活卫生设施卫生管理制度和要求，保障学校师生有一个安全健康的生活与学习环境。

① 宗河：《部署农村义务教育薄弱校改造计划》，《中国教育报》2011年10月29日。

3. 着力化解择校问题

择校问题是近年来人民群众一直关心的热点问题。2011 年 2 月 21 日，中共中央政治局就优先发展教育、建设人力资源强国问题进行第二十六次集体学习，胡锦涛总书记发表重要讲话。随后，2 月 23 日中共教育部党组下发了《中共教育部党组关于深入学习贯彻胡锦涛总书记在中央政治局第二十六次集体学习重要讲话精神的通知》(以下简称《通知》)。《通知》要求地方各教育部门努力解决人民群众关心的教育热点、难点问题，其中择校问题就是人民群众关心的热点问题，要求各地及时研究和解决。同日，在教育部举行的新闻通气会上，教育部基础教育一司王定华副司长表示，义务教育均衡发展是解决择校问题的治本之策，当前要大力整顿"占坑班"、"择校费"等问题。王定华说："要明确学校禁止收取择校费，把义务教育阶段择校与收费完全脱钩，切断学校收取择校生与获得经济利益的联系。"①

针对择校及由此引起的乱收费问题，2011 年 4 月 7 日，教育部等七部门下发了《教育部等七部门关于 2011 年治理教育乱收费规范教育收费工作的实施意见》(以下简称《意见》)，《意见》要求各地认真落实《教育部关于当前加强中小学管理规范办学行为的指导意见》《教育部关于贯彻落实科学发展观进一步推进义务教育均衡发展的意见》和《教育部关于治理义务教育阶段择校乱收费问题的指导意见》要求，坚持义务教育阶段学生免试就近入学原则，切实履行省级政府统筹职责，强化以县(区)为主管理，采取有力措施促进县(区)域内义务教育均衡发展，努力缓解择校矛盾。各省(区、市)教育行政部门要在 2011 年上半年制定治理义务教育阶段择校乱收费问题的实施方案，向社会公布并报教育部备案。

4. 解决进城务工人员随迁子女接受义务教育问题

《教育规划纲要》提出："坚持以输入地政府管理为主、以全日制公办中小学为主，确保进城务工人员随迁子女平等接受义务教育，研究制定进城务工人员随迁子女接受义务教育后在当地参加升学考试的办法。"2010 年 10 月 24 日公布的《国务院办公厅关于开展国家教育体制改革试点的通知》要求探索流动人口子女在流入地平等接受义务教育和参加升学考试的办法，并且北京市、上海市、安徽省、广东省、云南省、新疆维吾尔自治区对完善农民工子女接受义务教育体制机制进行了试点。2011 年 3 月公布的《中华人民共和国国民经济和社会发展第十二个五年规划纲要》也指出："以流入地全日制公办中小学为主，保证农民工随迁子女平等接受义务教育，并做好与高中阶段教育的衔接。"

---

① 刘奕湛、吴晶. 教育部：大力整顿"占坑班""择校费"等问题，http://www.xinhuanet.com/，2011-02-23.

近两年，中央财政每年投入50亿元左右的专项经费，用于补充接受农民工随迁子女学校的公用经费和改善办学条件等。但是应该看到，保障农民工随迁子女"上好学"的任务依然任重道远。目前，既有输入地城市学校容量约束的问题，也有随迁子女义务教育后在输入地上学升学障碍比较多的问题。下一步工作的重点，是对随迁子女义务教育做到"两为主"，再加上一个"全覆盖"，即要逐步地健全随迁子女义务教育公共财政保障机制，由输入地政府负责。规范、扶持以接受随迁子女为主的民办学校。改善政府的教育管理、服务，建立覆盖本地随迁子女的义务教育信息服务与网络监管，抓紧研究制定随迁子女接受义务教育后在输入地参加升学考试的办法。加强随迁子女心理、文化、习俗等方面的引导和教育，使他们更好地融入到输入地的学习和生活当中去。[①] 2011年8月，中央财政下拨45.68亿元，主要用于接收农民工子女的城市义务教育阶段学校补充公用经费和改善办学条件等支出，并对进城务工农民工随迁子女接受义务教育问题解决较好的省份给予适当奖励。财政部、教育部要求：一要切实以流入地为主、公办学校为主，解决好进城务工农民工随迁子女接受义务教育问题。二要在安排中央财政奖励资金时，按照"重点倾斜、集中投入"的原则，向接收农民工子女较多、条件薄弱的城市公办学校倾斜。[②] 为确保2011—2012学年秋季学期进城务工人员随迁子女在输入地就近免费接受义务教育，2011年8月15日教育部办公厅公布了《教育部办公厅关于做好2011年秋季开学进城务工人员随迁子女义务教育就学工作的通知》。该文件对各省级教育部门作了如下要求：(1)确保符合条件的随迁子女有学上。通过积极扩大公办教育资源、购买民办学位等渠道，落实好"两为主"政策，确保所有符合输入地政府规定条件的随迁子女平等接受义务教育。不能因城市拆迁、学校撤并等原因导致随迁子女失学。(2)确保随迁子女义务教育经费到位。把随迁子女义务教育列入输入地教育经费支出，按财政预算内义务教育经费标准，及时足额向接收随迁子女的公办学校和购买服务的民办学校拨付办学经费。中央拨付的专项奖励资金要用于随迁子女较多的地区和学校。(3)确保随迁子女不因家庭经济困难失学。符合入学条件的随迁子女，一律免收学杂费，不得加收借读费。将家庭经济困难的随迁子女纳入资助范围，确保不因经济困难而失学。

专栏2.2 各地已将进城务工人员随迁子女接受义务教育纳入公共教育体系

北京投入10亿元，改善进京务工人员子女就学环境。浙江投资2.1亿元，为50所接纳外来务工人员子女的学校新建校舍11.7万平方米。上海以常住人口

---

① 温家宝：《一定要把农村教育办得更好》，《人民日报》2011年9月9日。

② 《中央财政拨款四十五亿支持进城务工人员子女接受义务教育》，《中国教育报》2011年8月4日。

为基础配置教育资源。安徽把"留守儿童之家"建设列为对县级党政领导干部教育工作督导考核和市级教育行政部门年度目标考核的重要内容。福建2011年将投入7.6亿元用于城区扩容建设，新增学位4.5万个，进一步改善随迁子女就学条件。

资料来源：《中国教育报》2011年7月20日。

(二)进一步增加农村义务教育财政投入：逐步增长

解决义务教育均衡发展的主要方法之一就是向教育资源不足的地方加大投入。公共财政作为政府履行职能的物质基础、体制保障、政策工具和监管手段，在落实科教兴国战略和人才强国战略、支持教育改革和发展方面负有重要责任。《教育规划纲要》提出："提高国家财政性教育经费支出占国内生产总值比例2012年达到4%"，"各级政府要优化财政支出结构，统筹各项收入，把教育作为财政支出重点领域予以优先保障……保证教育财政拨款增长明显高于财政经常性收入增长，并使按在校学生人数平均的教育费用逐步增长，保证教师工资和学生人均公用经费逐步增长"，完善"以政府投入为主、多渠道筹集教育经费的体制，大幅度增加教育投入"，"进一步加大农村、边远贫困地区、民族地区教育投入。中央财政通过加大转移支付，支持农村欠发达地区和民族地区教育事业发展。"

加大农村义务教育财政投入是国家近年来的既定政策。温家宝同志强调，投入问题是制约当前农村教育发展的关键问题，今后一个时期，国家要继续加大社会事业投入，重点向农村社会事业倾斜，而农村教育更是重中之重。在农村教育投入方面，需要处理好三个问题：一是较大幅度增加投入总量。按照《教育规划纲要》提出的要求，到2012年实现国家财政性教育经费支出占国内生产总值比例达到4%的目标，保证有更多的资金支持教育发展。同时，要优化投入结构，重点向农村教育、职业教育、学前教育、特殊教育等薄弱环节倾斜。要逐步缩小城乡办学条件差距，逐步缩小城乡之间义务教育学生人均经费的差距，逐步缩小城乡教师收入待遇的差距。①

根据现行体制和政策规定，教育的财权和支出责任主要在地方，中央财政通过转移支付支持地方特别是中西部地区教育事业发展。中央财政教育经费主要用以优化教育投入结构，合理配置教育资源。重点统筹城乡、区域之间教育协调发展，向农村地区、边远地区、贫困地区和民族地区倾斜，加快缩小教育差距，促进基本公共服务均等化。省级人民政府加大对本行政区域内经济欠发达地区的转移支付力度。《教育规划纲要》提出"进一步完善中央财政和地方财政分项目、按比例分担的农村义务教育经费保障机制，提高保障水平"。2010年10月24日公布的《国务院办公厅关于开展国家教育体制改革试点的通知》规定，以省政府投入

① 温家宝：《一定要把农村教育办得更好》，《人民日报》2011年9月9日。

为主、多渠道筹集教育经费、保障教育投入稳定增长的体制机制。2011年3月公布的《中华人民共和国国民经济和社会发展第十二个五年规划纲要》把4%的目标作为“十二五”的工作目标：“健全以政府投入为主、多渠道筹集教育经费的体制，2012年财政性教育经费支出占国内生产总值比例达到4%。”2011年3月5日，财政部向十一届全国人大四次会议提交的2011年中央和地方预算草案报告表明，2011年中央财政教育拟支出2 963.57亿元，比2010年增加416.23亿元，增长16.3%。在2011年中央财政教育方面拟支出的资金中，中央本级支出786.45亿元，对地方转移支付2 177.12亿元。其中，完善农村义务教育经费保障机制，提高农村中小学公用经费生均基准定额，继续实施免除城市义务教育阶段学生学杂费政策，解决进城务工人员子女平等接受义务教育问题，共安排921.24亿元。继续实施农村义务教育薄弱学校改造计划等，安排资金165.14亿元。2011年6月8日国务院召开常务会议，审议了进一步加大财政教育投入的有关问题，并于6月29日印发了《国务院关于进一步加大财政教育投入的意见》。该文件指出，为了实现《教育规划纲要》中财政教育经费支出4%的目标，各地区、各有关部门认真贯彻落实国务院关于拓宽财政性教育经费来源渠道的各项政策措施，进一步调整优化财政支出结构，切实提高公共财政支出中教育支出所占比重。中央财政进一步加大对地方特别是中西部地区教育事业发展转移支付力度，同时增加本级教育支出。地方各级人民政府按照《教育规划纲要》要求，根据本地区教育事业发展需要，统筹规划，落实责任，大幅度增加教育投入。财政部有关负责人表示：今明两年，中央财政在增加中央本级教育支出的同时，将进一步加大教育转移支付力度。中央财政已安排教育支出年初预算2 963.57亿元，比2010年增长16.3%，高于中央财政支出平均增幅3.8个百分点。地方财政统筹利用自有财力和中央财政一般性转移支付、税收返还安排的教育支出，占全国财政教育支出的80%左右。各地能否进一步增加财政教育投入，对如期实现4%目标至关重要。因此，地方财政要进一步优化财政支出结构，压缩一般性支出，优先保障教育支出。①

《教育规划纲要》提出“按增值税、营业税、消费税的3%足额征收教育费附加，专项用于教育事业”。根据这一规定，国家采取了三方面措施以拓宽财政性教育经费来源渠道：(1)统一内外资企业和个人教育费附加制度(2010年10月18日，国务院印发了《国务院关于统一内外资企业和个人城市维护建设税和教育费附加制度的通知》)；(2)全面开征地方教育附加(2010年11月，财政部印发了《财政部关于统一地方教育附加政策有关问题的通知》)；(3)从土地出让收益中按

① 李丽辉：《教育投入，4%目标如何实现》，《人民日报》2011年8月12日。

比例计提教育资金(2011 年 7 月财政部、教育部印发了《关于从土地出让收益中计提教育资金有关事项的通知》)。其中,"从土地出让收益中按比例计提教育资金"主要用于农村基础教育。从 2011 年 1 月 1 日起,各地调整土地出让收益的使用方向,从以招标、拍卖、挂牌或者协议方式出让国有土地使用权取得的土地出让收入中,按照扣除征地和拆迁补偿、土地开发等支出后余额 10%的比例,计提教育资金。《关于从土地出让收益中计提教育资金有关事项的通知》明确了教育资金的计提口径、计提比例、使用范围和管理方式等。教育资金分季度计提,年终进行清算。计提的教育资金实行专款专用,重点用于农村(含县镇)学前教育、义务教育和高中阶段学校的校舍建设和维修改造、教学设备购置等支出。各地在保障农村基础教育发展需要的前提下,计提的教育资金仍有富余的,可以将教育资金用于城市基础教育的上述相关开支,以促进本行政区域内教育协调发展。

中央财政近日追加下达农村义务教育学校公用经费补助资金 79.3 亿元,加上年初预算安排的 392.4 亿元,2011 年中央财政已累计安排农村义务教育学校公用经费补助资金 471.7 亿元。财政部表示,为贯彻落实《教育规划纲要》精神,针对农村义务教育经费保障机制改革实施过程中出现的新情况和新问题,2011 年,中央财政进一步调整完善保障机制有关政策,加大投入力度,提高保障水平。为加强资金管理,切实满足农村义务教育阶段学校正常运转需要,财政部要求各地足额落实应由地方财政承担的公用经费基准定额和农村教学点公用经费补助所需资金,抓紧做好公用经费补助资金的分解落实工作,本着向农村教学点和规模较小学校倾斜的原则,结合本地区实际,统筹中央和地方应负担资金、合理确定农村教学点和规模较小学校公用经费补助标准,切实保障其正常运转。财政部要求,公用经费基准定额提标补助资金和农村教学点公用经费补助资金,重点用于以下方面:一是弥补寄宿制学校住宿费取消后学校水电、取暖等运转经费缺口;二是支持学校配备多媒体远程教学设备;三是补助教师参加培训所需的差旅费、伙食补助费、资料费和住宿费等开支。① "完善义务教育均衡发展保障机制,提高农村学校生均公用经费拨款标准"是教育部 2011 年工作要点之一。②

专栏 2.3 2010—2011 年农村义务教育阶段学校生均公用经费基准定额逐年提高

2010 年农村义务教育阶段学校生均公用经费基准定额:从 2010 年起农村义务教育阶段学校生均公用经费基准定额提高 100 元,即东部地区年生均达到小学

① 徐蕊、何雨欣:《中央财政追加今年农村义教学校公用经费补助资金近八十亿元》,《中国教育报》2011 年 8 月 12 日。

② 《教育部 2011 年工作要点》,《中国教育报》2011 年 2 月 10 日。

450元、初中650元，中西部地区年生均达到小学400元、初中600元。同时，为解决农村小学教学点运转困难等问题，对不足100人的农村小学教学点按100人核定公用经费补助资金。

2011年农村义务教育阶段学校生均公用经费基准定额：从2011年起农村义务教育阶段学校生均公用经费基准定额提高100元，即东部地区年生均达到小学550元、初中750元，中西部地区年生均达到小学500元、初中700元。同时，继续对不足100人的农村小学教学点按100人核定公用经费提标补助资金。

资料来源：《人民日报》2010年11月19日，第2版；中华人民共和国财政部网站，http://www.mof.gov.cn/.

(三)进一步强化农村义务教育教师队伍建设：机制创新

我国有一半以上的学龄儿童在农村，77%的中小学教师在农村，农村教师素质水平决定着国家基础教育的整体发展水平。近年来，国家在加强农村教师队伍方面作出了较大的改革措施，但是我国农村教师的整体素质还有待提高，教师的收入和待遇还有待改善，教师管理机制还有待完善。《教育规划纲要》提出要“继续实施农村义务教育学校教师特设岗位计划，吸引高校毕业生到农村从教；加强农村中小学薄弱学科教师队伍建设，重点培养和补充一批边远贫困地区和革命老区急需紧缺教师；对义务教育教师进行全员培训，组织校长研修培训；对专科学历以下小学教师进行学历提高教育，使全国小学教师学历逐步达到专科以上水平”。教育部把“建设高素质专业化教师队伍”作为2011年的工作要点：做好部属师范大学首届免费师范毕业生到农村学校任教工作；深入实施农村义务教育学校教师特设岗位计划；推动中西部农村学校教师周转宿舍建设；全面实施中小学教师“国培计划”，启动实施新一轮中小学教师全员培训；大力加强骨干教师、农村教师和紧缺学科教师培训。① 教育部部长袁贵仁表示，要继续实施和扩大“特岗计划”，深入实施“国培计划”，全面加强中小学教师培训。以农村教师为重点，对全国1000多万中小学教师进行全员培训。对长期在农村基层和艰苦边远地区工作的教师，在工资、职务(职称)等方面实行倾斜政策。推动中西部地区农村学校教师周转宿舍建设，开展农村教师特殊岗位津贴改革试点，激励优秀人才长期从教、终身从教、到艰苦贫困地区从教。实施中小学教师资格考试改革和定期注册试点，建立“国标、省考、县聘、校用”的中小学教师职业准入和管理制度(见表2.25)。②

① 《教育部2011年工作要点》，《中国教育报》2011年2月10日。

② 《袁贵仁在中宣部等六部门举办的热点问题形势报告会上报告摘要》，《中国教育报》2011年2月25日。

表 2.25　　“健全教师管理制度，加强教师队伍建设”试点项目及地区

试点项目	试点地区
制定优秀教师到农村地区从教的具体办法，探索建立农村教师专业发展支持服务体系，创新农村义务教育阶段教师全员培训模式，推进农村教师周转房建设，多种措施加强农村中小学教师队伍建设	北京市、黑龙江省、江西省部分县市、湖北省、湖南省、广西壮族自治区、重庆市、云南省、陕西省宝鸡市、安康市、新疆维吾尔自治区
完善师范生免费教育政策，扩大实施范围	北京市、江苏省、湖南省、新疆维吾尔自治区、上海师范大学、云南师范大学、西北师范大学
创新教师教育体系和培养模式，探索中小学教师和校长培训新模式，构建区域协作的教师继续教育新体制，建设支撑教师专业化发展的教学资源平台	河北省、吉林省、浙江省、山东省、湖南省、新疆维吾尔自治区、北京师范大学、东北师范大学、华东师范大学、华中师范大学、西南大学、陕西师范大学、西北师范大学
开展教师资格考试改革和教师资格定期注册试点，建立中小学新任教师公开招聘制度和办法，探索建立教师退出机制	河北省、上海市、浙江省、福建省、湖北省、湖南省部分学校、广西壮族自治区、海南省
探索中小学校长职级制，深化中小学教师职称制度改革	吉林省松原市、上海市、山东省潍坊市、广东省中山市、陕西省宝鸡市

1. 农村中小学教师队伍素质整体提升机制创新

《教育规划纲要》指出：“以农村教师为重点，提高中小学教师队伍整体素质。创新农村教师补充机制，完善制度政策，吸引更多优秀人才从教。积极推进师范生免费教育，实施农村义务教育学校教师特设岗位计划，完善代偿机制，鼓励高校毕业生到艰苦边远地区当教师。完善教师培训制度，将教师培训经费列入政府预算，对教师实行每五年一周期的全员培训。”2010 年 10 月《国务院办公厅关于开展国家教育体制改革试点的通知》提出制定优秀教师到农村地区从教的具体办法，探索建立农村教师专业发展支持服务体系，创新农村义务教育阶段教师全员培训模式，多种措施加强农村中小学教师队伍建设，并在北京市、黑龙江省、江西省部分县市、湖北省、湖南省、广西壮族自治区、重庆市、云南省、陕西省部分市、新疆维吾尔自治区作了试点工作。一年来，国家提出的提升农村教师整体素质的主要机制有：一是完善和推进师范生免费教育。二是“国培计划”经费主要用于农村教师培训。三是扩大实施“特岗计划”，完善“农村学校教育硕士师资培养计划”。四是探索建立农村教师定期轮岗交流制度。五是推进各地建立健全城

镇教师支援农村教育制度，抓好师范生到农村学校实习支教和农村教师置换脱产培训。①

(1)深入推进师范生免费教育，培养大批“下得去、留得住、干得好”的优秀教师。10 597名首届免费师范毕业生全部到中小学任教，90%以上到中西部中小学任教。2011年六所部属师范大学共招收免费师范生9 226名，生源质量明显提高，录取的免费师范生平均成绩高出省重点线48分。刘利民在2011年全国教育工作会议上的讲话指出，要完善部属师大师范生免费教育政策，扩大实施师范生免费教育，支持地方师范院校实行师范生免费教育。② 河北省在河北师范大学实行师范生免费教育试点工作，2011年招收200人。湖北从2011年起，在湖北师范学院、黄冈师范学院试点师范生免费教育。湖南继续实施初中起点本科层次农村小学教师公费定向培养计划，2011年计划在全省招收1 500人。江西继续实施“定向培养农村中小学教师计划”。山东拟在省属师范类高等学校进行师范生免费教育试点，订单式培养农村学校短缺学科师资。③ 为了进一步提高农村师资水平，国家对免费师范生继续深造提供了政策保障。2010年5月21日公布的《教育部直属师范大学免费师范毕业生在职攻读教育硕士专业学位实施办法(暂行)》规定，自2012年起，部属六所师范大学从到中小学任教的免费师范毕业生中招收教育硕士专业学位研究生，支持师范毕业生结合中小学教育教学工作实际继续深造和专业发展。免费师范毕业生到中小学任教满一学期后，均可申请免试在职攻读教育硕士专业学位，经任教学校考核合格，部属师范大学根据工作考核结果、本科学习成绩和综合表现考核录取。

(2)继续实施“国培计划”，开展中小学教师全员培训。2010年，中央财政安排专项资金5.5亿元实施“国培计划”，“国培计划”重心下移，以农村教师特别是中西部农村教师为重点，共计培训县及县以下农村教师110万名，占参训教师总数的95%以上。其中，“中西部项目”覆盖23个省份的82万名农村义务教育骨干教师，县以下农村教师超过70%。关注紧缺薄弱学科教师，重点加强对农村体育、音乐、美术、英语、信息技术、综合实践活动、科学、心理健康教育等学科教师的培训。《师范教育司2011年工作要点》提出，要实施“农村学校薄弱学科教师培养计划”，通过免费教育、定向培养等特殊措施，为农村学校培养“下得去、教得好、留得住”的合格教师。2011年1月4日教育部印发《教育部关于大力加强中小学教师培训工作的意见》提出，“以农村教师为重点，开展中小学教师全员培

① 许涛：《加强农村教师队伍建设为促进教育公平提供坚实保障》，《光明日报》2011年9月7日。

② 《刘利民在2011年全国教育工作会议上的讲话》，《中国教育报》2011年2月28日。

③ 一年来各地加强中小学教师队伍建设的创新举措和做法，http://www.moe.gov.cn，2011-09-06.

训”，完善五年一个周期的教师培训制度。以实施“国培计划”为抓手，推动大规模教师培训的开展。加大教师培训经费投入，建立教师培训经费保障的长效机制，落实财政部、教育部《农村中小学公用经费支出管理暂行办法》“按照学校年度公用经费预算总额的5%安排教师培训经费”的规定，足额专款用于农村学校教师培训。① 2011年8月，中央财政追加下达农村义务教育学校公用经费补助资金79.3亿元，加上年初预算安排的392.4亿元，2011年中央财政已累计安排农村义务教育学校公用经费补助资金471.7亿元。这部分资金的用处之一就是补助教师参加培训所需的差旅费、伙食补助费、资料费和住宿费等开支。

(3)扩展“特岗计划”实施效果，激发农村教师补充机制的活力。自2006年以来，全国共招聘特岗教师近30万名，奔赴中西部22个省区、1 000多个县、近3万所农村学校任教。《师范教育司2011年工作要点》提出，要继续实施中央“特岗计划”，积极推动各地因地制宜采取跟进措施，创新教师补充机制。2011年中央“特岗计划”共招聘教师5万多名。服务期满特岗教师连续两年留任比例均达到87%。“特岗计划”调动了地方补充教师的积极性，形成了引导高校毕业生到农村学校长期任教的新机制。

(4)扩大实施“农村学校教育硕士师资培养计划”，培养高素质农村教师。从2010年开始，“硕师计划”的实施范围从中西部省份扩大到全国，并与“特岗计划”结合实施。2004年以来，累计招收近7 000名教育硕士。《师范教育司2011年工作要点》提出，要继续实施“硕师计划”，逐步扩大“硕师计划”规模，为农村培养高学历骨干教师。推荐选拔服务期满优秀特岗教师免试在职攻读教育硕士，激励特岗教师扎根基层长期从教。

(5)大力推进城镇教师支援农村教育工作，加强农村师资力量。大中城市教师到农村支教工作取得积极进展。县域内城镇教师定期到农村任教形成制度，支教规模不断扩大。据不完全统计，近年来城镇教师支教规模超过5 000人次的有北京、广东等18个省份，超过1.5万人次的有云南、广西等4个省份。②《师范教育司2011年工作要点》提出要深入推进城镇教师支援农村教育，探索城乡教师定期交流的有效机制，指导改革试点地区采取多种有效措施鼓励优秀教师到农村地区从教，以此来加强农村师资力量。

2. 农村中小学教师管理制度创新

《教育规划纲要》提出要“完善并严格实施教师准入制度，严把教师入口关。国家制定教师资格标准，提高教师任职学历标准和品行要求。建立教师资格证书

① 《刘利民在2011年全国教育工作会议上的讲话》，《中国教育报》2011年2月28日。

② 许涛：《加强农村教师队伍建设为促进教育公平提供坚实保障》，《光明日报》2011年9月7日。

定期登记制度”。“逐步实行城乡统一的中小学编制标准，对农村边远地区实行倾斜政策。”《中华人民共和国国民经济和社会发展第十二个五年规划纲要》要求“实行县(市)域内城乡中小学教师编制和工资待遇同一标准”。2011年教育部把“深化教师管理制度改革”作为今年的工作要点：建立国标、省考、县聘、校用的教师职业准入和管理制度；开展资格考试改革试点，发布中小学教师资格考试标准和考试大纲；试行五年一周期的教师资格定期登记制度；开展农村教师特殊岗位津贴改革试点；扩大中小学教师职称制度改革试点。① 2011年7月，人事司召开的全司党员干部组织生活会强调下一阶段重点任务：统一中小学教师编制标准；进行中小学教师职务制度改革；争取建立农村教师特殊岗位津贴制度。②

(1)进一步改革中小学教师职称制度。《教育规划纲要》要求“建立统一的中小学教师职务(职称)系列，在中小学设置正高级教师职务(职称)”。我国现行的以中小学教师职务聘任制为主要内容的中小学教师职称制度是1986年建立的。随着中小学人事制度改革的深入推进、素质教育的全面实施和教师队伍结构的不断优化，现行的中小学教师职称制度存在评价标准不够科学、评价机制不够完善、与事业单位聘用制度不够衔接等问题，而最主要的问题是等级设置不够合理。按照现行规定，中学教师职称最高等级为副高级，小学教师职称最高等级仅为中级。相当一部分中小学教师由于限定了最高职称，职业发展空间受限，进而产生了一定的惰性思想，进取心和积极性不高，不利于稳定教师队伍。中小学职称制度改革的重点是将原来独立的中学教师职务系列与小学教师职务系列统一并入新设置的中小学教师职称(职务)系列。在职称上，设置了从正高级到员级5个等级，依次为正高级教师、高级教师、一级教师、二级教师、三级教师，与职称的正高、副高、中级、助理、员级相对应，并完善了与之相配套的评价标准和办法。人力资源社会保障部、教育部从2009年2月起，在陕西省宝鸡市、山东省潍坊市、吉林省松原市开展深化中小学教师职称制度改革试点。经过一年多的试点工作，试点区实现了新旧职称(职务)的顺利平稳过渡，圆满完成了新的中小学教师职称评审。2011年8月31日国务院总理温家宝主持召开国务院常务会议，决定扩大中小学教师职称制度改革试点，在近两年山东省潍坊市、吉林省松原市、陕西省宝鸡市进行试点的基础上，再用一年左右时间，在全国部分地市开展深化中小学教师职称制度改革试点。改革的指导思想和主要任务是：遵循教育发展规律和教师成长规律，建立与事业单位岗位聘用制度相衔接、符合中小学教师职业特点的职称制度，形成以能力和业绩为导向、以社会和业内认可为核心、覆盖各类中小学教师的评价机制。

---

① 《教育部2011年工作要点》，《中国教育报》2011年2月10日。

② 人事司召开全司党员干部组织生活会，http://www.moe.gov.cn，2011-07-14.

专栏 2.4　全国第一位小学"教授"姜言邦的职称评定历程

执教 28 年，从未离开过小学讲台的"孩子王"——山东潍坊昌邑市奎聚小学数学教师姜言邦，居然有了"教授"级别。

1982 年，姜言邦从山东省潍坊市昌邑师范毕业，来到昌邑第一实验小学当起了小学教师，每月工资 50 元。由于工作努力，教育教学水平不断提高，工作刚满 3 年时，就被评为昌邑优秀教师。1986 年，我国首次出台《中小学教师职称制度》，拉开了中小学教师职称制度建立和改革发展的序幕。1988 年，潍坊市第一次开展了中小学教师职务职称评定工作，姜言邦被评为相当于初级职称的小学一级教师，工资涨到了每月 100 多元。5 年后，姜言邦等来了第二次教师职称评定。1993 年，因突出的教学成绩，姜言邦被破格晋升为小学高级教师，这也是当时小学教师的最高职级，工资涨到了每月 400 元。当时评上了小学高级的教师，一般人年龄也不小了，职称也就到头了。很多老师觉得摸到了那层透明的"天花板"。

2000 年，潍坊市对教师职称制度进行改革，首次在小学教师中增设了"中学高级教师"，相当于副高级，这意味着小学教师也可以评"中学高级教师"职称了。潍坊市的初次试验，给每个县小学教师评"中学高级教师"的名额只有一两个，想要晋升，可谓难上加难。最终，昌邑市只有姜言邦一人凭实力和业绩闯过了独木桥，破格评上了"中学高级教师"，成为昌邑首位拥有副高级职称的小学教师，工资也涨到了 2 500 元。

2009 年，山东潍坊和陕西宝鸡、吉林松原一起成为中小学教师职称制度改革试点之一，改革原来中学和小学教师相互独立的职称(职务)制度体系，建立统一的中小学教师职务制度，并首次设中小学正高级教师职称。当时已经是中学高级教师、相当于"副教授"的姜言邦，仔细对照了一下评正高级教师的条件和要求后，填表报了名。2010 年底，潍坊市 17 名中小学教师被核准为全国第一批正高级职称的中小学教师，中小学教师也有了属于自己的"教授"级别。在这 17 位中小学教师中，姜言邦是唯一的小学老师，因而成为全国第一位小学"教授"。

资料来源：魏海政：《中小学教师职称制度改革带来了什么——小学"教授"姜言邦亲历职称变迁 20 年》，《中国教育报》2011 年 9 月 25 日，第 3 版，有删减。

(2)进一步完善教师准入制度。我国现行教师资格制度已实施十余年，超过千万人获得教师资格。目前，我国教师资格一旦获得，终身拥有。目前我国教师准入门槛并不高，只简单考核教育学、心理学等学科。《教育规划纲要》要求"完善并严格实施教师准入制度，严把教师入口关。"教育部师范教育司司长许涛表示，我国将建立"国标、省考、县聘、校用"的教师准入和管理制度。教师资格将类似其他行业，定期进行资格考试，以后要当新老师必须经过统考，取得教师资格才能被聘用。教育部计划用三年时间在全国推广教师资格考试，各省市原有的教师资格考试将逐步纳入全国统一的考核系统中。所有教师的教师资格今后都需接受每五年一次的定期注册考核，考核内容包括师德、业务考核以及教学工作量考核。其中，师德考核将作为首要内容，实行一票否决。许涛表示，如果不符合师德要求，教师资格准入肯定通不过，此外还将直接影响教师资格定期注册、绩效考核、职务聘任、评优奖励等。①

我国还将建立免费师范生录用和退出机制。2011年，首届10 597名免费师范毕业生已全部到中小学任教，39%到县镇及以下中小学任教。这些免费师范生并不都适合当老师。建立免费师范生的录用和退出机制，就是希望使这个制度呈现出比较开放的状态，让一切有志于当教师、特别是当农村教师的青年学生加入到这个行业中。教育部正在会同人力资源和社会保障部、中央编办和财政部研究起草进一步加强和完善免费师范生教育的意见。师范生免费教育政策目标的重点是为农村学校培养骨干教师。首批6所部属师范大学只是起引领和示范作用，下一步是要在地方师范院校开展师范生免费教育，让农村教师的补充机制通过师范生的免费教育，得到最大限度的实现。目前，全国有16个省区市已开展了师范生的免费教育。②

(3)进一步提高农村教师地位待遇。我国有900多万农村教师，他们长期以来工作在艰苦清贫的环境中，恪尽职守，为我国农村教育事业发展做出了不可磨灭的贡献。但是，农村教师的收入和待遇还不高，还有待改善。《教育规划纲要》提出："提高教师地位，维护教师权益，改善教师待遇，使教师成为受人尊重的职业"，"不断改善教师的工作、学习和生活条件"，"依法保证教师平均工资水平不低于或者高于国家公务员的平均工资水平，并逐步提高。落实教师绩效工资。对长期在农村基层和艰苦边远地区工作的教师，在工资、职务(职称)等方面实行倾斜政策，完善津贴补贴标准。建设农村艰苦边远地区学校教师周转宿舍。研究制定优惠政策，改善教师工作和生活条件。关心教师身心健康。落实和完善教师医疗养老等社会保障政策。国家对在农村地区长期从教、贡献突出的教师给予奖励。"2010年10月24日公布的《国务院办公厅关于开展国家教育体制改革试点的通知》提出"推进农村教师周转房建设"，并在北京市、黑龙江省、江西省部分县市、湖北省、湖南省、广西壮族自治区、重庆市、云南省、陕西省部分市、新疆维吾尔自治区作了试点工作。2011年1月24日，刘延东在2011年全国教育工作会议上的讲话提出要"加快农村学校教师周转房建设"。③《中华人民共和国国民

① 刘昊：《教师资格试点五年一认证，师德失范将丢教师资格》，《北京日报》2011年9月7日。

② 原春琳：《国家将建立免费师范生录用和退出机制》，《中国青年报》2011年9月7日。

③ 刘延东：《坚持改革创新 狠抓工作落实 努力开创教育事业科学发展新局面》，《中国教育报》2011年1月26日。

经济和社会发展第十二个五年规划纲要》则要求"实行县(市)域内城乡中小学教师编制和工资待遇同一标准"。教育部要求各地教育部门和学校认真落实绩效工资等各项政策，在提高教师待遇、促进教师专业发展、关心教师身心健康等方面办实事、做好事、解难事，把尊师重教的各项具体措施落到实处。加大农村教育投入，不仅要加大学校设施等硬件的投入，还要增加教师队伍建设的投入，提高农村教师工资收入水平，改善农村教师住房、医疗、社保、福利待遇，还有学习培训等软件条件。①

(四)提高贫困地区农村学生营养水平：吃饱吃好

《教育规划纲要》提出了启动民族地区、贫困地区农村小学生营养改善计划，要求"提高贫困地区农村学生营养水平"。国家将安排资金在中西部贫困地区为农村中小学生提供营养补助，让孩子们吃饱吃好。2011 年 10 月 26 国务院总理温家宝主持召开国务院常务会议，决定从 2011 年秋季学期起启动实施农村义务教育学生营养改善计划：(1)在集中连片特殊困难地区开展试点，中央财政按照每生每天 3 元的标准为试点地区农村义务教育阶段学生提供营养膳食补助。试点范围包括 680 个县(市)、约 2 600 万在校生。初步测算，国家试点每年需资金 160 多亿元，由中央财政负担。(2)鼓励各地以贫困地区、民族和边疆地区、革命老区等为重点，因地制宜开展营养改善试点。中央财政给予奖补。(3)统筹农村中小学校舍改造，将学生食堂列为重点建设内容，切实改善学生就餐条件。(4)将家庭经济困难寄宿学生生活费补助标准每生每天提高 1 元，达到小学生每天 4 元、初中生每天 5 元。中央财政按一定比例奖补。会议强调，要加强学生食堂管理，严格食品供应准入，确保食品安全。制定中小学食堂供餐规范，明确数量、质量和操作标准。建立专家工作组，加强学校营养指导。②

四、农村义务教育研究年度学术话语

自 2010 年 7 月 29 日《国家中长期教育改革和发展规划纲要(2010—2020 年)》颁布至 2010 年 11 月期间，国内学术界对"城乡教育均衡发展""城乡教育一体化""农村学校布局调整""进城务工人员随迁子女教育""农村寄宿制学校""农村留守儿童"等话题进行了研究，经对中国知网检索，共发表学术论文 25 722 篇，具体分布如图 2.5 所示。

---

① 温家宝：《一定要把农村教育办得更好》，《人民日报》2011 年 9 月 9 日。

② 启动实施农村义务教育学生营养改善计划. http://www.gov.cn/ldhd/2011-10/26/content.1979016.htm,2011-10-26.。

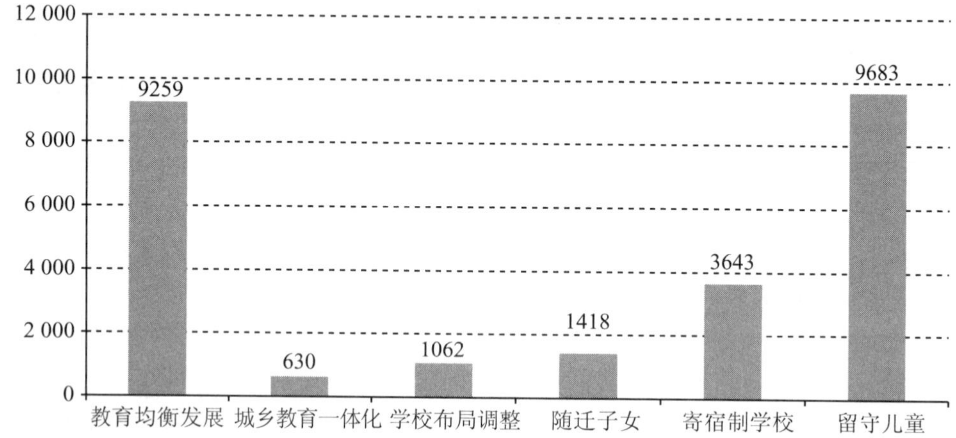

图2.5 2010年8月—2011年11月农村义务教育学术研究话题分布

(一)农村义务教育均衡发展的学术话语

"农村义务教育均衡发展"是过去一年半研究的焦点问题，呈现出了独特的学术样态与品貌。

1. 农村义务教育均衡发展的基本价值追求：推进有质量的均衡

农村义务教育的均衡发展不只是资源配置的均衡，更是质量的均衡。邬志辉认为，农村义务教育政策的价值追求应体现"有质量的公平"、"有效能的质量"和"有人性的效率"三重观照。"有质量的公平"要完成三大政策任务：资源配置对象的"广覆盖"、资源配置制度的"一体化"和资源配置结果的"均等化"。"有效能的质量"应实现学校输入要素的"充分有效"、学校转化过程的"联动实效"和学校输出结果的"全面增效"三大政策目标。"有人性的效率"应研究学校布局的适度规模、教育质量的综合治理和教师工资的结构改革。① 褚宏启指出，城乡教育差距在本质上是质量差距，破解城乡教育二元结构、实现城乡教育一体化的"最后目标"是质量公平或者说结果公平，因此，在制度重要性排序上，与教育质量公平相关的学生培养制度和教育质量评价制度应被置于中心地位。② 在"统筹城乡教育"上，李涛等人主张在城乡空间的立体维度中，通过社会公共治理的多元主体，在公正与自由的价值诉求中展开包括物的"分配"范式与人的"生存"范式的两大结构性转型调整，从而有效建构起三条城乡可持续的教育生态链：城乡教育之间的

① 邬志辉：《农村义务教育基本价值追求的政策表达》，《湖南师范大学教育科学学报》2011年第5期，第41—47页。

② 褚宏启：《教育制度改革与城乡教育一体化——打破城乡教育二元结构的制度瓶颈》，《教育研究》2010年第11期，第3页。

互动链、城乡教育与城乡社会之间的发展链以及城乡教育与城乡公民之间的信息链。① 孙杰认为，在注重农村义务教育的基础性、全面性和发展性的基础之上，应重塑农村义务教育的农村性，树立面向农村人“生活世界”的义务教育均衡发展理念，发掘农村潜藏的地方课程教育因素，构建符合农村义务教育需求的发展性教育评价体系，走一条符合农村自身的文化资本重建之路，才是农村义务教育实现均衡发展的必然选择。②

2. 农村义务教育办学条件标准化的功能指向：提高边际受益率

良好的办学条件是促进农村义务教育均衡发展的必要前提。龚锋等人基于2001—2006年中国268个地级市的义务教育数据，实证测度了城乡义务教育服务的边际受益率，结果显示：城区义务教育服务的边际受益率远高于农村地区，且二者的差距在逐步扩大，原因在于城乡地区的投入差距和生产效率差距。③ 为了提高农村义务教育的边际收益率，国内学者主张：政府可采取撤村并乡的方式，建立乡镇中心校，积聚办学资源，提高办学质量；对低于办学标准的城区薄弱学校和农村学校加大改造力度，在政策上给予特殊照顾，投入更多的人力、财力和物力，积极稳妥地推进标准化建设；优化财力、人力、信息等资源配置，促进优质教育资源向西部农村义务教育倾斜和流动；加快建立义务教育阶段教师国家教育公务员制度，合理规划与调整义务教育阶段学校布局，加大投入，多渠道改造薄弱学校；转变农村学校“为政府办学”的传统认识，形成学校“为社区办学”的新理念，探索学校与乡村社区、地方主管部门共同制定学校发展规划的多主体参与模式。④ 也有学者主张，促进城乡义务教育均衡发展的法定责任由中央和地方政府共担，关键环节是公共资源均衡配置；完善并加强“省级统筹”的财政投入体制；构建义务教育经费投入的保障和监督机制；完善多渠道筹资体制，拓宽财政支持范围，为开展多种形式的农村教育提供经费支持；由教委出资购买专业化服务，委托优质学校或教育中介机构管理相对薄弱的农村中小学等措施来弥补城

① 李涛、邬志辉、邓泽军：《中国统筹城乡教育综合改革：统筹什么？改革什么？——〈国家中长期教育改革和发展规划纲要（2010—2020年）〉视阈下的“城乡治理论”建构》，《西南大学学报：社会科学版》2011年第3期，第124－125页。

② 孙杰：《论文化资本对农村义务教育均衡发展的影响——布迪厄文化资本理论的启示》，《山西大学学报：哲学社会科学版》2011年第5期，第109－110页。

③ 龚锋、卢洪友：《城乡义务教育服务受益非均衡的实证检验——基于边际受益率的分析》，《财政科学》2010年第11期，第124页。

④ 蒋平：《〈规划纲要〉视域下义务教育均衡发展的公平性论析》，《教育理论与实践》2011年第6期，第26页；司晓宏：《优化教育资源配置——促进西部农村义务教育优质发展》，《教育研究》2009年第6期，第17－21页；张旸、祁占勇：《论西部农村义务教育优质资源的均衡发展》，《中国教育学刊》2010年第8期，第20－22页；邬志辉：《西部农村小学发展规划：现实可能、主体选择与实践策略》，《教育发展研究》2011年第6期，第22－23页。

乡义务教育资源的二元鸿沟，推进义务教育资源优化配置。①

3. 农村义务教育师资配置均衡：完善城乡教师交流机制

师资配置是制约城乡义务教育均衡发展的关键性问题。李伯玲认为，城市教师待遇总体上高于农村，在城乡教师待遇存在较大差距的情况下实施城乡教师流动，极易导致农村部分优秀教师流失，影响现有农村教师的工作积极性。② 目前，倚重"单位留人"的教师留住机制缺失经济社会基础，注重"达标思维"的教师发展机制缺少对教师专业发展的持续关注，侧重"泛道德性"的教师激励机制难以有效激发教师工作积极性。③ 解决农村义务教育均衡发展中师资问题，关键是重构适恰的机制，推进城乡教师合理有序交流。为此，学者们建议：建立完善的城乡教师交流机制、高效的城乡教师交流政策执行机制、共赢的城乡教师交流政策评价机制以及配套的城乡教师交流政策运行保障机制；以专项拨款增加对城乡教师交流的补偿，以人本精神完善学校教师聘任制，以公开民主的方式建立教师定期流动制度，以城乡学校优势互补鼓励学校与教师参与交流；省级政府应切实保障义务教育阶段教师的工资福利待遇，如建立激励制度、健全社会保障制度等；建立积极差别对待的配置机制、以教师需求为导向的发展机制、教育投入倾斜的激励机制以及参与式的评价机制；建立和完善引入机制、激励机制、培训机制、合理流动机制和退出机制。④

4. 农村义务教育均衡发展的基本管理模式：县级政府的责任边界

"以县为主"是新时期农村义务教育均衡发展的基本管理模式，县级政府承担着县域义务教育均衡发展的基本责任。政府及教育行政部门应正视义务教育免费后所面临的农民工子女入学、学生择校、城乡教育资源占有不均和财政支出的效率等实践难题。⑤ 县域内义务教育均衡发展的困境，根源在于教育行政部门人事

① 张力：《促进城乡义务教育资源均衡发展，加快普及农村高中阶段教育》，《人民教育》2009年第1期，第5—7页；成刚：《促进城乡教育一体化的投入体制研究》，《教育科学研究》2011年第6期，第17—20页；张茂聪、冯永刚：《公平与均衡视域下义务教育资源有效配置的研究——以山东省农村中学生进城就读现象为例》，《教育研究》2009年第12期，第100—104页。

② 李伯玲：《城乡教师的收入差距与流动问题探究》，《中小学教师培训》2007年第3期，第61页。

③ 秦玉友：《农村义务教育师资队伍建设机制问题分析》，《教育发展研究》2010年第10期，第84—88页。

④ 柳丽娜、李宜江：《论城乡教师交流政策制定与运行机制的完善》，《内蒙古师范大学学报：教育科学版》2011年第8期，第74—76页；叶忠、王海英：《教师城乡交流的成本收益分析》，《教育科学研究》2009年第2期，第21—23页；范先佐、付卫东：《义务教育均衡发展与省级统筹》，2011年"城乡教育一体化与教育制度创新"农村教育国际学术研讨会，第106—107页；马青、焦岩岩：《省域城乡义务教育师资均衡发展的机制设计》，2011年"城乡教育一体化与教育制度创新"农村教育国际学术研讨会，第309—314页；杨令平、司晓宏：《完善西部农村义务教育师资保障机制的思考》，《陕西师范大学学报：哲学社会科学版》2011年第5期，第172—176页。

⑤ 王正惠、蒋平：《义务教育均衡发展：免费后的考验》，《教育发展研究》2009年第11期，第75—79页。

管理权有限、政策工具使用单一和非正式制度规约没有形成。① 杨挺等人认为，在地方管理权限的有限性、政府责任与市场条件之间边界的模糊等方面，县级政府存在应为与能为责任之间的矛盾。② 张源源和邬志辉主张，统筹城乡义务教育均衡发展的重点是农村教育，主体是省级政府，合理规划是保证，县(区)域均衡发展是基础。为此，应制定城乡义务教育的基本办学标准，在教育起点上打破城乡分割的格局；统筹规划区域内农村学校的师资补充；鼓励城乡学校办出特色。打破传统教育行政格局，在县(区)域内创建“学区”；扩大义务教育出口的优质资源；强化制度保证。③ 很多学者还认为，在促进义务教育县域均衡上，县级政府所应承担的职能应与其职责和财力相匹配，并合理满足人民群众的教育诉求；而促进农村教育均衡发展有赖于乡镇政府的积极作为，使之努力承担起学校安全守望者、义务教育促进者、学校建设支持者、教育均衡行动者、实践学习保证者和教育评价执行者的责任。④

5. 农村义务教育均衡发展的实践模式：综合创新

纵观当前我国县域内义务教育均衡发展，主要呈现出四种实践模式：打破行政区划的学区管理模式、实行资源共享的捆绑模式、实质性合并的兼并重组模式以及优质资源辐射的集团化模式。⑤ 而潘红波认为，新时期县域义务教育发展出现了三种模式：以河南息县等为代表的农村综合教育学区、以广州荔湾为代表的城区纵向教育组团和以天津河西为代表的城区横向教育组团。⑥ 潘军昌等人把当前国内促进义务教育协作互动的做法归纳成紧密型、半紧密型、松散型三种类型，以及名校集团化、学区管理、捆绑发展、学校托管以及自由结对帮扶五种模式。⑦ 但不管怎样划分模式，我们都可以看出各地正逐步探索适合自身实际的义

---

① 佛朝晖：《县域义务教育师资均衡配置政策执行现状、问题及建议——基于县市教育局长的调查分析》，《教育发展研究》2011 年第 11 期，第 13—18 页。

② 杨挺、马永军：《县域义务教育师资均衡配置中的政府责任》，《中国教育学刊》2011 年第 3 期，第 13—15 页。

③ 张源源、邬志辉：《统筹城乡义务教育均衡发展的基本认识与理论基点》，《现代教育管理》2010 年第 10 期，第 20—23 页。

④ 柯春晖：《城乡统筹发展中的教育政策取向和政策制定》，《教育研究》2011 年第 4 期，第 17 页；阮成武、庞波：《义务教育县域均衡背景下县级政府的职能定位——基于安徽省郎溪县的调查与思考》，《教育发展研究》2010 年第 10 期，第 30—34 页；丁步洲：《乡镇政府在优先发展教育中的责任——基于苏北农村部分乡镇调查的思考》，《教育发展研究》2010 年第 17 期，第 20—23 页。

⑤ 郭荣学、杨昌江、彭介润：《推进县域内义务教育均衡发展的模式研究》，《当代教育论坛》2011 年第 1 期，第 23—26 页。

⑥ 潘红波：《县域义务教育均衡发展的新模式——对河南息县等四县(区)的案例分析》，《教育发展研究》2010 年第 12 期，第 21—24 页。

⑦ 潘军昌、陈东平：《协作互动促进城乡义务教育均衡发展模式分析》，《教育发展研究》2010 年第 20 期，第 20—23 页。

务教育均衡发展策略。总体来看，我国不同县域义务教育均衡发展主要有起点均衡、过程均衡和结果均衡三种范式。①

6. 农村义务教育均衡发展的测度标准：多元中期待统一

义务教育均衡是一个发展过程，如何测度这一过程成为学界研究的热点问题。于发友等人从环境均衡度、城乡均衡度和结果均衡度三个维度，提出了“综合均衡度”的概念。② 楼世洲从起点公平、过程公平和结果公平三个领域设置了入学机会、政策规划、经费保障等七个义务教育均衡一级指标；陈世伟采用专家调查法从教育机会、资源配置、教育结果、教育经费、教育管理五个维度设计了县域义务教育均衡发展的指标体系；董世华与范先佐从县域义务教育活动中教师、学生和教育保障系统出发，围绕教师资源均衡度、生源均衡度和保障系统均衡度三个方面设计了表征县域义务教育全过程的指标体系；肖军虎则选用问题模式来构建县域义务教育均衡发展的指标体系，确定办学条件、师资力量、经费投入、生源质量和教育质量五个指标领域，寄宿制学校、非寄宿制学校和教学点三类“学校”，以及“初步均衡”和“基本均衡”两个阶段。③《2011年成都市义务教育校际均衡监测总报告》显示：2010年成都各县(区、市)义务教育均衡总指数均值为0.41，城乡中小学多项检测指标旗鼓相当，农村学校部分指标已超过城市学校。④ 不难发现，测度义务教育均衡发展的方法不一，其结果信度也难以保障。对此，有的学者建议，县域义务教育均衡发展评估指标的选择应综合运用多种方法；教学仪器设备、图书和骨干教师配置应成为重点；资源的多寡并非决定性因素；要避免新一轮的学校撤并。⑤

(二)农村学校布局调整研究的学术话语

20世纪90年代后期的大规模农村学校布局调整，是顺应人口变动趋势和城

① 刘光余：《论我国县域义务教育均衡发展的取向、范式与路径》，《教育理论与实践》2011年第9期，第27—29页。

② 于发友、赵慧玲、赵承福：《县域义务教育均衡发展的指标体系和标准建构》，《教育研究》2011年第4期，第50—54页。

③ 楼世洲、宁业勤：《县域教育均衡发展督导评估方案研究》，《教育测量与评价》2009年第2期，第9—12页；陈世伟、徐自强：《县域义务教育均衡发展指标体系构建研究》，《内蒙古农业大学学报：社会科学版》2010年第4期，第225—227页；崔慧广：《县域义务教育财政均衡测度的实证研究》，《苏州教育学院学报》2010年第4期，第26—29页；董世华、范先佐：《我国县域义务教育均衡发展监测指标体系的构建——基于教育学理论的视角》，《教育发展研究》2011年第9期，第27—29页；肖军虎：《我国县域义务教育均衡发展指标体系的构建》，《教育理论与实践》2011年第9期，第30—34页。

④ 刘磊：《成都发布义务教育校际均衡监测报告：农村学校多项指标已好于城市》，《中国教育学刊》2011年第9期，第11页。

⑤ 任春荣：《县域义务教育均衡发展评估指标的选择方法》，《中国教育学刊》2011年第9期，第5—7页。

镇化发展要求，为整合教育资源、提高规模效益、促进教育质量提升的一次全方位的布局调整，是我国“社会结构转型与农村教育现代化进程中发生的重要社会现象”。① 2001 年以后，义务教育学校特别是农村中小学校的数量显著减少，显示出基础教育管理体制改革和新一轮布局调整政策的成效。② 近年来，农村学校布局调整一直是学术界研究的热点问题，特别是 2011 年 11 月以来接连发生的三起校车事故，更是引起了全社会的广泛关注。

1. 农村学校布局调整的总体评价：利大弊大

关于农村学校布局调整的成效，范先佐教授的课题组通过对中西部 6 省(自治区)38 个县市 177 个乡镇中小学布局调整现状的调查，认为布局调整“取得了较好的成效，既促进了教育资源的合理配置，提高了农村学校的规模效益，又促进了区域内教育的均衡发展和农村学校教育质量的提高”。③ 柳海民等通过对辽宁省桓仁县“九年一贯制(寄宿制)”学校布局调整成功经验探索指出，布局调整是一项提高农村基础教育质量、推进教育均衡发展、促进教育公平的重要举措。④ 而卢珂、杜育红通过两水平增值模型和 OLS 估计结果却发现，学校布局调整整体上对小学生成绩具有负向影响，其中学校办学条件、生均寄宿面积、学校满意度对学生成绩有正向影响；家校距离、家庭经济负担、学校配套设施不健全、学校心理疏导缺失等因素对学生成绩产生负向影响。⑤ 王颖、杨润勇指出，“新一轮农村中小学布局调整后学校管理难度增加，教育质量难以保证”，“大规模的布局调整造成了相当一部分学生家长精力不济、中小学生体力不支，成为近几年 D 县学生辍学率上升的重要原因之一。”⑥庞丽娟等指出农村中小学布局调整后由于班额、学校规模加大，教师负担加重，学校管理难度增加等，使教育质量难以得到切实的保证。⑦ 王嘉毅等研究表明，布局调整过程中由于措施不当，使部分地区造成“教育

---

① 邬志辉、史宁中：《农村学校布局调整的十年走势与政策议题》，《教育研究》2011 年第 7 期，第22—30 页。

② 雷万鹏：《义务教育学校布局：影响因素与政策选择》，《华中师范大学学报：人文社会科学版》2010 年第 9 期，第 155－160 页。

③ 中西部地区农村中小学合理布局结构研究课题组：《我国农村中小学布局调整的背景、目的和成效——基于中西部地区 6 省区 38 个县市 177 个乡镇的调查与分析》，《华中师范大学学报：人文社会科学版》2008 年第 7 期，第 121－127 页。

④ 柳海民、娜仁高娃、王澍：《布局调整：全面提高农村基础教育质量的有效路径》，《东北师大学报：哲学社会科学版》2008 年第 1 期，第 5－12 页。

⑤ 卢珂、杜育红：《农村学校布局调整对学生成绩的影响——基于两水平增值模型的分析》，《清华大学教育研究》2010 年第 12 期，第 64～73 页。

⑥ 王颖、杨润勇：《新一轮农村中小学布局调整后的负面效应：调查反思与对策分析》，《教育理论与实践》2008 年第 12 期，第 28－31 页。

⑦ 庞丽娟、韩小雨：《农村中小学布局调整的问题、原因及对策》，《教育学报》2005 年第 4 期，第90－96 页。

的真空地带”、新的辍学率，以及少数处境不利学生被迫失去教育机会等。[①] 侯龙龙等通过对学龄人口数测算研究指出，学校布局调整对学生的学业成绩和学校适应性都产生了显著的负向影响。[②] 刘善槐指出，对于学校撤并提高教育效益的假定应该审慎评价，学校撤并所持的基本假设还有待进一步深入分析。[③]

2. 农村学校布局调整的政策选择：撤并还是保留

范先佐认为，农村小规模学校和教学点有重要意义，要慎重对待教学点的撤留问题。[④] 邬志辉认为，国家提出的“按照小学就近入学、初中相对集中、优化教育资源配置的原则，合理规划和调整学校布局。农村小学和教学点要在方便学生就近入学的前提下适当合并，在交通不便的地区仍需保留必要的教学点，防止因布局调整造成学生辍学……”政策具有模糊性，缺少可操作性，正是因为国家标准的模糊不清，才导致一些地方教育行政部门盲目加速撤并农村中小学乃至中心校，甚至出现限期定额撤并学校等硬性要求，使不少农村儿童陷入求学困境，严重影响了农村义务教育的持续健康发展。[⑤] 王海英指出，撤并还是保留学校是存在争议的，主张撤并的一方认为，教育需要很多资源，如果学校规模小，已投入的教育资源就不能充分利用，那么扩大学校规模就可以提高资源利用效率、降低生均成本、产生规模经济效果，撤并一些生源少、条件差、质量低的农村学校，无疑成为解决县级政府教育经费有限、提高资源利用效率的最为有效的手段。而注重存留的一方认为，撤并学校未必能产生规模效益，合并学校也未必能降低教育成本。布局调整能否促进教育公平以及调整后所形成的大规模学校一定能提高教育质量等假设值得质疑。同时乡村学校撤并导致了乡村文化的衰落和乡村社会的解组。[⑥] 熊春文认为，教育现代化进程所造成的村落学校在短时间内突然急剧消失，对于农村必然是很大的打击。他从文化意义上分析了乡村教育坚决地摒弃乡村经验，一味地向城市化、抽象化、普遍化进发，势必会给中国的未来社会带来一定风险。[⑦]

---

① 王嘉毅、吕晓娟：《教育公平视野中的农村学校布局调整》，《甘肃社会科学》2007年第8期，第85—88页。

② 侯龙龙、张鼎权、卢永平：《西部五省区农村学校布局调整与学生发展》，《教育学报》2010年第6期，第77～83页。

③ 刘善槐：《我国农村地区学校撤并的问题与对策研究——基于东中西六地的调查分析》，《湖南师范大学教育科学学报》2011年第5期，第52—55页。

④ 范先佐：《农村学校布局调整与教育的均衡发展》，《教育发展研究》2008年第7期，第55—60页。

⑤ 邬志辉：《中国农村学校布局调整标准问题探讨》，《东北师大学报：哲学社会科学版》2010年第5期，第140—149页。

⑥ 王海英：《农村学校布局调整的方向选择——兼谈农村学校“撤存”之争》，《东北师大学报：哲学社会科学版》2010年第5期，第156—161页。

⑦ 熊春文：《“文字上移”：20世纪90年代末以来中国乡村教育的新趋向》，《社会学研究》2009年第5期，第110—245页。

3. 农村学校布局调整的标准原则：程序公正与约束条件

由于农村中小学布局调整中出现了诸多不合理现象，引发了学界对撤并原则、程序和标准问题的研究。刘善槐认为，各县在撤并学校时并没有一个相对科学的可操作性标准，从而导致学校撤并主观性太强。① 雷万鹏等指出，我国学校撤并决策中民众参与率低，部分群众对学校撤并效果不满意。从程序公正视角看，我国学校撤并决策未能真正体现公平正义原则。② 秦玉友等分析了罗尔斯程序公正的三种类型：纯粹的程序公正、完善的程序公正和不完善的程序公正，认为纯粹的程序公正和不完善的程序公正都不适合学校布局调整，完善的程序公正比较适合学校布局调整。在学校布局调整过程中，不能只把不同利益相关群体集中起来投票，而不顾及调整后的实际效果，也不能在不清楚布局调整结果的情况下，把是否进行学校布局调整交给正确或公平的程序。③ 邬志辉认为，所谓"学校撤并决策的程序公正"就是在学校撤并问题上事先要有一套程序性的制度安排，确保信息公开、多方参与、过程民主、决策科学，它是由"最低限度的程序公正标准"和"公正的程序步骤"构成，前者包括受到决策影响主体的实质性参与、学校撤并决策过程的理性化运作和教育行政权力运行的公开化设定；后者包括收集与分析学校运营事实、研究与制订学校撤并标准、讨论与决定学校撤并名单、告知与公布师生调转计划、评估与处置学校空闲资产。④

王远伟等根据学校服务半径、服务人口、学校规模、班级规模、班级数量五个指标，对不同地理条件如山区、丘陵、平原等地区分别确立了农村中小学的布局标准。⑤ 孔云峰等采用学校空间可达性概念，把学校布局的核心问题凝结为学校的空间可达性问题，即学生从居住地到学校的便捷程度。空间可达性好意味着，学生从居住地到学校的总体(或平均)距离、时间或费用最小，在一定距离范围内学校服务人口最多，学生上学方便程度的差异最小。他们还提出了比例、最近距离、机会积累、重力和改进重力等学校布局指标。⑥ 石人炳通过对国外布局

---

① 刘善槐：《我国农村地区学校撤并的问题与对策研究——基于东中西六地的调查分析》，《湖南师范大学教育科学学报》2011 年第 9 期，第 52—55 页。

② 雷万鹏、张婧梅：《构建公正的学校撤并程序——对民众参与度和满意度的实证调查》，《全球教育展望》2011 年第 7 期，第 67—73 页。

③ 秦玉友、孙颖：《学校布局调整：追求与限度》，《教育研究》2011 年第 6 期，第 94—101 页。

④ 邬志辉：《农村学校撤并决策的程序公正问题探讨》，《湖南师范大学教育科学学报》2010 年第 6 期，第 5—11 页、22 页。

⑤ 王远伟、钱林晓：《关于农村中小学合理布局的设计》，《华中师范大学学报：人文社会科学版》2008 年第 3 期，第 136—140 页。

⑥ 孔云峰、李小建、张雪峰：《农村中小学布局调整之空间可达性分析——以河南省巩义市初级中学为例》，《遥感学报》2008 年第 5 期，第 800—809 页。

调整标准的分析，指出国外把儿童入学距离分成3种方法进行衡量：一是物理距离，即实际的空间距离，用公里来衡量；二是文化距离，即儿童不得不离开自己的社区到另一个把他们当作外人并对他们不友好的社区上学，从而导致辍学的距离；三是时间距离，是考虑诸如山地、河流、森林等自然条件的阻碍而延长上学途中的时间。① 邬志辉则提出了学校布局调整的约束条件理论，他认为，建立农村学校布局调整标准问题实质上是一个多目标线性规划问题，目标函数就是在一定条件下如何合理安排教育要素资源，使学生上学距离最近、学校服务人口最多、教育资金投入最省、教育教学质量最高，学校布局调整次数最少，而约束条件则至少包括三大类12项：物质性约束条件包括自然地理条件和交通条件；社会性约束条件包括人口条件，宗族、民族、宗教文化条件，社会治安条件，家庭生存形态条件，地方政府资金供给条件和百姓教育意愿条件；教育性约束条件包括学生身心发展条件，学校与农村社区关系条件，学校自身历史文化条件和学校功能发挥条件。为此，他设计了"底线＋弹性"的农村学校布局调整标准模型。②

4. *农村学校布局调整的规模效益：经济效益还是教育效益*

农村学校布局调整过程中乡村学校向县城集中，教学点的学生向中心校集中，加上农民工子女随迁就读，使县镇大规模学校和大班额问题突出，出现了所谓的"巨型学校""巨型班级"。邬志辉、史宁中研究了我国十年来农村学校布局调整的演进态势，指出学校规模和班级规模同步扩大，县镇大规模学校和大班额问题突出。③ 那么，到底多大学校规模和班级规模才是适合的，追求"规模效益"究竟引发了怎样的政策议题？万明钢等认为，学校布局调整如果过度追求规模效益，会产生矫枉过正的现象，"教育资源有整体性和不可分性，突破教育资源这一限制，学生人数扩大会使整体资源负担分散，每单位学生资源成本降低，但持续扩大学校规模对生均成本和资源使用效率的作用未必是良性的，一味地扩大学校规模就会损害教育功能，教育质量下降就谈不上办学效益优良。"④艾文珍通过对布局调整后城乡中小学校规模不适度的现状进行了归类分析，认为"我国中小学布局调整过程中存在着明显的规模不经济现象，布局调整后农村中小学规模过小，教育资源得不到充分利用，导致浪费；而城市中小学则出现规模过大，不仅

① 石人炳：《国外关于学校布局调整的研究及启示》，《比较教育研究》2004年第12期，第35－39页。

② 邬志辉：《中国农村学校布局调整标准问题探讨》，《东北师大学报：哲学社会科学版》2010年第5期，第140－149页。

③ 邬志辉、史宁中：《农村学校布局调整的十年走势与政策议题》，《教育研究》2011年第7期，第22－30页。

④ 万明钢、白亮：《"规模效益"抑或"公平正义"——农村学校布局调整中"巨型学校"现象思考》，《教育研究》2010年第4期，第34－39页。

使教育质量下降而且也出现了规模过大的不经济现象”。① 秦玉友、孙颖从不同角度分析了学校的理想规模：在校长看来，200～800 名学生的学校便于取得管理效果；从教师流动的行为看，理想的学校规模大约是 370 人，而在有 70 名和有 670 名学生的学校教师流动的可能性相等；从课程的角度来说，超过 400 名学生时对课程设置丰富性的影响变弱；从学生的角度来说，小学学校规模应限制在 500 人以内，中学应限制在 1 000 以内，而对于处境不利学生，小学规模应在 300 人以内，中学应在 600 以内比较理想；从节约教育成本的角度，理想的中学规模应是 1 000～2 000 名学生。而理想学校规模的确立还要综合考虑其他因素，如家校距离、班级差异等。②

5. 农村学校布局调整的资源处置：产权纷争与资源浪费

2001 年国务院发布《国务院关于基础教育改革与发展的决定》明确提出“调整后的校舍等资产要保证用于发展教育事业”，但是由于许多校产的产权不清晰，导致这一政策缺少必要的法理依据，在实践中比较难以执行，造成校产的闲置、荒芜甚至浪费。③ 2008 年东北师范大学农村教育研究所对我国内蒙古等 8 个省(自治区)的 8 县(市)调查发现，样本县共撤并中小学 978 所，其中有 543 所学校的资产划归教育部门，有 229 所学校的资产划归村委会，有 206 所学校的资产因产权不清或其他原因而闲置、荒废或倒塌，占 21.06%。④ 由于被撤并学校用地的处理十分复杂，也不便于监督，所以在用地处置过程中极易造成公共资产流失。有的是被撤并学校用地得不到积极全面使用而造成流失；有的是被撤并学校用地定价不当造成公共资产流失；有的是在划分被撤并学校用地产权比例时的流失。⑤ 新一轮农村中小学布局调整后国家、集体的财产蒙受损失，使布局调整的公平性受到质疑。⑥ 针对上述这些问题，秦玉友指出被撤并学校用地应尽量用于当地其他阶段和其他形式教育；对于不能确定未来是否使用的被撤并学校用地可以采取出租方式处置；被撤并学校用地的部分收益可以作为被撤并学校学生承担额外上学费用的补贴；对有产权归属争议的被撤并学校用地应尽快明晰其归属；被撤并学校用地处置和教育利用过程制度化和透明化。⑦

---

① 艾文珍：《我国农村中小学布局调整的规模经济分析》，《基础教育》2010 年第 1 期，第 42—44 页。

② 秦玉友、孙颖：《学校布局调整：追求与限度》，《教育研究》2011 年第 6 期，第 94—101 页。

③ 邬志辉：《农村学校撤并决策的程序公正问题探讨》，《湖南师范大学教育科学学报》2010 年第 6 期，第 5—11 页、22 页。

④ 邬志辉、王存：《农村被撤并学校资产处置的政策选择》，《教育发展研究》2009 年第 21 期，第 6—10 页。

⑤ 秦玉友：《农村被撤并学校用地处置问题研究》，《教育发展研究》2009 年第 21 期，第 11—20 页。

⑥ 王颖、杨润勇：《新一轮农村中小学布局调整后的负面效应：调查反思与对策分析》，《教育理论与实践》2008 年第 12 期，第 28—31 页。

⑦ 秦玉友：《农村被撤并学校用地处置问题研究》，《教育发展研究》2009 年第 21 期，第 11—20 页。

(三)进城务工人员随迁子女教育研究的学术话语

对进城务工人员随迁子女教育问题进行学术研究已有十多年的历程，积累了许多有价值的研究成果。关于进城务工人员随迁子女有各种不同的称谓，诸如“农民工子女”“流动人口子女”“进城务工人员子女”等。一般地，“农民工”在我国有特定的身份意义，“流动人口”仅指居住地与户籍相分离的人口，“进城务工人员”则是指工作地由农村转移至城市的人员。我们发现，在一些文献中存在概念误用的情况，比如把“流动人口子女”窄化为随迁子女。我们这里使用“进城务工人员随迁子女”这一概念，但在分析时把诸如“流动人口子女”文献也纳入到我们的考察范围中来。

1. 进城务工人员随迁子女教育问题的生成：结构矛盾与制度根源

为什么会存在进城务工人员随迁子女教育问题？范先佐则认为，进城务工人员子女义务教育公平问题的产生原因是复杂的，但制度却是其中最重要的因素。① 孙红玲指出，相对于二元经济结构变化来说，二元教育和社会结构调整的滞后导致了流动人口子女教育机会的不均等问题，“市场经济体制下劳动力的市场调节机制与义务教育资源的政府配置机制之间的矛盾导致了流动人口子女不能无偿享受流入地的义务教育。”②王涤等认为，生产力发展不平衡，“市场经济发展存在很大的区域性差异”是问题的根本原因；二元化的户籍制度是问题的体制原因；义务教育体制与市场经济不相适应，义务教育中户籍管学籍是直接原因；家庭和社会管理都是造成流动人口子女教育问题的原因。③ 秦玉友等认为，教育机构设置严重依赖行政设置，致使人们认可户籍对入学的限制。④

2. 进城务工人员随迁子女教育的机会公平：公办学校难上，民工子弟校难批

与流入地城市籍学生相比，进城务工人员随迁子女的上学遭遇是不公平的，尽管国家提出了“两为主”政策，但进城务工人员随迁子女上公办学校依然非常难。范先佐认为，进城务工人员子女存在上不了学、上不了好学校和上不起学的不公平现象。⑤ 王东在对北京市流动儿童家长进行调研后指出，“借读费用太

---

① 范先佐：《教育公平与制度保障——进城务工人员子女接受义务教育的现状分析》，《教育发展研究》2007年第12期，第5—9页。

② 孙红玲：《浅论转型时期流动人口子女的教育公平问题》，《教育科学》2001年第2期，第4—6页。

③ 全国教育科学规划领导小组办公室：《国家一般课题“关于中国流动人口子女教育问题的研究”研究成果述评》，《当代教育论坛：宏观教育研究》2004年第12期，第19—24页。

④ 秦玉友、齐海鹏、齐倩楠：《农民工子女教育问题与应对策略研究》，《教育科学》2007年第6期，第52—55页。

⑤ 范先佐：《教育公平与制度保障——进城务工人员子女接受义务教育的现状分析》，《教育发展研究》2007年第6期，第5—9页。

高”、“所需证件难办”、“附近公办学校不收”是流动儿童面临的主要问题。① 刘善槐指出，公办学校往往设置一些较高的“入学门槛”，或者要求各种证件齐全，或者要求缴纳较高的费用。② 刘晓湧指出，“流动儿童的义务教育在同城和跨区域两个方面都存在不公平现象，”在同城差异方面存在入学要求的证件难以办理，农民工子女只能缴纳高额的借读费，而民办简易学校条件差，流动儿童和城市儿童“所能享用的教育资源相差悬殊”；在跨区域差异方面，不同地区的流动儿童进入公办学校就读的比例不同。③ 王守恒、查晓虎指出，农民工子女不仅在入学上遭遇各种门槛，在教育结果上还存在升学难问题。④ 中央教育科学研究所课题组的研究指出，“民办农民工子女学校审批标准过高，造成未获准民办农民工子女学校数量多，且监管困难”；农民工子女学校教师队伍来源复杂且不稳定，管理者学历水平低，设备设施不足。⑤ 各地政府按照当地情况来制定办学标准，大多数打工子弟学校属于自筹经费，不享受政府教育事业经费投入，绝大多数打工子弟学校难以达到当地的标准，因而难以合法化。⑥ 李朝晖、张红云在对湘潭市部分农民工家庭和学校进行调查后指出，农民工子女不仅存在“就读公办学校困难”的问题，还存在“辍学现象严重”、在学校受到歧视问题。⑦ 曲正伟、周小虎认为，农民工身份有悖于公民资格权利，“农民工子女教育问题被制度地定性为地方性问题”，因此重新建构公民身份制是破解农民工子女教育问题的根本。⑧

3. 进城务工人员随迁子女教育的经费保障：府际责任待明晰

葛新斌认为，中央和地方政府间的教育投入责任配置尚欠合理，流入省区各级政府之间缺乏相应的财政转移支付安排，中央未赋予流出地政府明确和具体的责任。这

---

① 王东：《“两为主”政策背景下流动儿童家长“择校”行为分析——基于对北京市的相关调查》，《教育发展研究》2010 年第 6 期，第 82－85 页。

② 刘善槐：《进城务工人员随迁子女公办学校入学机会问题探讨》，《教育发展研究》2009 年第 2 期，第 17－19 页。

③ 刘晓湧：《流动儿童义务教育不公平现象的成因与对策》，《湖北社会科学》2010 年第 9 期，第 173－175 页。

④ 王守恒、查晓虎：《进城农民工随迁子女的教育公平》，《安徽师范大学学报：人文社会科学版》2011 年第 1 期，第 71－75 页。

⑤ 中央教育科学研究所课题组：《进城务工农民随迁子女教育状况调研报告》，《教育研究》2008 年第 4 期，第 13－21 页。

⑥ 中央教育科学研究所教育发展研究部课题组：《进城务工就业农民子女接受义务教育的政策措施研究》，《教育研究》2007 年第 4 期，第 49－54 页。

⑦ 李朝晖、张红云：《农民工流动过程中子女义务教育权的缺损——以湘潭市为例》，《湖南农业大学学报：社会科学版》2006 年第 3 期，第 20－23 页。

⑧ 曲正伟、周小虎：《农民工子女教育“问题”：基于公民身份缺失的归因》，《教育科学》2008 年第 2 期，第 34－38 页。

样在各级政府之间就形成了博弈现象，流入地政府采取消极不作为的方式来应对中央的政策压力，所以中央需要为相关政策提供配套资源，政府间明确合理分担外来务工人员子女义务教育经费，将其规范化和制度化，建立公平合理的外来务工人员子女义务教育转移支付制度，并建议授权流入省区政府开征用于外来务工人员子女义务教育的专项税费。① 范先佐指出，“输入地政府应负主要的财政责任”，提供均等化的教育服务，“将进城务工人员子女优先纳入城市免费义务教育框架”，对提供义务教育的民办学校也应拨付与其接受进城务工人员子女数量相适应的经费，提倡实行“教育券”的方式将预算内的义务教育经费直接分配给学生，同时“中央和省级政府可以通过转移支付的方式设立进城务工人员子女教育专项资金。”②邱小健则主张建立“流动人口子女义务教育经费预算单列制度”和中央政府“动态经费拨款制度”。③

4. 进城务工人员随迁子女的城市融入：身份认同内卷化

周皓经过三轮“流动儿童发展状况跟踪调查”发现，流动儿童的孤独感强于本地儿童。④ 袁晓娇、方晓义等人的研究则发现，“教育安置方式对流动儿童城市适应仍然有显著预测作用，公立学校流动儿童社会文化适应更好，自尊更高，且更少产生孤独、抑郁等心理适应问题。”公立学校的流动儿童在社会文化和心理适应方面明显优于打工子弟学校儿童。⑤ 许传新的研究发现，公立学校中流动儿童与城市学生的社会距离非常小。⑥ 湛卫清指出，实现融合教育要尊重农民工子女的主体地位和教育规律，实现自然融合，同时需要转变城市家长的观念，消除他们对农民工子女的成见。⑦ 陈国华的调查发现，公立学校教师没有做好接纳流动人口子女的准备，而且缺乏意愿。⑧ 王春光的研究发现，许多农村流动人口的孩子面临着与城市孩子无法整合的困难，他们不能形成相互的认可。有 91.7%的

---

① 葛新斌：《“两为主”政策中的政府投入责任探析》，《教育发展研究》2009 年第 2 期，第 1—9 页。

② 范先佐、郭清扬：《政府应义不容辞地承担进城务工人员子女义务教育的财政责任》，《河北师范大学学报：教育科学版》2011 年第 9 期，第 5—11 页。

③ 邱小健：《中国城市化进程中流动人口子女义务教育问题研究——教育财政的视角》，《河北师范大学学报：教育科学版》2009 年第 8 期，第 9—13 页。

④ 周皓：《流动儿童的心理状况与发展——基于“流动儿童发展状况跟踪调查”的数据分析》，《人口研究》2010 年第 2 期，第 66—75 页。

⑤ 袁晓娇、方晓义、刘杨、李芷若：《教育安置方式与流动儿童城市适应的关系》，《北京师范大学学报：社会科学版》2009 年第 5 期，第 25—32 页。

⑥ 许传新：《融入还是隔离——公立学校流动人口子女与城市学生社会距离实证研究》，《教育学报》2009 年第 3 期，第 68—75 页。

⑦ 湛卫清：《农民工随迁子女融合教育的困惑与对策》，《教育发展研究》2008 年第 10 期，第58—61 页。

⑧ 陈国华：《城市公立学校教师对流动人口子女教育的认知》，《青年研究》2008 年第 6 期，第44—49 页。

农村流动人口子女在城市或者没有“家”的感觉，或者说不清楚，或没有答案。①邬志辉也认为，农民工子女的学校境遇，使他们感受到自己不被城市人认可，自己又不认同自己是农村人，在不得不认同于“农民工子女”这一特殊身份的过程中导致身份认同的“内卷化”。②

5. 进城务工人员随迁子女教育的升学考试：何时能享受同城待遇

进城务工人员随迁子女的流动性强，为了防止辍学应实施一体化监管。中央教育科学研究所课题组指出，“建立全国性的电子学籍管理系统，对农民工子女进行全口径的统一动态学籍管理”，为农民工子女入学、转学和升学提供“一条龙”服务。③ 但是，进城务工人员子女也越来越趋于稳定，他们读完义务教育后要上高中、考大学，但却面临制度障碍。桑锦龙等人担心，现阶段若向流动人口子女开放高中阶段教育，将冲击自主命题的高考制度和城市教育质量，可能造成人口流动增大的负面影响。④ 徐丽敏则指出，“在户籍制度和公共教育体制没有根本变动之前，需要探索一种过渡性的对策”，尝试“在本地居住年限＋在当地连续受教育年限”作为在当地升学的门槛。⑤ 刘善槐、张源源则建议，为了保障随迁子女能够获得公平的升学机会，可建立基于成绩折算的异地考试制度、相应的奖惩和补偿制度以及构建城市高中阶段教育资源信息平台。⑥

(四)农村留守儿童研究的学术话语

留守儿童问题与20世纪末我国农村地区出现的大量进城务工人员有着直接的关联。留守儿童的概念肇始于20世纪90年代，用法也比较多元，诸如“留守子女”“留守学生”“留守少年”“留守幼儿”“寄养儿童”“寄养子女”等不一而足，但产生之初并没有引起足够重视，真正引起强烈社会反响的还要归功于2004年以来研究者和媒体记者的推动。在1993—2010年的近20年里，在中国知网共检索出学术论文4 636篇(见图2.6)。

---

① 王春光：《农村流动人口的“半城市化”问题研究》，《社会学研究》2006年第5期，第107－123页。

② 邬志辉：《城乡教育一体化：问题形态与制度突破》，《2011年“城乡教育一体化与教育制度创新”农村教育国际学术研讨会论文集》，第117－128页。

③ 中央教育科学研究所课题组：《进城务工农民随迁子女教育状况调研报告》，《教育研究》2008年第4期，第13－21页。

④ 桑锦龙、雷虹、郭志成：《我国城市流动人口随迁子女高中阶段入学问题初探》，《教育研究》2009年第7期，第68－73页。

⑤ 徐丽敏：《农民工随迁子女义务后教育：问题与对策》，《教育发展研究》2009年第6期，第76－79页。

⑥ 刘善槐、张源源：《谈进城务工人员随迁子女义务教育后的升学困境与破解思路》，《教育探索》2010年第11期，第20－21页。

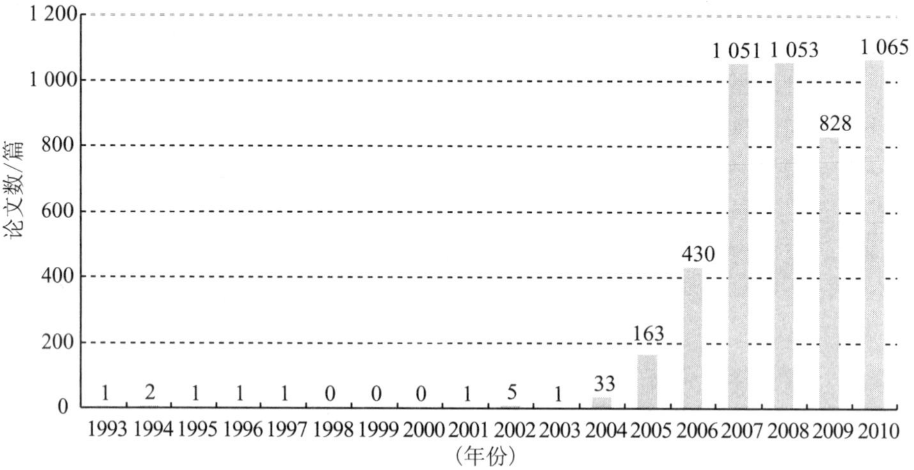

图 2.6　1993—2010 年我国留守儿童研究的数量分布

1. 留守儿童的概念纷争：谁是留守儿童

很多研究者认为首次提出留守儿童概念是在 1994 年，其实这是一个误读。据我们考证，上官子木于 1993 年就提出了留守儿童概念，并认为留守儿童是在城市地区完全由祖父母抚养而父母均在国外的儿童。① 尽管该定义与今天所说的留守儿童概念含义不同，但却定下了留守儿童研究的基调，即留守儿童系由非亲生父母抚养的儿童，不只局限于农村地区。随着 1992 年我国民工潮的出现，农村留守儿童问题凸显，今天留守儿童的特指含义才逐渐形成，即留守儿童的父母至少有一方存在亲子分离现象，造成正常抚养和关爱的缺失；留守儿童的年龄较小，一般处于 18 周岁以下；亲子分离时间最少在几个月以上。目前，关于留守儿童概念仍然比较混乱，甚至在很多内容上争议要远大于统一，这在一定程度上造成了不同甚至相左研究结论的出现。首先，父母的缺位是指一方还是双方？肖正德认为，留守儿童是指父母一方或双方外出打工而被留在家乡需要其他人来照顾的儿童。② 范方等认为留守儿童是指其父母双亲常年外出打工而被留在家乡，需要他人照顾的未成年孩子。③ 其次，留守儿童的年龄处于哪一阶段？有人认

① 上官子木：《隔代抚养与留守儿童》，《父母必读》1993 年第 11 期，第 16—17 页。

② 肖正德：《我国农村留守儿童教育问题研究进展》，《社会科学战线》2006 年第 1 期，第 246—249 页。

③ 范方、桑标：《亲子教育缺失与"留守儿童"人格、学绩及行为问题》，《心理科学》2005 年第 4 期，第 855—858 页。

为，留守儿童应是16周岁以下的孩子，[①] 叶敬忠却主张未满18周岁的留守子女都是留守儿童，[②] 张宇辉认为留守儿童的年龄应限定在14周岁以下，[③] 叶峰认为，留守儿童的年龄就是处于义务教育阶段的儿童。[④] 最后，留守儿童是否一定意味着在农村？上官子木首提留守儿童概念时专指城市地区，后来农村留守儿童数量的增加，随即出现了"留守儿童"即"农村留守儿童"的替代现象。冯建等综合各家说法认为，留守儿童同时并存于城市和农村，并非只有在农村才有留守儿童，它是对我国广大农村、城镇地区存在的一种特殊儿童群体的称谓。[⑤]

2. 留守儿童的问题指向：正常儿童还是问题儿童

段宝霞认为，亲子之间联系频率较小而且方式单一，导致留守儿童学习目的不明确，学习态度不端正，学习习惯不良，学习动力不足，学习兴趣缺乏，不能按时完成作业，学习成绩下降，没有成就感，有的甚至早早走上了辍学打工的道路。[⑥] 有调查研究指出，留守儿童不仅在学习成绩上表现"较差"，[⑦] 而且在学业求助行为与求助对象上较少选择老师及家长。[⑧] 但雷万鹏等认为，留守儿童是一个多元的群体，大多数留守儿童的学习成绩与非留守儿童没有差别，差异主要是组内差距，而不是组间差距，留守儿童并不是"问题儿童"。[⑨] 陈在余指出，父母外出对6～8岁学龄儿童健康有显著的负影响，特别是母亲不在家对留守儿童健康的负影响较为显著，而且这一影响在不同收入水平家庭之间无显著差异。[⑩] 正处于身心成长较快阶段的留守儿童，自我认知和情感价值观开始逐步形成和发展，此时他们在生活和学习方面可能会遭遇很多困惑和迷茫。面临这种境况，他们本应该得到家长正确和及时的引导，为自己提供排解种种困难的方法和建议，

---

① "中国农村留守儿童问题研究"课题组：《农村留守儿童问题调研报告》，《教育研究》2004年第10期，第15—18页。

② 叶敬忠、莫瑞：《关注留守儿童——中国中西部农村地区劳动力外出务工对留守儿童的影响》，社会科学文献出版社2005年版，第18页。

③ 张宇辉：《河南农村留守儿童教育状况的调查与思考》，《河南社会科学》2007年第2期，第158—159页。

④ 叶峰、金绍军：《农村留守儿童心理问题及对策研究》，《内江科技》2006年第3期，第77页。

⑤ 冯建、罗海燕：《"留守儿童"教育的再思考》，《广东教育学院学报》2005年第2期，第39—41页。

⑥ 段宝霞：《农村留守儿童教育和管理探析》，《河南师范大学学报：哲学社会科学版》2006年第3期，第192—194页。

⑦ 姚云：《农村留守儿童的问题及教育应对》，《教育理论与实践》2005年第4期，第41—43页。

⑧ 朱丹、易红、鲁志敏：《初中农村留守儿童学业求助的特点研究》，《中国特殊教育》2007年第11期，第14—17页。

⑨ 雷万鹏、杨帆：《对留守儿童问题的基本判断与政策选择》，《教育研究与实验》2009年第2期，第24—29页。

⑩ 陈在余：《中国农村留守儿童营养与健康状况分析》，《中国人口科学》2009年第5期，第95—103页。

然而家长缺位的现实让这一切成为幻影，久而久之就容易引发留守儿童抑郁、孤僻等方面的心理问题。一般而言，留守儿童会存在性格极端化，盲目反抗或逆反心理，对父母充满怨恨，有被遗弃的感觉，品行容易消极等心理问题，① 留守儿童出现个性偏差和抑郁的人数比例高于非留守儿童。② 有研究者发现，许多留守儿童在家中不听祖辈教导，或顶撞祖辈，或保持沉默，或行为不端，或我行我素；在学校不遵守学校的规章制度，出现了说谎、小偷小摸、打架、欺负同学和早恋等诸多问题。有的留守儿童迷恋网络游戏，夜不归宿，甚至个别人存在敲诈、吸毒等违法行为。③ 留守儿童的不良行为率、犯罪率大大高于非留守儿童。④ 其实，留守儿童并非天生就是问题儿童，只是他们处在成长的过程中，需要一个充满家庭温暖与爱的情感环境。

3. 留守儿童问题的突破路径：建立社会关爱体系

解决留守儿童问题的关键是钱的问题还是爱的问题？有学者指出，应该建立起“政府主导，责任共担”的机制，即政府应该在政策倾斜、资金投入以及制度改革等方面承担主要责任，同时家长、社区、学校以及其他社会机构和相关人群也要积极参与进来，共同建立起促使留守儿童顺利成长的保障体系。⑤ 政府在解决留守儿童问题上要主动承担责任，这不仅要表现在增加对留守儿童资金支持力度、政策倾斜等方面，而且还要积极地进行以户籍制度制度改革为核心的制度变革，推进农民工的市民化进程。同时，学校作为在学阶段留守儿童日常生活的主要场域，设置专门机构和人员来承担与留守儿童家庭的联系，实施全天候跟踪管理，并协调各方的关系。⑥ 要重视留守儿童的心理咨询与辅导，建立留守儿童心理与教育发展档案，及时发现和诊治学生出现的教育及健康问题。学校应该以丰富多彩的有益身心的活动来引导学生的兴趣和爱好，以良好的教育来留住学生的人和心，从而避免留守儿童受到社会消极因素的影响。⑦ 针对留守儿童在父母心

① 熊亚：《公共政策视野下的农村留守儿童教育问题探讨》，《江西教育科研》2007年第1期，第85—86页。

② 兰燕灵、李艳、唐秀娟、张燕燕、覃业宁、覃金艳：《农村留守儿童个性、抑郁症状及影响因素分析》，《中国公共卫生》2009年第8期，第901—902页。

③ 林宏：《福建省“留守孩”教育的调查》，《福建师范大学学报：哲学社会科学版》2003年第3期，第132—134页。

④ 董士昙、李每：《农村留守儿童监护问题与犯罪实证研究》，《中国人民公安大学学报：社会科学版》2010年第3期，第133—139页。

⑤ 雷万鹏、杨帆：《对留守儿童问题的基本判断与政策选择》，《教育研究与实验》2009年第2期，第24—29页。

⑥ 周宗奎、孙晓军、范翠英：《农村留守儿童心理发展问题与对策》，《华南师范大学学报：社会科学版》2007年第6期，第119—125页。

⑦ 同上。

灵关怀上的缺憾，学校要积极地构建有助于农村留守儿童心灵健康成长的德育环境，营造具有人文关怀精神的学校管理文化，让全体教师成为农村留守儿童德育的参与者，教师要注重与农村留守儿童进行心灵沟通。① 除政府和学校之外的教育行政部门、所在社区以及其他非政府组织等不同社会力量也要积极地参与到帮助留守儿童的行动中来。充分引导和发挥非政府组织的作用，加强协作帮助农村留守儿童的健康成长。② 社会媒体和舆论应该行动起来，权威媒体应该深入广大的农村地区，记录留守儿童的生活，呼吁全社会共同关注留守儿童，共同爱护、关怀留守儿童。③

(五)农村寄宿制学校研究的学术话语

寄宿制学校是农村学校布局调整的产物。农村学校布局调整后，大量学校撤并，学校服务半径增大，新的学校离家比较远。为解决上学期间的诸多困难，各地在学校布局调整时大多采用寄宿制。④ 从目前来看，在一些山区、交通不便地区建立寄宿制学校，将离校远的孩子统一安排在学校住读，由学校进行统一管理，是解决因布局调整导致学生上学难问题的较好途径。⑤ 另外，随着打工家庭的“留守儿童”增多，家长希望学校能提供寄宿，承担起孩子的监管责任；部分学生家长观念的变化，促其积极送孩子去寄宿制学校。⑥ 农村寄宿制学校建设是农村学校布局调整的客观需要，也是为了适应部分家长对高质量教育的诉求。

1. 农村寄宿制学校的基础建设：还需要多少工程

农村寄宿制学校的基础设施是各项功能得以实现的物质基础。当前，农村寄宿制学校基础设施的状况不容乐观。民建重庆市委在调研中发现，尽管中央与地方为“寄宿制工程”投入了大量的资金，但仍不能满足寄宿制学校发展的需要。⑦ 为了尽快满足寄宿制学校发展的需要，很多省市也制订了农村寄宿制学校建设的发展规

---

① 马多秀：《心灵关怀：农村留守儿童德育的诉求》，《中国教育学刊》2011 年第 1 期，第 76—79 页。

② “中国农村留守儿童问题研究”课题组：《农村留守儿童问题调研报告》，《教育研究》2004 年第 10 期，第 15—18 页。

③ 何玲玲、段春艳：《关于农村留守儿童现状与问题的实证研究》，《农业考古》2010 年第 6 期，第 144—146 页。

④ 肖圣华：《农村寄宿制学校问题思考》，《首都教育学报》2010 年第 12 期，第 12—13 页、17 页；刘欣：《农村中小学布局调整与寄宿制学校建设》，《教育与经济》2006 年第 1 期，第 30—32 页；王景、张学强：《当前我国农村义务教育阶段寄宿制学校发展的问题研究》，《教育科学》2010 年第 3 期，第 7—11 页。

⑤ 范先佐、曾新：《农村中小学布局调整必须慎重处理的若干问题》，《河北师范大学学报：教育科学版》2008 年第 1 期，第 7—12 页。

⑥ 刘欣：《农村中小学布局调整与寄宿制学校建设》，《教育与经济》2006 年第 1 期，第 30—32 页。

⑦ 周少诚、丁晓华：《重视农村寄宿制学校建设》，《人民政协报》2010 年 5 月 31 日。

划。例如，贵州省计划到“十二五”期间，要在全省 1 840 所农村中小学建设学生宿舍，使农村小学在校生寄宿率达 30%，初中在校生寄宿率达 70%。① 有研究发现，当前的农村寄宿制学校缺乏与各科教学相配套的实验室、图书馆和学生机房等基础的教学设备、设施。② 还有调查发现，一些学校用闲置教室、库房、地下室来充当学生宿舍，宿舍内拥挤不堪。学生无固定的就餐、娱乐场所。③ 农村寄宿制学校教学、生活等设施缺乏的状况普遍存在，尤其在经济不发达的偏远地区尤为严重。唐振柱等指出，广西农村学校饮水水质合格率仅为 27.0%，尤其是微生物污染严重。④ 梁利花等通过对河南省部分地区的调查发现，农村寄宿制中小学校食堂基础设施配备不足且布局不合理，食品及原料采购、贮存及加工环节欠规范，监督管理制度落实不到位。⑤ 这些卫生安全问题直接威胁着学生们的身体健康。关系着家长对农村寄宿制学校的认可程度，需要引起我们的高度注意。农村不仅需要寄宿制学校建设工程，还需要营养餐工程、校车工程，这些都是民生工程，然而这些还仅仅是让农村儿童上好学的物质基础。

2. *农村寄宿制学校的后续建设：任重道远*

寄宿制学校不只是解决了住的地方、吃的问题、行的方式就可以了，还要负责学生的学习生活和课余生活。寄宿生已经成为农村教育中较为庞大的群体。有研究显示，2009 年全国农村小学寄宿生总规模达 926.4 万人，占在校生总数的 11.2%，其中西藏、内蒙古、云南、青海 4 省(区)农村小学寄宿生占总在校生的比例超过 30%以上。不仅如此，农村学生寄宿呈现低龄化趋势，在实施寄宿的学校中小学三年级累计百分比高达 55.4%。⑥ 如何管理和服务好这一特殊的群体呢？马成志认为，办好农村寄宿制学校关键是“管”。要有新的管理理念和管理制度，要创新管理模式。⑦ 范先佐等认为，学校要依据法律法规制定各种规章制度，作为学校日常管理的重要依据。在学生日常管理上，要安排教师全天值班、

① 李光平：《贵州实施农村寄宿制学校建设攻坚工程》，《人民政协报》2011 年 8 月 25 日。

② 李醒东、赵燕萍：《农村寄宿制学校建设的困境与改进路径》，《教育理论与实践》2011 年第 8 期，第 32—34 页。

③ 牛泉：《我国农村寄宿制学校现状分析与对策思考》，《教育理论与实践》2009 年第 5 期，第29—30 页。

④ 唐振柱、钟格梅、刘展华、杨虹、黄江平、陈莉、黎勇、李裕利：《广西农村寄宿制学校饮用水卫生安全状况分析》，《中国学校卫生》2008 年第 7 期，第628—630 页。

⑤ 梁利花、吴翠平、娄晓民、彭玉林、郭蔚蔚、李岗：《河南省部分农村寄宿制中小学校食堂卫生学评价》，《中国学校卫生》2011 年第 1 期，第 79—80 页、82 页。

⑥ 邬志辉、史宁中：《农村学校布局调整的十年走势与政策议题》，《教育研究》2011 年第 7 期，第22—30 页。

⑦ 马成志：《对办好农村寄宿制学校的几点思考》，《民主》2009 年第 12 期，第 24—25 页。

要建立陪护制度、定期排查安全隐患等。[①] 寄宿制学校这种全天候式的管理与服务决定了对生活教师编制的额外需求。李醒东等指出，在农村寄宿制学校，教师队伍普遍存在着教师结构老龄化和女性化两种现象。生活教师、后勤医务人员等人员配备也出现严重不足的现象。[②] 生活教师、后勤医务人员的不足，导致农村教师一个人往往需要身兼数职，既要为人师，又要为人父母，除了备课、改作业、上课等正常的教育教学工作外，还要打理学生的衣食住行，致使教师的身心压力不断增加。[③] 然而，由于办学条件、教育观念和师资力量等方面的原因，我国农村寄宿制学校生活单调，难以适应学生对寄宿生活的多样化要求。[④] 中央教科所对广西壮族自治区都安县、河北省丰宁县的调研显示，农村寄宿制学校学生课余活动很贫乏，不利于学生的成长。[⑤]

3. 农村寄宿制学生家庭的经济负担：免费的教育，不免费的上学

寄宿生总要比非寄宿生多花一笔开销，如生活费、寄宿费、交通费等。据东北师范大学农村教育研究所的调查，无论是一名小学五年级还是初中二年级的学生，由于寄宿导致的新增额外成本每年均在 1 000 元以上(见表 2.26)。[⑥] 杜育红的研究也显示，西部部分地区寄宿生每生每天平均最低伙食消费 3.7 元，每年按 200 天计算，每生每年平均最低伙食消费 740 元，最低住宿费每生每年 80 元，这样算来，寄宿生一年的最低生活费用大约要 820 元左右(见表 2.27)。这对于在人均纯收入 1 000～1 500 元的农村地区来说，这些费用就成了一笔不小的开支。[⑦] 农村寄宿学生家庭支出的急剧增加，增加了学生辍学的可能性。因此，要落实农村寄宿制学校学生补贴政策，切实减轻农民的负担。[⑧] 李韧竹提出了完善学生信息系统，制定科学的受助学生资格认定标准和补助标准；继续提高补助标准、扩大补助

① 范先佐、郭清扬：《我国农村中小学布局调整的成效、问题及对策——基于中西部地区 6 省区的调查与分析》，《教育研究》2009 年第 1 期，第 31－38 页。

② 李醒东、赵燕萍：《农村寄宿制学校建设的困境与改进路径》，《教育理论与实践》2011 年第 8 期，第 32－34 页。

③ 贾建国：《农村寄宿制学校建设分析：制度互补性的视角》，《教育发展研究》2009 年第 7 期，第17－21 页。

④ 姚姿如：《丰富农村寄宿制学校生活的思考》，《东北师大学报：哲学社会科学版》2011 年第 3 期，第 176－180 页。

⑤ 中央教育科学研究所课题组：《贫困地区农村寄宿制学校学生课余生活管理研究——基于广西壮族自治区都安县、河北省丰宁县的调研》，《教育研究》2008 年第 4 期，第 9－12 页。

⑥ 邬志辉、史宁中：《农村学校布局调整的十年走势与政策议题》，《教育研究》2011 年第 7 期，第22－30 页。

⑦ 杜育红：《农村寄宿制学校：成本构成的变化与相关的管理问题》，《人民教育》2006 年第 23 期，第9－10 页。

⑧ 张茂聪、冯永刚：《公平与均衡视域下义务教育资源有效配置的研究——以山东省农村中学生进城就读现象为例》，《教育研究》2009 年第 12 期，第 100－104 页。

范围；鼓励社会参与、拓宽贫困寄宿生补贴的经费来源等方面的政策建议。①

表 2.26 学校布局调整后部分到新学校就读学生的额外支出 单位：元

地区	小学五年级				初中二年级			
	月均伙食费	月均交通费	月均住宿费	年度合计	月均伙食费	月均交通费	月均住宿费	年度合计
样本县1	71.75	18.57	21.40	1117.20	110.79	12.07	25.60	1484.60
样本县2	69.18	32.80	26.20	1281.80	112.34	13.77	29.30	1554.10
样本县3	87.65	50.87	8.00	1465.20	96.84	36.31	8.00	1411.50
样本县4	65.42	15.00	30.00	1104.20	77.92	21.47	28.80	1281.92

表 2.27 西部部分地区寄宿生伙食费与住宿费情况 单位：元

地区	伙食费		住宿费
	每生每天	每生每年(200天)	每生每年(200天)
地区A	3.7	740	240
地区B	5.5	1100	80
地区C	1.0	2000	300

五、城乡义务教育均衡发展的典型经验

近年来，义务教育均衡发展已成为各级政府和教育界关注的热点话题，均衡发展作为教育发展的一种理想境界，作为一种可持续的教育发展理念，已获得政府和社会各界的认同，并引起了广泛的关注和高度重视。作为一种发展理论，发展是核心，城乡教育的均衡发展是义务教育均衡发展的重要组成部分。合理规划城乡学校布局，优化教育教学资源，实现城乡优质教育资源共享是城乡教育均衡发展的关键，也是提升城乡整体办学效益的最佳方式。通过城乡合理规划与统筹发展，不仅可以加强对农村学校和薄弱学校的改造，还可以实现各种教育资源优化配置、互补与共享，不仅包括教师资源，也包括先进的教育教学技术和管理方法。在不影响城市教育教学水平的基础上，还能够提高农村学校和薄弱学校的办学水平和教育教学质量。为了缩小城乡教育差距，促进城乡学校均衡发展，各级政府、教育主管部门和学校做了很多努力，进行了很多有益的探索，以下是几种比较典型的发展模式。

① 李韧竹：《我国农村寄宿制学校学生补贴政策研究》《教育发展研究》2008年第19期，39—45页。

(一)城乡学校捆绑发展模式

成都武侯区是较早实施城乡学校捆绑式发展的地区之一，即将12所原村小学与城区12所最好的小学——"结队"、"联体"，实行"两个法人单位、一个法定代表人、一套领导班子，独立核算、独立核编"的办法进行统一管理，城市小学校长任这个"共同体"的校长，原农村小学校长任副校长，实现城乡联动，通过教育资源的整合、优化、重组，最终推进城乡学校的共同发展。城乡学校捆绑发展的方式，分全捆绑和半捆绑。"全捆绑"的方式为城镇学校把农村学校作为分校，实行一套班子管理；教师编制统一核算到城镇学校，统一调配；经费统一管理，资金使用向农村学校倾斜；统一组织教师培训，实行教学教研培训一体化；质量评估上，对城乡捆绑学校在办学理念、师资建设、教学质量、办学条件、内部管理等方面进行统一考核和奖励。"半捆绑"方式为：捆绑双方学校各自有独立的法人代表、有独立的财务管理和独立的编制核算，除此以外的其他工作进行相互交流或者统一管理和考核。在一些地方实行的"中心校制"就是全捆绑形式，"联校制"则是半捆绑形式。全捆绑形式具有较强的行政色彩，突出管理功能。半捆绑方式具有校际联姻的色彩，突出相互学习共同提高，多半以学术交流、联合科研、教研互动等活动为载体。

城乡学校捆绑发展模式旨在通过将城市的优质强校与农村的薄弱学校"捆绑"在一起，组织"一加一"、"结对子"等活动，让其融为一体，利用城市学校的管理、资源等优势，拉动农村学校的发展，从而促进城乡教育均衡发展。该模式与英国的连锁学校政策有异曲同工之处，但是，英国的连锁学校政策是自上而下推行的，政府出台了一系列配套措施保障该政策的顺利实施，而我国的城乡学校捆绑发展模式则是自下而上，由地方政府发起，在实践中不断探索和完善的一种自发模式。该模式表面上看似乎实现了城乡学校的均衡发展，但是实质上没有打破城乡二元教育体制，没有使城乡两个分离的教育单位形成紧密的系统复合体，也没有改变城乡教育的结构和功能。城乡学校捆绑发展模式实施以来，引起了教育界的高度关注，各地区也纷纷效仿。目前，城乡学校捆绑发展模式除了武侯模式外，还有重庆模式、铜梁模式、庐阳模式等，但其实质与武侯模式相比，大同小异。

专栏2.5　英国的连锁学校政策

"连锁学校"的政策思想最初出现于2001年9月教育和技能部(DFES)发表的白皮书《学校迈向成功》之中。白皮书指出，"消除阻碍伙伴关系发展和经验共享的各种障碍"，"鼓励优秀学校的扩张"，以及"赋予学校更大的管理灵活性"。白皮书明确提出，鼓励学校与其他成功的学校、自愿团体、私人部门等建立新的伙伴关系，希望伙伴学校在设备共享、学生交流、教师专业发展等方面展开合作，并承诺为每个两所以上学校的合作项目提供两万英镑资助。2001年11月，在教育与技能部提交给议会下议院的《教育法案》中正式使用了"学校联盟"的表述方式。该法案第23条提出，两所及两所以上的学校可以根据有关条件和程序建立学校联盟。同时，该法案对学校联盟的建立、解散、资产转让、权利与义务等问题也做出具体规定。这些内容也被完整地包含在随后颁布的《2002年教育法》中成为正式法律。2004年7月，教育与技能部在《儿童与学习者5年战略规划》中再次强调，要发挥高水平学校在新"基础伙伴关系"中的主导性作用。

2009年6月，改组后的儿童、学校和家庭事务部(DCSF)在白皮书《儿童、学校与未来：构筑21世纪的学校体系》中将伙伴关系视为21世纪学校发展的核心，而"连锁学校"仍是解决薄弱学校问题的重要手段。在促进"连锁学校"发展方面，白皮书进一步提出要求：在任命校长前，学校董事会要考虑到领导和管理的共享问题，消除各学校筹集资金和资源。

"连锁学校"的具体实践可从以下两个案例略见一斑。

案例1：拥有600名学生的帕克赛德社区学校是一所优质初中，在教育标准办公室的评估中，各学科都获得"优秀"的等级。2005年该校与剑桥另一所濒临倒闭的科尔律治(Coleridge)学校形成"帕克赛德连锁学校"，并由该校校长安德鲁·哈钦森担任"连锁学校"的执行校长。帕克赛德学校的中高层领导将该校的办学理念、教育方法和管理体制整体移植到科尔律治学校，甚至两校的校服样式和校舍装修都非常相似，科尔律治学校俨然成为第二所"帕克赛德"。同时，两所学校的教师以学科组为单位进行了重新统整，"连锁学校"的中层领导负责统一管理，所有教职员工打破学校界限跨校开展工作。新的"连锁学校"不仅加大了对教师的专业支持，使其教学得到不断提升，而且还通过在两校间的选课上课扩大了课程选择范围，为学生创造了更多的机会。结果表明，科尔律治学校的教育教学水平得到很大的提升，招生情况异常火爆，该校正努力争取成为"优秀"学校。

案例2：2008年伊斯特本(Eastbourne)的2所小学和1所中学组成"威灵顿(Willingdon)连锁学校"也是比较成功的案例。为实现打造3～18岁学生连贯的教育体系从而提高学生学业成绩的目标，该"连锁学校"对几种模式进行分析和比较后采取了"柔性管理"的方式，并由3所学校授权建立联合委员会进行校务管理。首先，在学生支持方面，共同聘请了中学和小学衔接的教学辅助人员，在小学毕业前的夏学期和中学入学后的秋学期，帮助那些最为脆弱的学生完成从小学到中学的过渡；其次在课程和教学方面，中学的课程主管人员深入到小学了解学生的学习情况，并在7年级(即中学1年级)引入自我激励学习和技能学习等有效的教学方法。同时，该"连锁学校"还实施了一些跨校合作项目，例如在小学的科学课程中利用中学的有关资源；最后，开展了一些拓展性的服务，例如共同出资开办了学生课外俱乐部。

资料来源：阚阅：《推进基础教育均衡发展的新尝试：英国"连锁学校"的政策与实践》，《比较教育研究》，2010年第5期，有删减。

（二）城乡教师流动模式

义务教育均衡发展的核心是教师资源的合理配置，教师是实现城乡教育均衡发展的关键因素已得到社会各界的一致认同，各地方政府不仅积极组织城乡教师合理流动，也在不断探索教师合理流动的方式，从目前教师流动管理的现状看，城乡教师流动主要有三种模式：（1）城乡教师短期交流模式。即区域内城乡教师互相交流，城镇教师定期送教下乡，帮助指导农村学校教师提高教学业务水平；乡下学校教师定期到城镇学校进修、学习以提高自己的教学水平和业务能力。这种交流模式主要以教育行政部门倡导为主，参加交流的教师主要担任本校的教学工作，下乡交流的教师主要是一些学科带头人和教学能手，他们定期送教下乡，为乡下学校教师起示范作用。（2）"人走关系留"的支教模式。支教活动主要由教育行政部门规定符合某种条件的教师必须到农村中学支教的一种形式，支教时间一般是一年。这种支教活动属于典型的"人走关系留"模式，即城镇学校部分教师到农村学校支教一年，农村学校部分教师也可以到城镇学校从教一年，教师的人事关系还在原单位，福利待遇与原单位教师相同。（3）"人走关系动"的定期流动模式。人走关系动的定期流动模式是指建立规范性的教师定期流动制度，由教育行政部门规定每年一定比例的教师在某个区域内大规模流动，要求"人走关系动"，即交流属于人事调动，教师的人事关系跟着调动，交流教师不再回到原来的学校。

无论是短期交流模式、支教模式还是定期流动模式，流动对象都以各学校的优秀教师、教学能手等骨干教师为主，教师的流动范围都限定在一个区域内，都在教育行政部门的权利范围之内，由教育行政部门不同程度地进行干预，促进教师合理流动，以均衡学校之间的师资。在具体的运作方式方面，短期交流和支教模式都是在教育行政部门鼓励倡导下，将条件好的学校与薄弱学校结对，这两种模式的教师流动范围相对较小，程序也较简单，都属于帮扶、互助的性质。在实践过程中，主要还是以这两种模式为主。总之，国内各地在教师流动方面的积极实践已经取得了较好的效果，有效地促进了区域内义务教育的均衡发展。

（三）中心校模式

中心校模式又叫"一校制"，其具体做法为，确立各乡镇中心校的主体地位，其他定点校均作为办学点或分校，由中心校对乡镇内学校人、财、物实行一体化管理，统一配置师资和教育教学设施，统一规范教育教学，统一考核。也就是说，各乡(镇)将所有中小学合编成一所初中和一所小学，老师都隶属于主体学校，并由其统一调配管理，教学设备和资源共享。以浙江省玉环县为代表，他们以中心小学为龙头，以下属小学为成员，在镇域内实行学校统一教育管理、统一财务制度、统一福利待遇、统一教师培养、统一工作考核的“五统一”政策，通过城乡学校结对子的形式，发挥城区学校和优质学校的带动和辐射作用，城区带动农村、中心校统筹村小，优化资源配置，输出优质资源，提高农村学校特别是村小的整体水平和教育质量，最终实现镇域内教育均衡发展和城乡教育一体化发展的目标。

中心校模式是通过深度整合本区域内的教育资源，把财力和师资力量集中起来，在乡镇内着力打造一所高标准、高质量的定点小学和定点中学，发挥优质教育的示范、带动和辐射作用，从而缩小区域内义务教育办学水平的差距，培育更多的优质教育资源，以满足广大群众的需要，促进义务教育公平、和谐、均衡、优质发展。该模式适宜于在人口快速减少、学校办学规模较小、生源不足、教育资源分散的乡镇进行推广。

(四)兼并重组模式

兼并重组是指同一行政辖区内的两所或两所以上学校通过联合、合并或者其他形式进行兼并、重组，组建成办学条件更优、教育质量更高的新学校的发展方式。兼并重组主要是针对薄弱学校，是为了彻底改造薄弱学校，它不同于学校之间的“对口扶持”“联盟校”，而是优质学校对薄弱学校进行的实质性合并，兼并重组后的学校将打破原有的办学格局，统一领导班子，统一师资调配，统一教学管理，统一质量考核，优质学校的潜力得到进一步挖掘，薄弱学校的缺陷与不足得到合理补充，使优质学校与薄弱学校通过兼并重组形成取长补短、优势互补、共同发展的办学格局。

兼并重组模式充分发挥了名校效应，通过与名校合并，可以极大地提升薄弱学校的社会地位、声誉及教育竞争力，从而得到社会、家长的认同，增强学校发展动力。但是，兼并重组模式在实施中暴露出来一些问题：一是兼并重组的效果难以达到人们的预想，合并的实质性程度及效果受到了质疑，导致社会、家长对名校之“分校”的认同感降低；二是兼并重组后的学校规模迅速扩大，中心校的管理任务加重，难度加大，从而影响学校的办学质量与效益；三是兼并重组后学校大多采取的是中心校校长负总责，分校设执行副校长，这在一定程度上影响了分校的教育规划与决策，分校发展的自主性缺失，难以办出特色。

(五)委托管理模式

委托管理模式是由政府出资购买专业化服务，通过签订契约委托“城市优质学校或教育中介机构”管理农村薄弱学校，把优质学校的先进教育理念和学校文化植入农村学校中，以团队帮扶的形式整体性地快速提升农村学校的办学水平和教学效率。学校委托管理形式可以分为两大类：一类是帮助受援学校更换校长，组建新的学校领导班子，同时派出教师团队从事具体的教学工作。如上海浦东新区的施湾中学。第二类是受援学校不换校长，支援机构直接对原有的领导班子加以充实或调整，并派出教师团队参与教学工作。具体而言，又可以细化为两种情况：一种是确立学校管理委员会领导下的校长负责制，受援学校校长兼任学校管理委员会的副主任，如上海市崇明县的海洪小学等；第二种是支援机构派出人员担任受援学校的副校长、校长助理，或作为顾问直接参与学校管理，如宝山区的光明中学、嘉定区的江桥中学等。

对农村中小学校实施"委托管理"源于：其一，义务教育学校的硬件条件基本均衡后，城乡之间办学理念、学校管理、师资队伍和教学质量等方面的差异尤为突出；其二，在现行属地化管理体制下，学校的人、财、物等资源难以实现跨区域流动，优质教育资源无法真正辐射。委托管理模式厘清了教育三大主体(政府、学校与社会)的基本职责与关系，其基本模式是：政府宏观管理，学校自主办学，社会提供专业服务。"托管模式"不仅促进了"城市优质资源跨城乡流动"与"农村学校内涵发展"的有机整合，而且还推进了"教育行政部门管理、品牌学校或专业机构依法自主办学、评价机构独立参与评价"的管办评分离和联动发展机制的形成。

专栏 2.6　如何完善委托管理模式

近年来，在上海市政府的努力下，城乡义务教育学校的办学条件已基本均衡，但在学校管理、师资队伍等方面，学校之间仍有一定的差距。2007 年，上海市教委提出了义务教育学校的委托管理模式(以下简称委托管理)。

委托管理模式的特征

契约管理。明确支援机构和受援学校双方的责权利至关重要，甚至是做好委托管理工作的基本前提。委托管理是由上海市教委采取政府购买服务的方式，提供专项经费，并组织受援区县教育局和支援机构签订委托管理协议，通过协议明确了双方的职责。因此，上海推进的委托管理本质上应该是一种契约管理。

团队协作。委托管理启动后，支援机构要派管理人员团队、骨干教师团队支援农村义务教育学校。但委托管理和支教等形式有根本性的不同，委托管理必须是有领导、有组织、有管理、有制度的一种团队合作形式，而不能仅仅是派出几位教师到受援学校任教。因此，委托管理本质上就是一种合作，只不过此种合作是在政府牵头、提供专项经费的前提下有目的、有监管、有考核地进行。

第三方监管。为保障委托管理项目的有效推进，上海市教委委托上海市教育评估院对项目进行初态、中期及最后的绩效评估，论证委托管理方案。同时，受援区县教育局也要依法对支援机构的办学管理行为进行监督管理。运用第三方力量去监控委托管理的实施效果也是创新义务教育管理体制的探索内容。

需要关注的几个问题

选择自愿申请的学校。尽管首次接受委托管理的郊区农村学校只有20所，但是委托管理的根本宗旨是通过借助中心城区优质教育资源向郊区辐射，进而全面提升义务教育学校的整体教育教学质量，因此，对受援学校的选择就很关键。

对受援学校的选择，应该遵循两个基本原则。一是由学校自主确定是否接受委托管理，并制定接受委托管理的预期目标。如宝山区的光明中学，就是在区教育局对委托管理项目进行宣传动员之后，主动要求接受委托管理的，希望借助委托管理契机，提升学校的教育教学管理水平，为委托管理双方初期的合作奠定了良好的基础。另外，要求接受委托管理的学校制定委托管理的预期目标，也是支援机构制定委托管理方案的基础。二是应选择具有一定代表性的学校，这样，委托管理的效果比较明显。同时，也可以给同类学校在如何改进学校教育教学质量及办学水平上提供借鉴。

基层参与制定委托方案。如何基于受援学校的现状，解决受援学校存在的突出问题，通过两年的时间最终实现委托管理之目的？非常关键的一个问题就是委托管理实施方案的制定与完善。

设计发展性评估指标。如何对委托管理进行初态评估、中期评估及绩效评估是关键。而评估的核心主要体现在评估指标的设计上。评估指标的设计需要反映出两方面的要求。一是要改变对受援学校的评价标准，不能再把升学率作为评价这些学校最重要的指标，而是要在两年后体现出受援学校的变化及学校潜能的增值。二是评估指标的设计还应该考虑两年委托管理结束后，受援学校的可持续发展问题。

明确双方主体责任。在规定委托管理双方责任的同时，尤其要明确支援机构及这些学校(机构)所在教育局的具体责任，并向社会公示。这样一方面可以引起委托管理责任方对委托管理工作的重视，同时也是宣传委托管理工作的一种有效途径，更是委托管理工作有效开展的基本保证。

资料来源：杨琼：《如何完善委托管理模式》，《中国教育报》2008年7月23日，第3版，有删减。

(六)集团化办学模式

集团化办学是以行政指令为主，兼顾学校共同意愿，将一所名校和若干所学校组成学校共同体(名校集团)，以名校为龙头，在教育理念、学校管理、教育科研、信息技术、教育评价、校产管理等方面统一管理，实现管理、师资、设备等优质教育资源的共享。各名校集团以名校校长为领衔校长，由专家顾问、各校区校长组成的决策机构负责学校共同体的整体规划，并形成相应的执行系统、监督反馈系统。名校和各校之间既有统一的协调和管理，以保证同样的教育品质，各校之间又相对独立，追求各自的办学特色，实现互惠互助，共同成长。这种办学模式一般经历移植、合成、新生三个阶段：(1)移植。即薄弱学校成为“子体”，依托名校这一“母体”立校，成为名校的分校或校区，并移植母体的办学理念、办学模式，共享母体的师资和教学设施、互联网络、融资渠道、生源等。(2)合成。即“子体”在积极消化吸收“母体”优势的同时，努力通过定向培训、联合科研等形式培养本校有发展潜力的教师队伍，培育自我发展和可持续发展的能力。母校和各校区同听一堂课、同读一本书，并请有经验的教师以一帮一的形式，辅导青年教师，从而进一步缩短校区之间的差距。(3)新生。即“子体”在获得可持续发展后脱离“母体”，成为新的个体，在校园文化建设等方面打响自己的品牌，形成自身的特色与自我生存发展的能力。集团化办学采用“名校＋乡校”、“名校＋弱校”、“名校＋新校”的基本运作模式，实现了名校资源利用效益最大化，教育投资多元化，推动了优质基础教育资源的快速扩充，促进了优质教育的均衡化。

集团化办学，一方面改变了公办学校单一的办学体制，打破了多年来办学经费来源主要靠政府财政拨款的格局，名校在集团化办学过程中，为了自身的发展，为了担负起责任，办学积极性得到了空前的调动，利用名校品牌的无形资源、先进的管理方式、优良的师资队伍以及必要的学校资金，投入办学，不断扩大优质的教育资源；另一方面引入市场经济的理念，借鉴现代企业的管理制度和运行机制，不断逐步建立起了符合集团化发展的内部管理制度，缩短了新校的发展周期，成功实现优质教育资源的快速扩张。

(七)零择校模式

为了提升农村学校的教育质量，消除城乡教育资源配置差距，遏制义务教育阶段的择校风气，浙江海宁逐渐摸索出促进城乡教育均衡发展的“零择校模式”，主要做法可以归纳为：(1)采取疏堵结合的办法，实行“开前门堵后门”的政策，使招生工作顺利进行。开前门，即明确招生条件。出台刚性文件，规定城区初中、小学新生入学办法，明确新生入学条件。堵后门，即严把招生政策。不符合招生条件的，坚决不办，再大的权力、再多的财富也不能干预正常的招生秩序。(2)设置三道防线，接受多方监督，实施阳光招生。一是公开受理报名申请。招生政策公布后，组织市区小学、幼儿园集体办理城区毕业学生的升学登记；同时公布受理非城区毕业学生报名申请的时间和地点，集中办理申请手续。二是规范新生入学安排。统一各校办理预报名的时间，由学校通知新生到校办理预报名手续，并公示新生录取名单，接受市民监督。三是强化全过程监督。教育局纪委全程参与、全程监督招生工作，设立专门的投诉举报电话，及时受理、查处有关违规招生的举报和投诉。并邀请学校领导、教师代表、家长委员会、社区干部、行风监督员参与监督，确保整个招生过程公开、公平、公正。(3)强化四项保障。一是管理体制一体化，实行预算同口径，经费同标准，编制同比例。二是办学条件标准化，加快农村学校建设步伐。三是素质教育特色化，始终将全面推进素质教育作为基础教育的核心任务来抓。四是队伍素质专业化，深入实施农村中小学教师素质提升工程，不断提高农村教师的专业素养。

“零择校”模式通过控制择校，规范招生，满足广大人民群众对优质教育资源的需求，从而实现城乡教育均衡发展。“零择校”稳定了农村生源，相对比较好的学生留住了，教师的教学积极性高涨，教学质量显著提高，农村学校开始走上良性发展的轨道。同时，“零择校”也让城市名校拓宽了发展空间，城市学校的大班额现象明显得到缓解，学生参与的空间和时间多了，教师也能够更好地关注每一位学生了。

(八)中考招生指标分配模式

山东招远坚持督导评估与中考招生的配套联动，实行一“评”二“挂”机制，保障了义务教育均衡发展的持续推进。所谓“评”是按照统一的评估标准每年对学校教育教学工作进行全面评估；“挂”是将评估成绩与高中招生指标分配挂钩，与评先树优挂钩。把高中招生指标名额全部分配到各个初中，各校不设最低分数线，名额指标不做任何调整，指标分配以学校的评估成绩和学生人数为依据，学校要想得到更多的名额，一要严格按照评估标准规范办学行为得到较高的评估分数，二要面向全体学生做好教育教学，保证学生不辍学不流失。具体办法是：把各学校教育评估结果与本校毕业生人数的乘积作为该校的“教育质量分”，所有学校“教育质量分”的总和就是全市初中教育质量总分；全市的初中教育质量总分除以全市的高中计划招生总数，得出平均每个新生所占的教育质量分；各初中教育质量分除以全市平均每个新生所占的教育质量分，就得到该初中当年的高中升学名额。

山东招远形成了将100%的高中招生指标分配的中考招生机制，把整个初中教育从升学竞争转向了办学水平的竞争，不仅成为促进全域义务教育均衡发展的有效机制，而且成为促进义务教育实施素质教育的有效机制。2008年9月，教育部基础教育质量监测中心对全国8个省市的50个县(市、区)的四年级和八年级数学学科做了抽样监测，招远是样本县之一。分析结果显示，招远市四年级学生城市与农村的差异仅为0.049个标准差，是全国50个县(市、区)城乡差异的1/15；八年级城市与农村的差异为0.107个标准差，不到全国50个县(市、区)城乡差异的1/6，均为“不明显差异”。

专栏 2.7 美国的补充教育服务政策

2002 年 1 月，美国总统布什正式签署了《不让一个孩子掉队法》(NCLB)。为了提高处境不利学生的学业成绩以促进教育公平，NCLB 规定，凡是接受联邦 Title 资助和有“两年内需要改进学校”的学区必须实施“公立学校选择政策”(Public School Choice Options)和“补充教育服务”政策(Supplemental Educational Services，SES)。

“补充教育服务”政策在设计中考虑了公平原则，关注的是表现低下学校的低收入家庭学生。低收入家庭学生标准是由学生是否参与联邦政府免费和优惠午餐项目所决定的。该政策认为，如果一个学区没有足够的资源向所有合格学生提供“补充教育服务”，学区就必须优先满足低收入家庭的低成就学生的需求。“补充教育服务”政策在 NCLB 中得到确认，并成为这一法律的条款之一。NCLB 要求所有公立学校取得“适当每年进步”(Adequate Yearly Progress)，评价标准包括学生的表现、学生数学和阅读科目的成绩、学生的进步。NCLB 规定，如果一所接受项目资助的学校没有在两年内取得“适当每年进步”，它就成为“需要改进的学校”，该校学生就可以实施公立学校选择(在改进的第一年)和补充教育服务(在改进的第二年)。“补充教育服务”是以学术帮助的形式，比如辅导或补习，给学生提供学校之外的辅导。学生在上学之前、上学之后、周末或暑假免费接受这种服务。“补充教育服务”的目的在于提高“需要改进学校”中低收入家庭学生的学业成就，因此这种服务必须是高质量的。“补充教育服务”的重点是阅读/语言和数学科目。“补充教育服务”的提供者必须满足健康、安全和公民权利的相关法案，必须确保辅导是长期、中立、非意识形态的。如果州政府允许，学校和学区可以作为补充教育服务提供者提供补充教育服务，但是被指定为“需要改进的学校和地区”则不能成为补充教育服务提供者。

对美国学生和家长来说，“补充教育服务”政策比“公立学校选择”政策更有吸引力。在美国，有资格参加“补充教育服务项目”的学生人数从 2003—2004 学年的 190 万增加到 2006—2007 学年的 360 万，在此期间，有资格参加“公立学校选择项目”的学生人数则从 330 万增加到 550 万。从数量上看，“公立学校选择项目”的合格学生人数比“补充教育服务项目”的合格学生人数要多，但是在实际的参加人数方面却恰好相反。在 2004—2005 学年，参加“补充教育服务项目”的学生人数共有 446 000 人，2005—2006 学年上升到了 498 000 人，2006—2007 学年则达到了 53 000 人，而参与“公立学校选择项目”的人数分别为 48 000 人、6 500 人和 120 000 人。此外，在 2006—2007 学年，15%的合格学生参与了“补充教育服务”项目，只有 2%的合格学生接受了“公立学校选择”项目。

资料来源：孔令帅：《兼顾公平与效率：美国“补充教育服务”政策评析》，《比较教育研究》2010 年第 9 期，有删减。

(九)学区一体化模式

"学区一体化"是指在县域内，打破乡(镇)行政区划界限，按人口分布状况、学校地理位置、经济文化基础、教育发展现状、优质教育资源辐射范围和今后教育规模等因素，将全县划分为若干个学区，每个学区设立一个学区中心校，由县教育行政部门直接领导，具体负责本学区内的各类教育工作。同时，相应撤销原乡(镇)中心校(总校)。如河北井陉全面推行学区管理体制改革，在制定学区规划时，把农村初中作为建设重点，按照人口分布状况、学校地理位置、经济文化基础、教育发展现状、优质教育资源辐射范围和今后教育规模等因素，将全县划分为若干个学区，以2～4个乡镇(4万～6万人口)为单位设置学区中心校，由县(市)教育行政部门直接管理，同时，相应撤销乡镇中心校，以此解决农村学生的"择城"热和城镇初中大班额等问题。按照学区设置县(市)直属中心校，可以较好地整合教育资源，同时避免区域之间学校对生源的无序竞争。

学区一体化模式的核心是打破行政区划界限，以农村义务教育均衡、优质发展为核心划定学区范围，并在学区内统一调配各级各类教育资源，实现教育设施、课程、人力资源的充分共享。从实际实施效果看，该模式打破行政区划，首先为办学规模的合理化扫清了障碍，规模上去了，继而带来的不仅仅是学校学生数量的提高，更是教育资源的"巨大聚集"。教育资金的相对集中为农村特别是偏远地区标准化学校建设带来了强有力的保障，而教师资源也得以优化整合，教师专业化进程将加快，因而，全面提高农村教育教学质量也就有望从资源上得到保障。

(十)解决进城务工人员子女教育模式

随着我国工业化、城镇化进程的不断推进，广大农民纷纷进城务工就业。随之而来的人口迁移带来了许多社会问题，尤其是农民工子女教育问题日趋突出。因此，解决进城务工人员子女教育问题有着特别的意义。浙江杭州、义乌等地对此做了许多有益的探索。(1)保障政策——低门槛双通道。坚持"公办学校为主、进城务工人员子女专门学校为辅"的双通道途径，坚持把进城务工人员子女"好上学"的立足点放在扩大公办学校资源上是解决进城务工人员子女教育基本原则。(2)便捷服务——一站式多平台。符合条件的进城务工人员子女一次报名即可完成入学手续，搭建平台让进城务工人员及时了解子女入学信息。(3)资助体系——一边免一边补。在公办校就读的进城务工人员子女享受免费义务教育，在民办进城务工人员子女专门学校就读的学生享受学费补助。(4)育人系统——同待遇重特色。努力提升进城务工人员子女教育品质，确保进城务工人员子女享受公平优质教育。(5)学校建设——大投入集团化。加大投入改善进城务工人员子女学校的条件，以"名校集团化"为抓手加强学校建设，加大校长教师培训力度。

解决进城务工人员子女教育问题是“以人为本”和“追求公平”教育政策理念的充分体现，但是，农民工子女教育问题的根本解决是一项长期而复杂的工程，必须通过相关教育政策体系完善与政策有效执行的过程才能解决。这不仅需要中央政府和地方政府承担重要的主导作用，还要求流入地政府和流出地政府之间能够互相沟通、通力协作。

专栏 2.8　美国流动儿童教育管理措施

在流动人口教育办公室的领导下，美国在全国范围内推出了一系列改善流动儿童教育状况的项目。

(1)推行流动人口教育计划(Migrant Education Program，MEP)。在解决流动儿童的教育和健康等问题中，最著名和影响最大的是1965年《初等及中等教育法案》中提出的“流动人口教育计划”。该计划的主要目的是为5～17岁的流动工人子女提供补偿教育和服务支持。该计划通过公式拨款为州教育机构提供资金支持，帮助州和地方教育机构减少流动儿童在入学注册和学校学习上的障碍，以确保流动工人的孩子能够获得与其他儿童相同的免费公立教育，包括公立的学前教育。除此之外，该项目也致力于帮助流动儿童获得更好的教育，保障他们的家庭居住条件。法律规定，学校管理者必须确保流动儿童能够获得教育服务，并且学校的资金能够支持教师积极地帮助流动儿童入学。

(2)加强州与州之间和州内流动儿童教育信息的交换。为了解决流动儿童因转学而造成的学籍保留上的困难，避免流动儿童在州与州之间流动时丢失个人基本教育和健康状况的信息，联邦教育总署于1965年的《初等及中等教育法案》中首次提出了“流动学生记录交换提案”(*Migrant Students Records Exchange Initiative*)。这一全国性的系统使州与州之间实现了流动儿童信息共享，为流动儿童提供了更大范围的教育服务，并且在全国范围内保障了流动儿童所修的课程学分会自然累计，使得接收流动学生的学区和学校可以有针对性地帮助流动儿童入学，并安排其在合适的年级就读。

(3)设立流动者教育协调支持中心(Migrant Education Coordination Support Center，MECSC)。为了进一步促进州与州之间在改善流动儿童教育上的合作，美国联邦教育部成立了流动者教育协调支持中心(MECSC)，帮助流动儿童解决在不同州之间流动时所面临的难以克服的困难，并提供了补助金和项目配套资金，在2008年，资金总额达1 000万美元。这些资金的用途非常广泛，包括：资助符合要求的流动儿童，协助学校筹备流动儿童教育项目；提高流动儿童的阅读和数学水平，降低流动儿童辍学率，提高流动儿童中学毕业率；支持流动儿童父母参与到儿童的教育中；帮助失学流动儿童入学；为流动儿童开发点对点网络，以帮助其更好地掌握知识和技能；帮助州和地方政府建立网络图书馆，并为流动儿童教育提供可分享的电子图书资料等。此外，该中心还采取了一系列监管和考察措施，以确保这些资金的使用效率。

(4)为流动儿童教育提供咨询，满足流动儿童的教育需求。为了解决流动家庭到了一个新地区后由于信息和资源匮乏而无法为子女提供合适教育的问题，美国政府开设了流动人口教育全国热线(Migrant Educational National Hotline)。在美国的任何地方，流动家庭都可以免费拨打该热线，咨询关于就业、社会保障、子女教育等方面的信息。热线服务专员为他们提供每天24小时的服务，帮助流动家庭为他们的孩子找到合适的学校，并为其提供其他教育服务信息。

资料来源：张绘、郭菲：《美国流动儿童教育管理和教育财政问题及应对措施》，《比较教育研究》2011年第8期，有删减。

结语

义务教育是国家依法统一实施、所有适龄儿童少年必须接受的教育，具有强制性、免费性和普及性，是教育工作的重中之重。《教育规划纲要》明确提出：到2020年，全面提高普及水平，全面提高教育质量，基本实现区域内均衡发展，确保适龄儿童少年接受良好义务教育。要实现这一目标，我们未来的教育发展重心是切实缩小校际差距，加快缩小城乡差距，努力缩小区域差距。然而，无论是学校层面、城乡层面还是区域层面，农村义务教育都是薄弱环节，都是我们要着力发展的重中之重。尽管，近年来，随着国家政策的不断关注，随着政府投入的不断加大，我国的义务教育发展已经取得了长足的进步。但是，就目前来说，从义务教育事业发展状况来看，与城市中小学相比，农村中小学在办学规模、师资水平、办学条件、经费投入等方面均存在较大的差距；从义务教育质量提升进程来看，农村地区普遍存在中小学教师整体素质偏低、小规模学校教育教学质量无法保障、寄宿制学校建设和管理问题突出、进城务工人员随迁子女和留守儿童教育问题无法得到根本解决等诸多难题。因此，要想全面提高义务教育质量，实现义务教育均衡发展，我们还有很远的一段路要走。

【本报告撰写人：安晓敏、姜荣华、朱永坤、张聪、凡勇昆、于冰、唐纯华。作者单位：教育部人文社会科学重点研究基地东北师范大学农村教育研究所】

第3章 农村普通高中教育年度进展报告

概 要

本报告以农村生源为关注对象，围绕普通高中教育的政策议题、发展态势以及热点问题三个内容展开。从我国普通高中的事业发展状况来看，普通高中教师素质在不断提升，硬件设施逐年得到改善，经费总量在持续增长，普及率得到不断提高。但是普通高中提升和发展的空间依然很大，普通初中的升学率甚至远低于普通高中的升学率，普通高中成为我国现阶段教育发展的瓶颈，因此，提高普通高中普及率成为我国各级政府面临的重要政策议题。当前，追求升学率依然是许多普通高中的唯一目标，为了提升这一目标的达成度，课程设置难免保守、教学方式难免刻板、学生出口单一，这违背了教育的发展规律，忽视了社会的发展需要，忽略了学生成长的内在需求，为此，国家提出了“大力推动高中多样化发展”的目标，学者就其哲学基础、发展取向和动因、经验和启示等方面进行了深入的理论探讨，并且北京市、天津市、黑龙江省、上海市、江苏省、陕西省、四川省、新疆维吾尔自治区等地作为试点地区已开始了实践探索。进城务工人员随迁子女作为我国社会发展过程中必然出现的特殊群体，其普通高中教育相关问题一直是我国各级政府和学者关注的焦点，受我国的高考制度、高中教育资源的分布等外部条件的限制，该问题与随迁子女的义务教育入学问题相比显得更加复杂，而明确各级政府责任、积极探索异地高考制度改革对该问题的解决具有极大的推动作用。当前，福建地区的“异地高中班”模式对该问题的解决无疑起到了一定促进作用，在发展中寻求突破是我国现阶段解决普通高中教育问题的基本思路。

一、农村普通高中教育大事记

2011年1月1日，西藏自治区政府决定，西藏农牧民享受从学前到高中的免费教育。从2011年秋季学期开始实行高中阶段免费教育政策。新政策实施后，西藏高中41 181名学生将免除学费、住宿费、教科书费及杂费等一切费用。

2011年8月20日，北京市教委下发《关于进一步做好将示范高中部分招生计划分配到初中学校工作的通知》，2012年，北京市示范高中招生指标分配到初中校的比例将进一步扩大，由往年的5%～10%增至10%～12%，并首次覆盖民办初中校。

2011年1月25日，北京市开始酝酿在高中开设大学基础教育先修课程，供学生选修。学员若报考与自己研究项目对应的高校和专业时，其获得的学分进入大学后也将得到认可。

2010年11月20日，高考加分从严把关，奥赛获奖不再保送。获得全国中学生奥林匹克竞赛省赛区一等奖的学生，不再具备高校招生保送资格和高考加分资格。有关获奖学生拟参加试点高校自主选拔录取考核的，在同等条件下高校应优先考虑给予参加考核资格。

2011年9月2日，央视聚焦泉州试水异地高考。泉州试水异地高考的探索，引起中央电视台、新华社等众多媒体的关注。17—19日，中央电视台的《东方时空》“走基层——第一手调查”栏目和《晚间新闻》“今晚关注”栏目对此连续报道，将镜头聚焦于泉州市晋江荆山外来务工子弟学校的异籍高中班，以及外来学生较为集中的晋江高登中学、泉州培元中学等学校，明确了重点、难点问题，明晰全国异地高考工作的方向，在全国各地和教育部门引起了强烈反响。

2011年12月16日，上海将逐步提高居住证转办常住户口的比例，外来务工人员子女可在沪就读普通高中和高考。上海目前正在改革外来务工人员中的专业技术人才、技能型人才和特殊人才中领取“人才类居住证”的办理条件，将逐步提高居住证转办常住户口的比例。在引进外来务工人员的各类人才时，上海将更加体现包容性，今后将会有越来越多的外来务工人员子女在沪就读普通高中并参加高考。

二、普通高中教育事业发展的基本态势

经过多年的努力，我国普通高中教育事业发展很快。普通初中升普通高中的

学生比例在不断增加、高中教师素质在不断提升，硬件设施逐年改善，经费总量在持续增长，升学率也呈现出较快的增长趋势。

(一)普通高中的招生状况

随着我国出生率的下降，学龄人口在不断减少，义务教育阶段的招生人数也随之减少。高中与高校的招生人数在经历了一个上升期后逐渐趋于稳定，升学总人数的上升是由人口的减少以及各地大力发展高中阶段教育的政策走向共同造成的(见图 3.1)。

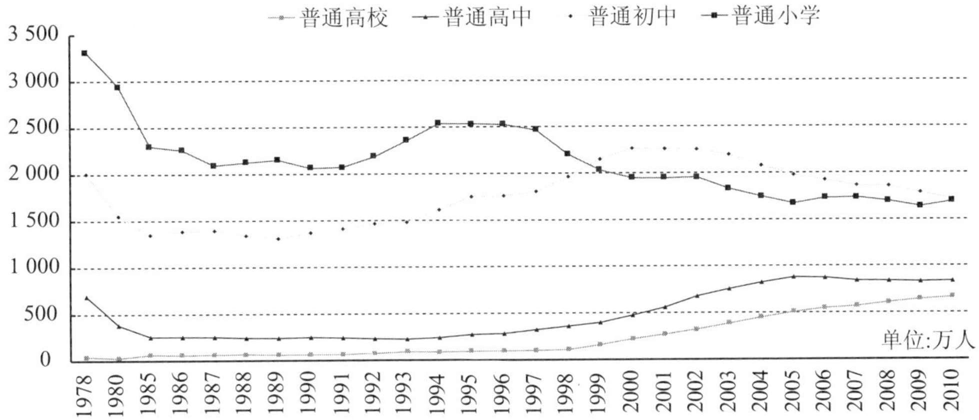

注：各统计资料中均未查列 1979，1981—1984 年数据。

图 3.1　1978—2010 年普通高校、普通高中、普通中小学招生人数变化情况

普通高中教育连接着义务教育和高等教育，其招生人数要通过普通初中升入普通高中学生比例体现。从图 3.2 可以看出，我国普通初中升普通高中的升学比例在逐年增加，到 2010 年，升学率已达到 47.82%。但是，当前升学率的绝对数仍小于 50%，提升空间还非常大，2010 年高中毕业生的升学率已达到近 83.30%，这是初中升学率的近 2 倍，这说明普通高中已经成为学生升学途中的一个瓶颈，普通高中的普及率还需进一步提高，这是各级政府“十二五”期间必须面对的政策议题。

从全国 31 个省市(自治区)初中升入普通高中的升学率来看，各地的差距非常大，其中最高的达 66.40%(天津)，最低的仅为 32.67%(西藏)，不到前者的一半。其中全国的平均升学率为 47.82%，升学率最高的 5 个地区为吉林、宁夏、内蒙古、北京和天津(比例分别为 55.36%、55.87%、61.85%、64.97%和 66.40%)，最低的 5 个地区为河南、海南、贵州、云南和西藏(比例分别为 40.57%、38.31%、37.78%、35.69%和 32.67%)(见图 3.3)。

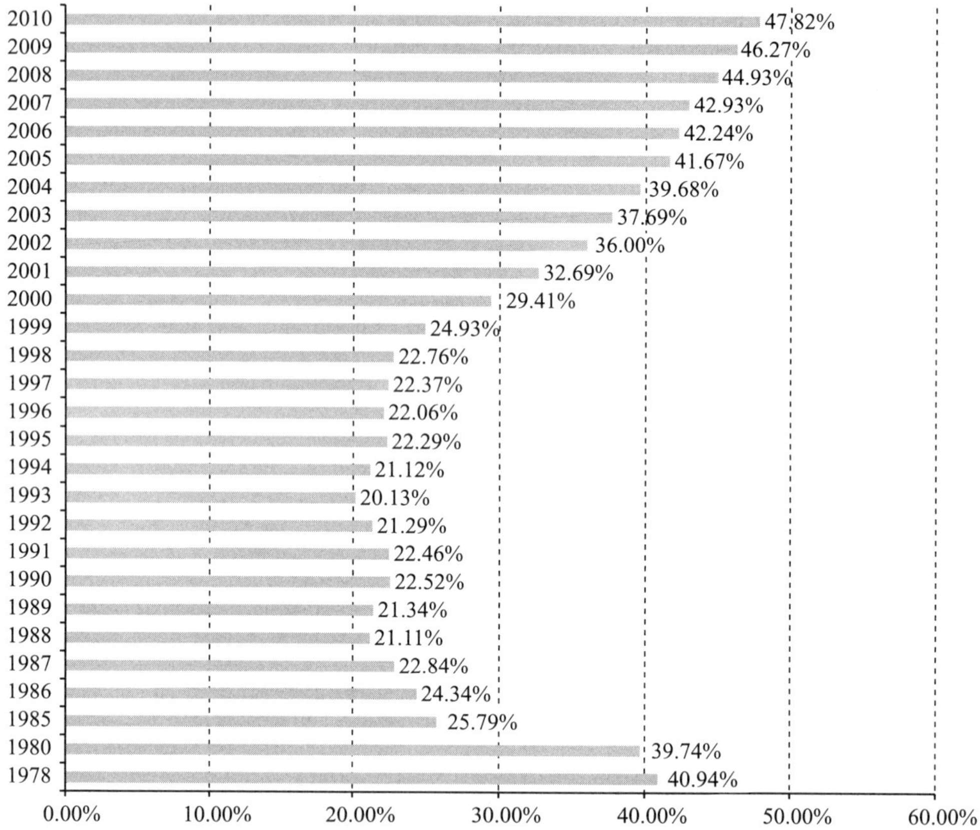

图 3.2　1978—2010 年我国普通初中升普通高中升学率变化状况

升学率的差距不仅仅体现在地域之间，在城乡这一维度上的差距也非常明显。由于大部分农村学生在村屯或乡镇完成义务教育后，他们一般到县镇接受高中教育，因此在对比时可以把学生分成两类：一类为城市，另一类为“县镇＋农村”，虽然有部分村屯和县镇的学生通过中考进入城市上高中，但是这一比例并不大，因此对城乡这一维度的比较结果的影响不大。2010 年城市的初中升入普通高中的升学率已经达到 88.11%，而“县镇＋农村”的比例仅为 38.36%，两者相差 49.75 个百分点，差距巨大(见表 3.1)。

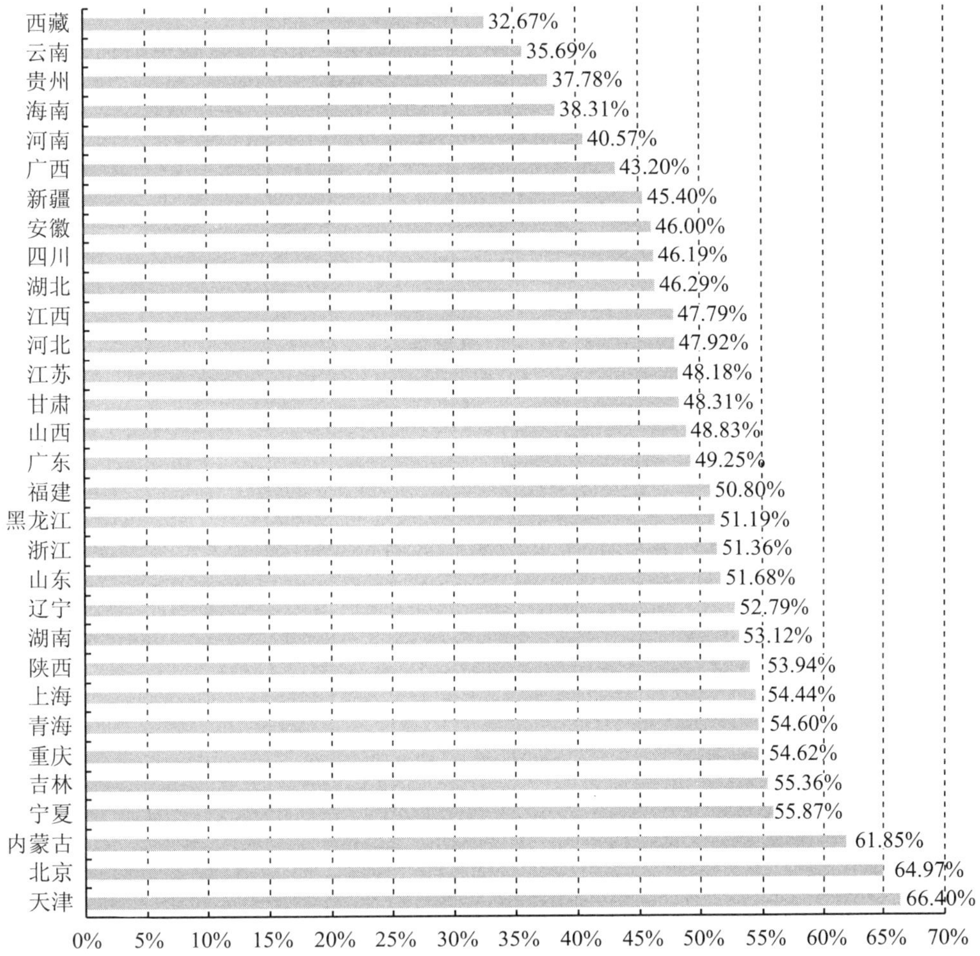

图 3.3　2010 年各地初中升普通高中升学率状况

表 3.1　　2010 年城乡初中升普通高中情况

生源类别	初中毕业生数(人)	高中招生数(人)	升学比例(%)
总数	17 485 714	8 362 359	47.82
城市	3 326 336	2 930 927	88.11
县镇+农村	14 159 378	5 431 432	38.36

(二)普通高中的规模状况

近几年，我国普通高中教育事业发展速度较快，学校数量总体上变化不大，学生数量和教师数量在不断增加，合格教师比例在不断增加，硬件设施不断改善。

专栏 3.1 "2010 年全国教育事业发展统计公报"关于普通高中的描述

全国高中阶段教育(包括普通高中、成人高中、中等职业学校)共有学校 28 584所,比上年减少 1 177 所;招生 1 706.66 万人,比上年增加 7.80 万人;在校学生 4 677.34 万人,比上年增加 36.43 万人。高中阶段毛入学率 82.5%,比上年提高 3.3 个百分点。其中:

全国普通高中 14 058 所,比上年减少 549 所;招生 836.24 万人,比上年增加 5.90 万人,增长 0.71%;在校生 2 427.34 万人,比上年减少 6.94 万人,下降 0.29%;毕业生 794.43 万人,比上年减少 29.29 万人,下降 3.56%。

普通高中专任教师 151.82 万人,比上年增加 2.49 万人,师生比 15.99∶1,比上年的 16.30∶1 有所降低;专任教师学历合格率 94.81%,比上年提高 1.2 个百分点。

普通高中共有校舍建筑面积 39 821.83 万平方米。普通高中设施设备配备达标学校的比例比上年有所提高,其中,体育运动场(馆)面积达标学校的比例为 80.61%,体育器材配备达标学校的比例为 81.14%,音乐器材配备达标学校的比例为 76.95%,美术器材配备达标学校的比例为 77.83%,理科实验仪器达标学校的比例为 84.63%,建立校园网的学校的比例为 76.74%。

资料来源:2010 年全国教育事业发展统计公报. http://news.xinhuanet.com,2011-07-06。

1. 普通高中学校数、在校学生数、班级数基本状况

由 1978 年至 2010 年学校数量可知,普通高中学校的数量经历了一个先减少,后增加,再稳步减少的过程。其中在 1996 年到达一个波谷后,又于 2006 年达到一个顶峰,近几年学校的数量变化不大,2010 年比 2009 年减少了 549 所,减少了 3.76%;学生数量从 1978 年开始减少,在 1994 到达谷底后稳步上升,在 2007 年人数达到最多,之后稳中有降,其中 2010 年比 2009 年减少了约 7 万人,减少了 0.29%;班级数量从 1997 年开始逐渐增加,到 2007 年后开始下降;校均规模的变化总体趋势是在逐渐增大,班均规模在经历逐渐增大的过程后稳定于 57 人/班(见表 3.2)。

表 3.2 普通高中学校数、班级数、专任教师数和学生数变化状况

年份	学校(所)	班级数	专任教师数(万人)	学生数(万人)	师生比	校均规模	班均规模
1978	49 215	—	74.1	1 553.1	1∶21.0	316	—
1980	31 300	—	57.1	969.8	1∶17.0	310	—
1985	17 318	—	49.2	741.1	1∶15.1	428	—

续表

年份	学校(所)	班级数	专任教师数(万人)	学生数(万人)	师生比	校均规模	班均规模
1986	17 111	—	51.8	773.4	1∶14.9	452	—
1987	16 930	—	54.4	773.7	1∶14.2	457	—
1988	16 524	—	55.7	746.0	1∶13.4	451	—
1989	16 050	—	55.4	716.1	1∶12.9	446	—
1990	15 678	—	56.2	717.3	1∶12.8	458	—
1991	15 243	—	57.3	722.9	1∶12.6	474	—
1992	14 850	—	57.6	704.9	1∶12.2	475	—
1993	14 380	—	55.9	656.9	1∶11.8	457	—
1994	14 242	—	54.7	664.9	1∶12.2	467	—
1995	13 991	—	55.1	713.2	1∶12.9	510	—
1996	13 875	—	57.2	769.3	1∶13.4	554	—
1997	13 880	161 383	60.5	850.1	1∶14.1	612	52.7
1998	13 948	175 641	64.2	938.0	1∶14.6	672	53.4
1999	14 127	194 823	69.2	1 049.7	1∶15.2	743	53.9
2000	14 564	219 945	75.7	1 201.3	1∶15.9	825	54.6
2001	14 907	253 042	84.0	1 405.0	1∶16.7	942	55.5
2002	15 406	292 005	94.6	1 683.8	1∶17.8	1 093	57.7
2003	15 779	344 059	107.1	1 964.8	1∶18.3	1 245	57.1
2004	15 998	381 113	119.1	2 220.4	1∶18.6	1 388	58.3
2005	16 092	410 822	129.9	2 409.1	1∶18.5	1 497	58.6
2006	16 153	430 472	138.7	2 514.5	1∶18.1	1 557	58.4
2007	15 681	434 827	144.3	2 522.4	1∶17.5	1 609	58.0
2008	15 206	431 840	147.6	2 476.3	1∶16.8	1 628	57.3
2009	14 607	428 577	149.3	2 434.3	1∶16.3	1 667	56.8
2010	14 058	—	151.8	2 427.3	1∶16.0	1 727	—

从普通高中的办学主体来看，2010 年教育部门和集体办、民办和其他部门办的数量分别为 11 334 所、2 499 所和 225 所，比例分别是 80.62%、17.78%和

1.60%，大部分为教育部部门和集体办，近几年三类办学主体数量均有所下降（见图3.4）。

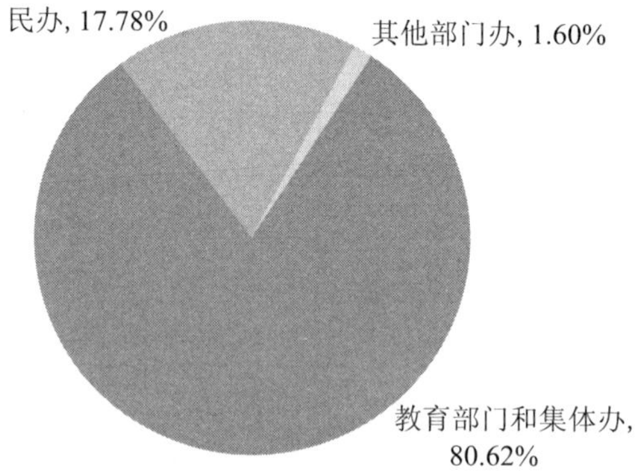

图3.4　2010年普通高中办学主体状况

从普通高中的所在地来看，2010年学校所在地为城市、县镇和农村的数量为5 494所、7 136所和1 428所，比例分别为39.08%、50.76%和10.16%，大部分高中集中于县镇，这与人口的分布状况基本是一致的；近几年所在地为城市、县镇和农村的普通高中数量均有所下降，其中农村高中下降的比例最大，2010年比2009年少了190所，减少了11.74%（见表3.3）。

表3.3　普通高中办学主体及所在地的基本情况

年份	总计(所)	办学主体			所在地		
		教育部门和集体办	民办	其他部门办	城市	县镇	农村
2001	14 907	11 597	1 849	1 461	5 656	6 939	2 312
2002	15 406	11 677	2 273	1 456	5 996	7 098	2 312
2003	15 779	11 755	2 679	1 345	6 300	7 191	2 288
2004	15 998	11 944	2 953	1 101	6 375	7 169	2 454
2005	16 092	12 016	3 175	901	6 251	7 661	2 180
2006	16 153	12 268	3 246	639	5 907	8 086	2 160
2007	15 681	12 122	3 101	458	6 132	7 637	1 912
2008	15 206	11 970	2 913	323	5 918	7 526	1 762
2009	14 607	11 695	2 670	242	5 675	7 314	1 618
2010	14 058	11 334	2 499	225	5 494	7 136	1 428

2. 普通高中师资的基本状况

师资的基本状况体现在教师的相对数量和教师的性别、学历、年龄和职称结构上。从1978年到2010年，普通高中的专任教师数量基本走势是稳步上升的，2010年比2009年增加了2.5万人，增加了1.67%。师生比的变化经历了先上升，后下降，最后逐渐上升的过程，其中在1993年最小(11.8)，到2004年达到最大值(18.6)，2009年为16.3，2010年为16，下降了0.3(见图3.5)。

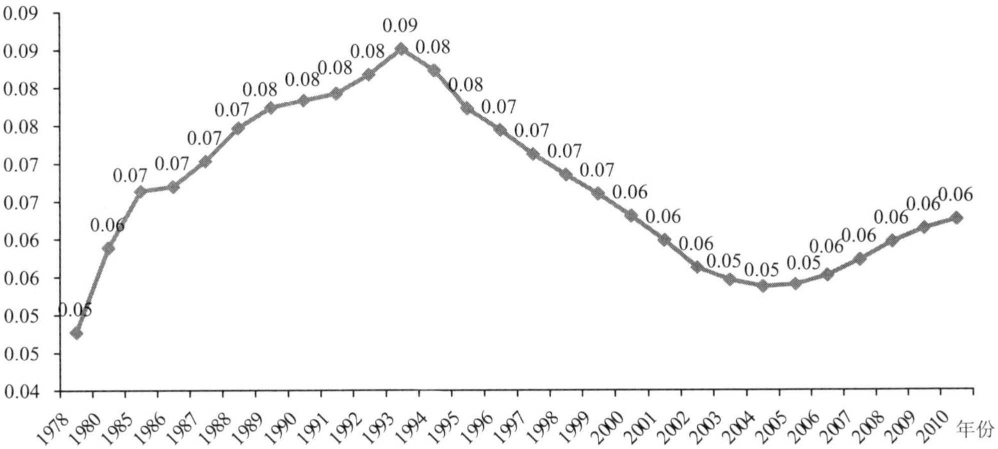

图3.5　1978—2010年普通高中师生比的基本状况

从2010年各地教师的相对数量来看，差别较大，其中最小是重庆(1∶19.45)，最大的为上海(1∶10.1)，其中最大的5个地区为四川、河南、贵州、安徽和重庆(师生比分别为1∶18.21、1∶18.42、1∶18.75、1∶19.08和1∶19.45)，最大的5个地区分别为北京、上海、天津、西藏和福建(师生比分别为1∶10.11、1∶10.10、1∶12.49、1∶12.84和1∶13.55)。从城乡来看，2010年城市学校的师生比为1∶15.15，而"县镇＋农村"学校的师生比为1∶16.49，城乡学校的师生比相差并不大(见表3.4)。

表3.4　2010年各地师生比基本状况

地区	学校数(所)	招生数	毕业生数	在校学生数	专任教师数	师生比
北京	289	65 649	101 045	198 415	19 618	1∶10.11
天津	214	62 061	93 464	185 153	14 819	1∶12.49
河北	615	420 199	876 820	1 275 146	82 982	1∶15.37
山西	534	280 984	575 396	822 925	53 572	1∶15.36

续表

地区	学校数(所)	招生数	毕业生数	在校学生数	专任教师数	师生比
内蒙古	289	166 364	268 978	499 280	31 587	1∶15.81
辽宁	419	240 387	455 348	715 443	44 684	1∶16.01
吉林	257	162 999	294 438	470 946	27 628	1∶17.05
黑龙江	416	207 452	405 225	616 885	40 726	1∶15.15
上海	261	53 853	98 913	168 899	16 729	1∶10.10
江苏	653	440 338	913 974	1 356 550	98 197	1∶13.81
浙江	569	300 941	585 993	880 194	62 344	1∶14.12
安徽	743	424 086	921 877	1 275 968	66 879	1∶19.08
福建	575	243 076	478 531	706 369	52 136	1∶13.55
江西	452	256 536	536 759	739 649	46 860	1∶15.78
山东	592	528 217	1 022 090	1 525 122	111 401	1∶13.69
河南	825	628 486	1 549 170	1 921 573	104 334	1∶18.42
湖北	603	395 471	854 395	1 237 362	71 126	1∶17.40
湖南	622	370 508	697 470	1 019 039	67 830	1∶15.02
广东	1 026	755 881	1 534 663	2 089 462	125 069	1∶16.71
广西	463	270 720	626 644	753 981	42 120	1∶17.90
海南	107	56 045	146 277	160 461	9 503	1∶16.89
重庆	268	227 567	416 604	626 434	32 214	1∶19.45
四川	747	525 495	1 137 612	1 462 250	80 318	1∶18.21
贵州	444	240 208	635 811	620 221	33 072	1∶18.75
云南	451	228 997	641 624	632 812	41 166	1∶15.37
西藏	29	15 057	46 093	40 728	3 171	1∶12.84
陕西	569	338 378	627 356	955 861	53 950	1∶17.72
甘肃	452	219 614	454 586	646 975	37 517	1∶17.24
青海	119	36 153	66 211	107 715	7 550	1∶14.27
宁夏	70	47 399	84 837	142 392	8 861	1∶16.07
新疆	385	153 238	337 510	419 141	30 231	1∶13.86

从1998年到2010年专任教师学历来看，合格率在逐年上升，已经由1998年的63.49%上升到2010年的94.81%，在13年间，上升了31.32个百分点，年均上升超过了2%(见表3.5)。

表3.5　普通高中专任教师合格率的基本情况

年份	专任教师学历合格率	增加的比例
1998	63.49%	—
1999	65.85%	2.36%
2000	68.43%	2.58%
2001	70.71%	2.28%
2002	72.87%	2.16%
2003	75.71%	2.84%
2004	79.59%	3.88%
2005	83.46%	3.87%
2006	86.46%	3.00%
2007	89.30%	2.84%
2008	91.55%	2.25%
2009	93.61%	2.06%
2010	94.81%	1.20%

从教师的学历情况来看，2010年高中毕业及以下、专科毕业、本科毕业和研究生毕业之科任教师的比例分别为0.11%、5.08%、91.18%、3.63%，绝大部分教师为本科毕业(见图3.6)。

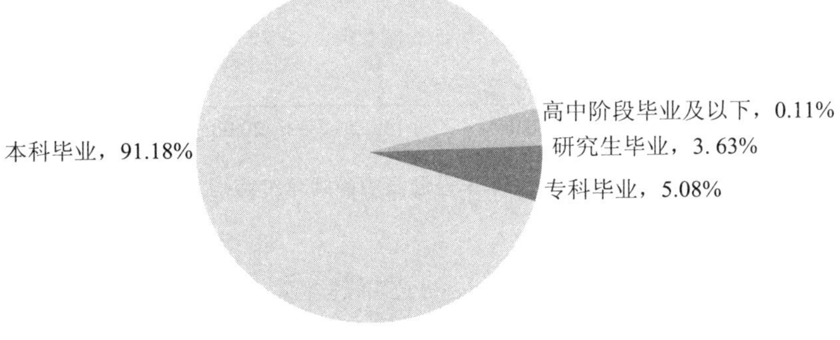

图3.6　2010年普通高中教师学历结构

从教师的职称情况来看，2010年未评职称者、中学三级、中学二级、中学一级和中学高级职称教师的比例分别为6.45%、1.11%、33.06%、34.98%和24.39%，绝大部分教师在中学二级以上(见图3.7)。

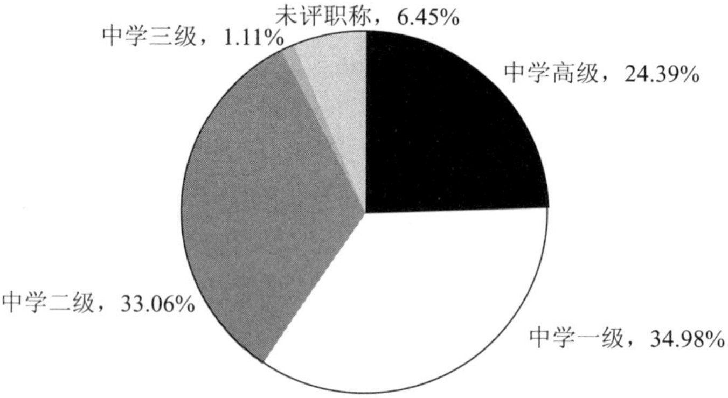

图3.7 2010年普通高中教师职称结构

从教师的年龄结构来看，26～30岁年龄段教师所占的比例最大，为24.33%，总体上教师的年龄结构呈现偏态分布，年轻教师偏多，35岁以下教师的比例为53.58%，占了教师总数的大多数。再过10年左右的时间，教师分布将会趋于钟形对称分布(见图3.8)。

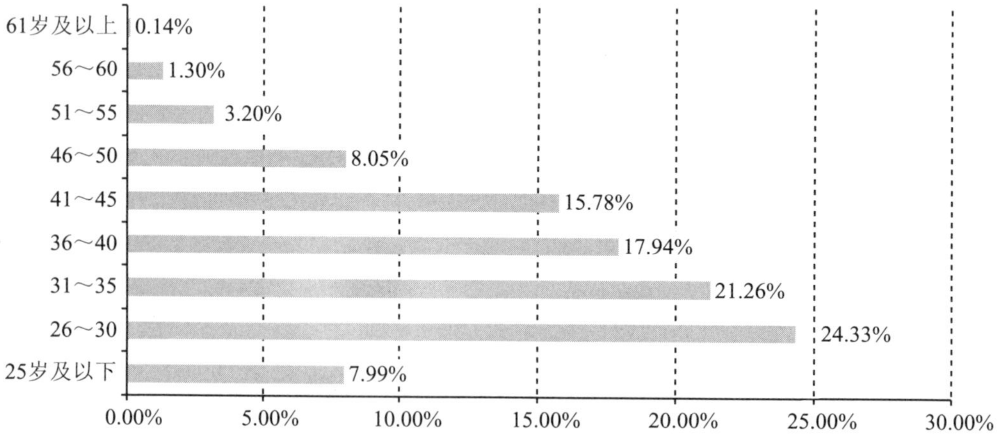

图3.8 2010年普通高中教师年龄结构

3. 普通高中经费基本状况

近年来，我国普通高中的教育经费逐年递增，到2009年，生均预算内事业费支出达到3757.6元，生均预算内公用经费支出达到831.59元(见表

3.6)。2009 年，普通高中生均预算内事业费支出增长最快的是海南省(35.55%)，普通高中生均预算内公用经费支出增长最快的是青海省(114.46%)。

表 3.6　　普通高中生均预算内教育经费情况

年份	生均预算内事业费支出	生均预算内公用经费支出	生均预算内事业费增长率	生均预算内公用经费支出增长率
1996	1 088.05	208.73	—	—
1997	1 155.36	229.59	6.19%	9.99%
1998	1 248.25	227.69	8.04%	−0.83%
1999	1 269.31	227.22	1.69%	−0.21%
2000	1 314.99	212.08	3.60%	−6.66%
2001	1 471.12	237.98	11.87%	12.21%
2002	1 565.25	231.79	6.40%	−2.60%
2003	1 606.58	264.83	2.64%	14.25%
2004	1 758.63	290.31	9.46%	9.62%
2005	1 959.24	363.54	11.41%	25.22%
2006	2 240.96	449.15	14.38%	23.55%
2007	2 648.54	509.96	18.19%	13.54%
2008	3 208.84	698.28	21.16%	36.93%
2009	3 757.6	831.59	17.10%	19.09%

从 2009 年普通高中生均预算内事业费的情况来看，全国各地区的差距较大，其中最高的为上海，达到 16 853.72 元/生，最低的为湖北，为 2 192.67 元/生，两者相差14 661.05 元/生。其中，上海、北京和天津(分别为 16 853.72 元/生、16 312.03 元/生、10 222.49 元/生)远高于全国其他地区，而四川、安徽、河南和湖北(分别为 2 247.42 元/生、2 234.22 元/生、2 205.48 元/生和 2 192.67 元/生)明显低于全国其他地区(见图 3.9)。

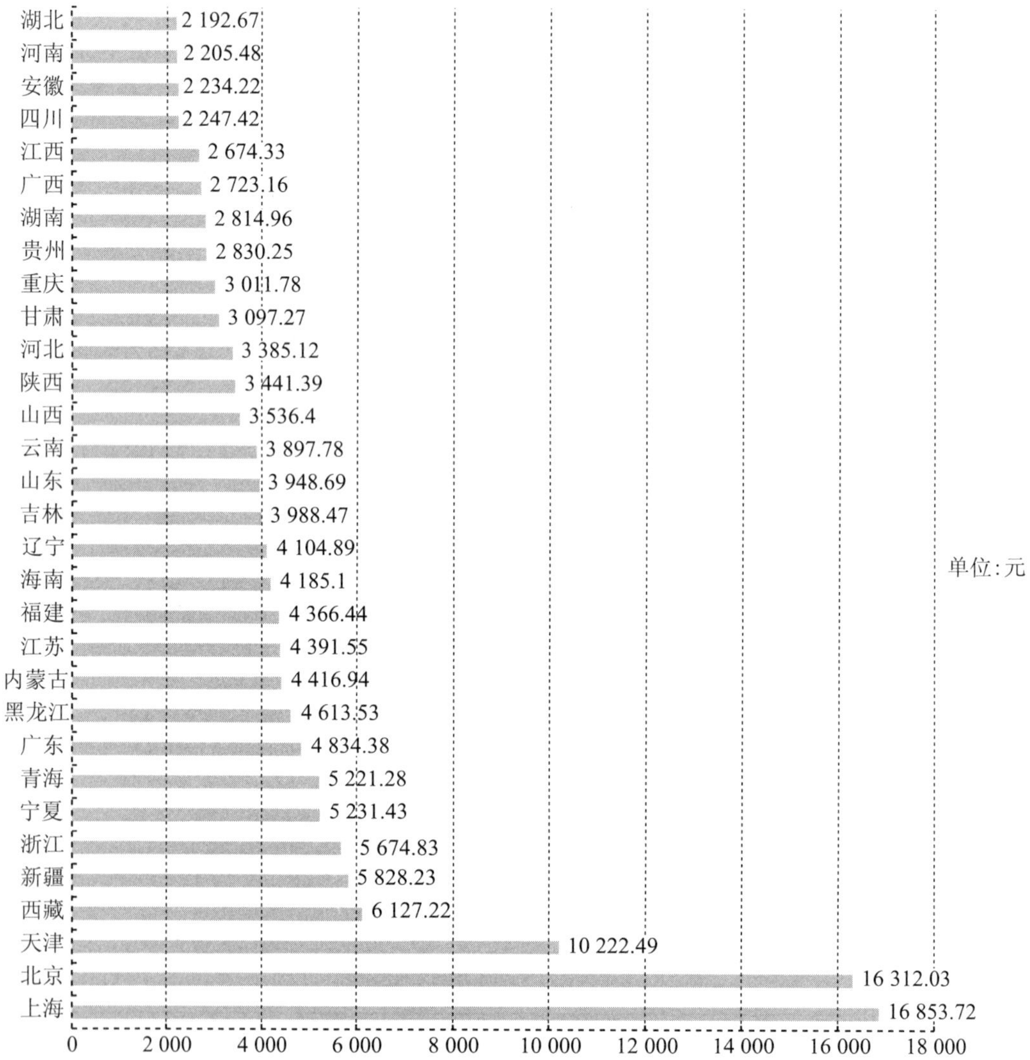

图 3.9 2009 年各地区普通高中生均预算内事业经费情况

从 2009 年普通高中生均预算内公用经费的情况来看，全国各地区的差距较大，其中最高的为北京，达到 6 994.58 元/生，最低的为贵州，为 369.67 元/生，两者相差 6 624.91 元/生。其中，上海和北京(分别为 4 107.46 元/生和 6 994.58 元/生)明显高于全国其他地区(见图 3.10)。

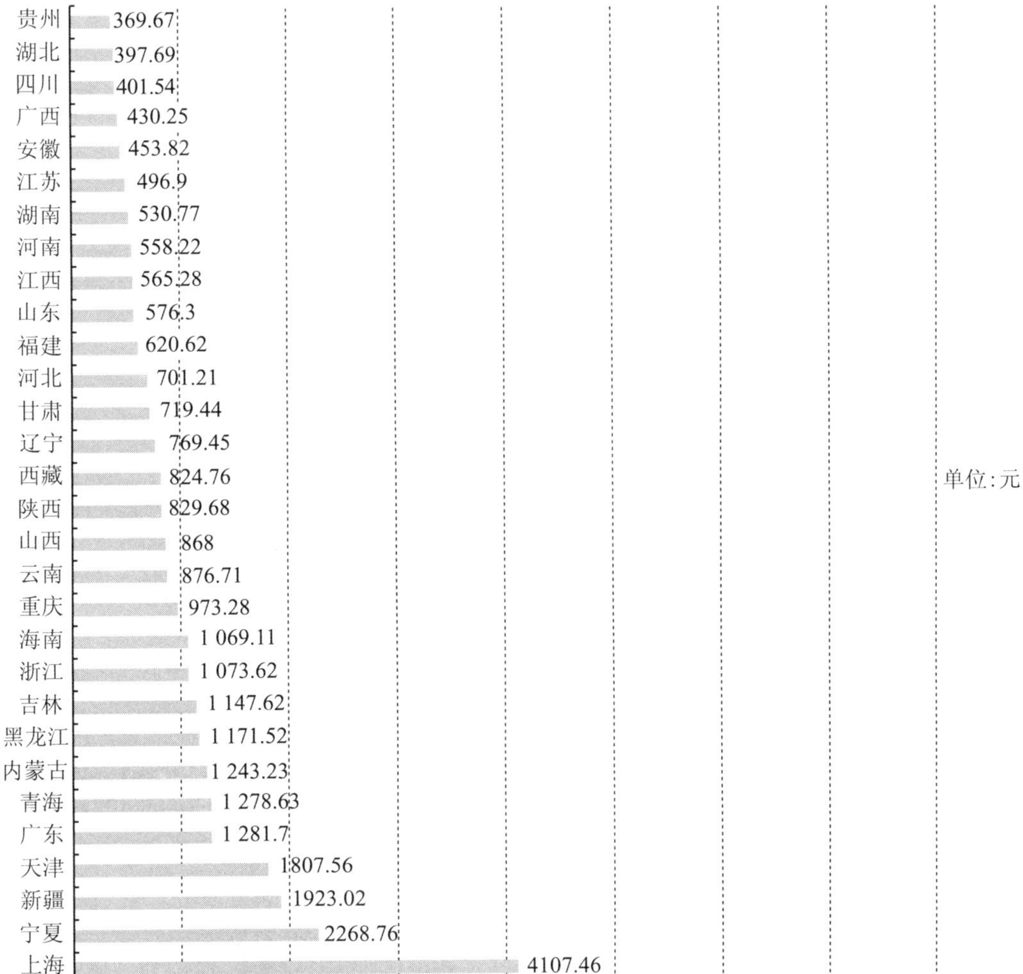

图 3.10　2009 年各地区普通高中生均预算内公用经费情况

2009 年全国普通高中生均预算内事业经费为 6 864.96 元/生，其中城镇为 6 976.79 元/生，农村为 5 413.72 元/生，两者相差 1 563.07 元/生；2009 年全国普通高中生均预算内公用经费为 2 758.54 元/生，其中城镇为2 820.16元/生，农村为 1 958.80 元/生，两者相差 861.36 元/生。

4. 普通高中硬件条件的基本状况

从 2002 年至 2010 年普通高中体育场馆面积、体育器材配备、音乐器材配备、理科实验仪器的达标率来看，均呈现出稳步上升的趋势，到 2010 年处于较高的水平，体育场馆面积达标率达到80.61%，体育器材配备达标率达到81.14%，音乐器材配备达标率达到76.95%，美术器材达标率达到77.83%，理科实验仪器的达标率达到84.63%；建立校园网的学校的比例也在逐年上升，到2010年，建立校园网的学校比例已经达到76.74%(见表3.7)。

表3.7 **普通高中硬件设施达标情况**

年份	体育运动场(馆)面积达标率	体育器材配备达标率	音乐器材配备达标率	美术器材配备达标率	理科实验仪器达标率	建校园网学校比例
2002	71.67%	72.12%	63.54%	63.12%	76.97%	34.60%
2003	73.48%	74.07%	65.87%	65.63%	78.73%	44.76%
2004	74.63%	75.21%	68%	67.89%	79.70%	52.29%
2005	76.38%	76.78%	70.05%	70.22%	81.28%	59.79%
2006	77.43%	77.64%	71.39%	71.83%	81.96%	63.86%
2007	78.39%	78.31%	72.61%	73.31%	82.82%	67.80%
2008	78.92%	78.90%	73.83%	74.62%	83.38%	70.91%
2009	79.26%	79.43%	74.87%	75.94%	83.74%	74.02%
2010	80.61%	81.14%	76.95%	77.83%	84.63%	76.74%

从2009年各地区普通高中硬件设施来看，上海、北京、浙江、福建、天津、广东等硬件设施处于最高水平，这些地区在生均面积、生均体育场馆面积、生均计算机数、生均图书册数和生均仪器值等方面明显占有优势(见表3.8)。

表3.8 **2009年各地区普通高中硬件设施情况**

地区	生均校舍面积(平方米)	生均体育场馆面积(平方米)	生均计算机(台)	生均图书(册)	生均仪器值(元)
上海	35.97	15.30	0.48	71.42	10 540.26
北京	35.83	19.83	0.49	82.64	6 322.06
浙江	23.54	11.51	0.16	39.79	2 467.23
福建	21.88	12.92	0.15	53.67	2 037.18
海南	21.76	11.89	0.11	24.87	2 384.90
天津	20.93	12.05	0.17	36.99	2 301.19
湖南	20.28	8.36	0.10	27.06	1 696.64
广东	19.08	7.74	0.13	36.95	2 514.84

续表

地区	生均校舍面积（平方米）	生均体育场馆面积（平方米）	生均计算机（台）	生均图书（册）	生均仪器值（元）
江苏	19.05	9.03	0.14	33.14	2 258.07
重庆	17.36	6.28	0.08	19.36	1 454.69
云南	16.82	8.14	0.10	21.99	971.34
江西	16.53	8.41	0.10	26.14	1 013.78
西藏	16.49	6.40	0.06	18.08	1 120.36
山东	16.18	8.09	0.10	20.89	1 254.04
山西	16.06	7.85	0.10	21.81	1 310.04
广西	15.72	7.85	0.08	24.81	871.96
宁夏	15.94	9.43	0.14	20.84	1 206.17
新疆	15.94	12.55	0.13	23.28	1 370.79
河北	14.81	7.66	0.10	20.13	1 076.87
四川	14.64	6.64	0.07	20.64	1 128.69
安徽	13.64	7.35	0.08	21.07	1 057.30
湖北	13.38	5.68	0.06	14.63	992.44
内蒙古	13.34	10.53	0.08	18.06	1 047.31
青海	13.02	10.35	0.13	21.01	850.91
辽宁	12.62	7.98	0.11	19.42	1 527.65
河南	12.29	5.54	0.05	17.18	604.76
陕西	12.05	6.53	0.10	22.50	1 297.89
贵州	11.80	6.65	0.07	26.34	1 060.87
黑龙江	11.71	10.39	0.09	13.76	1 455.57
甘肃	11.30	7.60	0.09	20.82	905.23
吉林	11.03	7.79	0.08	17.37	1 204.90

从 2009 年城乡生均面积、生均体育场馆面积、生均计算机数、生均图书册数和生均仪器值来看，农村生源学校明显处于劣势(见表 3.9)。

表 3.9　　2009年城乡普通高中硬件设施情况

地区	生均校舍面积（平方米）	生均体育场馆面积（平方米）	生均计算机（台）	生均图书（册）	生均仪器值（元）
城市	18.62	8.63	0.14	30.86	0.22
县镇＋农村	14.62	7.88	0.08	22.26	0.11
差值	4.00	0.75	0.06	8.60	0.11

(三)普通高中的升学状况

从1978至2010年全国普通高中的升学率来看，基本保持稳步上升的态势，从1978年的5.89%上升到2010年的83.30%，上升了77.41个百分点，普通高中的升学率已经远超过了普通初中的升学率(见图3.11)。

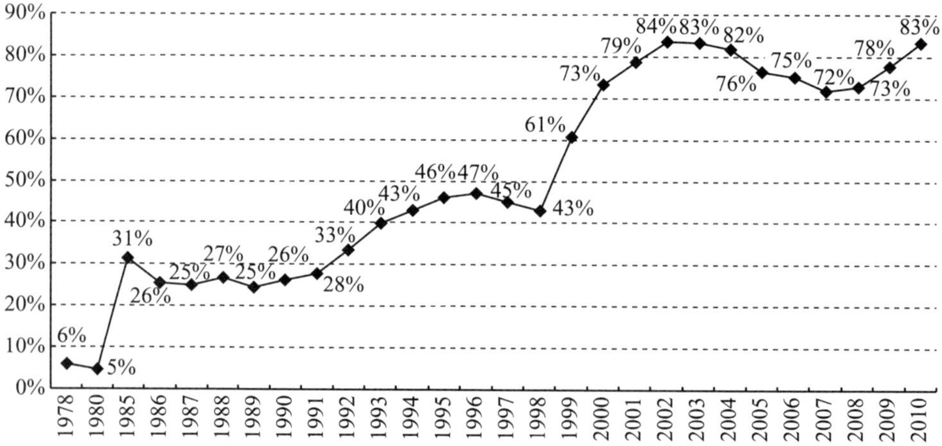

注：各统计资料均未查到1979，1981—1984年数据。

图 3.11　普通高中升学率

从2009年高中的升学率(高校招生人数与高中毕业人数之比)来看，全国各地区的差距非常大，其中超过100%的有北京、天津、上海和海南(分别为200.7%、146.9%、141.1%和101.2%)，低于50%的有新疆、宁夏和青海(分别为48.3%、45.2%和35%)(见图3.12)。

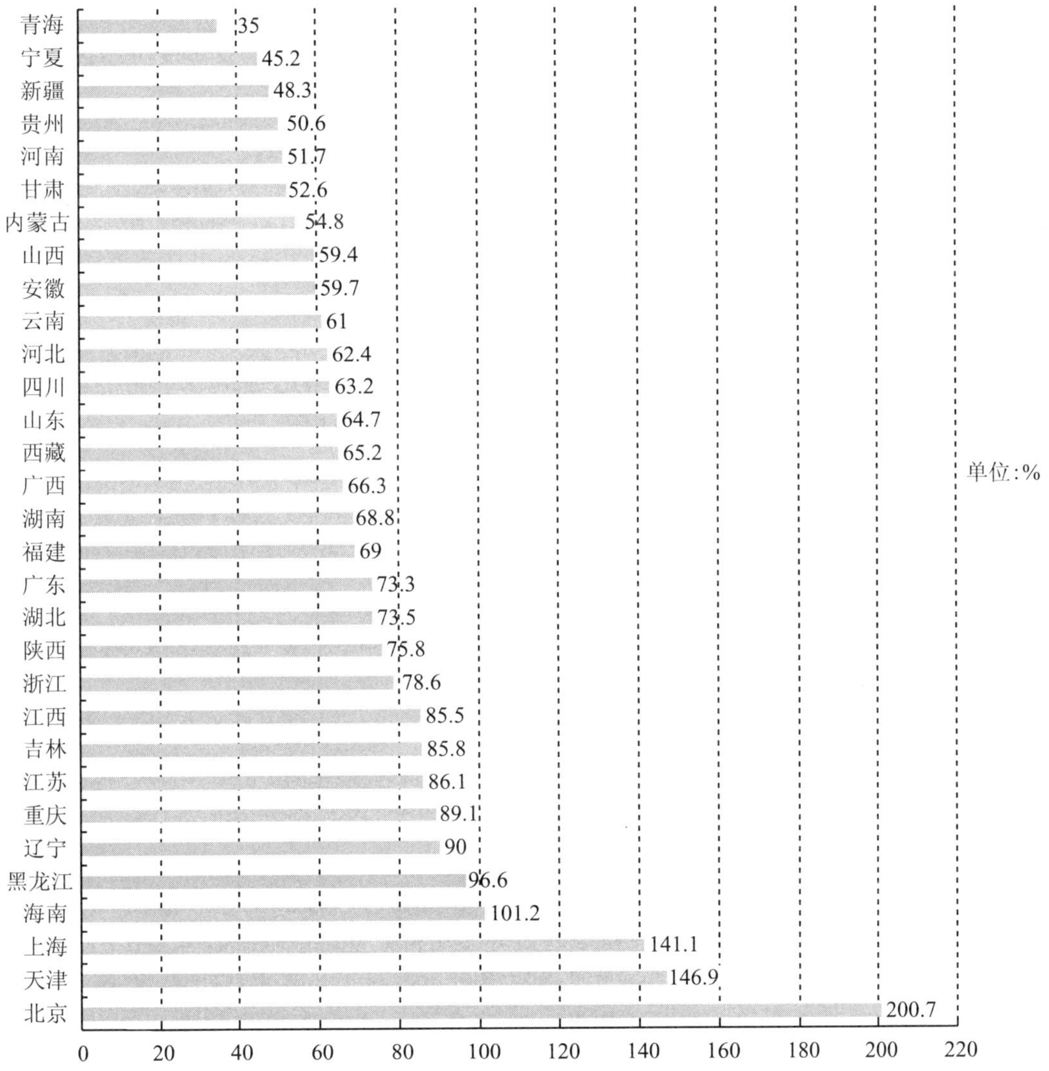

图 3.12　2009 年各地区普通高中升学率

三、农村普通高中教育发展的政策议题

2010 年以来，我国普通高中教育的政策议题主要集中于三个方面：扩大规模、提升质量和转变办学方式。与义务教育相比，我国关于普通高中教育发展的相关法律、法规与政策文件并不多，教育部公布的文件主要有两个：一是 2010 年 7 月公布的《教育规划纲要》；二是 2010 年 4 月公布的《教育部关于深化基础教

育课程改革进一步推进素质教育的意见》。前者对“十二五”期间高中教育的发展方向做了明确的规划，后者对普通高中课程的多元化设置进行了方向性的规定。

(一)加快普及高中阶段教育

我国义务教育实施“普九”以来，各地的学生已经基本实现了“有学上”的目标，发展方向和政策定位已经转变为“上好学”，也即提高义务教育质量和促进义务教育均衡发展。同时，我国自1999年开始实施高校扩招战略以来，经过十余年的努力，高校的招生规模在不断扩大，普通高中升大学的比例也在不断增加。然而，与义务教育同属基础教育的高中阶段教育，普及率却不是很高，其提升的空间还很大，加快普及高中阶段教育成为未来十年需要重点解决的问题。基于此，《教育规划纲要》从学生发展的内在需要和社会发展的需要出发，立足于未来，对加快普及普通高中阶段教育发展目标做了明确的规定：“高中阶段教育是学生个性形成、自主发展的关键时期，对提高国民素质和培养创新人才具有特殊意义。注重培养学生自主学习、自强自立和适应社会的能力，克服应试教育倾向。到2020年，普及高中阶段教育，满足初中毕业生接受高中阶段教育需求。根据经济社会发展需要，合理确定普通高中和中等职业学校招生比例，今后一个时期总体保持普通高中和中等职业学校招生规模大体相当。加大对中西部贫困地区高中阶段教育的扶持力度。”

普通高中教育的普及程度在一定程度上取决于当地可利用的教育资源和地方政府的责任意识。各地政府基于当地教育的发展状况，对《教育规划纲要》的相关内容做出了积极的回应。许多省份已经把普及高中阶段教育提上了日程，对当地未来一段时间的目标做了明确的规定：

(1)重庆市计划2015年基本普及高中教育：新上任的重庆市教委主任周旭主持召开的第一个大会便是推进基础教育，并表示将把重庆市基础教育工作的重心从义务教育转向学前教育和高中教育。周旭表示，明年要在重庆市40个区县实现普及高中阶段教育和学前一年教育，到2015年，全重庆市基本普及学前三年教育。重庆市还将新增市级重点中学6～8所，使接受优质普通高中教育的学生比例达到63%。①

(2)广东“十二五”期间将普及学前至高中15年教育：到2015年，全省普及学前到高中阶段15年教育，各县(市、区)高中阶段教育毛入学率均达到85%以上。②

(3)海南“十二五”期间优先发展教育：基本普及高中阶段教育。实施优质普

---

① 汤寒锋、唐章静：《全市将普及高中和学前教育》，《重庆晚报》2011年3月2日。

② 余颖、夏杨、董柳：《全省普及学前至高中15年教育》，《羊城晚报》2011年1月23日。

通高中学校建设工程，使全省普通高中学校的教学仪器设备基本达标，每个市县至少有一所重点普通高中达到省一级学校办学标准，现有省一级学校要达到“甲等”标准。①

(4)广西十年内普及高中教育：《广西壮族自治区中长期教育改革和发展规划纲要(2010—2020年)》提出高中教育目标：到2012年，高中阶段教育办学条件改善，高中阶段教育毛入学率达到73%；到2015年，基本普及高中阶段教育，高中阶段教育优质资源扩大、毛入学率达到87%；到2020年，普及高中阶段教育，高中阶段教育毛入学率达到90%。②

(5)西藏“十二五”期间将基本普及高中阶段教育：到目前，西藏高中阶段入学率为60.1%，高级中学建设在加快，高中教育资源有所增加。全西藏15周岁以上人口人均受教育年限达到7.3年。在西藏自治区教育厅“十二五”展望中，提到将实行“高中阶段教育发展工程”，新建6所高中学校，对部分学校进行改扩建。③

(6)江苏5年内高水平普及15年基础教育：当前和今后一段时间，全省将重点发展普惠性学前教育、优质均衡的义务教育和优质特色的高中教育，到2015年，实现15年基础教育全省高水平普及。④

(7)宁夏将出台教育“十二五”规划普及高中教育：职业教育与普通教育协调发展，2012年基本普及高中阶段教育，2015年毛入学率达87%以上。⑤

(8)吉林提出十年内普及高中教育：吉林省委、省政府印发的《吉林省中长期教育改革和发展规划纲要(2010—2020年)》提出普及高中阶段教育，毛入学率达到95%。⑥

(二)全面提高普通高中阶段教育质量

提高普通高中的普及率是一个阶段性的目标，经过各地政府的努力后有望在“十二五”期间获得较大的突破，而保障教育质量却是我国普通高中教育的一项长期的发展任务。基于全面提高普通高中学生教育质量的目标，进一步深化课程改革以及健全和完善考试评价制度势在必行。为此，相关政策做了较为细致的规划：《教育规划纲要》提出要“深入推进课程改革，全面落实课程方案，保证学生

① 吉羽、肖霈．“十二五”海南优先发展教育：基本普及高中教育，http://www.hkwb.net/，2011-02-22.

② 李静．今年广西试点建乡镇幼儿园 十年内普及高中教育，http://www.nnnews.net/，2011-03-14.

③ 牧原．西藏“十二五”期间将基本普及高中阶段教育，http://www.tibet.cn/，2010-11-15.

④ 新华网．江苏：5年内高水平普及15年基础教育，http://www.xinhuanet.com/，2011-09-20.

⑤ 杨丽、段霄．宁夏将出台教育“十二五”规划普及高中教育，http://www.cnr.cn/，2011-05-18.

⑥ 陈帆波、许治：《吉十大教育项目纳入全省“十二五”规划》，《中国教育报》2010年12月18日。

全面完成国家规定的文理等各门课程的学习。创造条件开设丰富多彩的选修课，为学生提供更多选择，促进学生全面而有个性的发展。逐步消除大班额现象。积极开展研究性学习、社区服务和社会实践。建立科学的教育质量评价体系，全面实施高中学业水平考试和综合素质评价。建立学生发展指导制度，加强对学生的理想、心理、学业等多方面指导”。

进入高中阶段教育后，学生在发展方向与兴趣上已经开始步入分化期，为了满足不同学生的发展需求，学校应该为学生设置丰富多彩的选修课。同时，为了客观评价学生的综合素质，也应该改革当前的高校招生制度，使不同特点的学生能够获得平等的升学机会。为此，教育部在其颁布的《教育部关于深化基础教育课程改革进一步推进素质教育的意见》中提出，要“坚持以促进学生德智体美全面发展为宗旨，把指导和规范学校全面落实课程方案，突破课程实施的薄弱环节作为重要任务。严格落实综合实践活动、技术、音乐、美术、体育等课程。指导学校结合实际制定普通高中选修课程建设规划，开设丰富多彩、高质量的选修课，保障学生有更多选择课程的机会。加强对学生选课的指导，引导学生选择适合个人兴趣爱好和未来发展需要的课程。在达到国家规定的基础教育基本质量要求的前提下，有条件的地区和学校可逐步提高地方课程和学校课程的设置比例。各地要因地制宜地做好地方课程和学校课程的规范管理和分类指导”。要“进一步完善综合素质评价的科学方法和基本程序，加强诚信机制建设，确保评价结果的真实性。加强对中考改革的评估和指导，强化综合素质评价结果在高中招生录取中的作用。建立普通高中学业水平考试制度，保证学生全面完成国家规定的各学科课程。深入推进高校招生考试制度改革，逐步把高中学生综合素质评价和学业水平考试的结果作为高校招生录取的重要依据。积极推进教师和学校评价制度建设，促进教师的专业成长和学校的科学发展”。

(三)大力推动普通高中教育多样化发展

高中阶段教育在整个教育体系中具有承上启下的作用，其发展模式对整个教育体系的发展具有重要的影响。为了满足社会以及大学对高中学生素质的需要，使学生在高中阶段具有多元化的选择，高中教育多样化发展成为我国未来高中教育改革的发展方向。该问题一直是教育部关注的重要问题。2009 年 11 月教育部副部长陈小娅在长沙市一中考察了新课程实施和普通高中发展相关情况时强调，适合的教育才是最好的教育。好的高中教育应体现在多样化、有特色上面，要适应现代化建设对各类人才的需要，适应每个学生成长发展的需要。让所有读高中的孩子能够上适合自己的学校，这就是成功的高中教育。①

① 章仙踪：《促进普通高中多样化有特色发展》，《中国教育报》2009 年 12 月 5 日。

陈小娅副部长在北京召开的2010年基础教育改革座谈会上提出适合的教育才是最好的教育，普通高中教育应坚持多样化、特色化发展，要适应现代化建设对各类人才的需要，适应每个学生成长发展的需要。近年来，我国高中教育在普及水平、办学条件改善、办学体制改革等方面都取得了长足发展，特别是随着高中新课程改革实验逐步扩大到25个省份，高中阶段的招生改革、课程改革都取得了新的成绩。她强调，作为与九年义务教育相衔接的高一层次基础教育，普通高中教育既要带动基础教育发展，也影响着高等教育发展的后劲。因此，各地各级教育部门要把普通高中教育摆在重要位置，要更加注重高中的质量和特色发展，加大制度创新，坚持普通高中的公益性，建立政府与学生家庭投入分担的机制。她希望与会校长们充分利用高中新课程改革的平台，积极推进高中办学体制和机制的创新，促进普通高中多样化、特色化发展。①

2010年3月，教育部副部长陈小娅在考察广东基础教育时提出推动普通高中多样化、特色化发展。在谈到普通高中教育改革时，陈小娅强调高中阶段是学生个性才能显露、人生发展选择的关键时期，普通高中承担着为学生接受更高层次教育和走向社会奠定基础的双重任务，既带动基础教育质量的提升，又关系高等教育发展进而影响创新人才培养的后劲。普通高中要更加注重提高教育质量和形成办学特色，在内涵发展上下工夫，鼓励和支持学校形成各自的办学特色，给学生更多的选择和个性发展的机会。要坚持普通高中教育的公益性，坚持多样化发展，采取更加灵活、多样的办学体制和发展模式，鼓励各地大胆探索试验。②

2010年5月，教育部副部长陈小娅在山西大同、朔州、忻州、太原市调研高中教育后强调，要继续探索高中教育体制、机制的改革，走内涵发展、多样化发展、特色发展的道路，深入推进课程改革，增加课程的多样性和选择性，着眼学生全面发展和一生的成长，为学生终身发展奠定基础。③

当前普通高中学校普遍存在追求升学率的现象，这必然会导致普通高中课程设置古板、学生出口单一，这与社会发展的大趋势以及学生发展的内在需求不相吻合。为此，《教育规划纲要》提出要把高中多样化作为下一步发展的目标：“促进办学体制多样化，扩大优质资源。推进培养模式多样化，满足不同潜质学生的发展需要。探索发现和培养创新人才的途径。鼓励普通高中办出特色。鼓励有条件的普通高中根据需要适当增加职业教育的教学内容。探索综合高中发展模式。采取多种方式，为在校生和未升学毕业生提供职业教育。”

---

① 张晨：《推动普通高中特色化发展》，《中国教育报》2010年1月26日。

② 赖红英：《推动普通高中多样化特色化发展》，《中国教育报》2010年3月28日。

③ 高耀彬：《推动普通高中多样化有特色发展》，《中国教育报》2011年5月31日。

为进一步深化教育体制改革，根据《教育规划纲要》的部署，国家决定在部分地区和学校开展国家教育体制改革试点。北京市、天津市、黑龙江省、上海市、江苏省、陕西省、四川省、新疆维吾尔自治区、宁夏回族自治区部分市县被列为开展普通高中多样化、特色化发展试验的试点地区，建立创新人才培养基地，探索西部欠发达地区普及高中阶段教育的措施和办法(详见 2010 年 10 月 24 日《国务院办公厅关于开展国家教育体制改革试点的通知》)。这些地区对该决定进行了积极的回应，部分地区已开始在一些高中试点多样化发展改革。

(1)黑龙江省 33 所学校确定为多样化特色化发展试点校：2011 年 9 月 22 日，黑龙江省普通高中多样化特色化发展试点工作启动会议在伊春市召开，哈尔滨市和鸡西市被确定为实验区，哈尔滨三中、牡丹江一中及伊春市友好三中、铁力二中等 33 个学校被确定为试点学校。这项试点工作，目的是培育一批富有特色的普通高中，满足不同潜质学生的发展需求，给不同兴趣、爱好、特长、人生规划的学生提供所需要的教育。通过试点单位的引导、示范效应，鼓励全省更多的普通高中学校走多样化、特色化发展之路，解决普通高中千校一面、同质化问题，形成学校发展与人才成长的立体化、多样化、特色化格局。①

(2)新疆维吾尔自治区 20 所学校将试点多样化发展改革：2011 年新学年开始，包括乌鲁木齐八一中学、市第十二中学、市第二十三中学、市第 101 中学在内的全疆 20 所普通高中将作为首批试点开始多样化发展改革。9 月 26 日，记者从新疆教育厅了解到，2011 年 6 月发布的《自治区普通高中多样化发展改革试点方案》近日最终确定试点学校的名单，并在今后逐步建立多样化发展普通高中教育的体制机制，使普通高中能为高一级学校输送更多高素质的、有特长或专长的多样化的生源。据了解，多样化改革将体现在对课程结构、教学方式、管理模式和评价标准的改变上，每所学校会制订出单独的课程计划，开展国家课程校本化尝试，在选修课程中体现学校的办学特色，并适当增加地方教育情景，多种形式呈现教学内容。②

(3)江苏省南京市承担全国高中改革试点，5 年 2 亿创 20 所特色高中：南京普通高中多样化办学改革试点“线路图”为：从 2011 年 7 月开始的 5 年内，南京市教育局将拿出 2 个亿，在全市 60 所高中，先期选出 20 所高中先期试点“多样化特色化建设工程”。10 年后，南京所有高中将按四种模式分类：高水平综合发展高中、高水平特色发展高中、高水平普职融通高中及国际高中。2015 年，评

---

① 伊春市政府. 全省普通高中多样化特色化发展试点工作在伊春市启动，http://www.hlj.gov.cn/，2011-09-23.

② 马婷. 新疆 20 所普通高中将试点多样化改革，http://www.cnr.cn，2011-09-27.

审组将对试点学校进行评估验收，形成实验报告，再用 5 年时间在全市高中推广。①

(四)不断完善普通高中家庭经济困难学生国家资助体系

我国历来高度重视家庭经济困难学生的就学与生活问题。经过多年的努力，我国高校以及义务教育阶段已经建立了相对完善的资助体系，基本能够保证家庭困难学生获得资助以完成学业，但是我国普通高中家庭经济困难学生国家资助制度体系相对滞后，多数普通高中家庭经济困难学生尚未得到及时有效的资助。为此，国家于 2010 年秋出台了相关政策，从制度上解决普通高中家庭经济困难学生的就学问题。财政部、教育部《关于建立普通高中家庭经济困难学生国家资助制度的意见》规定："(一)建立国家助学金制度。从 2010 年秋季学期起，中央与地方共同设立国家助学金，用于资助普通高中在校生中的家庭经济困难学生，资助面约占全国普通高中在校生总数的 20%。财政部、教育部根据生源情况、平均生活费用等因素综合确定各省资助面。其中：东部地区为 10%、中部地区为 20%、西部地区为 30%。各地可结合实际，在确定资助面时适当向农村地区、贫困地区和民族地区倾斜。国家助学金平均资助标准为每生每年 1 500 元，具体标准由各地结合实际在 1 000～3 000 元范围内确定，可以分为 2～3 档。国家助学金所需资金由中央与地方按比例分担。其中：西部地区为 8∶2，中部地区为 6∶4；东部地区除直辖市外，按照财力状况分省确定。省以下分担比例由各地根据中央确定的原则自行确定。(二)建立学费减免等制度。普通高中要从事业收入中提取一定比例的经费，用于减免学费、设立校内奖助学金和特殊困难补助等。(三)鼓励社会捐资助学。要进一步落实、完善鼓励捐资助学的相关优惠政策措施，积极引导和鼓励企业、社会团体及个人等面向普通高中设立奖学金、助学金。"

该政策执行一年多来，成效显著，从 2010 年秋季学期起，中央与地方共同设立普通高中国家助学金，用于资助普通高中在校生中的家庭经济困难学生，资助面约占 20%，平均资助标准为年生均 1 500 元。普通高中国家资助政策的出台，标志着我国基本健全从小学至大学的家庭经济困难学生资助政策体系。2010 年秋季学期，国家新设立普通高中国家助学金，当年惠及 482 万名普通高中家庭经济困难学生，约占高中在校生总数的 20%，资助金额约 48 亿元，其中中央财政投入 22.56 亿元。家庭经济困难学生国家资助政策体系的不断完善和实施，有力地促进了教育公平和社会公平。

---

① 唐娟. 南京承担全国高中改革试点，5 年 2 亿创 20 所特色高中，http://www.chinanews.com/，2011 年 6 月 27 日.

四、农村普通高中教育研究的学术话题

当前普通高中教育的学术热点主要集中为高中教育多样化发展与随迁子女在流入地接受普通高中教育两个问题。前者为我国高中教育改革的基本方向，是所有高中必须经历的发展阶段，具有普遍性的意义；后者是在我国特定的教育政策下农村生源流动必然出现的问题，具有一定的独特性。

（一）普通高中教育多样化发展问题

自《教育规划纲要》提出“推动普通高中多样化发展”以来，该问题成为各级政府、学界与实践者关注和研究的热点问题，2010年教育部把“普通高中多样化发展研究”立为哲学社会科学重大攻关项目。“多样化发展”是政府从公立学校管理的视角来看普通高中发展的概念，指的是从教育行政部门的立场来看政府应如何采取符合时代要求的、恰当的鼓励、支持和指导普通高中学校走特色发展之路的政策和策略。① 推动高中教育多样化发展，改革人才培养模式是新时期普通高中教育改革和发展的重点。② 这是党中央、国务院在新世纪新阶段首次对普通高中发展方式问题作出的重大政策定向。从世情、国情、教情的实际出发，全面准确把握这一国家层面教育决策的基本内涵，对全面贯彻党的教育方针、全面实施素质教育、促进基础教育事业科学发展，具有十分重要的现实意义。普通高中多样化是全球教育多样化的体现，在国际视野中有一定的规律可循，我国普及高中阶段教育是在世纪之交义务教育基本普及后、从城市和发达地区起步的。从国家政策演进和实际发展状况看，就会发现高中阶段教育进入新世纪以来正在从局部拓展到全国，进入一个普及攻坚的新阶段。积极探索普通高中的办学模式具有重要的现实意义。③ 高中教育具有一定的复杂性，具体体现为教育对象的复杂性、教育目标和任务的复杂性、高中教育处境的复杂性、高中教育受关注的复杂性、高中办学类型的复杂性，可见办好高中不是一件简单的事情。在实践的过程中应该避免简单化的倾向，如校长任命随意与官本位化、教学方式考训挂帅、评价标准升学率第一、学校治理量化管理担纲、发展模式追求规模扩张与外在形象，应该全面定位高中的办学目标，让懂高中教育的人办高中，真正实施对高中的多元评价，将高中教育改革与教育系统整体改革结合起来，促进普通高中与中职的渗透衔接，加强高中生的学业与生涯规划教育。④

---

① 尤基守：《高中多样化的政策与策略》，《教育科学研究》2011年第2期，第1页。

② 申继亮：《关于我国普通高中教育发展的思考》，《教育发展研究》2010年第6期，第44—46页。

③ 张力：《推动普通高中多样化发展的政策要点》，《人民教育》2011年第1期，第3—7页。

④ 程斯辉、旺睿：《论高中教育改革的复杂性及其对高中教育改革的要求》，《教育学报》2011年第2期，第74—79页。

专栏3.2 关注普通高中现实问题 寻求多样化发展之路——教育部哲学社会科学重大攻关项目“普通高中多样化发展研究”开题

“普通高中多样化发展研究”是2010年度教育部哲学社会科学研究重大攻关项目，由北京师范大学教育学部袁桂林教授担任首席专家。2011年3月18日，“普通高中多样化发展研究”课题开题会在北京举行，教育部社科司副司长张东刚、基础二司副司长申继亮、北京师范大学副校长韩震等领导出席了开题会，上海师范大学陈永明教授、湖南师范大学刘铁芳教授、华中师范大学雷万鹏教授、北京师范大学王晓辉教授、东北师范大学张德伟教授、秦玉友教授等专家、学者以及课题组的成员参与了整个开题活动。此外，来自北京、上海、山东、山西、吉林、辽宁等省份的十余所已形成特色的中学校长也来到会议现场，希望通过此次会议就如何促进普通高中多样化发展交流思想。通过热烈的讨论，课题组进一步明确了课题的定位，清晰地认识到课题的研究必须强调理论研究与政策研究相结合，围绕体制与机制等难点问题，既立足国情，又放眼世界，积极探索普通高中多样化发展之路。

此外，开题会上，许多中学校长还就已有的成功经验进行了简要的介绍，并与到会的专家学者进行了沟通和交流，为课题的进一步研究奠定了坚实的基础。在整个开题活动中，与会者畅所欲言，学术气氛非常浓厚，既深入分析了课题涉及的几个关键问题，也为课题的下一步工作与总体思路设计指明了方向，达到了课题开题的预期效果。

资料来源：北京师范大学教育学部：《关注普通高中现实问题，寻求多样化发展之路——教育部哲学社会科学研究重大攻关项目“普通高中多样化发展研究”开题》，《教育学报》2011年第2期，第88页。

1. 高中教育多样化发展的哲学基础

探讨高中教育多样化的哲学起点是研究该问题的基础。冯建军认为，不同的公平理论适用于不同的教育阶段，其中罗尔斯的“结果平等”适用于义务教育，诺齐克的“持有正义”适合于高等教育，德沃金的资源平等理论适合于高中教育。德沃金的“资源平等”理论主张资源分配“钝于天赋，敏于志向”。其中钝于天赋要求确保高中教育的底限，而敏于志向要求赋予每个学生多元选择的机会。由于高中教育具有选拔性的功能，因此，对于普及化进程中的高中教育而言，最适宜的策略是“钝于天赋”。此外，高中教育必须反映和满足学生多元化发展，给他们提供可供选择的多样化高中教育。高中教育要使学生“敏于志向”，要求学生认真对待自己的主观判断并且个人认真承担选择带来的社会责任，承担选择的社会后果，为了满足学生多元选择的需要，必须推动高中教育的多样化发展，使学生具有选择的机会。①

① 冯建军：《高中教育公平的哲学基础》，《教育科学研究》2011年第2期，第5—10页。

2. 高中教育多样化发展的方向

在发展方向上，陶西平认为，高中教育的改革集中体现在办学体制和育人模式的多样化两个方面，而多样化的走向大致体现在四个方面：一是借鉴高等教育，普通高中采用了高等教育的三大基本教育模式：走班制、学分制和导师制；二是融合职业教育，主要是在普通高中引入职业教育课程和举办综合高中；三是引入国际教育，主要是引入国际课程体系或课程，或者引入国外评价认证项目；四是服务个人发展，主要是分层教学、个别教学以及举办特色学校和特色班级。高中教育的多样化发展，是一种历史的需求——从规模发展到内涵发展；是一种目标的深化——从教育目标到培养目标；是一种观念的改变——从追求划一到追求多样；是一种能力的释放——从注重整体到注重个体。①

3. 高中教育多样化发展的动因

莫丽娟和袁桂林认为，高中教育多样化发展的内部驱动力来自于人本主义教育价值观和个人多样化教育需求。教育价值观从根本上回答了"普通高中为什么要多样化"的问题，教育价值观的两次转向成为普通高中多样化价值取向形成和转变的理论内涵。古典人文价值观向科学主义价值观的转向，开启了普通高中多样化发展的历程，"科学性"取代"人文性"成为普通高中知识教育的主要特征，从"为了知识而知识"的知识积累向"为了理想生活而知识"的知识运用转变，教育从内在价值向外在价值的转向，推动着现代高中教育的产生。科学主义价值观向人本主义价值观转向，赋予普通高中多样化发展的合理性内涵，人本主义价值观则在克服科学主义价值观带来的主体异化基础上，为普通高中多样化政策目标的确立提供了价值指南。另一方面，个人建构理论强调了人格建构的复杂性与普通高中多样化之间的互动关系，而关于人的智能与潜能理论的发展要求普通高中致力于推进人的发展的多种可能，因此，高中教育多样化的目标必须是满足人的多元化的教育需求。高中教育多样化发展的外部动因来源于整合不同阶层的教育利益、适应市场需求和增强文化理解。②

4. 高中教育多样化发展的路径选择

霍益萍认为，尊重差异必然要多样化，此乃高中之特征。所谓"多样化"，具体来说涉及办学模式、课程内容、学习方式、学习途径等多方面。③ 范国睿主张，为实现高中教育的多样性，需要从高中教育改革的体制机制入手，改变以升

① 陶西平：《万类霜天竞自由——普通高中多样化发展的走向》，《中小学管理》2011年第9期，第59页。

② 莫丽娟、袁桂林：《普通高中多样化发展动因研究》，《当代教育科学》2011年第8期，第3－6页。

③ 霍益萍：《试论我国普通高中转型发展中的几个根本问题》，《教育理论与实践》2009年第3期，第34－37页。

学考试为特征的高中教育办学模式。首先应该鼓励和支持社会力量参与高中教育办学，实现办学主体的多样性；应该深化高中课程改革，丰富教育内容的选择性；应促进高中与高等教育合作，建立高中与高校之间的有效沟通协调机制、联合培养机制；应该促进普通高中与职业高中的融合，深化综合高中改革；应进一步深入高等院校招生考试改革，建立适应人才多样化发展的评价机制。① 申继亮强调，高中教育的发展应该努力争取社会力量的支持，教育是一个社会问题，而不单纯是教育自身的问题，需要全社会的关心和支持，发展教育、发展普通高中教育，都必须与社会发展紧密结合，探索实施开放式办学。② 从出口进行突破，使高中教育与招生分离，将能够让普通高中教育从高考的压力中解放出来，把教育重点从应试教育转向满足高中学生的多样化的教育需求上来。

专栏 3.3　10 人大代表建议高中教育与招生分离，形同考公务员

出了多少高考"状元"，升学率多高，成了不少普通高中的比拼目标，对高考升学率的片面追求使学校缺乏推进素质教育的热情。能不能像大学生自主考公务员一样，由高中生自己报名参加高考？

10 位(江苏)省人大代表提交了关于普通高中教育与高考招生分离的议案。潘溪民代表认为，普通高中教育是培养人才，高考招生是选拔人才，两者各有其责。但是，多年来"十年寒窗苦，一考定终身"的制度使得普通高中教育沦为高考的"附庸"，其教育目标也就只剩了一个，就是把更多的学生送进大学，而不是更多地考虑全面提升学生素质。

目前，大学生考公务员都是自主报名，考上考不上，都与学校无关，高校也不会在意今年本校考出了多少名公务员。公考的模式能不能引入到高考中来？潘溪民等 10 位省人大代表提出了这一大胆的设想。

"高中教育与高考招生分离，从制度上遏制排名、攀比之风。"潘溪民代表说，普通高中只对教育本身负责，遵照国家课程标准，全面落实课程方案，促进学生全面而有个性地发展。同时学校建立符合素质教育要求的质量评价体系，全面实施高中学业水平考试和综合素质评价。

资料来源：江苏 10 人大代表建议高中教育与招生分离形同考公务员，http://leaders.people.com.cn，2011-02-14。

5. 高中教育多样化发展的经验与启示

作为普通高中教育改革的先行者，同处亚洲地区的韩国以及我国台湾地区在

① 范国睿：《促进高中教育多样化发展》，《教育发展研究》2010 年第 24 期，10002 页。
② 申继亮：《关于我国普通高中教育发展的思考》，《教育发展研究》2010 年第 6 期，第 44—46 页。

高中教育多样化的实践探索中积累了一定的经验，对我国高中教育多样化发展具有重要的启示意义。

·韩国的经验与启示①

2009年，韩国颁布《高中多样化300工程》，并实施了一系列配套措施确保多层次、多目的高中教育，2010年开始招生或创校的高中有四种类型：

第一是在农村创建150所寄宿制高中。很多农村学生要上高中就得离开家乡到外地，农村寄宿制高中就是为解决这些学生的住宿问题而建的，修建宿舍的经费通过"地方教育财政转移支付金"中的宿舍费项目来解决，该项目虽然以公立学校为主，但也逐渐扩展至私立高中。

第二是在地方创建100所自律型私立高中。自律型私立高中归属地方教育厅，在地方范围内招生，通过多样化、特色化的课程设置，关注到每个学生的教育需要。

第三是产学联合办职业教育的90所"达人高中"。"达人高中"又称"产学联合职业高中"，根据学校及地区产业的需要选定与地区战略产业相关的领域，与企业合作进行高质量的职业教育，确保毕业生在毕业的同时就业。"达人高中"的办学经费来自公共财政，学生可免学费、住宿费和留学费。

第四是以"特色学校"为目标的普通高中。为了避免那些未选入《高中多样化300工程》的1 860所高中沦为三流学校而无人问津，教育科学技术部计划实施"特色学校建设项目"，目的在于改变"标准化"时代千篇一律的高中课程模式，使各学校课程尽量符合不同学生的不同需要。

为了使《高中多样化300工程》达到预期效果，韩国还创设了"放学后学校"，推行"零校外补习计划"，利用EBS(韩国教育广播电视台)开设优秀教师的网上课堂、提供网上学习资料、进行网上教师培训等。此外，韩国还通过校长公开招聘制、学校信息公开制、校外补习管理制、大学入学考试制等制度的全面改革来保障卓越、平等的基础教育。

《高中多样化300工程》的目的在于缓解考试竞争压力，培养各类优秀人才以适应全球化挑战。虽然现在评价这些政策为时尚早，但是多样化的各种举措无疑具有十分重要的借鉴意义。

·我国台湾地区的经验与启示

当前，我国台湾地区高中阶段教育的学校类型有普通高中、综合高中和职高等，其中普通高中学校335所，学生400 642人；综合高中124所，学生89 088人。

综合高中兼具普通高中和高职的功能，在办学理念上，台湾综合高中重视基

① 姜英敏：《"高中平准化"时代的落幕——韩国高中多样化改革浅析》，《比较教育研究》2010年第6期，第43—47页。

本能力和工作能力的培养，注重个性选择和延迟分化，学生在学习的过程中逐步形成发展取向，高一学习以通识课程为主，高二可根据自己的兴趣进行课程选择，高三根据自身发展兴趣选择就业或升学。在理论上，综合高中具有以下特点：兼具普高和职高的功能，能够提供学生本位的学习环境，强调学生的个性发展，重视对学生的辅导，加强学生的基本学科能力，提供多元的课程并开设较多的选修科目，重视课外活动。①

综合高中的设置目的是照顾每一个学生，提供个性化的教育机会，实现教育机会均等的理想，同时设置学术课程和职业科目，在课程设计上能满足学生升学和就业的双重需求，发挥弹性试探与延长分化的作用。②

6. 高中教育多样化发展的实践探索

2011年初，北京市、天津市、黑龙江省、上海市、江苏省、陕西省、四川省、新疆维吾尔自治区、宁夏回族自治区部分市县被列为多样化办学的试点地区，南京市被列为国家普通高中多样化办学改革试点地区，全国省会城市只此一家。③ 作为国家“以普通高中多样化建设促进素质教育创新发展”教育改革试点地区，南京市积极开展应对，依计划逐步推进高中教育改革。南京市拟通过实施五大行动计划，到2013年，使该市普通高中结构布局合理，基本建成现代、多元、开放、具有活力的高中教育体系。侧重建设四类模式的高中，即侧重培养创新后备人才的普通高中，渗透职业教育元素的综合高中，发展学生人文、科技、体育、艺术等专长的特色高中，引进国际课程、开展中外交流项目研究的国际高中。建立普通高中和大学之间的有效合作机制和联合培养人才的工作机制，共同打造适合特殊才能学生发展的教学模式，对学有潜力和特长突出的学生，采取特殊的培养方式。深化“百年名校推新工程”，构建校本化的课程体系，为学生多元化发展提供多样化的课程与教学。④

专栏3.4 南京大力推进普通高中多样化特色发展

培养以外语为特长、文理兼通的国际化复合人才，是南京外国语学校找到的一条提升学生综合素质的路径，成为南京市大力推进普通高中多样化特色发展成果的一个缩影。让学生选择适合自己的教育“经过5～10年的发展，南京的学生

---

① 黄能堂．“台湾”综合高中的理念精神与特色，http://mail.cyvs.cy.edu.tw/，2008-03-19.

② 王盈莺．“台湾”与英国之综合中学比较，http://main.nhu.edu.tw/，2011-11-17.

③ 蒋廷玉、李月宁：《如何推进高中多样化办学改革？南京试点方案出炉——用成才“立交桥”取代高考“独木桥”》，《新华日报》2011年6月22日。

④ 钱诚：《南京五大行动推进普通高中多样化发展，将侧重建设四类模式高中》，《江苏教育报》2011年3月24日。

可以不必‘攀校’(攀比式择校)，而是根据个人发展意愿、兴趣特长自由选择适合的普通高中教育”。南京市教育局局长吴晓茅信心满满地展望道。为此，南京市鼓励高中发挥办学优势，开展特色化、多样化办学，并取得了初步成效。宁海中学的美术特色教学、南京行知中学的“综合高中”普职分流办学经验曾受邀在全国交流，南京十二中的羽毛球、九中的民乐团、三中的无线电测向等特色项目也在国内外产生了广泛影响。从今年起，南京市还将实行“推进普通高中多样化发展工程”，用10年时间，重点建设高水平综合发展高中、高水平特长发展高中、高水平普职融通高中和国际高中等四类富有鲜明办学特色的高中，构建符合学生多样化成长需要的普通高中发展新局面。博导与高中生结“对子”。近日，东南大学和金陵中学联手打造的“未来卓越工程师培养基地”正式启动。两校将合作从高一学生中选拔50名尖子生，由东南大学交通学院教授亲自“带教”。学生们将有机会走进高校，参观实验室，听名家讲座，甚至参与结对教授的课题研究，提前享受研究生待遇。“卓越工程师培养”是金陵中学继去年与南京大学合作的“准博士培养班”之后的又一个创新人才培养项目，同属于该校“培养拔尖创新人才系列计划”。“创新人才的培养是个系统工程，我们希望借助于与高校合作，在探索创新人才选拔和培养机制上有所突破和创新。”金陵中学校长邹正表示。与高校合作培养拔尖人才，金陵中学并不是南京市第一所“吃螃蟹”的普通高中。去年秋季，南京一中就开设了“崇文班”，由南开大学校长饶子和院士担任名誉班主任，南京大学、南开大学等名校院士和科学家指导制订培养计划，首度“试水”同高校联合培养优秀高中生，引起了广泛的关注。

资料来源：沈大雷、林飞：《南京大力推进普通高中多样化特色发展》，《江苏教育报》2011年6月23日。

(二)随迁子女普通高中教育问题

我国城乡之间以及区域之间的经济和社会发展水平存在较大差距，每年有大量农村劳动力到城市寻找就业机会，并且近年来呈现出“常住化”的特征，越来越多的进城务工人员把子女带在身边。但是，当前的教育制度改革却滞后于劳动力流动的社会现实，随迁子女的教育问题逐渐凸显。“两为主”政策明确了流入地政府解决进城务工人员子女的义务教育责任问题，许多地方政府大力发展义务教育，投入大量的财力、物力和人力兴办学校、聘请合格教师，为随迁子女的就学创造条件，许多城市较好地解决了随迁子女义务教育的入学问题。在流入地完成义务教育后，随迁子女还需要接受高中阶段教育，受高中升学制度、流入地政府教育资源等条件的制约，这一问题远比义务教育阶段的入学问题复杂得多。

1. 随迁子女普通高中教育的问题呈现

全国目前至少有264万农民工随迁子女需要接受高中阶段教育，尚有552万农民工随迁子女陆续进入高中阶段，未来这一数据将更加庞大。① 高中教育在教育梯级中地位显赫，是连接义务教育和高等教育的桥梁，能否接受高中教育以及接受何种层次和类型的高中教育，深受家长尤其是寄希望于教育以实现社会地位提升和社会角色转变的农民工家长的重视。② 在完成义务教育后，随迁子女的升学之路并不平坦，主要体现在完成义务教育后和完成高中教育后这两个升学环节上。这两个环节共同影响着随迁子女普通高中教育公平的实现。

随迁子女完成义务教育后在流入地继续接受高中阶段教育的选择空间有限。上海市教育调查队对流动人口初中毕业生和家长的抽样调查结果显示，90%的家长希望子女今后在上海生活和工作，毕业班学生有78%希望能在上海升入高中阶段学习③。然而，随迁子女在流入地初中毕业后，如果想继续接受高中阶段教育有以下两种选择：继续在城市上学或回原籍上学，无论是哪种选择都会影响他们接受高中教育的机会。当前只有少数城市向随迁子女开放普通高中教育，并且随迁子女只能以借读生的身份接受高中教育且需要缴纳较高的借读费，其接受高中教育的花费要远远高于城市学生。由于进城务工人员在城市的经济地位一般较低，只有少部分人能够承受得起流入地普通高中的借读费，况且在接受完了普通高中教育之后又不能在当地参加高考，这使得很大一部分随迁子女放弃了在城市接受普通高中教育的机会，其中有部分随迁子女在义务教育结束后就放弃升入高中，直接选择辍学。除此以外，部分城市向随迁子女开放“三校”(中专、职校和技校)，但是这些学校一般只在生源不足的情况下才愿意接收随迁子女，它们开设的课程主要为学生就业做准备，毕业生想继续升学的可能性较小。目前只有部分成绩较差或没有继续升学意愿的随迁子女会选择“三校”，而那些成绩优异且有意愿接受高等教育的随迁子女并不会选择这些学校。

随迁子女在完成义务教育后回流到流出地参加中考也要面临知识不衔接的问题。如果随迁子女选择回原籍参加中考，其在流入地的义务教育经历将在一定程度上影响他们的中考成绩。现行的中考制度中明确规定，中考试题由各地区自主命题，而随迁子女在流入地接受义务教育，其学校的教学方式、教学内容的侧重点等诸多方面与流出地均有所差别，这显然不利于他们在中考的过程中与流出地学生公平竞争，进而影响其接受高中阶段教育的机会。值得一提的是，虽然城市

---

① 吴霓、张宁娟、李楠：《农民工随迁子女教育的五大趋势及对策》，《当代教育科学》2010年第7期，第11—15页。

② 叶庆娜：《农民工随迁子女高中教育：现状、政策及障碍》，《中国青年研究》2011年第9期，第72—78页。

③ 胡瑞文、朱涛、杜晓利：《上海流动人口子女义务教育后出路问题研究》，《教育发展研究》2008年第3期，第15—18页。

义务教育的整体水平要远远高于农村，但随迁子女大多并不能在流入地接受到高质量的义务教育，而只能在教学条件简陋、教师素质较低、教学质量较差的民工子弟校或者城市薄弱学校接受义务教育，低下的教育质量必然会使回流到家乡参加中考的随迁子女在与当地学生竞争中处于不利的地位。与随迁儿童回原籍参加中考一样，他们在流入地完成高中阶段学习后也面临着同样的问题。由于各地在高中阶段的教学内容、所选用的教材等方面也存在较大的差异，更何况近年来高考制度进行了改革，许多省份已经单独命题，流入地与流出地的高考试题差异很大，加之许多高中学校在平时的教学过程中高考指向性较强，使在流入地接受高中教育的随迁子女回到原籍参加高考的时候必然需要面对所学知识与所考知识不一致的问题，成绩必然会受到很大影响。① 高考制度的限制使得随迁子女在高考过程中不能与原籍的学生公平竞争。

随迁子女回流至流出地上高中需面临生活环境和学习环境的重新适应问题，影响其升学。由于"二代移民"从小就在城市长大，甚至有一部分就出生于城市。他们已经适应了城市的生活，也认同城市的生活方式和文化，对他们而言，除了户籍不是城市的以外，已经和城里的同龄人没有任何区别。但是迫于升学压力，他们必须离开城市远离父母回到家乡进行高中阶段的学习。这时，即使他们参加完中考并顺利进入普通高中学习，他们也必须重新适应新的学习环境和生活环境，这显然会对其学习产生一定的不利影响，从而影响其高考成绩。

2. 随迁子女接受高中教育难的成因分析

导致随迁子女义务教育后升学难的原因既有制度性的因素，也有流入地教育客观条件的因素，更有流入地政府主观态度方面的原因，并且这三者之间的相互影响更加剧了随迁子女升学的困难。制度不完善容易使流入地政府责任不明确，从而导致他们消极应对；客观条件的限制使流入地政府在短时间内难以提出合理有效的政策，从而影响流入地政府的主观态度，这加剧了流入地政府对解决随迁子女升学问题的迟疑。

制度改进相对滞后，随迁子女升学问题缺乏指导性的政策。我国现行的教育制度从报名资格到录取标准都以"户籍"为设计基础——学生拥有某地户籍是其在该地合法、平等地参加中考的必备条件，该政策是在严格控制人口流动的静态社会背景下设计的，而静态的教育制度设计严重滞后于大规模的人口流动这一现实造成了农民工随迁子女难以在流入地参加中考、接受高中教育。② 由于全国城乡

① 徐丽敏：《农民工随迁子女义务教育后教育：问题与对策》，《教育发展研究》2009年第6期，第76—79页。

② 叶庆娜：《农民工随迁子女高中教育：现状、政策及障碍》，《中国青年研究》2011年第9期，第72—78页。

及各区域间经济发展不均衡，使各地居民在医疗、教育等方面享受的福利出现差别，城市居民通过户籍制度来维护其在医疗、教育等方面的福利优势。对于那些在城市接受义务教育的随迁子女而言，其父母一般在城市工作、生活很多年，他们已经成为城市的建设者以及纳税人，理应享受到作为社会公共产品的教育资源，然而当前的户籍制度却将他们排除在了这些福利之外。近年来，虽然有些教育福利与户籍制度已经脱钩，在某些城市随迁子女已经能够和本地学生一样接受到相同的义务教育，但是与户籍挂钩的中考制度以及高考制度却没有得到相应的改进以满足随迁子女的需求。总而言之，与户籍相关的教育制度改革滞后于流动人口对教育的现实需求。与义务教育阶段不同的是，随迁子女在完成义务教育后的升学问题当前依然没有可供参考的政策，这最终导致流入地政府责任意识不强，没有把随迁子女的高中阶段教育纳入到当地的教育规划中，只在某些学校出现生源匮乏的情况下才允许招收随迁子女。

城市现有高中阶段教育资源不足。当前已有部分城市向进城务工人员开放高中阶段教育，这些城市高中阶段的教育资源比较充足，本地初中学生的升学率已经很高，如北京本地学生的普通高中的升学率已达到九成以上，这样的城市有余力拿出部分高中教育资源来满足外来人员的需求。但是对大部分城市而言，高中教育阶段特别是普通高中的教育资源并不充足，城市本地学生初中升学率不是很高，当地学生高中阶段教育的需求没有得到充分满足，于是他们很难也不愿意再从中拿出部分教育资源满足外来人员的教育需求。

流入地政府担心开放部分高中阶段教育将引发教育移民。大城市目前要解决流动人口随迁子女高中阶段入学问题还存在一些共同的“担忧”。具体来看，主要包括以下三个方面：对现行高考制度造成冲击；对城市既有教育发展水平造成冲击，对城市人口控制工作造成冲击。[①] 正如开放部分义务教育阶段公办学校一样，流入地政府在决定是否开放高中教育资源上始终持着非常谨慎的态度，他们担心这将引发教育移民，挤占当地城市居民的教育福利。流入地政府的这种担心也并非是没有道理的，由于我国长期存在着城乡二元教育体制，城市学校在资金投入、教师及硬件设施配置水平等方面均要高于农村学校，最终形成城市里集中了大量的优质教育资源、农村各级教育发展相对落后的城乡二元教育格局。如果一旦城市各级教育资源全面开放，将有更多的外来人员安排其子女进入城市学习，这种由教育引起的人口流动将会给城市带来一系列其他问题，如公共设施不足等。正是出于这种顾虑，流入地政府在开放部分教育资源时也总是设置一些门

① 桑锦龙、雷虹、郭志成：《我国城市流动人口随迁子女高中阶段入学问题初探》，《教育研究》2009年第7期，第68—73页。

槛，把部分随迁子女排除在外，减缓由教育资源分布不均衡所引发的人口流动步伐，如一些城市要求随迁子女在城市接受义务教育要具有一定的居住年限，并出示“三证”“五证”等，进入高中阶段需要缴纳较高的借读费，或者只有具备一些特殊资格人的子女才能在流入地上高中等。①

3. 随迁子女高中教育问题的破解思路

城市流动人口随迁子女高中阶段入学问题是系统性的制度问题，要在承认其合理性的同时考虑其现实制约性。② 从长期来看，需要深化户籍制度改革和促进城乡教育的一体化、均衡化发展，而过渡性措施是改革农民工随迁子女的升学和考试制度。③

建立基于成绩折算的异地考试制度，同时消除流入地政府和随迁子女的顾虑。由于全国各地高等教育资源分布并不均衡，各高校在各地区的招生比例差别较大，如果让随迁子女以流入地学生的身份报考大学的话将会挤占当地学生的名额，并有可能引发高考移民，因此，大部分流入地政府并不愿意让随迁子女在流入地参加高考。换言之，流入地政府担心的并非随迁子女在流入地考试，而是他们会挤占当地学生的招生名额。改革高考制度，让随迁子女在流入地接受高中教育并在流入地参加高考而在报考大学时占流出地的招生名额则可消除流入地政府的顾虑。这一目的可通过成绩折算的方法达到，具体做法是根据随迁子女在流入地的考试成绩、流入地所有考生成绩的分布以及流出地所有考生成绩的分布，利用统计方法把在流入地的高考成绩折算成流出地的高考成绩，以便他们可以以户籍所在地考生的身份参加原籍的大学志愿填报。这一方法的实现具有可行性与便利性，当前各地考生采用网上填报志愿的方式，只要在考生高考志愿填报系统里嵌入相应的折算公式即可实现折算，最终达到异地考试异地填报志愿的目的。对随迁子女而言，消除了在流入地所学高中知识与考试内容不一致的顾虑，并且也不需要返回原籍参加高考，节约了高考所带来的花费，保证了随迁子女公平的升学机会。对流入地政府而言，随着当地出生率的下降，紧缺的高中教育资源终究会得到缓解，甚至会出现高中教育资源剩余的情况，而这恰恰为随迁子女在流入地接受高中阶段教育提供了契机。对那些当前有条件的流入地政府，消除顾虑后将加大力度举办高中阶段教育，甚至可能出现全国性的高中阶段教育市场，有助

---

① 刘善槐、张源源：《谈进城务工人员随迁子女义务教育后的升学问题与破解思路》，《教育探索》2010年第11期，第20—21页。

② 桑锦龙、雷虹、郭志成：《我国城市流动人口随迁子女高中阶段入学问题初探》，《教育研究》2009年第7期，第68—73页。

③ 徐丽敏：《农民工随迁子女义务教育后教育：问题与对策》，《教育发展研究》2009年第6期，第76—79页。

于推进民间资本参与举办高中阶段教育。[①]

建立相应的奖惩和补偿制度，明确流入地政府的责任并鼓励流入地政府对满足一定条件的随迁子女开放高中阶段教育。尽管高中阶段教育并非免费的义务教育，但考虑到进城务工人员对城市的贡献，政府应该出台相关的政策保障随迁子女公平的升学机会。与保障随迁子女义务教育权力的相关政策一样，国家针对随迁子女义务教育后的升学难问题也应出台相应的政策，进一步明确流入地政府的责任，中央政府以及省级政府应评估城市高中阶段教育的接受能力，监督其拿出一定比例的高中教育资源以满足随迁子女的教育升学需求，使满足条件的随迁子女也能够享受到与流入地学生相同的升学机会。条件设置应依照随迁子女在城市接受义务教育的年限，对于那些九年义务教育均在城市完成的随迁子女，应该给予与城市学生相同的高中阶段入学机会。对于那些处理随迁子女升学问题比较好的城市，中央政府应该给予适当的奖励，而对于那些有能力开放高中教育阶段教育却未采取相应措施的流入地政府则应该给予一定的惩罚措施。

构建城市高中阶段教育资源信息平台，引导随迁子女高中阶段教育有序流动。由于许多城市总体的高中阶段教育资源有限，这些城市分配给随迁子女的教育资源也是有限的，因此，需要国家构建相应的信息平台，把流入地的教育资源及时地向进城务工人员公布，使随迁子女的家庭能够及时、准确、有针对性地了解流入地城市的教育资源情况，根据这些信息做出理性的选择，保证那些有升学意愿的随迁子女能够有序流动，以缓解流入地政府的压力。

专栏 3.5　俞敏洪的两会提案：解决进城务工人员子女教育升学问题

进城务工人员随迁子女就学问题，是我国在城市化加速过程中面临的重要课题，也是我国政府推进教育公平面临的巨大挑战。

①严格落实《教育规划纲要》“坚持以输入地政府管理为主、以全日制公办中小学为主，确保进城务工人员随迁子女平等接受义务教育”的精神，中央政府根据各地实际学籍人数而不是户籍人数划拨义务教育各项经费，输入地政府应将包含随迁子女在内的常住人口全部纳入区域教育发展规划和财政保障范畴，以学籍管理代替户籍管理，采取多种措施保证随迁子女在义务教育阶段与输入地学生享受完全同城待遇，平等地参加中考和升入高中继续学业。以上政策应制定具体实施时间表，并通过立法强制落实。

②建立以全国统一命题为主高校自主命题为辅的高考制度，考生可选择在学

① 刘善槐、张源源：《谈进城务工人员随迁子女义务教育后的升学问题与破解思路》，《教育探索》2010 年第 11 期，第 20—21 页。

籍所在地或户籍所在地参加高考，但录取时一律按照考生户籍所在地为生源地。全国招生的高校按照全国统一划定的录取分数线，根据各地实际考生数量(以考生户籍为准)同比例分配招生名额。区域招生的高校以此类推。这一办法的实施，一个前提是学籍与户籍的数字化及联网互通，在技术上已无障碍；另一个前提是全国统考统招。这样不仅在全国范围内消除了高考的城乡差异和地区差异，而且解决了进城务工人员随迁子女在输入地的高考难题，“高考移民”现象随着地区差异的消失必然销声匿迹，从而实现真正的教育公平。

③规范学籍管理，在全国建立统一的电子学籍信息管理系统，对包括进城务工人员随迁子女在内的各类流动学生的学籍进行实时更新和管理，将全国电子学籍管理系统与全国电子户籍管理系统联网互通，为中央教育经费划拨、地方教育资源配置、高考招生比例分配等工作提供科学依据。

④输入地政府应尽可能以全日制公办中小学为主吸纳进城务工人员随迁子女入学。对于确实短期内无法完全解决的，应制定民办农民工子弟学校审批标准、规范审批条件和办学行为，并与全日制公办中小学一样享受同等政策待遇并接受教育主管部门的管理。

资料来源：俞敏洪. 解决进城务工人员子女教育升学问题，http://learning.sohu.com，2011年3月4日.

专栏3.6 央视聚焦泉州试水异地高考，首创外省学生高中班

泉州每100名义务教育阶段的学生，就有35名是外来学生。来自教育部门的统计数据显示：今年秋季，我市学前教育、小学、初中、高中招收外来学生继续呈剧增态势，在泉就学的外来学生达38万多人。

然而，等他们到了高中，又要转回陌生家乡，准备高考，这对孩子的学习和父母工作来说都不利。于是，一位来泉州务工人员在泉州教育部门的支持下，做出了勇敢尝试：全国首创异籍高中班，请家乡老师用家乡教材，在泉州教家乡学生。但在目前的高考政策下，这只能解决异地高考“学”的问题，“考”的问题依然存在，今年仅我市就有2万多名外来学生必须转回户籍所在地陌生的学校准备高考。

泉州试行异地高考的探索，引起中央电视台、新华社等众多媒体的关注。9月17—19日，中央电视台的《东方时空》“走基层——第一手调查”栏目和《晚间新闻》“今晚关注”栏目对此连续报道，将镜头聚焦于泉州市晋江荆山外来务工子弟学校的异籍高中班，以及外来学生较为集中的晋江高登中学、泉州培元中学等学校，明确了重点、难点问题，明晰全国异地高考工作的方向，在全国各地和教育部门引起了强烈反响。

“如果各地都能像泉州一样积极探索，不断根据自己的特点试水异地高考，随迁

子女或许就能够早日梦想照进现实!”央视《晚间新闻》主持人的“微评”掷地有声。

资料来源：央视聚焦泉州试水异地高考，首创外省学生高中班，http://www.people.com.cn，2011年9月28日.

4. 随迁子女高中教育问题的实践探索

最近，泉州“异籍高中班”办学模式引发了人们对随迁子女高中阶段教育相关问题的关注与思考。我们可从对该办学模式所针对的问题及其可推广性两个层面进行考量。

随迁子女在流入地接受完义务教育后，若想继续接受高中阶段教育通常只有两种选择：一是在中考前回到流出地，中考成绩达到了某些高中的录取要求，则可以在流出地接受高中阶段教育并参加高考，这一选择通常会使随迁子女重回“留守”生活，需面对重新适应和单独生活问题；二是以借读生的身份在流入地继续接受高中阶段教育，在高考时回原籍参加高考，这一选择使随迁子女需面对知识不衔接的问题。“异地高中班”使随迁子女有了第三种选择，它既可以使随迁子女避免重回“留守”生活所带来的重新适应问题，又可以避免知识不衔接问题，从而减少对高考成绩的影响，从这一角度而言，这一模式无疑是对随迁子女高中阶段教育问题解决途径的积极有益探索，具有重要的实践意义。

这一模式能否获得推广受诸多因素的影响，我们可以通过分析该模式的形成机理加以明晰。从形成的前提条件来看，某些省份相对集中的生源分布状况使分省集中教学成为现实可能；从所需的外部支持来看，与义务教育不同，当前并没有出台相关政策明确流入地和流出地政府对随迁子女接受高中教育阶段的责任，因此，在没有外部政策压力的前提下，这一模式能否获得政府的支持取决于流入地政府对进城务工人员的价值认同、教育资源的充足状况以及流出地政府的责任意识。福建泉州教育部门认识到了稳定企业劳动力的重要性，对其大力支持，同时，流出地政府也提供了必要的帮助；从形成的内部动因来看，由于该模式属于民办教育的办学探索，办学主体是否有意愿站在随迁子女升学的立场创办学校是该模式得以存在和运行的关键。创办者温玉泽的目的显然是想留住工厂里的工人，若要对该模式进行推广的话，必须要有办学意愿的主体，这个非常重要；从资源配置来看，教师的质量在一定程度上决定了学校的吸引力，而教师质量取决于在流入地能够招收什么样的教师。总而言之，该模式的可推广性取决于生源的分布状况，流入地和流出地政府的支持力度，有办学意愿的主体以及教师的质量。

“异籍高中班”能够在一定程度上满足部分随迁子女接受高中阶段教育的需求，但是从升学的角度而言，它并非随迁子女升学的最优选择，而是次优选择。对许多随迁子女而言，接受高中阶段教育的最终目的是能够通过高考进入大学，通过教育来提升自己的社会地位，这一目的使他们在义务教育后往往希望能够有公平的机会享受公办高中的优质教育资源，以使他们能够有公平的竞争机会考入大学。受师资条件的限制，“异籍高中班”的教育质量必定无法与流出地一些公办高中相比，更无法与流入地的一些优质高中相比。因此，为了让随迁子女获得公平的教育机会，应该逐步开放流入地的高中阶段教育资源。而对于随迁子女的异地高考问题，可以分类考虑，对于从小学一年级开始就在流入地接受教育的随迁子女，应该享有与流入地学生相同的教育权利，与流入地学生一起参加中考、接受高中阶段教育和高考录取，也许有人会担忧由此引起的高考移民，其实高考移民的根本原因是高校生源分配不合理，若区域间的生源分配较为公平合理的话，将不会出现此类问题；对于那些中途来流入地接受教育的随迁子女，亦可与流入地学生接受相同的高中阶段教育并参加高考，高考成绩可采用折算的方式换算成流出地的高考成绩，以流出地的学生身份填报志愿。总而言之，要想彻底解决随迁子女高中阶段教育问题，根本途径是逐步开放流入地的高中阶段教育资源并建立完善的异地高考制度。

结语

从世界各国普通高中教育的发展过程来看，多样化是高中教育发展的趋势，这也是当前我国普通高中教育的改革方向。从各教育阶段之间的关系来看，普通高中处于中间环节，其发展必定在一定程度上受义务教育和高等教育发展状况的影响，为使普通高中教育多样化发展能够具备良好的外部环境，应努力提高义务教育质量，改革当前的高等教育生源选拔制度，使学校从高考的限制中解放出来，以满足高等院校多样化的生源需求。多样化对当前的普通高中提出了新的要求，包括硬件设施、管理制度、师资队伍等，如何布局普通高中的教育资源成为高中教育多样化发展必须面对的问题。同时，应该吸取其他国家普通高中教育多样化发展的经验，采用“先试点后推广”的渐进式发展策略。

从我国劳动力的流动趋势看，地区间的劳动力流动将会日益频繁，“常住化”的特征将会更加明显，随着大量“二代移民”的涌现，随迁子女的教育问题必将更加凸出。随着“两为主”政策的实施，随迁子女义务教育阶段的公办校入学问题能够逐步得到解决。但是，随着越来越多的随迁子女在流入地完成义务教育，接受高中阶段教育并参加高考的问题必将逐步凸显，这个问题远比接受义务教育和参加中考问题复杂。若要彻底解决随迁子女普通高中教育问题，需要推进当前异地高考制度改革，明确流入地政府的责任，引入社会力量办学等。

【本报告撰写人：刘善槐。作者单位：教育部人文社会科学重点研究基地东北师范大学农村教育研究所】

第4章　农村职业教育年度进展报告

概　要

农村职业教育是我国职业教育的重要组成部分，肩负着为国家培养农村实用人才，培养有文化、懂技术、会经营的新型农民的重任。本报告从政策、发展、研究、案例四个方面，主要展示从2005年到2011年，特别是国家教育规划纲要颁布以来我国农村职业教育的发展情况。研究显示，农村职业教育在近年来虽有发展，但总体情况是办学条件薄弱、资源不足，农村职业教育和涉农专业教师数量严重短缺，中等职业学校资助和免学费政策有待完善。今后我国农村职业教育工作的着力点，一是要抓好政策落实，特别是《教育规划纲要》和《教育部等九部门关于加快发展面向农村的职业教育的意见》；二是要促进事业发展，尽快将中等职业教育免学费范围扩大到所有农村学生，建设好一批农村职业学校和涉农专业，加大农村职业教育和涉农专业新教师培养力度；三是要推进研究深入，要健全各级研究机构，研究人员要注意发挥自身智力、技术、设施等相对优势，要加强对农村职业教育办学定位、办学规模、专业设置、课程体系、评价考核等内涵建设的研究，增强农村职业教育服务农业现代化、工业化、城镇化的能力；四是要营造良好氛围，中央和地方管理部门，以及各地农村职业学校要注重宣传，形成全社会重视、支持面向农村的职业教育改革发展的良好社会环境和舆论氛围。

农村职业教育是我国职业教育的重要组成部分，肩负着为国家培养农村实用人才，培养有文化、懂技术、会经营的新型农民的重任。加快发展面向农村的职业教育，对于提升农民的技能素质、实现农民持续稳定增收、促进农村经济社会发展、实现城乡统筹发展都具有重大而深远的意义。只有加快发展面向农村的职业教育，才能促动农业发展形势更好、农村面貌变化更大、农民得到实惠更多。近年来，在中央和地方的大力推动下，我国农村职业教育取得了长足进步。2010年颁布的《教育规划纲要》对未来十年职业教育的发展提出了明确要求。2011年，《教育部等九部门关于加快发展面向农村的职业教育的意见》，勾勒了我国农村职业教育改革发展的路径。本报告从大事记、事业发展、政策进展、研究进展、实践发展(典型经验)五个方面对《教育规划纲要》颁布以来我国农村职业教育的发展情况进行报告。

一、农村职业教育大事记

2010年7月13—14日，中共中央、国务院在北京召开全国教育工作会议。会议颁发《教育规划纲要》，提出"加快发展面向农村的职业教育"。

2010年7月19日，农业部在江苏昆山召开全国农业农村人才工作会议，贯彻落实全国人才工作会议、全国教育工作会议和《国家中长期人才发展规划纲要(2010—2020年)》、《国家中长期教育改革和发展规划纲要》精神，总结交流农业农村人才工作经验，研究部署当前和今后一个时期农业农村人才工作。

2010年7月22—23日，由教育部和重庆市政府联合主办的2010年中国(重庆)统筹城乡职业教育改革发展论坛在重庆永川举行。重庆市市长黄奇帆、教育部副部长鲁昕出席论坛开幕式并作主题演讲。

2010年8月22—23日，全国部分中心城市农村成人教育第三次协作联席会议在成都召开。会议代表对农村职业教育和成人教育示范县评估标准制订和如何更好实施"成人继续教育体系建设推进计划"进行了研讨。

2010年10月11日，中华职业教育社温暖工程实施15周年座谈会在全国政协礼堂举行。中共中央政治局委员、国务院副总理回良玉，全国政协副主席、中央统战部部长杜青林，全国政协副主席、中华职业教育社理事长张榕明出席会议，教育部副部长鲁昕等有关部委领导也出席了会议，全国20多个省区市地方职教社负责人，温暖工程项目实施单位代表等共300多人参加座谈会。

2010年10月29日，广东省村官职业教育试点工作正式启动。在职村干部学习专业为农村经济管理，学习内容包括文化基础、农村政策法规、专业知识与技术、农村基层组织及社区管理、经营管理、就业与创业等，学习形式包括理论知识、案例教学、模拟教学或现场教学等。按照方案，初中毕业起点班学制三年，高中毕业起点班学制一年半。

2010年11月27日，《教育部关于印发〈中等职业教育改革创新行动计划(2010—2012年)〉的通知》中提出"坚持学历教育与职业培训并举，大力发展农村和农业职业教育，培养新型农民和农村实用人才，为建设社会主义新农村，实现农业现代化，促进农民增收、改善民生，促进县域经济发展服务”。

2010年11月30日，陕西省教育厅、农业厅、财政厅联合印发《陕西省现代农业职业教育发展工程实施方案》，提出从2011年至2013年实施现代农业职业教育发展工程，即通过组建现代农业职业教育集团，建设现代农业职业教育改革试验区，加快构建覆盖城乡的现代农业职业教育服务网络体系，加强新型农民职业技能培训。

2011年1月28日，全国政协副主席、中央统战部部长杜青林主持会议，专题研究“同心·智力支持工程”职业教育与劳动力转移培训工作并做重要讲话。这一项目是中华职业教育社与职业院校及有关企业支持毕节地区发展的实际行动，自2010年8月正式启动。

2011年4月1日，甘肃省十一届人大常委会第二十次会议审议通过《甘肃省农民教育培训条例》。该文件规定，县级以上人民政府应当建立农民教育培训工作联席会议制度，将农民教育培训工作纳入国民经济和社会发展规划，教育培训经费列入同级财政预算，并随经济社会发展逐年增加。同时，县级以上人民政府应当在农村产业结构调整、科学技术推广、扶贫和移民安置、就业专项资金中安排一定比例用于农民教育培训。县级以上人民政府应当制定扶持政策，支持掌握一定技能的农民兴业创业。企业应当在职工教育培训经费中安排一定比例，用于进城务工农民的岗前培训、在岗技能提升培训和转岗培训。

2011年4月20—22日，全国农村职业教育试点省份座谈会暨部分中心城市农村成人教育协作会在北京大兴召开。会议围绕各试点省份在贯彻落实《中等职业教育改革创新行动计划》中“加快推进农村、农业职业教育发展”和“加强新型农民职业技能培训工作”项目中取得的经验与遇到的问题进行了交流与研讨，还就《农村职业教育和成人教育示范县标准（征求意见稿）》进行了讨论。

2011年4月25日，中华全国供销合作总社在郑州召开新中国成立后系统内首次职业教育工作会议，分析总结行业内职业教育的优势和不足，研究部署如何整合内外资源促进本行业职业教育又好又快改革和发展。教育部副部长鲁昕出席会议并讲话。

2011年6月13～14日，由教育部、农业部联合主办的第二届全国职业院校农业技能大赛在江苏农林职业技术学院举行。本届赛事共设立包括中职和高职在内的10个赛项，396名优秀选手同场切磋技艺、比试技能。教育部副部长鲁昕出席开幕式并讲话。

2011年7月，重庆市召开农村职业教育和涉农专业建设座谈会，重庆市教委、市农委、财政局、水利局、移民局、扶贫办等单位和10余所涉农中职学校参加会议。会议总结交流了各地发展农村职业教育和涉农专业建设经验，商讨了组建重庆市现代农业职业教育集团有关工作，对今后一个时期重庆市加快发展面向农村的职业教育进行部署。

2011年8月28日，中共中央政治局常委、国务院总理温家宝在河北张北县为广大农村教师作题为《一定要把农村教育办得更好》的报告。温家宝指出，大力发展农村职业教育要做好五件事：一是尽快将中等职业教育免学费范围扩大到所有农村的学生，鼓励和引导更多的初中毕业生接受中等及以上职业教育。二是建设好一批农村职业学校和涉农专业。三是健全现代职业教育体系，使职业教育办学规模、专业设置、课程体系、评价考核与经济社会发展相适应。四是大力推广“工学结合”、“校企合作”的办学模式，加大政策扶持力度，吸引更多的毕业生投身现代农业和新农村建设。五是加大农村职业教育和涉农专业新教师的培养力度，采取多种有效措施，吸引和保证更多的优秀毕业生到农村职业学校和涉农专业任教。

2011年10月13日，由国家粮食局人事司主办的全国粮食行业院校人才培养成果展示暨人才供需见面会在宁波举行。相关的高校、高职院校和中职学校，以及行业主管部门、企业的代表140余人参加了此次人才培养成果展示会。此次会议主要内容是介绍全国粮食行业人才供需状况，研讨深化校企合作，提升人才培养和教育教学质量的办法和措施。

2011年10月25日，《教育部等九部门关于加快发展面向农村的职业教育的意见》提出，加快发展农村职业教育，服务社会主义新农村建设；加强农业职业学校和涉农专业建设，提升支撑现代农业发展能力；坚持三教统筹、农科教结合，努力培育新型农民；加强师资队伍建设，加大经费投入，建立稳定、长效的保障机制；切实加强领导，健全管理体制，营造良好发展环境等要求。

2011年10月28日，海南省农村职业教育现场会在儋州召开。海南省教育厅厅长胡光辉透露，2012年海南将对农村户籍中职生实行免费教育；2013年全省中等职业学校将全面实行免费教育。迄今，海南18个市县已有9个市县实现中职免费教育，受益学生达10万多人。

2011年11月4日，陕西省教育厅召开“陕西加快发展面向农村的职业教育”新闻发布会。从2007年起，该省实施了“人人技能工程”面向城乡所有未升学初、高中毕业生开展全口径、广覆盖的职业教育和技能培训。该省每年统筹安排2亿元专项资金，支持工程实施。5年累计投入资金10亿元。

2011年11月7日，教育部、国家发展改革委、科技部、财政部、人力资源和社会保障部、水利部、农业部、国家林业局、国家粮食局9部门在西安联合召开加快发展面向农村的职业教育工作会议，贯彻实施《教育部等九部门关于加快发展面向农村的职业教育的意见》，总结推广各地的好机制、好经验和好做法，分析农村经济社会发展的新需求，全面推进面向农村的职业教育改革发展。教育部副部长鲁昕、水利部副部长李国英、国家林业局副局长孙扎根、国家粮食局副局长任正晓出席会议并讲话。

二、农村职业教育事业发展状况

农村职业教育事业发展包括各层次学历教育以及社会培训中所涉及的农村职业教育，数据的时间范围为2005—2010年，数据来源于《中国统计年鉴》(2006—2011)、《中国教育统计年鉴》(2005—2010)、《中国劳动统计年鉴》(2006—2010)和《中国教育经费统计年鉴》(2008—2010)，并根据需要进行计算。在指标设计上以比例指标为主，兼顾了农村职业教育和职业教育、农村职业教育与农村普通教育的关系，以全面地展现农村职业教育事业近年来的整体发展水平。

(一)农村职业教育机构与资源配置状况

1. *农村职业教育机构呈现递减趋势*

农村职业教育机构总量呈现递减趋势，农村职教机构的减少速度明显快于总体职教机构的减少速度。职业初中数量呈现萎缩态势，由2005年的601所下降至2010年的67所，减少了88.9%。其中农村职业初中学校数量从2005年的431所下降至2010年的37所，减少了91.4%；农村职业初中数占职业初中学校总数的比例持续降低，从2005年的71.71%下降至2010年的55.22%。职业技术培训机构数量也呈现萎缩态势，由2005年的198 566所下降至2010年的129 447所，其中农村成人文化技术培训学校(机构)数量从2005年的166 601所下降至2010年的106 689所；农村成人文化技术培训学校(机构)数占职业技术培训机构数的比例，从2005年的83.90%上升至2007年的85.69%之后就持续下降至2010年的82.42%(见图4.1)。

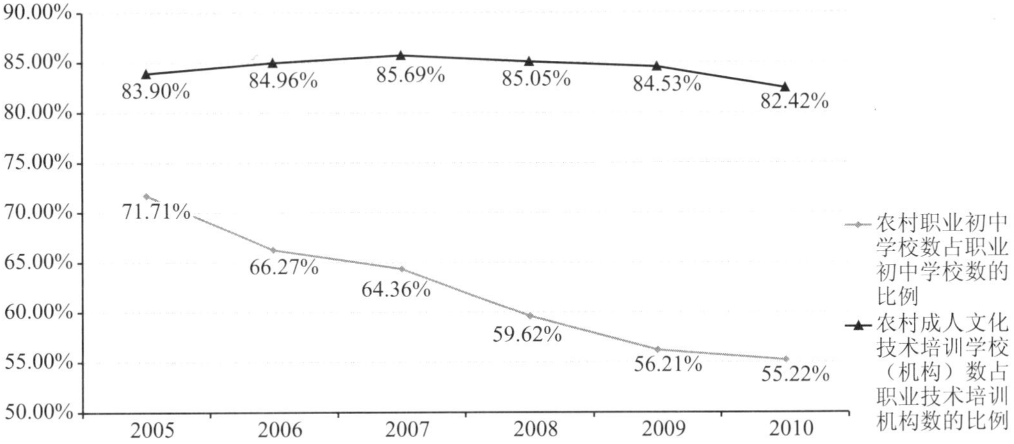

图4.1 农村职业初中数、农村成人文化技术培训学校(机构)数占各自总数的比例

2. 农村职业教育生均办学条件水平较低

尽管农村职业教育生均办学条件在某些方面已高于全国平均水平，但总体上仍然比较落后，显示出政府经费投入不足及对职业教育经费客观需求的忽视。从农村职业初中看，在生均占地面积指标上，2005—2009年农村职业初中始终高于全国职业初中的平均水平，但2010年农村职业初中开始低于全国职业初中的平均水平；在生均校舍建筑面积和生均图书藏量指标上，农村职业初中与全国职业初中整体水平相当，历年来互有高低；在生均计算机数、生均固定资产值和生均仪器设备值指标上，农村职业初中从2005年到2008年一直低于全国职业初中的整体水平，但在2009—2010年已经达到并超过了职业初中整体水平(见表4.1)。

表4.1 **农村职业初中生均办学条件状况**

指　标	比较维度	2005	2006	2007	2008	2009	2010
生均占地面积(m^2)	总体	37.1	52.6	52.4	48.1	50.0	32.1
	其中农村	35.7	44.9	44.5	43.9	46.0	33.1
生均校舍建筑面积(m^2)	总体	5.2	6.5	6.6	7.5	8.1	6.7
	其中农村	4.7	6.8	6.6	7.2	8.2	6.5
生均图书藏量(册)	总体	11.7	13.6	13.1	16.7	14.9	15.2
	其中农村	11.6	15.5	13.5	16.3	15.6	15.5
生均计算机数(台)	总体	0.03	0.05	0.06	0.06	0.05	0.04
	其中农村	0.02	0.05	0.05	0.06	0.05	0.05
生均固定资产值(万元)	总体	0.23	0.33	0.34	0.4	0.44	0.36
	其中农村	0.21	0.32	0.31	0.36	0.44	0.39
生均仪器设备值(万元)	总体	0.03	0.04	0.04	0.04	0.04	0.03
	其中农村	0.03	0.03	0.03	0.04	0.04	0.04

农村职业技术培训机构生均办学条件状况看，农村成人文化技术培训学校(机构)各项生均办学条件均低于全国职业技术培训机构生均办学条件水平(见表4.2)。

表4.2 **农村职业技术培训机构生均办学条件状况**

指　标	比较维度	2005	2006	2007	2008	2009	2010
生均占地面积(m^2)	总体	2.72	2.79	2.96	2.87	2.70	2.65
	其中农村	2.15	2.28	2.55	2.52	2.45	2.61

续表

指 标	比较维度	2005	2006	2007	2008	2009	2010
生均图书藏量(册)	总体	2.10	3.05	3.67	3.01	2.23	2.26
	其中农村	1.00	0.98	1.06	1.28	1.19	1.26
生均教学行政用房建筑面积(m^2)	总体	0.77	0.83	0.98	0.88	0.91	0.91
	其中农村	0.53	0.57	0.69	0.71	0.70	0.76
生均固定资产值(万元)	总体	5.12	0.10	0.15	0.17	0.14	0.09
	其中农村	0.06	0.07	0.05	0.05	0.04	0.03
生均教学实习仪器设备资产值(万元)	总体	2.44	0.03	0.04	0.04	0.05	0.03
	其中农村	0.03	0.02	0.01	0.01	0.01	0.01
生均教学用计算机数(台)	总体	0.04	0.01	0.02	0.01	0.01	0.01
	其中农村	0.00	0.00	0.01	0.01	0.01	0.01
生均语音实验室座位数(个)	总体	0.00	0.01	0.01	0.01	0.01	0.01
	其中农村	0.00	0.00	0.00	0.00	0.00	0.00
生均多媒体教室座位数(个)	总体	0.04	0.01	0.02	0.02	0.02	0.02
	其中农村	0.00	0.00	0.01	0.01	0.01	0.01

3. 农村职业教育经费呈提高趋势

农村职业高中生均经费支出水平呈现出提高趋势，尽管仍低于全国职业高中生均经费支出水平，但却高于农村普通高中生均教育经费支出水平。从总体上看，农村职业高中生均经费支出水平尚不能满足职业教育发展的需要。全国普通高中生均预算内经费支出从 2007 年的 2 771.28 元上升至 2009 年的 3 920.28 元，其中农村普通高中生均预算内经费支出从 2007 年的 2 115.18 元上升至 2009 年的 3 078.1 元，而职业高中生均预算内经费支出从 2007 年的 3 003.95 元上升至 2009 年的 4 374.15 元，农村职业高中生均预算内经费支出从 2007 年的 2 338.84 元上升至 2009 年的 3 521.38 元(见表 4.3)。虽然农村职业高中的生均预算内经费支出仍低于全国平均水平，却高于农村普通高中生均预算内教育经费支出水平，但二者差距不大，总体而言仍不能满足职业教育发展的需要。

表 4.3 农村职业高中与全国职业高中、农村普通高中生均教育经费支出比较

指标	比较对象与基准	2007	2008	2009
生均教育经费	农村职业高中/农村普通高中(以农村普通高中为 100)	104.86	119.6	107.14
	农村职业高中/全国职业高中(以全国职业高中为 100)	76.90	79.17	80.40

续表

指标	比较对象与基准	2007	2008	2009
生均预算内教育经费	农村职业高中/农村普通高中(以农村普通高中为100)	110.57	118.56	114.40
	农村职业高中/全国职业高中(以全国职业高中为100)	77.86	81.91	80.50

4. 农村职业教育师资状况不容乐观

农村职校的师生比均呈下降趋势。(1)中等职业学校(机构)(不含技工学校)专任教师数从2005年的588 694人上升至2010年的680 954人，其中农林牧渔类专任教师数从2005年的17 610人上升至2010年的20 623人。从师生比看，全国中等职业学校(机构)(不含技工学校)从2005年至2010年升幅不大。可见，在中等职业学校在校生规模大幅提升的同时，专任教师的配套引进工作做得较好；反观农林牧渔类中职学校的师生比，从2005到2010年呈大幅下降，说明在农林牧渔类在校生规模大幅提升的同时，专任教师的配套引进工作没有跟上，如不尽快解决，会严重影响学生培养质量。(2)全国职业初中专任教师数从2005年的20 240人下降至2010年的1 975人，减幅达90.2%。其中，农村职业初中专任教师数从2005年的13 583人下降至2010年的1 162人，减幅为91.4%。除2007年以外，农村职业初中师生比均低于全国平均水平，且二者之差在2005—2007年逐步缩小，在2007—2010年逐步增大。(3)全国职业技术培训机构专任教师数从2005年的256 004人下降至2010年的242 299人，减幅仅有5.4%。但是，农村成人文化技术培训学校(机构)专任教师数从2005年的108 821人下降至2010年的91 966人，减幅高达15.5%(见表4.4)。在2005—2010年两者的师生比均呈下降趋势，说明在办学规模变化不大的情况下，专任教师有一定程度的流失。

表4.4　各类职业学校师生比

职业学校类别	比较维度	2005	2006	2007	2008	2009	2010
中等职业学校(机构)(不含技工学校)	总体	1∶22.50	1∶23.94	1∶24.75	1∶25.04	1∶26.09	1∶26.67
	其中农村	1∶30.11	1∶33.75	1∶34.43	1∶38.13	1∶65.95	1∶94.32
职业初中	总体	1∶21.31	1∶17.82	1∶17.58	1∶16.45	1∶15.97	1∶17.30
	其中农村	1∶22.52	1∶17.93	1∶17.47	1∶16.64	1∶16.4	1∶17.61
职业技术培训机构	总体	1∶190.73	1∶196.45	1∶192.09	1∶198.49	1∶198.6	1∶203.26
	其中农村	1∶342.70	1∶372.62	1∶368.37	1∶366.82	1∶384.04	1∶372.34

农村职校专任教师的职称水平偏低，特别是农村职业初中高级职称比例落后

较为明显。(1)2010年，全国中等职业学校(机构)(不含技工学校)专任教师各级职称所占比例排序为中级(40.40%)、初级(29.66%)、副高(20.51%)、无职称(8.75%)、正高(0.68%)，而农林牧渔类专任教师各级职称所占比例排序则为中级(45.41%)、副高(24.67%)、初级(24.15%)、无职称(5.01%)、正高(0.77%)；农林牧渔类专任教师职称主要集中在中级和副高上，且比例高于全国平均水平；农林牧渔类正高职称专任教师比例在2010年首次超过全国平均水平；农林牧渔类初级和无职称专任教师比例则低于全国平均水平(见图4.2)。(2)2010年全国和农村职业初中专任教师职称结构在比例排序上均为中学二级(53.52%、51.03%)、中学一级(31.70%、32.19%)、中学三级(6.38%、8.35%)、未评职称(4.66%、5.51%)、中学高级(3.75%、2.93%)。2008年，全国职业初中"中学高级职称"专任教师的比例超过了未评职称和中学三级职称专任教师的比例，但在2009年和2010年出现了持续下降；而农村职业初中的"中学高级职称"比例始终低于全国平均水平(见图4.3)。

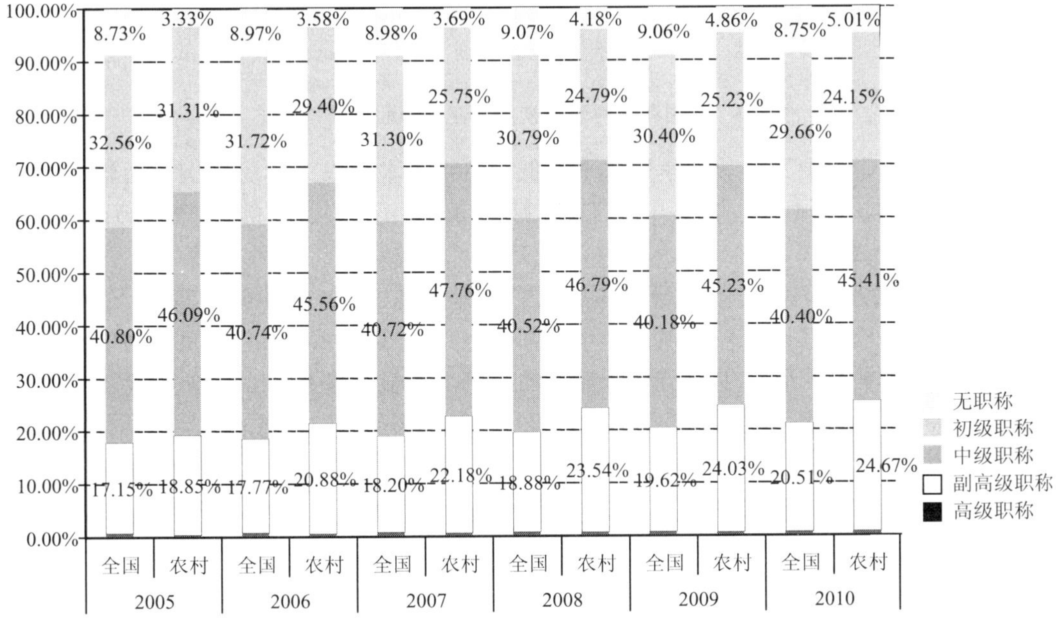

图 4.2　全国和农村中等职业学校专任教师职称结构对比

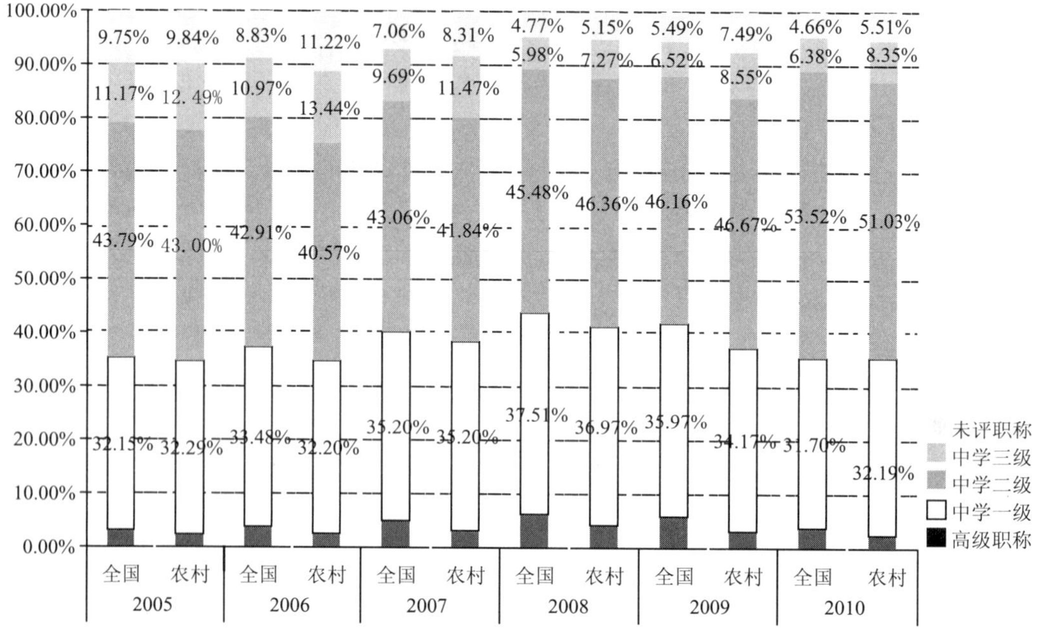

图 4.3 全国和农村职业初中专任教师职称结构对比

农村职业初中专任教师学历水平偏低，特别是本科以上学历比例落后较为明显。2010 年，全国职业初中专任教师各种学历所占比例的排序为本科(51.19%)、专科(47.24%)、高中(1.27%)、研究生(0.30%)、高中以下(0)，农村职业初中专任教师学历结构所占比例的排序为专科(49.57%)、本科(48.28%)、高中(1.64%)、研究生(0.52%)、高中以下(0)。全国职业初中和农村职业初中本科、研究生学历专任教师的比例呈明显上升趋势：全国职业初中专任教师本科学历所占比例由 2005 年的 26.50%上升到 2010 年的 51.19%，研究生学历所占比例由 2005 年的 0.09%上升到 2010 年的 0.30%；农村职业初中专任教师本科学历所占比例由 2005 年的 23.41%上升到 2010 年的 48.28%，研究生学历所占比例由 2005 年的 0.05%上升到 2010 年的 0.52%，农村职业初中专任教师的研究生比例已经超过了全国平均水平，但本科学历还低于全国平均水平；全国和农村职业初中专科、高中、高中以下学历专任教师比例均呈明显的下降趋势：全国职业初中专任教师中的专科、高中及高中以下学历所占比例由 2005 年的 64.70%、8.50%、0.21%分别下降到 2010 年的 47.24%、1.27%和 0%，农村职业初中专任教师中的专科、高中及高中以下学历所占比例由 2005 年的 66.94%、9.43%、0.16%分别下降到 2010 年的 49.57%、1.64%和 0%(见图 4.4)。

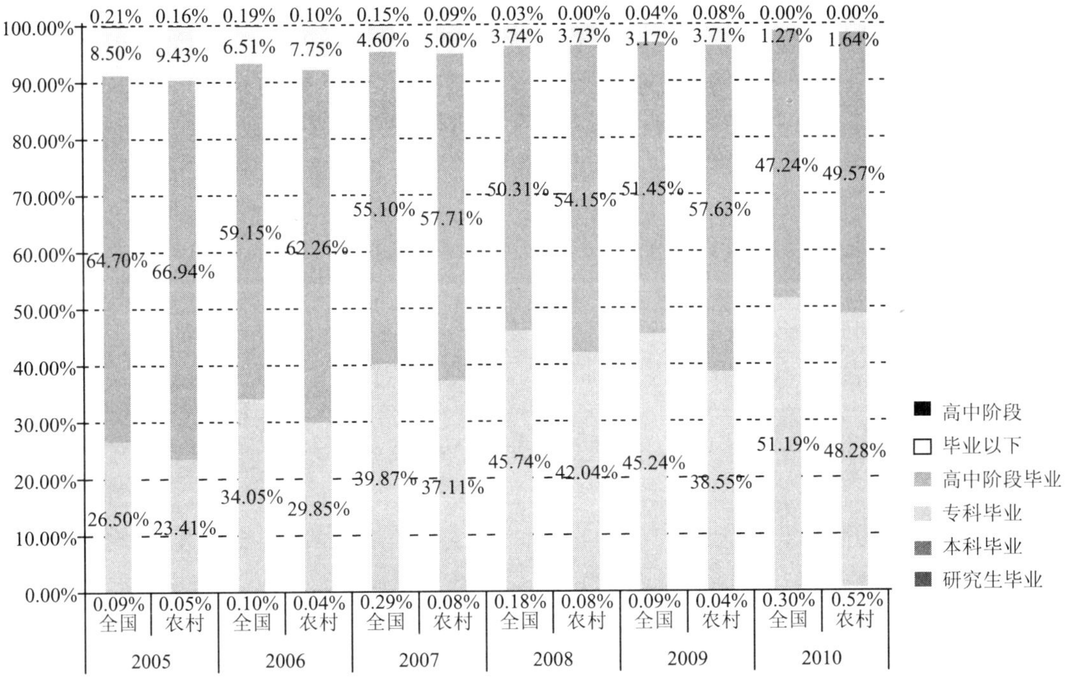

图 4.4　全国和农村职业初中专任教师学历结构比较

(二)农村职业教育招生、在学与就业情况

1. 高层级农村职业教育招生呈增长趋势

高中阶段和高等教育阶段职业教育招生状况趋强，而初中阶段农村职业教育招生状况趋弱。

各类高等学校农学科招生数虽然呈增长态势，但基本都低于全国平均增长水平。(1)全国高等学校总招生数持续增加，由2005年的7 865 877人上升至2010年的10 365 465人，增长了31.78%，其中农学科总招生数由2005年的137 004人上升至2010年的169 505人，增长了23.72%，增长率低于全国平均水平，且2010年仅占全国份额的1.64%。全国专科总招生数也不断增长，由2005年的4 346 428人上升至2010年的5 443 794人，增长了25.25%，其中农学科专科总招生数从2005年的79 077人上升至2010年的9 0727人，仅增长了14.73%，同样低于全国平均增长水平，2010年占全国份额的1.67%。(2)全国普通高等学校总招生数同样的增长迅猛，由2005年的5 044 581人上升至2010年的6 617 551人，增长了31.18%，其中农学科招生数从2005年的97 188人上升至2010年的118 451人，仅增长了21.88%，低于全国平均值水平，2010年占全国份额的1.79%。全国专科招生数从2005年的2 680 934人上升至2010年的3 104 988

人，增长了15.82%，其中农学科专科招生数从2005年的51 514人上升至2010年的56 129人，仅增长8.96%，也低于全国平均水平，2010年占全国份额的1.81%。(3)全国成人高等学校招生数也在增长，从2005年的1 930 250人上升至2010年的2 084 259人，增长了7.98%，其中农学科招生数从2005年的28 706人上升至2010年的30 520人，增长了6.32%，低于全国平均水平，2010年占全国份额的1.46%。全国成人专科招生数由2005年的1 183 054人上升至2010年的1 230 940人，增长了4.05%，其中农学科专科招生数呈下降趋势，由2005年的17 980人下降至2010年的17 605人，下降了2.09%，2010年仅占全国份额的1.43%。(4)全国网络高等学校招生数增长最为迅猛，由2005年的891 046人上升至2010年的1 663 655人，增加了86.71%，其中农学科招生数从2005年的11 110人上升至2010年的20 534人，增长了84.82%，2010年占全国份额的1.23%。全国网络专科招生数更快，由2005年的482 440人上升至2010年的1 107 866人，增长了129.64%，而农学科专科招生数虽然也在增长，由2005年的9 583人上升至2010年的16 993人，增长了77.32%，低出全国平均水平52.31个百分点，2010年占全国份额的1.53%(见表4.5)。

表4.5　各类高等教育中农学科招生情况　单位：人

高校	学历	类别	2005	2006	2007	2008	2009	2010
普通高校	本科	总体	2 363 647	2 530 854	2 820 971	2 970 601	3 261 081	3 512 563
		其中农学科	45 674	47 312	53 755	53 332	58 940	62 322
	专科	总体	2 680 934	2 929 676	2 838 223	3 106 011	3 133 851	3 104 988
		其中农学科	51 514	52 708	49 802	57 545	59 971	56 129
成人高校	本科	总体	747 196	777 677	820 858	831 362	815 795	853 319
		其中农学科	10 726	11 838	13 573	13 928	10 419	12 915
	专科	总体	1 183 054	1 066 754	1 090 274	1 194 190	1 198 981	1 230 940
		其中农学科	17 980	14 745	14 760	16 580	15 156	17 605
网络高校	本科	总体	408 606	509 530	497 993	535 914	551 287	555 789
		其中农学科	1 527	1 514	2 262	2 977	3 371	3 541
	专科	总体	482 440	622 986	736 392	936 280	1 074 400	1 107 866
		其中农学科	9 583	11 777	10 950	14 509	22 923	16 993
总计	本科	总体	3 519 449	3 818 061	4 139 822	4 337 877	4 628 163	4 921 671
		其中农学科	57 927	60 664	69 590	70 237	72 730	78 778
	专科	总体	4 346 428	4 619 416	4 664 889	5 236 481	5 407 232	5 443 794
		其中农学科	79 077	79 230	75 512	88 634	98 050	90 727

各类高中阶段职业教育的招生数呈逐年增长态势。(1)从全国看，中等职业学校(机构)(不含技工学校)招生总数持续增长，由2005年的5 372 922人上升至2010年的7 113 957人，增加幅度达32.40%，其中招收的初中毕业生数从2005年的5 090 379人上升至2010年的6 272 645人，增长幅度为23.23%，其中招收的应届初中毕业生数从2005年的4 922 138人上升至2010年的5 387 353人，增长幅度仅有9.45%，远远低于全国平均增幅。农林牧渔类招生数更是飞速增长，由2005年的210 063人上升至2010年的1 104 259人，增长了425.68%，其中招收的初中毕业生数从2005年的189 905人上升至2010年的870 615人，增长了358.49%，其中招收的应届初中毕业生数从2005年的175 762人上升至2010年的544 663人，增长了209.89%(见表4.6)。可见，无论是总体还是农林牧渔类，所招生的应届初中毕业生数都呈逐年增长的趋势。(2)全国技工学校招生数也不断增长，从2003年的916 363人上升至2009年的1 563 781人，增长了70.65%，其中农业户口学生从2003年的499 936人上升至2009年的1 186 474人，增幅达137.33%，从中可以看出国家推行的中等职业教育免费政策(涉农专业和农村生源)的积极效果。

表4.6　　中等职业学校(机构)(不含技工学校)招生情况

指标	年份	2005	2006	2007	2008	2009	2010
招生总数	总体	5 372 922	6 130 607	6 514 754	6 502 739	7 117 770	7 113 957
	其中农林牧渔类	210 063	246 437	246 993	290 230	749 386	1 104 259
招收初中毕业生数	总体	5 090 379	5 802 988	6 078 414	5 962 894	6 279 411	6 272 645
	其中农林牧渔类	189 905	224 826	229 376	241 146	561 274	870 615
招收应届初中毕业生数	总体	4 922 138	5 616 975	5 816 666	5 617 727	5 467 998	5 387 353
	其中农林牧渔类	175 762	209 825	198 020	190 857	317 822	544 663

职业初中招生数量呈现萎缩态势，由2005年的110 580人下降至2010年的10 885人，减少了90.16%，其中农村职业初中招生数量从2005年的76 575人下降至2010年的6 609人，减少了91.37%。农村职业初中招生数占职业初中招生总数的比例尽管2010年比2009年回升了2.86个百分点，但总体上是降低的，即从2005年的69.25%下降至2010年的60.72%。

2. 高层级农村职业教育在校生数快速增长

高中阶段农村职业教育在校生快速增长，高等学校农学科在校生稳步增长，初中阶段农村职业教育在校生急速下降。

各类高等学校农学科在校生数均呈增长态势，但增长速度都低于全国平均水平。(1)全国高等学校在校生数从2005年的22 631 151人上升至2010年的32 209 760人，增长了42.32%，其中农学科在校生数从2005年的410 256人上升至2010年的529 792人，仅增长了29.14%，增速低于全国平均水平13.19个百分点。全国专科在校生数从2005年的11 259 531人上升至2010年的15 662 768人，增长了39.11%，其中农学科专科在校生数从2005年的210 294人上升至2010年的262 815人，仅增长了24.98%，增速低于全国平均水平14.13个百分点。(2)普通高等学校在校生数从2005年的15 617 767人上升至2010年的22 317 929人，增幅达42.90%，其中农学科在校生数从2005年的308 107人上升至2010年的399 634人，增幅仅有29.71%，低于全国平均水平13.19个百分点。全国专科在校生数从2005年的7 129 579人上升至2010年的9 661 797人，增长了35.52%，其中农学科专科在校生数从2005年的133 324人上升至2010年的173 604人，增长了30.21%，低于全国平均水平5.3个百分点。(3)全国成人高等学校在校生数从2005年的4 360 705人上升至2010年的5 360 388人，增长了22.92%，其中农学科在校生数从2005年的69 523人上升至2010年的71 660人，仅增长了3.07%，低于全国平均水平19.85个百分点。全国专科在校生数从2005年的2 749 565人上升至2010年的3 109 931人，增幅为13.11%，其中农学科专科在校生数从2005年的47 026人下降至2010年的39 224人，下降了16.59%，两者幅差达29.69个百分点。(4)全国网络高等学校在校生数从2005年的2 652 679人上升至2010年的4 531 443人，增加了70.83%，其中农学科在校生数从2005年的32 626人上升至2010年的58 498人，增加了79.30%，增幅高于全国平均水平8.47个百分点。全国专科在校生数从2005年的138 0387人上升至2010年的2 891 040人，增长了109.44%，其中农学科专科在校生数从2005年的29 944人上升至2010年的49 987人，仅增长了66.93%(见表4.7)。

表4.7　　各类高等教育中农学科在校生情况　　单位：人

高校	学历	类别	2005	2006	2007	2008	2009	2010
普通高校	本科	总体	8 488 188	9 433 395	10 243 030	11 042 207	11 798 511	12 656 132
		其中农学科	174 783	188 067	197 269	204 809	213 986	226 030
	专科	总体	7 129 579	7 955 046	8 605 924	9 168 042	9 648 059	9 661 797
		其中农学科	133 324	143 539	153 701	162 018	171 409	173 604

续表

高校	学历	类别	2005	2006	2007	2008	2009	2010
成人高校	本科	总体	1 611 140	2 120 297	2 227 218	2 352 832	2 256 662	2 250 457
		其中农学科	22 497	31 113	35 711	39 857	34 516	32 436
	专科	总体	2 749 565	3 128 468	3 014 332	3 130 117	3 156 851	3 109 931
		其中农学科	47 026	50 800	41 959	42 766	38 416	39 224
网络高校	本科	总体	1 272 292	1 296 893	1 369 091	1 446 709	1 572 642	1 640 403
		其中农学科	2 682	2 834	4 290	5 652	7 472	8 511
	专科	总体	1 380 387	1 496 052	1 735 709	2 112 241	2 600 079	2 891 040
		其中农学科	29 944	24 821	28 187	34 336	48 695	49 987
总计	本科	总体	11 371 620	12 850 585	13 839 339	14 841 748	15 627 815	16 546 992
		其中农学科	199 962	222 014	237 270	250 318	255 974	266 977
	专科	总体	11 259 531	12 579 566	13 355 965	14 410 400	15 404 989	15 662 768
		其中农学科	210 294	219 160	223 847	239 120	258 520	262 815

农村高中阶段职业教育在校生快速增长。(1)全国中等职业学校(机构)(不含技工学校)在校生总数从 2005 年的 13 247 421 人上升至 2010 年的18 164 447人，增长了 37.12%，其中农林牧渔类在校生数从 2005 年的530 306人上升至 2010 年的 1 945 251 人，增长了 266.82%，增速极为迅猛，这同样得益于国家针对涉农专业和农村生源的中等职业教育免费政策。(2)全国技工学校在校生数从 2006 年的 3 208 150 人上升至 2009 年的4 142 578人，增长了 29.13%，其中农业户口学生从 2006 年的 1 925 786 人上升至 2009 年的 3 034 340 人，增长了 57.56%。

农村职业初中在校生数量呈快速萎缩态势。(1)全国职业初中在校生数量从 2005 年的 431 363 人下降至 2010 年的 34 173 人，减幅达 92.08%，其中农村职业初中在校生数量从 2005 年的 305 899 人下降至 2010 年的 20 468 人，减幅达 93.31%，高于全国平均水平。农村职业初中在校生数占职业初中在校生总数的比例由 2005 年的 70.91%下降至 2010 年的 59.90%。(2)全国职业技术培训机构注册学生数从 2005 年的 48 827 147 人上升至 2010 年的 49 250 045 人，仅增长 0.87%，农村成人文化技术培训学校(机构)注册学生数则呈下降趋势，由 2005 年的 37 293 423 人下降至 2010 年的 34 242 222 人，下降 8.18%，办学规模在逐步缩减(见图 4.5)。

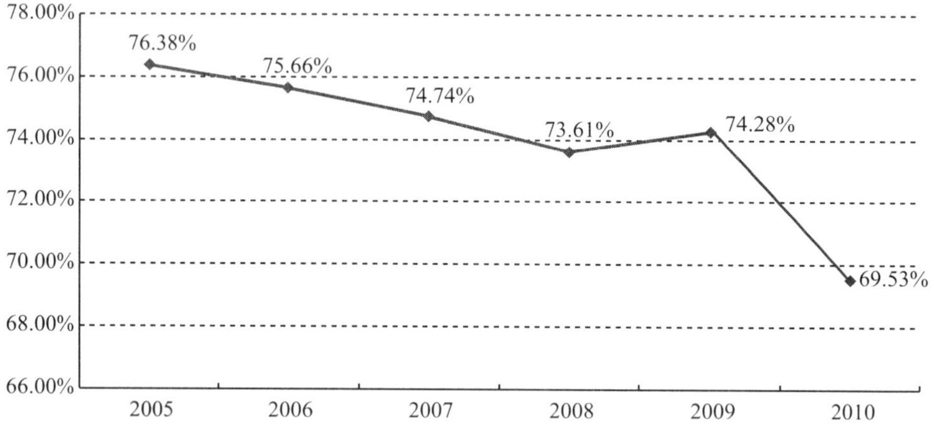

图 4.5 2005—2010 年农村成人文化技术培训机构注册学生数占职业技术培训机构注册学生数的比例

3. 高层级农村职业教育毕业生显著上升

农村职业教育毕业生总体上呈现学历教育弱于社会培训的状态。技工学校、就业训练中心、民办职业培训机构农村职业教育毕业生上升明显。

各类高等学校农学科毕业生数总体呈上升态势，但增长速度都低于全国平均水平。(1)全国高等学校毕业生数从 2005 年的 5 495 472 人上升至 2010 年的 8 832 647人，增长了 60.73%，其中农学科毕业生数从 2005 年的 104 779 人上升至 2010 年的 146 879 人，仅增长了 40.18%，低于全国平均水平 20.55 个百分点。全国专科毕业生数从 2005 年的 3 081 577 人上升至 2010 年的5 015 654人，增加了 62.76%，其中农学科专科毕业生数从 2005 年的 63 004 人上升至 2010 年的81 968人，增幅为 30.10%，低于全国平均水平 32.66 个百分点。(2)全国普通高等学校毕业生数从 2005 年的 3 067 956 人上升至 2010 年的5 754 245人，增幅达 87.56%，其中农学科毕业生数从 2005 年的 69 531 人上升至 2010 年的 102 477 人，增幅为 47.38%，低于全国平均水平。全国普通高校专科毕业生数从 2005 年的 1 602 170 人上升至 2010 年的 3 163 710 人，增长了 97.46%，其中农学科专科毕业生数从 2005 年的 34 112 人上升至 2010 年的54 035人，仅增长 68.40%。(3)全国成人高等学校毕业生数从 2005 年的 1 667 889 人上升至 2010 年的 1 972 873 人，增长了 18.29%，其中农学科毕业生数从 2005 年的 24 141 人上升至 2010 年的 29 683 人，增长了 22.96%，高于全国平均水平。全国专科毕业生数从 2005 年的 1 112 090 人上升至 2010 年的1 168 958人，增长了 5.11%，其中农学科专科毕业生数从 2005 年的 18 992 人下降至 2010 年的 15 188 人，减少了

20.03%。(4)全国网络高等学校毕业生数从2005年的759 627人上升至2010年的1 105 529人，增长了45.54%，其中农学科毕业生数从2005年的11 107人上升至2010年的14 719人，上升了32.52%，低于全国平均水平。全国专科毕业生数从2005年的367 317人上升至2010年的682 986人，上升了85.94%，其中农学科专科毕业生数从2005年的9 900人上升至2010年的12 745人，上升了28.74%，远低于全国平均水平(见表4.8)。

表4.8 各类高等教育中农学科毕业生情况 单位：人

高校	学历	类别	2005	2006	2007	2008	2009	2010
普通高校	本科	总体	1 465 786	1 726 674	1 995 944	2 256 783	2 455 359	2 590 535
		其中农学科	35 419	36 740	43 270	45 649	46 847	48 442
	专科	总体	1 602 170	2 048 034	2 481 963	2 862 715	2 855 664	3 163 710
		其中农学科	34 112	40 437	45 060	52 091	50 545	54 035
成人高校	本科	总体	555 799	218 303	674 890	684 506	865 421	803 915
		其中农学科	5 149	1 105	8 358	9 100	14 506	14 495
	专科	总体	1 112 090	596 860	1 089 510	1 006 438	1 078 472	1 168 958
		其中农学科	18 992	5 986	22 401	15 318	15 650	15 188
网络高校	本科	总体	392 310	436 707	377 161	403 824	405 549	422 543
		其中农学科	1 207	1 103	707	1 228	1 542	1 974
	专科	总体	367 317	448 410	451 064	497 698	577 972	682 986
		其中农学科	9 900	11 069	6 362	9 104	8 224	12 745
总计	本科	总体	2 413 895	2 381 684	3 047 995	3 345 113	3 726 329	3 816 993
		其中农学科	41 775	38 948	52 335	55 977	62 895	64 911
	专科	总体	3 081 577	3 093 304	4 022 537	4 366 851	4 512 108	5 015 654
		其中农学科	63 004	57 492	73 823	76 513	74 419	81 968

高中阶段职业教育农林牧渔类毕业生总量增长，技工类发展迅猛。(1)中等职业学校(机构)(不含技工学校)毕业生总数从2005年的3 491 921人上升至2010年的5 436 524人，增长了55.68%，其中获得职业资格证书毕业生数从2005年的1 864 778人上升至2010年的3 420 318人，增长了83.42%。中等农林牧渔类毕业生数从2005年的173 862人上升至2010年的254 803人，增长了46.55%，其中获得职业资格证书毕业生数从2005年的89 301人上升至2010年的124 565人，增加了39.49%。但中等农林牧渔类毕业生数占其毕业生总数的比例却呈现出降低的趋势，

2010年比例较2005年比例降低0.29%，但从2008年开始该指标已经有企稳回升的态势。中等农林牧渔类获得职业资格证书毕业生数占农林牧渔类毕业生总数的比例也呈现出降低趋势，可见中等农林牧渔类在学生培养质量上不容乐观。(2)技工学校培训社会人员结业人数从2005年的2 701 429人上升至2009年的3 829 483人，增长了41.76%，其中农村劳动者人数从2005年的481 611人上升至2009年的1 323 319人，增加了174.77%，经技工学校培训结业农村劳动者占结业人员总数的百分比不断提高，从2005年到2009年几近翻倍，可见农村劳动者正逐步发展为技工学校培训工作的重要对象(见图4.6)。

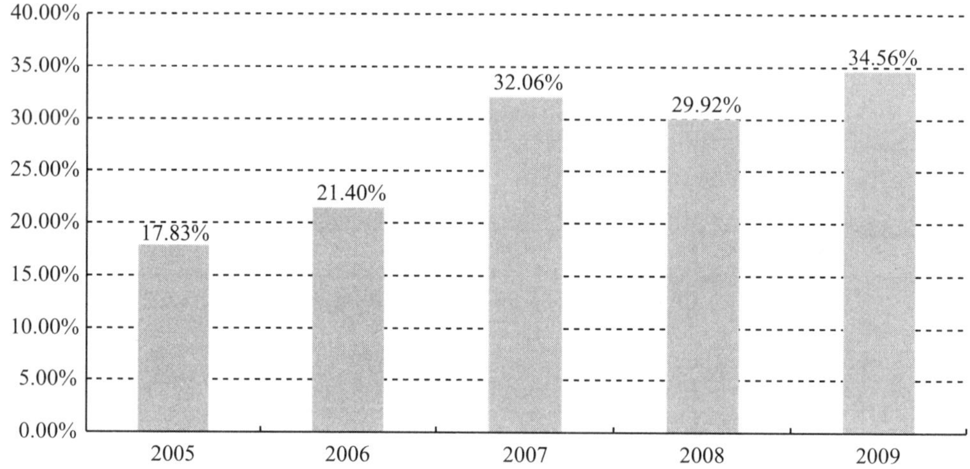

图4.6　经技工学校培训结业农村劳动者占结业人员总数的百分比

农村职业初中毕业生数量呈现萎缩态势。(1)全国职业初中毕业生数量从2005年的169 132人下降至2010年的17 794人，减少了89.48%，其中农村职业初中毕业生数量从2005年的116 229人下降至2010年的9 312人，减少了91.99%，高于全国平均水平2.51个百分点；农村职业初中毕业生数占职业初中毕业生数的比例总体上是降低的，从2005年的68.72%下降至2010年的52.33%。(2)职业技术培训机构结业学生数从2005年的59 341 880人下降至2010年的52 522 921人，减少了11.49%，其中农村成人文化技术培训学校(机构)结业学生数从2005年的47 931 805人下降至2010年的38 130 624人，减少了20.49%，远远高于全国平均水平。随着农村成人文化技术培训学校(机构)的办学规模的逐步缩减，其结业学生数占职业技术培训机构结业学生数的比例也从2005年的80.77%下降至2010年的72.60%。(3)经就业训练中心训练结业人员数从2005年的7 971 643人下降至2009年的7 710 226人，减少了3.28%，其中农村劳动者数从2005年的2 626 633人上升至 2009 年的 3 645 721 人，上升了 38.80%，经就业训练中心训练结业农村劳动者占结业人员总数的百分比从 2005 年至 2009 年上升 14.33%，农村劳动者在就业训练规模中的比重稳步提升(见图 4.7)。(4)全国经民办职业培训机构培训结业人数从 2005 年的 8 931 684 人上升至 2009 年的9 765 334人，增长了 9.33%，其中农村劳动者人数从 2005 年的 3 723 628 人上升至 2009 年的 4 767 814 人，增长了 28.04%，高于全国平均水平。经民办职业培训机构培训结业农村劳动者占结业人员总数的百分比不断提高，从 2006 年的 41.69%上升至 2009 年的 48.82%，农村劳动者在职业培训规模中的比重稳步提升。

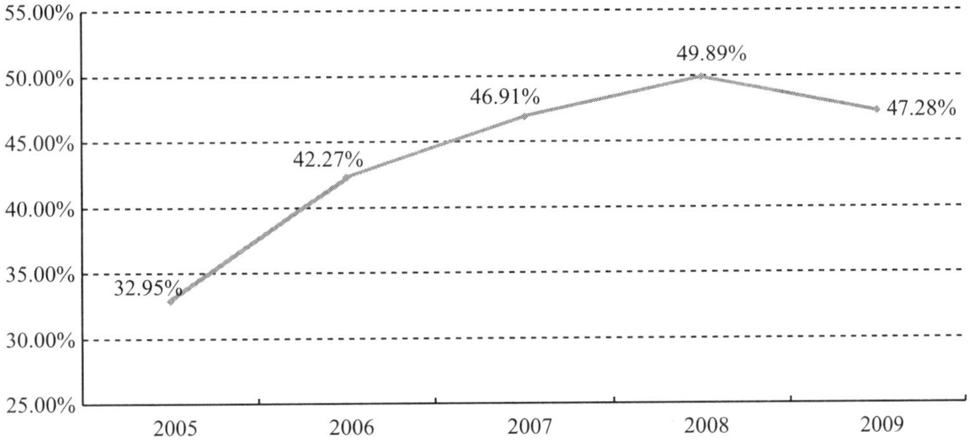

图 4.7　2005—2009 年经就业训练中心训练结业农村劳动者占结业人员总数的百分比

4. 农村职业教育就业稳步提升

全国经民办职业培训机构培训结业后就业人数从 2005 年的 5 577 680 人上升至 2009 年的 7 820 818 人，增长了 40.22%，其中农村劳动者从 2005 年的 1 868 023 人上升至 2009 年的 4 047 536 人，增长了 116.67%，远远高于全国平均水平。经民办职业培训机构培训结业后就业的农村劳动者占就业人员总数的百分比不断提高，从 2005 年的 33.49%上升至 2009 年的 51.75%，农村劳动者职业培训的质量稳步提升(见图 4.8)。经民办职业培训机构培训结业农村劳动者就业率始终高于同类总体就业率，说明农村劳动者职业培训的质量高于民办职业培训机构培训质量的整体水平。

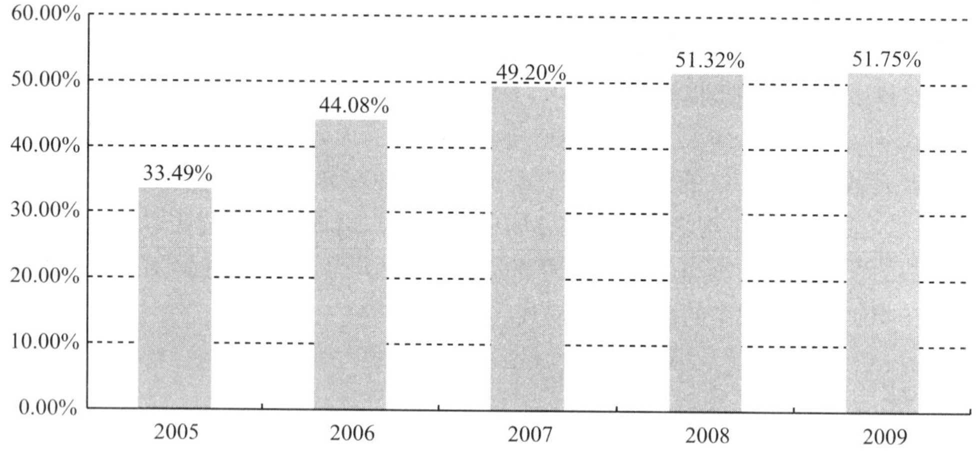

图4.8 2005—2009年经民办职业培训机构培训结业后就业的农村劳动者占就业人员总数的百分比

三、农村职业教育政策走向

(一)农村职业教育政策总览

农村职业教育是我国职业教育的重要组成部分，肩负着为国家培养农村实用人才，培养有文化、懂技术、会经营的新型农民的重任。国家一直高度重视发展农村职业教育，出台了一系列政策，引导农村职业教育良性发展。这些有关农村职业教育的政策决定着农村职业教育在整个现行教育体系，特别是城乡职业教育发展体系当中的地位；规范着农村职业教育的结构、形式、办学规模、管理体制，直至课程、教学及其培训方法等各个层面；推动着农村职业教育的进一步发展。

1. 国家层面的政策推动

2005年10月28日，国务院颁布《国务院关于大力发展职业教育的决定》，强调职业教育要为社会主义新农村服务。同年11月7日，国务院在北京召开第六次全国职业教育工作会议，温家宝作了题为《大力发展中国特色的职业教育》的重要讲话。在这次会议上，农村职业教育的战略地位被提到空前的高度。会议明确提出，大力发展职业教育是解决“三农”问题的重要途径，并确定了未来5年大力发展职业教育所要实施的“四项工程”，农村劳动力转移培训工程和农村实用人才培训工程位列其中。培养社会主义新时期的新型实用农村劳动者成为我国发展农村职业教育的主要目标。

2006年，《中华人民共和国国民经济和社会发展第十一个五年规划纲要》颁发、中共中央十六届六中全会通过《中共中央关于构建社会主义和谐社会若干重大问题的决定》，奠定了中国社会改革和发展的方向。《国家教育事业发展"十一五"规划纲要》提出"促进教育公平，公共教育资源要向农村、中西部地区、贫困地区、民族地区以及薄弱学校、贫困家庭学生倾斜。各级政府要增加职业教育投入，重点支持面向农村学生的中等职业学校"。同年，国家提出建立并完善中等职业学校家庭经济困难学生资助体系，资助的主要对象就是农村户籍学生。其后，面向农村职业教育的资助政策得到进一步深入实施。

2007年，《中共中央办公厅国务院办公厅关于加强农村实用人才队伍建设和农村人力资源开发的意见》指出，加大对高等学校和中等职业学校农林类专业学生的助学力度，有条件的地方可以减免种植、养殖专业学生的学费。2008年和2009年的两次"中央1号"文件——《中共中央国务院关于切实加强农业基础建设，进一步促进农业发展农民增收的若干意见》、《中共中央国务院关于2009年促进农业稳定发展农民持续增收的若干意见》都对实施农村中等职业教育免费提出了要求。

2010年，中共中央、国务院召开新世纪以来的第一次全国教育工作会议，并颁布《教育规划纲要》，提出的5项职业教育发展任务之一就是"加快发展面向农村的职业教育"，并明确了六项重点工作：一是加强"三教"统筹，促进农科教结合。二是强化省、市(地)级政府发展农村职业教育的责任，扩大农村职业教育培训覆盖面，根据需要办好县级职教中心。三是强化职业教育资源的统筹协调和综合利用，推进城乡、区域合作，增强服务"三农"能力。四是加强涉农专业建设，加大培养适应农业和农村发展需要的专业人才力度。五是支持各级各类学校积极参与培养有文化、懂技术、会经营的新型农民，开展进城务工人员、农村劳动力转移培训。六是逐步实施农村新成长劳动力免费劳动预备制培训。这次会议的召开与《教育规划纲要》的颁布拉开了我国农村职业教育大发展的新序幕。

2011年是贯彻落实《教育规划纲要》的第一年。农村职业教育在这一年中得到大力推动。

年初，教育部发出的《教育部关于印发〈中等职业教育改革创新行动计划(2010—2012年)〉的通知》提出，坚持学历教育与职业培训并举，大力发展农村和农业职业教育，培养新型农民和农村实用人才，为建设社会主义新农村，实现农业现代化，促进农民增收、改善民生，促进县域经济发展服务。

8月28日，中共中央政治局常委、国务院总理温家宝在河北张北县为广大农村教师作题为《一定要把农村教育办得更好》的报告时强调指出大力发展农村职业教育要做好五件事。

11月6～7日，教育部等9部门在陕西西安联合召开加快发展面向农村的职业教育工作会议。会前，9部门联合印发了《教育部等九部门关于加快发展面向农村的职业教育的意见》。文件指出，要加快发展农村职业教育，服务社会主义新农村建设；加强农业职业学校和涉农专业建设，提升支撑现代农业发展能力；坚持三教统筹、农科教结合，努力培育新型农民；加强师资队伍建设，加大经费投入，建立稳定、长效的保障机制等。

2. 地方层面的政策推动

从地方来看，2011年各地积极贯彻国家教育规划纲要精神，在各地教育规划纲要中普遍加入了发展农村职业教育的内容，并根据区域实际设计了发展任务。

(1)地方规划中的农村职业教育政策。根据对全国各地制定的地方教育规划纲要统计发现，全国31个省区市中有19个在地方教育规划纲要职业教育专章中明确提出发展“面向农村”或“农村地区”职业教育，占地方教育规划纲要总数的61%(见表4.9)。其中，吉林等15省区市更是将这一工作作为当地职业教育未来10年的主要发展任务来加以设计，占地方教育规划纲要总数的48%。天津、江苏、江西、重庆4省市将发展农村职业教育作为“加强职业教育基础能力建设”或“提升职业教育发展能力”等发展任务的一项重要内容来抓。另外，海南、贵州、青海、宁夏、西藏、浙江、湖南、广西8省区虽然未在当地教育规划纲要中直接提出发展农村职业教育的内容，但是也通过“加强县级职业教育中心建设”“加快新型农民培训”等方式体现了对农村职业教育工作的重视。例如，《中共海南省委海南省人民政府关于贯彻落实〈国家中长期教育改革和发展规划纲要(2010—2020年)〉的实施意见》中提出“办好县级职教中心，发挥职教中心在人力资源开发、劳动力转移培训、技术培训推广、智力扶贫等方面的功能”；《青海省中长期教育改革和发展规划纲要(2010—2020年)》提出“支持职业学校积极参与培养有文化、懂技术、会经营的新型农牧民，开展进城务工人员、农牧区劳动力转移培训”；《宁夏中长期教育改革和发展规划纲要(2010—2020年)》则提出“加强普通教育、职业教育、成人教育‘三教’统筹，促进农科教结合。加强涉农专业建设，提高职业教育对现代农业的支持力度。加强职业教育评估体系建设，开展职业教育示范县创建活动”等。北京、上海、山东、广东4省市则是在当地教育规划纲要中将这项工作作为“继续教育”的一项重要工作内容来进行规划。

表 4.9　各省教育规划纲要中有关农村职业教育的内容

序号	省份	农职教内容
1	吉林	加快发展面向农村的职业教育。构建城乡一体，基础教育、职业教育、成人教育统筹，农科教结合、县乡全覆盖的教育培训网络。培养适应现代农业发展和新农村建设需要的有文化、懂技术、会经营的新型农民。科学规划和支持县级职教中心建设。全面落实国家有关农村职业教育和农村学生的保障支持政策，逐步实施农村新成长劳动力免费劳动预备制培训，积极推进农村劳动者免费参加职业教育培训。鼓励和引导各类优质教育培训资源向农村流动。建立城市支持农村职业教育的服务体系，大力推动城市职业学校与农村职业学校联合办学。
2	辽宁	加快发展面向农村的职业教育。加强基础教育、职业教育和成人教育统筹。强化市级政府发展农村职业教育的责任，提高县级职教中心服务能力和水平。健全农村职业教育培训网络。强化各类职业教育资源的统筹协调和综合利用，推进城乡、区域合作，增强服务“三农”能力。加强涉农专业建设，培养适应农业和农村发展需要的专业人才。支持职业学校积极参与培养有文化、懂技术、会经营的新型农民，开展进城务工人员、农村劳动力转移培训。对农村未升学的初高中毕业生实施免费劳动预备制培训。
3	黑龙江	加快发展面向农村的职业教育。统筹农村职业教育资源，完善以县级职业教育学校为龙头，以乡(镇)、村成人文化技术学校或综合中学为基础的农村职业教育网络体系，充分发挥其在新农村建设特别是提高农民素质中的作用，大力开展新型农民创业培训和农村劳动力转移培训。围绕松嫩、三江两大平原农业综合开发试验区建设和千亿斤粮食产能工程，依托相关企业和中、高等职业院校，组建农业类职教集团，系统设计、统筹推进农业人才培养，推广农业先进技术，增强服务现代农业发展的能力和水平。加强涉农专业建设，建立农业类高等学校与中等职业学校对口帮扶机制。创建以县级职教中心为重点的国家中等职业教育优质特色学校、农村职业教育和成人教育示范县。
4	内蒙古	发展农村牧区职业教育。大力推进农村牧区基础教育、职业教育和成人教育“三教统筹”，促进农科教结合。以服务新农村、新牧区建设和现代农牧业发展为目标，鼓励办好旗县级职教中心，加强涉农专业建设，加大培养适应农牧业和农村牧区发展需要的专业人才力度。努力扩大农村牧区职业教育和农牧林专业招生规模，培养有文化、懂技术、会经营的新型农牧民。逐步实施农村牧区新增劳动力免费劳动预备制培训。广泛开展新型农牧民和农牧民工培训。

续表

序号	省份	农职教内容
5	天津	重视加强面向农村的职业教育基础能力现代化建设。统筹职业教育和成人教育，促进农科教结合，扩大农村职业教育培训覆盖面，办好县级职教中心，使其达到市级示范性中职标准。加强涉农专业建设，加大培养适应现代农业和新农村发展需要的专业人才力度。支持各级各类学校积极参与培养有文化、懂技术、会经营的新型农民，开展外来务工人员、农村劳动力转移培训。实施农村新成长劳动力免费劳动预备制培训。
6	河北	加快发展面向农村的职业教育。统筹城乡教育资源，开展区域教育合作，广泛面向农村地区开展职业教育。统筹农村教育内部资源，在优化资源配置和综合利用的基础上，健全县域职业教育与培训网络，重点加强县级职教中心建设。强化涉农专业建设，大力发展现代农业职业教育。完善涉农专业设置，加大专业建设力度，努力扩大农林类专业招生规模，加大培养农业类专业技术人才力度，促进农业发展方式转变。以深入实施"新农村建设双带头人培养工程"为切入点，扎实推进农村职业教育办学模式改革。紧密结合新农村建设和新型农民培养，创新农村职教培养模式，改革教学方式，为农村培养改革发展带头人和科技致富带头人。积极开展新型农民培养、进城务工人员和农村劳动力转移培训工作，满足广大农民接受职业教育与培训的需求，普遍提高农村劳动者素质。
7	山西	加快发展面向农村的职业教育。把加强职业教育作为服务现代农业和新农村建设的重要内容。加强基础教育、职业教育和成人教育三教统筹，促进农科教结合。办好县级职教中心，加强农业类职业院校和涉农专业建设。改革农业类职业院校办学模式和人才培养模式，采取灵活的学制和教学方式"送教下乡"，为农民提供多样化的职业教育与培训服务。支持各级各类学校积极参与新型农民、进城务工农民和农村劳动力转移培训。
8	江苏	重视发展面向农村的职业教育，围绕现代农业发展和新农村建设需要，加强涉农专业建设，扩大农村职业教育培训覆盖面。
9	安徽	加快发展面向农村的职业教育。把加强职业教育作为服务社会主义新农村建设的重要内容。加强基础教育、职业教育和成人教育统筹，促进农科教结合，增强服务"三农"能力。办好县级职教中心、乡镇成人文化技术学校，健全县域职业培训网络。支持学校开设更多农业技术、农业经济等方面的职业教育专业或培训项目，广泛开展新型农民培训和农村劳动力转移培训。加强涉农专业建设，加大培养适应农业和农村发展需要的专业人才力度。建立高等院校与县级职教中心对口帮扶机制。

续表

序号	省份	农职教内容
10	江西	加快发展面向农村的职业教育，统筹基础教育、职业教育和成人教育，促进农科教结合。
11	福建	加强农村和农业职业教育。强化县级政府对农村职业教育的统筹，办好县级职教中心，推进标准化建设，提升服务新农村建设及县域经济社会发展的能力。创建农村职业教育和成人教育示范县。密切教育、农业、林业、海洋与渔业、水利等部门的合作，加强农林类职业院校和涉农专业建设，充分发挥农林类职教集团的作用，提升农业和农村实用人才培养质量。到2012年，争取国家重点支持的涉农专业(点)达到30个。
12	河南	加快发展面向农村的职业教育。围绕现代农业、县域经济发展、农村劳动力转移，重点加快发展面向农村的中等职业教育。鼓励城乡合作与区域合作，提升农村和贫困地区职业教育发展水平。把农村职业教育改革发展纳入农村综合改革内容。加强基础教育、职业教育和成人教育的统筹，促进农科教结合。加强县级职教中心建设，强化各类职业教育资源的统筹协调和综合利用，健全县域职业教育网络。加强涉农专业建设，加大培养适应农业和农村发展需要的专业人才力度。支持各级各类学校积极参与培养有文化、懂技术、会经营的新型农民。建立长效机制，加快实施农村实用人才培训、创业培训和农村劳动力转移培训。逐步实施农村新成长劳动力免费劳动预备制培训。
13	湖北	大力发展面向农村的职业教育。把服务新农村建设和发展现代农业作为职业教育的重要内容，建立面向农村的多层次职业教育网络体系。统筹县域内各类培训资源和项目，开展农村劳动力转移培训、下岗职工再就业培训、农村实用技术培训。加强涉农院校和专业建设，扩大涉农专业招生规模，培养更多适应农业和农村发展需要的专业人才。推进农科教结合，促进专业建设和“农村科技示范园”对接，加快培养新型农民。加强农业类职教师资基地建设。逐步实施农村新成长劳动力免费劳动预备制培训，2015年前建成100所劳动预备制培训示范学校。建立示范性职业院校对口帮扶地方或民办职业院校制度。推进农村中等职业学校办学模式改革。围绕国家和省重大项目开展移民职业教育与技能培训，促进移民及其子女转移就业。
14	重庆	统筹配置职业教育资源，健全职业教育与培训网络，加快发展面向“三农”的职业教育。

续表

序号	省份	农职教内容
15	四川	加快发展面向农村的职业教育。围绕现代农业发展和社会主义新农村建设，加快发展面向农村的职业教育，大力培养培训新型农民，多渠道促进农民致富。根据需要办好县级职教中心，以此为依托健全县域职业教育培训网络，积极开展农村实用技术培训和劳动力转移培训。推进城乡、区域合作，增强服务“三农”能力。加强涉农专业建设，加大培养适应农业和农村发展需要的人才。探索优质职业学校对农村薄弱职业学校托管、帮扶的多种办学模式。
16	云南	加速发展边境和农村地区职业教育。合理布局职业教育学校，分区域发展不同层次、不同类别的职业院校。统筹农村教育资源，继续完善县、乡(镇)、村三级农民职业教育培训网络建设和管理，扩大农村职业教育培训覆盖面，支持职业学校积极参与农村劳动力转移培训和农村实用人才培训。加强涉农专业建设，创建以县级职教中心为重点的中等职业教育优质特色学校，建设好25个边境县级地区职业学校(职教中心)，吸纳当地生源接受职业教育，拓宽职业教育继续学习通道。
17	陕西	加快发展面向农村的职业教育。以服务“三农”为宗旨，加强县级职业教育中心和涉农专业建设，扩大城乡、区域合作，增强中等职业教育服务现代农业发展、新农村建设和农民技能培训的能力。依托杨凌农业高新技术产业示范区和现代农业职业教育集团，建设集人才培养、技术推广、开发经营于一体的现代农业职业教育改革发展试验区。以县级职教中心为龙头，以县级农民科技教育培训中心、乡村成人文化技术学校、农村中小学校及其他培训机构为基础，健全覆盖县、乡、村的职业教育培训网络。深入实施“人人技能工程”、“一网两工程”、“农村劳动力转移培训阳光工程”，大力开展新型农民、农村实用人才和进城务工人员培训。到2015年，创建30个农村职业教育和成人教育示范县，重点办好50个综合性多功能的县级职业教育中心。
18	甘肃	加快发展面向农村的职业教育。把加强职业教育作为服务社会主义新农村建设的重要内容。加强基础教育、职业教育和成人教育统筹，促进农科教结合。强化各级政府发展农村职业教育的责任，加大农村职业教育培训投入，依托职业学校办好县级职教中心。强化职业教育资源的统筹协调和综合利用，增强服务“三农”能力。加强涉农专业建设，大力培养适应农业和农村发展需要的专业人才。支持职业学校积极参与培养有文化、懂技术、会经营的新型农民，开展进城务工人员、农村劳动力转移培训。依托中小学布局结构调整后富余的教育资源，建设一批“农村培训学习中心”。逐步实施农村新成长劳动力免费劳动预备制培训。

续表

序号	省份	农职教内容
19	新疆	加快农牧区职业教育发展。发展农牧区职业教育是社会主义新农村建设的重要内容。加强县级职业学校和农牧民文化技术学校建设，健全县域职业教育培训网络。广泛开展面向“三农”的实用技术培训和劳动力转移培训，支持各级各类学校积极参与培养有文化、懂技术、会经营的新型农牧民。开展城乡之间、南北疆之间、区内和区外合作办学、联合招生，鼓励更多农牧区青少年接受职业教育。加强基础教育、职业教育和成人教育统筹，促进农科教结合。支持有条件的乡镇中学开办职业教育特色班。进一步办好涉农专业，服务社会主义新农村建设。

(2)地方规划中“面向农村的职业教育”文本分析

①关于发展主题的表述。有 11 个省教育规划纲要与国家教育规划纲要相对应地提出“加快发展面向农村的职业教育”，占 57.9%；重庆、福建、云南提出“加快发展面向‘三农’的职业教育”“加强农村和农业职业教育”“加速发展边境和农村地区职业教育”，在“面向”范围上有所不同；湖北、江苏分别提出“大力发展面向农村的职业教育”“重视发展面向农村的职业教育”，在发展强度上存在区别；内蒙古、新疆分别提出“发展农村牧区职业教育”“加快农牧区职业教育发展”，带有明显的地方特色；天津提出“重视加强面向农村的职业教育基础能力现代化建设”，发展的指向十分具体。

②关于发展重点任务的表述。对于如何推动发展面向农村的职业教育，19 个省在各自教育规划纲要中都进行了设计。文本分析发现，各省对于推动发展面向农村的职业教育所提出的重点任务排在前五位的分别是：涉农专业建设，共有 16 个省；县级职教中心建设，共有 14 个省；新型农民培养培训，共有 13 个省；教育培训网络构建，共有 12 个省；免费保障支持政策执行，共有 7 个省(见图 4.9)。其中专业建设、县级职教中心建设和培训网络构建属于农村职业教育基础能力建设范畴。可见，各地将发展面向农村的职业教育的重点工作放在基础能力建设、新型农民技能培训和农村职业教育免费政策的执行三个方面。

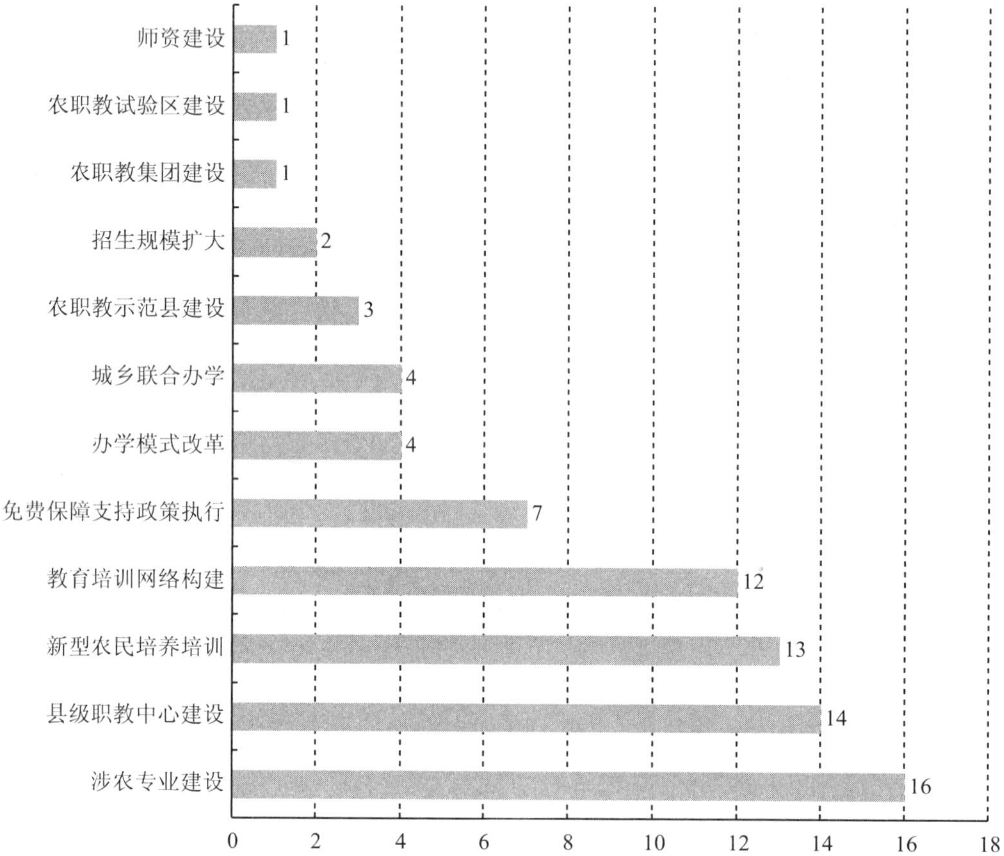

图 4.9 19 省教育规划纲要有关发展面向农村职业教育主要发展任务的频数分布

(二)农村职业教育政策着力点分析

自 2005 年以来，国家和地方发展农村职业教育的政策着力点主要集中在三个方面：一是提高基础能力；二是健全资助体系；三是加强农民技能培训。

1. 提高基础能力

2005 年全国职业教育工作会决定，“十一五”期间中央财政投入 100 亿元实施“职业教育基础能力建设计划”。截至 2008 年年底，中央财政共投入 84 亿元，重点建设了 1 270 个实训基地(含高职)、2 158 个县级职教中心和示范性中等职业学校，其中支持了 1 000 多所县级职教中心建设。[①] 各地也采取多种措施，切实加大了对农村中等职业教育的投入，使农村中等职业学校的办学条件明显改

① 张昭文：《加快发展农村职业教育的研究报告》，《中国职业技术教育》2011 年第 9 期，第 68－73 页。

善，基础能力不断提高。

2007 年，福建省发展改革委、教育厅、劳动保障厅联合下发《关于加快推进县级职教中心建设的指导意见》，要求各县(市)政府以一所条件较好的中等职业学校为主体，整合优化职业教育资源，建立多渠道投入机制，建设集学历教育和非学历培训为一体的多功能县级职教中心。至 2010 年，全省 58 个县(市)全部成立了县级职教中心。2011 年，福建省教育厅、发展改革委、财政厅、人力资源和社会保障厅联合印发《关于推进县级职教中心标准化建设工作的通知》，部署县级职教中心标准化建设工作，使县级职教中心主体学校达到国家规定的基本设置标准。目前已有 28 个县级职教中心通过标准化评估验收，占县级职教中心总数的 48%。

2007～2010 年，海南省本级财政投入职教中心 4 亿多元，完成全省 16 个县级职教中心 8 万平方米的基础设施建设及重点专业建设；各县市还在土地使用、校园改造、人员编制等多方面全力扶持和支持职教中心发展。省政府还先后出台《海南省县级职业教育中心(职业学校)建设基本标准(试行)》和《海南省县级职业教育中心(职业学校)管理暂行办法》等相关文件，明确建设主体和各级目标责任等。

2009 年，安徽省政府出台《安徽省政府职业教育大省建设规划(2008—2012 年)》，省政府办公厅转发了省农委、省教育厅《关于加快发展农业职业教育意见的通知》，紧扣"861"重点产业结构和项目布局，结合支柱产业发展需要，推进当地农村职业教育资源整合和布局调整。按每 20 万人口设置 1 所普通高中和 1 所中等职业学校的原则调整布局，对所辖职业院校进行整合、重组。

2. 健全资助体系

2006 年，中央财政安排 8 亿元资助 80 万家庭经济困难的中等职业学校学生。2007 年，《国务院关于建立健全普通本科高校、高等职业学校和中等职业学校家庭经济困难学生资助政策体系的意见》，进一步确立和完善了中等职业学校学生资助政策体系。2008 年，《中共中央关于推进农村改革发展若干重大问题的决定》要求："加快普及农村高中阶段教育，重点加快发展农村中等职业教育并逐步实行免费。"同年 12 月，《中共中央国务院关于 2009 年促进农业稳定发展农民持续增收的若干意见》要求："加快发展农村中等职业教育，2009 年起对中等职业学校农村家庭经济困难学生和涉农专业学生实行免费。国家新增助学金要向农村生源学生倾斜。"

为促进教育公平、改善民生，推动中等职业教育的改革和发展，近几年来地方政府大力实施了职业教育资助政策。许多地方还对中等职业学校家庭经济困难学生或涉农专业学生实行了免费。

2011年，青海省政府出台《三江源地区“1＋9＋3”教育经费保障补偿机制实施办法》和《三江源地区异地办学奖补机制实施办法》，将农牧区未能升入普通高中学生全部纳入中等职业学校接受免费教育的范畴。从2011年秋季学期起，对藏区接受完9年义务教育的学生继续接受3年免费中职教育。在藏区本地中等职业学校就读的学生每年补助公用经费2 700元，补助生活费1 500元；在异地就读的藏区学生每年补助公用经费3 300元，补助生活费3 200元，由省财政承担。

2011年，山西省政府印发《关于进一步加快推进全省农村公共事业新“五个全覆盖”工程的意见》，将中等职业教育免学费全覆盖列为“五个全覆盖”工程的重要内容。从2011年秋季学期起，山西省职业高中、职业中专学校全日制学历教育1～3年级学生不再收取学费，实现免学费入学；从2012年秋季学期起，免学费还将扩大到普通中专、技工学校和成人中专普通班，全省中等职业学校全日制学历教育1～3年学生全部免学费入学。

3. 加强农民技能培训

2005年3月27日，教育部印发《关于实施农村实用技术培训计划的意见》，提出：“2005—2007年，要在现有培训规模的基础上，努力扩大培训规模。全国农村实用技术培训人数逐年增长1 500万人以上，农民培训率逐年增长5个百分点以上，争取到2007年农村劳动力实用技术培训人数达到1亿人次，农村劳动力年培训率达到35％以上，每个农户有一个劳动力通过培训掌握1～2项实用技术，农民家庭人均收入有明显提高，促进贫困农户摆脱贫困。”

各地积极响应国家政策，在推动农村成人教育工作方面也采取了更有针对性的行动。

2008年，浙江省政府下发《关于开展成人双证制教育培训工作的通知》，深化和完善该省农民素质培训、企业职工岗位技能培训、农民工培训、城镇就业和再就业培训等各类技能培训。在教学环节上，实施学分制管理，设立“学分银行”，建立培训档案，坚持面授与自学相结合。在文化考核和学历认证环节，农村成年居民参加成人“双证制”教育培训，文化考核合格、累计学分达到规定要求，经教育行政部门审核合格颁发成人初中或成人职业高中毕业证书，形成了一套灵活、便捷、符合成人实际的学习方法和管理方法。

2009年，河北省以邢台农业学校为试点，开展“送教下乡”、实施“新农村建设双带头人培养工程”，随后在全省全面推开。同年7月，河北省教育厅会同省委组织部、省委农村工作办公室联合下发《关于推进“送教下乡”，加快培养农村实用人才的意见》，研究制定《河北省“新农村建设双带头人培养工程”实施方案》等一系列政策措施，制发“双带工程”教学大纲、教学计划及实习实训规程等近20个教学管理文件。河北省“双带工程”在全日制学历教育的规范之下，按照“科学布局、试点起步、发展完善、巩固提高、稳步推进”的原则全面展开。

(三)“十二五”期间我国农村职业教育政策趋势分析

近年来，在中央和地方的大力推动下，我国农村职业教育取得长足进步。2010 年颁布的《教育规划纲要》对未来十年职业教育的发展提出了明确要求。据此，教育部等 9 部门联合制定出台了《关于加快发展面向农村的职业教育的意见》，指明了我国农村职业教育改革发展的路径。未来一个时期，我国发展农村职业教育的政策发展趋势主要集中在以下四个方面：一是以普及高中阶段教育为目标；二是以促进教育公平和社会公平为原则；三是以培养新型农民为重要抓手；四是以引领现代农业产业发展为主要任务。

1. 以普及高中阶段教育为目标

《教育规划纲要》提出：“加快普及高中阶段教育……根据经济社会发展需要，合理确定普通高中和中等职业学校招生比例，今后一个时期总体保持高中和中等职业学校招生规模大体相当。”《教育规划纲要》确定到 2020 年高中阶段在校生要达到 4 700 万人，毛入学率为 90%，中等职业教育在校生要达到 2 350 万人。但是，学龄人口的下降为实现这一目标任务提出了严峻的挑战。《中国教育发展报告(2011)》指出，未来 10 年是我国学龄人口加速下降的时期。期间，学龄人口降幅将达到 860 万人，平均每年将保持 3.23%的下降速度。①

如何完成普及高中阶段教育的目标，农村职业教育成为发展的主阵地。据教育部有关部门对农村职业教育发展情况的报告，由于农村人口基数大，农村农业户口的高中阶段学龄人口却在增加，如辽宁省到 2010 年农村适龄人口接受高中阶段教育的比例将达到 70%以上。②《中国教育发展报告(2011)》也指出，我国教育的供求规模目前仍存在较大缺口。以 2009 年为例，无法继续进入高中的人口规模达 1 300 万人以上。③ 这其中大部分人口来自农村。可见，中等职业教育招收的农村学生规模潜力巨大。

基于以上情况，必须要对职业教育的格局进行适应性调整。一是调整职业教育的布局结构。严格控制城镇中等职业学校规模的扩大，以应对学生规模相对不足的问题；同时适当发展农村中等职业学校的规模，最大限度地实现农村学龄人口接受高中阶段教育。二是谨慎选择职业教育经费的投资领域和投资环节。加大对农村职业教育的投入，并将投入主要用于强化实训环节、实践技能的培养方面，如实训基地等硬件和师资素质等软件资源的建设方面，提高投资收益率，避

---

① 杨东平主编：《中国教育发展报告(2011)》，北京社会科学文献出版社 2011 年版，第 46 页。

② 张昭文：《加快发展农村职业教育的研究报告》，《中国职业技术教育》2011 年第 9 期，第 68－73 页。

③ 杨东平主编：《中国教育发展报告(2011)》，北京社会科学文献出版社 2011 年版，第 47 页。

免在校生因为感觉“读书无用”而提前进入劳动力市场。

2. 以促进教育公平、社会公平为原则

促进教育公平、保障社会公平是构建社会主义和谐社会的客观要求。教育公平是人发展起点的公平，是社会公平的重要组成部分。无论从社会学理论分析还是从社会发展实践讨论，农村职业教育都是促进教育公平和社会公平的重要手段。2007年以来，国家出台了一系列政策建立健全家庭经济困难学生的资助政策体系，并逐步实施农村职业教育免费。《教育规划纲要》要求“逐步实行中等职业教育免费制度，完善家庭经济困难学生资助政策”，并将这一举措作为“增强职业教育吸引力”的首要环节。从目前我国的社会结构来看，“城乡二元”社会结构仍然十分明显，贫困人口仍主要集中在农村和边远地区。2011年教育部等9部门联合出台的《教育部等九部门关于加快发展面向农村的职业教育的意见》对推进农村职业教育免费工作提出了进一步明确要求，“增强农业职业教育吸引力。落实好国家中等职业学校学生助学金和涉农专业学生免学费政策，吸引更多学生接受农业职业教育。”

据统计，截至2009年，已有上海、浙江、福建、广东、海南、重庆、四川、西藏、甘肃、北京10个省(市)在全省(市)范围内实行了中等职业教育免费政策；辽宁、山西、内蒙古、山东、江西、河南、湖南、广西、贵州9个省(区)在省(区)部分地区实行了中等职业教育免费政策。资助和免费政策的广泛实施促进了农村职业教育的发展，给大批农村人口提供了受教育的机会，改善了农村社会的民生环境，为农村学生的个性发展提供了机会。

从《教育规划纲要》和《教育部等九部门关于加快发展面向农村的职业教育的意见》的政策文本来看，下一阶段国家将从三个方面向农村职业教育领域加大投入，确立农村中等职业教育的基础性、公益性地位，为农村中等职业教育发展提供根本性的保障。一是进一步落实好已有的资助和免费政策，强化农村职业教育的吸引力；二是在提升农村职业教育学生就业质量方面进行规划，通过研究制定针对农业企业的优惠政策，提高涉农专业学生的就业巩固率，让农村职业教育走出来的学生不仅“能就业”，还要“就好业”；三是增强农村职业教育学生的创业能力，研究制定税收优惠等扶持政策，让学生真正实现通过职业教育改变人生、改变贫困命运的希望。

3. 以培养新型农民为抓手

《教育规划纲要》提出“把加强职业教育作为服务社会主义新农村建设的重要内容……支持各级各类学校积极参与培养有文化、懂技术、会经营的新型农民，开展进城务工人员、农村劳动力转移培训。逐步实施农村新成长劳动力免费劳动预备制培训”。培养新型农民是建设社会主义新农村的一个基本问题，是解决好

“三农”问题的关键。九部门联合出台的《教育部等九部门关于加快发展面向农村的职业教育的意见》对于下一阶段培育新型农民工作提出了三方面工作要求：一是加强三教统筹，推进农科教结合；二是健全县域职业教育培训网络，加强农民教育培训；三是实施分类培训，增强培训实效性。面向农村职业教育工作会议的召开和有关文件的下发，为下一阶段教育部联合有关部门继续以健全县域职业教育培训网络为载体，以创建“农村职业教育和成人教育示范县”和创建示范性乡镇成人学校等活动为抓手，实施“农村实用技术培训计划”和“农村劳动力转移培训计划”，大力开展新型农民、农村实用人才和农民工培训，努力提高农民素质工作奠定了组织基础。

在具体工作落实方面，有三个重点环节需要抓好。一是资源整合。针对农村职业教育，教育、人力资源、农业各部门都有各自职能、任务和经费，应理顺农村职成教育的管理体制，整合教育资源，有效推进农村职成教育发展。二是根据区域实际明确发展定位。各地要统筹规划县级职教中心的办学定位和发展方向，凸显为县域经济服务的功能，建设具有本地特色、能够直接为本地经济发展服务的实训实习基地；切实培养能为当地农村经济发展服务的新型农民。三是要深化农村中等职业教育改革，建立和完善弹性学习制度，积极推行半工半读、工学交替，积极推进继续教育。教育行政部门要联合农业、科技等有关部门，组织研讨制约指导性教学计划和指导性教学大纲，编写系列化教材和系列化光盘，并积极推进信息化教学功能的实现。

4. 以引领现代农业产业发展为主要内容

国家“十二五”规划纲要提出，加快发展现代农业，转变农业发展方式。现代农业的发展离不开人的因素，农民适应现代农业生产能力水平的提高需要农村职业教育的支撑。

《教育部等九部门关于加快发展面向农村的职业教育的意见》明确提出下一阶段农村职业教育服务现代农业产业发展的重点领域和主要工作内容。一是服务现代农业和新一轮“米袋子”“菜篮子”工程建设，优先扶持中等农业职业学校创建国家级中等职业教育改革发展示范学校，办好 1 000 个涉农专业点；二是围绕新时期国家加快水利改革发展的需要，办好一批水利职业学校和水利类专业；三是按照生态文明建设和产业发展需求，服务十大生态屏障和十大主导产业建设，办好一批林业职业学校和林业类专业；四是围绕保障国家粮食安全的要求，服务现代粮食流通产业发展，办好一批粮食职业学校和粮食类专业。

如何提升农村职业教育支撑现代农业发展能力，《教育部等九部门关于加快发展面向农村的职业教育的意见》提出：“组建一批农业职业教育集团。充分发挥农业类行业企业、高等学校、示范(骨干)高等职业学校、科研院所作用，推动农业职业学校和涉农专业点建设。”

一些地方已经作出有益尝试，为下一阶段政策的制定提供了借鉴。

黑龙江省教育厅、省国资委、省经委、省中小企业局等4部门联合下发《关于印发组建职业教育集团的意见的通知》。由政府统筹、行业指导、农业龙头企业和骨干企业参与，示范(骨干)高职院校牵头，积极推进农业职业教育集团化办学；现已组建了黑龙江省畜牧兽医、北大荒现代农业、黑龙江农垦三大涉农职教集团，分别聚集了46家、85家、82家校企资源，形成了三个与现代农业产业体系对接紧密的大型校企联合体。

综合来看，下一阶段，国家和地方要进一步建立健全农村职业学校参与农村产业发展的体制机制，通过职业教育集团化办学等多元化方式，最大程度地发挥农村职业教育引领现代农业发展的功能。

四、农村职业教育学术研究进展

农村职业教育是我国职业教育发展的重点，也是学术界研究的关注点。在大力发展农村职业教育的相关政策导引下，学术界对农村职业教育的研究热度持续高涨，既有理论研究，也有实践经验总结，这些理论研究及实践总结意义重大。只有对农村职业教育进行科学、合理的定位，厘清农村职业教育在发展中遇到的困难和问题，提出切实可行的发展目标和对策，才能增强反省意识，体现农村职业教育的价值所在，才能推进农村职业教育健康和谐发展。

2010—2011年公开发表和出版的论著中，学者们将关注的目光放在新农村建设背景下农村职业教育的发展上，剩余劳动力转移、农民工培训、农村职业教育发展对策等是学者们主要的关注点。在中国学术期刊网络出版总库、中国学术期刊全文数据库、中国博士学位论文全文数据库、中国优秀硕士学位论文全文数据库、中国重要会议论文全文数据库中分别采用“农村职业教育”和“农村职业技术教育”2种检索表达方式，通过文献主题、题名和关键词对2010年1月1日至2011年9月30日之间的文献进行检索，共检索出文献372篇。在此基础上，再次进行主题筛选，确定农村(农业、农民)职业教育研究论文140篇，其中硕士研究生学位论文26篇，占18.57%，核心期刊论文22篇，占15.71%，非核心期刊论文88篇，占62.86%，会议论文4篇，占2.86%。这里重点对核心期刊论文、硕士研究生学位论文、会议论文进行分析。关于图书，我们在当当网与卓越网，分别以“农村职业教育”“农民职业教育”“农业职业教育”为关键词进行查找，共找到在2010年1月至2011年9月30日间出版的相关论著5本①。

(一)研究视角

在农村职业教育相关研究中，学者们从不同的视角切入，其中经济学视角和社会学视角是比较普遍的。

1. 经济学视角

我国农业和农村经济发展进入新阶段，农村职业教育也面临着良好的发展环境。针对我国农村社会经济发展的现状，部分学者从经济发展的角度对发展农村职业教育的目的、方式、必要性及意义进行研究。

石丽敏认为，农村职业教育要为农村经济发展和农业产业化经营培养新农村建设需要的各类人才。在立足农村经济的同时，面向城镇，围绕区域经济结构调整和主导产业的发展需求进行人才培养。② 查吉德认为，发展经济学理论指导下的职业教育实践之所以没有成功，关键是忽视了经济基础，没有考虑经济发展水平对职业教育的支持能力、对职业学校毕业生的吸纳能力。我国农村职业教育的发展困境与此理论有关系，虽然看到了职业教育对农村经济发展的促进作用，但忽视了农村经济发展基础，忽视了农村劳动力向城市流动的现实需求。③

马建富认为，统筹城乡经济社会发展已成重大的国家发展战略。统筹城乡职业教育实质是政府通过统筹规划，以乡村职业教育发展为重点，使城乡居民能够尽可能平等享受职业教育资源，最终达到促进城乡职业教育协调发展、一体化发展，缩小城乡职业教育发展差距，扩大服务农村经济社会效能的目的。④ 程伟、王征兵认为，形成城乡经济社会发展一体化的新格局，使广大农民担当起新农村建设主力军的重任，走向再就业或自主创业的道路，就必须重新回到农民职业教育的本体价值，充分认识农民职业教育在农村政治、经济、社会发展中的地位和作用。⑤

王凤羽、刘钟钦则运用公共经济学和微观经济学等有关理论对中等职业教育

---

① 孙长忠：《农村远程职业教育发展研究》，电子科技大学出版社2010年版；赵鹏程：《农村职业教育与农村经济发展互动研究——基于四川农村的调查》，人民出版社2010年版；王鑫、刘茗：《社会主义新农村建设中教育改革与发展研究》，学苑出版社2010年版；宋艳：《进城农民工弱势地位改变研究》，吉林大学出版社2010年版；张力跃：《受教育者视界中的农村职业教育困境与破解》，天津大学出版社2011年版。

② 石丽敏：《农业职业教育推进新农村建设路径探析》，《中国农学会教育专业委员会四届二次学术年会会议论文集》2010年版，第50—53页。

③ 查吉德：《论城市化进程中的职业教育转型》，《河北师范大学学报：教育科学版》2010年第3期，第54—58页。

④ 马建富：《基于社会转型的农村职业教育发展趋势论》，《河北师范大学学报：教育科学版》2011年第1期，第89—95页。

⑤ 程伟、王征兵：《新时期农民职业教育的价值研究》，《内蒙古社会科学：汉文版》2011年第2期，第140—143页。

财政补贴进行了分析，认为财政补贴增加了农业技术人才的储备，有利于农村剩余劳动力的转移，具有深远的意义和价值。① 赵鹏程以四川为切入点，通过对四川地理结构特点、自然资源状况考查、农村经济发展状况等的论述，探讨了农村职业教育与农村经济发展的互动关系。②

2. 社会学视角

部分学者从社会学的视角对农村职业教育进行了研究，具体包括教育公平、农村剩余劳动力转移，等等。

从农村剩余劳动力转移的角度看，"三农"问题的根源在于庞大的农村劳动力存量与相对较少的劳动工作量的矛盾，即这部分巨大的农村剩余劳动力的存量转移到哪里去，以及如何顺利转移的问题，这是解决"三农"问题的关键。③ 朱安文借鉴美国农村城市化进程中农业职业教育的发展及现实意义指出，我国农村剩余劳动力由于没有受过良好的职业技术教育，只能从事技术含量较低的体力劳动。因此，对农村劳动力进行职业技能培训，使其掌握1～2门实用技术，实现脱贫致富已刻不容缓。④

从社会转型对农村职业教育的要求出发，有学者指出，构建社会主义和谐社会需要大力发展农村职业教育。⑤ 有学者强调加强农村职业技术教育，是提高农民收入和解决"三农"问题的重要途径。⑥

从促进教育公平的角度看，农村职业教育与培训，促进了农民工文明素质的提升和法律意识的增强，缩小了农民工与城市市民的阶层差距，从而促进社会公平的实现，是教育公平最有价值的体现。⑦

(二)主要关注点

从农村职业教育研究中的高频词可以看出学术界近两年对农村职业教育的关注点。

---

① 王凤羽、刘钟钦：《中等职业教育财政补贴的经济学分析——基于农村学生和涉农专业优惠政策视角》，《农业经济问题》2010年第8期，第104—109页。

② 赵鹏程：《农村职业教育与农村经济发展互动研究——基于四川农村的调查》，人民出版社2010年版，第54—68页。

③ 张军：《论职业教育与农村剩余劳动力的转移》，《职业技术教育》2010年第28期，第65—70页。

④ 朱安文：《美国城市化进程中的农业职业教育及其现实意义阐释》，《商业时代》2010年第13期，第103—104页。

⑤ 汤生玲：《社会转型时期的农村职业教育》，《职业技术教育》2010年第34期，第64—68页。

⑥ 冯瑛：《探索农村职业技术教育资源配置的有效途径》，《继续教育研究》2010年第7期，第43—44页。

⑦ 曾书琴：《发展农村职业教育 促进实现教育公平》，《继续教育研究》2010年第1期，第62—63页。

1. 农村职业教育定位

农村职业教育定位问题，关系到农村职业教育的发展方向，是农村职业教育中的基本问题之一。当前，受外部环境和内部动因的共同作用，我国农村发展正在发生重大而深刻的变革，农村劳动力进入总量过剩和结构性短缺并存阶段，农村经济社会发展的新变化对农村职业教育改革发展提出新的目标任务，农村职业教育的服务功能也应发生相应改变，有学者以农村、农业、农民及市场的需求为出发点，思考农村职业教育定位问题。

马爱林、刘桂智、郭立昌指出，农村职业教育主要是面向农村的职业教育，是以服务"三农"为目标，对农村广大就业及预备就业人员进行的农村农业产业和非农产业所需的专业知识和技能的教育和培训，根本任务是提高农民素质，培养新型农村劳动者或向农村外输出的剩余劳动力。①

曹晔认为，面向农村的职业教育的实质含义是面向农村产业和农民的职业教育。发展面向农村的职业教育就是针对生活在农村的农民和布局在农村的农业及相关产业提供人才、技术服务的职业教育。②

马建富则认为，应将新农村建设背景下的农村职业教育作如下定位：以为社会主义新农村建设服务为发展宗旨和目标导向，依据社会主义新农村建设的发展目标和实施要求，加强以职业能力为核心的农村人力资源能力建设，坚持以培养"农民一工人"，促进农村劳动力转移服务为主，注重培养具有良好职业素质、适应现代农业发展的"创业型新农民"，积极满足农村社区民众终身学习与发展以及生活教育的需要。③

裴延锋指出，农村职业教育要坚持以人为本的指导思想，要立足于"三农"，根据中国市场经济发展的具体国情，着眼市场需求，使农村职业教育为培养新型农民服务，为"农民工"转移就业服务，为新农村和谐社会建设服务。④ 查吉德指出，当下农村职业教育不应局限于"立足农村、面向三农"，而应"立足市场、面向市场"，根据市场需求调整和发展农村职业教育。⑤

可见，学者们对农村职业教育定位的思考都是从新农村建设背景出发，立足

① 马爱林、刘桂智、郭立昌：《新时期农村职业教育发展路径的选择》，《继续教育研究》2010 年第 5 期，第 74—76 页。

② 曹晔：《试论发展面向农村的职业教育》，《职业技术教育》2011 年第 22 期，第 71—75 页。

③ 马建富：《基于社会转型的农村职业教育发展趋势论》，《河北师范大学学报：教育科学版》2011 年第 1 期，第 89—95 页。

④ 裴延锋：《科学发展观统领下农村职业教育发展的思考》，《中国成人教育》2011 年第 6 期，第 158—160 页。

⑤ 查吉德：《论城市化进程中的职业教育转型》，《河北师范大学学报：教育科学版》2010 年第 3 期，第 54—58 页。

农村发展形势，寻求农村职业教育的突破。

2. 农村剩余劳动力转移

自20世纪80年代开始，农村剩余劳动力转移问题就已引起各方面的关注，时至今日，农村劳动力的非农就业问题已经成为影响我国经济发展的基础性因素之一。转移农村剩余劳动力既是解决我国三农问题的关键，又是我国经济发展的关键，它直接关系到我国现代化建设的成效。在近两年的研究中，学者们对此问题的关注热度不减。

朱胜红指出，农村剩余劳动力的转移是解决“三农”问题的根本前提。① 张丽华指出，各地区的农村剩余劳动力转移现状和本土资源等有很多不同之处，我国农村剩余劳动力转移的培训工作需要因地制宜地具体开展。无论是哪种模式的应用，都应本着“因地制宜，灵活运用，不断创新”的理念，才能将农村剩余劳动力转移培训工作越做越好。② 吴政春则从开放城市实训中心在转移农村劳动力的作用方面提出，为了更好地发挥开放实训中心在都市农业技术推广中的作用，要大力开展宣传教育、加强培训教育来提高农民素质；要促进科技成果转化和注重示范基地建设，帮助农民提高经济效益；要建立制度保障，如实训中心资源共享模式机制、促进校企合作的规范性制度、构建组织机构网络等，从而提高开放实训中心的社会效益和经济效益。③

3. 农民工培训

学者们探讨最多的就是农民工培训目前存在的问题，并就此提出相应建议。

顾静指出，我国农民工职业培训目前现存问题是：农民工职业培训的意识欠缺；培训内容和形式与市场脱节；培训服务体制、监管机制不健全。④ 陈立旦指出，农民工职业培训中的问题是：培训投入机制尚未建立，资金投入不足；教育培训体系不健全；培训后的就业服务不到位。⑤ 国务院发展研究中心、国务院农民工办《我国农民工工作“十二五”发展规划纲要研究》课题组归纳出现阶段农民工培训的矛盾和问题主要集中在六个方面：一是农民工技能培训的总体规模比较小，与市场对劳动力的技能需求不适应，与新时期我国产业结构调整升级和经济

① 朱胜红：《职业教育为农村园艺产业剩余劳动力转移服务研究》，西北农林科技大学硕士学位论文2010年11月，第31页。

② 张丽华：《福建省农村剩余劳动力转移培训研究》，福建农林大学硕士学位论文2011年4月，第33页。

③ 吴政春：《开放实训中心在都市农业技术推广中的作用研究——以上海市为例》，西北农林科技大学硕士学位论文2010年10月，第2页。

④ 顾静：《完善农民工职业培训 大力发展职业教育》，《成人教育》2011年第4期，第56—57页。

⑤ 陈立旦：《农民工职业培训效果影响因素与对策研究》，《成人教育》2010年第11期，第28—30页。

增长方式转变的需要不适应，与农民工发展的需求不适应。二是对组织农民工培训工作的复杂性认识不足，培训的组织方式不适应。三是培训项目管理条块分割，宏观管理机制存在问题。四是基层培训内容落后老化，培训的方法不适应。五是培训基础设施建设和师资队伍建设比较滞后，产学结合不足。六是培训机构监督管理存在漏洞，违法乱纪现象屡禁不止。① 宋艳指出，农民工弱势化程度加大，已成为城镇弱势群体的主体之一，根源于制度的缺失与不公平。②

国务院发展研究中心、国务院农民工办《我国农民工工作“十二五”发展规划纲要研究》课题组提出的对策是：改革农民工培训资助和扶持办法，实行农民工培训直接补贴；健全农民工职业教育培训体系，加强培训基础和能力建设；改革农民工培训计划的管理制度和招生制度，建立全国统一招生与组织服务系统；实施培训阶段的统一学籍管理，建立和完善培训过程统计监测制度；加强国家对农民工培训工作的组织领导和公共服务，对由财政支持的职业教育和培训实行归口管理，落实牵头部门和参加部门责任。顾静则认为，要健全多渠道投入机制，加大职业教育投入；实行切实有效的培训措施，提高职业培训教育质量；加快发展面向农村的职业教育，建立健全培训服务体系；贯彻农民工就业准入制度，建立健全职业教育体系。陈立旦则指出，要优化农民工职业培训的法制与政策环境；通过构建政府、企业、培训机构、农民工等多元主体之间有效、畅通、灵活的系统合作机制，提升培训效能的空间；建立规范的农民工职业培训体系，加强师资队伍建设，总结、完善培训方法，建立培训效果的评价反馈制度。

可见，在农民工培训方面，培训内容老化、资金投入不足、管理体制不健全等问题是目前普遍存在的，学者们在对此进行探讨的同时，这些问题也应当引起相关部门的高度关注。

4. 农村职业教育发展对策

农村职业教育如何发展？学者们提出的对策主要体现在五个方面：

一是从新农村建设的角度提出发展职业教育的对策。田姝华认为，在新农村建设背景下，中等农业职业教育的根本出路在于推行义务农业职业教育，强化服务“三农”能力，拓展服务“三农”功能。③ 马爱林、刘桂智、郭立昌认为，发展农村职业教育，必须以农村社会经济发展需要为基本着眼点，克服管理机制上条块分割的弊端，整

① 国务院发展研究中心、国务院农民工办《我国农民工工作“十二五”发展规划纲要研究》课题组：《农民工培训实态及其“十二五”时期的政策建议》，《改革》2010年第9期，第74—85页。

② 宋艳：《进城农民工弱势地位改变研究》，吉林大学出版社2010年版，第135—138页。

③ 田姝华：《新农村建设背景下中等农业职业教育的发展路径》，《安徽农业科学》2010年第31期，第17975—17977页。

合农村各级各类教育资源，推动职业学校教育和各级各类职业培训发展。①

二是从农业职业院校自身发展角度提出建议。刘源认为，农业职业院校要立足于服务“三农”，专业按需设置、合理布局、办出特色；创新农业职业教育投入机制，构建以政府为主导，社会、个人“三位一体”的农业高职教育投入体制；注重师资队伍的培养；构建农业职业院校、农业部门、企业整合为一的合作沟通机制。② 李艳指出，各农业职业院校要做到：坚持服务三农，充分认识农业高职教育的作用；注重院校自身建设，提高办学质量；坚持培养技能型人才；创新课程教育方式；完善院校与企业、技术与社会互动。③

三是从农村职业教育办学模式改革方面提出建议。景琴玲、贾金荣在现有的教育模式基础上提出以政府引导支持、龙头企业带动、团体参与、校企结合、市场运作、实现共赢为指导思想，拓展农业服务平台，与农业产业化相互衔接，构建农业院校＋农村职业教育基地＋农民职业教育、专业合作社＋农民职业教育、涉农企业＋生产基地＋农民职业教育三种职业教育模式。④ 田长娟指出，农村职业教育办学模式的选择和构建应考虑到地区社会经济发展水平、政府对职业教育的重视程度、社会对职业教育的参与程度、教育部门及学校的办学条件。我国农村职业教育未来办学应由城乡分割向城乡统筹方向、由职前教育向职后教育方向、由综合化向专业化方向发展。⑤ 刘凤娟认为，半工半读培养模式是农村职业教育培养人才的有效途径，要加大各级政府对半工半读培养模式的宣传与引导。⑥

四是从农村职业教育的政策入手提出对策。周洁指出，制定和完善恰当的、合适的农村职业教育政策是农村职业教育健康发展的前提和保障。国家要在财政和人力等方面，优先考虑和满足农村教育发展的需要。⑦ 谢龙建指出，为了使农村职业教育在新农村建设中发挥应有的基础作用，需要当前的农村职业教育政策及时、准确地引导和规范农村职业教育的办学方向，密切关注农村职业教育学校

① 马爱林、刘桂智、郭立昌：《新时期农村职业教育发展路径的选择》，《继续教育研究》2010年第5期，第74—76页。

② 刘源：《新形势下农业职业教育面临的问题与对策》，《第三届全国农林院校教育科学类研究生学术论坛论文集》2011年版，第677—681页。

③ 李艳：《湖南农业职业教育发展现状及对策研究》，湖南农业大学硕士学位论文2010年12月，第1页。

④ 景琴玲、贾金荣：《关于我国农业职业教育创新模式的思考》，《河南社会科学》2011年第4期，第170—172页。

⑤ 田长娟：《我国农村职业教育办学模式研究》，河北科技师范学院硕士学位论文2010年6月，第31页。

⑥ 刘凤娟：《农村职业教育半工半读培养模式的研究——基于福建省三所职业院校的调查》，福建农林大学硕士学位论文2011年4月，第32页。

⑦ 周洁：《我国农村职业教育政策价值研究》，河南大学硕士学位研究生论文2010年5月，第46页。

办学环境的改善，从内而外地为农村职业教育的发展创造良好的条件。①

五是从城乡统筹的角度提出建议。赵继会、商久悦从城乡统筹实现职业教育资源优化配置的角度提出，要统一领导，创造政策支持的良好氛围；统一规划，构建职教资源优化配置网络；创新思维，多渠道实现财力资源优化配置；创造条件，不拘一格实现人力资源优化配置；精诚援助，实现软硬件资源整合共享。②张长青从城乡职业学校合作的角度提出加快农村职业教育发展的对策。具体做法是提高认识，加强领导；制定相应的扶持政策；树立顾全大局、精诚合作的思想。③

五、农村职业教育区域发展典型案例

(一)河北省：深入开展“送教下乡”

河北是一个农业大省，农村人口占多数，农村职业教育在全省经济社会发展中一直占据重要地位。河北省历来十分重视职业教育，始终把发展职业教育作为促进经济建设和社会发展的重要措施来抓。早在20世纪80年代末，着眼于为县域经济社会发展培养实用技术人才，河北省在获鹿县率先创建了全国第一个县级职业教育中心，被誉为“县级职教中心的摇篮”。多年来，河北省坚持构建以县级职教中心为龙头，以乡镇成人学校为骨干，以村级成人学校为基础的县域农村职业教育网络，实行农科教结合和“三教”统筹，极大地推进了全省农村职业教育的发展。

近几年，为更好地服务于社会主义新农村建设，把职业教育的优势与解决三农问题的实际需求结合起来，河北在改革创新农村职业教育办学模式方面进行了有益探索。2009年，在多年实行农科教结合、“三教”统筹发展农村经济的成功经验基础上，深入开展“送教下乡”，启动实施了“新农村建设双带头人培养工程”，大力培养新型农民。通过对在乡从业农民进行系统培养，把农村职业教育的办学从单纯培养新生劳动力转变到同时培养现有劳动力，既改革了农村职教的办学模式，又完善了农村职教的办学功能。

1. 改革创新农村职业教育的出发点与着力点

为扭转“涉农专业人们不愿学、学了不愿干、生产效益低”的局面，2009年4月，河北省以邢台农业学校为试点，开展“送教下乡”、实施“新农村建设双带头

① 谢龙建：《农村职业教育政策变迁及实施对策研究》，华东师范大学硕士学位论文2010年4月，第67页。

② 赵继会、商久悦：《论我国城乡职业教育资源的优化配置》，《学术交流》2011年第8期，第198—202页。

③ 张长青：《城乡职业学校合作办学策略——以石家庄为例》，《职业技术教育》2010年第14期，第71—74页。

人培养工程"，随后在全省全面推开，并以此为突破口，探索创新农村职教办学模式。2009年7月，河北省教育厅会同省委组织部、省委农工部联合下发了《关于推进"送教下乡"，加快培养农村实用人才的意见》，研究制定了《河北省"新农村建设双带头人培养工程"实施方案》等一系列政策措施，制发了"双带工程"教学大纲、教学计划及实习实训规程等近20个教学管理文件，这就标志着河北省"双带工程"在全日制学历教育的规范之下，按照"科学布局、试点起步、发展完善、巩固提高、稳步推进"的原则全面展开。截至2011年9月，全省有150多所学校参与实施了"双带工程"，设立教学点1 500余个，面向在乡从业农民，开设适应现代农业发展的种植技术、养殖技术、农业经济管理、农业机械化等专业，并细化成56个专业方向，三年累计招生30万人，为新农村建设直接培养适应区域经济社会发展需求、符合现代农业发展需要的新型农民。

2. 农村职教发展新模式的主要特征

河北省在实施"双带工程"过程中，按照贴近农村现状、贴近农业实际、贴近农民需求的"三贴近"原则，突出"三个注重"，即招生对象上注重实际、教育过程上注重实用、考核标准上注重实效；实现了"四个创新"，即工作机制创新、办学形式创新、教学模式创新、教学内容创新；探索出了适合河北省农村职业教育发展的新模式。

为方便农民学生的学习和实践，"双带工程"把教学组织向下延伸，由职业学校在乡镇、专业村或龙头企业开设教学分校(教学点)，由分校(教学点)负责安排教学场地、组织学员；由学校组织教师、教学设备，安排教学计划，常年巡回到各教学分校上课，把知识和技能送到农民家门口，使农民不离家门、不离土地、不影响生产，就可以系统学习中职课程。在教学时间上，采取集中学习与生产实践相结合，平时每周集中上两天的专业理论和文化基础课，其余三天在老师指导下进行实习教学和现场实践，形成了"2＋3"或"2.5＋2.5"两种主要模式，即2天理论、3天实践，或者2天半理论、2天半实践。农闲时间集中上课，农忙时间兼顾学习和工作。教学场所离校园远了，但离生产一线近了，农民边学习、边实践，边解决生产实际问题，既促进了生产，又调动了农民的学习热情。

坚持以生产需要为导向，课程和教学过程主动适应农民的发展需求。比照普通全日制三年制教学计划，全省统一要求课程设置包括公共课、专业课、实践课三个模块，共3 060学时170学分。既充分注重提高他们的生产技术水平，促进生产发展，同时考虑学历教育的基本要求和农村社会发展需要，注重提高农民的科学文化素质和思想道德修养，倡导文明乡风，推进农村民主管理。研究制定了《送教下乡实习实训规程》，规范农民学员的实习和实训。将顶岗实习分散到整个教学过程之中，使实习教学、专业技能训练、专业实践与农民学生的生产实践有机结合起来。

河北根据动植物生长过程中不同时期所需要的饲养管理和田间管理技术，采用理论实践一体化方式实施教学，直接讲授当前动植物的生产所需要从事的管理工作技术，让学生知道当前需要做什么、怎么做，在此基础上引入必要的专业理论，让学生逐渐明白为什么这么做。经过一个生长周期的教学，学生就可以系统地掌握本专业所需的专业理论知识和实践技能。

河北把"规模有扩大、产量有提高、品质有提升、收入有增加"等作为衡量学生培养质量的重要标准。这既是衡量培养实用型、技能型、复合型人才标准的一大突破，也为今后农村职业教育评价体系改革提供了参考案例。衡量技能型人才评价标准的突破是创新职业教育教学评价模式的有益探索，也是追求教育公平的具体体现。

为切实提高"双带工程"教育教学质量，增强教材的针对性和实效性，河北组织有关高等学校、中等职业学校的专家和骨干教师，并吸收农业、林业等部门参与，按照"行动导向，任务引领，学做结合，理实一体"的原则，开发编写了"河北省中等职业学校送教下乡专用教材"。目前《农村经济与社会》《农村计算机信息技术》《农村新民居建设》《肉牛生产技术》等第一批 33 种教材已出版发行；《农村卫生与健康》、《板栗栽培技术》等第二批 30 多种教材的开发工作也已经启动。根据规划，河北省两年内将开发出版约 200 种专用系列教材。同时，为增强教学效果，弥补教学点实验实训条件不足，他们还组织力量开发了仿真实训课件。

为深入推进"双带工程"的实施，全面提高培养质量，河北省教育厅每学期都进行一次专项督导抽查，深入到学校教学点，通过听汇报、查阅相关资料、实地考察、召开座谈会等形式，全面掌握情况、发现存在问题、有针对性地进行指导帮助。同时，要求各市每学期都要对承办学校进行全面督导检查。2011 年 6 月份督导抽查了 74 所承办学校后，对 3 所学校停止招生，7 101 名学员不承认其全日制资格。

(二)陕西省：实施三大工程

近年来，陕西省按照"围绕产业，面向人人，提升能力，服务三农"的总体思路，先后制定了《关于大力发展职业教育的决定》以及《陕西省人人技能工程规划》《陕西省"民生八大工程"职业教育项目规划》《陕西省关于中等职业学校农村家庭经济困难学生和涉农专业学生免学费工作的实施意见》《陕西省现代农业职业教育发展工程实施方案》等一系列文件，重点围绕农村新兴产业培育、新型农民和新生代农民工教育培训、新农村建设，从规划、建设、投入、管理等方面出台了支持职业教育服务农村经济社会发展的政策措施。

1. 实施"人人技能工程"，开展全覆盖的职业教育

"人人技能工程"是陕西省委、省政府实施的一项改善民生、促进就业的惠民

工程，面向城乡所有未升学初、高中毕业生开展全口径、广覆盖的职业教育和技能培训。从2007年起，陕西省政府每年统筹安排2亿元专项资金，重点支持农村职业学校的专业建设、师资培训和学生学费、生活费补贴。近5年来，省财政累计投入资金10亿元，其中，县级职教中心专业建设资金3.2亿元，推出一批新的专业，扩大了农村职业教育的服务面，有效满足了农村孩子接受优质职业教育的需求，为扩大职业教育规模发挥了至关重要的作用。2007年起，陕西省中等职业学校招生人数连续四年突破30万人，在校生规模由2006年的64.2万人扩大到2010年的90.0万人，其中，县级职教中心在校生由2006年的31.7万人增加到2010年的46.8万人，占全省中职在校生的52%；涉农专业在校生由2006年20 483人扩大到2010年的43 083人，增长110.3%，2011年涉农专业招生31 362人，在校生达到61 703人，较2010年增长56%。农村、农业类职业学校规模效益明显提升。

陕西省各地坚持学历教育与短期技能培训并举，按照"政府统筹、部门负责、学校执行、社会监督"的思路，依托涉农职业学校、县级职教中心和乡镇成人文化技术学校，实施短期技能培训，培育了一大批"离土不离乡"的新型农民。5年来，全省共培养中等职业学历毕业生143.5万人，培训农村新增劳动力70万人，实现了未升学初、高中毕业生通过接受职业教育成为"人人有技能，个个能就业"的新增劳动力发展目标，让技能不仅成为他们谋生的手段，更成为他们实现就业的品牌。

2. 实施"一网两工程"，搭建农村职业教育服务平台

陕西省坚持三教统筹、农科教结合，建立和完善农村职成教育网络体系，实施强县富民工程和促进农村劳动力转移工程。省财政每年安排2 000万元专项资金用于工程实施。全省各地、各职业学校按照"培训一人、输出一个、脱贫一户"的任务要求，针对在乡农民，每年完成农村实用技术培训和劳动力转移培训各100万人次，42个主要实施县(区)引进各类致富项目364个。武功县职教中心瞄准乡土工艺，开展土织布、刺绣等专业培训，形成了以该县贞元镇南可村为中心、700多农户加入的民间手工工艺产业圈，人均年增收1 610元。

为了适应农业产业化发展的新形势、新要求，陕西在实施"一网两工程"过程中，坚持"边实施、边完善"，主要抓了三个方面的工作：一是完善职业教育服务网络体系。依托10所市级职业技术学院，吸纳各县(区)职教中心和地方龙头企业广泛参与，围绕区域产业特点，组建了一批区域性职业教育集团，提升了农村职业教育培训服务网络的层次和质量。二是拓展农村职业教育服务内涵。陕西省把强县富民工程和农村劳动力转移培训工程延伸到农业龙头企业，开展有针对性的职业教育培训。杨凌职业技术学院面向1 016个涉农企业开展了循环农业、设

施农业、生态养殖、农畜特产深加工等农业高新技术教育培训，年培训 8 000 人次，增强了企业发展后劲和市场竞争力。三是创新农村职业教育培训内容和形式。他们依托农业类职业学校，采取集中办班、送教下乡、工学交替、远程教育等形式培养农村社会事务管理人员、新农村建设领头人、基层农业科技人员，年培训 1.2 万人。

3. 实施“现代农业职业教育发展工程”，创新现代农业职业教育发展

陕西省以实施“现代农业职业教育发展工程”为抓手，扎实开展“加快推进农村、农业职业教育发展”试点工作。一是组建现代农业职教集团。2010 年 7 月，由杨凌职业技术学院牵头，联合省内有关农林类职业院校、行业、企业组织，组建了杨凌现代农业职业教育集团，搭建了现代农业职业教育服务网络体系。二是建设现代农业职业教育改革试验区。以杨凌农业高新技术产业示范区为中心，在每个市确定了 2 个试点县，作为试验基地，建设陕西现代农业职业教育改革试验区，开展现代农业人才培养、生产示范、信息服务和技术推广。三是建设现代农业职业教育发展工程示范县。由省财政投资 1 亿元，市、县配 0.5 亿元，3 年时间共建设 30 个，形成陕西农村农业职业教育的骨干力量。第一批示范县于 2011 年年底组织评估验收。

(三)广东省：增强服务“三农”能力，为构建幸福之地夯实基础

广东是改革开放的先行区，是位居全国首位的经济大省，但内部经济发展不平衡，珠江三角洲和粤东西北地区经济发展差距大，2010 年全省 GDP 产值 47 443.95 亿元，其中粤东西北地区 14 个市仅占 22.2%，并且城镇居民与农村居民人均纯收入不平衡。为了解决以上问题，广东省不断扩大面向农村的招生规模，大力改善农村职业教育的基础能力，建立健全了农村家庭经济困难学生资助政策体系，为农村输送了大批农业类技能型人才，更好地服务了广东的“三农”，推动了广东区域经济的协调、可持续发展，为构建幸福广东夯实了基础。

1. 扩大面向农村的招生规模，实施转移招生，让更多的农村孩子接受职业教育，实现技能致富

2004 年的统计资料显示，广东珠三角地区人口占全省的 28%，中等职业学校在校生占全省的 73%；粤东西北地区人口占全省的 72%，而中等职业学校在校生仅占 27%，有 700 万名初中教育水平以下劳动力滞留农村，这意味着粤东西北农村地区仍有大量的生源需要接受职业教育，但这部分地区办学资源紧缺，难以满足学生对优质教育资源的需求。为此，广东省委省政府要求省属和珠三角中职学校每年安排不少于 30%的招生指标专门招收粤东西北地区学生。

为了落实这一政策，广东一方面加强珠三角中等职业学校基础能力建设，强

化内涵建设，提高职业教育吸引力；另一方面每年组织200多所省属和珠三角中职学校招收粤东西北地区学生，并成立初中防流控辍专项督查小组，深入粤东西北每个县的农村地区初中学校督促检查中职招生工作，确保农村学生不辍学、不流失，能到珠三角地区接受职业教育。仅2010年广东就“转移招生”17万人，“十一五”期间累计超过65万人；全省中等职业学校招生规模以每年20.18%的速度增长。目前，广东职业院校在校生近300万人，其中80%的生源来自农村。

2. 加大投入，改善农村职业教育办学条件，大幅提升农村职业教育基础能力

“十一五”期间，广东大力支持农村职业教育，优化重组粤东西北地区职业教育资源。在粤东西北地区，以地级市为主发展中等职业教育，做大做强职业学校；在有条件的县(市)集中力量办好一所既开展学历教育，又进行培训的职业学校或职教中心，主要招收农村地区学生就读。

在2007—2011年，省财政安排67.16亿元高中阶段教育资金，重点用于欠发达农村地区的中等职业学校校舍、实训设施设备等基础建设；安排粤东西北农村地区中职教育基本建设专项资金25.795亿元。在省高职教育专项资金中，安排2亿多元用于涉农专业院校和经济欠发达地区高职院校的高技能人才培养基地、实践(实训)基地和相关农业类专业生产性基地的建设，资助总额占“十一五”期间全省高职教育专项总经费的40.62%。

广东于2007年专门出台了《推进珠江三角洲地区与东西两翼山区联合发展中等职业教育的意见》，大力推动粤东西北农村地区与珠三角职业教育发达地区合作开展多种形式的联合办学。2010年，珠三角地区共有180所中职学校与粤东西北地区90多所县级中职学校结成对子，在设施设备、实习就业等方面给予帮助，缓解了农村地区专业师资和学生实训实操条件不足等困难，让一些学生在本地就能享受到优质的职业教育，提高了学生的培养质量和就业率。

3. 强化农业类职业院校和涉农专业建设，提升职业教育支撑现代农业发展能力

目前，广东拥有7所农业类中等职业学校，均为国家级重点中等职业学校，其中，高州农业学校、番禺职业技术学校(番禺农业学校)为“国家中等职业教育改革发展示范学校建设计划”立项建设学校。另有开设农业类专业的高等职业院校9所。2010年，农业类中职学校招生3.4万人，在校生6.4万人；高职院校涉农专业在校生2 768人。2000年以来，累计输送农业类技能型人才近20万名。

这些农业类职业院校紧扣现代农业产业链，瞄准农村发展需求设置专业，成功实现了从单一服务于农村种植、养殖到全面为农村、农民和农业服务的华丽转身，现开设有农村经济管理、农业机械化、畜牧兽医、农村环境监测、宠物养护

与经营、生态林业、园林设计与管理、航海捕捞技术、水产养殖、水产品冷藏技术等专业，全面服务了广东农业产业转型升级，取得了显著成效。如广东省海洋工程职业技术学校形成了涵盖海洋与渔业基础产业的六大专业群32个专业，其中，水产养殖、水产品冷藏技术、环保与水处理已成为全省中职学校骨干示范专业。高州农业学校创造亩产万斤薯、千斤稻和20吨甘蔗的高产纪录，育成高农选三、选二、选一等高产优质的甘薯品种和高农晚矮等水稻品种等。

结语

农村职业教育在近年来虽有发展，但总体情况是办学条件薄弱、资源不足，农村职业教育和涉农专业教师数量严重短缺，中等职业学校资助和免学费政策有待完善，许多民族地区学生和家庭困难学生接受中等职业教育仍有困难。

以下几个方面将是今后我国农村职业教育工作的着力点：一是要抓好政策落实，特别是落实好《教育规划纲要》和《关于加快发展面向农村的职业教育的意见》。在政策的落实上，中央和地方以及中央各部门之间要形成合力，同时要注重调动行业和企业的积极性。二是要促进事业发展。尽快将中等职业教育免学费范围扩大到所有农村学生，鼓励和引导更多的初中毕业生接受中等及以上职业教育。建设好一批农村职业学校和涉农专业。加大农村职业教育和涉农专业新教师培养力度，采取多种有效措施，吸引和保证更多的优秀毕业生到农村职业学校和涉农专业任教。三是要推进研究深入。要健全各级研究机构。研究人员要注意发挥自身智力、技术、设施等相对优势，培育新的品种，引进和推广新的技术，参与当地农业机械化、现代化规划、方案的编制等。要加强对农村职业教育办学定位、办学规模、专业设置、课程体系、评价考核等内涵建设的研究，增强农村职业教育服务农业现代化、工业化、城镇化的能力。四是要营造良好氛围。中央和地方管理部门，以及各地农村职业学校可以与电视台和广播电台，以及报纸杂志等建立协作关系，因地制宜地播放、讲授适性的农业发展科学技术知识，向广大农民传授市场信息，宣传农村职业教育的意义、作用，宣传优秀农村实用人才的重要贡献，形成全社会重视、支持面向农村的职业教育改革发展的良好社会环境和舆论氛围。

【本报告撰写人：陈衍、房巍、张祺午、孟凡华，李杰、郭丹等参与了数据整理与图表制作。感谢河北、陕西、广东三省教育厅提供相关素材。作者单位：吉林省职业教育研究中心、吉林工程技术师范学院职业技术教育研究院】

专题研究报告

各专题以《国家中长期教育改革和发展规划纲要(2010—2020年)》中的重大政策议题为研究主题，基于自主调研获得的数据，全面描绘了农村学前教育、农村义务教育和农村职业教育的发展状况，深度探讨与系统分析了农村教育发展相关问题。

普及问题是学前教育和高中阶段教育所面临的主要问题。在学前教育发展过程中，村屯幼儿教育是学前教育普及的重点，也是难点，我们特设专题给予重点关注。高中职业教育发展是农村高中阶段教育普及的重要部分，由于职业教育对办学条件的独特要求、职业教育发展的制度建设状况以及中国传统观点对职业教育的惯性认识，职业教育成为高中阶段教育发展的短板，这里以教育的公益性为切入点对农村职业教育发展问题加以探讨。

有质量的教育公平是义务教育发展的重大政策议题与实践命题，这里将其分解为三个主题——促进义务教育均衡发展、提高义务教育质量和规范义务教育学校布局调整，并全景式地描述了农村义务教育均衡、质量和布局状况，客观地分析了当前的成就与问题，并就促进县域义务教育均衡发展，提高义务教育质量和规范学校布局调整提出了若干政策建议。

第5章 村屯里的幼儿教育

概 要

《教育规划纲要》提出重点发展农村学前教育，并在十年后把学前三年幼儿入园率从当前的50.9%提高到70%。在《教育规划纲要》的要求下，各省分别制订了以改扩建乡镇中心幼儿园为投资重点的"学前教育三年行动计划"。尽管乡镇中心幼儿园建设是发展农村学前教育的必经之路，但是我们仍有必要把目光投向更遥远的地方——村屯：村屯里的幼儿入园率是多少？不入园的主要原因是什么？村屯里的幼儿园教育质量如何？提高村屯幼儿教育质量的出路在哪里？为了回答这些问题，我们的调查队伍走访了全国28个省、自治区和直辖市(不含浙江、北京、上海、香港、澳门、台湾)的175个村庄。调查结果发现：(1)仅1个村屯内有公办幼儿园，民办幼儿园和村小附属园是村屯幼儿教育的主要承担者；(2)在所调查的村屯里，幼儿的学前三年入园率达到83.6%(由于包含了未注册的幼儿园和作坊式家庭园)，远远超过国家公报中的50.9%(仅包含注册幼儿园)；(3)家长不送幼儿入园的原因中，错误的教育观念和遥远的入园距离是主要原因，仅1/5的家长是由于学费问题而不送幼儿入园；(4)从教师数量看，村屯幼儿园师生比大约为1：15，距离国家要求的1：6差距1倍以上；(5)从教师学历看，村屯幼儿园仅47.6%的教师毕业于幼师专业，大半教师缺乏专门训练；(6)由于教师数量和素质的薄弱，加上幼儿教育资源的贫乏，绝大多数村屯幼儿园中都存在严重的小学化倾向。根据上述结果，对如何发展村屯里的幼儿教育提出了建议。

一、调研背景、目标和方法

(一)调研背景：从乡镇走向村屯

1. 国家政策背景——重点发展农村学前教育

《教育规划纲要》提出："努力提高农村学前教育普及程度。着力保证留守儿童入园。采取多种形式扩大农村学前教育资源，改扩建、新建幼儿园，充分利用中小学布局调整富余的校舍和教师举办幼儿园(班)。发挥乡镇中心幼儿园对村幼儿园的示范指导作用。支持贫困地区发展学前教育。"在发展规模方面，在《教育规划纲要》中提出了2010—2020年的发展目标，如表5.1所示。

表5.1　　学前教育事业发展主要目标　　单位：%

年份	2009	2015	2020
学前一年毛入园率	74	85	95
学前二年毛入园率	65	70	80
学前三年毛入园率	50.9	60	70

由于城市幼儿学前三年入园率已经基本饱和，因此未来十年中学前三年入园率提高的20个百分点的任务重点是在农村地区。

为了实现这一目标，"十二五"期间中央财政将安排500亿元，重点支持中西部地区和东部困难地区发展学前教育。其中第一项任务就是"支持中西部农村扩大学前教育资源。包括利用农村闲置校舍改建幼儿园、依托农村小学富余校舍增设附属幼儿园、在偏远农村地区开展学前教育巡回支教试点等。"在2010年国家发改委、教育部启动实施的农村学前教育推进工程试点项目中提出，以"保基本、广覆盖、多形式"的原则组织实施；支持乡镇建设中心幼儿园，发挥其辐射指导作用；以新建幼儿园为主，兼顾对现有幼儿园和利用中小学富余校舍改扩建。

2. 各省学前教育三年行动计划中对《教育规划纲要》和《国十条》的解读——以乡镇中心园建设为重点

2010年国务院发布的《国十条》，要求各地以县为单位编制实施学前教育三年行动计划。最近各省学前三年行动计划的编制工作已经结束。在普及农村学前教育方面，各地当前的工作重点主要集中在建设乡镇中心幼儿园。体现为新建、改建乡镇中心园，完善乡镇中心园的教育教学设备，为乡镇中心园提供教师援助计划项目，为每个乡镇聘用合同制幼儿园教师等。表5.2列出了部分省份在乡镇中心园建设方面的发展规划。

表 5.2　部分省份《学前教育三年行动计划》中关于乡镇中心园建设方面的发展规划

省份	乡镇中心区域公办幼儿园建设规划
辽宁	三年新建、改扩建公办乡镇中心幼儿园 600 所
重庆	新建 360 所乡镇公办中心幼儿园
贵州	支持新建 500 所乡镇(街道)公办中心幼儿园
陕西	建设 1 000 所公办乡镇中心幼儿园
宁夏	用 3 年时间，新建 97 所规模 300 人左右的乡镇中心幼儿园。使乡镇中心幼儿园覆盖率达到 50.8%
山东	每个乡镇至少建设 1 所公办中心幼儿园
天津	每个乡镇建设 1～2 所独立建制的公办中心幼儿园

从以上国家和地方在发展农村学前教育方面的举措可以看出：第一，发展乡镇中心园是各农村地区近期的重要工作目标之一。第二，扩大农村公办幼儿园规模是学前教育三年行动计划中的主要措施。

3. 从乡镇到村屯——发展农村学前教育的必然之路

尽管加强乡镇中心地区公办幼儿园的建设，是普及农村学前教育工作的重要一环，但却绝不是发展农村学前教育的工作重点。如何加强村屯层面的幼儿教育规模和质量，才是发展农村学前教育的关键所在。这是因为：

(1)村屯中的幼儿数量众多。根据我国乡村人口特征，一个乡镇少则包括十几个村屯，多则包括几十个村屯。尽管乡镇中心区域的人口密集程度较大，但多数农村人口分布在广大的村屯之间。

(2)村屯中的幼儿教育质量极其薄弱。从现实情况来看，绝大多数农村幼教资源都集中在乡镇中心区域，而村屯占有的幼教资源极其稀少。村屯层面的幼儿教育迫切需要得到发展。乡镇与村屯之间幼教资源的数量和质量的差距非常巨大。一方面，乡镇中心区域借助于行政优势，更可能拥有公办幼儿园和小学附属幼儿园；另一方面，由于乡镇中心区域人口密度相对较大，更可能具备较高质量民办幼儿园生存的条件。而相比之下，村屯层面既难以拥有公办园资源，也难以具备民办园发展的土壤。因此，村屯里的幼儿教育问题更严峻。

(3)村屯里幼儿的入园问题不可能都在乡镇中心区域得以解决。由于乡镇规模较大，或者地理条件限制，很多村屯到乡镇的路程较为遥远。如果村屯里的幼儿都去乡镇中心区域入园，势必面临几个难以解决的问题：第一，小学布局调整战略中的乡镇寄宿制学校模式无法在幼儿教育阶段应用。幼儿处于依恋关系发展的重要阶段，不应该长时间(一周)与父母分离。而且幼儿期的健康与保育需求也适合家庭化的个别抚养来实现。第二，从村屯到乡镇中心区域的交通问题难以破解。如果村屯里的幼儿每天乘坐班车往返于乡镇到村屯之间，既增加交通的时间成本，也增加路途风险因素。

(4)社会主义新农村建设的任务是把村屯建成宜于人居的地方。然而，小学阶段的布局调整已经让村屯失去了小学教育资源，一些村屯里的家长为了孩子上学，不得不举家搬迁至乡镇附近的地区。如果乡镇和村屯之间的幼儿园教育资源上的差距继续放大，必然导致村屯里的家长面临两难选择：或者是为了孩子入园而搬迁，或者是选择本村的低质量幼儿园甚至干脆不入园。

专栏5.1　深入幼儿园校车事故背后的问题根源

2011年11月16日，甘肃庆阳市正宁县榆林子镇某民办幼儿园校车事故造成19名幼儿死亡。同年，11月26日，辽宁省凤城市宝山镇中心校附属幼儿园校车事故造成35名幼儿受伤。

一起起校车事件发生之后，各种新闻舆论都把焦点聚集在校车质量和政府投入问题上。国务院也已责成有关部门迅速制定校车安全条例，抓紧完善校车标准，校车所需资金由中央和地方财政分担，多方筹集。

然而，这种“就车论车”的讨论，绝不能预防我们对于下一起校车事故的持续担心。政府对校车的资金投入，只可能落在两个地方：一是投向中小学(而前面两起事故都是幼儿园校车)；二是投向公办幼儿园(而前面两起事故分别是民办幼儿园和小学附属园)，因此不能解决危险地带(乡里的民办幼儿园和小学附属园)的校车问题。

所以，问题根源在于如何缩小乡镇与村屯之间幼儿教育质量的差距，把资金用在提高村屯幼儿教育质量上，扶持村小附属园和村屯民办园的发展，让村屯里的孩子也能就近入园，过上不用在寒冷冬天早晨6点的寒风里等候校车的幸福生活，拥有不必每天往返两次命悬一线的安全童年！

基于上述理由，为了把发展农村学前教育落到实处，我们必须把谋划的眼光从乡镇中心区域延伸至更遥远的广大村屯。为此，有必要深入了解村屯层面上的学前教育资源现状，了解村屯里的幼儿家长对入园问题及幼儿教育质量的看法，探索提高村屯学前教育质量的途径，努力缩小村屯和乡镇之间的幼教差距。在此基础上，我们才能提出针对性的发展策略，为下一个学前教育三年行动计划的制订提出参考性的建议。

(二)调研目标：村屯幼儿教育的现状和出路

本次调研的主要目标包括：

1. 村屯层级的幼儿入园率

根据《教育规划纲要》的要求，未来十年里要把学前三年入园率从当前的50.9%提高到70%。那么村屯层级目前的学前三年入园率是多少？这一数字对于未来政策的制定具有重要参考价值。

2. 未入园幼儿家长不送孩子入园的原因及未来的入园意愿

对于国家提高学前三年入园率目标具有重要参考作用的另一个重要信息是，未入园幼儿家长为什么不送孩子入园？是没园可入，学费太贵，质量不高，还是教育观念落后？哪些是主要原因？哪些是次要原因？只有了解了这些信息，才能有针对性地制定提高学前三年入园率的政策。

3. 村屯里幼儿园的数量、规模和性质

在村屯层级上，多少村屯有幼儿园？其规模有多大？是否能满足村屯幼儿入园的需求？是何种性质的幼儿园在支撑着村屯的幼儿教育？村屯幼儿教育的主体是公办幼儿园，小学附属园，还是民办幼儿园？这些问题的答案将有助于未来发展农村学前教育资源的政策制定思路。

4. 村屯里幼儿园的质量状况及提高途径

目前村屯里现有的幼儿园，其教师素质、教育环境、教育内容等方面的质量如何？质量薄弱的核心问题在哪里？提高其教育质量的着力点何在？对这些问题的了解，将有利于提出针对性的扶持措施，有效促进村屯幼儿园质量的提高。

(三)调研方法：以村屯为单元的田野研究

1. 研究路线：田野研究范式的选取

为了保证研究结果的整体性和生态性，选择了田野研究的范式。以每个村屯为一个完整的调研单元，既有量化的数据收集，也有质化的入园观察、入户访谈，以及结合村屯经济特点、地理特点、文化特点等背景信息所做的全面分析。以期反映每个村屯幼儿教育的全貌。

2. 调研员的选取和培训

在东北师范大学招募200名大学生调研员。招募条件限定为农村生源的大学生，以便他们能够更好地熟悉和了解当地的情况，也更方便与所在村的相关人员交流。

由课题组采用预先制定的六份调研提纲进行培训。

3. 调研范围

采取方便取样策略，在全国28个省、自治区和直辖市(不含浙江、北京、上海、香港、澳门、台湾)的175个村庄开展了调研。调研范围见表5.3。

表5.3 调研村分布情况

省份	村庄数	省份	村庄数	省份	村庄数	省份	村庄数
黑龙江	6	安徽	8	新疆	1	西藏	1
吉林	19	江苏	3	甘肃	8	云南	2
辽宁	3	山东	19	青海	1	贵州	4
内蒙古	12	福建	2	陕西	7	广西	2
天津	3	湖北	9	宁夏	1	广东	1
河南	15	湖南	6	四川	21	海南	2
河北	5	江西	2	重庆	5	山西	7

在每个村庄，调研员要访问至少一所幼儿园，一个村干部，10～20名入园幼儿家长，10～20名未入园幼儿家长。

4. 调研工具

全部调研工具由课题组根据研究需要自行编制，包括：

(1)调研整体流程图：用于帮助调研员了解调研的整体流程。

(2)村干部访谈记录表：用于了解本村幼儿人数，幼儿园的数量、规模和性质，本村的经济状况等整体信息。

(3)入园家长访谈记录表：用于了解入园幼儿的学费、路途、家长对幼儿园的满意度等信息。

(4)未入园家长访谈记录表：用于了解适龄幼儿未入园的原因，未来的入园意向，家长的教育观念等。

(5)幼儿园观察访问记录表：用于了解农村幼儿园中的师生比、教师学历和专业、教育设施、教育内容等。

(6)村屯幼儿教育发展整体情况分析报告单：包括调研员对所在村整体背景情况的描述(村落的地理特征、生产形态、经济状况和教育观念)；调研员对所在村学前教育现状的分析(包括目前所在村学前教育是否满足幼儿的需求、可借鉴的经验、启示以及薄弱环节、存在的问题等方面)；调研员对发展所在村学前教育的建议。

二、提高农村幼儿入园率的主要困难和对策

目前，国家已将普及学前教育提上日程，在《教育规划纲要》中明确提出："积极发展学前教育，到2020年，普及学前一年教育，基本普及学前两年教育，有条件的地区普及学前三年教育。"

由于城市幼儿的入园率已接近饱和，所以提高学前三年入园率的工作重心应

该在农村。与城市相比，我国农村地区3～6岁幼儿人数多，家长的教育指导能力差，更需要接受幼儿园教育。然而农村地区的幼儿入园率却远远落后于城市。

《教育规划纲要》中特别提出“重点发展农村学前教育，努力提高农村学前教育的普及程度”。因此，提高农村幼儿入园率是实现我国学前教育事业发展目标的重要任务。

为了实现提高农村幼儿入园率的目标，必须深入了解当前影响幼儿入园率的阻碍在哪里，部分家长不送孩子入园的主要原因是什么。只有对这些问题有了深入的理解，才能有的放矢地制定提高农村幼儿入园率的有效措施。

(一)农村幼儿入园率的现状

据国家教育事业发展公报的数字，2009年，我国学前一年毛入园率为74.0%，学前二年毛入园率为65.0%，学前三年的毛入园率为50.9%。

然而，本课题组在175个村庄中的调研结果却发现，农村的学前三年入园率为83.6%，不但远远超过国家教育事业发展公报中的2009年的数字，甚至还远远超过国家在2020年学前三年70%的入园率目标。导致这种差距的原因主要有两点：

1. 调研取样方面的原因

一方面，这次调研主要集中在我国中部、东部和东北地区，而在西北地区各省份中选取的村屯数量比较少。然而，这次调研对华南、华东地区等发达地区村屯的覆盖也极少，在一定程度上，取样的地域偏差可以相互抵消。另一方面，由于本次调查采取大学生调研员回乡调查的形式进行，尽管调研员所在学校是全国招生，但不排除一种可能性：有些贫困农村地区可能长时间没有出现大学生，或者没有出现能考入重点大学的学生，由此导致返乡调查的调研员所在村屯出现经济发达程度方面的整体的系统性偏差。然而，从农村家庭人均年收入来看，调研村报告的人均年收入为4 841.7元，低于2010年国家统计局的统计数据(农村人均年收入5 919元)，从这个角度看，样本选取的偏差不会太大，至少可以说调研村的平均经济水平并不高于中等程度。

2. 统计口径的原因

本次调研中发现，很多村屯中的幼儿所在幼儿园是“无户口”的民办幼儿园(未申请在教育部门登记注册)或者是非正规的家庭作坊式幼儿园。国家在统计入园率时，是通过“注册幼儿园中3～6岁幼儿总人数除以3～6岁幼儿总人数”计算得来的，这种“无户口”的幼儿园和家庭作坊式幼儿园是没有考虑在内的。本课题组的调查研究发现仅家庭作坊式幼儿园的数量在调研村幼儿园总量中的比重就达到25.2%，所容纳的幼儿人数占调研村入园幼儿总人数的14.9%，这些入园幼儿并未包含在政府的入园率统计之中。同时，未注册的民办幼儿园中的幼儿人数也未被统计。这很可能是导致调研村幼儿入园率较高的主要原因。

(二)影响农村幼儿入园率的原因分析

根据本次调研结果，影响农村家长送孩子入园的重要因素可以概括为四种：家长的学前教育观念；家园距离；入园费用；幼儿园质量。图 5.1 显示出四种因素的相对重要程度。

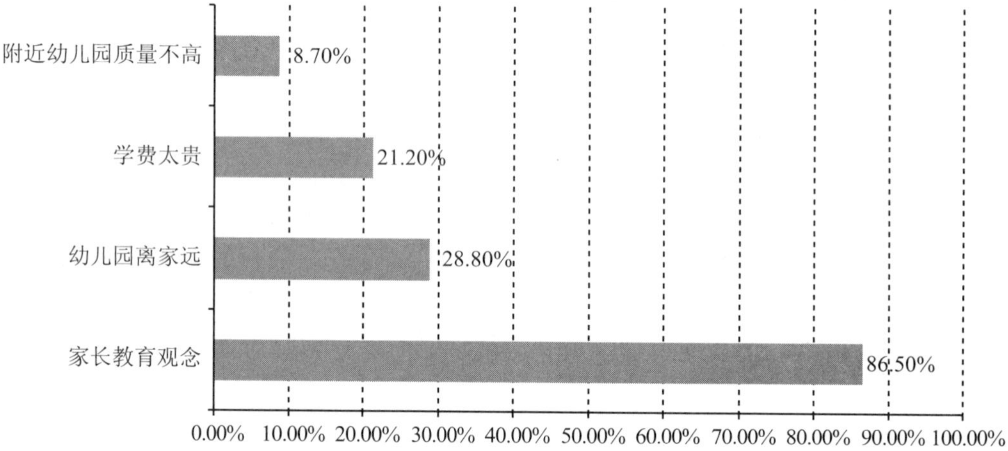

图 5.1　农村 3～6 岁幼儿未入园的原因

以下分别对上述四种因素的表现及影响做进一步的分析。

1. 农村家长中存在的不正确学前教育观念是影响入园的主要原因

在孩子未入园的原因分析中，有 86.5%的家长是因为学前教育观念而未送孩子入园的。部分农村家长对孩子受教育的重视仅局限于义务教育以及更高层次的教育，并没有看到幼儿园教育对子女发展的重要作用。这些家长对学前教育的片面认识成为影响农村幼儿入园率提高的主要因素。家长不正确的学前教育观念主要表现为以下三种：

(1)“家里有人看就没必要去幼儿园”。79.2%的未入园幼儿家长认为，既然家里有人看，就没必要去幼儿园。这些家长仅仅看到幼儿园照看孩子，解放家长劳动时间的功能，未能重视幼儿园独有的教育功能。

(2)“孩子吃好喝好睡好最重要”。部分家长认为学前阶段的孩子，吃好喝好睡好和身体健康安全最重要。而要做到这一点，家人比幼儿园老师更擅长，更能尽心尽力；同时，“家里是孩子最好的保护所”，能够避免各种危险。部分农村家长认为，在家里孩子能够避免受到其他调皮孩子的欺负，也不会学到一些不好的行为习惯等。在谈到幼儿在家中照看的益处时，68.3%的未入园幼儿家长认为“孩子在家里照顾得好”。这些家长只重视幼儿的身体健康，却忽视了幼儿的心理发育需求。

(3)“孩子在家更自由自在”。一些家长认为，孩子在家里，可以按照自己的步调，想干什么就干什么，想玩什么就玩什么，不用受到太多的约束和管教。在谈到幼儿在家中照看的益处时，11.6%的未入园幼儿家长谈到“孩子在家更自由”；22.9%的未入园幼儿家长谈到“孩子太小不舍得”。这些家长没能意识到在幼儿园里学会规则、发展自我控制能力，也是幼儿发展的重要任务。

2. 从村屯到乡镇中心区域幼儿园的交通距离是影响入园的重要原因

“家园距离”是影响农村幼儿入园率的重要因素之一。农村幼儿园布局不合理，较好的幼儿园都分布在乡镇中心区域，村屯中的家长接送幼儿不方便，影响了家长送孩子入园的意愿。

调研发现，48.6%的调研村没有幼儿园，近一半的农村家长需要将孩子送到外村或镇上接受学前教育。在幼儿未入园的原因分析中，近30%的家长提到“幼儿园离家太远”(见图5.1)，其中，在提到“幼儿园离家太远”的未入园幼儿家长中，超过一半的家长报告最近的幼儿园距离家庭所在地10里以上(见图5.2)。

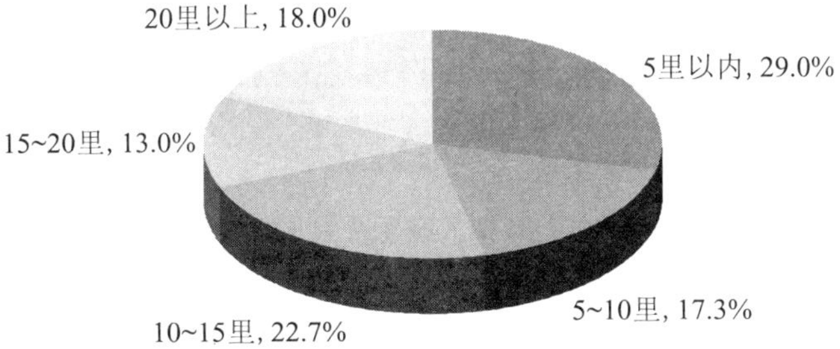

图5.2　实际家园距离(因“离家远”而未入园的家庭)

近40%的农村园不能为幼儿提供午餐，因此家长一天需要多次接送。家园距离远，会给家长带来诸多不便。很多乡镇园或外村幼儿园不能提供班车接送，需要家长耗费时间专门接送，这也加重了家长接送孩子的时间负担。所以有些家长干脆不送孩子入园。

3.“入园费用”是影响农村幼儿入园率的次要原因

在幼儿未入园的原因分析中，21.2%的家长提到“学费太贵”(见图5.1)，而这部分家庭的人均月收入平均为321.9元(见图5.3)，低于调研村的人均月收入平均水平(403.5元)。这些家长中，仅六成的家长认为幼儿园月收费在100元以内才是比较容易接受的(见图5.4)。此外，在已入园幼儿家长对幼儿园的不满意评价中，仅12.5%的家长提到“入园费用高”。由此可见，在影响农村幼儿入园率的诸多因素中，经济成本确实是影响因素之一，但并不占主要地位。主要是在经济落后地区、经济贫困家庭以及幼儿园收费较高的情况下起作用。

调研村幼儿园收费水平的分布情况见图5.5。

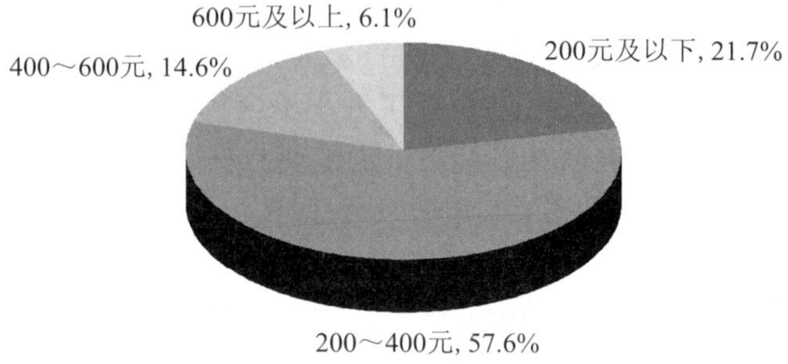

图5.3 感到“学费贵”之家庭的人均月收入

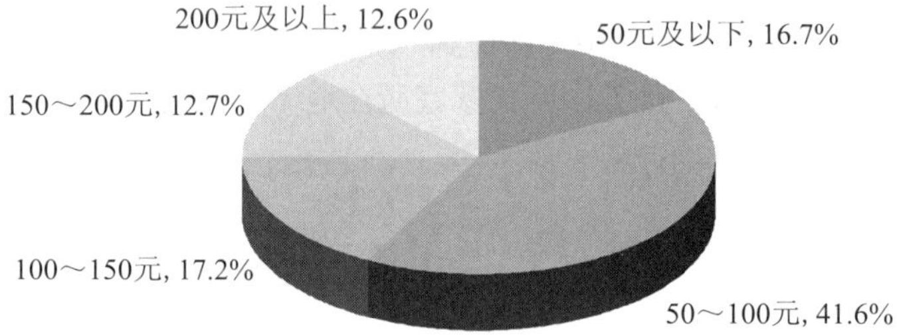

图5.4 因“学费贵”未入园幼儿家长能够接受的费用

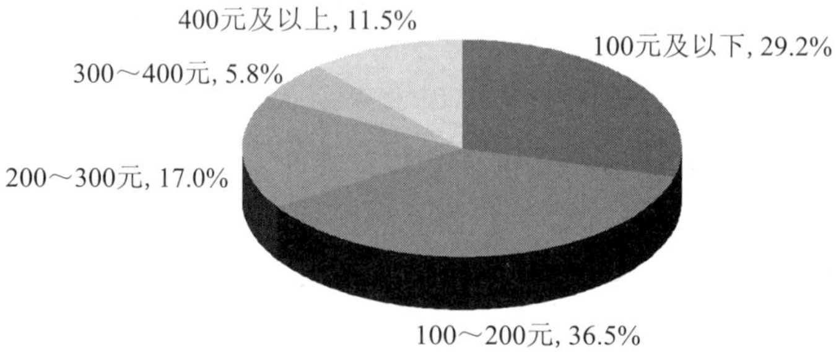

图5.5 农村幼儿园月收费情况

从图5.5可以看出，65%以上的农村幼儿园收费在200元以内，这个收费水平对于多数农村家庭而言是可以接受的。

4. 本村幼儿园教育质量不能令家长满意

在幼儿未入园的原因调查中发现，近10%的未入园幼儿家长提到“附近幼儿园的质量不高”。调研村幼儿园存在以下问题：(1)设施简陋，不仅缺乏基本的教具和大型玩具，也很难保证基本的活动场地、光线条件和通风条件等；(2)师资贫乏，一方面，教师数量少，师生比例过低，其中师生比低于1∶20的幼儿园占50%以上(见图5.6)；另一方面，教师专业化程度不够，幼师专业毕业的教师所占的比例不足50%，中专非幼师、高中及以下学历的教师所占的比例超过40%；(3)管理不规范，目前村园在课程安排、伙食准备以及幼儿安全等问题上不能令家长满意。幼儿园质量的不过关，势必会让家长感觉“在家里照顾得更好”，不放心将孩子送到幼儿园。

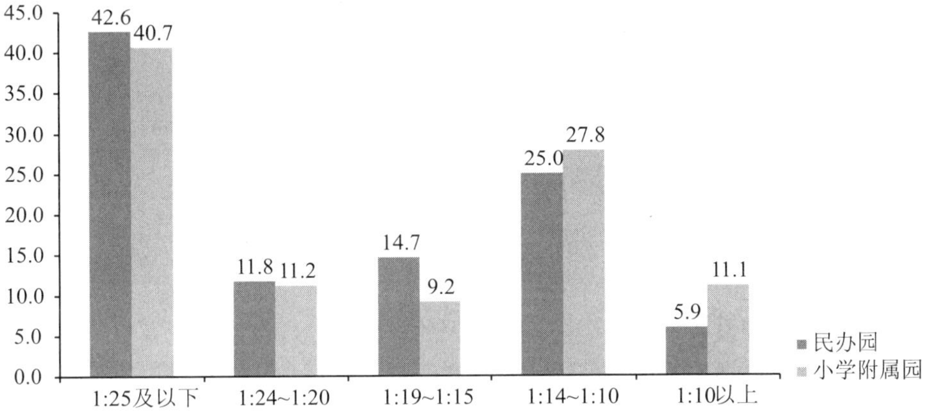

图5.6 农村民办园和小学附属园中师生比例情况

其实，“附近幼儿园质量不高”与“乡镇幼儿园距离太远”是两个相互关联的问题。正是因为附近幼儿园质量不高，才需要去乡镇中心园。如果乡镇中心园又距离太远，那么就只能选择不入园。

综合上述分析，可以认为，在影响农村幼儿学前三年入园率的诸多因素中，“家长的学前教育观念”是主要原因，“附近幼儿园质量不高”与“乡镇幼儿园距离太远”是居于其次位置的重要原因，“经济负担”只是作用于少数家庭的次要原因。

因此，提升农村学前三年入园率的主要任务是在农村地区大力宣传幼儿园教育的意义，改变部分农村家长狭隘的学前教育观念；加大对村屯幼儿园的扶持力度，缩小村屯幼儿园与乡镇中心幼儿园的差距，减少家长往返接送的负担；在贫困地区和贫困家庭中开展“教育券”试点，而不是缺乏针对性的、大范围的教育券补贴。

(三)提升农村幼儿入园率的途径

1. 向农村家长宣传幼儿园教育对幼儿发展的重要作用

当前，家长的学前教育观念是制约农村幼儿入园的关键因素。为提高农村幼儿入园率，首先需要加大宣传力度，增进家长对幼儿园教育的重视程度，改变家长对幼儿园教育的片面认识。

(1)宣传内容。在宣传过程中，宣传内容包括幼儿园的教育意义、教育任务、教育内容以及办园特色等。

很多农村家长认为学前教育不重要，“孩子还小，什么也学不会”，只要照顾好就可以了。实际上，孩子从出生那一刻起就在不停地学习，进步之快是令人惊叹的。幼儿阶段是人生中非常重要的阶段。以蒙台梭利为代表的教育学家和心理学家发现，人的发展存在着敏感期。在敏感期内，儿童对一定的物体或练习活动表现出高度的积极性和兴趣，并学得很快，而过了这个时期，上述情况会消失。在大量的观察和实验的基础上，蒙台梭利揭示了诸如语言、动作、数概念、秩序、同伴交往等重要能力发展的敏感期，然而这些敏感期大多数在6岁之前①。因此，我们成人应该为孩子提供适宜的环境、适当的帮助，来满足孩子成长的需要。

可能是受到当地幼儿园质量薄弱的影响，很多农村家长没有弄清幼儿园的教育任务，认为“幼儿园就是帮忙看孩子的地方”。然而，幼儿园不是简单地看孩子。《幼儿园工作规程》中明确指出幼儿园教育的任务是“坚持保育与教育相结合的原则，对幼儿实施体、智、德、美诸方面全面发展的教育，促进其身心和谐发展”。相对于家庭而言，幼儿园教育具有许多独特作用②。一方面，幼儿园有很多玩具、专门的活动场地等物资设备，也有受过较好培训的教师指导，在遵循儿童身体发育规律的基础上，进行科学的规划和训练，为幼儿的身体发展和认知发展提供保证；另一方面，在幼儿园集体教育的背景下，幼儿在与同伴的互动中，可以学到与其他幼儿交往的技能，学会控制自己的行为和欲望，为幼儿的社会性发展提供条件。然而，部分农村家长没有认识到幼儿园教育和同伴互动对培养孩子习惯和兴趣、提升人际交往能力等方面的积极作用，一味追求周到全面的照顾孩子。那些提到“家里有人看”的家长中，71.4%的家长所指的照料者是老人(见图5.7)，这种隔代教育中的宠爱惯养对孩子的发展是非常不利的。

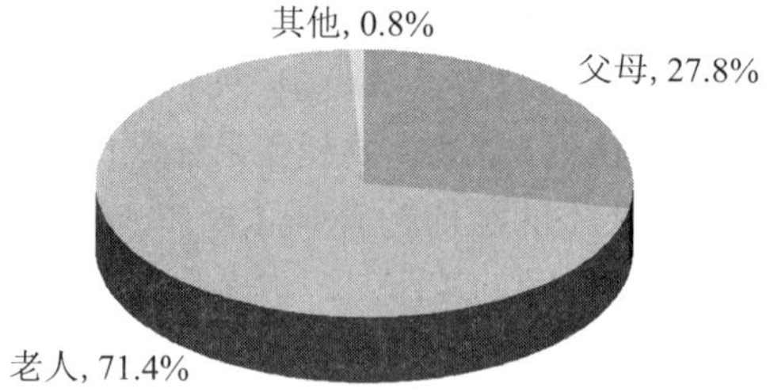

图5.7 “家里有人看”所指的照料者

① 叶平枝：《从蒙台梭利的儿童观论学前教育的重要价值》，《学前教育研究》2011年第6期，第27—30页。

② 郑福明主编：《幼儿园教育与家庭教育》，东北师范大学出版社2003年版，第5—10页。

在幼儿园的教育内容方面，部分家长认为“幼儿园就是小学的提前，提早学习识字和算术”。事实上，幼儿园教育的重要任务之一是促进幼儿的认知发展，并不是单纯的知识灌输。其中，幼儿认知发展包括“幼儿以感知觉的发展为基础的观察力、注意力和思考能力的发展”和幼儿“语言能力的发展”①。幼儿园对幼儿的感官训练和语言教育的主要目的是为培养儿童的学习兴趣，以及乐于学习和主动学习的习惯。而不是单纯地增加孩子的知识，提前认字、学算术等小学学习的内容。

在接受约束方面，许多家长认为孩子在家可以不受老师管教，有家人宠着，自由自在最好。但这种教养方式会让孩子养成“自我中心”的习惯，不容易适应集体生活。并且，幼儿期是孩子自控力发展的关键时期，集体教育环境有助于培养幼儿的自控力，不能“事事都顺着孩子”，规则和约束对孩子的发展也是很必要的。

此外，宣传当地幼儿园的办园特色也有助于农村家长理解幼儿园教育内容，增强家长送孩子入园的积极性。

专栏 5.2　500 亿支持农村学前教育

为加快解决学前教育资源短缺、投入不足、城乡区域发展不平衡等问题，切实缓解入园难、入园贵的矛盾，会议决定，按照地方为主、中央奖补的原则，进一步增加学前教育财政投入。

“十二五”期间，中央财政将安排500亿元，重点支持中西部地区和东部困难地区发展农村学前教育。第一，支持中西部农村扩大学前教育资源，包括利用闲置校舍改建幼儿园，依托有富余校舍资源的小学增设附属幼儿园，按照一定条件招聘学前教育巡回支教志愿者。第二，鼓励社会参与、多渠道多形式举办幼儿园。中央财政安排“扶持民办幼儿园发展奖补资金”，支持发展普惠性、低收费民办幼儿园等。第三，从2011年起，将中西部地区农村幼儿教师培训纳入“中小学教师国家级培训计划”。四，从2011年秋季学期起，由地方结合实际先行建立学前教育资助制度，对家庭经济困难儿童、孤儿和残疾儿童入园给予资助。中央财政根据各地工作情况给予奖补。会议强调，地方政府是发展学前教育的责任主体，要加大投入力度，制定优惠政策，着力构建覆盖城乡、布局合理的学前教育公共服务体系。会议要求，加快发展学前教育要坚持公益性、普惠性，坚持因地制宜、勤俭节约，坚决杜绝不顾条件大干快上、搞豪华建设，坚决防止资源浪费和产生新的债务；坚持深化改革、创新机制，不断提高办园和保教质量。

资料来源：《羊城晚报》2011年9月10日。

(2)宣传途径。各级政府需要引起足够的重视，积极发挥各种宣传途径的作

① 郑福明主编：《幼儿园教育与家庭教育》，东北师范大学出版社2003年版，第5—10页。

用，向农村家长普及学前教育知识。具体宣传途径如下：

第一，充分发挥公共传媒的积极宣传作用，比如电视、广播，以及街头传单、横幅等。

第二，充分利用乡镇政府组织的影响作用，一方面，联合乡镇机构组织相关的活动，例如，依托各类农村幼儿园、乡镇卫生保健、计生机构和农村的公共文化设施、教育设施组织各种活动；另一方面，重视妇女干部在幼教宣传中的积极作用，例如，乡镇政府、幼教管理部门和乡镇中心园等部门联合，来组织各村妇女干部的培训教育。

第三，加强乡村幼儿园自身的宣传作用，增强幼儿园与家长的联系，发挥幼儿园教育的辐射功能，比如对那些满三岁幼儿的家庭，幼儿园教师可以入户宣传。

第四，鼓励村内高学历人士志愿宣传。比如，借助当地大学生在村民心中的地位，鼓励村内大学生在假期期间向村民宣传学前教育的先进理念。

2. 因地制宜地发展村屯幼儿园，改善村屯到乡镇的家园距离问题

在农村财政资金不够充裕的条件下，多样化的办园形式和办园主体是发展农村学前教育的有效途径。《教育规划纲要》中指出“建立政府主导、社会参与、公办民办并举的办园体制。大力发展公办幼儿园，积极扶持民办幼儿园”。目前，一些省份已将“以社区和村民自治组织为基础，以示范幼儿园和中心幼儿园为中心，灵活多样的幼儿教育形式相结合的幼儿教育服务网络”作为幼儿教育的发展目标。扶持村屯民办园和村小附属园的发展，不仅能够缓解农村地区对学前教育的需求，也能保证公共资源的有效利用。

受自然条件的影响，农村地区村落类型多样，居住人口数量不一。促进农村不同地区学前教育的发展，需要有不同的应对措施，要考虑到村落规模与幼儿园类型的关系。下面将根据各村3～6岁儿童的数量(见图5.8)来划分村落类型，并提出相应的建园策略。

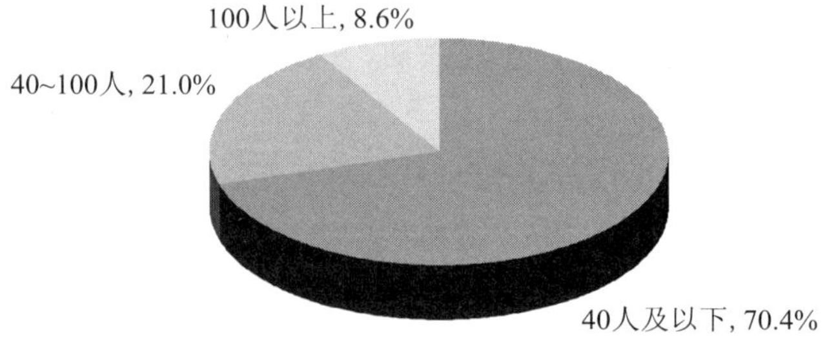

图5.8　没有幼儿园村落的3～6岁幼儿人数分布

类型一：适龄幼儿人数较少的小规模村落

从幼儿园的基本运营来看，3～6 岁幼儿人数不足 40 人的村落，难以维持一所正规幼儿园的存在。一方面，有些家长可能不送孩子入园或者不入本村园；另一方面，幼儿园难以保证幼儿的全勤。在这些难以形成幼儿园规模的村落建园，容易造成资源的浪费。调查研究发现，目前有一半的农村村落没有幼儿园，其中适龄幼儿人数不足 40 人的村落占到 70%(见图 5.8)。如何加快这类规模小、适龄幼儿人数少的村落的学前教育发展，应该引起各级部门的广泛重视。

在 3～6 岁幼儿人数不足 40 人的村落，应鼓励建设灵活多样的幼儿教育形式，包括家庭作坊式幼儿园，家庭辅导站、大篷车流动园、游戏小组、亲子活动中心等。

■家庭作坊式幼儿园

家庭作坊式幼儿园，规模小，费用低，管理更为灵活，为当地幼儿及家长提供了很多便利；但也存在教育硬件质量差，教育内容小学化倾向严重，教育水平薄弱等问题。

在城市非中心地区，也存在着很多质量不合格的家庭作坊式幼儿园，有些园所间还存在恶意的竞争。为此，当前有一种观点是坚决反对家庭作坊式幼儿园的存在。然而，对待家庭作坊式幼儿园的政策不能一刀切。要看到家庭作坊式幼儿园在部分人口分散的农村地区存在的必要性。未来政策制定中，要考虑如何为这种地区的家庭作坊式幼儿园提供硬件支持和教育培训，提高其教育质量，满足当地的幼儿教育需求。政府可以考虑通过乡镇中心园对一些村庄的家庭作坊式幼儿园提供教育支持。

专栏 5.3　走进农村家庭作坊式幼儿园——一份农村幼儿园的调研报告

调研村位于山东省青州市的西南山区，地处半山腰，约 200 户人家。除农忙时间，父亲一般外出务工，母亲在本村干些零活，人均月收入在 600 元左右。村内常住幼儿有 17 人，过去都在山下较远距离的外村幼儿园接受教育。

近几年村内一个退休小学教师办起了家庭作坊式幼儿园，村内 17 名常住 3～6 岁幼儿全部进入该园。家长对幼儿园比较满意，他们认为：①孩子可以照顾得更好。孩子在外村园经常生病，现在在家由家长看着吃饭，能保证吃饱吃好，不易生病。同时家长非常了解老师，相信老师能照顾得很周到；②时间要求宽松。家长接送孩子的时间不是特别严格，不需要按班车时间接送孩子；③价格便宜。外村民办园入园费每月 260 元，而本村园入园费半年才 400 元。

孩子在园时间为上午8:00～11:00，下午2:00～4:30，午间回家吃饭休息；幼儿园开设识字、拼音、数学课每天一次，主要针对5岁以上孩子，5岁以下孩子跟听或玩积木；音乐、美术课隔天一次，全部孩子参与；除课间，每天有90分钟的自由活动时间(上下午的大课间)，孩子们可以玩积木、玩秋千，也可以听老师讲故事。

调研员感到，在这样一个交通不方便、孩子数量少的村落，家庭作坊式幼儿园有它独特的优势：混班教学，大孩子影响小孩子；离家近、费用低，孩子方便，家长满意；老师家长共同照顾，孩子身体健康；但也存在一些不足，小学化问题严重，玩教具少，教学计划性差。

■大篷车流动园

大篷车流动园，是政府、幼儿园或者其他组织提供资助，专业教师在特定时间里组织的定点幼教活动。在2002年，安吉县开始开展“幼儿教育大篷车”活动。该活动以乡镇、村为依托，利用周末时间，由镇中心园教师带领家长和孩子开展定时、定点的游戏教育活动，并兼顾对家长的教育和培训，由家长回去帮助孩子继续学习；同时，也包括专业人员不定点入户指导等非正规教育活动的开展①。

① 杜丽静：《农村幼儿也需要享受优质的学前教育——以浙江安吉县农村幼教发展为例》，《幼儿教育：教育科学版》2010年第7/8期，第47—50页。

实践证明，这种将优质幼儿教育资源送进山村的幼教模式是很值得借鉴的。

■游戏小组

游戏小组形式的幼儿园中，比较突出的就是“四环游戏小组”，该小组是志愿者群体为解决流动人口的学龄前儿童教育问题所做努力和探索，这能够为农村小规模村落的学前教育发展提供非常重要的启示。

四环游戏小组的教育思路是：通过建立研究项目，给予育儿支援，进而借助外力的引导、增强家长和社区的主体意识和育儿能力，通过民间力量自下而上发展幼儿教育①。游戏小组的目标是最终形成家长育儿的互助小组，实现家长的自我教育。

在规模较小的农村地区，也可以借鉴这种家长自助的小组形式，在当地优秀幼儿教师的引导下，主要由幼儿家长负责，开展村民自我管理的幼儿教育，是促进当地学前教育发展的有效途径。

类型二：适龄幼儿人数相对较多的较大规模村落

调查研究发现，在没有幼儿园的村落中，3～6 岁幼儿人数在 40～100 人的村落，占到 21%(见图 5.8)。这种规模的村落中，幼儿人数能够支撑一所正规幼儿园的存在。在这类村落里，提倡发展正规民办园和村小附属园，而不是创建公办幼儿园。

在调研村幼儿园类型分布上，村小附属园和民办幼儿园是农村幼儿教育的中坚力量(见图 5.9)。民办园具有“低投入、低收费、近区域、活机制”的优势，有利于农村经济不发达地区的学前教育发展。又能根据农忙时节调节入园离园时间，对农村家长来说，非常方便。

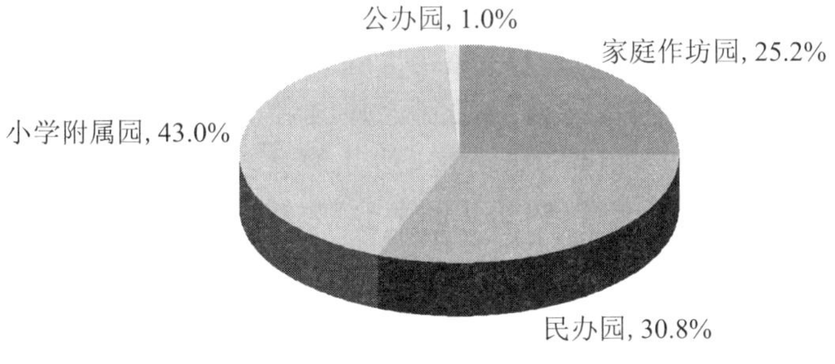

图 5.9　农村幼儿园的类型分布

《国十条》中提出，将积极扶持民办幼儿园发展，各地要制定优惠政策，通过

① 张燕主编：《四环游戏小组的故事：面向流动儿童的非正规学前教育探索》，北京师范大学出版社 2008 年版，第 4 页。

保证合理用地、减免税费等方式，鼓励和支持社会力量以多种形式举办民办幼儿园；采取政府购买服务、减免租金、以奖代补、派驻公办教师等多种方式，引导和支持民办幼儿园提供普惠性、低收费服务。

在这种人口规模的村庄中兴建公办园，容易造成资源的浪费。一方面，村落适龄幼儿人数不够多，随着村落的变迁，势必会出现幼儿园的合并或停办，造成资源的浪费，我们不能重复"村村建小学"的普及教育方式；另一方面，建公办园需要政府长期性的投资，而非简单的一次性投入，然而这种类型的村落所占比例较大，需要政府大量的资金投入。政府在普及农村学前教育的过程中，应该把资金投在有更大产出的地方，例如扶持农村民办园和村小附属幼儿园的发展等。

类型三：适龄幼儿人数多的大规模村落

调查研究发现，在没有幼儿园的村落中，3～6岁幼儿人数在100人以上的村落，约占10%(见图5.8)。在这些村落可以考虑建公办园。一方面，村内适龄幼儿人数多，能够支撑公办园的存在及发展；另一方面，这种类型的村落少，国家能够实现持续投资。

3. 对农村贫困地区和贫困家庭实施教育券制度

教育券(Education voucher)指的是政府把教育经费折算成一定数额的可以用作抵充学杂费的有价证券，是由美国经济学家、诺贝尔经济学奖获得者弗里德曼在20世纪50年代提出的"学券制"转化来的。教育券就是政府给予某种特殊的、购买教育服务的权利，家长可以凭券为子女选择学校，可分为"排富性教育券"和"无排富性教育券"，前者为弱势群体提供平等的受教育的机会，而后者则是针对教育市场竞争来提高教育效益的①。

国内有少数地区已经实施了教育券制度。例如在2001年，浙江省长兴县借鉴美国的教育券制度，开始发行首批中国特色的长兴教育券，来服务于"吸引民间资本办学"。现在在一些地方政府已制定并出台了关于实施幼儿教育券的政策细则，比如山东淄博市临淄区辛店街道"幼儿教育券"政策、浙江宁波市镇海区"幼儿教育券"政策、江苏南京市"幼儿助学券"政策、江苏无锡市新区旺庄街道的"政府助学金"政策等。2011年11月，济南市财政局和教育局联合下发的《关于建立学前教育阶段家庭经济困难儿童资助制度的意见》，提出将设立政府资助金，用于资助学前教育阶段在幼儿园就读的家庭经济困难儿童。从2011年秋季学期起，济南家庭经济困难儿童上幼儿园可以享受政府资助。根据规定，济南市学前教育阶段平均资助标准为城区每人每月140元、乡镇农村每人每月60元，资助金半年发放一次，符合资助条件的在园幼儿最长可享受三年入园资助。

① 刘天娥：《发展农村学前教育：意义、问题与对策》，《中国发展》2011年第1期，第70—73页。

专栏 5.4 [潍坊]4 300 名儿童受益“学前教育助学券”

潍坊新闻网 11 月 12 日讯 近日，从市财政局了解到，为解决困难家庭子女上学问题，我市在今年实施低保家庭儿童、孤儿和残疾儿童免费学前教育政策的基础上，从本学期起开始，通过发放“学前教育助学券”方式，更直接、更有效地将政策落实到最需帮助的人群。

据了解，从 2011 年春季学期起，对全市学前教育阶段，被纳入我市城市或农村低保范围的低保家庭儿童、孤残儿童免除管理费、保育费、杂费。在补助标准上，实行城乡同等待遇，市级财政对城乡幼儿园按统一标准给予补助。

从今年秋季学期开始，对符合条件的儿童，通过发放“学前教育助学券”将免费政策落实到位。学前教育助学券采用实名制，由市财政局和市教育局统一印制，由各级教育部门负责审核发放。受助儿童可选择潍坊市任何一家符合条件的幼儿园入园，并持券免除管理费和保育费、杂费。

目前，全市超过 4 300 名儿童受益于助学券。下一步，还将通过志愿者或志愿者组织筛选受助对象，对各志愿者组织提供的特别困难家庭儿童，可直接纳入免费范围。（孙超）

资料来源：山东新闻网，http://sd.sdnews.com.cn/，2011-11-12。

各地在利用教育券制度提高学前三年入园率的时候要注意，教育券制度最适用的对象是因学费原因而不愿送孩子入园的家长（本调查中约占未入园家长总数的 1/5）。所以学前教育券制度主要适用于贫困地区和贫困家庭，对于其他原因导致的不入园问题，还应该有针对性地采取措施。

4. 提高农村幼儿园质量，增强家长送孩子入园的积极性

当前农村幼儿园质量令人担忧，只有农村幼儿园质量提高了，才能吸引家长送孩子入园，保证农村幼儿园的质量是普及农村学前教育的前提条件。“提高质量”已被纳入《教育规划纲要》“二十字”工作方针，“提高质量作为教育改革发展的核心任务”。只有在保证农村幼儿园教育质量的前提下，提高幼儿入园率才有意义。所以，未来的任务不只是普及学前教育，更重要的是普及一个什么样的学前教育。

教育部统计数据显示，2009 年，我国登记在册的幼儿园共有 138 209 所，其中城市幼儿园 33 496 所，县镇幼儿园 38 347 所，农村幼儿园则达到 66 366 所。有效发挥农村现有幼儿园的作用，能够实现少投入、高效率的发展农村学前教育。提高农村已有幼儿园办园质量的措施可以从两方面入手：一是把乡镇中心园的功能扩大到引领全镇学前教育的发展；二是扶持村内已有的各类幼儿教育机构，包括村民自助的幼教点，民办幼儿园，以及小学附属园等。

✦发挥乡镇中心园的带动作用

《教育规划纲要》明确提出"发挥乡镇中心幼儿园对村幼儿园的示范指导作用"。目前，各省的学前三年振兴计划中都重视扩建或发展乡镇中心园。未来的工作中要注意发挥这些乡镇中心园的示范、帮扶、辐射作用。起到"行政上管理乡镇区域内的幼儿园，业务上指导其他幼儿园"的作用。目前，在北京市房山区、浙江省安吉县、诸暨市等地的一些乡镇已实践了这一指导思想，并取得了较好的成果，学前三年入园率达到90%以上。这些地区的农村学前教育经验值得借鉴。

有些地区以"集中管理，分散教学"的模式发展全镇幼儿园。例如，安吉县为发挥乡镇中心幼儿园对广大农村幼儿园的业务指导作用，建立了以3所省示范幼儿园为龙头，16所乡镇中心幼儿园为主体的指导和服务网络。示范园每年派骨干教师到农村幼儿园担任园长和保教主任。对个别散居在深山里、无法受到正规早期教育的儿童，组织"幼教大篷车"，开展定时、定点一日幼儿园和不定点入户指导及城乡联谊等非正规教育活动①。

✦扶持发展村内已有的多种性质的幼教机构

目前，农村大部分幼儿园质量还比较薄弱。如果不提高农村已有园的办园质量，很难让家长送孩子入园。政府应该加大对已有园的扶持力度，在提高农村幼儿园质量的同时，提高学前三年教育的普及程度。

■根据实际情况扶持和规范家庭作坊式幼儿园

当前，已有的村民自助的幼教点主要是指家庭作坊式幼儿园。本课题组的调查研究发现，家庭作坊式幼儿园数量占村园数量的25.2%，容纳了近15%的农村适龄幼儿。大部分家庭作坊式幼儿园并不符合办园要求，但一旦取缔，将会为村内幼儿入园带来更多难题。因此，在小规模村庄中，应积极扶持家庭作坊式幼儿园。在较大规模村庄中，可以根据当地的实际情况，在确保有正常的就近入园条件的前提下，取缔家庭作坊式幼儿园，优先发展规范的幼儿园。

■大力加强对村内已有民办幼儿园的扶持和监管

本课题组的调查研究发现，民办园在农村已有园中的比重超过30%。但自然形成的农村民办园存在"师资薄弱"、"管理不规范"、"教育内容和形式小学化"、"教育设施薄弱"等诸多问题。为了加大政府对民办幼儿园的影响力，应该扶持和监管并重。扶持措施越有力，民办幼儿园就越愿意接受政府的监管。对民办幼儿园的扶持措施可以从教育资源的免费供给、教师配备补贴政策等方面入手，后两节还会详细讨论这一问题。

---

① 王健敏：《加强乡镇中心幼儿园建设，促进农村幼教事业发展的对策研究》，《幼儿教育(教育科学版)》2006年第5期，第10—16页。

■规范已有的小学附属园

小学附属园仍是促进农村幼儿教育发展的主力军，在村园中的比重占到43%(见图5.9)。小学附属园直属于小学，并由乡镇教委统一管理，办园方向易控制，资金投入有保障。利用小学闲置校舍和活动场地，能够保证幼儿的活动空间。

2011年9月，财政部、教育部在通知中明确，从2011年开始，用3年时间，中央财政将支持中西部地区和东部困难地区选择农村闲置校舍和其他富余公共资源改建成幼儿园。中央财政按照拟改建的校舍面积、新增入园幼儿数和每平方米500元的测算标准，分地区按比例予以补助。西部地区，中央补助80%；中部地区，中央补助60%；东部困难地区，中央分省确定补助比例①。

然而，当前部分已存在的小学附属园没有充分发挥自身的优势，出现师资贫乏、教学内容单一，小学化倾向严重。为此，政府应加强对现有小学附属园的调控管理：

一方面，明确职责，把小学附属园的管理纳入相应机构的工作职责范围之内，改变其有人办学、无人监管的状况；另一方面，建立小学附属园与乡镇中心园的联系，可以安排乡镇中心园的优秀教师，到村落小学附属园支教或定期辅导，提升小学附属园的教师素质，丰富教学内容。

三、村屯幼儿园的师资素质现状与提高

农村学前教育的发展远远落后于农村义务教育的发展水平，更是远远落后于城市学前教育的发展水平②。长期以来，我国农村学前教育师资缺口较大且不稳定，教师素质、能力和学历偏低。2007年，城市学前教育师生比为1∶9.2，而农村则高达1∶32.5③。2007年，农村幼儿园“高中及以下学历”的幼儿教师占总数的67%，具有本科及以上学历的教师所占的比例则远低于城市④。小学附设模式以及家庭作坊模式幼儿园的教师水平相对更低，他们的教育方法和手段相对简单，大部分教师单纯为满足家长要求，忽视幼儿游戏，“小学化”教学倾向严重。

---

① 中华人民共和国财政部、教育部：《关于加大财政投入支持学前较育发展的通知》(财政[2011]405号)，2011年9月5日。

② 罗国立，储祖旺：《不同的起跑线——我国幼儿教育事业城乡发展不均衡探析》，《上海教育科研》2008年第9期，第16—18页。

③ 庞丽娟：《中国教育改革30年(学前教育卷)》，北京师范大学出版社2009年版，第27页。

④ 张朝、于宗富：《农村学前教育的困境与出路》，《教育发展研究》2009年第24期，第38—42页。

农村幼儿园为教师提供的培训机会少①，教师可利用的教育资源不足，教研活动质量不高；工作负荷重、工学矛盾突出，使农村幼儿教师无暇顾及教育理念的更新和教学能力的提升②③，出现教龄长而经验不长甚至退化、弱化的现象。大多数农村地区对教师任职资格管理不规范，幼儿教师的身份不明，编制落实不到位，一些权利得不到保障，出现了城乡幼儿园教师双向流动的困难④。农村幼儿教师职后培训机会少，甚至处于瘫痪状态⑤⑥⑦。幼儿教师主体发展意识不强，严重弱化了农村学前教育的质量。

根据我国义务教育的发展与改革经验，一线教师是新理念和新方案的具体实践者，是关乎改革成败的关键力量。在理顺教育投资体制的基础上，改善办学的硬件条件是相对容易做到的，而教师素质的提升往往成为较难突破的"瓶颈"。

自《教育规划纲要》颁布后，农村学前教育的发展局面有所改善。但从各省的落实方式看，目前的工作重点都集中在乡镇中心园的硬件建设和师资配备，对村屯里的民办幼儿园和小学附属园扶持措施还不够充分。如果乡镇幼儿园与村内幼儿园在园所环境和办园水平上差距过大，则会导致村内居民搬迁、班车路途安全、幼儿路途上时间成本过高、提高入园率困难等诸多问题。这些困难可能使部分家长权衡之后仍然返回村内幼儿园，也可能使家长放弃送幼儿入园而由家人教养。因此，在未来一段时期，那些距离乡镇较远、幼儿数量较少的村子，适龄儿童仍需要通过村内的小学附属园、民办园和家庭作坊式园等接受学前教育。

在本课题组调研的175个村屯中，81个村屯没有幼儿园。办有幼儿园的村屯内有小学附属园46所、民办园33所、家庭作坊式幼儿园27所、公办园仅有1所。从调研村内3～6岁幼儿的数量来看，3～6岁儿童总数在10人及以下的村子占10.1%，50人及以下的村子占53.3%，超过100人的村子不足20%(见表5.4)。入园幼儿中，在村内幼儿园接受学前教育的幼儿占总数的68.1%，而在乡镇幼儿园的有31.6%(见表5.5)。

---

① 杨莉君、陈思：《农村幼儿教师专业发展途径的现状与建议》，《湖南师范大学教育科学学报》2010年第6期，第91—94页。

② 杨莉君、周玲：《农村幼儿教师生存状态的研究——以中部四省部分农村幼儿教师为例》，《教师教育研究》2010年第5期，第27—31页。

③ 郑挺谊：《农村教师专业发展的困境与出路》，《中国农村教育》2008年第1期，第50—51页。

④ 李红婷、罗先华：《由"民办"向"公办"回归》，《学前教育研究》2008年第11期，第11—14页。

⑤ 王杰：《贫困地区农村幼儿教师专业成长的现状、问题及对策》，《学前教育研究》2009年第1期，第15—18页。

⑥ 庞云凤：《培养农村学前教育师资：契机与使命》，《淄博师专学报》2010年第2期，第22—28页。

⑦ 线亚威、刘晓娟：《农村幼儿园问题与对策研究》，《辽宁教育行政学院学报》2009年第9期，第149—151页。

表 5.4　　　　调研村 3～6 岁儿童数量范围及分布

数量范围	所占百分比(%)	累计百分比(%)
20 人及以下	23.7	23.7
20～50 人	29.6	53.3
50～100 人	21.8	75.1
100～150 人	7.7	82.8
150～200 人	7.2	90.5
200 人以上	9.5	100.0

注："20～50 人"不含 20 人，含 50 人，以此类推。

表 5.5　　　　入园幼儿所在园的类型、人数与比例

	幼儿园类型	数量	百分比(%)
村内幼儿园	村内小学附属园	436	21.6
	村内民办园	327	16.2
	村内家庭作坊园	221	11.0
	村内公办园	30	1.5
外村幼儿园	外村民办园	234	11.6
	外村小学附属园	80	4.0
	外村家庭作坊园	42	2.1
	外村公办园	1	0.1
乡镇幼儿园	乡镇民办园	333	16.5
	乡镇公办园	304	15.1
县市幼儿园		7	0.3

显然，小学附属园、民办园和家庭作坊园作为主体的村内幼儿教育格局在一定时期内有其存在的客观必要性。这些办园主体仍然是不可或缺的农村学前教育力量，它们为村里适龄儿童提供了年限不等的启蒙教育，为提高我国人口素质作出了贡献，应该得到政府和社会的支持和尊重。政府应树立全纳观念，在关注乡镇中心园建设的同时，也应关注村内幼儿园、关注村内幼儿教师的发展。本课题组也将研究重点放在村内幼儿教师这一特殊群体，思考他们的专业发展困境，并提出促进发展的对策。

(一)村内幼儿教师群体的现状和问题

1. 村内幼儿园教师数量不足

按村内幼儿园的性质，分别统计幼儿园的师生比(在涉及教师信息的142个幼儿园中，民办园最多，接近调研园的一半，小学附属园次之，其他类型幼儿园都不足5%或刚过5%。故主要分析民办园和小学附属园的师资情况)。

根据统计结果(见表5.6)，超过一半以上的民办园(54.4%)和小学附属园(51.9%)，师生比在1∶20以下。师生比在1∶40以下的民办园超过了一成，小学附属园接近一成。民办园、小学附属园中师生比达到或超过1∶6的只占幼儿园总体的1.5%和3.7%。若按国家规定的每班20人、两教一保计算，村内幼儿教师数量明显偏少，师生比明显偏低。

表5.6　农村幼儿园的师生比　单位:%

师生比范围	民办园		小学附属园		调研园总体	
	百分比(%)	累计(%)	百分比(%)	累计(%)	百分比(%)	累计(%)
1∶50及以下	7.4	7.4	3.7	3.7	5.0	5.0
1∶50～1∶40	4.4	11.8	1.9	5.6	3.5	8.5
1∶40～1∶35	2.9	14.7	7.4	13.0	4.3	12.8
1∶35～1∶30	8.8	23.5	9.2	22.2	8.5	21.3
1∶30～1∶25	19.1	42.6	18.5	40.7	8.7	39.0
1∶25～1∶20	11.8	54.4	11.2	51.9	12.8	51.8
1∶20～1∶15	14.7	69.1	9.2	61.1	12.7	64.5
1∶15～1∶10	25.0	94.1	27.8	88.9	26.3	90.8
1∶10以上	5.9	100.0	11.1	100.0	9.2	100.0
平均师生比	1∶15.9		1∶17.8		1∶14.3	

注：1."1∶50～1∶40"不含1∶50，含1∶40，以此类推。

2. 尽管与国家规定的幼儿园师生比标准相比，村内幼儿园的师生比偏低，但相比于城市幼儿园，村内幼儿园的师生比还是较高的。之所以出现这种情况，与村上适龄儿童数量少有关。村子小、幼儿数量少，师生比相对就高。

2. 村内幼儿园教师的专业化程度不高

(1)村内幼儿园教师的学历水平偏低。在调研村的民办园和小学附属园中，各类学历幼儿教师的人数和比例见表5.7。

表 5.7 民办园和小学附属园幼儿教师的学历专业结构

学历专业	民办园		小学附属园		调研园总体	
	人数	百分比(%)	人数	百分比(%)	人数	百分比(%)
本科幼师	14	5.7	15	6.7	35	5.7
本科非幼师	3	1.2	13	5.8	17	2.8
大专幼师	34	13.9	41	18.2	96	15.6
大专非幼师	22	9.0	31	13.8	55	9.0
中专幼师	68	27.8	35	15.5	126	20.5
中专非幼师	38	15.5	24	10.7	71	11.6
高中	9	3.7	27	12.0	104	17.0
初中及以下	57	23.3	39	17.3	109	17.8
总计	245	100.0	225	100.0	613	100.0

在民办园中，高中及以下学历的教师占总数的三成左右(27%)，本科学历者不足10%。大部分是中专到大专层次的教师(占66.2%)。在小学附属园中，高中及以下学历者与民办园接近(29.3%)，本科学历者略高于民办园，占到总数的12.5%，大、中专学历者最多，占总数的58.2%。从统计结果看，村内幼儿教师学历高于我们的预期。该结果可能源于民办园和小学附属园为了提高办园水平招聘了一些高学历的教师，也可能是在职教师为获得更好的工作机会而利用业余时间参加了函授学历教育。

但是，村内幼儿园还有较大比重的初中及以下学历的教师，民办园初中及以下学历者竟占教师总数的23.3%，在小学附属园这类教师比例也达到17.3%。高中及以下学历者在村内幼儿园中占到总数的34.8%。由于没有幼教专业的学习经历，缺乏幼儿教育专业知识、技能和教学法知识的储备，初中及以下学历幼儿教师主要靠模仿和摸索开展幼教工作，难免使鲜活的、生成性的幼儿教育活动陷入程式化和机械化。

(2)村内幼儿教师的专业对口率低。村内幼儿教师的专业不对口现象比较突出(见表5.7)。中专、大专和本科学历中非幼师专业毕业的教师累计达到25.7%，若加上高中和初中及以下学历的教师，这个比例累计达到52.4%，即一半多的幼儿教师是非幼教专业人员，这些教师的知识结构和教育技能难以满足幼儿教育的要求。

(3)村内幼儿教师的家长满意度低。围绕对幼儿园满意和不满意的方面，采用开放式访谈法对幼儿家长进行访谈。对访谈结果进行归类编码，并统计各类回答的提名次数和提名率后发现，农村家长对当地幼儿教师工作态度的满意度高，但对幼儿教师综合素质的不满意度高。家长感到满意的方面主要是教师耐心负责的工作态度(539人次，26.0%)和能够教给孩子知识(452人次，21.8%)；家长不满意的方面主要是“教育方式和质量不高”(326人次，15.7%)，“素质不高”(138人次，6.7%)，“数量少”(128人次，6.2%)。尽管在家长满意项目和家长不满意项目中都提及“耐心负责”、“教学方式和质量”与“教师素质”，但对“耐心负责”的满意提名率远高于不满意提名率(81人次，3.9%)，而对“教育方式和质量”、“教师素质”的不满意提名率高于满意提名率分别为245人次(11.8%)、86人次(4.1%)。由于村上幼儿教师数量配备不足，低学历者比重高，使幼儿园教学出现小学化、粗放化等诸多问题，难以体现幼儿教育的生动性、丰富性和启蒙性，使幼儿家长对教师素质产生不满。

没有数量，就难有质量。村内幼儿教师队伍数量不足，势必影响教师队伍的整体质量，也关涉到社会对幼儿教育的满意度。为此，在解决数量的同时也有利于提高质量，而质量建设反过来也有利于满足数量需求，办出令社会满意的幼儿教育。

(二)农村幼儿教师数量不足的原因与对策

1. 教师数量不足的原因

村内幼儿园教师数量整体不足的原因是多方面的。

(1)学前教育专业毕业生的总体供给不足。一方面，各地政府在新建、改建和扩建幼儿园的过程中，需要补充大量师资。而我国目前学前教育专业的毕业生数量不足以满足幼儿园数量增加后对师资的需求，各省城市幼儿园和乡镇幼儿园纷纷面临师资招聘难的局面。在城市幼儿园和乡镇幼儿园不断扩大用人规模的情况下，村内幼儿园的招聘空间进一步被挤兑，更难招聘到一定数量的专业教师。另一方面，由于人才培养的周期性，即便自2011年(《教育规划纲要》颁布之后)开始扩大各层次学前教育专业的招生规模，在未来三四年内，村内幼儿教师供给不足的局面仍难以有效缓解。

专栏5.5 幼儿教育师资的总体缺口

2009年3～6岁幼儿总数为19 747 738人，按照国家关于全日制公办幼儿园师生比的规定(1∶6)，全国幼儿教师的需求总量是3 291 290人，而当年幼儿园教师和保健员总数为1 109 653人，与需求量的缺口达2 181 637人。据教育部发布的2009年教育统计数据，2009年师范专业毕业生总数为929 572人。即使当年师范毕业生全部从事幼儿教育工作，仍存在巨大缺口。如果仅按当年幼教专业毕业生计算，实际差距将更大。

资料来源：中华人民共和国教育部，http://www.moe.edu.cn/。

(2)村内民办园的招聘吸引力不高。村内民办园在招聘时，很难与城市幼儿园(无论公办园还是民办园)竞争。一方面，城市幼儿园可以用更高的工资标准吸引专业人才；另一方面，即使农村民办园许以更高的薪酬，毕业生仍然愿意留在发展机会较多和生活环境更丰富的城市。因此，村内民办园难以聘用到中专或以上学历的幼教专业人才，只得退而求其次，去聘用非专业或低学历的人员。

(3)村内幼儿园普遍存在的小学化教学倾向导致低师生比的可能性。调研中反映出村内幼儿园普遍存在浓重的小学教学倾向。幼儿数量少、年龄落差大的民办园和家庭作坊式幼儿园大多是混合班，采用复式教学，大班“小学化”倾向重、小班“放羊式”倾向重。教学内容单调，孩子坐在座位上的时间长、活动探索的时间少。少数几个教师就可以应付，“不需要”聘用很多教师。幼儿数量较多的小学附属园和民办园，也大多在分班后进行识字和算数教学，游戏少或主要开展平行游戏或自主游戏，只有1～2个教师看着孩子玩，避免出现意外。集中授课方式的特点之一就是节约师资，少数教师就能承担教学任务，客观上造成对教师数量的需求不高。

2. 怎样解决教师数量不足

(1)增加总体供给，调节供求矛盾。一方面，要办好一批幼儿师范专科学校或幼儿教育专业，通过扩大招生规模，产生学前教育毕业生就业由城市向乡村的“外溢效应”，解决村内幼儿园的招聘困境。另一方面，由于人才培养周期较长，在未来的几年内，有必要通过在职的学历补偿教育和短期培训工程提高村内幼儿园教师的水平。

(2)通过政府财政补贴鼓励幼教专业人才到农村幼儿园工作。民办幼儿园加快了学前教育的普及进程，加速了教育的发展过程；充分调动了社会的办学资源，增加了教育投入，缓解了公共财政的办学压力；增加了教育供给的多样性和选择性，一定程度上缓解了村民对教育多种需求与教育供给有限的矛盾；还为公办教育改革提供了不少有益的经验，对公办学校办学理念、管理体制机制、教育教学改革起到了很好的推动作用。村内民办园承担了村上大量适龄儿童的启蒙教育，为乡村孩子打开了一扇窗户、撑起了一片希望天空。因此，政府应积极落实促进民办园发展的各项政策，扶持村内民办园发展。

浙江省台州市通过政府对村内幼儿园办园水平的评估，以“政府购买服务”的方式，对办园质量高并符合国家或地方幼儿教育师生比要求的幼儿园进行教师工资补贴，降低民办幼儿园经营者的用人成本，鼓励增加师生数量。这种做法成本低但收益高，可有效避免大规模投资造成的浪费。但要规避的风险是办园主体的数量虚报，对此可通过网络公示、热线电话、信用承诺书等方式来保障上报教师数据的真实性。

(3)扶持村内幼儿园消除小学化倾向，提高师资需求。推动幼儿园课程多样化和教学方式“幼儿化”改革。当村内幼儿园课程的丰富性和生动性提高了、“小学化”倾向消失了，所需教师数量客观上就增加了。通过这样一种手段和路径，既有利于发挥政府对村内幼儿教育事业的调控作用，也有利于保护办园者的经营自主权；既有利于促进村上幼儿教育质量的提高，也有利于激发办园主体的用人积极性。

(三)提高农村幼儿教师专业化程度的途径

村内民办幼儿园的性质决定了其必然按市场方式运行，它的内部管理机制与外部运行机制都服从于市场竞争的需要。往往在师资聘用、设备购置、教学改革等方面量入为出、精打细算。村内办园主体是小学附属幼儿园和民办幼儿园，这些幼儿园大多收费低，很难给教师开高工资、给高福利。民办园的教师大多没有评聘职称和晋升职务的通道，也没有“三金”保障，但工作负荷重，进修培训的机会很少。这样一种局面，使村级民办幼儿园的招聘吸引力下降，难以招到高素质的幼教专业人才。而幼教专业人才的有效供给不足，进一步加剧了村内幼儿园招聘高素质教师的难度。因此，需在加大幼教专业人才培养规模、改善村内幼儿教师工资待遇的基础上，进一步提高村内幼儿教师的在职培训质量来提升村内幼儿教师的专业水平。

根据调研村幼儿园类型和幼儿教师的学历结构，可将村内幼儿教师分为三类：中专以上学历幼教专业的教师、中专以上学历非幼教专业的教师、高中及以下学历的教师(见图 5.10)。三类教师的知识背景和专业水平不同，其专业发展需求也不同，所以应进行分层培训，按照三类幼儿教师的专业背景，区分培训内容和培训形式。

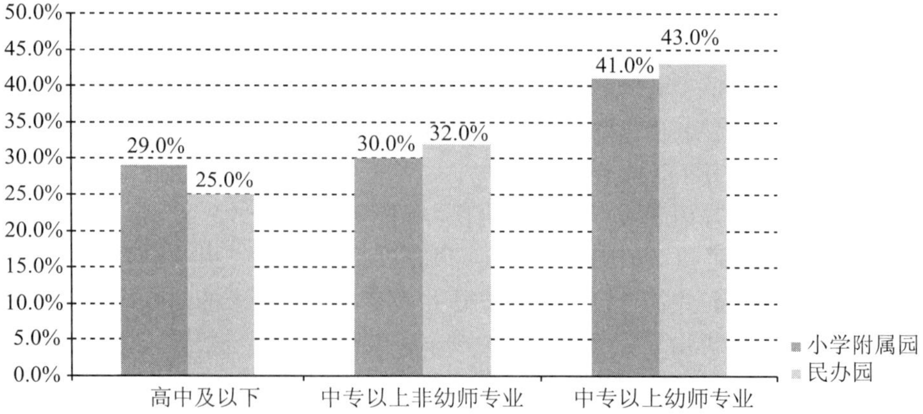

图 5.10 农村民办园和小学附属园中师生比例情况

1. 面向三类教师有针对性地设计不同的培训内容重点

(1)毕业于幼教专业的村内幼儿教师。对幼教专业幼儿教师的培训，要重视理念和方法的更新，开阔其专业视野，提升专业素养。要树立幼儿为本的理念，以更加务实和科学的方法开展农村幼儿教育。使其能立足于幼儿身心发展的需要，因地制宜，创设对农村幼儿身心发展有益的教育环境；能尊重幼儿的主体地位和个性差异，开展适宜的教育活动；能够开发具有乡土特色的课程内容，形成农村幼儿园的特色和优势；能够利用废旧物品开展教、玩具制作，培养农村幼儿的动手能力和科学兴趣；能够不断地发现问题、研究问题并解决问题，引领农村幼儿园的教学方式改革；能够判断村级幼儿教育工作中急需解决的问题并妥善解决，提高教育行为的选择能力。在教学中能够正确处理知识教学与兴趣培养、心智开发与情感培育、接受学习与建构学习、教师引导与学生自主、教育与生活、幼儿教育与家长配合等关系。树立终身学习意识和自我发展意识，学会自主学习和教学反思，使学习和反思成为工作习惯。

(2)毕业于非幼教专业的村内幼儿教师。非幼师专业的幼儿教师常在摸索和模仿中开展保教工作，缺少理论指导，形成的工作经验零散、不系统。难以突破知识背景的瓶颈，使教学质量跃升到更高的水平。故这类教师亟需系统的学习幼教理论知识、接受专业的技能训练。对他们来说，合理且容易接受的培训方式就是学历教育。学历教育的课程一般包括“专业思想”、“专业知识”和“专业能力”三个领域。“专业思想”包括法律法规与安全教育、教育理念与职业修养等；“专业知识”包括幼儿园教育指导纲要、幼儿园教育的目标、内容与途径、幼儿的身心发展特征与教育、幼儿的个体差异与因材施教、特殊儿童的识别与教育等；“专业能力”包括班级环境的创设与利用、一日生活的安排与保育、游戏活动的支持与引导、科技小制作与幼儿科学启蒙、幼儿发展的观察与评价、家园沟通与师幼沟通等。

(3)高中及以下学历的村内幼儿教师。对这些教师除通过学历教育加以提升外，还应鼓励他们不断进行科学、社会和人文知识的学习，掌握基本教学技能。如生物、物理和化学领域的科普知识，数学故事、数学思维和数学现象等数学知识，儿童文学、唐诗、儿歌、谜语、成语故事和寓言故事等文学知识，自然与农业生产等生产知识等，还有绘画与鉴赏、唱歌与弹奏、舞蹈与体操、运动与保健等基本教学技能。使他们能够按照幼儿园各学科的特点完成基本教学任务。还能利用季节性变化，教给幼儿春、夏、秋、冬四季的特征和相应的农事；能带领幼儿尝试播种、浇灌、施肥、杀虫和收获等种植过程，体验劳动者的内心感受；能带领幼儿观察身边家禽家畜的生活习性，培养幼儿爱护动物、爱护自然的情感。能观察生活中的一些现象，分析其中发生的物理或化学变化，启发幼儿探索，培养幼儿的想象力和创造力。能够利用唱儿歌、讲故事、做游戏和劳动等形式，对幼儿进行尊亲、友爱、节俭、勤劳等美德教育。具有良好的艺术修养，有健康的审美观和一定的艺术表现力，能够教给幼儿唱歌、舞蹈和绘画的技能。

2. 对不同类型教师宜采用不同的培训形式

(1)村内小学附属园的幼儿教师培训。村内小学附属幼儿园的教师可纳入教育主管部门对幼儿教师的各级培训体系，通过短期集中培训进行提升。

短期集中培训应包括理念引领、专题讲解、同行助培、教学观摩和交流互动五个阶段。理念引领由高校幼教理论工作者进行，通过先进教育理念解读，达到理念更新的目的。专题讲解由基层教研员或优秀骨干教师进行，围绕幼儿园某领域的教学或普遍的教学难点以专题形式进行讲解，提供可操作的专题研究成果和问题解决方法。同行助培由参训者共同参加，相互为师，取长补短。参训学员来自一线，具有生动、鲜活的感受和经验，通过自由选题，互相介绍工作中有效做法和有用作品，提供直接可用或可以举一反三地应用的经验，延伸专题讲解的效果。当学员具备了新理念、新知识和新方法后，再去示范性幼儿园观摩主题教学活动，使观念层面的方法能在实践中直接观察。最后开展分组研讨和集中汇报，并将学习心得编辑成册作为参训者的教学参考。

为了巩固培训效果，可建立培训学员网络交流平台。设立平台负责人，负责收集、整理参训者发来的工作经验和工作成果信息，编辑成册后再以电子文本的形式转发给省市教育主管部门和每个参训者，为政府决策和教学改革提供参考。政府通过为互动参与者提供会议交流、专项经费等服务或建立幼教专家库来维系网络交流平台的正常运行。

(2)村内民办园的幼儿教师培训。目前各级各类的集中培训均未惠及村内民办园和家庭作坊式幼儿园的教师，这些教师基本没有假期或假期很短，也基本不具备集中培训的可能性。鉴于村级幼儿教育的薄弱现状，政府亟需对村内民办幼儿教师提供集中培训服务。可选用两种方式提供培训服务，一是政府投资并委托高校远程教育机构提供远程培训和考核；二是由政府提供光盘、图书等教学资源直接投放村内民办园，由教师选择后进行岗位自学。

对村内幼儿教师的远程教育既可是学历教育也可是非学历教育。政府委托高校远程教育机构为村内幼儿教师专设教育平台，提供专、本科层次的学历教育和非学历的专题培训。为充分发挥“空中课堂”的效用，远程教育机构要按计划投放课程视频、开辟师生互动通道及时答疑解惑、布置与教学内容相关的网上作业、提供作业参考资料、及时批阅作业并反馈。还要有效落实参训教师“三段”考核办法：训前，不提交“学习计划”和“困扰与问题”者，取消培训资格；训中，不按质按量提交作业、视频学习时间不达标者，不得考试或不得认定合格；训后，考试不合格或实践研修不积极者，不准毕业或不得认定合格。远程教育机构可采用“成长档案袋”评价方法，建立参训教师的培训信息库。加强与学员所在幼儿园的沟通联系，将参训教师的学习行为和师德表现及时反馈给送培单位。

国家教育部和地方政府共同主导幼儿园各类教学资源的开发。首先在全国或区域内进行学前教育各学科领域的、社会认可度高的专家和幼儿园骨干教师遴选，然后委托遴选的专家和幼教名师团队制作教学资源。可围绕专业理念与师德、专业知识、专业能力和专业技能四个领域开发教学资源。专业理念和师德领域包括职业情怀、儿童观和教师礼仪；专业知识包括幼儿发展知识、幼儿教育和保育知识以及基本知识素养，幼儿知识如幼儿的年龄特征与教育、个性差异与教育、特殊儿童与教育等，幼儿教育和保育知识如幼儿园工作常规与要求、环境创设、意外事故的预防与处理等，基本知识素养包括自然、社会和人文科学领域的基础知识；专业能力包括环境创设、一日活动安排、游戏设计、教育活动计划、激励与评价、沟通与合作、反思与研究等能力；专业技能包括绘画与鉴赏、唱歌与弹奏、舞蹈与体操、运动与保健等技能。围绕以上内容制作教学视频、课件、光盘和图书等，形成内容丰富的“教学资源超市”。通过政府购买的方式，投放到村内民办幼儿园。根据民办幼儿园在园幼儿数量和办园质量，做好政府购买教学资源量的预算，让村内幼儿教师人人受益。

(3)农村幼儿教师的培训主体。由于组织成本、交通成本等成本因素，以及地域特殊性等针对性的考虑，对于农村幼儿教师的培训，应以县级单位为主体。国家和地方政府应加强县级教师进修学校的农村幼儿教师培训职能，建立以县级教师进修学校为主体的农村幼儿教师继续教育体系，将农村幼儿教师财政性培训经费下放到县级教师进修学校。国家和地方政府开发的教学资源也可提供给教师进修学校，在对农村幼儿教师集中培训时选择使用。实现国家集中开发，县级组织使用的培训模式。

四、丰富农村幼儿园的教育资源

(一)当前农村幼儿园存在严重的小学化倾向

幼儿教育小学化倾向是当前我国幼儿教育存在的问题之一，尤其是在经济不发达的农村。幼儿教育小学化主要表现在三个方面①②。

① 刘绪、周仁会：《农村幼儿教育现状分析及对策》，《四川职业技术学院学报》2008 年第 1 期，第 70—72 页。

② 张玉堂、周倩倩：《农村幼儿教育的现状及对策思考》，《四川教育学院学报》2005 年第 9 期，第 41—42 页。

首先，教学内容小学化。多数幼儿园的课程内容主要集中在识字、拼音和计算三个方面，常将小学的教学内容搬到幼儿园的课堂上来。如表5.8所示，本次调研中，农村幼儿园的课程设置以识字、拼音、数学为中心。其中识字、拼音、数学和运动这类对于资源要求较低的课程安排得较多，一般一天多次或一天一次；而对于需要有较丰富课程资源和较高教师素质要求的艺术类课程，则安排的次数较少，一般几天一次，远远不能满足幼儿对于这方面的需求。图5.11所呈现的是农村幼儿园班级常见的现象，黑板上是标好拼音的汉字，所用的幼儿读物多数是加减法运算等小学化的内容。

表5.8　　农村幼儿园课程安排情况　　单位：%

课程安排	识字	拼音	数学	音乐	美术	运动
一天多次	53.8	42.3	41.7	9.4	6.2	38.2
一天一次	40.0	46.2	48.5	35.2	22.5	38.2
几天一次	5.4	7.7	9.1	48.4	66.7	16.8
不开设	0.8	3.8	0.8	7.0	4.7	6.9

图5.11　农村幼儿园班级中的黑板和图书

其次，教学形式小学化。幼儿教师多采用小学的授课模式，老师讲、幼儿听，老师念、幼儿读，剥夺了幼儿自己动手操作的机会，一味地进行知识的灌输，缺少游戏。所采用的教学活动很少考虑到幼儿的年龄特点，活动的丰富性、生动性及趣味性相对较低。

最后，日常活动小学化。幼儿园的日常活动安排及管理模式与小学如出一辙，往往按照小学生的规则要求管理幼儿，如上课认真听讲，坐姿端正，安静地活动和休息，布置大量作业等。幼儿教育小学化不仅扼杀了儿童的天性，同时不利于儿童的幼小衔接，对小学教育产生负面影响。

(二)农村幼儿园小学化现象的成因

对幼儿教育小学化问题的成因进行分析，主要有以下三个方面。

1. 教育者的教育观念陈旧

无论是幼儿园园长、教师还是家长，对幼儿教育的内涵了解不足，落后的教育思想导致幼儿教育小学化倾向。很多家长重视幼儿知识的积累，他们认为在上学之前具有一定的知识储备是必要的，他们更关注孩子在幼儿园是否学会了识字、拼音与算术，上课能不能认真听讲，能不能大胆地举手回答问题，在对幼儿园的选择上，也会优先考虑那些能够更多教授幼儿基础知识的园所。而幼儿园方面，园长及教师也并不反对家长的观点，同时为了满足多数家长的需求，幼儿园把要在小学学习和掌握的内容提前到幼儿阶段教授，只重视短期成效而忽视了幼儿长期的发展，对幼儿全方面发展没有给予足够的关注，导致幼儿教育小学化。

为了改变家长及幼儿园方面对幼儿教育的传统观念，可以采取短期培训的方式。短时间内通过对幼儿教育关键内容的剖析，让其领悟到幼儿教育不仅要符合幼儿的年龄特点，而且要重视对幼儿学习兴趣和能力的培养，不能仅限于知识的储备，否则会适得其反，不利于幼儿小学阶段及未来的发展。

2. 幼儿教师业务能力不足

从本次对农村幼儿园的调查来看，农村幼儿园教师的学历专业主要分为三类：中专及以上学历幼师专业、中专及以上学历非幼师专业、高中及以下学历。有一半以上的幼儿教师没有经过专业的培训，缺少幼儿教育的理论学习和实践经验，对于幼儿在音乐、美术等方面的需求难以满足，仅能熟练教授识字、算术等小学化的知识，致使幼儿教育小学化成为一种必然趋势。

对农村幼儿教师的培训要考虑到教师的知识背景和专业水平，根据其专业发展的不同需求，进行分层培训。例如，针对幼师专业教师的培训，应注重理念和方法的更新，提升专业素养，开阔专业视野；非幼师专业教师，需要系统地学习幼教理论知识，接受专业技能的培训；而高中及以下学历的教师，除了要进行学历教育外，还需要进行科学、人文及社会性等方面的知识，掌握基本的教学技能。

3. 农村幼儿园教学资源贫乏

农村幼儿园可利用的教学资源相对较少。

(1)能够辅助教学的材料和用具种类单一。如表 5.9 所示，农村幼儿园配备的教学资源主要是少量墙壁挂图，其他种类的辅助教育资源相对较少。

表 5.9　　民办园和小学附属园教具配备情况

教具	民办园(69家)		小学附属园(55家)		总调研园(143家)	
	频次	百分比(%)	频次	百分比(%)	频次	百分比(%)
电视	40	58.0	22	40.0	76	53.1
录音机/CD	37	25.9	23	41.8	73	51.0
钢琴电子琴	32	46.4	25	45.5	66	46.2
墙壁挂图	64	92.8	37	67.3	118	82.5

(2)每个班级配备的幼儿读物数量较少。如表5.10所示，大多数班级配备的幼儿读物数量在10本以下。

表 5.10　　民办园和小学附属园幼儿读物的数量　　单位：本/班

数量范围	民办园(69家)		小学附属园(55家)		总调研园(143家)	
	百分比(%)	累计(%)	百分比(%)	累计(%)	百分比(%)	累计(%)
5本及以下	43.1	43.1	31.0	31.0	52.7	52.7
5～10本	15.7	58.8	27.6	58.6	16.3	69.0
10～15本	5.9	64.7	3.5	62.1	3.1	72.1
15～20本	5.9	70.6	20.7	82.8	8.5	80.6
20本以上	29.4	100.0	17.2	100.0	19.4	100.0

注：“5～10本”不含5本，含10本，以此类推。

(3)有益于幼儿动作技能发展的大型玩具不够丰富。如表5.11所示，当前农村幼儿园的玩具设施难以满足幼儿的需要游戏和运动的需要。

表 5.11　　民办园和小学附属园大型玩具的使用情况

大型玩具	民办园(69家)		小学附属园(55家)		总调研园(143家)	
	提及频次	百分比(%)	提及频次	百分比(%)	提及频次	百分比(%)
滑梯	43	62.3	29	52.7	87	60.8
木马	27	39.1	16	29.1	53	37.1
秋千	32	46.4	21	38.2	66	46.2
蹦蹦床	14	20.3	6	10.9	25	17.5

教学资源贫乏的问题是幼儿教育小学化倾向的主要原因，由于教师的业务能力水平不高，可操作的资源有限，导致幼儿园的教学内容只能围绕基础知识的学习，而教学形式拘泥于简单的说教模式。因此，丰富农村幼儿园的教学资源是解

决幼儿教育小学化问题的关键。

(三)政府对学前教育的资金投入应部分用于农村幼儿园的教育资源建设

对农村民办幼儿园和村小附属幼儿园的监管一直是教育部门的工作难题。困难的重要原因之一是，行政部门不能为农村幼儿园提供充分的扶持，致使这些幼儿园也不会十分重视行政部门的监管要求。因此，监管和扶持是一对平衡的辩证关系。

政府对农村民办幼儿园和村小附属园的最有效扶持不是直接的现金投入，而是幼儿教育资源的打包式免费供应。这种扶持措施的优点是成本低，而且有利于帮助农村幼儿园突破教育资源瓶颈，从而引导其克服小学化倾向，实现以帮代管的转向。

适合由政府买单提供打包式免费供应的幼儿教育资源包括四个种类：

1. 教师培训资源

教师培训资源的开发可由国家和地方的教育行政机构主导，由学前教育领域的专家和骨干教师制作完成。师资培训资源的范围可包含这样几个方面：专业理念与师德(包括职业情怀、教师礼仪等)、专业知识(包括幼儿发展知识、幼儿教育和保育知识以及基本知识素养)、专业能力(包括环境创设、游戏设计等)和专业技能(包括绘画、舞蹈等)等方面。围绕上述内容制作教学视频、课件、光盘及图书等教师培训资源，并且定期更新。

2. 农村幼儿园的玩教具资源

玩具是幼儿发展和成长不可缺少的一部分，也是幼儿园教育资源重要的组成部分。在农村幼儿园的玩教具配备要考虑寓教于乐的原则。通常，有教育价值的玩具并不昂贵。可以根据幼儿不同的发展领域，选择恰当的玩具，以便促进幼儿各方面的发展。选择的玩具可以包括以下几个方面：

✦有情感和社会性教育价值的玩教具。例如需要分享合作的玩具等。

✦促进认知发展的玩教具。例如玩具天平、磁力玩具、数字游戏版等。

✦培养幼儿学习品质的玩教具。例如可以发展幼儿注意力、坚持性的多米诺骨牌等。

✦发展幼儿言语能力的玩教具。例如仿真电话等。

✦丰富幼儿艺术经验的玩教具。例如各种低成本的简易乐器(沙锤、小鼓、敲击琴、腕铃和手铃)等。

✦发展幼儿运动技能的玩教具。例如儿童足球、儿童保龄球、穿珠玩具等(见图 5.12)。

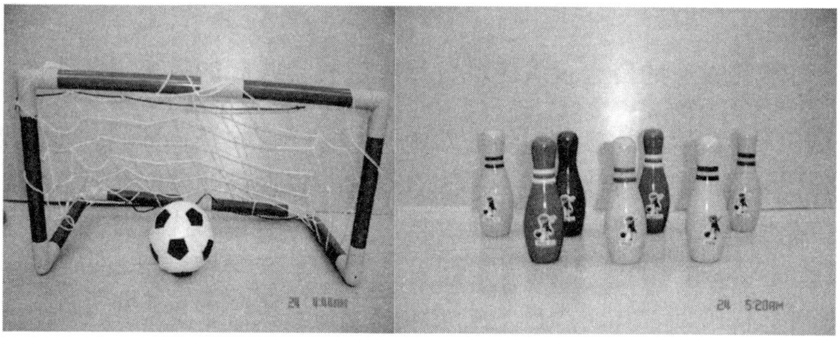

图 5.12 儿童足球和儿童保龄球

3. 农村幼儿园的幼儿图书资源

从目前农村幼儿园的图书资源看，供幼儿阅读的图书数量有限，其中适合幼儿阅读且幼儿能从中获益的就更是少之又少。对图书资源的丰富可以考虑以班级或是整个园为单位，建设农村幼儿图书架。图书范围可以包括故事类、艺术类、百科类、智力游戏类等。

4. 农村幼儿园的课程资源

课程资源包括教师的教学参考书、教学挂图、教学备品和幼儿的操作材料等，是农村幼儿园教育资源的重中之重，是影响教师教学的最重要的教育资源，它直接决定了教师将教什么和怎么教，对于改变农村教育小学化倾向具有特别重要的作用。农村幼儿园课程资源的开发应遵循三个原则：

第一，高结构化的课程方案①。高结构化是指教学参考资料为教师提供了明确且易执行的操作环节，不需要教师投入过多的精力去进行课程的二次开发。由于农村幼儿教师的师生比较低、专业化程度不足，不宜于使用低结构化的生成性课程；

第二，减少不必要的成本开支。目前很多商业化幼教课程为了追求销售价格和利润，无限放大由家长买单的幼儿教材部分，缩小由幼儿园买单的教师教学资源部分，以迎合民办幼儿园的需求。事实上，科学合理的幼教课程完全可以将这一现象倒置过来。减少幼儿手中不必要的教材，加强有利于提高教师教学效果的挂图等教学资源。例如阅读课的材料，每个班级只需要一本大图书或是挂图即可，不需要每位学生人手一本书(幼儿园的整体书架可为幼儿补充阅读资源)。学生必备的是操作性强的材料，比如折纸课用纸、练习题单及橡皮泥等。

第三，要为农村幼儿园提供基于先进幼教理念的高品质课程。低成本的并不

① 丁海东：《当前我国幼儿园课程编制主导原则与教材文本特点分析及其实施建议》，《学前教育研究》2010年第9期，第26—30页。

意味着低质量的。根据国外“开端计划”(Head Start)等成功经验，缩小贫富差距的最有效措施是为弱势群体的子女提供更高质量的早期教育。因此，农村幼教课程资源应该遵循科学的教育原则和先进的教育理念来建设。

专栏 5.6　课程案例之心灵工具课程

在美国实施的以维果斯基理论为基础的心灵工具课程，针对 2.5～5 岁家庭收入低且周围环境不利的儿童，通过游戏的形式发展幼儿的口头语言、前阅读和前书写技能、数量经验，同时重视儿童社会性和自我调节能力的发展。心灵工具课程在形式上，采用了大量的假装游戏，通过游戏的形式把对儿童基础知识的传授和对计划性、社会性、自我调节能力等的培养结合起来，儿童能够在玩乐中进行学习。同时，教师积极参与并指导儿童的游戏，与儿童建立良好的师生关系。

资料来源：于涛、盖笑松：《促进自我调节能力发展的心灵工具课程》，《中国特殊教育》2011 年第 10 期。

结语

通过对全国 28 个省、自治区和直辖市(不含浙江、北京、上海、香港、澳门、台湾)的 175 个村屯的幼儿园教育现状的调研和分析，提出下列建议：(1)尽管目前各省的学前三年振兴计划能够有力地改善乡镇中心区域的公办幼儿园质量，但更长远的努力目标是如何改善村屯层面幼儿教育薄弱的现状。未来的政策导向应致力于缩小村屯与乡镇中心地带之间的幼儿教育资源的差距；(2)由于农村家长教育观念的局限和幼儿园路途遥远是影响农村幼儿入园率的两个主要原因，在未来普及农村学前教育的工作中，一方面，应该重视向家长宣传幼儿园教育的重要作用；另一方面，应重视建设村屯里的幼儿园，实现幼儿的就近入园；(3)在村屯层面上，民办幼儿园和村小附属园是村屯幼儿教育的主要承担者，政府应给予这两类幼儿园以直接的扶持；由于教师数量的缺乏和专业化程度的不足，以及教育资源的贫乏，在绝大多数村屯幼儿园中都存在严重的小学化倾向。为了改善村内民办幼儿园和村小附属园教育质量薄弱的现状，政府应考虑在学前教育经费中划拨一部分专门用于村内民办幼儿园和小学附属园的教师培训，并为村屯幼儿园提供打包式的免费供应的教育资源，以实现对村内民办幼儿园和小学附属园的有效扶持。

【本报告撰写人：盖笑松、焦小燕、宋爱芬、于涛。作者单位：东北师范大学教育学部】

第6章 县域内义务教育均衡发展研究报告

概 要

“人是国家的真正财富”，教育是促进人自由全面发展的法宝，是内嵌于社会中的“国家”，我们执著于以最大化的教育公正精神形塑国家正在茁壮成长中的公民。县域内义务教育均衡发展是当前危及中国教育公正发展的最大软肋和最可能的突破口，重要性不言而喻。本报告以中国中部D县和西部X县为样本，通过义务教育均衡发展背景指标、义务教育资源配置均衡指标、义务教育学校服务均衡指标等多维指标，从校际、城乡和群体三个维度全面考察和分析当前中国县域内义务教育均衡发展的人力资源配置、财力资源配置、物力资源配置、教育机会、教育过程、教育结果等方面的均衡情况。研究发现，当前中国县域内义务教育均衡发展在取得巨大成就的同时仍存有诸多难题，如校际间教师缺编与超编现象严重、教师培训率差异巨大、生均公用经费实际配置并不均衡、校际学困率差异明显；城乡间择校总体走向是由村到镇到城、城关镇大班额问题仍较突出、村屯厌学率大于乡镇大于城关镇；群体间初中女生成绩整体优于男生、家庭经济收入水平处于下等和上等群体子女学困率最高、父母职业为外出打工和务农群体子女的厌学率最高等，这些难题应该成为进一步推进县域内义务教育均衡发展的核心关注。

正如联合国开发计划署发布的《2010年人类发展报告—国家的真正财富：人类发展进程》开篇所论：“人是国家的真正财富”。本报告的主旨立足于中国改革开放33年后身处同一片蓝天下需要共同全面发展的每一个人，这里的每一个人将不会因为其阶层、民族、信仰、收入、地域、群体等方面的差异而先天或后天地被隔离在国家公共资源的公民分享圈外，并拥有依靠国家公正分配的公共资源同时通过自身努力进而享有每一位国民应该享有的基本生存权与发展权，在此过程中，每一位国民都积极为国家与民族贡献或准备贡献着自己的力量。本报告将以“人”为原点，从联合国开发计划署所定义的“人类发展指数”的三大维度之一——“教育”(其他两大维度为“健康”与“生活水平”)出发，着手于诊疗当前危及中国教育公正的最大软肋和最可能的公正突破口——县域内义务教育均衡发展，我们将执著于以最大化的公正精神形塑国家正在茁壮成长中的公民，进而将国家公共关怀公正地播撒于千家万户。

一、破解中国教育公正难题的核心突破：义务教育均衡发展

(一)教育：内嵌于社会中的国家

在以主权国家作为世界通行单元的人类社会中，我们事实上很难言说国家不在场的纯粹社会是什么样子的，同时，纯粹的国家在场是什么样子的，我们也难以表述。可见，在国家与社会之间总是存在一系列的纽带，不管这些纽带是抽象的符号还是具象的约束，单纯的超越于国家与社会的个人是虚拟的，因此，现实中的具体的个人必定是归属于共同体中的，而共同体中的个人如何才能够感知到作为国家与社会共同交叠而成的共同体并自我实现对共同体内向的事实与价值认同呢？这不可不涉及对个体的政治社会化塑造，这种复杂的政治社会化塑造一方面源自于作为国家在场手段的公共教育；另一方面则有赖于作为个体自我向外在敞开的教育内化。前者反映的是国家公共意志，后者反映的是个体对公共意志的社会化接受。教育事实上是培育新的国家公民，促进公民理性化进入公共社会进而实现国家与社会相互良性内嵌的首要载体；因此，讨论“人”不可不将人首先看做是在生命历程中不断向国家与社会政治社会化敞开的“教育人”，反过来也正是教育促进了不同国家与社会不同类型的教育化生成与发展。可见，教育事实上担当着国家与社会不断自我身份化的“文化子宫”。因此什么样的教育外在形式与内在结构就决定了一个国家与社会区别于他者而形成自我边界合法性认同的根源；所以，今日国家对公民塑造中不同的教育价值倾注与政策实践就会事实注定未来若干年国家的总体形态与宏观社会特征，故今日教育的成功与否预示着未来国家的成功与否，“教育是内嵌于社会中的国家”正是这一全球共识发生的背后机理，因此讨论国家在社会中的价值走势问题，必然首观其教育价值命题。

(二)作为教育公正的均衡发展：中国国家价值的社会基石选择

中国十年来社会转型的最大特点是走向“民生”，而“民生”选择的背后价值是

超越单纯效率论的经济优先发展模式，中国正在依靠“公正”来实现国家发展版本的升级。国人无不熟悉这句政策文本中的经典话语：社会公平的基石是教育公平。社会公平涉及方方面面，比如就业、住房、医疗、财富分配等，为什么中国国家价值会选择将社会发展的“重中之重”定位于教育公正呢？显然，这是凸显了教育之于社会其他要素在塑造国家与社会方面的第一优先性，因为教育是动态的社会要素生长“产房”，教育水平之于国民能力的塑造本质上超越了静态的物的占有以及物的分配范式，教育是唯一能够通过人将物变活并实现不同方式增质的武器，同时也是透过变活的物反过来进一步增强人自由全面发展个性的保障。因此，一个要期待健康发展的国家无论怎么重视教育也不为过，中国如此高度重视教育公正，本质上是切入了国家可持续发展的核心。当然这十年来，中国教育公正的实践也面临着不同的责难，但教育公正理念作为一种全方位的国家价值共识则是无可争议的事实，而由此生发的不同教育治理策略则是教育公正这一前提共识的注定衍生物。中国教育发展中不断涌现出来的均衡发展思路、统筹发展思路以及一体化发展思路，本质上都是教育公正不同维度下的同一公正价值状态的言说与实践，是教育公正不同阶段下在资源、管理、目标等层面上教育公正的一体多面而已，没有根本差异，所以，要理解教育公正的多面同质思路，必须要进一步考察中国教育公正百年来的艰难发展轨迹。

(三)中国教育均衡发展六十年的艰难跋涉：思维的转型

中国教育公正涉及诸多内部要素，比如城乡之间、区域之间、校际之间、群体之间，但总体而论，主要是一个城乡不公正问题，因为区域不公正事实上是城乡不公正的放大版，而校际不公正和群体不公正主要是城乡不公正的缩小版，因此中国教育公正六十年的艰难轨迹可以主要以城乡为分析单元。

1949年中华人民共和国成立，“城乡互助”成了弥合城乡经济鸿沟的“准宪法原则”。新中国成立后10年，中央政府通过一系列土地改革政策和城市工商业社会主义改造，确实试图并且也在一定程度上弥合了自鸦片战争以来的近百年的城乡分裂。但是，伴随着工业化(尤其是重工业)兴国之路的开启，城乡之间尚未真正步入的融合进程不可避免地发生了逆转。尽管毛泽东、邓小平等领导人的城乡发展思路中一直强调统筹兼顾，强调农村、农业发展和改善农民境况的重要性，甚至明确讲到“农业就是工业”“交流城乡”，但在实践中“大跃进”式的工业化及表面的繁荣完全掩盖了农村发展薄弱的致命性，“二元剪刀差”在农业支持工业中被逐步放大到极致。

1954—1966年城乡教育与城乡总系统的二元分裂具有高度的同质性。国家现代化急切需要大批“精尖高”人才，而教育资源非常有限。于是极端化的精英教育成了国家的总体教育思路。“极端精英化教育”直接表现为两种区别对待，两大严重失衡：重点校与非重点校待遇悬殊，严重失衡；城镇与乡村待遇悬殊，严重失衡。农村教育本应是一种“大教育”，却成了“精英教育”的牺牲品，不但层次质量偏低、结构功能单一，而且在分裂的城乡教育中愈来愈自我封闭，甚至成了二元教育结构中被遗忘的一极。

1966—1976 年的“文化大革命”时期，在教育领域对“文化特权”与“教育剪刀差”的直接的过激反叛，则具有强烈的绝对平均化和平民化的暴力浪漫主义色彩。通过打击知识分子、下放教育权力、取消学校差别、取消考试制度，终止精英教育，以破坏性的暴烈方式推进公平和促进统筹，以“普及教育”为纲领口号，以城市教育的不发展来体现教育重心下移至农村，企图确立一种低重心、公平优先和“平均主义”的发展模式。这期间，大学停招，高考中止，人才向上流动的公正渠道被完全堵塞。虽然部分高校在“文化大革命”后期（1972 年起）得以陆续恢复招生，但以草根血统的极端纯正为首要标准的“推荐”“保送”制度取代了相对公正但未必公平的高考制度——高等教育恢复了，精英依旧培养不出来。这就是“文化大革命”后期高教的现实。“文化大革命”期间“知识青年”的上山下乡尽管在某种程度上缩小了城乡社会巨大的文化资本差距，但这种极端粗野的人才捆绑模式并没有真正给农村带来人力资本积累，反而导致了对社会公正与人性自由的最大漠视，以至于城乡社会没有弥合，却无端浪费了宝贵的人才资源。

1977 年恢复高考，社会教育公正逐步恢复到正常状态，但城乡教育则从暴力非理性的人为融合走向了又一次更大的分裂。这次分裂以重点校政策的恢复、强化和城市教育的进一步人为非均衡建构而形成，同时 1985 年确立的“分级管理、以乡为主”的基础教育政策，实际上将“普及义务教育”的责任“下放”给了农民自身，更是进一步强化了城乡二元单位的教育非均衡发展，直到 2001 年“分级管理、以县为主”的基础教育管理模式才稍微扭转了这种城乡教育非均衡投入的弊端，而“非均衡”塑形多年的中国城乡教育尽管一直受到社会各界的公正追问，但拘囿于传统制度的强大惯性与社会利益集团的巨大阻力，真正开始扭转与破解城乡教育分裂难题还仅仅是最近几年的事情。自 20 世纪 90 年代中后期开始，因传统的源自 20 世纪 80 年代的各种教育制度性障碍在市场环境中的不断嬗演，在逐步分化的转型中国，出现了教育机会扩大与教育差距扩大的“双扩大”悖论，尽管由“规模驱动型”所导源的教育基尼系数在 2001 年之前一直处于逐步弥合状态，但这种弥合本质上却导致了城乡二元教育的进一步分裂，而这种结构型教育分裂所导致的不公平的特殊教育增长方式和教育基尼系数平衡的政策不但受到了社会各界的广泛质疑，而且引起了普遍的不满，成为了影响社会政治稳定的一个重要因素。因此，以扩大教育机会，缩小教育差距，以均衡教育为起点的统筹城乡教育综合改革便提上了议程。

(四)中国教育均衡发展30年的摸石过河：政策的变迁

30年来，我们共形成了五个奠定中国教育30年总体发展道路的政策设计文本，前三个战略性文本主要是“效率驱动型”改革，而后两个则实现了由“效率驱动型”改革向“结构驱动型”改革的内在转轨。

第一次政策设计是在1984年党的十二届三中全会顺利通过的《中共中央关于经济体制改革的决定》之后的半年多时间内，因配套经济体制改革而需要人才与科技资源，故由邓小平直接推动于1985年颁布的《中共中央关于教育体制改革的决定》(以下简称《决定》)，该《决定》正式拉开了中国普及九年义务教育的大幕，也正式树立了中国教育由单纯“精英—效率型”向“效率—公平型”战略转向的旗帜，在这面旗帜下，中央政府与地方政府之间的中国式教育分权结构模式逐渐形成，具有中国特色的面向社会主义市场经济建立的新权威主义教育实践逐渐展开。1986年，围绕《决定》的战略目标，《中华人民共和国义务教育法》顺利颁布，教育公平中的教育机会公平(起点公平)在义务教育阶段终于有法可依，但尽管如此，在当时教育公共财政拨款占国内生产总值缺乏固化比例且教育经费总体供给有限的情况下，此时国家的战略重点主要仍是职业技术教育与高等教育，① 因此义务教育的总体投入显得严重不足。鉴此，在基础教育方面以“地方负责、分级管理”为特征的中国式教育分权结构模式逐步在实践中被确定和固化也就符合了中国教育战略发展的必然逻辑，具有历史的必然性与客观性，它的优点在于明确了义务教育经费主要由地方政府负担，尤其是县、乡政府，因此极大地调动了地方办教育的积极性，缩小了教育基尼系数(从1985年的0.422789445缩小到1993年的0.337133025②)，但其显著弊端则是给后期的城乡、区域教育公平发展困境埋下了致命式结构性病因。

第二次政策设计文本是1993年《中国教育改革和发展纲要》(以下简称《纲要》)的颁布。该《纲要》的颁布是整体围绕1992年中共十四大建立社会主义市场经济体制的社会整体目标而确定的，与1985年《决定》的出台总体服务于市场经济目标相类似，《纲要》也是为市场经济培育人力、科技资源而设计的，它主要从办学体制、管理体制、招生考试体制、投入体制、学校内部管理体制等方面细致勾勒了中国教育发展与改革的美好蓝景，同时民办教育也在《纲要》十六字方针的

① 杨东平：《中国教育公平的理想与现实》，北京大学出版社2006年版，第84—86页。

② 张长征、郇志坚、李怀祖：《中国教育公平程度实证研究：1978—2004——基于教育基尼系数的测算与分析》，《清华大学教育研究》2006年第4期，第10—14页。

确定后得以蓬勃发展。应该说中国教育市场化迎来了一个发展的黄金期，也正是通过政府、社会、家庭、个人积极的多元教育投入以及各项教育要素的体制性改革，中国教育公平整体才有所进步，教育公平中的多元需求公正（自由权利的法理公正）才开始得以凸显，学业成就、机会公平进一步得到重视，教育基尼系数也从1993年的0.337133025逐年过渡到1999年的0.279275453。但这时的教育公平进步是"效率驱动型"的，也就是通过规模数量的逐年渐进投入而使教育基尼系数有所缩小，结构性的教育公平调整却被忽视，这就不可避免地为后期经费渐进投入趋缓或停滞甚至倒退情况下的教育公平危机埋下了隐患。

第三次政策设计文本是1999年为实现中共十五大"跨世纪社会主义现代化建设"目标而设计的《面向21世纪教育振兴行动计划》（以下简称《计划》），"科教兴国"战略在《计划》中得以进一步加强。《计划》总体上是对《决定》与《纲要》精神的延续，文本重点提出了到2000年，全国基本普及九年义务教育，到2010年，在城市发达地区与经济发达地区有步骤普及高中教育等诸多规模型的教育发展目标，应该说这时的教育公平治理设计依然是坚持"效率驱动型"路径，对"效率驱动型"教育公平弊端与结构性教育公平路径的制度研发均认识不足。此时（1999—2001年），30多年的中国教育公平发展首次出现了退化，教育公共危机频发（如教师工资拖欠、农村教育问题严峻等），教育面临一系列需要突破的体制性难题。

第四次政策设计文本《国务院关于基础教育改革与发展的决定》由此应运而生，该决定确立了基础教育在社会主义现代化建设中的战略地位，坚持基础教育优先发展的战略思路，并重点提到要加强农村义务教育发展，提出农村义务教育是实施义务教育的重点和难点，从而实行"在国务院领导下，由地方政府负责、分级管理、以县为主的义务教育管理体制"，实现了农村义务教育管理重心的适度上移，这无疑有利于统筹农村义务教育资源，促进城乡义务教育的均衡发展，为进一步推进中国教育从"效率驱动型"走向"结构驱动型"改革奠定了初步的体制性基础。同时，该文本让教育政策设计者逐渐认识到，教育公平危机的困惑本质上正是教育政策设计上到底是走"效率驱动型"教育公平还是走"结构调整型"教育公平路径的困惑。实证表明，在中国不能逐年持续加大教育规模投入的情况下，单纯依靠"效率驱动型"获取教育公平的设想是困难的，而将新增的教育经费用于教育内部结构性调整而获取教育公平的制度设计思路则是绿色可持续发展的。事实上，中国教育基尼系数进一步缩小的短板正是在区域、城乡、群体等二元结构单元的过分制度性分离，中国式教育分权使区域与城乡教育管理水平相差甚远，而财政分权制度又进一步拉大了区域与城乡的教育支付能力。

第五次政策设计文本是2010年《教育规划纲要》的出台，其整体战略思路是统筹城乡教育公共治理式发展思维，其总体政治哲学是复合化的法理型软性教育公平政策导向。在此导向中，我们不难发现在《教育规划纲要》文本设计从总体战略、发展任务、体制改革到保障措施诸部分内容的背后，其直接的战略目标均是促进城乡教育协调统筹发展，并在这种协调统筹发展的结构式公平治理调整中，突破阻碍中国教育基尼系数自2001年以来进一步弥合的制度式裂痕，推进中国教育公平从十年内的权利机会公平制度设计向过程治理式公平制度设计进阶过渡，实现中国教育从单纯可量化的法规型硬性教育公平政策设计向复合化的法理型软性教育公平政策设计转型。

(五)中国教育均衡发展的国际背景：历史与时代的互鸣

从"世界教育公平史"出发，我们发现中国教育公正强调均衡发展具有时代的客观性，因为它符合全球民族国家教育改革与发展的共同趋势，隶属于世界教育均衡发展体系之中。全球化时代的教育改革具有共同的时代主题，即"公正与卓越"，而统筹与弥合教育差距则是全球教育围绕"公正与卓越"主题而必须共同应对的时代困惑。我们看到，教育均衡发展不仅是今天大多数民族国家的发展追求和政策考量，而且在不同历史时期有着不同的主题内涵。

在人类城乡社会因原始分工而初具雏形之时，教育的绝对主题是"面向自然基础形成简单的生存型分工"，此时的教育虽与远古时代教育的绝对同一性具有差异，出现了"青年之家"，但基于非剥削的人类群团主义思想，此时的教育仍旧具有后天的相对平等性。随着生产力的提升和人类生存能力的提高，以人类群团共同对抗外在危险的意识开始减弱，特权阶级开始形成，"青年之家"逐步分化，一部分转化为特权者所享有，教育公平由此开始受到挑战。在奴隶制的古希腊时期，教育扮演了绝对的社会等级"分化器"的角色，接受过不同教育的人在城邦中拥有不同的社会分工，从哲学王、护国者、武士到平民，教育完全沦为少数人的游戏，而奴隶则绝不能被承认和被允许参与到这场游戏当中，此时的城乡教育则以另外一种形式存在：城邦中心区与城邦边缘区，受到良好教育的人则盘踞于城邦的主流生活之中，反之则被隔离到边缘区。尽管城邦政治生活具有全民参与性，但文化资本与"逻各斯(LOGOS)"追求占据主流社会思潮的古希腊显然用教育在事实上割裂了城邦中的城乡(中心—边缘区)，隔离了不同教育背景的城民。

在完全被教会所控制的中世纪，各式各类的特权学校整体构成了对教育公平生存状态(基点处的全民受教育权和教育内容的绝对宗教化而拒绝世俗的生活世界)一千年的极端漠视和践踏，教育则以特权学校与非特权学校的对立、世俗生活与教会生活的对立等形式而存在。

文艺复兴开启了一个回归世俗真实人性的时代，人们从神的世界走出来，揉揉睡意惺忪的眼睛，平等、自由与博爱之光渐渐开启，以政党政治为核心的现代政治一方面通过暴力革命或君主立宪而从封建君主手中攫取了世俗世界中的国家权力；另一方面则通过宗教改革、启蒙运动与人文革命而从罗马教皇手中攫取了神圣世界中的国家权力。

而市场的资本逻辑正好借助于强大的布尔乔亚(Bourgeoisie)的国家力量而培育了各种各样"圈地者"们，农村人从土地中以一种无声息的"完美罪行"方式而被"解放"出来，资本社会的制度化体系由此开始塑形，一方面，原本作为纽带而沟通了城乡的行会手工业逐步向机器工业发展，城市不断地挖掘农村的人力资源而加入到资本制造业的工业旋涡之中；另一方面，世俗世界的公民社会在这种工业协作中开始形成，作为一种自发的民间力量而与国家权力相抗衡。此时非均衡的教育与社会整体样态相一致，一方面，资本的神圣逻辑迫使教育具有趋资本性，城市教育不断从农村掠取发展的资源，而布尔乔亚的国家力量又进一步强化了这种资本逻辑配置的合理性；另一方面，公民社会开始逐步与国家教育权力展开各种各样的协商式教育对话，中介组织和独立部门作为公共治理的主体而形成，城市与农村教育在这些西方民族国家走向现代化的途中一开始就基于一种巧妙的政治结构平衡而达成某种意义上的统筹默契。因此这些资本体系原生型国家(如西欧诸国、美国)或资本体系早期外生型国家属于先发统筹型，他们在当代的统筹困惑主要集中于提供各种各样的差异化教育服务，以反对标准化教育为主旨，确保每一个学生在其应得的基础学习阶段不掉队，同时又能够得到充分自由发展(某种意义上这也是西方发达国家逐步步入后现代教育语境而对现代性教育的反叛与重建)。而大多数资本体系外生型国家(诸多第二次世界大战后独立而引入资本体系的资本化国家，如印度、巴西等)，因公民社会培育迟缓，社会公共治理能力薄弱，致使资本从农村的强势攫取而缺乏有效的社会约束，同时由于大多并非处于全球产业分工的高端，在全球财富分配的南北差异与东西差异的现实面前，这些国家在资金和政策方面的统筹压力都十分巨大，农村教育尤其堪忧。

近年来，在众多国家积极致力于教育均衡治理的同时，不少国际组织也在努力推动全球尤其是部分欠发达地区教育的均衡发展，譬如联合国 2001 年宣布要加大力度在 2003—2012 年开展全球范围的各项"扫盲"教育，这实际上体现了国际均衡教育发展的要求，反映了全球化时代教育服务农村的世界教育核心主题，旨在促进教育公正公平发展。

在被各民族国家和地区所共同勾勒的当代世界教育图绘中，韩国、新加坡、美国、芬兰、瑞典、印度、马来西亚、尼泊尔、巴西等国和中国香港在教育均衡治理和改革中，不仅普遍以"公正与卓越"为特征，而且具有非常鲜明的国别和地区特色，可以总体划归为七种均衡模式：从教育均衡发展的驱动方式来看，韩国为典型属于政策驱动型；从教育均衡发展的驱动动力来看，新加坡和美国为典型的自上而下的公共统筹型,[①] 而芬兰与瑞典则更明显表现自下而上的市民私域统筹型;从教育均衡发展的驱动层次来看,印度、马来西亚、尼泊尔三国发展的层次属于生存均衡型,越南、印度尼西亚、巴西三国发展的层次属于发展均衡型,而中国香港则属于都市均衡型。可见,目前世界各国和地区的均衡教育发展已成为国际共识,但其特色各异,具有民族性与国家性。

二、义务教育均衡发展的含义与指标体系

(一)义务教育均衡发展的含义

我们这里所说的义务教育均衡发展主要是指中国不同地区之间、城乡之间、同一地区不同学校之间、同一学校不同群体之间的教育均衡发展问题,主要涉及受教育者的教育权利保障问题、教育的民主与公平问题。近年来,随着我国经济社会发展,在县域内实现义务教育均衡发展既具备有利的物质、政策条件,同时更具有紧迫性,因此应该首先实现县域内义务教育的均衡发展,而县域内教育均衡发展主要是要弥合城乡、校际、群体之间在诸多教育发展要素方面的差异,实现合理配置。

均衡发展是义务教育的战略性任务。《教育规划纲要》明确提出:“到2020年,全面提高普及水平,全面提高教育质量,基本实现区域内均衡发展,确保适龄儿童少年接受良好义务教育。”“率先在县(区)域内实现城乡均衡发展,逐步在更大范围内推进。”我们认为,从现在到2020年,义务教育均衡发展的政策含义包括三个方面:从政府对学校的资源配置上看,要实现从县(区)域内义务教育学校的资源配置均衡到更大范围内的均衡发展;从学校对学生的教育服务上看,要

① 新加坡的教育统筹因其带有明显的儒家共同体权威政治主义发展色彩,特别强调国家在改革中的中心地位。新加坡由于国土面积小、人口少,学校管理由教育部对学校实行科学的、规范的、统一的直接管理,其单一的权威式的教育管辖层级和一级教育管理模式对推进全国教育统一化和标准化具有不可替代的优势,在教育实践中新加坡奉行精英教育和大众教育的统一。美国教育统筹改革的政治哲学是新自由主义和保守主义的相互交替与融合,尽管改革中不乏市民特色和治理色泽,但其总体驱动自罗斯福新政,特别是20世纪70年代美国受到苏联科技挑战,教育逐步开展“回到基础”运动,并于1983年由“国家高质量教育委员会”发布《国家处在危险之中,教育改革势在必行》报告之后,形成了典型的自上而下的城乡教育国家或州治模式。美国由于政府分权管理的行政体制,义务教育长期以来以地方政府投入为主,这直接致使教育具有区域的不平衡性,鉴于此,美国采取了将义务教育管理权限逐步上移到中央政府,并加大中央政府对城乡基础教育的投入,最大限度促进教育机会均等。同时,由于美国对公共教育亦是采纳了新自由主义和保守主义的选择,所以实行了自由选择的择校制度,也采取了多元办学模式,加大了教育的市场化运作力度,建立了一批“磁石学校”、“特许学校”和“家庭学校”,并且通过“教育券”与“引入企业办学”(形成了大量私立的控股公司学校)从而加大教育的市场化水平,但其背后的真正推手却是自上而下的各级政府,因为中央政府需要利用市场化手段实现城乡公民“自由、效率与公正”三者相互统筹的教育诉求,同时美国还采取以政府为主导形成了以“预防”为主旨的补偿教育政策,以便对处境不利人群予以平衡。

逐步实现整个义务教育阶段学校的教育质量基本均衡；从对弱势群体的关照补偿上看，要逐步实现不同学生群体教育获得上的基本均衡。

义务教育均衡发展是一个有底线的标准范畴。义务教育是公共产品，是国家依法统一实施、所有适龄儿童少年必须接受的教育，所有学校的资源配置都必须达到国家规定的底线标准，低于标准的均衡不是国家追求的发展目标。我们认为，义务教育均衡发展的底线标准有两层内涵：一是义务教育学校建设与学校服务质量要达到最低标准，它是义务教育发展提出的本质要求；二是义务教育均衡发展系数要达到最低标准，它是义务教育发展对横向差距的容忍度要求。义务教育均衡发展是在实现与参照这两个标准基础上不断提高与追求卓越的过程。

义务教育均衡发展是一个横向的比较概念。比较的参照对象不同，义务教育均衡发展的实现层次也不一样。我们认为，从政策操作的意义上看，义务教育均衡发展的比较层次有五个：一是校域空间内的群体均衡发展，它含括了性别、民族、宗教、阶层、残障等不同群体之间的均衡发展；二是县(区)域空间内的校际均衡发展，它含括了不同群体之间、不同学校之间的均衡发展；三是地(市)域空间内的县际均衡发展，它含括了不同群体之间、不同学校之间、县际之间的均衡发展；四是省(市)域空间内的市际均衡发展，它含括了不同群体之间、不同学校之间、县际之间、地市之间的均衡发展；五是国家空间内的省际均衡发展，它含括了不同群体之间、不同学校之间、县际之间、地市之间、省际的均衡发展。义务教育均衡发展采取的是由小到大、区域推进的策略。

义务教育均衡发展是一个渐进的发展过程。在不同发展时期，义务教育均衡发展的侧重点是不同的。从2010—2020年，义务教育均衡发展可分为两个阶段：一是初步均衡；二是基本均衡。在初步均衡发展阶段，政府对学校的教育资源配置均衡是重点，到了基本均衡发展阶段，在教育资源配置均衡空间不断扩大的同时，重点应逐步转到学校对学生的教育服务质量均衡上来。在2010—2015年的初步均衡阶段，各级政府应力求在县(区)域内达到学校教育资源配置的均衡，包括教师资源、教育经费、学校标准化建设等，其中教师资源配置均衡是重点；在2016—2020年的基本均衡阶段，各级政府应保证学校资源配置均衡扩大到省域空间内的同时，在县域已实现资源配置均衡的基础上，将重点转向教育质量的提高，以学校为单位，面向全体学生，提供基本均衡的教育服务。

义务教育均衡发展是在一定的体制环境下推进的。《中华人民共和国义务教育法》规定，“国务院和县级以上地方人民政府应当合理配置教育资源，促进义务教育均衡发展”，“义务教育实行国务院领导，省、自治区、直辖市人民政府统筹规划实施，县级人民政府为主管理的体制。”义务教育要实现由“初步均衡”向“基本均衡”的全面推进，必须以相应的国家财政体制机制改革和义务教育管理体制机制改革为保障。体制性前提的不均衡是义务教育均衡发展向更大范围推进的主要障碍，应适时地加以解决。

(二)义务教育均衡发展的指标体系

本报告采用“目标模式”构建义务教育均衡发展指标体系。该指标体系包括义务教育均衡发展的背景指标、资源配置指标和学校服务指标三大部分。义务教育均衡发展的背景指标主要用来诊断和发现问题，为义务教育均衡发展的政策改进提供数据支持；义务教育均衡发展的资源配置指标和学校服务指标主要用来描述和评价校域空间内的群体均衡发展、县(区)域空间内的校际均衡发展、地(市)域空间内的县际均衡发展、省(市)域空间内的市际均衡发展、国家空间内的省际均衡发展状况。其中，采用背景指标来研究义务教育均衡发展，在目前的国内相关研究中尚属首次。该指标体系共包括以下两个部分(见表6.1)。

第一个部分是指义务教育均衡发展的背景指标。它是作为区分、诊断与改进实践的输入性因素考虑的，目的是为义务教育均衡发展的政策改进提供数据支持。它主要包括三个二级指标：一是区县教育服务总量背景，此指标是用来表现区(县)的基本教育服务基数。二是区(县)经济与教育投入背景，这个指标下设的三级指标有三方面含义：①区(县)的总体经济状况，包括“人均GDP”、“居民消费价格指数”、“政府可支配财力”指标；②区(县)义务教育投入状况，包括“义务教育总投入”、“上级政府财政转移支付数”、“社会对义务教育捐助数”；③区(县)对义务教育的重视与努力程度，即“财政预算内义务教育拨款占地区财政总支出的比例”。三是学生及学生家庭背景指标，该指标是用来甄别不同学生群体接受义务教育的均衡情况。

第二个部分是义务教育均衡发展指标，它包括“资源配置均衡指标”与“学校服务均衡指标”两块内容。“资源配置均衡指标”包括人力资源配置均衡、财力资源配置均衡与物力资源配置均衡三个二级指标，用来表明政府在促进义务教育均衡发展过程中校际资源配置的均衡状况；“学校服务均衡指标”包括“教育机会均衡”、“教育过程均衡”与“教育结果均衡”三个指标，用来表明学校提供教育服务时群体之间、校际之间的教育质量均衡状况。从保障学校教育质量的角度看，资源配置指标与学校服务指标之间存在着一定的因果关系；从义务教育均衡发展的推进层次看，二者之间存在一定的递进关系。

我们以最小分析单元作为数据采集原则。其中，群体均衡可以学生个体为基本数据采集单元，对不同性别、民族、残障状况、家庭经济状况、流动状况等群体之间接受义务教育的状况进行全面的比较、分析与评价；校际均衡则以学校为基本数据采集单位，可以进行校际之间资源配置与教育质量的比较，还可以对以学校为基本单位的数据进行不同程度的聚合、加总，形成县区之间、地区之间、省际的多重比较。我们采用调查表、调查问卷、量表等工具采集数据。义务教育均衡发展指标体系中的数据大多可以用调查表的方式进行数据收集，体现了指标数据收集的简单、方便原则。同时，对于一些难以用调查表收集数据却同样具有重要意义的指标，如厌学率、学校生活满意度等，我们采用调查问卷、量表等方式进行数据收集。另外，我们设计开发的义务教育均衡发展指标体系体现了指标的描述、评价、诊断和改进等多重使用功能，目的在于既要指示与评价义务教育均衡发展现状，还要为改进政策提供数据支持。

表 6.1　　义务教育均衡发展分析框架与指标体系

一级指标	二级指标	三级指标
A. 义务教育均衡发展的背景指标	A1. 区县教育服务总量背景	A1－1 适龄学生数 A1－2 在校学生数 A1－3 学校数 A1－4 教职工数
	A2. 区县经济与教育投入背景	A2－1 人均 GDP A2－2 居民消费价格指数 A2－3 政府可支配财力 A2－4 义务教育总投入 A2－5 上级政府财政转移支付数 A2－6 社会对义务教育捐助数 A2－7 财政预算内义务教育拨款占地区财政总支出的比例
	A3. 学生及其学生家庭背景	A3－1 学生性别 A3－2 是否属于特殊教育学生 A3－3 父母受教育年限 A3－4 家庭人均年收入 A3－5 家庭人均年教育支出 A3－6 父母职业 A3－7 父母民族 A3－8 父母宗教信仰

续表

一级指标	二级指标	三级指标
B. 义务教育资源配置均衡指数(α)	B1. 人力资源配置均衡指数(α_1)	B1－1 师生比与师生比(α_{11}) B1－2 骨干教师比例(α_{12}) B1－3 高级职称教师比例(α_{13}) B1－4 中坚教师比例(α_{14}) B1－5 专任教师培训率(α_{15})
	B2. 财力资源配置(α_2)	B2－1 预算内生均公用经费(α_{21}) B2－2 学校发放的教师人均福利津贴(α_{22}) B2－3 家庭经济困难学生比例及贫困学生获助率(α_{23})
	B3. 物力资源配置均衡指数(α_3)	B3－1 生均仪器设备值(α_{31}) B3－2 学校标准化建设达标率(α_{32})
C. 义务教育学校服务均衡指数(β)	C1. 教育机会均衡指数(β_1)	C1－1 择校率(β_{11}) C1－2 平均班额(β_{12})
	C2. 教育过程均衡指数(β_2)	C2－1 教学仪器设备使用率(β_{21}) C2－2 厌学率(β_{22}) C2－3 学校生活满意度(β_{23}) C2－4 学生负担度(β_{24}) C2－5 家校距离(β_{25}) C2－6 学困率(β_{26}) C2－7 学习困难学生获助率(β_{27})
	C3. 教育结果均衡指数(β_3)	C3－1 升学率(β_{31}) C3－2 学业成绩优秀率与不及格率(β_{32})

三、调研对象和工具使用

(一)调研对象的选择

义务教育均衡发展是我国现阶段教育改革和发展中的重大理论问题和政策重心。其中，中西部地区由于受经济发展水平较低、教育发展情况复杂等因素的多重影响，造成本地区地方政府以及教育行政部门在实施义务教育均衡发展时要面临更复杂、更严峻的现实。为了解我国中西部地区县域内不同群体、校际以及城乡之间义务教育均衡发展的基本样态，甄别各中小学校中不同经济背景、教育背景以及家庭背景学生的服务水平差距，研究团队在深入探究义务教育均衡发展的理论含义和测量指标体系的基础上，开展实地调查研究。本研究主要采用分层抽样的方式在中西部地区选取研究样本。具体而言，为了使研究样本具有代表性，按照东部、中部和西部的分类方法，基于中西部地区 19 个省市的 GDP 发展水平，分别在中部和西部各选取一个与中西部平均发展水平基本相当的县作为调研样本县。在县域内，本研究采用分层抽样的原则把初中和小学分为城关镇、乡镇和村屯三个层级，然后依据实践经验中样本数量与总数不小于 10%的比例原则从各个层级随机抽取若干学校。2011 年 6 月中旬，东北师范大学农村教育研究所分三个调研小组共计 42 人奔赴目的地进行了为期一周有余的调查行动。

1. 中西部地区的 D 和 X 县是如何选出来的

按照传统的经济发展水平和自然资源相结合的区域划分标准，我国大陆区域整体上可划分为东、中、西三大经济地区，其中东部包括辽宁、河北、北京、天津、山东、江苏、浙江、上海、福建、广东、广西和海南(12 个)；中部包括黑龙江、吉林、内蒙古自治区、山西、河南、湖北、江西、安徽和湖南(9 个)；西部包括陕西、甘肃、青海、宁夏回族自治区、新疆、四川、重庆、云南、贵州和西藏(10 个)。为了使样本能够较为准确全面地代表我国中西部地区义务教育均衡发展的状况，我们在选取县(或县级市)时遵循以下几个原则：其一，所选县市要覆盖中部和西部两个区域。尽管整体上中西部地区较之于东部地区相对落后，但是具体到中部地区和西部地区内部，无论在经济发展水平还是教育程度上都存在着很大的差异。为了凸显各地区的发展特色和真实境况，我们在选取样本时考虑了中部和西部的地域分布。其二，所选县市发展状况要与中西部平均发展水平相当。样本是从总体中抽取的具有一定代表性的部分个体。为了体现样本的代表性，我们舍弃了占据较少比例的经济发展水平很高和很低的地区，而是从占据大多数的具有一般发展水平的地区进行选择。其三，所选县市要充分凸显中部和西部地区的发展特色。例如中部地区大多为平原地带，自然资源丰富，经济发展相对东部地区缓慢；西部地区多为山地和高原地带，水、风等可利用能源丰富，少数民族人口较多，经济发展落后。这些具有典型性特征地区的选择，能够最大程度地体现样本蕴含的充分性和丰富性。《中国统计年鉴 2010》公布的我国中西部地区的相关数据显示，中西部地区共 19 个省市的总 GDP 量为 145 657.63 亿元，总人口为 7.40 亿人，计算得出我国中西部地区在 2010 年的人均 GDP 为 19 672.30元。据此，我们选择了位于中部地区 J 省的 D 县和位于西部地区 G 省的 X 县作为分析对象，这两个县的人均 GDP 分别为 18 086 元和 20 740 元，与中西部地区全部省市的平均水平较为接近。

D 县位于 J 省中南部，南部多山，东北多丘陵，中部为岗丘平台，整个县区为低山丘陵地貌，交通发达。该县经济发展水平在全省各县中处于中游地带，2009 年 D 县全年 GDP 为 580 442 万元，在全省 40 个县中排名 24 位，人均 GDP 为 18 086 元，排名 30 位。D 县以农业生产为主，为全国商品粮生产基地县，全县总人口40多万，以汉族人口为主。2010年县级财政可支配财力22 875万元，其中义务教育总投入为23 342万元。现有初中学校23所，教师和学生数分别为1 313人和11 778人；有小学182所，教师和学生数分别为2 498人和20 973人。

X县位于G省中北部地区，行政规划上隶属省会城市。该县境内山地与丘陵、小盆地相间，自然环境较为复杂，交通条件亟待改善。X县是一个多民族散杂居的地区，全县常住人口20多万，少数民族近2万人，分别是苗族、布依族、土家族、彝族、侗族、仡佬族、白族、回族、满族、壮族、水族等，少数民族主要集中在1个民族乡和非民族乡的91个民族聚居村。由于各种原因，近几年该县经济增长速度异常迅猛，2006年时人均GDP还只是10 662元，但是在短短的三年内基本翻一番，2009年X县的人均GDP已经发展到20 740元。虽然G省在整体上经济发展水平较低，但是X县在省域内的发展水平相对较高，2009年X县GDP为488 214万元，在全省87个县级单位中排名15位，人均GDP为20 740元，排名第5位。县级财政可支配财力为89 717万元，其中义务教育总投入为13 519万元。该县现有初中学校12所，教师和学生数量分别为644人和12 152人；有小学60所，教师和学生数量分别为1 299人和17 762人。

2. 县域内的样本学校是如何选出来的

本次调研的主要对象是义务教育阶段的公办学校，包括初中、小学以及九年一贯制学校，至于幼儿园、高级中学以及职业技术学校和其他私立学校均不在本次抽样范围内。我们在县域内选择样本学校时运用了以下方法原则：

首先，采用分层抽样方法把所有学校划分为县城、乡镇、村屯三层。义务教育均衡发展蕴含着城乡均衡、校际均衡以及群体均衡三重诉求。为了研究的便利，在研究设计之初我们就选取了能够体现这种差异的分层抽样方法。一般而言，县城、乡镇、村屯所在地的教育资源获得和学校教育教学水平大致呈现从高到低排列的样态，因此本研究把县域内所有学校分为县城、乡镇和村屯三个层级。以小学为例，本研究根据实际状况在县城、乡镇以及村屯三层各选择不同类型的小学若干所，不同层级的学校之间在资源获得、学校服务水平等方面具有较为明显的区别。将县域内的义务教育学校分为这三个层级，有利于在后期研究中对不同群体、不同学校以及城乡之间进行比较，也为县域内义务教育均衡发展提供思维框架和丰富的分析资源。此外，在县域内所抽取的学校不仅在纵向上分布在城关镇、其他乡镇和村屯三个层级，而且在横向上会涉及尽可能多的乡镇和村屯，这样就能够最大限度地掌握本地区教育发展的复杂状况，体现同一层级学校发展状况的丰富性。因此，除了同质性较强的乡镇以及那些因为交通不便等各种不可克服的原因而不能到达的学校之外，按照预订的课题调研计划，每个调研小组均会尽可能深入到全县一半以上的乡镇。总之，要确保在质量上涵盖优质学校、一般学校以及薄弱学校，在规模上包括较大规模、一般规模以及教学点，这样就使得研究样本对于总体具有代表性，从而能够对该县义务教育的各种情况进行详细的分析。

其次，三个层级样本数量的确定原则。在教育调查研究中，样本容量大小取决于总体的同质性程度、允许误差的大小以及预定分析的精确程度等因素的影响，因此并非绝对地认同“总体越大，样本容量就越大”的论断。我们认为，没有必要严格按照国外研究者在研究总体与研究样本的数量比例进行随机抽样。由长期教育研究的实践经验可知，在调查研究中合理的样本容量一般为研究总体的10％。至于在样本较少的地区，我们运用问卷调查、访谈调查和参与观察等相结合的多元研究方法，能较好地弥补这一缺憾。基于此，本研究在D县和X县分别抽取了48所和72所中小学校作为研究样本(见表6.2)。值得注意的是，因为在实地调研过程中我们发现这两个县教育环境的复杂程度超过了本研究的预期，而且这两个县为课题组提供了较为宽松的调查环境，再加上X县域内的学校总数量与其他地区相比要少(初中共12所，小学共60所)，因此本研究在调查过程中抽取样本的比例一般要大于10％，甚至在X县由于特殊的自然、社会条件而选择了全部抽样。这样的变通策略让研究的触角贴近了真实的教育实践，为研究结论的全面性和系统性提供了充分的信息保障。在确定城关镇、乡镇和村屯三个层级中抽取样本时，由于三个层级学校总数呈现逐级上升的样态，因此选取样本数量也与各层级学校数量的比例大致相当。具体而言，D县共14个乡镇，抽取14个乡镇；23所初中，抽取17所，其中2所来自城关镇，13所来自其他乡镇，2所来自农村；小学共182所，抽取31所，其中2所来自城关镇，14所来自其他乡镇，15所来自农村；初中生共11 778人，抽取3 732人；小学生共20 973人，抽取773人；初中教师共1 313人，抽取302人；小学教师共2 498人，抽取381人。X县共10个乡镇；抽取10个乡镇；初中共12所，抽取12所，其中2所来自城关镇，10所来自其他乡镇；小学60所，抽取60所，其中2所来自城关镇，17所来自其他乡镇，41所来自农村；初中生共12 152人，抽取5 704人；小学共17 762人，抽取1 544人；初中教师共644人，抽取311人；小学教师共1 299人，抽取353人。综上所述，本次调研一共覆盖我国中西部地区两个县的24个乡镇的120所学校，其中初中29所，小学91所；初中生12 799人，小学生3 860人，教师1976人，校长120人(见表6.2)。

表 6.2 调研区域和学校情况分布表

地区	县域	乡镇	学校		城关镇、乡镇和村屯学校数		学生		教师	
			初中	小学	初中	小学	初中	小学	初中	小学
中部	J省D县	14	17	31	2～13～2	2～14～15	3732	773	302	381
西部	G省X县	10	12	60	2～10	2～17～41	5704	1544	311	353

最后，学校内部调研对象的选择原则。在学校内部，选择不同的调研对象会对研究结论产生不同的影响。经过课题组多位专家研究决定，在初中学校内问卷调查对象包括全体学生和全体教师；在小学内问卷调查调研对象包括小学高年段学生(四年级、五年级或六年级)和全体教师。之所以只选择小学四年级、五年级或六年级学生，是因为小学低年级学生还缺乏对调研问题的基本理解能力，如果把他们作为研究对象可能会对调研结果产生不必要的误差。而小学高年级学生已经具备了一定的认知思维水平和理解能力，对于相关调研问题能够顺利完成作答。此外，调研团队还对每所调研学校的部分校长、教师和学生进行了非结构性访谈，对问卷中不方便提出的问题分别与他们进行了深入的交流。访谈调查中各学校人数的确定一般遵循这样的原则，即教师要覆盖各个年级，多数为班主任教师，并尽可能多地涉及各个学科，总数一般为10人左右；学生在每个年级(小学为问卷调查的年级)抽取3～4人，总数一般为9～12人，男女比例基本相当。

(二)调研工具的使用

按照前期课题组成员的理论思考和方案设计，本研究在调研工具上主要使用调查表、问卷、访谈以及搜集原始档案资料或数据四种类型。其中，调查表包括学校调查表、教育局调查表，问卷包括学生问卷、教师问卷等。调查表和问卷的设计全面考虑了义务教育均衡发展的相关维度，例如初中生调查表除了基本信息之外，还重点涉及了学生的在校时间安排、学习成绩以及家庭成员的经济情况、教育状况等。访谈包括校长访谈、学生访谈、教师访谈和家长访谈四类。教师、校长和家长访谈一般采用个别访谈的方式，而学生访谈一般采用集体访谈。访谈的主要目的是对其他研究工具进行有效的补充和深化。由于调查所获得的数据只是截面数据，为了凸显历史与逻辑统一、共时和历时相结合的特征，课题组也主动收集了调研地区关于教育及社会经济发展的历史数据，包括地方政策文本、县教育志、县教育年鉴等，这些文献资料使得本研究在理论和现实上更加完善和系统。基于教育均衡主题的内在要求，本研究数据统计分析较多采用离散变量中的方差、极差、差异系数以及基尼系数等，并对不同的教育和家庭背景学生在学校中的表现进行了相关分析等。统计软件主要使用SPSS和EXCEL。

四、县域内义务教育均衡发展水平分析

(一)县域内义务教育资源配置的均衡水平分析

1. 县域内义务教育人力资源配置的均衡状况

(1)校际均衡状况。县域内义务教育人力资源均衡程度是义务教育均衡发展的核心。从校际均衡维度看,人力资源差异巨大,在教师培训率、骨干教师比例、教师老龄化等指标上尤为突出,且小学校际差异明显大于中学校际差异。总体上说,县域内的校际差距呈现如下特征:

①缺编与超编并存,问题均比较严重。中部D县的小学和初中普遍存在超编现象,小学的平均师生比为1∶9,超编现象非常严重。排在前20%的小学中,平均师生比只有1∶5,超编最严重的学校甚至出现了1名教师教授不到2.5个孩子的情况。但是如果按照小学3∶1的师班比标准测算,则D县小学又存在明显的缺编状态,可能因为班级规模较小,且学生数在减少。排在后20%的小学平均师班比不到1.5∶1,教师工作量大,难以开足开齐课程。D县初中的平均师生比也仅有1∶10,排在前20%的初中里,平均师生比只有1∶7,超编最严重的学校达到1名教师教授不到4.7名学生。如果按照初中4∶1的师班比标准测算,初中教师编制基本合理。在被调查学校中有小学教师1 355名,其中外语教师仅93人,占6.86%,而外语专业毕业的仅有23人,占24.73%(见表6.3)。

表6.3　D县和X县师生比与师班比的校际差异

指标	学校类别	基尼系数	最大值	最小值	标准差	平均比例	差异系数	前20%均值	后20%均值	极差倍率
师生比	DZ	0.1276	0.2147	0.0767	0.0317	0.1043	0.3042	0.0816	0.1521	1.8644
	DX	0.2229	0.4118	0.0480	0.0662	0.1301	0.5091	0.0684	0.2564	3.7486
	XZ	0.0710	0.0638	0.0444	0.0073	0.0548	0.1330	0.0468	0.0628	1.3408
	XX	0.2249	0.2414	0.0345	0.0391	0.0843	0.4641	0.0455	0.1578	3.4657
师班比	DZ	0.0938	5.8333	3	0.7399	4.0007	0.1849	5.2361	3.1944	1.6391
	XZ	0.0474	3.4444	2.6154	0.2749	3.0047	0.0915	3.4222	2.7077	1.2639
	DX	0.1232	3	1.3333	0.4489	2.0054	0.2239	2.7004	1.4611	1.8482
	XX	0.1757	3.7778	0.75	0.6101	1.9221	0.3174	2.8036	1.125	2.4921

注:1. DX代表D县小学,DZ代表D县中学,XX代表X县小学,XZ代表X县中学(下同);

2. 倍率系指前20%均值与后20%均值的比率。

专栏6.1 21世纪以来中国中小学教职工编制标准与政策的变迁

2001年10月11日中央编办、教育部、财政部印发的《关于制定中小学教职工编制标准的意见》(以下简称《意见》)，按照学生数的一定比例核定的高中、初中、小学等不同教育层次和城市、县镇、农村等不同地域的教职工编制标准是：

学校类别		教职工与学生比
高中	城市	1∶12.5
	县镇	1∶13
	农村	1∶13.5
初中	城市	1∶13.5
	县镇	1∶16
	农村	1∶18
小学	城市	1∶19
	县镇	1∶21
	农村	1∶23

注：1. “城市”指省辖市以上大中城市市区；
2. “县镇”指县(市)政府所在地城区。

教职工包括教师、职员、教学辅助人员和工勤人员。教师指学校中直接从事教育、教学工作的专业人员，职员指从事学校管理工作的人员，教学辅助人员指学校中主要从事教学实验、图书、电化教育以及卫生保健等教学辅助工作的人员，工勤人员指学校后勤服务人员。《意见》要求中小学校的管理工作尽可能由教师兼职，后勤服务工作要逐步实行社会化。确实需要配备职员、教学辅助人员和工勤人员的，其占教职工的比例，高中一般不超过16%、初中一般不超过15%、小学一般不超过9%。

2009年3月12日中央编办、教育部、财政部印发的《关于进一步落实〈国务院办公厅转发中央编办、教育部、财政部关于制定中小学教职工编制标准意见的通知〉有关问题的通知》提出，“省级机构编制部门要结合本地实际，加强统筹协调，按照总量控制、城乡统筹、结构调整、有增有减的原则，调整和使用本地区中小学教职工编制。”“对内地民族班中小学，举办民族班的城市普通中学和开设双语教学课程的班级，寄宿制中小学，乡镇中心小学，安排教师脱产进修、现代化教学设备达到一定规模的学校，承担示范和实验任务的学校，山区、湖区、海岛、牧区和教学点较多地区的中小学，按照从严从紧的原则适当增加编制。”

2011年《教育规划纲要》提出，要“逐步实行城乡统一的中小学编制标准，对农村边远地区实行倾斜政策。”

西部X县在总体上是小学超编、中学缺编，但校际之间差异巨大，尤其是小学，标准差达到了5.1。X县小学的平均师生比为1∶13.8，超编现象比较严重。排在前20%的小学中，平均师生比只有1∶7，超编最严重的学校也出现了1名教师只教4个孩子的情况。但也有个别学校严重缺少教师，师生比甚至达到了1∶29，这可能是优秀教育资源不足，生源过度向优质校集中所致；同样，如果按照小学3∶1的师班比标准测算，小学教师又出现缺编，排在前20%的小学平均师班比不到1.1∶1，教师工作量特别大，基本无法开足开齐课程；X县初中的平均师生比为1∶18.5，也处于缺编状态，即使是排在前20%的初中，平均师生比也才仅有1∶15.8，刚刚接近国家2001年的标准(见图6.1)。但是如果按照初中4∶1的师班比标准测算，X县初中的平均师班比仅达到3∶1，可见该县初中教师处于绝对缺编运行状态。另外，在被调查学校中有小学教师930名，其中外语教师37人，仅占3.98%，外语专业毕业的仅有16人，占43.24%。

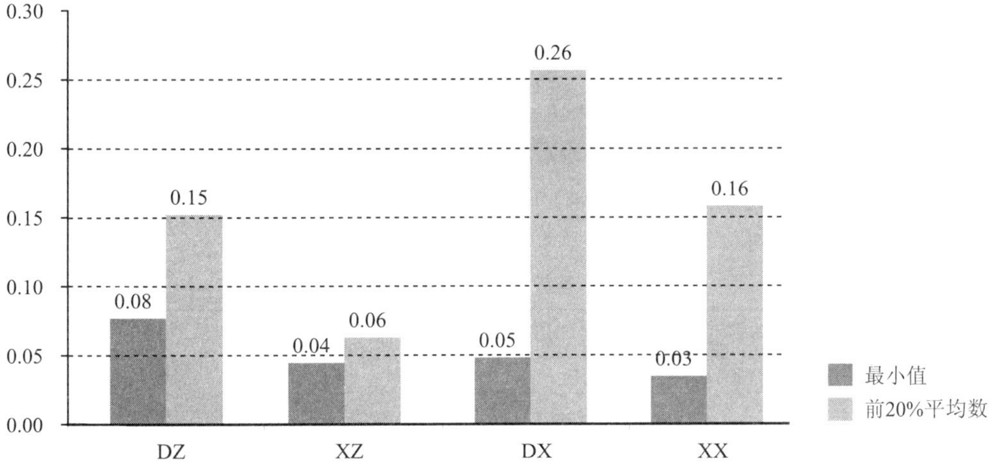

图6.1　D县和X县师生比最小值和前20%均值的校际差异

②总体培训机会较多，校际机会差距巨大。专任教师培训率是指在一年内参加县级以上专业培训的专任教师人次数总和占专任教师总数的比例，计算公式为：专任教师培训率=(1次数×培训人数+2次数×培训人数+……+n次数×培训人数)/专任教师总数。

从总体上看，中部D县和西部X县的中小学教师都保持了一定的培训机会。D县初中教师年均培训人次达1.8，小学接近1.3人次；X县教师的培训机会更多，中学近4.6人次，小学2.3人次(见图6.2)。但是，两县中小学教师培训机会的分配是极度不均衡的，D县中学教师培训机会最高的学校为年均5人次，最低的年均只有0.03人次，极差倍率达166.67，排在前20%的年均培训人次为

4.2，排在后20%的仅有0.5；小学培训机会最高的学校为年均11人次，最低的年均只有近0.05人次，极差倍率达220，排在前20%的年均培训人次为3.5，排在后20%的仅有0.3。X县中学教师培训机会最高的学校为年均17.6人次，最低的年均只有0.04人次，极差倍率达414.25，排在前20%的年均培训人次为12.6，排在后20%的仅有0.4。小学培训机会最高的学校为年均12.5人次，最低的年均只有0.22人次，极差倍率也达56.39，排在前20%的年均培训人次为6.8，排在后20%的仅有0.4。除了D县中学教师培训率的基尼系数小于0.4外，其余全部处在0.4～0.6，差距较大甚至悬殊(见表6.4)。

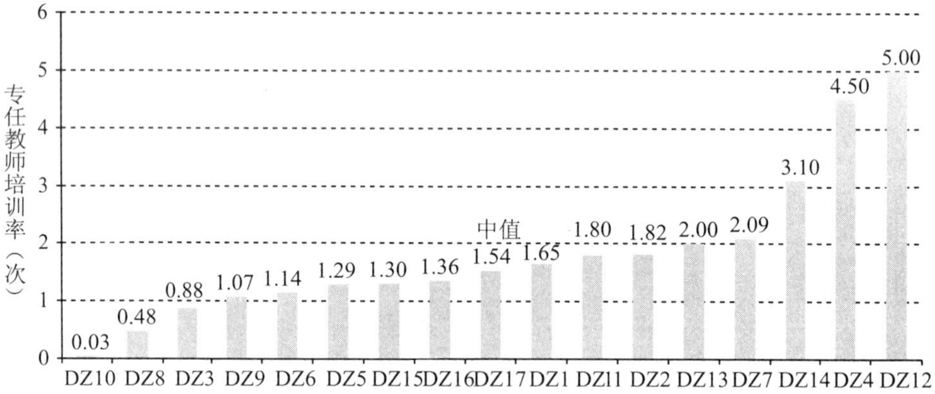

图6.2 D县和X县中学专任教师培训率的校际差异

表6.4 D县和X县教师培训率的校际差异

学校类别	基尼系数	最大值	最小值	标准差	平均比例	差异系数	前20%均值	后20%均值	倍率
DZ	0.3511	5.0000	0.0303	1.2946	1.8256	0.7092	4.1992	0.4629	9.0705
XZ	0.5586	17.6471	0.0426	5.5240	4.5711	1.2085	12.6331	0.3639	34.7187
DX	0.4677	11.0000	0.0476	1.9256	1.2965	1.4853	3.5157	0.2888	12.1731
XX	0.5406	12.5294	0.2222	2.7115	2.3164	1.1706	6.8034	0.4207	16.1710

③西部X县骨干教师偏少，小学差距明显高于初中。本报告所统计的“骨干教师”系指在教育教学工作方面获得县级及以上政府或教育行政部门表彰的专任教师(含优秀班主任、优秀教师、学科带头人、先进教育工作者、县级及以上教育行政部门认定的名师)；或在县级教研部门优质课比赛中的一等奖获奖者及市级以上教研部门优质课比赛中三等奖以上获得者；或县级政府颁发的“教学成果”奖(非论文获奖)三等奖以上获得者。

从中部D县与西部X县的比较上看，D县的骨干教师数量明显高于X县，初中多出23.98个百分点，小学多出8.79个百分点；而X县在“骨干教师比”这一指标上的不均衡状况却明显高于D县，X县初中骨干教师比的基尼系数高出D县0.0539，X县小学骨干教师比的基尼系数高出D县0.1228。从教育层次上看，两县小学骨干教师比的不均衡程度远远高于初中，无论是中部D县还是西部X县，小学骨干教师比的基尼系数都在0.6以上，分别是0.6275和0.7503，处于极度不均衡状态，两县分别有高达43.33%(D县)和55.77%(X县)的小学骨干教师数为0(见图6.3)。中部D县初中排在前20%学校的平均骨干教师比为57.39%，而排在后20%学校的平均骨干教师比仅有13.74%，相差43.65个百分点；西部X县初中排在前20%学校的平均骨干教师比为18.44%，而排在后20%学校的平均骨干教师比仅有3.74%，相差14.7个百分点(见表6.5)。

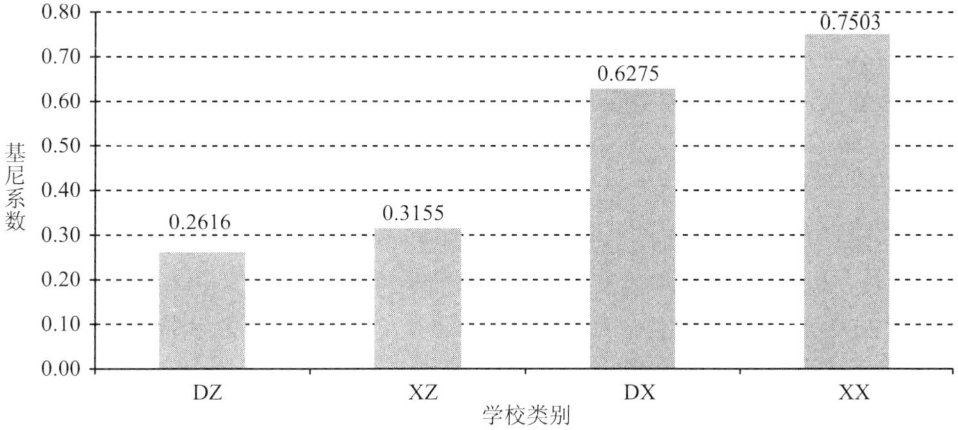

图6.3　D县和X县中小学骨干教师比的校际基尼系数

表6.5　D县和X县骨干教师比的校际差异

学校类别	基尼系数	最大值	最小值	标准差	平均比例	差异系数	前20%均值	后20%均值	倍率
DZ	0.2616	0.6154	0.0857	0.1599	0.3397	0.4706	0.5739	0.1374	4.1768
XZ	0.3155	0.1923	0.0323	0.0597	0.0999	0.5979	0.1844	0.0374	4.9294
DX	0.6275	0.6857	0.0000	0.1904	0.1521	1.2516	0.3683	0.0000	—
XX	0.7503	0.5263	0.0000	0.1142	0.0642	1.7783	0.2483	0.0000	—

④中坚教师总量较多，但分布不尽合理。什么是中小学教师的最佳教学年龄？学术界有不同的观点。许多教师专业发展阶段理论都认同，教师入职后需要经历3～5年的时间才可达到成熟阶段，直到教龄为15年左右时为最佳教学工作年龄。5～15年教龄的教师，从年龄结构上看是学校的中青年教师群体，从教学经验上看是学校的最成熟教师群体，是学校发展的中坚力量。中坚教师比例是指

5～15年教龄教师与专任教师总数的比例。

无论是中部D县还是西部X县，也不论初中还是小学，中坚教师都占有很大的比重，均在三分之一以上。但是从校际间的分布上看并不均衡，D县和X县初中排在前20%学校的中坚教师分别达到了76.44%和79.92%，而排在后20%学校的中坚教师则仅有13.57%和31.05%，两者的倍率分别为5.6和2.6。D县和X县小学排在前20%学校的中坚教师分别达到了100%和97.89%，而排在后20%学校的中坚教师则仅有12.48%和12.45%，两者的倍率分别为8.0和7.9(表6.6)。

表6.6　　D县和X县中坚教师比的校际差异

学校类别	基尼系数	最大值	最小值	标准差	平均比例	差异系数	前20%均值	后20%均值	倍率
DZ	0.3436	0.8667	0.1243	0.2500	0.3436	0.7276	0.7644	0.1357	5.6347
XZ	0.1839	0.8293	0.2549	0.1840	0.5270	0.3491	0.7992	0.3105	2.5737
DX	0.3200	1.0000	0.0000	0.3727	0.6267	0.5947	1.0000	0.1248	8.0100
XX	0.3388	1.0000	0.0000	0.3169	0.5286	0.5994	0.9789	0.1245	7.8598

⑤小学高级职称教师多，但校际分布不均衡。中部D县和西部X县小学高级职称(包括小教高级和中教高级)的平均比例都超过了半数，但在校际之间的分布还不甚合理，排在前20%学校的高级职称教师平均占比分别为80.50%和87.69%，而排在后20%学校的高级职称教师平均占比只有47.31%和21.90%，倍率分别为1.7和4.0。中部D县和西部X县初中高级教师比例明显小于小学，这可能与小学教师教龄长有关。值得注意的是，西部X县初中不仅平均高级教师比少，仅占7.24%，而且排在后20%学校没有一名高级职称教师。即使是中部D县，初中高级教师的平均比例也只占15.43%，排在后20%学校平均仅有不到半个高级职称教师，这样的教师职称结构分布存在明显的不均衡，不仅会影响初中教育质量均衡，还会进一步影响对高中阶段教育的期望(见表6.7)。

表6.7　　D县和X县高级职称教师比的校际差异

学校类别	基尼系数	最大值	最小值	标准差	平均比例	差异系数	前20%均值	后20%均值	倍率
DZ	0.2822	0.2769	0.0303	0.0788	0.1543	0.5107	0.2700	0.0491	5.4930
XZ	0.5983	0.3254	0.0000	0.1010	0.0724	1.3936	0.2163	0.0000	—
DX	0.1301	0.9208	0.3750	0.1503	0.6478	0.2320	0.8050	0.4731	1.7014
XX	0.2569	1.0000	0.0000	0.2371	0.5149	0.4605	0.8767	0.2190	4.0039

(2)城乡均衡状况。在县域内，城乡概念中的“城”主要指城关镇，乡村主要指城关镇之外的其他乡镇和村屯。初中一般只有城关镇和乡镇两级，小学则有城关镇、

乡镇和村屯三级。从城乡均衡维度看，城乡义务教育人力资源配置有以下特点：

①教师超编和缺编问题主要存在于乡镇和村屯。如果按城乡统一的教师编制标准(初中 1∶13.5，小学 1∶19)计算，中部 D 县城关镇初中按平均师生比计算超编不到 1 人，超编现象主要发生在乡镇初中，按平均师生比计算要超 3.7 人，这意味着一个有 5 708 名学生的 D 县乡镇初中大致要超编近 160 人。从师生比看，D 县的初中教师编制基本合理；D 县城关镇小学编制基本正常，但是乡镇平均超编近 10 人，村屯则超编近 12 人，越是接近村屯超编越严重。相反，如果从师班比角度看，小学教师均达不到 3∶1 的师班比要求，村屯的平均师班比不到 1.67，处于严重的缺编状态(见表 6.8)。

表 6.8　D 县和 X 县师生比和师班比的城乡差异

指标	学校类别	城乡	标准差	均值	组内差异	中位数
师生比	DZ	城关镇	0.0042	0.0797	0.0529	—
		乡镇	0.0324	0.1076	0.3014	0.0922
	DX	城关镇	0.0038	0.0506	0.0743	—
		乡镇	0.0187	0.1097	0.1709	0.1052
		村屯	0.0799	0.1552	0.5149	0.1387
	XZ	城关镇	0.0137	0.0541	0.2526	—
		乡镇	0.0063	0.0551	0.1143	0.0538
	XX	城关镇	0.0482	0.0941	0.5125	—
		乡镇	0.0514	0.0751	0.6841	0.0668
		村屯	0.0341	0.0871	0.3911	0.0792
师生比	DZ	城关镇	0.2714	3.7475	0.0724	—
		乡镇	0.7811	4.0344	0.1936	4
	DX	城关镇	2.629	2.4949	1.0538	—
		乡镇	0.4505	2.2234	0.2026	2.069
		村屯	0.1046	0.581	0.1801	0.5857
	XZ	城关镇	0.3793	3.1318	0.1211	—
		乡镇	0.2643	2.9684	0.0891	2.8966
	XX	城关镇	0.2946	2.7083	0.1088	—
		乡镇	0.2442	2.4016	0.1017	2.3333
		村屯	0.5847	1.7189	0.3401	1.6667

无论是城关镇还是乡镇，西部X县初中教师均处于缺编运行状态。同样按照城乡一体化的编制标准计算，意味着有3 636名学生的城关镇初中缺编近79人，有5 884名学生的乡镇初中教师缺编116人。从师班比看，存在同样的缺编问题。如果按1∶19的师生比标准计算，西部X县小学均处于超编状态，但主要发生在乡镇和村屯。具有5 284名小学生的村屯学校超编约155人，具有5 354名学生的乡镇中心小学超编约313人，而有773名学生的城关镇小学仅超编19人，总计超编达487.6人，可谓数字庞大。由于总体超编情况的存在，导致在一定时期内补充新教师变得困难起来，非常不利于教师队伍年龄结构的合理化。但是，按3∶1的师班比计算，X县小学不仅不超编，反而缺编510人。

从调查结果看，D县村屯16所小学仅有1名外语教师，X县37所小学也只有13名外语教师，而最终学历为外语专业的仅3人，平均3所学校才能有1名外语教师。

②中坚教师和高级职称教师呈城乡逆向分布。无论初中还是小学，也无论是中部D县还是西部X县，教龄在5～15年的中坚教师基本呈城关镇、乡镇和村屯逐级增多的趋势；相反，高级职称教师却呈城关镇、乡镇和村屯逐级减少的趋势(见图6.4)。虽然低行政级别学校里的中坚教师较多，但拥有高级职称的却很少，存在明显的“剪刀差”，这说明城乡教师质量存在较严重的不均衡。

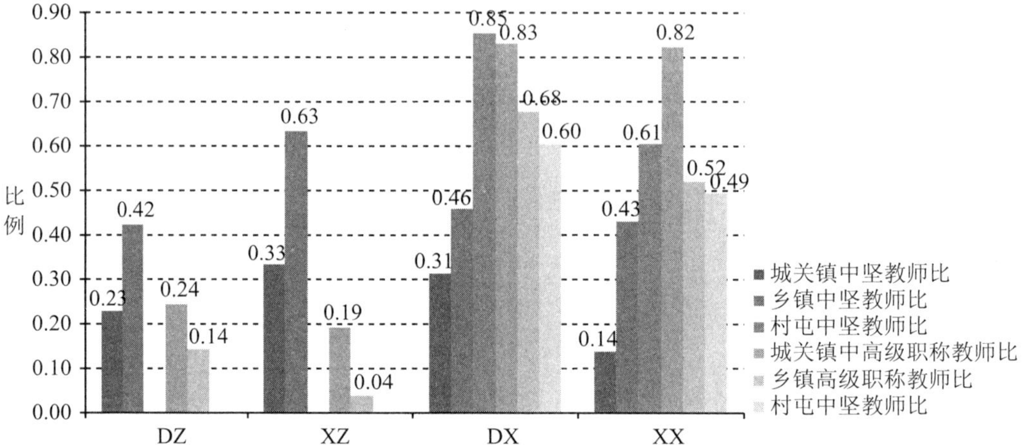

图6.4 D县和X县中坚教师比和高级职称教师比的城乡分布

③专任教师培训率与骨干教师比例总体呈逆向分布，内部不均衡。无论是中部D县还是西部X县，初中教师培训率没有明显的城乡差别，但西部X县的专任教师培训机会要高出中部一倍以上。值得注意的是，乡镇初中之间的专任教师培训率差别较大，中部D县的标准差达到了1.3753，西部X县的标准差更是达到了6.1642。小学专任教师的培训机会呈现出城关镇少于乡镇和村屯的状况，

虽然乡镇和村屯的培训机会多于城关镇，但这并不意味着在乡镇和村屯小学之间平均享受了这些机会，相反这只是个别学校的机会多所导致的结果，D县乡镇小学之间的教师培训率标准差为0.9，村屯学校之间更是高达2.6。更为严重的是，西部X县镇小学之间和村屯学校之间的专任教师培训率标准差更高，分别为4.0和2.2(见表6.9)。

与此相反，骨干教师比例总体上是城镇多于乡村，并呈城关镇、乡镇和村屯逐级减少的趋势。中部初中骨干教师比例，城关镇高出乡村7.21个百分点，小学乡镇高出村屯30.55个百分点。西部X县初中骨干教师比例，城关镇高出乡村3.6个百分点，小学乡镇高出村屯4.7个百分点。需要说明的是，我们所调研的西部X县，经济中心在个别乡镇而不是县城，所以出现了县城小学无论从规模还是教学质量都低于乡镇的情况。

表6.9　　D县和X县专任教师培训率和骨干教师比例的城乡差异

指标	学校类别	城乡	标准差	均值	组内差异	中位数
专任教师培训率	DZ	城关镇	0.1266	1.4489	0.0874	—
		乡镇	1.3753	1.8758	0.7332	1.6458
	DX	城关镇	0.1678	0.5249	0.3197	—
		乡镇	0.8648	1.2157	0.7113	1.1486
		村屯	2.5508	1.4538	1.7546	0.8333
	XZ	城关镇	4.0010	4.7899	0.8353	—
		乡镇	6.1642	4.5085	1.3672	2.0000
	XX	城关镇	0.0505	0.5357	0.0943	—
		乡镇	3.9738	2.8715	1.3839	1.0588
		村屯	2.2016	2.2063	0.9979	1.0811
骨干教师比例	DZ	城关镇	0.0483	0.4034	0.1197	—
		乡镇	0.1685	0.3313	0.5086	0.3125
	DX	城关镇	0.2191	0.3034	0.7220	—
		乡镇	0.2666	0.3285	0.8116	0.2443
		村屯	0.0501	0.0230	2.1770	0.0000
	XZ	城关镇	0.0687	0.1279	0.5368	—
		乡镇	0.0603	0.0919	0.6561	0.0588
	XX	城关镇	0.0202	0.0143	1.4142	—
		乡镇	0.0855	0.1010	0.8464	0.0870
		村屯	0.1237	0.0540	2.2906	0.0000

2. 县域内义务教育财力资源配置的均衡状况

(1)校际均衡状况。财力资源是义务教育发展的重要保障。反映财力资源配置状况的指标有许多，如生均教育事业费、生均预算内教育事业费、预算内生均公用经费等，考虑到数据的可获得性、教师工资发放行为的政府性和指标的敏感性，我们重点关注了预算内生均公用经费、由学校发放的教师人均福利津贴和贫困学生资助率三项指标。从总体上看，两县义务教育财力资源配置呈现如下特征。

①县域预算内生均公用经费政策虽然统一，但存在实际上的不均衡。尽管当前中部D县和西部X县预算内生均公用经费总体上已经达到基本均衡，且各县都明文要求城乡学校要按照同一标准拨付预算内生均公用经费，其中初中阶段生均预算内公用经费为600元，小学阶段生均预算内公用经费为400元①。但实际上，校际之间实际获得的预算内生均公用经费还是存在一定差异的。若仅从基尼系数上看，无论是中部D县还是西部X县，小学和初中的生均预算内公用经费配置都是非常公平的(基尼系数甚至在0.1及其以下水平)(见表6.10)。如果按照文件统一要求，县域内城乡各学校之间实际上所获得的预算内生均公用经费应该为法定统一拨付额，但调查数据显示，在县域内，无论是初中还是小学，校际之间的预算内生均公用经费都存在着不同程度的不均衡。

表6.10　　D县和X县中小学预算内生均公用经费的校际差异

学校类别	基尼系数	最大值	最小值	标准差	平均比例	差异系数	前20%均值	后20%均值	倍率
DZ	0.0355	669.8020	500.0000	47.7513	583.7114	0.0818	644.7230	500.0000	1.2894
XZ	0.0384	696.0422	517.3077	49.1051	587.3113	0.0836	649.0593	533.6438	1.2163
DX	0.1084	594.9555	240.0000	84.1329	364.8581	0.2306	480.1626	250.0000	1.9207
XX	0.0631	538.9655	200.0000	68.0028	410.5312	0.1656	503.7467	311.1525	1.6190

中部D县初中生均预算内公用经费的最大值达到669.8元，最小值为500元，极差为169.8元；西部X县初中生均预算内公用经费的最大值达到696.04元，最小值是517.31元，极差为178.7元(见图6.5)。在小学，D县的最大值为595元，最小值是240元，极差达到340元之巨；X县最大值是539元，最小值仅为200元，极差也有339元。两县初中生均预算内公用经费最小值都低于去年

① 本数据是2011年10月份调查得到的，调查的时间跨度为2010年9月到2011年7月，而在此期间，调查样本县的生均公用经费政策进行了调整，初中生提高到700元，小学生提高到500元。从2011年上半年至今，样本县按照新的标准下拨生均预算内公用经费。由于我们计算各校生均预算内公用经费的公式是“生均公用经费=2010年9月到2011年7月学校所获得的公用经费总额/该校2010年9月开学初在校生总数”，因此正常情况下计算得到的初中生均预算内公用经费应该在600～700元，小学生均预算内公用经费应该在400～500元。

文件规定的600元，而两县小学生均预算内公用经费的最大值都高于新标准规定的500元，最小值都远低于去年的标准400元，两者相差160元之多。两县初中阶段生均预算内公用经费均值在584元左右，也低于去年文件规定的600元。D县小学阶段生均预算内公用经费均值为364.9元，低于去年的400元标准，X县的均值为410.5元，只是略高于去年的标准。对于一名学生来说，生均公用经费相差100元也许并不算大，但对于一个有300～400名学生，甚至1 000～2 000名学生的学校来说，就是一笔比较大的资金，尤其对缺乏办学经费的乡村学校而言更是如此。

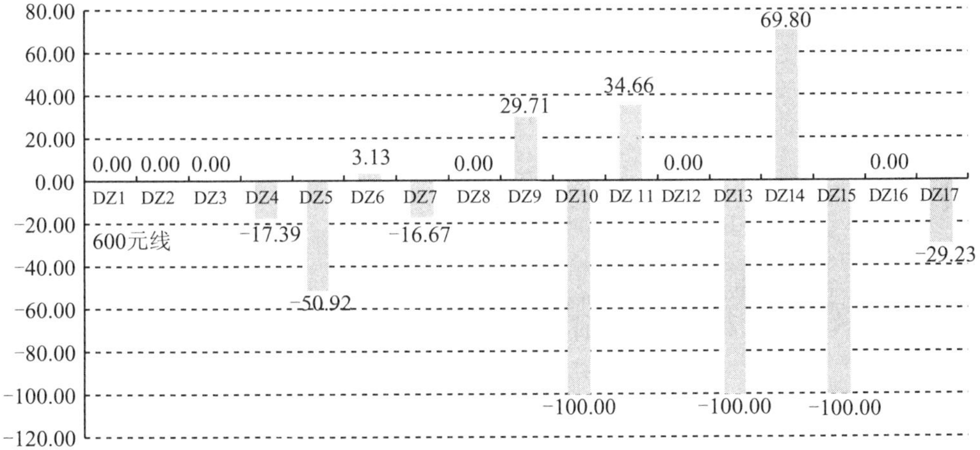

图6.5 D县初中校际生均预算内公用经费分布

以D县初中为例，在17所初中学校中，有7所学校的预算内生均公用经费低于去年文件规定的600元，其中有3所学校的预算内生均公用经费仅为500元。有4所学校的生均公用经费高于600元。可见，生均公用经费的文件规定与各学校的实际获得存在差距。这种现象在县域内小学表现得更为明显。在D县30所小学中，村屯小学实际获得的预算内生均公用经费均低于去年文件规定的400元，其中有6所甚至在300元以下。乡镇中心小学虽然也有低于400元的，但大多数都在400元以上(见图6.6)。D县小学预算内生均公用经费的分配并不公平。据当地教师反映，该地实行中心校管理体制，每个镇设有中心校，统一管理该镇所属村的村屯小学和教学点的财政。上一级教育部门将镇里学校生均公用经费拨付到中心校这一层级，然后再由中心校负责往下级学校拨付。在D县，财务账本归乡镇中心校所有，而村屯小学没有自己独立的财务账目，中心校可以自行根据需要决定向村屯学校拨付公用经费的数额。在乡镇中心校管理体制下，不少地方出现了乡镇中心校对村屯小学的经费剥夺现象，成为了推进生均预算内公用经费均等化的重要体制障碍。

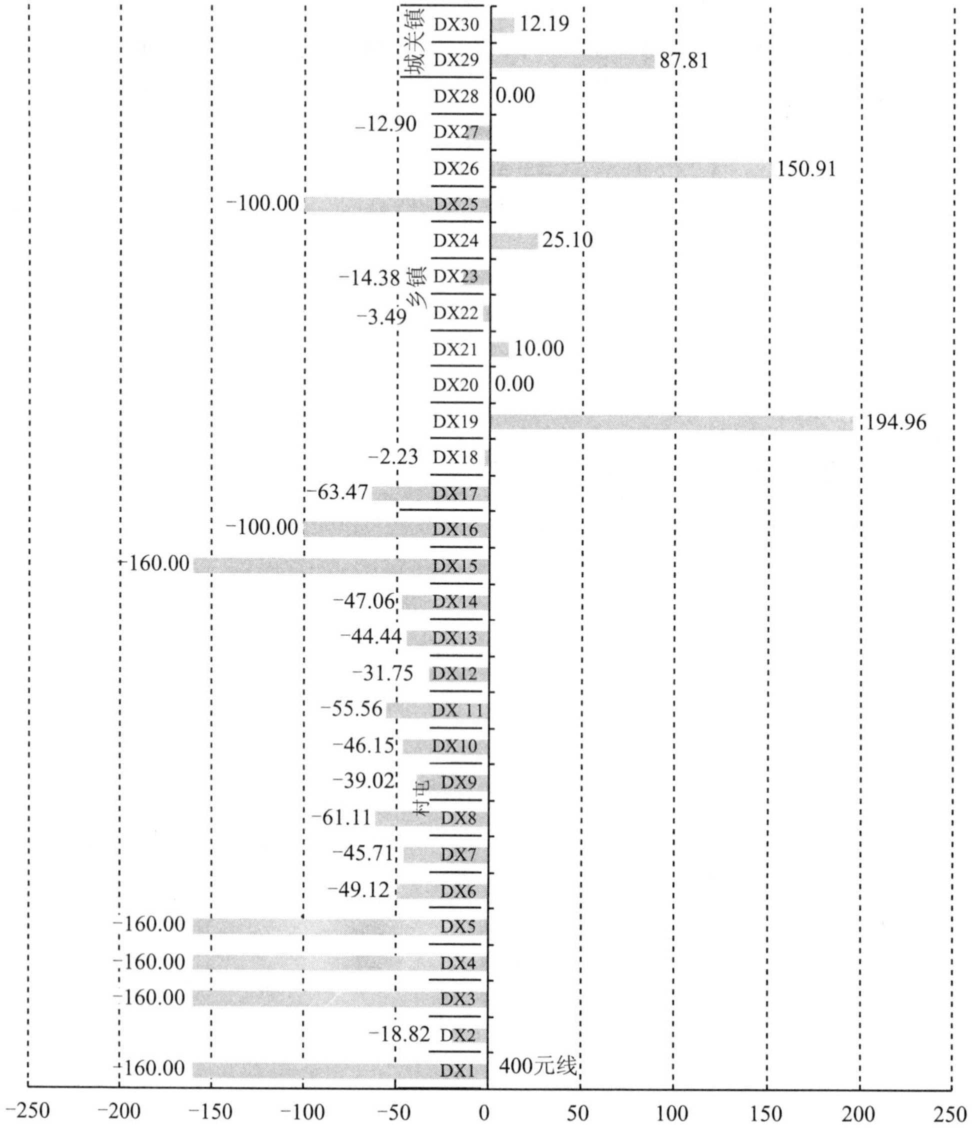

图 6.6 D县小学生均预算内公用经费的校际分布

②教师人均福利津贴明显不均衡，校际差异巨大。由于国家实行了义务教育阶段绩效工资政策，且教师的基本工资随着职称、教龄、学历等因素发生较为稳定的变化，因此由工作量、工作业绩、职称、教龄、学历等变量导致的教师工资差别是合理的，而由学校发放的教师人均福利津贴则相反，它会因教师所在学校

的不同而不同，这一般被认为是不合理的，如果这一指标在校际之间出现较大差距，则认为是不均衡的表现(见图 6.7)。

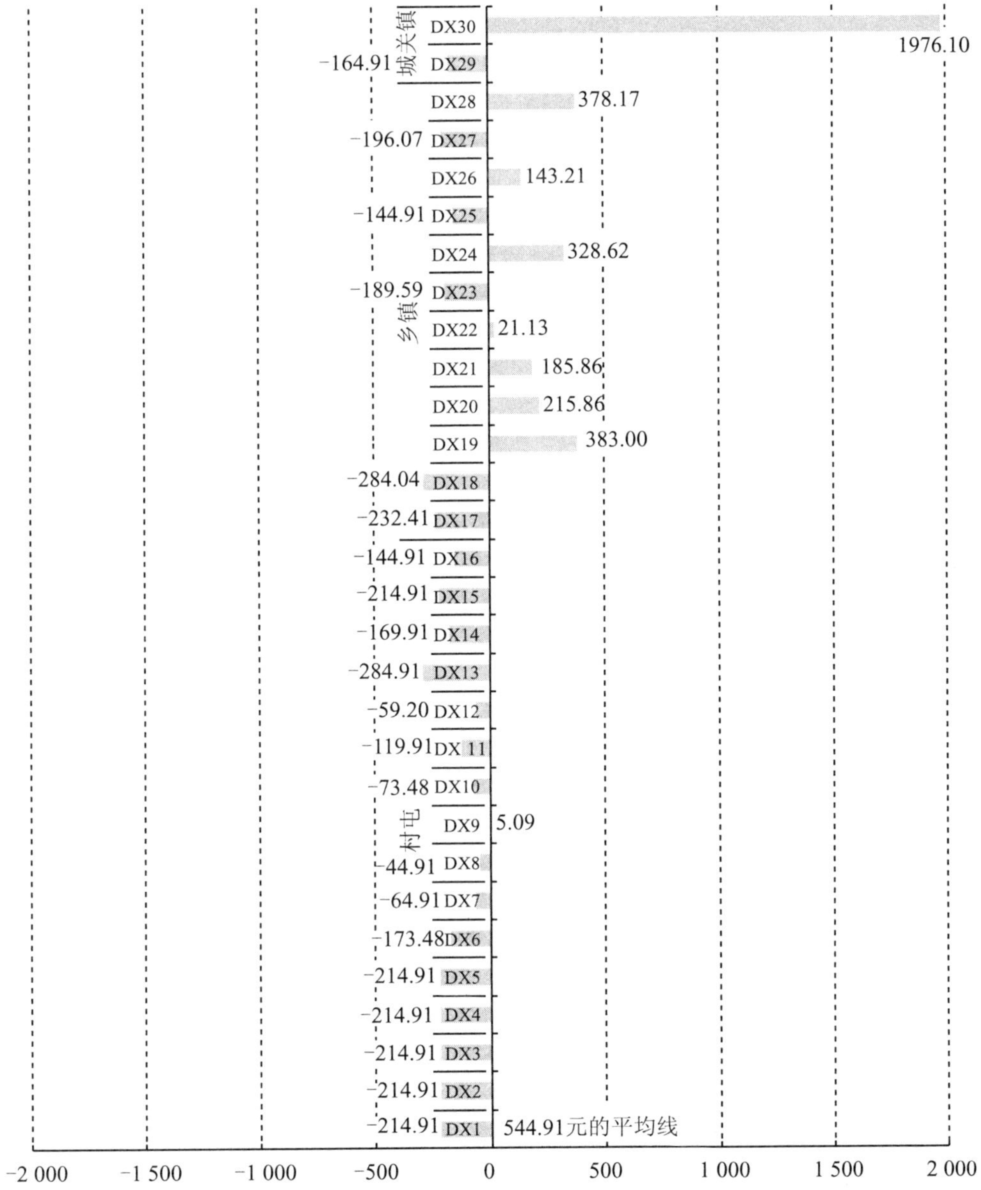

图 6.7　D 县小学教师福利津贴分配的校际差距

从中部D县看，初中由学校发放的教师人均年福利津贴的均值为599元，校际间的最大值为1 372.5元，最小值为200元，极差为1 172.5元，标准差为334.06元。尽管初中学校之间教师人均年福利津贴的基尼系数为0.26，但排在前20%学校的均值达到1 105元，而排在后20%学校的均值只有246元，倍率为4.5，校际差异系数达到0.56，校际差异较为显著。小学由学校发放的教师人均年福利津贴的均值为544.91元，校际间的最大值为2 521元，最小值为260元，极差为2 261元，标准差为420.58元(见图6.7)。各小学之间教师人均年福利津贴的基尼系数为0.4，处于差距较大状态，但排在前20%学校的均值达到1 122.84元，而排在后20%学校的均值只有303.89元，倍率为3.69，校际差异系数更是达到了0.77，属于较为严重的不均衡。可见，义务教育阶段教师福利津贴校际差异相当明显，尤以小学为甚(见表6.11)。

从西部X县看，初中和小学的教师年人均福利津贴的校际基尼系数分别达到了0.3和0.5，尤其是小学校际之间教师福利津贴存在很大程度的不均衡。从初中看，教师年人均福利津贴的均值为440元，最大值777.78元，最小值只有90.23元，极差倍率达到8.62，即使排在前20%和后20%学校，教师年人均福利津贴仍相差575.14元。而小学教师年人均福利津贴的均值为215.95元，最大值是1065.57元，最小值只有50元，极差倍率达到21.31，即使排在前20%和后20%学校，教师年人均福利津贴仍相差560.68元(见表6.11)。

表6.11　　D县和X县中小学教师人均福利津贴的校际差异

学校类别	基尼系数	最大值	最小值	标准差	平均数	差异系数	前20%均值	后20%均值	倍率
DZ	0.2550	1372.5490	200.0000	334.0552	599.0532	0.5576	1105.0000	246.0000	4.4919
XZ	0.3155	777.7778	90.2256	197.8968	439.9909	0.4498	722.2222	147.0865	4.9102
DX	0.4038	2521.0084	260.0000	420.5833	544.9107	0.7718	1122.8434	303.8949	3.6948
XX	0.5423	1065.5737	50.0000	263.3109	215.9497	1.2193	648.1806	87.5000	7.4078

③家庭经济困难学生较多，贫困生获助率校际差异较大。学生贫困率反映的是贫困学生在学生群体中的比重，资助率是受到资助学生在贫困学生群体中的比重。《教育规划纲要》明确提出要“确保适龄儿童少年不因家庭经济困难、就学困难、学习困难等原因而失学”，其中把“家庭经济困难”放在了第一位。数据统计显示，无论小学还是初中，中部D县的学生贫困率都明显低于西部X县，而贫困学生资助率却相反，中部D县又明显高于西部X县。

从学校中家庭经济困难学生的数量上看，校际差距巨大。中部D县和西部X

县的家庭经济困难学生比的基尼系数都在0.4以上。其中，D县家庭经济困难学生最多的初中占38.81%，最小值只有0.19%，均值为9.99%，排在前20%初中的家庭经济困难学生比率为23.98%，排在后20%的只有1.97%，倍率达到12.16。小学家庭经济困难学生的最大比例18.82%，最小的只有0.67%，均值为8.36%，排在前20%小学的家庭经济困难学生比率为14.73%，排在后20%的学生也有1.85%，倍率达到7.98。X县初中家庭经济困难学生最多的初中占比66.17%，最小值只有2.02%，均值为28.80%，排在前20%初中的家庭经济困难学生比率为62.24%，排在后20%的学生为2.45%，倍率高达25.37。小学家庭经济困难学生的最大比例高达100%，最小的1.45%，均值为28.69%，排在前20%小学的家庭经济困难学生比率为62.31%，排在后20%的学生也有4.89%，倍率达到12.74(见表6.12)。可见，家庭经济困难仍然是制约西部X县义务教育普及与提高的重要瓶颈之一。

从贫困学生的资助率上看，中部D县无论是小学还是初中，贫困学生获助率的均值都在70%以上，有47.06%的初中学校贫困生100%获得资助，没有一所初中是0获助的，有43.33%的小学学校贫困生100%获得资助，只有一所初中0获助。可见，D县贫困学生的受资助情况比较好。西部X县初中学校的获助率相对较高，均值达到了52.23%，44.44%的初中学校贫困生100%获得资助，22.22%的学校为0获助。X县小学贫困生的获助率则非常低，均值仅有5.42%，校际基尼系数更是高达0.9，几乎处于完全不均衡的状态，其中0获助的学校高达82.69%(43所)，问题比较严重，值得关注(见表6.12)。

表6.12　　D县和X县中小学贫困生比例及贫困生获助率的校际差异

指标	学校类别	基尼系数	最大值	最小值	标准差	平均数	差异系数	前20%均值	后20%均值	倍率
家庭经济困难学生比例	DZ	0.5481	0.3881	0.0019	0.0978	0.0999	0.9791	0.0197	0.2398	12.1632
	XZ	0.5082	0.6617	0.0202	0.2521	0.2880	0.8753	0.0245	0.6224	25.3653
	DX	0.4160	0.1882	0.0067	0.0475	0.0836	0.5679	0.0185	0.1473	7.9760
	XX	0.5763	1.0000	0.0145	0.2390	0.2869	0.8329	0.0489	0.6231	12.7352
贫困生获助率	DZ	0.2911	1.0000	0.1000	0.3222	0.7098	0.4540	1.0000	0.2326	4.2993
	XZ	0.1680	1.0000	0.0000	0.4846	0.5223	0.9278	1.0000	0.0000	—
	DX	0.3288	1.0000	0.0000	0.3111	0.7498	0.4149	1.0000	0.2199	4.5471
	XX	0.9417	1.0000	0.0000	0.1923	0.0542	3.5515	0.2166	0.0000	—

(2)城乡均衡状况。从城乡均衡维度看，城乡义务教育财力资源配置有以下特点：

①生均预算内公用经费城大于乡，小学显著不均衡。无论是中部D县还是西部X县，也不论小学还是初中，生均预算内公用经费在绝对值上都是城大于乡。但D县初中的城乡差别不大，相差不到2元。然而小学差距比较显著，城关镇比乡镇生均多出近53元，村屯学校最低，比城关镇学校生均少了133.67元。X县初中的城乡差距达到16.31元。X县小学差距依然明显，城关镇比乡镇生均多出近16.7元，村屯学校依然最低，比城关镇学校生均少了28.7元(见表6.13)。

表6.13　D县和X县预算内生均公用经费的城乡差异

学校类别	城乡	标准差	均值	组内差异	中位数
DZ	城关镇	20.6689	585.3849	0.0353	—
	乡镇	50.7441	583.4883	0.0870	600.0000
DX	城关镇	53.4687	450.0020	0.1188	—
	乡镇	104.4103	397.0231	0.2630	386.3589
	村屯	55.6850	316.3278	0.1760	347.6608
XZ	城关镇	0	600	0	—
	乡镇	56.0899	583.6860	0.0961	576.2670
XX	城关镇	49.5985	435.0714	0.1140	—
	乡镇	59.2569	418.3601	0.1416	400.0000
	村屯	72.5549	406.3245	0.1786	400.0000

②教师人均福利津贴差异大，城总体大于乡。中部D县城关镇初中人均教师福利津贴812.17元，乡镇初中只有570.64元，两者相差241.53元。城关镇小学的教师福利津贴水平最高，年人均高达1 450.5元，分别高出乡镇中心小学和村屯小学854.86元和1 056.84元，也呈现城关镇大于乡镇，乡镇大于村屯的格局。西部X县初中乡镇学校的年人均福利津贴512.03元，高出城关镇288.2元，在小学却是城关镇最高，达642.98元，而乡镇和村屯小学仅有110.9元和124.96元，城乡之间相差500多元。乡镇和村屯学校教师人均福利津贴基本持平，是一种低水平的均衡状态，其差异系数分别为0.38和0.18，各个学校教师的人均福利津贴是110元左右，远远低于城关镇小学(见表6.14)。

表 6.14　　D 县和 X 县教师人均福利津贴的城乡差异

学校类别	城乡	标准差	均值	组内差异	中位数
DZ	城关镇	144.4100	812.1724	0.1778	—
	乡镇	344.5163	570.6374	0.6037	400.0000
DX	城关镇	1513.9216	1450.5042	1.0437	—
	乡镇	252.0780	595.6450	0.4232	627.0814
	村屯	82.3700	393.6607	0.2092	373.2143
XZ	城关镇	144.5968	223.8438	0.6460	—
	乡镇	158.9419	512.0399	0.3104	545.4545
XX	城关镇	428.4221	642.9781	0.6663	—
	乡镇	41.9091	110.9010	0.3779	105.7471
	村屯	22.5552	124.9597	0.1805	136.3636

③乡村家庭经济困难学生比例多，城镇贫困生获助率较高。从城乡维度看，村屯学校和乡镇学校的家庭经济困难学生比例明显偏高，然其资助率则偏低，而城关镇学校的家庭经济困难学生比例较低，但获助率却较高，城乡呈“剪刀差”格局，这一状况无疑对身处村屯和乡镇学校的贫困生来说是非常不利的。从家庭经济困难学生的比例上看，D 县初中家庭经济困难学生的比例，城关镇要低于乡镇 9.22 个百分点，小学家庭经济困难学生的比例，城关镇要低于乡镇 1.36 个百分点，低于村屯 5.44 个百分点。X 县初中家庭经济困难学生的比例，城关镇要低于乡镇 30.91 个百分点，小学家庭经济困难学生的比例，城关镇要低于乡镇 10.57 个百分点，低于村屯 21.86 个百分点。从贫困生的获助率上看，初中阶段，D 县城关镇学校的贫困生基本得到资助，其资助率为 100%，乡镇学校只有 67%。X 县乡镇初中贫困生的获助率高于城关镇，且高出 31 个百分点。在小学，D 县城关镇贫困生的获助率是 92%，均高于乡镇和村屯学校，村屯贫困生的获助率还高于乡镇小学 7.07 个百分点。X 县的贫困生无人获得资助，但乡镇学校贫困生的获助率还是高于乡村 3 个百分点。再以 X 县为例，在 37 所村屯小学中，95%的学校存在家庭经济困难学生，其中 37.8%的学校家庭经济困难学生人数超在校生总数的三分之一。37 所村屯小学有家庭经济困难学生 1 384 名，受到资助的仅有 84 名。乡镇和城关镇小学的家庭经济困难学生的受资助状况也并不乐观，在 15 所小学中有家庭经济困难学生 977 名，但得到资助的学生只有 31 名（见图 6.8）。

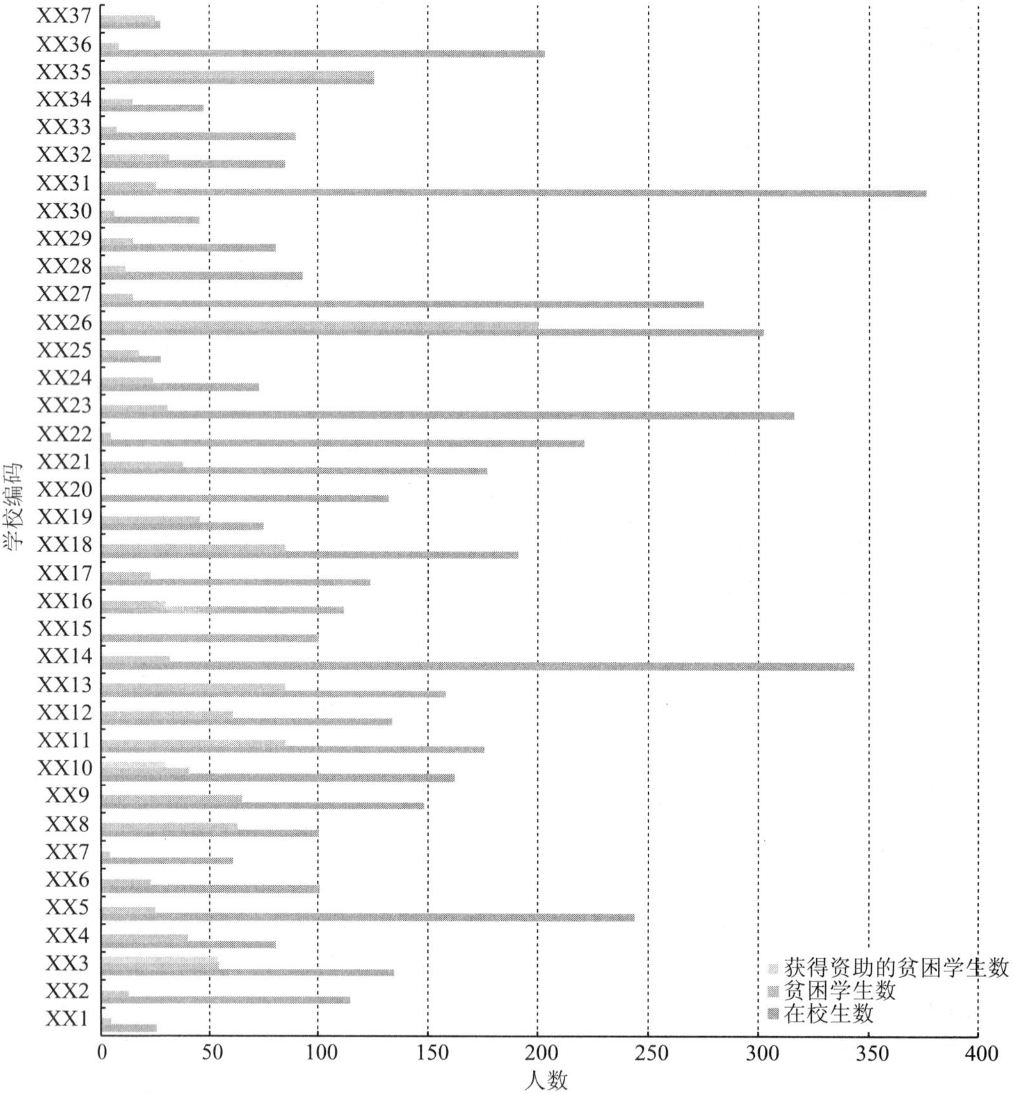

图 6.8 X县村屯小学在校生、贫困生和获助生数

3. 县域内义务教育物力资源配置的均衡状况

(1)校际均衡状况。物力资源配置是学校开展各项教育教学活动的物质基础。由于学校中的仪器设备比较多，为了便于分析，我们采用了两个指标来呈现：一是生均仪器设备值，指已入本校"固定资产"账户的教育仪器装备值，具体包括实验室设备、图书室设备、教学仪器、图书资料、音体美卫设备及器材、现代教育技术设备、教室设备、办公设备等货币价值；二是学校标准化建设达标率，指学校各项建筑、教学及辅助用房等指标与当地学校建设标准相比的达标比例，以考察学校在生均校舍建筑面积、生均教室面积、生均体育运动场馆面积、生化实验室、语音室、图书阅览室、心理咨询室、卫生室、生均图书册数、生机比、师机比、入因特网率等硬件条件配置的情况。这里，我们主要选择了生机比、师机比、生均图书册数、生均校舍建筑面积、生均校舍占地面积、校均报刊种类、校均多媒体套数、校园入网状况等指标来表示。

①生均仪器设备值校际极不均衡。中部D县和西部X县小学和初中生均仪器设备值校际分布极不均衡，基尼系数均大于0.4，D县初中的基尼系数甚至高达0.73。D县初中生均仪器设备最大值的学校为2 028.65元，最小值只有323.74元，极差为1 704.91元，倍率为6.3。即使排在前20%和后20%学校的均值，倍率仍有4.47。D县小学生均仪器设备值最大的高达1 243.78元，最小的只有6.77元，极差倍率高达183.7，令人震惊。即使排在前20%和后20%学校的均值，倍率仍有53.5(见图6.9)。X县初中生均仪器的均值是624.59元，但最大值为1 875元，最小值只有76元，极差倍率为24.54，即使排在前20%和

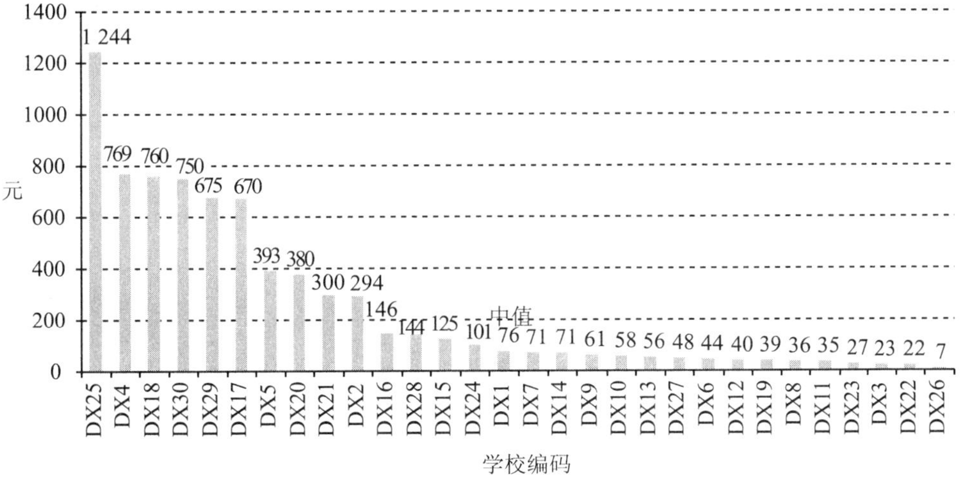

图6.9　D县小学生均仪器设备值的校际分布

后20%学校的均值，倍率仍有10.68。X县小学生均仪器设备值最大的为1 024.16元，最小的只有13.84元，极差倍率高达74.01，即使排在前20%和后20%学校的均值，倍率仍为14.65。可见，仪器设备值在校际分布极不均衡(见表6.15)。

表 6.15　　D县和X县生均仪器设备值的校际差异

学校类别	基尼系数	最大值	最小值	标准差	平均数值	差异系数	前20%均值	后20%均值	倍率
DZ	0.7299	2028.6533	323.7410	557.0437	1102.8505	0.5051	1975.0601	442.3022	4.4654
XZ	0.4804	1875.0000	76.3984	532.4960	624.5943	0.8525	1354.8879	126.8420	10.6817
DX	0.4801	1243.7811	6.7708	316.6166	248.7471	1.2728	924.2628	17.2763	53.4988
XX	0.4626	1024.1639	13.8382	241.3414	289.6002	0.8334	677.0827	46.2317	14.6454

②生机比和师机比达标率低，校际间严重不均衡。从生机比来看，中部某省义务教育学校的信息化标准中规定，小学和初中生机比要达到20∶1和15∶1。依据此标准，中部D县初中总体情况良好，除了有5所学校没有达到标准外，17所学校的生机比均值为12.8∶1，最大值为16.55∶1，最小值仅有6.95∶1。D县小学总体不达标，30所学校中有18所小学供学生使用的计算机为0，占总数的60%。在有学生用计算机的学校中，生机比均值高达29.19∶1，其中最大生机比为48.43∶1，最小值为11.63∶1。X县所在省2010年7月颁布的《义务教育阶段学校基本办学标准》规定，完全小学计算机配置生机比要达到16∶1，初中计算机配置生机比要达到10∶1。按此标准衡量，达标学校只有22%，有一所初中学生用计算机为0，在剩余的学校中平均生机比为25.5∶1，最大值为72.6∶1，最小值为7.32∶1，校际基尼系数高达0.41，处于非常不均衡的状态。X县小学也处在总体不达标且校际间绝对不均衡的状态。52所小学中有39所小学没有供学生使用的计算机，占总数的75%。在13所有学生用计算机的学校中，生机比均值高达43.88∶1，其中最大生机比为162∶1，最小值为4.05∶1，校际基尼系数高达0.72（见图6.10）。

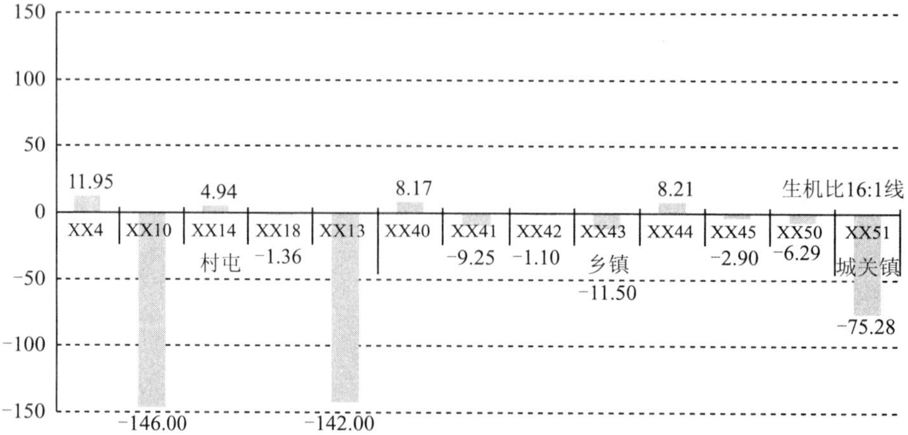

图 6.10　X县13所有学生用计算机学校的生机比达标情况

从师机比看，西部G省实行中小学师机比两级配置标准：一级为1.5∶1，二级为3∶1。我们暂且以二级配置标准为底线，D县初中的平均师机比为3.11∶1，略高于规定的标准，但校际间尚不均衡。师机比最高的学校为10∶1，10名教师共用1台计算机，最低的是1.06∶1，几乎教师每人1机。D县有6所小学没有可供教师使用的计算机，占20%，在其余的24所学校中平均师机比为10.65∶1，最大值为73∶1，最小值为0.97∶1，校际基尼系数高达0.56，严重不均衡(见图6.11)。X县初中的平均师机比为4.49∶1，最大值是40.45∶1，最小值只有2.25∶1，三分之一的学校不达标。X县小学除2所小学教师没有计算机外，其余50所小学的平均师机比为6.08∶1，高出标准一倍以上。其中，生机比的最大值为19∶1，最小值为0.46∶1，基尼系数为0.38，整体处于较严重的不均衡状态。

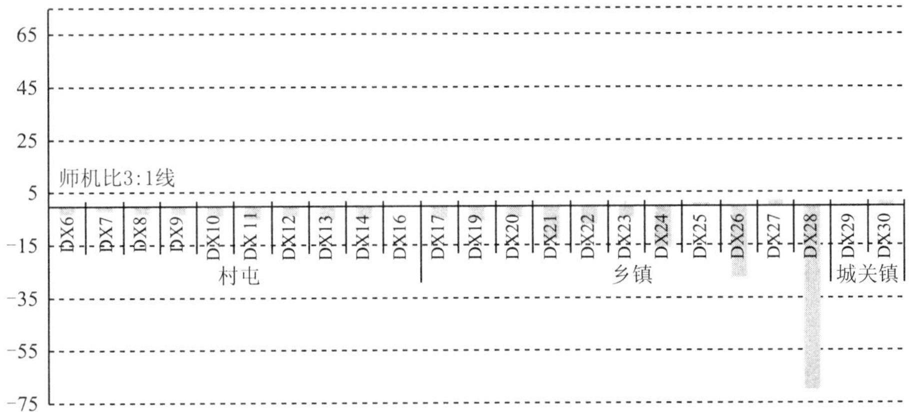

图6.11　D县小学师机比达标情况

③生均图书册数相对均衡，但大多低于规定标准。生均图书册数是学校标准化建设的重要内容之一。尽管各校间生均图书册数的基尼系数都在0.4以下，表面相对均衡，但这实质上是一种低水平的均衡。多数学校，尤其是初中在校生拥有图书量均低于所属省份所规定的基本标准。

专栏6.2　J省和G省中小学图书馆藏书标准

G省2010年7月颁布的中小学图书馆(室)藏书标准是：

学校类别	项目	数量
初中	生均图书	30(册)
	报刊	20(种)
	工具书、教参	50(种)

续表

学校类别	项目	数量
小学	生均图书	20(册)
	报刊	10(种)
	工具书、教参	30(种)

J省2010年4月公布的义务教育学校办学基本标准规定：生均藏书，小学不少于20册，中学不少于30册。有一定数量的教学参考资料、工具书、报刊、音像资料、电子读物等。每年新增图书比例一般应不少于藏书标准的1%。

D县初中生均图书册数的均值是15.38册，在17所学校中仅有2所达到了该省所规定的标准，校际基尼系数为0.38，已接近不均衡的警戒水平。排在前20%和后20%学校的生均图书册数分别为32.03册和5.06册，倍率达到6.33。D县小学的校际基尼系数是0.32，生均图书册数略高于初中，达到19.02册，但极差较大，达到55.2册，而排在前20%和后20%学校的平均数是41册和4.02册，极差倍率为10.2，这反映D县中小学生均图书册数呈现两极分化的趋势，部分学校生均图书册数很低，如初中生均图书册数最少的仅为4册，小学仅为2.4册，而部分学校的生均图书册数却很高，如初中生均图书册数最多的是37.74册，小学最多的是57.65册。D县43.3%(13所)的小学生均图书册数达到或者高于标准数，达标的学校80%(11所)是村屯小学(见表6.16)。

表6.16　　D县和X县生均图书册数的校际差异

学校类别	基尼系数	最大值	最小值	标准差	平均数值	差异系数	前20%均值	后20%均值	倍率
DZ	0.3757	37.7358	3.9978	10.6962	15.3797	0.6955	32.0318	5.0604	6.3299
XZ	0.0864	27.5057	15.6344	3.7980	21.4201	0.1773	26.0180	16.4949	1.5773
DX	0.3168	57.6471	2.4390	14.0788	19.0230	0.7401	40.9989	4.0176	10.2048
XX	0.2459	94.2857	6.6000	16.0642	20.2079	0.7949	45.8152	8.8364	5.1848

X县9所中学生均图书册数均值为21.42册，基尼系数仅有0.09，但全部都没有达到该省所制定的标准。仅有21.1%(11所)的小学达到所属省份规定的标准，而其中90.9%(10所)的学校是村屯小学。尽管从表面上看村屯小学在生均图书册数达标上似乎比较乐观，但这种现象与近些年村屯小学生源的减少密不可分。调研发现，近些年多数村屯学校招生规模逐年下降，而有些村屯小学(或教学点)已采用隔年招生的方式来应对生源减少带来的挑战。应该说明的是，由于

办学经费有限，难以购入新图书，学校所藏书目多数已属陈旧，且重复内容居多，还有很多根本不适合小学生阅读，可读性不强。尽管村屯小学学校生均图书册数较高，但由于图书缺乏对学生的吸引力，很难发挥其真正意义上的作用，因此，生均图书册数不仅应重视其数量均衡，还更应该重视其质量水平。

④生均教学用地校际间不均衡，有相当比例学校未达标。在学校办学标准上，J省重视衡量生均校舍建筑面积。按照J省的学校办学标准，生均校舍建筑面积(不含学生宿舍)，小学不低于5.2平方米，中学不低于6.4平方米。从均值上看，无论小学还是初中均达到规定的标准，但是从具体学校看，D县86.7%的小学达到标准，90%以上的初中达到标准。初中生均校舍建筑面积的校际基尼系数为0.22，较为均衡，而小学生均校舍建筑面积的校际基尼系数高达0.47，非常不均衡。G省重视生均校舍占地面积。按照G省的学校办学标准，小学、初中的生均占地面积分别不低于20平方米、25平方米。从均值上看，X县无论小学还是初中均达到规定的标准，但是从具体学校看，小学有三分之一未达标，初中仅有三分之二未达标(见表6.17)。

表6.17　D县和X县生均校舍建筑面积与生均校舍占地面积的校际差异

指标	学校类别	基尼系数	最大值	最小值	标准差	平均数	差异系数	前20%均值	后20%均值	倍率
生均校舍建筑面积	DZ	0.2220	29.1304	5.5258	5.4794	10.0453	0.5455	17.6835	6.4912	2.7242
	XZ	0.4147	19.6149	0.6822	5.5598	17.1450	0.3243	16.8437	2.5638	6.5698
	DX	0.4282	87.4118	5.4270	19.6733	15.8965	1.2376	43.4849	6.7558	6.4367
	XX	0.3859	24.1047	0.3287	4.5412	7.6040	1.6744	15.3873	3.1159	4.9384
生均校舍占地面积	DZ	0.3640	92.7607	6.4587	24.3324	42.8240	0.5682	84.8983	12.1769	6.9721
	XZ	0.4767	53.3865	1.8619	17.9215	25.2418	0.7100	50.9372	6.4461	7.9020
	DX	0.4708	253.8462	4.3848	62.9109	79.2836	0.7935	114.3679	11.3363	10.0886
	XX	0.4205	89.5714	2.1823	19.3840	32.0374	0.6050	62.0983	8.8471	7.0191

⑤校均报刊种类校际分布非常不均衡。D县初中校均报刊种类的基尼系数为0.38，已接近非常不均衡的边缘，原因是报刊种类主要集中在少数几所学校中。初中订阅报刊的均值为5.1种，但校际间的分布很不均衡，最多的学校有60种，最少的只有3种。17所初中共订阅报刊337种，其中65.9%的报刊集中在35.3%的学校中。D县小学校均报刊种类的基尼系数达到了0.42，虽然小学订阅报刊的均值高达22.77种，但最多的学校有130种，最少的只有3种。30所小学共订阅报刊683种，其中接近46.1%(315种)集中于16.7%小学，排在前20%和后20%学校订阅报刊种类的均值分别为55.83种和8种，倍数高达7倍(见表

6.18）。

X县初中校均报刊种类的基尼系数为0.38，已经接近非常不均衡的边缘。排在前20%学校订阅报刊种类为25种，而后20%学校只有4种，倍率为6.25。9所初中共订阅报刊97种，其中51.5%（50种）的报刊集中于22.2%的初中学校。X县所在的G省规定，小学订阅报刊种类不低于10种。而小学校均报刊种类的基尼系数为0.43，已经非常不均衡。X县52所小学共订阅报刊283种，其中39.4%（111种）的报刊集中在11.6%的小学，仅有6所达到标准，达标率仅为12%。排在前20%学校订阅报刊种类为13种，而后20%学校只有1.5种，倍率为8.41（见表6.18）。

表6.18　　D县和X县报刊种类的校际差异

学校类别	基尼系数	最大值	最小值	标准差	平均数	差异系数	前20%均值	后20%均值	倍率
DZ	0.3774	60.0000	3.0000	13.6495	5.0588	2.6982	42.2500	7.2500	5.8276
XZ	0.3826	26.0000	4.0000	8.5261	10.7778	0.7911	25.0000	4.0000	6.2500
DX	0.4158	130.0000	3.0000	28.9967	22.7667	1.2736	55.8333	8.0000	6.9792
XX	0.4283	50.0000	0.0000	7.0583	5.4423	1.2969	13.0000	1.5455	8.4118

⑥校均多媒体套数校际分布极端不均衡。多媒体是重要的现代教学手段，是学校装备现代化的标志之一。从多媒体在校际间的分布看，无论中部D县还是西部X县，也无论小学还是初中，基尼系数都高达0.7以上，最高的已达0.89，处于差距悬殊的极端不均衡状态。

D县初中校均多媒体为5.06套，最多的学校达57套，最少的一套也没有。除了一所学校无多媒体外，D县其余16所初中共有86套多媒体，而其中一所学校就占了近三分之二（66.3%）。小学校均多媒体套数远远低于初中，平均只有2.63套，然而校际不均衡问题非常突出，最多的学校达50套，在30所小学中有18所小学没有多媒体，剩余的12所小学共有多媒体79套。

X县初中校均多媒体为19.11套，最多的学校达158套，占总数（172套）的91.9%，最少的只有一套。排在前20%和后20%学校的校均多媒体套数的倍率高达80.5。小学校均多媒体套数更少，平均5所学校才能有一套多媒体。在52所小学中，仅9所小学有多媒体，占17.31，总数为10套，82.68%的小学没有多媒体（见表6.19）。

表 6.19　　D县和X县多媒体套数的校均差异

学校类别	基尼系数	最大值	最小值	标准差	平均数	差异系数	前20%均值	后20%均值	倍率
DZ	0.7497	57.0000	0.0000	13.6495	5.0588	2.6982	18.2500	0.7500	24.3333
XZ	0.8217	158.0000	1.0000	52.0875	19.1111	2.7255	80.5000	1.0000	80.5000
DX	0.8907	50.0000	0.0000	9.4083	2.6333	3.5728	12.1667	0.0000	—
XX	0.8423	2.0000	0.0000	0.4445	0.1923	2.3114	0.9091	0.0000	—

(2)城乡均衡状况。

①生均仪器设备值与学校所在城乡经济发展水平呈正相关。D县的经济发展水平呈按行政级别降低而逐步下降的态势。与此相对应，学校的生均仪器设备值也呈城关镇大于乡镇的格局。从初中看，城关镇学校的生均仪器设备均值为1 150.94元，乡镇为1 093.07元，相差仅有57.87元，差距不大。小学的城乡差距比较明显，城关镇小学的生均仪器设备均值为713.55元，分别比乡镇和村屯小学多出401.91元和569.95元，城乡差距非常大，村屯学校处于最弱地位。

X县的经济中心在一些拥有资源的乡镇，所以情况有些不同。从初中看，依然是城关镇高于乡镇，且差距悬殊，城关镇的生均仪器设备均值为1 296.63元，是乡镇初中的3倍。小学则呈逆差序格局，即村屯学校生均仪器设备值最多，达327.76元，乡镇中心小学次之，为202.86元，城关镇小学最弱，只有114.08元(见表6.20)。

表 6.20　　D县和X县生均仪器设备值的城乡差异

学校类别	城乡	标准差	均值	组内差异	中位数
DZ	城关镇	1205.5550	1150.9392	1.0475	—
	乡镇	499.9432	1093.0710	0.4574	957.4468
XZ	城关镇	817.9350	1296.6326	0.6308	—
	乡镇	270.2005	432.5833	0.6246	455.5809
DX	城关镇	52.4415	713.5524	0.0735	—
	乡镇	390.4900	311.6456	1.2530	122.4206
	村屯	195.3614	143.5986	1.3605	65.7819
XX	城关镇	48.6847	114.0841	0.4267	—
	乡镇	205.8978	202.8635	1.0150	150.9044
	村屯	248.9140	327.7648	0.7594	285.3723

②城乡学校多数不达标，乡镇和村屯学校问题最严重。D县初中教师的计算

机配置情况相对较好，城关镇的师机比为3.04∶1，基本接近二级标准，乡镇略高一点，也达到3.11∶1，只要有适当的经费投入就完全可以达到标准。D县城关镇小学情况最好，师机比达2.11∶1，乡镇小学问题比较严重，平均师机比只有15.58∶1，村屯小学情况最糟，有40%的学校教师根本没有计算机，在剩下的学校中平均师机比达6.4∶1。X县初中无论城关镇还是乡镇均不达标，城关镇初中问题更突出，平均师机比为5.48∶1，乡镇为4.21∶1。X县小学问题更为严重，全部达不到标准。城关镇的平均师机比为6.25∶1，乡镇的平均师机比为4.26∶1，情况比城关镇要好，条件最差的是村屯，有2所学校教师没有计算机，在剩余的35所村屯小学中平均师机比只有6.75∶1(见表6.21)。

表6.21　　D县和X县生机比和师机比的城乡差异

指标	学校类别	城乡	标准差	均值	组内差异	中位数
生机比	DZ	城关镇	0.0590	0.1022	0.5776	—
		乡镇	0.0207	0.0813	0.2542	0.0743
	XZ	城关镇	0.0381	0.0481	0.7919	—
		乡镇	0.0487	0.0628	0.7768	0.0718
	DX	城关镇	0.0020	0.0324	0.0609	—
		乡镇	0.0258	0.0304	0.8467	0.0283
		村屯	—	—	—	—
	XX	城关镇	—	—	—	—
		乡镇	0.0455	0.0384	1.1850	0.0364
		村屯	0.0435	0.0110	3.9486	0.0000
师机比	DZ	城关镇	0.0238	0.3293	0.0723	—
		乡镇	0.2166	0.4257	0.5087	0.3902
	XZ	城关镇	0.1931	0.2556	0.7555	—
		乡镇	0.1323	0.2886	0.4583	0.2381
	DX	城关镇	0.2488	0.5324	0.4674	—
		乡镇	0.2543	0.1932	1.3163	0.1275
		村屯	0.0926	0.1038	0.8923	0.1250
	XX	城关镇	0.1077	0.1905	0.5657	—
		乡镇	0.2164	0.3217	0.6727	0.2433
		村屯	0.3971	0.2721	1.4594	0.1863

注：表中数据表示的是每100名学生所拥有的计算机台数。

③生均图书册数呈城乡逆差序格局，小学尤甚。D县城关镇中学的生均图书册数仅为6.2册，而乡镇中学为16.2册，人均多出10册。小学更是呈明显的逆差序格局，村屯小学生均图书26.39册，分别高出乡镇和城关镇15.52册和

17.40册。X县初中城乡生均图书册数相差不多，但城关镇仅高出乡镇1.72册。小学也呈逆差序格局，村屯小学的生均图书册数达到22.18册，分别比乡镇和城关镇学校高出6.63册和8.09册(见表6.22)。之所以出现村屯学校生均图书册数高于乡镇学校、乡镇学校又高于城关镇学校的格局，主要原因是村屯小学生源的减少和生源的向城性流动，可以说村屯小学生均图书册数的增加主要不是由于加大购书投入导致的。

表6.22　　　　D县和X县生均图书册数的城乡差异

学校类别	城乡	标准差	均值	组内差异	中位数
DZ	城关镇	0.7527	6.1090	0.1232	—
	乡镇	10.8073	16.6158	0.6504	9.7443
XZ	城关镇	2.4688	22.7607	0.1085	—
	乡镇	4.1769	21.0371	0.1986	20.9446
DX	城关镇	2.1085	8.9872	0.2346	—
	乡镇	6.7892	10.8708	0.6245	10.3980
	村屯	14.9868	26.3916	0.5679	25.5208
XX	城关镇	6.9969	14.0904	0.4966	—
	乡镇	7.6620	15.5438	0.4929	14.8080
	村屯	18.1861	22.1774	0.8200	16.3404

④村屯乡镇生均学校用地相对宽松，城关镇学校教学用地较为紧张。从生均校舍建筑面积看，D县城乡所有学校都基本达标，只是城关镇小学比规定的标准少0.03平方米。从初中看，城关镇学校只比乡镇初中略大0.64平方米。小学亦呈逆差序格局，村屯小学、乡镇中心小学、城关镇小学依次多出5平方米左右。X县生均校舍建筑面积也全部达标，但乡镇初中比城关镇初中多出4.16平方米，小学基本相当，只是村屯约多出不到3平方米(见表6.23)。

从生均校舍占地面积看，D县城关镇学校明显不足。D县城关镇初中的生均占地面积只有15平方米，要比规定的标准少5平方米，城关镇小学6.37平方米，比规定标准少将近19平方米。而乡镇和村屯学校都远远超过标准，村屯小学生均占地达到了115.38平方米，超过规定标准4.6倍。X县初中小学的生均校舍占地面积全部达到标准，村屯大于乡镇，乡镇大于城关镇(见表6.23)。

表 6.23 D县和X县生均学校用地的城乡差异

指标	学校类别	城乡	标准差	均值	组内差异	中位数
生均校舍建筑面积	DZ	城关镇	4.5115	11.1984	0.4029	—
		乡镇	5.7278	10.5612	0.5423	8.5322
	XZ	城关镇	6.4475	6.4210	1.0041	—
		乡镇	5.1508	10.5804	0.4868	10.6958
	DX	城关镇	1.2170	5.1654	0.2356	—
		乡镇	14.8799	10.8468	1.3718	6.6008
		村屯	19.6733	15.8965	1.2376	9.6225
	XX	城关镇	1.8873	5.5665	0.3390	—
		乡镇	5.2572	5.9957	0.8768	4.5585
		村屯	4.2744	8.2792	0.5163	6.9344
生均校舍占地面积	DZ	城关镇	4.1713	15.0361	0.2774	—
		乡镇	23.4603	46.5291	0.5042	42.2950
	XZ	城关镇	27.2877	21.1572	1.2898	—
		乡镇	17.2333	26.4088	0.6526	19.2336
	DX	城关镇	2.8067	6.3694	0.4407	—
		乡镇	27.3278	43.3045	0.6311	47.6573
		村屯	63.0005	115.3823	0.5460	93.1242
	XX	城关镇	23.3391	28.0572	0.8318	—
		乡镇	19.9988	25.5314	0.7833	21.7351
		村屯	19.0067	34.5385	0.5503	30.3243

⑤城关镇学校报刊种类最多，乡镇学校次之，村屯学校最少。城关镇初中拥有报刊种类高于乡镇初中。D县城关镇初中拥有报刊种类平均为38种，而乡镇中学是17.4种，相差21.6种之多。X县城关镇初中有报刊18种，乡镇初中只有8.7种，两者相差2.07倍。城关镇小学的校均报刊种类也多于乡镇和村屯学校。D县城关镇小学有报刊多达67.5种，而乡镇和村屯学校只有15种，两者相差4.5倍(见表6.24)。从达标情况看，X县52所小学中仅有6所达到标准，城关镇小学全部达标，3所达标校是乡镇小学，另外1所达标校是村屯小学，X县37所村屯小学校均报刊种类数都在10种以下。

表 6.24 D县和X县校均报刊种类的城乡差异

学校类别	城乡	标准差	均值	组内差异	中位数
DZ	城关镇	0.0000	38.0000	0.0000	—
	乡镇	14.3218	17.4000	0.8231	12.0000

续表

学校类别	城乡	标准差	均值	组内差异	中位数
XZ	城关镇	8.4853	18.0000	0.4714	—
	乡镇	7.9102	8.7143	0.9077	5.0000
DX	城关镇	81.3173	67.5000	1.2047	—
	乡镇	5.3570	15.8333	0.3383	19.5000
	村屯	5.8790	15.1875	0.3871	20.0000
XX	城关镇	4.9497	6.5000	0.7615	—
	乡镇	4.5545	6.9231	0.6579	6.0000
	村屯	7.8605	4.8649	1.6158	4.0000

⑥多媒体主要集中于城镇，村屯学校基本无多媒体。D县城镇初中校均有多媒体29.5套，乡镇初中校均只有1.8套。全县初中共有多媒体86套，城关镇初中占59套。在剩余的27套中，有一所乡镇初中就占了12套，还有2所乡镇初中各占有2套，其余11所学校各有1套。城关镇小学校均拥有多媒体1.5套，不及乡镇中心校的6.3套，但村屯小学为0套(见表6.25)。

X县初中调研样本校共有多媒体172套，大多集中于乡镇。其中一所乡镇初中就有158套，另一所乡镇初中有3套，其余7所初中只有1至2套。52所小学中仅9所小学有多媒体，总数为10套。这9所小学包括2所城关镇小学、4所乡镇小学和3所村屯小学，除一所乡镇小学有2套外，其余8所小学各有1套多媒体(见表6.25)。

表6.25　　D县和X县校均多媒体套数的城乡差异

学校类别	城乡	标准差	均值	组内差异	中位数
DZ	城关镇	38.8909	29.5000	1.3183	—
	乡镇	2.8586	1.8000	1.5881	1.0000
XZ	城关镇	0.7071	1.5000	0.4714	—
	乡镇	59.0295	24.1429	2.4450	2.0000
DX	城关镇	0.7071	1.5000	0.4714	—
	乡镇	14.4243	6.3333	2.2775	1.0000
	村屯	0.0000	0.0000	—	0.0000

续表

学校类别	城乡	标准差	均值	组内差异	中位数
XX	城关镇	0.7071	0.5000	1.4142	—
	乡镇	0.6602	0.4615	1.4305	0.0000
	村屯	0.2767	0.0811	3.4129	0.0000

⑦乡镇学校不及城关镇学校，村屯学校基本没有建成校园网。目前，无论初中还是小学，D县城关镇学校100%建成校园网，乡镇学校校园网建成率都在20%以上，村屯小学的建校园网比率只有6%，即16所村屯小学中仅有1所建成校园网，城乡差距巨大。X县初中的校园网建率为33.3%，其中城关镇初中建成率为50%，乡镇初中建成率只有29%。在52所小学中，除了一所村屯小学建成校园网以外，其余全部没有接通校园网，建成率只有1.92%(见表6.26)。

众所周知，接通校园网有利于学校教学质量提升，有利于促进教师专业发展，有利于改善学校信息封闭局面，但校园网建成依赖于微机的使用，根据“生机比”“师机比”等指标来看，在多数村屯学校并没有购置微机，显然，微机拥有量制约了校园网建设。校园网运行是否顺畅还与专业化的信息维护人员和技术人员有关，而这对于乡镇和村屯学校而言是一个颇为棘手的难题，故应该在加大校园网建设的同时，组织开展好有校园网技术人员的培训工作。

表6.26　D县和X县校园网建成率的城乡差异

地区	指标	小学			中学	
		城关镇	乡镇	村屯	城关镇	乡镇
D县	学校总数	2.00	12.00	16.00	2.00	15.00
	校园网建成数	2.00	3.00	1.00	2.00	3.00
	校园网建成比例	100%	25%	6%	100%	20%
X县	学校总数	2.00	13.00	37.00	2.00	7.00
	校园网建成数	0.00	0.00	1.00	1.00	2.00
	校园网建成比例	0%	0%	3%	50%	29%

(二)县域内义务教育学校服务的均衡水平分析

1. 县域内义务教育的机会均衡状况

在优质教育资源稀缺的状况下，优质教育资源享有状况的机会公平问题备受社会关注。我们设计了择校率和平均班额两个指标来表征教育机会的均衡情况。择校问题可以从两个向度来看，一是转入率，二是转出率。在正常情况下，转出率高的学校，教育质量多体现为百姓的不认可，转入率高的学校多是热点学校。

在县域范围内，譬如一所乡镇中心小学，对村屯小学来说可能是比较有吸引力的，会出现转入率较高的情况，但对城关镇小学来说可能又是缺少吸引力的，因此又会出现转出率增多的情况。平均班额是学生在课堂教学中是否能受到更多关注或有更多表现机会的重要指示器，是影响教育质量的重要变量。班额越大，意味着每个学生受到关注的机会就越少，相应地，每个学生得到的表现机会就会越少。

(1)校际均衡状况。

①择校主要发生在小学，表现为薄弱校流向优质校。择校率的对应概念是学区入学率，即一所学校按规定的入学学区招收的适龄学生数与该学年学校实际招的适龄学生数的比例。择校率则是指跨学区适龄生源占学校当年招收的所有适龄学生数的比例。由于既可能存在本学区生源到其他学区入读，也可能存在外学区生源到本学区就读，还可能两种情况同时发生在一所学校，因此我们采用了转入率和转出率来表征这一动态过程。转入率＝(2011级新生总数－2011学年本学区内实到学生数)/2011级新生总数；转出率＝(2011学年本学区内应到适龄学生数－2011学年本学区内实到学生数)/2011学年本学区内应到学生数。

从转入率上看，排在后20%的学校，无论D县还是X县，也不论初中还是小学，都没有一个学生转入，即择校率为0，择校均表现为对优质校的选择。D县初中的平均转入率只有1.05%，择校问题并不突出。在仅有的30名转入生中，择校行为较为分散，接收学生最多的学校只占全校学生的10.27%，即15名左右的学生。D县小学的转入率虽然也不高，只有5.73%，但主要集中在6所优质学校。择校率最高的小学转入率高达60.95%，有65人。排在前20%学校的平均转入率高达25.64%。X县择校现象较为严重。X县初中的平均转入率为15.65%，但择校率最高的学校择校生占本校学生的56.92%，有576人，且择校行为主要集中在4～5所学校。X县小学的平均转入率为21.61%，也就是说有五分之一好的学生在择校。其中，择校率最高的学校择校生占全校学生的81.37%，有166人。排在前20%学校的平均择校率也高达60.65%(见表6.27)。

表6.27　　D县和X县择校率的校际差异

指标	学校类别	最大值	最小值	平均数	标准差	差异系数	前20%均值	后20%均值	倍率
转入率	DZ	0.1027	0.0000	0.0105	0.0479	4.5451	0.0570	0.0000	—
	XZ	0.5692	0.0000	0.1565	0.3441	2.1992	0.4575	0.0000	—
	DX	0.6095	0.0000	0.0573	0.2520	4.3952	0.2564	0.0000	—
	XX	0.8137	0.0000	0.2161	0.4248	1.9654	0.6065	0.0000	—

续表

指标	学校类别	最大值	最小值	平均数	标准差	差异系数	前20%均值	后20%均值	倍率
转出率	DZ	0.2303	0.0000	0.0277	0.1088	3.9285	0.1170	0.0000	—
	XZ	0.3892	0.0202	0.1981	0.2211	1.1160	0.3677	0.0564	6.5254
	DX	0.6667	0.0000	0.0608	0.2795	4.6011	0.2795	0.0000	—
	XX	0.6429	0.0000	0.1838	0.3188	1.7343	0.4535	0.0000	—

从转出率上看，除了X县初中排在后20%学校有5.64%的学区生转出外，X县小学、D县小学和初中排在后20%学校均无转出学生。D县初中的平均转出率只有2.77%，在17所初中里没有转出学生的学校有11所，占64.7%，转出学生最多的初中占当年应到学区生总数的23.03%，达38名。D县小学的平均转出率略高一点，占6.08%，在30所小学中去掉7所隔年招生学校，剩下的23所学校中没有转出学生的达18所，占78.26%，只有5所学校有转出生，转出率最高的达三分之二。X县择校率较高，平均转出率为19.81%，最高的达39%，最小的只有2%。小学更为突出，虽然平均转出率只有18.38%，但最大值却高达64.29%，排在前20%学校的平均转出率仍然高达45.35%(见表6.27)。

②中部D县平均班额较为合理，西部X县大班额问题突出。中部D县初中平均班额为39.4人，平均班额最大学校为47.88人，最小的只有27.17人，整体平均班额状况较为乐观，没有想象中的那样大。D县小学18.48人，几乎已经超越了西方国家小班化的额度。但是校际平均班额并不均衡，其中最大平均班额为50人，最小的只有5.7人，差异系数高达1.0。在30所小学中只有两所学校平均班额超过规定的45人警戒线，其余全部在32人以下(见表6.28)。

西部X县的状况就不那么乐观了。初中大班额问题非常突出，平均班额达到了55.20人，最大班额为64.45人，最小的也要48.78人。小学状况略好一些，但平均班额也达到了26.3人，其中最大班额为61.68人，最小的只有8.67人，差异系数高达0.84。超过平均班额45人的学校共3所，在整个小学中只占5.77%(见表6.28)。

表6.28　D县和X县平均班额的校际均衡水平

学校类别	最大值	最小值	平均数	标准差	差异系数	前20%均值	后20%均值	倍率
DZ	47.875	27.1667	39.4087	10.0300	0.2545	47.2816	31.6587	1.4935
XZ	64.4546	48.7778	55.2024	8.5290	0.1545	60.4196	49.6556	1.2168
DX	50.025	5.667	18.4789	18.3871	0.9950	35.5131	9.8611	3.6013
XX	61.6757	8.6667	26.3066	22.0863	0.8396	45.3898	11.745	3.8646

(2)城乡均衡状况。

①择校总体走向是由村到镇、由镇到城。D县城关镇与乡镇学校的转入率虽然相同，但从转出率上看，乡镇要高出城关镇2.88个百分点。D县小学学生的流动量主要集中在乡镇层面，乡镇的转入率高达10.81%，村屯的转入率仅为0，转出率则达到6.96%，可见，D县的乡镇小学对于农村学生来说极具吸引力。乡镇小学虽然既有转入又有转出，但转入率高出转出率4.07个百分点，表明择校流向主要是村小择向乡镇中心校，而乡镇中心校的转出既可能是流向其他乡镇，也可能随进城务工父母进城读书(见表6.29)。

X县城关镇初中的转入率(45.57%)远远高于转出率(7.28%)，高出38.29个百分点，这说明在县域内城关镇初中具有较强的吸引力，百姓比较认可城关镇初中的教育质量。X县城关镇初中转入的576人中有407人很可能是由乡镇转入的。而乡镇初中的转出率要高于转入率，平均高11.18个百分点。X县小学的整体流动率很高，转入率最高的是城关镇小学，高达59.68%，而转出率仅仅为21.88%，乡镇小学的转入率也达到48.53%。可见，城关镇与乡镇内部至少有一半学生是择校生。虽然X县小学三个层级学校都互有转入和转出，但城关镇学校和乡镇学校的转入率还是要远远地高于转出率，分别高出37.8和26.28个百分点(见表6.29)。

表6.29　　D县和X县中小学择校的城乡走向

学校类别	城乡	城关镇	乡镇	村屯	平均数	差异系数
DZ	转入率	0.0081	0.0130	—	0.0105	0.5832
	转出率	0.0081	0.0369	—	0.0225	1.6050
XZ	转入率	0.4557	0.1134	—	0.2845	1.5079
	转出率	0.0728	0.2252	—	0.1490	1.2824
DX	转入率	0.0000	0.1081	0	0.0360	3.0700
	转出率	0.0000	0.0674	0.0696	0.0456	1.5356
XX	转入率	0.5968	0.4853	0.1716	0.4179	0.9352
	转出率	0.2188	0.2225	0.1695	0.2036	0.2573

②城关镇大班额问题较突出，村屯小学平均班额最小。2008年9月3日住房和城乡建设部、国家发展和改革委员会发布的《关于批准发布〈农村普通中小学校建设标准〉的通知》规定，“小学：初小为4班，30人/班；完小为6班、12班、18班，近期45人/班，远期40人/班。初中为12班、18班、24班，近期50人/

班，远期45人/班。”按此标准，D县初中平均班额比较正常，城关镇学校略高，平均班额为47人，比乡镇学校平均高出9人。D县城关镇小学存在大班额问题，平均班额达49人，每班超出标准4人，而乡镇和村屯小学则出现了小班额情况，乡镇小学平均班额为19人，村屯小学为12人(见图6.12)。

X县初中大班额问题非常突出，城关镇学校尤甚，平均班额达62人，超出近期标准12人，即使乡镇学校也达到了54人，超出近期标准4人(见图6.12)。X县小学平均班额均在规定的标准值之内，但乡镇中心校班额比较大，这是一个新的动向，应该引起注意。

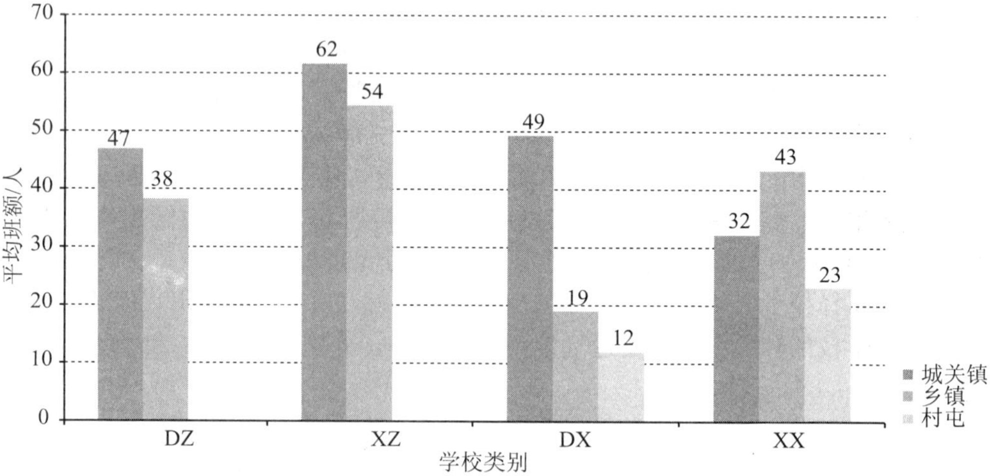

图6.12 D县和X县校均班额的城乡差异

2. 县域内义务教育的过程均衡状况

(1)校际均衡情况。

①教学设备仪器总体利用率较好，但个别种类利用率很低。教学仪器设备利用率是指教学仪器设备能够在学校教育教学过程中得到及时使用的比率，如果某种仪器设备在一所学校能够得到及时有效的利用则记为“1”，不能及时有效利用则记为“0”。某种教学仪器设备的利用率=能够及时使用该种教学仪器设备的学校数/回答该问题的学校总数。它与物力资源配置中的“学校标准化建设达标率”不同，“达标率”侧重点是“有没有”、“够用不够用”的问题，而“使用率”侧重点的是“用没用”、“是否有效利用”的问题，即教学仪器设备是否有效辅助教学活动的问题，反映的是学校教学仪器设备的利用状况与教学实验的开展情况，因此该指标是反映学校教育过程均衡发展的一个指标。

从初中看，D县在16类教学仪器设备中，及时有效使用率最高的是物理实验室、化学实验室、生物实验室、微机(学生用)、物理实验设备或教具、化学实验设备或教具、生物实验设备或教具，都达到100%，及时有效利用率较低的是图书、音乐器材和美术器材，不到60%。X县及时有效使用率最高的是微机(教师用)、报刊和图书，也都达到了100%，及时有效使用率不足60%的仪器设备有微机(学生用)、体育器材、音乐器材、美术器材和语音教室5种，其中语音教室的使用率为0(见图6.13)。

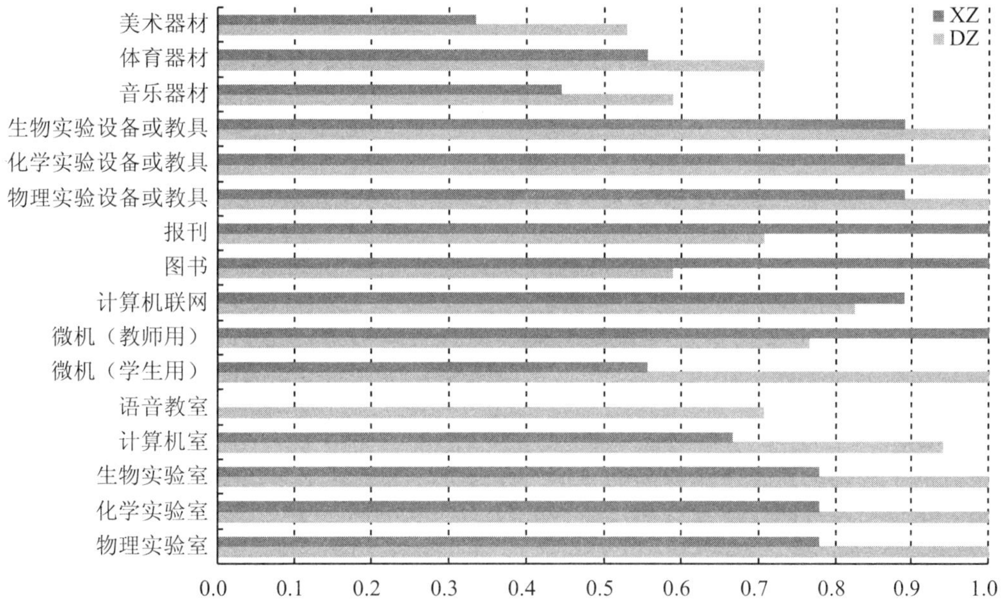

图6.13 D县和X县初中教学设备仪器利用率情况

从小学看，D县在9类教学仪器设备中，及时有效使用率较高的是图书、报刊、音乐器材和体育器材，均达到80%以上，计算机联网和微机(学生用)及时有效使用率较低，不足40%。X县及时有效使用率较高的是图书、科学实验设备或教具、报刊和微机(教师用)，均达到80%以上，使用率最低的是微机(学生用)，只有23.08%(见图6.14)。

②初中厌学率高，小学厌学率较低，校际之间不均衡。厌学率是学校中对学习不感兴趣的学生数占学校学生总数的比例，它是反映学校教学过程质量的重要指标之一。

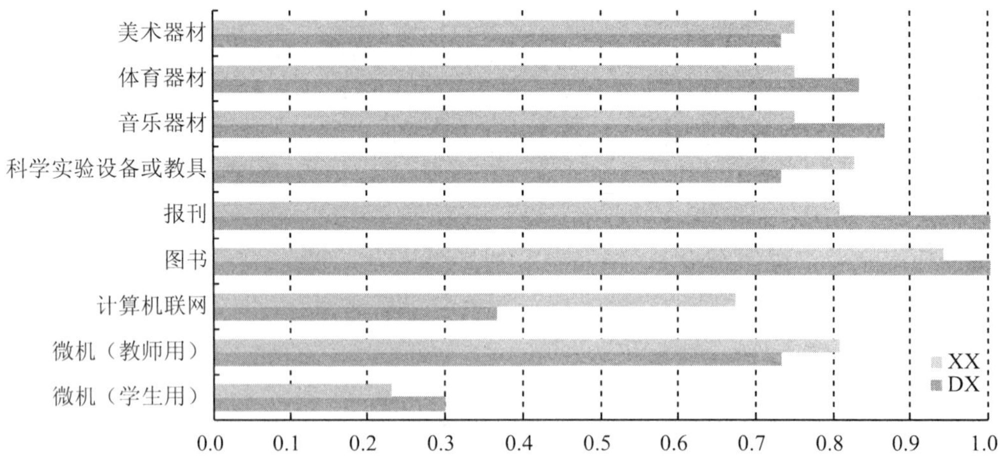

图 6.14 D县和X县小学教学设备仪器利用率情况

厌学是初中生辍学的主要影响因素。我们在调查中发现，D县3732名(有效问卷3626份)接受调查的初中生平均厌学率为14.12%，厌学率最高的初中达21.37%，最少的学校也有9.09%，校际差异系数为0.5826；X县5586名接受调查的初中生平均厌学率为13.44%，厌学率最高的初中达18.18%，最少的学校也有9.52%，校际差异系数为0.4104，说明学校之间的教学过程质量还存在较大的不均衡。这是一个较高的数值，在义务教育不让一个孩子掉队的价值追求中，出现如此高的厌学率是值得注意的(见表6.30)。

在D县我们抽取了18所小学进行调查，情况比较好，其中有13所厌学率均为0，占77.78%。在余下的5所小学中有调查对象406人(实际有效问卷398份)，平均厌学率也只有3.77%，但校际之间不均衡情况比较突出，厌学率最高的学校平均达到11.54%，最少的只有0.65%，校际差异系数高达1.7057。在X县小学共抽取了19所小学进行调查，其中有10所厌学率均为0，占52.63%。在余下的9所学校里，接受调查的996名小学生(实际有效问卷979份)平均厌学率只有1.63%，厌学率最高的学校为7.14%，最少的只有0.38%，校际差异系数1.267，差异较大(见表6.30)。

表 6.30　　D县和X县中小学厌学率的校际差异

学校类别	最大值	最小值	平均数	标准差	方差	差异系数
DZ	0.2137	0.0909	0.1412	0.0786	0.0020	0.5826

续表

学校类别	最大值	最小值	平均数	标准差	方差	差异系数
XZ	0.1818	0.0952	0.1344	0.0589	0.0011	0.4104
DX	0.1154	0.0065	0.0377	0.0901	0.0026	1.7057
XX	0.0714	0.0038	0.0163	0.0420	0.0006	1.2670

注：表中的所有数据均未包括厌学率为0的学校。

③学校生活满意度小学生高于初中生，小学校际差异大。学校生活满意度是指学生对于自己所在学校生活质量的满意程度，是通过学生个体的主观感受来反映学校教育教学过程质量的重要指标之一，可以通过学生对学校生活的主观感受、对学业活动的兴趣水平和参与程度、师生关系的融洽程度等维度的测量来评定。①

从县域内部看，D县小学生学校生活满意度的均值为74.55%，初中生只有67.69%，两者相差6.86个百分点(见图6.15)；X县小学生学校生活满意度的均值为75.85%，初中生为60.29%，两者相差15.56个百分点(见图6.16)，依据独立样本T检验统计析结果(P<0.05)可知：D、X两县小学生的学校生活满意度在0.05显著性水平上均高于初中生的学校生活满意度。这一现象可能与初中学习生活方式转变、学习科目增多、面临中考压力等多种因素有关。从校际看，D县初中生的学校生活满意度最大值为71.64%，最小值为64.28%，极差为7.36个百分点，差异系数为0.05。X县初中生的学校生活满意度的最大值为65.45%，最小值为55.92%，极差为9.53百分点，差异系数为0.06。可以看出，初中生的学校生活满意度校际间极差都未超过10个百分点，差距还算不大。D县小学生学校生活满意度的最大值达100%，而最小值只有43.75%，极差达56.25个百分点，差异系数高达0.1955。X县小学生学校生活满意度的最大值为97.06%，最小值仅有54.55%，极差为42.51个百分点，差异系数为0.1667。从上述数据分析与图6.17和图6.18的数据均可知：D、X两县初中生校际间学

① 我们通过自主设计的24个问题分析学生在校期间的生活满意情况，其中，正向性问题如“我对自己就读的初中感到自豪”、“我在学习困难的时候总能得到及时的帮助”、“对大部分科目都感兴趣”、“我和老师关系融洽”等，我们分别对“很不符合”、“不太符合”、“比较符合”、“非常符合”按满意度赋值为0、25%、75%及100%；负向性问题如“如果有条件我就转到别的学校”、“初一刚入学时大部分内容都听不懂”、“我感觉老师不喜欢我”、“老师对我一点也不了解”、“课堂上我得不到老师的关注”、“学校生活单调枯燥”、“我不想上学的想法非常强烈”等，我们分别对“很不符合”、“不太符合”、“比较符合”、“非常符合”按满意度赋值为100%、75%、25%和0。通过这24个选题满意度计算出每位调查样本的平均满意度，即某个学生的学校生活满意度。在D县共调查了4 376名学生(初中生3 609人，小学生761人)，在X县共调查了7 116名学生(初中生5 577人，小学生1 539人)。

校生活满意度差异不大，小学生校际间学校生活满意度差异很大。

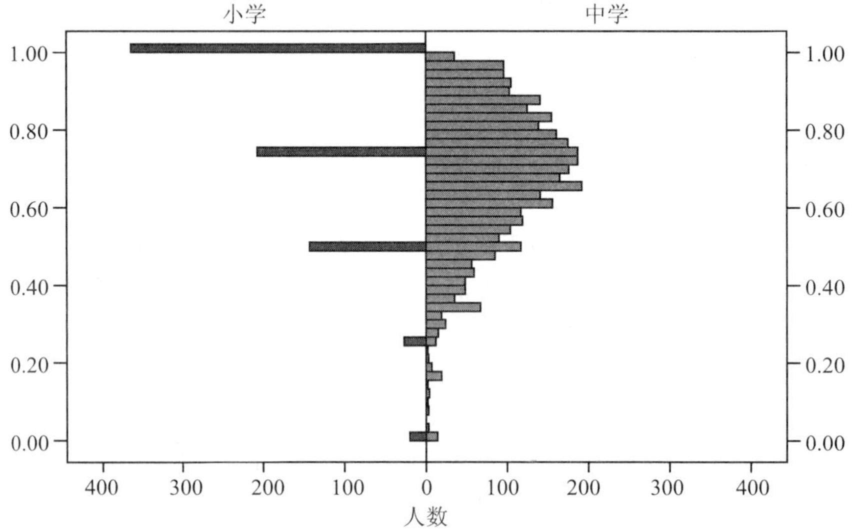

图 6.15　D县义务教育学生学校生活满意度的总体分布

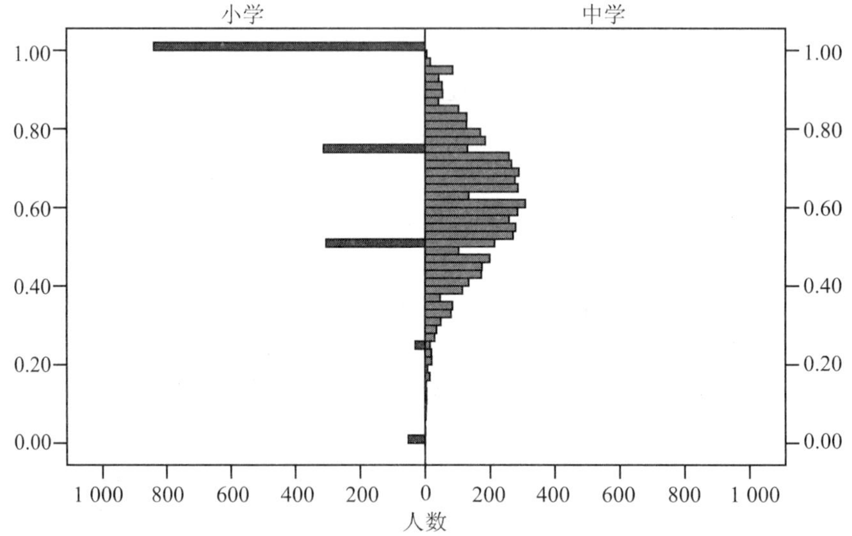

图 6.16　X县义务教育学生学校生活满意度的总体分布

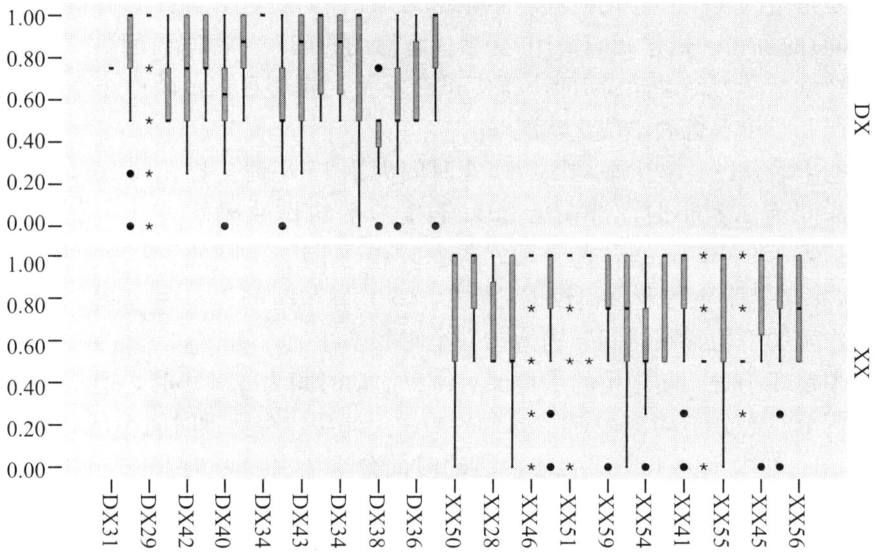

图 6.17　D 县和 X 县初中生学校生活满意度分布

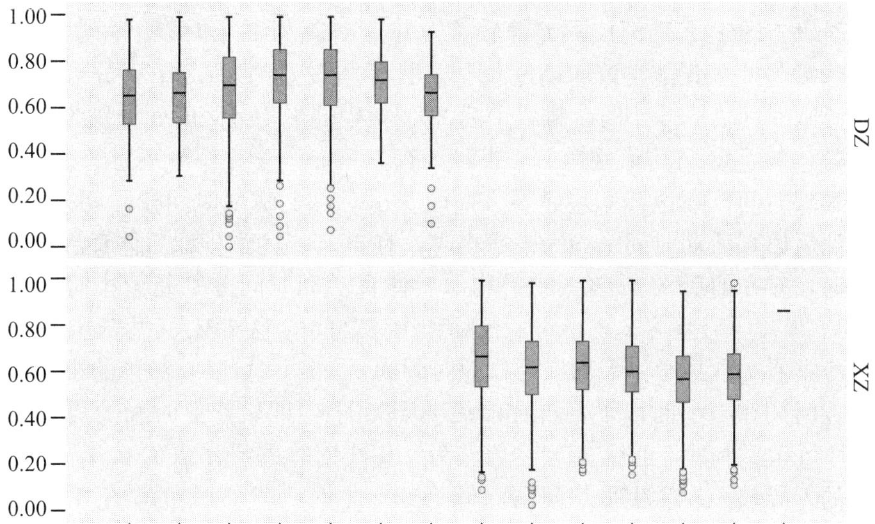

图 6.18　D 县和 X 县小学生学校生活满意度分布

④学生学业负担较重，校际差异和个体差异较大。学生负担度是指学生的学习负担程度，我们可以通过测量中小学生的课业时间或非课业时间进行反映，其中课业时间是指中小学生在特定时间段内的上课时间和作业时间的总和，非课业

时间则是指中小学生在特定时间段内的睡眠时间和自主活动时间(供自己自由支配的时间)的总和。这里我们采用“课后体育活动时间”、“睡眠时间”、“课后作业时间”及“学生学习活动感觉”四个维度进行测量，希望可以反映中小学生的素质教育状况和学校教育教学质量状况。

从初中看，D县学生平均课后作业时间为1.15小时，排在前20%学生的平均作业时间为2.8小时，排在后20%学生的平均作业时间为0.9小时，前后20%均值差1.9小时，总体差异系数高达0.70，平均作业时间在2小时以上的学生占45.09%，学生作业负担较重。学生的平均睡眠时间为8.01小时，排在前后20%初中生的平均睡眠时间分别为9.5小时和6小时，有30.97%的学生平均睡眠时间不足8小时。初中生的平均课后体育活动时间为2.3小时，但学生个体之间的时间分布十分不均衡，有72.3%的初中生课后体育活动时间不足1小时，排在前后20%初中生的平均课后体育活动时间分别为2.7小时和0.3小时，前后20%均值差高达2.4小时(见表6.31)。

X县初中生平均课后作业时间为1.4小时，但是校际与个体间的差异较大，排在前后20%学生的平均课后作业时间分别为3.7小时和0.9小时，有35.27%的初中生课后作业时间超过2小时，前五分之一学生的作业负担过重。作业时间为1小时以下的学生比例校际差异很大，作业时间为2小时以下的学生比例除XZ9校(20%)外，其他学校均超过65%，校际间极差约达65个百分点。初中生的平均睡眠时间为8.4小时，排在前后20%学生的平均睡眠时间分别为9.5小时和7小时，前后20%均值差达2.5小时。有7.79%的学生睡眠不足8小时，8小时以上睡眠时间校际达标率差异不大，而9小时以上睡眠时间校际间差异较大。学生的课后体育活动时间平均为1.9小时，有66.5%的学生课后体育活动时间不足1小时，排在前后20%学生的平均课后体育活动时间分别是3小时和0.7小时，前后20%均值差达2.3小时，校际和个体之间的差异较大(见表6.31)。

从小学看，D县学生平均课后作业时间为0.96小时，84.39%的小学生平均课后作业时间在1小时以下，排在前后20%小学生课后作业时间的均值分别是1.6小时和0.5小时，前后20%均值差为1.1小时，差异系数为0.5，校际与个体之间的差异较大。学生平均睡眠时间为9.2小时，81.84%的学生平均睡眠时间在9小时以上，排在前后20%小学生的平均睡眠时间分别高达10小时和8小时，总体状况良好。学生课后平均体育活动时间为2.4小时，有92.23%的小学生平均每天课后体育活动时间超过1小时。X县学生平均课后作业时间为1.2小时，只有30.56%的学生平均课后作业时间在1小时以下，排在前后20%小学生课后作业时间的均值分别是2.2小时和0.8小时，前后20%均值差1.36小时，学生的作业负担特别是前20%的学生非常重。学生的平均睡眠时间为9.2小时，排在前后 20%小学生的平均睡眠时间分别为 10.1 小时和 8.1 小时，有 31%的学生平均睡眠时间在 10 小时以上。学生的平均课后体育活动时间 1.33 小时，排在前后 20%小学生平均课后体育活动时间分别是 2.5 小时和 0.96 小时，相差 1.58 小时，个体间差异较大，有 69.13%的学生平均体育活动时间超过 1 小时以上。总体来看，小学阶段睡眠时间、作业时间及睡眠达标率较好，但在校际间有较大差异(见表 6.31)。

表 6.31　　D 县和 X 县学生学业负担度的校际差异

学校类别	指标	均值	标准差	差异系数	前 20%平均数	后 20%平均数	前后 20%均值差
DZ	课后作业时间	1.2453	0.8713	0.6997	2.8078	0.9035	1.9044
	睡眠时间	8.0112	1.0894	0.1360	9.5251	6.0157	3.5094
	课后体育活动时间	2.2978	1.0128	0.4408	2.7319	0.3262	2.4057
XZ	课后作业时间	1.4125	0.8782	0.6217	3.7035	0.9200	2.7835
	睡眠时间	8.4386	0.8463	0.1003	9.5235	6.9794	2.5440
	课后体育活动时间	1.8983	0.8771	0.4620	3.0311	0.6951	2.3361
DX	课后作业时间	0.9581	0.4952	0.5168	1.6196	0.4954	1.1242
	睡眠时间	9.1665	0.7987	0.0871	10.1078	8.0098	2.0980
	课后体育活动时间	2.3681	1.3272	0.5604	4.4767	0.8907	3.5860
XX	课后作业时间	1.2023	0.7700	0.6404	2.1857	0.8271	1.3586
	睡眠时间	9.2388	0.7938	0.0859	10.1469	8.1401	2.0068
	课后体育活动时间	1.3343	0.7867	0.5896	2.5354	0.9562	1.5792

⑤西部 X 县学生上学距离远，两县校际和群体之间差别大。家校距离是指学生居住地到其所就读学校的时间距离，家校距离长短反映了就近入学政策的执行情况以及农村中小学布局调整的状况，也是择校状况的一个间接显示指标。

专栏 6.3　学生上学距离标准

美国：《教育研究百科全书》(*Encyclopedia of Education Research*)中指出：在学校与居住地之间，小学生花费在交通上的时间不超过 45 分钟，高中生不超过 60 分钟；家校之间的步行距离，小学生不超过 1 英里，高中生不超过 2 英里；家校间学生乘坐交通工具的路程不超过 20 英里。

英国：1870 年英国颁布的《初等教育法》中指出：儿童所在学区居住地到学校的距离 3 英里内如果没有公立初等学校，儿童可以不入学。《1944 年教育法》

中第三十九条又规定：如果儿童注册的学校不在儿童可以从家里步行赴校的距离之内，而且地方教育当局在接送儿童往返学校的交通车辆、在校内或学校附近供应膳宿、使儿童转至离家较近学校上学等方面未能做出妥善安排，那么家长有权不送儿童入校读书。同时法律规定“步行到校距离”是指现有最近的路线对未满八岁的儿童来说为 2 英里，对其他儿童则为 3 英里。

丹麦：20 世纪 80 年代，丹麦政府规定 4～9 岁儿童家校距离应为 6 千米，10 岁之后为 7 千米，超过这个规定政府就应该提供交通工具，保障儿童入学。

中国：原国家教委《关于制定义务教育办学条件标准、义务教育实施步骤和规划统计指标问题的几点意见》规定，走读生上学单程时限小学低年级不超过 30 分钟，小学高年级最多不超过 45 分钟，中学最多不超过 60 分钟；学生居住地与学校距离原则上应在 3 千米以内。

从总体上看，中部 D 县初中学生上学所用的平均时间为 21.92 分钟，但不同学生之间的上学距离存在较大差距，差异系数达 1.5266，上学距离最远的 20%学生上学所用的平均时间为 51.93 分钟，在国家规定的标准范围之内，最近的 20%学生上学所用的平均时间只有 6.22 分钟。西部 X 县初中生上学所用的平均时间比 D 县的多出 6.8 分钟，即 28.75 分钟，差异系数为 1.0564，上学距离最远的 20%学生上学所用的平均时间为 66.26 分钟，超出国家规定标准 6 分多钟。D 县小学生上学所用的平均时间只有 12.6 分钟，最远的 20%学生上学所用的平均时间也只有 26.18 分钟，符合“小学低年级不超过 30 分钟”的标准。西部 X 县小学生上学所用的平均时间为 21.36 分钟，但上学距离最远的 20%学生群体平均上学时间为 52.52 分钟，超过国家规定的“小学高年级最多不超过 45 分钟”标准近 8 分钟(见表 6.32)。

从校际看，D 县初中各校学生上学所用的平均时间都在 18～34 分钟，基本符合国家标准，校际差异系数为 0.2380。从学校内部看，各校距离最远的 20%学生上学所用的平均时间在 41～88 分钟，超过国家 60 分钟上限规定的学校仅占 28.57%，各校前后 20%学生上学时间均值差在 35～78 分钟。X 县初中各校学生上学所用的平均时间都在 21～39 分钟，也符合国家规定的标准，校际差异系数为 0.1726。从学校内部看，各校距离最远的 20%学生上学所用的平均时间在 48～79分钟，超过国家 60 分钟上限规定的学校占 83.33%，各校前后 20%学生上学时间均值差在 41～65 分钟。可见，前后 20%的学生上学时间差距较大，平均在 50 分钟左右(见表 6.32)。

D 县小学各校学生上学所用的平均时间都在 9～21 分钟，完全符合国家标准，校际差异系数为 0.2359。从学校内部看，各校距离最远的 20%学生上学所用的平均时间在 15～45 分钟，总体上没有学校超过国家规定的 45 分钟上限标准，各校前后 20%学生上学时间均值差在 11～42 分钟。X 县小学各校学生上学所用的平均时间都在 12～46 分钟，有一所学校的平均上学时间不符合国家规定的标准，校际差异系数为 0.3581。从学校内部看，各校距离最远的 20%学生上学所用的平均时间在 17～112 分钟，超过国家 45 分钟上限规定的学校占 68.423%，各校前后 20%学生上学时间均值差在 13～108 分钟。可见，前后 20%的学生上学时间差距较大，平均在 40 分钟左右(见表 6.32)。

表 6.32　　D 县和 X 县学生上学时间距离的总体情况

学校类别	平均时间	差异系数	前 20%学生均值	后 20%学生均值	倍率	前后 20%均值差
DZ	21.9165	1.5266	51.9340	6.2189	8.3510	45.7151
XZ	28.7455	1.0564	66.2638	8.4724	7.8212	57.7914
DX	12.6005	0.6773	26.1765	4.2273	6.1923	21.9492
XX	21.3557	0.9890	52.5212	4.4088	11.9130	48.1124

⑥校际学困率差异明显，学校规模越小其学困率越高。学困率是指感官和智力正常而学习结果远未达到教学目标的学生占全体学生的比例。我们根据学生所学语文、数学、外语三科学习成绩在班级中的排名(分为前列、中上、中等、中下、后列五等)情况，凡三科均在中下或后列，或者两科为后列的，我们便定义为学习困难的学生。

D 县总体初中生的平均学困率为 11.89%。在各学校中，最高学困率为 17.99%，最小值为 9.04%，极差为 8.95 个百分点，校际差异系数为 0.4067。X 县总体初中生的平均学困率为 13.67%，在各学校中，学困率最高的是 19.7%，最小值为 10.26%，极差为 9.44 个百分点，校际差异系数为 0.5554(见表 6.33)。值得关注的是，几所学困率较高的学校所对应的学校规模相对也比较小，由于校本量较小，无法进行统计检验，但是可以作为一个问题提出，以便今后予以研究确证或证伪。

表 6.33　　D 县和 X 县初中学困率与学困生获助率的校际差异

指标	学校类别	最大值	最小值	平均值	标准差	方差	差异系数
学困率	DZ	0.1799	0.0904	0.1189	0.0518	0.0009	0.4067
	XZ	0.1970	0.1026	0.1367	0.0839	0.0022	0.5554
学困生获助率	DZ	0.8000	0.3226	0.5628	0.2654	0.02243	0.4703
	XZ	0.5403	0.4846	0.5206	0.0367	0.0004	0.0704

⑦有近一半学困生没有获得帮助，应警惕其成为潜在辍学生。学习困难学生获助率是指获得帮助的学生数占学习困难学生总数的比例。2010年《教育规划纲要》明确提出要"采取必要措施，确保适龄儿童少年不因家庭经济困难、就学困难、学习困难等原因而失学，努力消除辍学现象"。

总体上，两县学困生获助率均在50%以上，D县平均获助率为56.28%，X县平均获助率为52.06%。但是，D县学困生的获助率在校际之间存在较大差距，学困生获助率最高的达80%，最低的只有32.26%，极差达47.74个百分点。X县校际之间学困生的获助率比较均衡，获助率最高的为54.03%，最低的也有48.46%，极差仅有5.57个百分点。尽管如此，仍然有40%～50%的学困生没有获得帮助(见图6.19)。如果长期得不到老师的学业支持和帮助，很有可能成为潜在的辍学生，而这种在籍在学的潜在辍学生应该引起学校和教育政策设计者的高度重视。

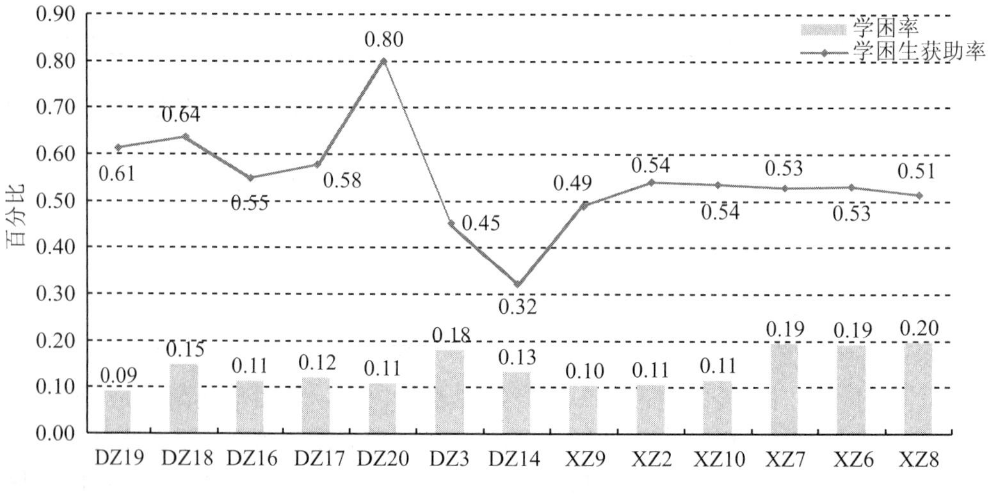

图6.19 D县和X县初中学困生获助率的校际差异

(2)城乡均衡情况。

①城关镇学校的教学仪器设备使用率高于乡镇学校和村屯学校，小学的城乡差距较大。从城乡初中的教学仪器设备利用率的总体情况来看，D县城关镇与乡镇学校的物理实验室、化学实验室、生物实验室、微机(学生用)、物理实验设备或教具、化学实验设备或教具、生物实验设备或教具的利用率都是100%，说明这些教学仪器设备在城乡都得到了广泛的使用，且城乡之间不存在差异。城关镇初中的计算机室、语音室的利用率低于乡镇，微机(教师用)、计算机联网、图书、报刊、音乐器材、体育器材、美术器材的利用率则高于乡镇。乡镇初中对美术器材的利用情况尤其不好，利用率不足50%，应对此给予关注。城关镇的语

音教室利用率为0也是一个突出的问题。X县城关镇与乡镇除微机(教师用)、图书、报刊利用率均达到100%以外，其余教学设备的利用率城关镇均高于乡镇。X县城关镇与乡镇的语音教室利用率均为0，这是城乡普遍存在的严峻问题，应引起高度重视。另外，乡镇在微机(学生用)、音乐器材、体育器材、美术器材方面的利用率不高，均不足50%，非常不利于学生体音美素养和信息技术素养的发展(见图6.20)。

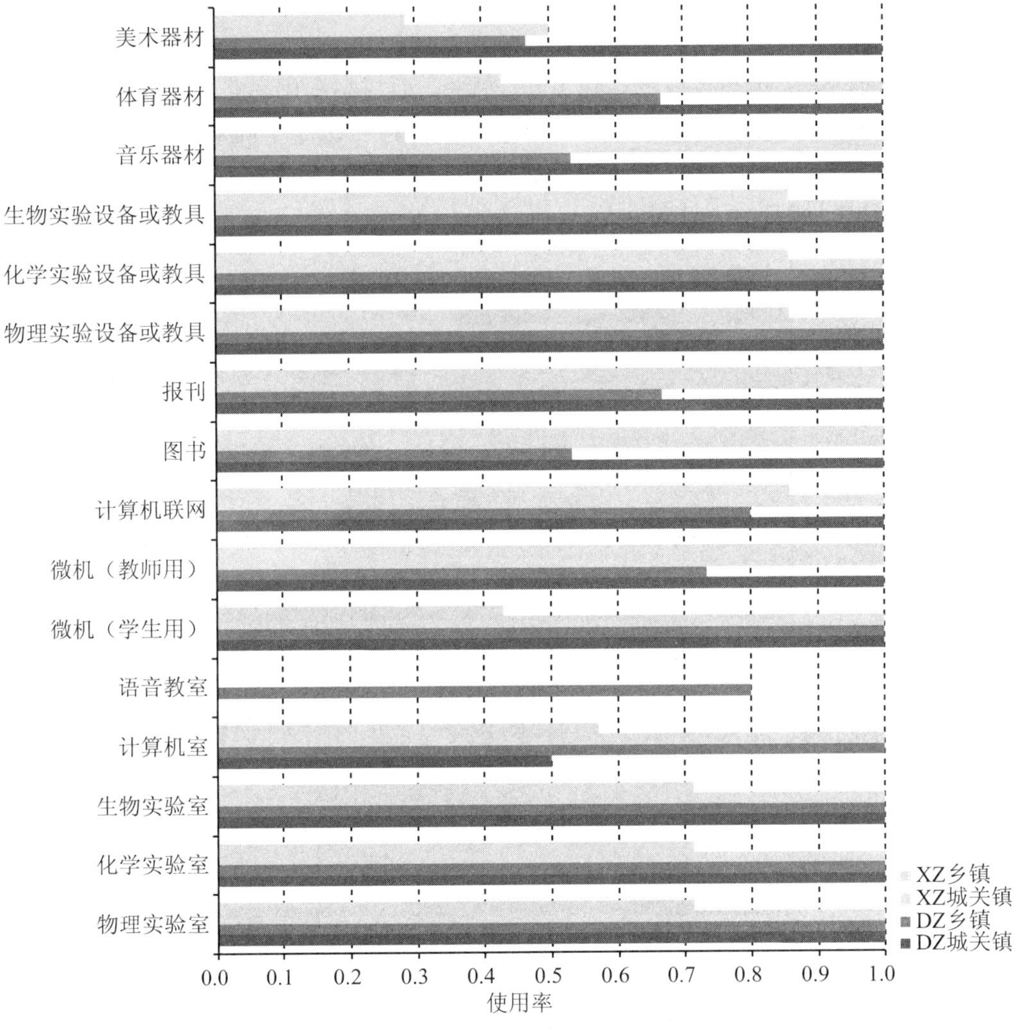

图6.20　D县和X县初中教学设备仪器利用率情况

从城、乡、村(屯)三级小学的教学仪器设备利用率的总体情况来看，D县城关镇、乡镇、村屯三级小学对微机(学生用)、微机(教师用)、计算机联网的利用率呈逐级下滑趋势；对报刊、科学实验设备或教具、音乐器材、体育器材的利用率在乡镇小学都出现低谷。在图书利用方面，城关镇与乡镇小学的利用率均达到100%，而村屯小学的图书利用率略低于城关镇和乡镇小学，但也达到了90%以上。村小微机(学生用)使用率为0，在计算机联网方面近乎为0，这对学校利用远程教育资源促进教育质量提高形成了很大的障碍，对缩小城乡差距，促进教育均衡发展极为不利。X县城关镇、乡镇、村屯三级小学对微机(教师用)、科学实验设备或教具、音乐器材、体育器材、美术器材的利用率呈逐级下滑趋势；在图书利用方面，城关镇与乡镇都达到100%水平，而村小利用率略低，但也在90%以上，问题并不严重。总体来看，两县小学城乡村三级小学间对微机(学生用)、计算机联网的利用率呈现出明显的城乡差异，这将严重影响学校利用远程教育资源促进教育质量的提高(见图6.21)。

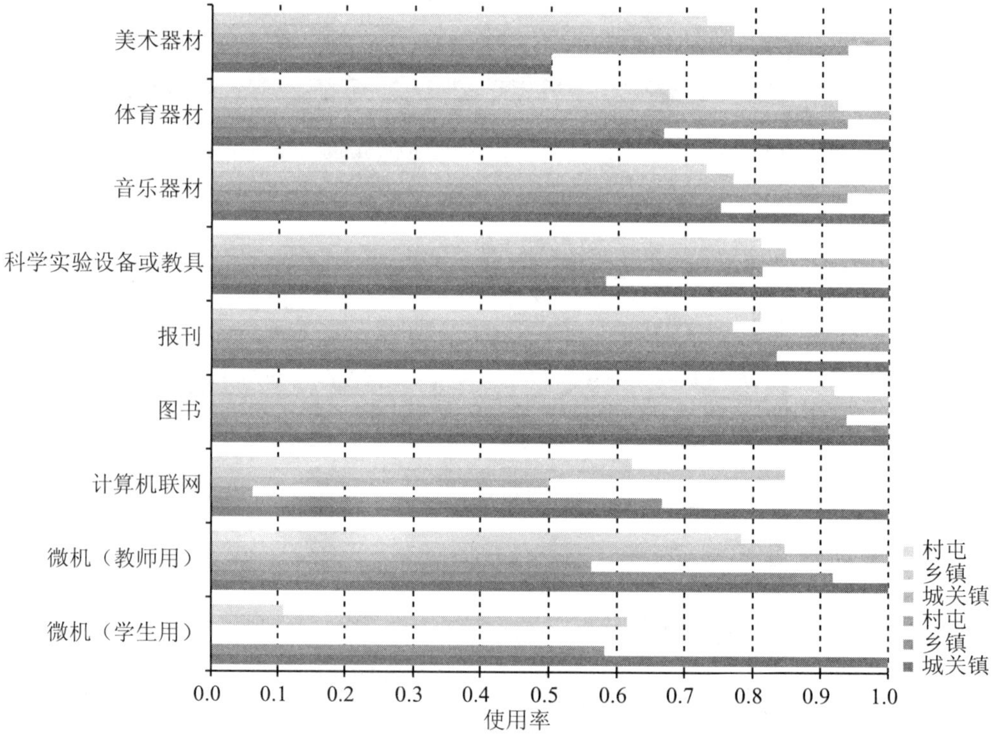

图6.21 D县和X县小学教学设备仪器利用率情况

②厌学率总体上村屯大于乡镇，乡镇大于城关镇。从城乡维度看，D县乡镇初中厌学率为15.10%，比城关镇初中多出1.39个百分点。X县乡镇初中的厌学

率为14.06%，比城关镇初中高出1.77个百分点。两县乡镇初中的厌学率均高于城关镇初中。D县乡镇小学厌学率是最高的，高达5.69%，城关镇小学次之，为0.26%，村小没有厌学现象。在X县村小厌学率最高，高达1.62%，乡镇小学次之，为0.73%，城关镇小学最低，仅有0.6%。总体来看，村小与乡镇小学的厌学率高于城关镇小学(见图6.22)。

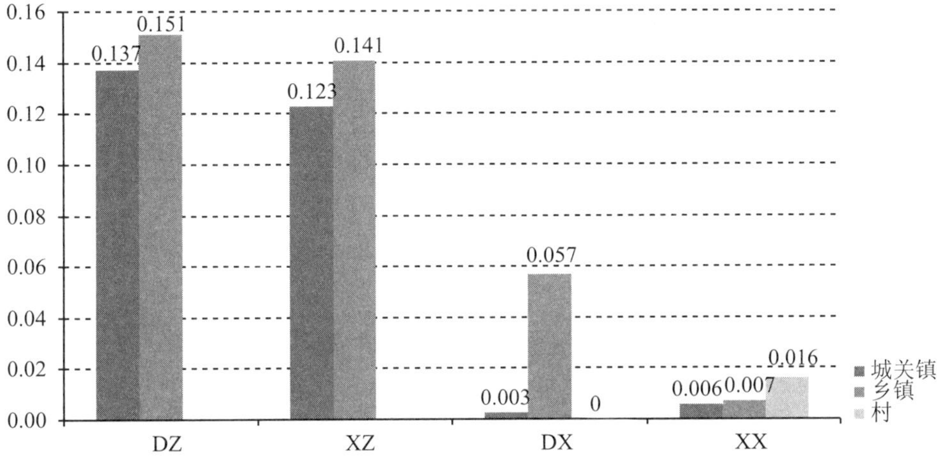

图6.22 D县和X县中小学厌学率城乡对比

③乡镇学生学校生活满意度低，城镇村学校内部群体差异均较大。从初中看，D县城关镇学生的平均学校生活满意度为68.79%，比乡镇学生高出5.94个百分点。城关镇前后20%群体间平均学校生活满意度差值为53个百分点，差异系数为0.2790；乡镇前后20%群体间平均学校生活满意度差值为40多个百分点，差异系数为0.27。X县城关镇学生的平均学校生活满意度为62.85%，比乡镇学生高出2.72个百分点。城关镇前后20%群体间平均学校生活满意度差值约为48个百分点，差异系数为0.27；乡镇前后20%群体间平均学校生活满意度差值为40多个百分点，差异系数为0.25(见表6.34)。可见，城关镇学生的学校生活满意度均高于乡镇学生，城关镇学校内部学生学校生活满意度差异更大。

从小学看，D县城关镇学生的平均学校生活满意度最高，为89.89%，其次是村屯学生，学校生活满意度为72.55%，最低的是乡镇学生，学校生活满意度为64.42%，比城关镇低25.27个百分点。城关镇前后20%群体间差值约为36个百分点，差异系数为0.20；乡镇前后20%群体间差值为70个百分点，差异系数为0.40；村屯前后20%群体间差值约为64个百分点，差异系数为0.37。X县村屯学生的平均学校生活满意度最高，为87.3%，城关镇和乡镇学生的平均学校生活满意度为73.45%，低于村屯学生13.85个百分点。城关镇前后20%群体差值约为50个百分点，差异系数为0.39；乡镇前后20%群体差值高达76个百分点，差异系数也为0.39；村屯前后20%群体差值约为60个百分点，差异系数为0.27(见表6.34)。总体来说，村屯和城关镇学生的学校生活满意度相对较高，学校内部群体之间的差异均较大，其中乡镇学校内部群体差异最大。

表6.34　　D县和X县学生学校生活满意度的校际差异

学校类别	城乡	均值	标准差	差异系数	前20%均值	后20%均值	前后20%均值差
DZ	城关镇	0.6879	0.1919	0.2790	0.9183	0.3883	0.5300
	乡镇	0.6285	0.1715	0.2729	0.8540	0.4398	0.4142
XZ	城关镇	0.6285	0.1715	0.2729	0.8681	0.3839	0.4842
	乡镇	0.6013	0.1525	0.2536	0.8041	0.3808	0.4233
DX	城关镇	0.8989	0.1773	0.1972	1.0000	0.6333	0.3667
	乡镇	0.6462	0.2605	0.4031	1.0000	0.3000	0.7000
	村屯	0.7255	0.2692	0.3711	1.0000	0.3571	0.6429
XX	城关镇	0.7345	0.2830	0.3853	1.0000	0.4850	0.5150
	乡镇	0.7345	0.2830	0.3853	1.0000	0.3689	0.6311
	村屯	0.8730	0.2315	0.2652	1.0000	0.3822	0.6178

④城关镇初中学生负担显著高于乡镇，小学城乡组间差异大于组内差异。从初中看，D县城关镇与乡镇学生群体在“课后作业时间”、“睡眠时间”、“课后体育活动时间”三个方面在0.05水平上均有显著性差异(独立样本T检验，$p<0.05$)。在课后作业时间上，城关镇学生平均用2.75小时，乡镇学生为2.35小时，城关镇学生课后作业时间在0.05水平上显著高于乡镇学生课后作业时间($p<0.05$)；在睡眠时间上，城关镇学生平均用时7.76小时，乡镇学生为8.16小时，城关镇学生睡眠时间在0.05水平上显著低于乡镇学生睡眠时间($p<0.05$)；在课后体育活动时间上，城关镇学生平均用时1.20小时，乡镇学生为1.45小时，城关镇学生课后体育活动时间在0.05水平上显著低于乡镇学生课后体育活动时间($p<0.05$)。X县城关镇与乡镇学生群体在课后作业时间、睡眠时间、课后体育活动时间三个方面也均有显著性差异(独立样本T检验，$p<0.05$)。在课后作业时间上，城关镇学生平均用时2.09小时，乡镇学生为1.99小时，城关镇学生课后作业时间在0.05水平上显著高于乡镇学生；在睡眠时间上，城关镇学生平均用时8.25小时，乡镇学生为8.30小时，城关镇学生睡眠时间在0.05水平上显著低于乡镇学生($p<0.05$)；在课后体育活动时间上，城关镇

学生平均用时 1.30 小时，乡镇学生为 1.56 小时，城关镇学生课后体育活动时间在 0.05 水平上显著低于乡镇学生（$p<0.05$）（见表 6.35）。可见，城关镇与乡镇学生间在“课后作业时间”“睡眠时间”“课后体育活动时间”三个方面均有显著性差异：城关镇学生的课后作业时间在 0.05 水平上显著高于该县乡镇学生，而睡眠时间及课后体育活动时间两方面在 0.05 水平上均显著低于该县乡镇学生。在学习活动感觉方面，两县学生感觉疲劳（包括“非常疲劳”及“有点疲劳”）人数比例明显高于不疲劳（“不疲劳”及“很轻松”）比例。在课后体育活动时间方面，两县城关镇学生课后体育活动时间在 1 小时及以上的人数比例均显著低于乡镇学校。在睡眠时间方面，两县城关镇学生睡眠时间为 9 小时及以上的人数比例均低于乡镇学生；睡眠时间 8 小时以上的人数比例，D 县城关镇仍明显低于乡镇学生，而 X 县城关镇与乡镇的人数比例差异不大。在作业时间方面，无论是 1 小时以下还是 1.5 小时以下，两县城关镇学生达标率均低于乡镇学生。从各项指标达标率可见，城关镇在课后体育活动时间、睡眠时间、课后作业时间等五个指标达标状况均低于乡镇，即城关镇学生负担明显高于乡镇学生。

表 6.35　　D 县和 X 县学生义务教育学生负担状况的城乡差异

	学校类别	城乡	均值（小时）	标准差	差异系数	前 20% 均值	后 20% 均值	前后 20% 均值差
课后作业时间	DZ	城关镇	2.7457	1.4431	0.5256	4.6964	2.0000	2.6964
		乡镇	2.3510	1.2666	0.5587	4.0000	0.7664	3.2336
	XZ	城关镇	2.0930	1.1608	0.5546	3.6608	0.8916	2.7692
		乡镇	1.9921	1.1699	0.5975	3.7234	0.9340	2.7894
	DX	城关镇	0.8534	0.1793	0.2101	1.0000	0.5822	0.4178
		乡镇	1.0385	0.6399	0.6162	2.1400	0.4860	1.6540
		村屯	1.0935	0.6829	0.6245	2.2143	0.5000	1.7143
	XX	城关镇	1.1593	0.5750	0.4960	1.8725	0.9225	0.9500
		乡镇	1.1255	0.8664	0.7698	1.8150	0.8125	1.0025
		村屯	1.2860	0.8313	0.6464	2.5240	0.7616	1.7624

续表

	学校类别	城乡	均值（小时）	标准差	差异系数	前20%均值	后20%均值	前后20%均值差
睡眠时间	DZ	城关镇	7.7586	1.3795	0.1778	10.0250	8.0000	2.0250
		乡镇	8.1550	1.2957	0.1589	8.0000	5.2966	2.7034
	XZ	城关镇	8.2480	1.1656	0.1413	9.3415	7.0650	2.2765
		乡镇	8.3138	1.4086	0.1694	9.6460	6.9460	2.700
	DX	城关镇	9.2222	0.6123	0.0664	10.0132	8.4013	1.6119
		乡镇	9.2940	0.8470	0.0911	10.1700	8.1200	2.0500
		村屯	8.7986	1.0144	0.1153	10.2500	7.6429	2.6071
	XX	城关镇	9.6321	0.6104	0.0634	10.1919	8.7323	1.4596
		乡镇	9.0679	0.6641	0.0732	10.0000	8.3413	1.6587
		村屯	9.0358	0.8816	0.0976	10.1626	7.7439	2.4187
课后体育活动时间	DZ	城关镇	1.2004	0.9725	0.8101	3.0821	1.0000	2.0821
		乡镇	1.4467	0.9665	0.6681	1.0000	0.2548	0.7452
	XZ	城关镇	1.3029	0.8791	0.6747	2.5836	0.7655	1.8181
		乡镇	1.5612	1.1321	0.7251	3.2686	0.6577	2.6109
	DX	城关镇	2.6699	1.1198	0.4194	4.4178	1.2877	3.1301
		乡镇	2.0716	1.5501	0.7482	4.6500	0.7725	3.8775
		村屯	1.7590	1.2232	0.6954	3.8750	0.9688	2.9062
	XX	城关镇	1.0933	0.3750	0.3430	1.4630	1.0000	0.4630
		乡镇	1.1808	0.4777	0.4046	1.9500	0.9585	0.9915
		村屯	1.7947	1.1457	0.6384	3.3571	0.8976	2.4595

从小学看，D县城关镇、乡镇学校及村屯学校学生在课后作业时间、睡眠时间、课后体育活动时间三个方面均有显著性差异($p<0.05$)。在课后作业时间方面，城关镇、乡镇及村屯小学生平均用时分别0.85小时、1.04小时、1.09小时；在睡眠时间上，城关镇、乡镇及村屯小学生平均用时分别为9.22小时、9.29小时、8.80小时；在课后体育活动时间上，城关镇、乡镇及村屯小学生平均用时分别为2.67小时、2.07小时及1.76小时。依据方差检验，小学生在课后作业时间、睡眠时间、课后体育活动时间上的城乡组间均方大于城乡群体内部均方。通过Tamhane方法(方差不齐性)进行事后多重比较检验分析可知：在课后作业方面，城关镇小学生的课后作业时间在0.05水平上显著低于乡镇和村屯小学生，而乡镇与村屯小学生群体间课后作业时间在0.05水平上无显著性差异；在睡眠时间方面，村屯小学生在0.05水平上显著低于城关镇及乡镇小学生睡眠时间，而城关镇与乡镇小学生群体间在0.05水平上无显著性差异；在课后体育

活动时间方面，城关镇小学生在 0.05 水平上显著高于乡镇和村屯小学生，而乡镇与村屯群体间在 0.05 水平上无显著性差异。

X 县城关镇、乡镇和村屯学生在课后作业时间、睡眠时间、课后体育活动时间三个方面也均有显著性差异($p<0.05$)。在课后作业时间上，城关镇、乡镇及村屯小学生平均用时分别 1.16 小时、1.13 小时、1.29 小时；在睡眠时间上，城关镇、乡镇和村屯小学生平均用时分别为 9.63 小时、9.07 小时、9.04 小时；在课后体育活动时间上，城关镇、乡镇及村屯小学生平均用时分别为 1.09 小时、1.18 小时及 1.79 小时。依据方差检验，在课后作业时间、睡眠时间、课后体育活动时间上城乡组间均方大于城乡群体内部均方，$p<0.05$，因此均存在显著性差异。为了进一步探究哪些群体间具有显著性差异，我们采用 Tamhane 方法进行事后多重比较检验可知：在课后作业方面，村屯小学生在 0.05 水平上显著高于城关镇和乡镇，而乡镇小学生在 0.05 水平上显著低于城关镇和村屯学生；在睡眠时间方面，城关镇小学生在 0.05 水平上显著高于乡镇和村屯，而乡镇与村屯小学生在 0.05 水平上无显著性差异；在课后体育活动时间方面，村屯小学生在 0.05 水平上显著高于城关镇和乡镇，而城关镇与乡镇小学生群体间在 0.05 水平上无显著性差异。从"课后体育活动时间达到 1 小时以上的人数比例"来看，D 县城关镇与村屯均高于乡镇，而城关镇与村屯学生之间无明显差异；X 县城关镇低于乡镇及村屯学生约 50 个百分点，乡镇与村屯差异不大。从睡眠时间来看，其达到 10 小时以上人数比例，D 县乡镇高于城关镇及村屯学生约 20 个百分点，城关镇与村屯无明显差异，X 县乡镇学生人数比例低于城关镇学生约 40 个百分点，低于村屯约 15 个百分点。而"睡眠时间 9 小时以上人数比例"，两县均是城关镇人数比例最高。在课后作业时间方面，1 小时以下与 1.5 小时以下人数比例基本趋势一致，即 D 县城关镇学生达标率最大接近 100%，乡镇与村屯学生的达标率差异不大，而 X 县乡镇明显高于城关镇和村屯的达标率，三者间差异较大。

⑤乡镇和村屯学生上学时间距离远，城关镇学生最近。从城乡初中学生家校时间距离的总体情况来看，D 县城关镇学生上学的平均时间(19.09 分钟)比乡镇学生(29.3 分钟)短 10.2 分钟，且城关镇初中生上学时间距离的个体差异程度(差异系数 CV=1.7061)大于乡镇初中生(CV=1.1801)，说明乡镇初中所招学生的辐射范围要比城关镇初中大且学生上学时间距离普遍较长。乡镇上学最远的 20%初中生上学的平均时间为 62.55 分钟，超过了 60 分钟的上限标准，而城关镇初中生最远的 20%学生上学的平均时间只有 46.18 分钟。X 县乡镇初中生的上学时间距离比城关镇学生略大一点，但均在 28～29 分钟。乡镇和城关镇上学最远的 20%初中生上学的平均时间均超过了国家规定的上限标准，乡镇上学最远的 20%初中生上学的平均时间超过国家规定的上限标准 8.49 分钟(见表 6.36)。

从小学看，D县乡镇学生上学的平均时间最长，但也仅有15.13分钟，村屯学生次之，为14.1分钟，城关镇学生最近，平均仅有10.36分钟，均符合国家规定的标准。乡镇学生上学时间的差异程度(CV=0.7132)大于村屯学生(CV=0.6337)，村屯学生上学时间的差异程度大于城关镇学生(CV=0.5396)。上学最远的20%小学生上学的平均时间依次为乡镇32.8分钟，村屯27.2分钟，城关镇18.8分钟，也全部符合国家规定的时间标准。X县村屯学生上学距离最远，平均用时25.69分钟，乡镇学生次之，平均用时24.91分钟，城关镇学生最近，平均只用13.07分钟，均符合国家标准。村小学生上学时间的差异程度(CV=0.9713)大于乡镇学生(CV=0.9259)，乡镇学生上学时间的差异程度大于城关镇学生(CV=0.5710)。上学最远的20%小学生上学的平均时间依次为村屯65.9分钟，乡镇58.3分钟，城关镇24.2分钟，前20%的村屯和乡镇学生平均上学时间均超过国家规定的45分钟上限标准(见表6.36)，这说明可能西部X县学校布局调整力度较大，导致小学生上学距离过远。

表6.36　　D县和X县学生上学时间的城乡差异

学校类别	城乡	平均数	差异系数	前20%学生均值	后20%学生均值	倍率	前后20%均值差
DZ	城关镇	19.0948	1.7061	46.1849	5.8151	7.9422	40.3698
	乡镇	29.3035	1.1801	62.5510	7.2993	8.5694	55.2517
XZ	城关镇	28.4156	1.1394	61.5159	9.3523	6.5776	52.1636
	乡镇	28.9592	1.0011	68.4941	8.3176	8.2348	60.1765
DX	城关镇	10.3611	0.5396	18.8158	4.2105	4.4688	14.6053
	乡镇	15.1300	0.7132	32.8000	10.3300	3.1800	22.5000
	村	14.0979	0.6337	27.2414	4.2414	6.4228	23.0000
XX	城关镇	13.0737	0.5710	24.2100	4.3700	5.5400	19.8400
	乡镇	24.9059	0.9259	58.3415	5.4024	10.7990	52.9390
	村	25.6915	0.9713	65.9200	4.3280	15.2310	61.5920

⑥城乡学校学困率差异不显著，乡略高于城。D县整体学困率为11.89%，其中，城关镇初中为11.35%，乡镇初中为13.2%，两者相差1.4个百分点；X县整体学困率为13.67%，城关镇初中为13.28%，乡镇初中为13.87%，两者仅差0.59个百分点(见表6.37)。虽然乡镇初中学困率略高于城关镇，但总体差异不大。

表 6.37　　D 县和 X 县初中学困率的城乡差异

学校类别	城乡	学困生人数	有效总人数	学困率	学困生获助人数	有效作答的学困生人数	学困生获助率
DZ	整体	434	3650	0.1189	215	382	0.5628
	城关镇	294	2590	0.1135	146	245	0.5959
	乡镇	140	1060	0.1321	69	137	0.5036
XZ	整体	750	5488	0.1367	379	726	0.5206
	城关镇	253	1905	0.1328	123	247	0.4960
	乡镇	497	3583	0.1387	256	479	0.5333

⑦城镇学校学困生获助率城略大于乡。D 县初中学困生的整体获助率为 56.28%，其中，城关镇初中学困生的获助率为 59.59%，乡镇学困生的获助率只有 50.36%，两者相差 9.23 个百分点；X 县初中学困生的总体获助率为 52.06%，其中城关镇初中学困生的获助率为 49.6%，乡镇学困生的获助率为 53.33%，两者相差 3.74 个百分点。值得说明的是，X 县乡镇经济水平比城关镇要高，所以从经济发展水平的角度看，总体上仍然是经济发达地区学困生的获助率要高于经济落后地区。

(3)群体均衡情况。

①厌学率。初中女生厌学率高于男生，小学男生厌学率高于女生。从性别上看，D 县初中男生厌学率为 11.83%，女生厌学率为 15.2%；X 县初中男生厌学率为 10.23%，中学女生厌学率为 16.83%。由此，初中的厌学率状况女生高于男生。D 县小学男生厌学率为 4.43%，女生厌学率为 0.78%；X 县小学男生厌学率为 3.23%，女生厌学率为 0.43%，不难看出，小学的厌学率状况男生高于女生，且差异较大(见图 6.23)。我们分析，这可能和初中教材设计更多重视逻辑训练有关系。

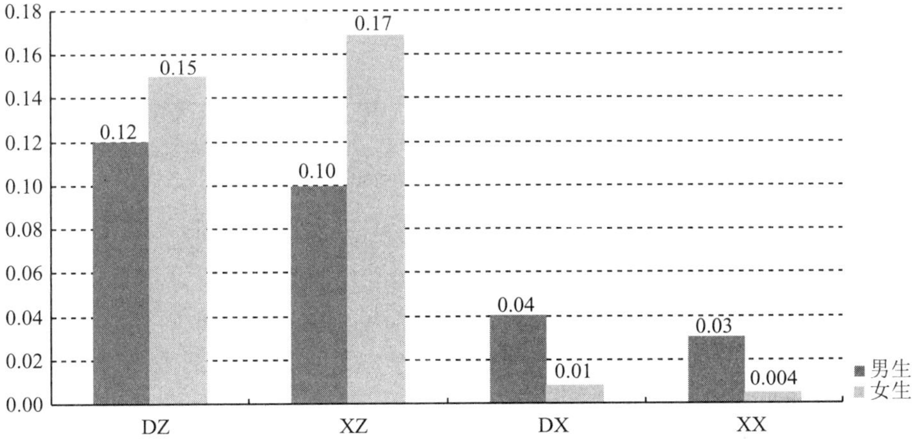

图 6.23　D 县和 X 县不同性别学生的厌学率对比

家庭经济状况处于上等和下等的学生厌学率高。通过分析数据得出，家庭经济水平处于上等和下等学生的厌学率要高于处于中间水平的学生。从初中看，D县家庭经济水平上等群体子女的厌学率高达31.15%，高出家庭经济状况中等学生18.11个百分点，家庭经济水平下等群体子女的厌学率次之，也达到22.22%，处在第三位的是家庭经济收入中下等群体子女，厌学率为15.06%，五个群体学生厌学率的差异系数为0.7537。X县厌学率最高的也是家庭经济水平处于上等群体的子女，达24.39%，家庭经济收入下等群体子女的厌学率次之，为20.42%，再接下来的依次顺序是中上等、中等和中下等群体子女，分别为13.84%、12.78%和12.07%，各群体之间的差异系数为0.5764。从小学看，D县厌学率最高的是家庭经济水平下等群体子女，为11.43%，其次是经济收入上等家庭的子女，为7.14%，其余群体子女的厌学率均在3.1%以下，中等收入家庭子女的厌学率最低，只有1.69%，各群体之间的差异系数达1.3696。X县厌学率最高的是家庭经济水平上等群体子女，为3.57%，其次是经济收入下等家庭的子女，为2.5%，排在第三位是中下等家庭经济收入子女，厌学率为1.77%，其他两个群体均不到1%，各群体间的差异系数是1.0976(见图6.24)。

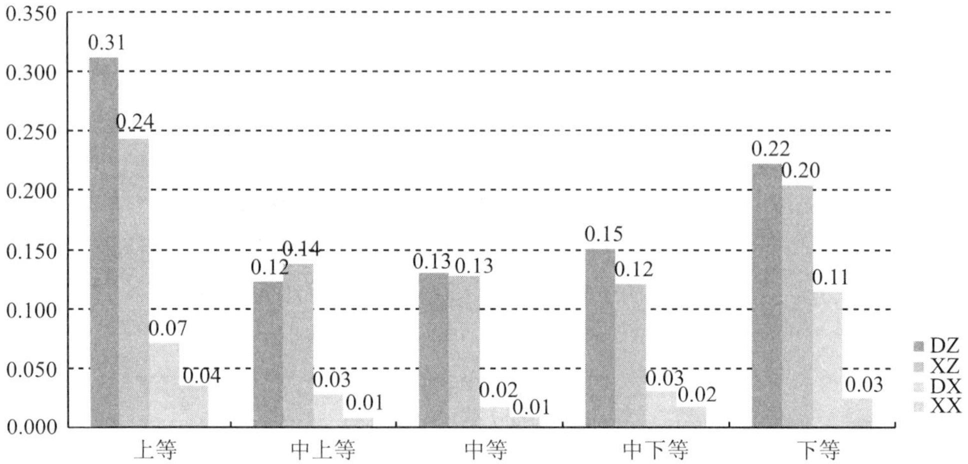

图6.24 D县和X县不同家庭经济收入群体子女的厌学率对比

学生的厌学率与父母亲的受教育程度成反比关系。从初中看，父母受教育程度越高，子女的厌学率越低。在父母受教育程度相同的情况下，D县初中表现为母亲的受教育程度对子女厌学率的减缓作用略大一些，X县初中除父亲是小学及以下文化程度外，父亲受教育程度对子女厌学率的减缓作用更微妙。从小学看，同样是随着父母亲受教育程度的增加，学生的厌学率逐渐降低(见表6.38)。

表 6.38　　D 县和 X 县父母不同受教育年限子女的厌学率差异

受教育年限	学校类别	小学及以下	初中	高中	大专及以上	差异系数
父亲	DZ	0.1935	0.1258	0.1193	0.0779	3.267
	XZ	0.1626	0.1008	0.0942	0.0307	0.9844
	DX	0.0357	0.0295	0.0190	0	1.3215
	XX	0.0075	0.0101	0.0054	0.0221	1.1687
母亲	DZ	0.1529	0.1356	0.0959	0.088	0.4678
	XZ	0.1337	0.1185	0.0964	0.044	0.7085
	DX	0.0347	0.034	0.006	0.0099	1.2883
	XX	0.0125	0.0053	0	0.0337	2.0295

父母职业为外出打工和务农群体子女的厌学率高。从初中看，D 县父亲职业为外出打工群体子女的厌学率最高，达 16.3%，务农群体子女次之，达 14.78%，排在第三位的是自雇群体，比率为 11.36%，之后依次是企业员工、专业技术人员和公务员，其子女的厌学率分别为 9.25%、8.64%和 4.76%，群体间的差异系数为 0.6931。母亲职业为务农的，子女厌学率最高，达 14.13%，其余的依次为自雇、外出打工、企业员工、专业技术人员和公务员，母亲不同职业子女厌学率的差异系数比父亲要高，为 0.7398。X 县初中生厌学率最高的前三个职业，父亲为务农、外出打工和自雇，母亲为外出打工、公务员和务农。由此可见，社会底层群体子女通过教育实现代际阶层跃升的机会明显低于其他阶层，教育公正呼唤着社会底层群体子女教育的关怀。从小学看，D 县只有父亲和母亲职业为务农者子女有厌学，厌学率分别为 5.54%和 4.17%。X 县父亲和母亲职业为专业技术人员的厌学率最高，分别为 1.3%和 1.69%，其他职业子女厌学率均低于 1%(见表 6.39)。这说明，不同地域文化也会对不同职业群体子女的厌学率产生影响，但不论如何，父母亲职业为务农或外出打工群体子女的厌学率总体最高，社会应该给予他们更多的学业帮助和关怀。

表 6.39　　D 县和 X 县父母不同职业子女的厌学率差异

职业	学校类别	公务员	专业技术人员	务农	自雇	企业员工	外出打工	差异系数
父亲	DZ	0.0476	0.0864	0.1478	0.1136	0.0925	0.163	0.6931
	XZ	0.054	0.0902	0.1376	0.1075	0.0786	0.1154	0.5365
	DX	0	0	0.0554	0	0	0	4.3416
	XX	0	0.0130	0.0098	0.007	0.0045	0.0092	1.1127

续表

职业	学校类别	公务员	专业技术人员	务农	自雇	企业员工	外出打工	差异系数
母亲	DZ	0.0294	0.0731	0.1413	0.1237	0.097	0.1132	0.7398
	XZ	0.1316	0.0256	0.1288	0.0737	0.0891	0.1542	0.8309
	DX	0	0	0.0417	0	0	0	4.3416
	XX	0	0.0169	0.007	0.0095	0.0077	0	1.6485

②学校生活满意度。女生的学校生活满意度显著高于男生。无论在D县还是X县，也不论在初中教育阶段还是在小学教育阶段，男生的学校生活满意度均显著低于女生。从初中看，D县男生学校生活满意度均值为66.46%，女生为69.31%；X县男生的学校生活满意度为60.08%，女生为61.96%。两县男女生两个独立的样本方差齐性，在0.05的水平上呈现显著性差异(独立样本T检验，$p<0.05$)，即女生的学校生活满意度显著高于男生。在小学教育阶段，D县和X县学生学校生活满意度超过60%的人数显著多于60%以下学生人数，此外采用独立样本T检验可知($p<0.05$)，两县男生学校生活满意度均显著低于女生(见表6.40)。我们分析之所以出现这种状况，可能与学校纪律型、控制性、听话式的学校文化有关。

表6.40　　D县和X县不同性别学生的学校生活满意度对比

学校类别	性别	均值	标准差	差异系数	前20%均值	后20%均值	前后20%均值差
DZ	男	0.6646	0.1829	0.2752	0.9114	0.4197	0.4917
	女	0.6931	0.1773	0.2558	0.8969	0.3876	0.5093
XZ	男	0.6008	0.1627	0.2708	0.8334	0.3940	0.4394
	女	0.6196	0.1566	0.2527	0.8232	0.3679	0.4553
DX	男	0.7535	0.2796	0.3710	1.0000	0.3250	0.6750
	女	0.8164	0.2209	0.2705	1.0000	0.4467	0.5533
XX	男	0.7878	0.2727	0.3461	1.0000	0.4406	0.5594
	女	0.8326	0.2315	0.2781	1.0000	0.3633	0.6367

初二学生的学校生活满意度最低且每个年级内部分化较大。D县初二学生的学校生活满意度最低，为59.19%，在0.05的显著水平上明显低于初一和初三学生的学校生活满意度。初一与初三的学校生活满意度分别是62.69%和62.27%，但两者之间在0.05水平上无显著性差异。三个年级内部差异较大，差异系数在

0.24～0.27。X县初二和初三学生的学校生活满意度最低，分别为66.66%和66.68%，两者之间在0.05水平上无显著性差异，初一学生学校生活满意度最高，在0.05水平上显著高于初二和初三学生的学校生活满意度。三个年级内部同样差异较大，差异系数在0.23～0.29(见表6.41)。由此可见，初二是关键年级，它对于控制初中生显性、隐性和潜在辍学有重要意义。

表6.41　　D县和X县不同年级初中生学校生活满意度对比

学校类别	年级	均值	标准差	差异系数	前20%均值	后20%均值	前后20%均值差
DZ	初一	0.6269	0.1629	0.2598	0.8520	0.3936	0.4584
	初二	0.5919	0.1590	0.2686	0.6967	0.4660	0.2307
	初三	0.6227	0.1508	0.2421	0.8184	0.3983	0.4201
XZ	初一	0.7018	0.1653	0.2355	0.8990	0.4040	0.4950
	初二	0.6666	0.1827	0.2740	0.9163	0.3797	0.5366
	初三	0.6668	0.1950	0.2925	0.8967	0.4432	0.4535

父母受教育水平越高，其子女对学校生活越满意。无论在D县还是X县，学生父母受教育年限越高，则学生的学校生活越满意，且经方差检验及事后多重比较检验得知，父母受教育年限在“大专及以上”的学生群体学校生活满意度显著高于父亲受教育年限为“小学及以下”和“初中”这两个群体。尽管D县小学父母受教育年限为“大专及以上”时，其子女的学校生活满意度比父母受教育年限为“高中”的有所下滑，但在整体上仍然比父母受教育年限在初中以下子女的学校生活满意度高(见表6.42)。

表6.42　　D县和X县父母不同受教育年限子女的学校生活满意度差异

受教育年限	学校类别	小学及以下	初中	高中	大专及以上	差异系数
父亲	DZ	0.6492	0.6796	0.7087	0.7435	0.0502
	XZ	0.5992	0.6252	0.6313	0.6862	0.0498
	DX	0.6813	0.7902	0.8567	0.8163	0.0827
	XX	0.7903	0.8081	0.8203	0.8648	0.0335
母亲	DZ	0.6610	0.6767	0.7181	0.7511	0.0503
	XZ	0.6058	0.6252	0.6582	0.6943	0.0521
	DX	0.6597	0.7938	0.8850	0.7941	0.1026
	XX	0.7912	0.8082	0.8493	0.8624	0.0351

父母职业为务农群体子女学校生活满意度低于其他群体，父母职业为公务员及专业技术人员群体子女学校生活满意度较高(见表6.43)。

表6.43　D县和X县父母不同职业子女的学校生活满意度差异

职业	学校类别	公务员	专业技术人员	务农	自雇	企业员工	外出打工	其他	差异系数
父亲	DZ	0.7554	0.7509	0.6696	0.6894	0.7196	0.6631	0.7187	0.052
	XZ	0.6887	0.6874	0.6047	0.6406	0.6408	0.6124	0.6203	0.0531
	DX	0.8611	0.8250	0.7123	0.8646	0.8559	0.8664	—	0.0723
	XX	0.9224	0.8799	0.7775	0.8371	0.8621	0.7841	—	0.0667
母亲	DZ	0.8091	0.7524	0.6725	0.6889	0.7351	0.6733	0.7285	0.0683
	XZ	0.6706	0.7338	0.6110	0.6619	0.6376	0.5977	0.6257	0.0706
	DX	0.8304	0.8542	0.7427	0.8547	0.9122	0.8500	—	0.0658
	XX	0.9271	0.8814	0.7924	0.8632	0.8212	0.8230	—	0.0575

D县父亲职业为务农、自雇及外出打工这三个群体间子女学校生活满意度无显著性差异，父亲职业为公务员、专业技术人员与企业员工这三个群体间子女学校生活满意度也无显著性差异，但前三个群体子女学校生活满意度均显著低于后三个群体。X县父亲职业为务农、外出打工群体子女学校生活满意度无显著性差异，父亲职业为公务员、专业技术人员群体子女也无显著性差异，但是后者子女的学校生活满意度显著高于前者。因此，父亲职业为务农和外出打工群体子女学校生活满意度显著低于其他群体。D县父亲职业为公务员群体子女之间学校生活满意度差异最小，务农群体子女内部学校生活满意度差异最大。X县父亲职业为公务员群体子女内部学校生活满意度差异最小，自雇群体子女内部学校生活满意度差异最大(见图6.25)。因此，对社会底层群体给予更多的教育关怀是县域内义务教育均衡需要重点关注的课题。

从母亲职业看，D县初中母亲职业为务农、自雇及外出打工群体子女间的学校生活满意度无显著差异，三个群体子女学校生活满意度显著低于其他群体子女，自雇群体内部其学校生活满意度差异最大。X县初中母亲职业为务农、外出打工群体子女间的学校生活满意度无显著差异，这两个群体子女的学校生活满意度显著低于其他群体子女，母亲为专业技术人员群体内部差异最小。在小学阶段，D县母亲职业为务农的群体显著低于其他职业群体的学校生活满意度，同时母亲为企业员工的学校生活满意度最高。母亲职业为务农的群体内部学校生活满意度差异最大，而企业工作人员群体内部差异最小。X县母亲职业为务农、企业员工群体子女间的学校生活满意度无显著差异，这两个群体显著低于公务员及专业技术人员。母亲职业为务农群体内部的学校生活满意度差异最大，专业技术人员群体内部差异最小(见图 6.25)。由此可见，母亲职业为务农群体的小学生学校生活满意度最低，公务员及专业技术人员群体子女的学校生活满意度均高于其他群体。

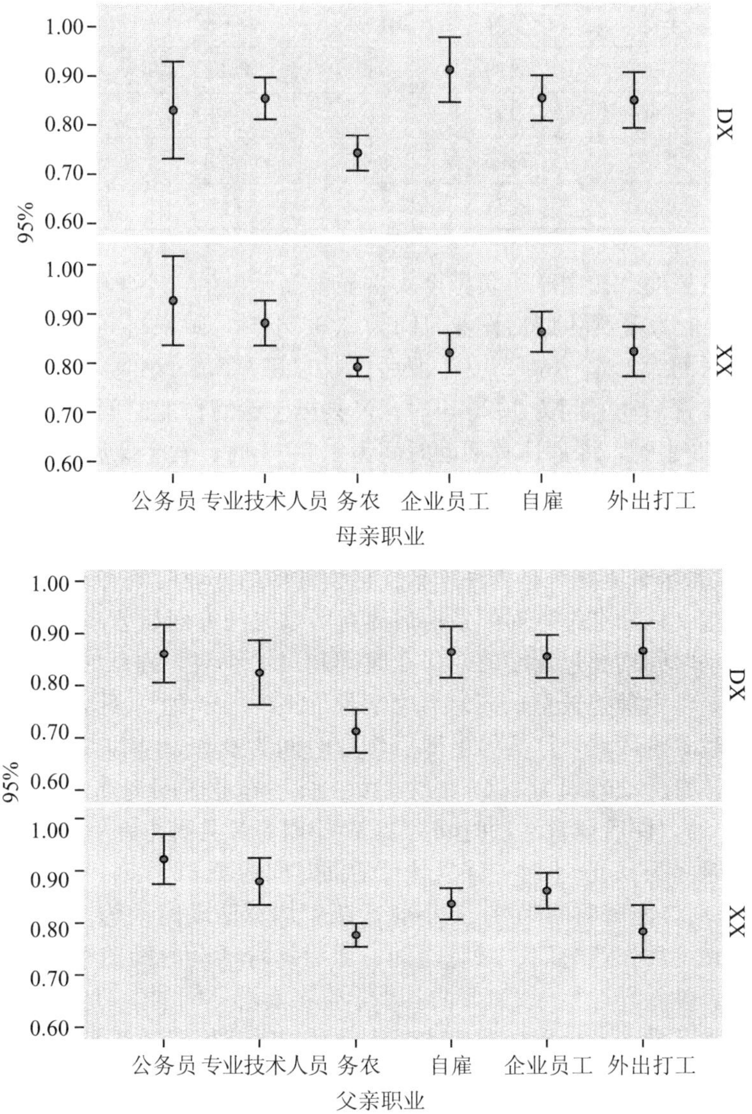

图 6.25　D 县和 X 县小学父母不同职业子女的学校生活满意度差异

家庭经济水平处于中上等子女学校生活满意度高。无论初中还是小学，亦不论D县或X县，学校生活满意度最高的群体是经济水平中上等和中等家庭子女，满意度最低的是经济水平处于上等和下等两个极端家庭子女(见表6.44)。从这一点上看，经济水平过高和过低家庭子女的教育方式和管理方式值得引起注意。

表6.44　D县和X县不同家庭经济水平子女的学校生活满意度差异

学校类别	上等	中上等	中等	中下	下等	差异系数
DZ	0.5902	0.6999	0.6893	0.6522	0.607	0.075
XZ	0.5602	0.6441	0.6191	0.5923	0.553	0.065
DX	0.7679	0.7996	0.7985	0.7423	0.6597	0.0765
XX	0.8661	0.8271	0.8184	0.717	0.6875	0.098

③学生负担度。初中学生负担度女生显著高于男生，小学男女生无显著性差异。从初中看，D县男生课后作业时间为2.33小时，睡眠时间为8.03小时，课后体育活动时间为1.30小时；女生课后作业时间为2.63小时，睡眠时间为7.85小时，课后体育活动时间为1.20小时。X县男生课后作业时间为1.84小时，睡眠时间为8.48小时，课后体育活动时间为1.50小时；女生课后作业时间为2.04小时，睡眠时间为8.37小时，课后体育活动时间为1.33小时。经过独立样本T检验得知，男女生群体间在课后作业时间、睡眠时间、课后体育活动时间三个方面在0.05显著水平上均有显著性差异：男生的课后作业时间在0.05显著性水平上均低于女生，然而在睡眠时间及课后体育活动时间方面显著高于女生。男女生课后体育活动时间均超过1小时，作业时间超过2小时，睡眠时间均不超过8.5小时。可见，学生负担较重，同时男生学习负担度低于女生(见表6.45)。

从小学教育阶段看，D县男生课后作业时间为0.98小时，睡眠时间为9.17小时，课后体育活动时间为2.43小时；女生课后作业时间为0.96小时，睡眠时间为9.22小时，课后体育活动时间为2.32小时；X县男生课后作业时间为1.17小时，睡眠时间为9.29小时，课后体育活动时间为1.32小时；女生课后作业时间为1.12小时，睡眠时间为9.21小时，课后体育活动时间为1.33小时。小学生男女群体在课后作业时间、睡眠时间、课后体育活动时间三个方面在0.05水平上均无显著性差异($p>0.05$)。两县小学生男女群体间的学习负担度在0.05水平上无显著性差异，且男女生课后体育活动平均时间均超过2小时，平均作业时间不超过1小时，睡眠时间总体超过9小时(见表6.45)。

表 6.45　　**D 县和 X 县学生负担度的性别差异**

指标	城乡	性别	均值	标准差	差异系数	前 20%均值	后 20%均值	前后 20%均值差
课后作业时间	DZ	男	2.3343	1.4508	1.7173	4.7857	1.1288	3.6569
		女	2.6331	1.3465	2.0468	4.7698	0.8607	3.9091
	XZ	男	1.8366	1.1419	1.3761	3.7913	0.9407	2.8506
		女	2.0426	0.9495	1.4481	3.6085	0.8869	2.7216
	DX	男	0.9818	0.4912	0.5247	1.5411	0.4903	1.0508
		女	0.9614	0.4818	0.5012	2.1615	0.8500	1.3115
	XX	男	1.1740	0.7070	0.5891	2.1203	0.8431	1.2772
		女	1.1244	0.8089	0.6784	2.1953	0.8044	1.3909
睡眠时间	DZ	男	8.0297	1.4258	5.5860	9.4092	6.0142	3.3950
		女	7.8511	1.3081	5.9575	9.6522	6.0145	3.6377
	XZ	男	8.4796	1.3177	6.3341	9.4256	6.9601	2.4655
		女	8.3689	1.3355	6.1705	9.6201	6.9994	2.6207
	DX	男	9.1713	0.7963	0.0870	10.1164	8.0000	2.1164
		女	9.2245	0.7673	0.0833	10.0817	8.0458	2.0359
	XX	男	9.2899	0.7982	0.0860	10.0735	8.1103	1.9632
		女	9.2132	0.7673	0.0833	10.2148	8.2369	1.9779
课外体育活动时间	DZ	男	1.2963	1.0420	1.2797	2.6014	0.3347	2.2667
		女	1.1984	0.9098	1.3431	2.8687	0.3266	2.5421
	XZ	男	1.5052	1.1367	1.6808	2.7482	0.6776	2.0706
		女	1.3272	1.1871	1.7954	3.3177	0.7159	2.6018
	DX	男	2.4344	1.2771	0.5306	4.4274	0.9334	3.4940
		女	2.3204	1.3793	0.5892	2.5915	0.9577	1.6338
	XX	男	1.3224	0.7279	0.5504	2.5846	0.9538	1.6308
		女	1.3347	0.8391	0.6287	2.3939	0.9545	1.4394

初中生学习负担度随年级升高呈明显上升趋势。D 县初中生睡眠时间、课后作业时间在不同年级群体间的均方大于群体内部均方，$p<0.05$，即 D 县初中生不同年级群体间在睡眠时间、课后作业时间在 0.05 水平上具有显著性差异。然而，不同年级群体在课后体育活动时间方面其显著性为 0.08(0.08>0.05)，因此在 0.05 显著性水平上不同年级群体间在课后体育活动时间方面的差异不显著。为了进一步探究在睡眠时间及课后作业时间方面哪些年级群体间具有显著性差异，我们运用 Tamhane 方法进行事后多重比较检验，结果发现三个不同年级学生的睡眠时间和课后作业时间在 0.05 显著性水平彼此之间上均存在差异。三个不同年级学生课外体

育活动平均用时分别为1.26小时、1.37小时及1.23小时，因此在课后体育活动时间方面，初二群体在0.05水平上显著高于初一和初三学生，同时初一群体显著高于初三学生群体；初一至初三群体平均睡眠时间分别为8.17小时、7.91小时及7.40小时，因此在睡眠时间方面，初一群体显著高于初二和初三，同时初二群体显著高于初三群体，即呈显著递减趋势；三个年级群体平均作业时间分别为2.26小时、2.69小时、3.07小时，因此在课后作业时间方面，初一至初三各群体间呈显著递增趋势。三个不同年级学生平均体育活动时间均超过1小时，然而不同年级学生的睡眠时间与作业时间两方面分别呈现显著负相关和显著正相关趋势，即年级越高学生负担越重(见表6.46)。

X县初一、初二和初三年级学生课外体育活动平均用时分别为1.23小时、1.44小时及1.45小时，平均睡眠时间分别为8.52小时、8.23小时及8.25小时，平均作业时间分别为1.90小时、2.04小时、2.24小时。初中生的睡眠时间、课后作业时间在三个不同年级间的差异大于年级内部差异。然而三个不同年级在课后体育活动时间方面其显著性为0.129(0.129>0.05)，因此在0.05显著性水平上三个年级群体间的课后体育活动时间差异不显著。为了进一步探究在睡眠时间及课后作业时间方面哪些年级间具有显著性差异，我们运用LSD进行事后多重比较检验得知，初一学生的睡眠时间在0.05的水平上显著高于初二、初三，然而初二与初三这两个群体间的睡眠时间在0.05显著性水平上无显著性差异。三个不同年学生在课后作业时间彼此之间在0.05的水平上具有显著性差异，即初三学生课后作业时间显著高于初二、初一，同时初二学生课后作业时间显著高于初一学生。X县初中生的课后体育活动时间均超过1小时，学习负担程度由高到低分别为初三、初二，最后是初一(见表6.46)。

表6.46　　　　D县和X县初中生负担度的年级差异

指标	学校类别	年级	均值	标准差	差异系数	前20%均值	后20%均值	前后20%均值差
作业时间	DZ	初一	2.2552	1.2133	1.8587	3.9864	0.8932	3.0932
		初二	2.6938	1.4239	1.8919	4.8199	0.9125	3.9074
		初三	3.0743	1.4897	2.0637	5.3551	1.3210	4.0341
	XZ	初一	1.8958	1.2280	1.5438	3.5332	0.9130	2.6202
		初二	2.0411	1.1858	1.7213	3.7583	0.9185	2.8398
		初三	2.2405	1.1615	1.9289	3.8060	0.9428	2.8632

续表

指标	学校类别	年级	均值	标准差	差异系数	前 20%均值	后 20%均值	前后 20%均值差
睡眠时间	DZ	初一	8.1699	1.2490	6.5412	9.5562	6.1744	3.3818
		初二	7.9075	1.3693	5.7747	9.3945	5.9373	3.4572
		初三	7.4002	1.4038	5.2716	9.7869	5.8443	3.9426
	XZ	初一	8.5165	1.0447	8.1522	9.7005	7.0318	2.6687
		初二	8.2276	1.2899	6.3787	9.4121	6.9527	2.4594
		初三	8.2505	1.0879	7.5841	9.4701	6.9443	2.5258
课外体育活动时间	DZ	初一	1.2616	0.9602	1.3139	2.5777	0.3947	2.1830
		初二	1.3175	0.9761	1.3497	2.5458	0.2487	2.2971
		初三	1.2342	1.0045	1.2287	3.2232	0.4691	2.7541
	XZ	初一	1.2265	0.7056	1.7383	3.2563	0.6955	2.5608
		初二	1.4442	0.9858	1.4650	2.8916	0.7055	2.1861
		初三	1.4504	1.0651	1.3617	2.9598	0.6992	2.2606

初中生父母文化程度越高，子女学习负担越重；小学生父母文化程度越高，子女学习负担越轻。从初中看，D县父母文化程度越高，学生在课后作业时间、睡眠时间、课后体育活动时间三个指标的达标率越低，且达标率均在32%以下，在父母不同文化程度群体之间呈显著性差异。D县除母亲文化程度在大专及以上子女的课后作业时间达标率最高外，其余各项指标同样也呈父母文化程度越高，学生在课后作业时间、睡眠时间、课后体育活动时间三个指标的达标率越低的分布趋势，达标率大都在40%以下。从小学看，在课后作业时间和课后体育活动时间两个指标上，D县和X县的达标率较高，大都在80%以上，在睡眠时间指标上，达标率均在50%以下，最低的仅有25.75%。从总体趋势上看，小学生父母文化程度越高，子女的学习负担越轻。D县小学生父母的文化程度在高中以上和高中以下有较显著的差别，在课后作业时间和课后体育活动时间两个指标上前者好于后者，但在睡眠时间指标上后者好于前者。X县情况较为复杂。从课后作业时间指标上看，父母文化程度为初中和高中群体子女达标率最高，而文化程度为小学及以下和大专及以上群体子女的达标率相对较低，且两个群体间存在显著性差异。从睡眠时间指标上看，文化程度在高中以上和高中以下两个群体有显著性差异，前者优于后者。从课后体育活动时间指标上看，除父亲职业为高中和大专及以上两个群体外，其余达标率均较高，无显著性差异(见表6.47)。

表 6.47 D县和X县父母不同文化程度的子女学习负担达标率差异

学校类别	关系	文化程度	课后作业时间	睡眠时间	课后体育活动时间
DZ	父亲	小学及以下	0.2655	0.2894	0.3116
		初中	0.2512	0.2835	0.2887
		高中	0.1922	0.2500	0.2400
		大专及以上	0.1397	0.2406	0.2428
	母亲	小学及以下	0.2765	0.2766	0.3115
		初中	0.2326	0.2846	0.2799
		高中	0.1921	0.2529	0.2690
		大专及以上	0.1802	0.2561	0.2138
XZ	父亲	小学及以下	0.3873	0.2887	0.3620
		初中	0.3760	0.2846	0.3194
		高中	0.3097	0.2556	0.3106
		大专及以上	0.2057	0.2094	0.2980
	母亲	小学及以下	0.3801	0.2884	0.3484
		初中	0.3651	0.2815	0.3249
		高中	0.2590	0.2416	0.3185
		大专及以上	0.5309	0.1947	0.2637
DX	父亲	小学及以下	0.7746	0.3028	0.9231
		初中	0.8994	0.3166	0.9507
		高中	0.9494	0.2975	0.9930
		大专及以上	0.9278	0.2959	0.9659
	母亲	小学及以下	0.8042	0.3194	0.9434
		初中	0.8804	0.3129	0.9643
		高中	0.9701	0.2575	0.9667
		大专及以上	0.9300	0.3762	0.9535
XX	父亲	小学及以下	0.7977	0.2642	0.9788
		初中	0.8684	0.2772	0.9793
		高中	0.8378	0.4121	0.5838
		大专及以上	0.7910	0.4077	0.9091
	母亲	小学及以下	0.8180	0.2651	0.9779
		初中	0.8507	0.2581	0.9779
		高中	0.8609	0.3741	0.9857
		大专及以上	0.7386	0.4884	0.9722

注：上表中的数据，课后作业时间初中为1.5小时以下，小学为1小时以下；睡眠时间初中为9小时以上，小学为10小时以上，课后体育活动时间小学和初中均为1小时以上。

初中专业技术人员和公务员子女学习负担较重，小学父亲职业务农、打工，母亲职业公务员和专业技术人员子女负担较重。从初中看，D县父亲职业为专业技术人员群体的子女的课后作业时间、睡眠时间达标率最低，均在16%以下，公务员群体子女在课后作业时间和课后体育活动时间方面达标率也处在较低的水平；母亲职业为专业技术人员群体子女在三个指标上均处在达标率较低的位置，母亲职业为企业员工群体的子女则在课后作业时间和课后体育活动时间方面达标率较低。同样，X县父母职业为专业技术人员和公务员群体子女的三项指标达标率最低，学习负担最重。这说明，在县域内社会地位较高职业群体的子女学习压力较大。从小学看，三项指标的总体达标率较高，但是D县父亲职业为务农、外出打工群体子女在课后作业时间、公务员和专业技术人员群体子女在睡眠时间、外出打工群体子女在课后体育活动时间上达标率较低，而母亲职业为专业技术人员群体子女在课后作业时间(11.43%)、自雇群体子女在睡眠时间(20.27%)、企业员工、公务员和自雇群体子女在课后体育活动时间(2.7%、3.57%、8.11%)上的达标率显著低于其他群体。X县父母职业为外出打工和公务员群体子女在课后作业时间、专业技术人员子女在课后体育活动时间上达标率较低，母亲职业为公务员和专业技术人员子女在课后作业时间、务农群体子女在睡眠时间、公务员群体子女在课后体育活动时间上达标率最差，他们的子女学习负担较重(见表6.48)。

表6.48　　　　D县和X县父母不同职业的子女学习负担达标率差异

学校类别	关系	职业类别	课后作业时间	睡眠时间	课后体育活动时间
DZ	父亲	公务员	0.1728	0.3095	0.2048
		专业技术人员	0.1182	0.1591	0.2358
		务农	0.2415	0.2764	0.2954
		自雇	0.2381	0.2854	0.2494
		企业员工	0.1974	0.2939	0.2055
		外出打工	0.2768	0.3425	0.3652
		其他	0.1597	0.2645	0.2696
	母亲	公务员	0.2121	0.1818	0.1935
		专业技术人员	0.1655	0.2416	0.2021
		务农	0.2428	0.2715	0.3036
		自雇	0.2211	0.3080	0.2527
		企业员工	0.1965	0.2914	0.2048
		外出打工	0.1827	0.3208	0.2788
		其他	0.1774	0.2540	0.2419

续表

学校类别	关系	职业类别	课后作业时间	睡眠时间	课后体育活动时间
XZ	父亲	公务员	0.2576	0.1667	0.2571
		专业技术人员	0.1981	0.1973	0.2034
		务农	0.3820	0.2843	0.3369
		自雇	0.3102	0.2519	0.2967
		企业员工	0.3444	0.2808	0.3228
		外出打工	0.3867	0.2772	0.3687
		其他	0.4520	0.3015	0.3333
	母亲	公务员	0.2121	0.1702	0.2821
		专业技术人员	0.2154	0.2245	0.2368
		务农	0.3844	0.2855	0.3436
		自雇	0.2308	0.2446	0.2714
		企业员工	0.3169	0.2569	0.2881
		外出打工	0.3929	0.2766	0.2990
		其他	0.3937	0.2637	0.3284
DX	父亲	公务员	0.9818	0.2182	0.9818
		专业技术人员	0.9167	0.2500	0.9600
		务农	0.7739	0.3673	0.9693
		自雇	0.9589	0.3425	0.9855
		企业员工	0.9576	0.2542	0.9619
		外出打工	0.8767	0.2778	0.9355
	母亲	公务员	0.9643	0.2500	0.0357
		专业技术人员	0.1143	0.2371	0.9556
		务农	0.8407	0.3610	0.9679
		自雇	0.9730	0.2027	0.0811
		企业员工	1.0000	0.2973	0.0270
		外出打工	0.8769	0.3231	0.8983

续表

学校类别	关系	职业类别	课后作业时间	睡眠时间	课后体育活动时间
XX	父亲	公务员	0.7931	0.4035	0.9375
		专业技术人员	0.8846	0.3718	0.5128
		务农	0.8268	0.2337	0.9820
		自雇	0.8037	0.3486	0.9438
		企业员工	0.8819	0.3830	0.9855
		外出打工	0.7685	0.2685	0.9804
	母亲	公务员	0.6667	0.5000	0.6250
		专业技术人员	0.7931	0.3103	0.9444
		务农	0.8388	0.2644	0.9836
		自雇	0.8857	0.3524	0.9808
		企业员工	0.8189	0.3984	0.9444
		外出打工	0.7955	0.3523	0.9783

注：上表中的数据，课后作业时间初中为1.5小时以下，小学为1小时以下；睡眠时间初中为9小时以上，小学为10小时以上，课后体育活动时间小学和初中均为1小时以上。

初中家庭经济水平中上等群体子女学习负担较重，小学上等和下等两端群体子女负担不轻。从初中看，D县中等以上群体子女的课后作业时间达标率在20%左右，处在较低水平；中等和中上等群体子女的睡眠时间和课后体育活动时间达标率不高。X县家庭经济水平在中上等的，其子女在三项指标上均处在最低达标水平。从小学看，D县中等和中下等群体子女课后作业时间达标率略低，中上等和上等群体子女的睡眠时间达标率较低。X县家庭经济收入水平在上等和下等两端群体子女在三项指标的达标率上处于较低水平(见表6.49)。

表6.49　　D县和X县不同家庭经济收入水平子女学习负担达标率差异

学校类别	家庭经济水平	课后作业时间	睡眠时间	课后体育活动时间
DZ	上等	0.2000	0.4107	0.4627
	中上等	0.1953	0.2636	0.2880
	中等	0.2058	0.2669	0.2608
	中下	0.2531	0.2215	0.3368
	下等	0.3404	0.3611	0.2889

续表

学校类别	家庭经济水平	课后作业时间	睡眠时间	课后体育活动时间
XZ	上等	0.4474	0.3846	0.3846
	中上等	0.3107	0.3415	0.3296
	中等	0.3828	0.4031	0.3323
	中下	0.3787	0.3891	0.3243
	下等	0.3867	0.3836	0.3740
DX	上等	1.0000	0.2857	1.0000
	中上等	0.9161	0.2867	0.9355
	中等	0.8830	0.3113	0.9698
	中下	0.8384	0.3232	0.9390
	下等	0.9375	0.2778	0.9600
XX	上等	0.6786	0.4074	0.6429
	中上等	0.8353	0.3239	0.9774
	中等	0.8267	0.3298	0.9818
	中下	0.8267	0.2063	0.9775
	下等	0.7436	0.2162	0.7750

注：上表中的数据，课后作业时间初中为1.5小时以下，小学为1小时以下；睡眠时间初中为9小时以上，小学为10小时以上，课后体育活动时间小学和初中均为1小时以上。

④学困率与学困生获助率。初中女生学困率远大于男生，而女学困生获助率则低于男生。D县初中男生的学困率为7.16%，女生为17.01%，但是男学困生的获助率为57.89%，女学困生的获助率只有45.67%；X县初中男生的学困率为16.85%，女生为31.02%，而男学困生的获助率为49.08%，女生学困获助率是46.78%。因此，应该更加重视对初中女性学习困难群体的关注和帮扶(见图6.26)。

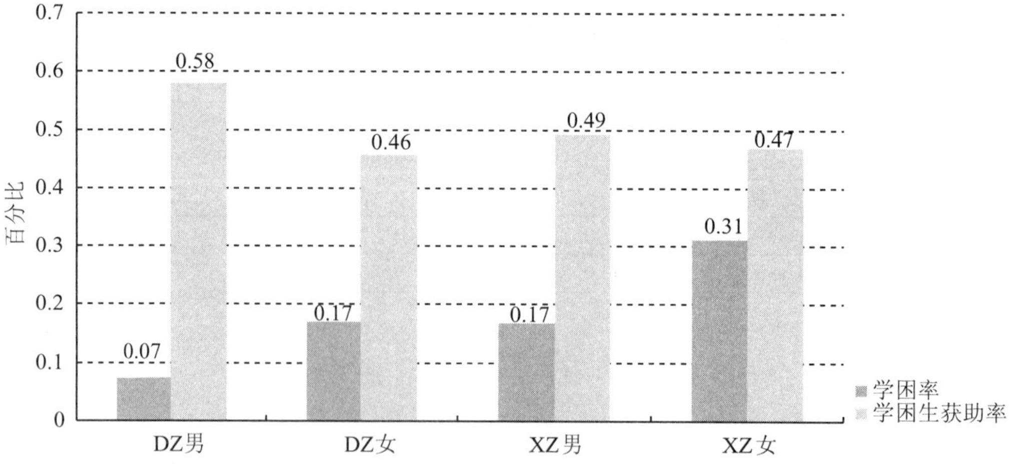

图6.26 D县和X县学困率和学困获助率的性别差异

学困率与父母亲受教育程度成反比，学困获助率与父母亲受教育程度无关。从学困率上看，父母亲受教育程度越高，子女的学困率越低。D县父亲受教育程度在大专及以上的，其子女的学困率只有4.46%，而父亲受教育程度在小学及以下的，其子女学困率就高达14.06%；母亲受教育程度在大专及以上的，其子女的学困率为3.5%，母亲受教育程度在小学及以下的，其子女学困率为15.91%；X县父亲受教育程度在大专及以上的，其子女学困率为7.36%，在小学及以下的，其子女学困率为13.76%；母亲受教育程度在大专及以上的，其子女学困率为7.53%，在小学及以下的，其子女学困率为14.31%。D县父亲不同受教育程度群体学困率的差异系数为0.8017，母亲不同受教育程度群体学困率的差异系数为0.9573；X县父亲不同受教育程度群体学困率的差异系数为0.4296，母亲不同受教育程度群体学困率的差异系数为0.5947(见表6.50)。

从学困生获助率上看，D县父亲受教育程度越高，则子女的学困生获助率也越高。父亲受教育程度为大专及以上的要比小学及以下的学困子女获助率多出11.47个百分点。虽然母亲受教育程度与学困子女获助率之间没有对应性的比例关系，但母亲初中以上文化程度的要比小学及以下文化程度者学困子女获助率高。X县父亲受教育程度与学困子女的获助率成反比关系，父亲受教育程度越高则学困子女的获助率越低。母亲受教育程度与学困子女的获助率也成反比关系，只是母亲在大专及以上文化程度者略有好转(见表6.50)。可见，父母受教育程度与学困子女的获助率之间无明显相关关系。

表6.50　D县和X县父母不同受教育程度子女的学困率与学困生获助率差异

学校类别	指标	父亲受教育水平				母亲受教育水平			
		小学及以下	初中	高中	大专及以上	小学及以下	初中	高中	大专及以上
DZ	学困生率	0.1406	0.1198	0.0727	0.0466	0.1591	0.1026	0.0835	0.0350
	学困生获助率	0.4853	0.4967	0.5217	0.6000	0.4333	0.5379	0.4800	0.5000
XZ	学困生率	0.1376	0.1188	0.1175	0.0736	0.1431	0.1017	0.0719	0.0753
	学困生获助率	0.5820	0.4381	0.4545	0.3333	0.5358	0.5000	0.3000	0.4286

父母职业为“外出打工”者子女学困率最大，父母职业为“专业技术人员”和“公务员”子女获助率最高。在父母亲职业分为“公务员”、“专业技术人员”、“务农”、“自雇”、“企业员工”(私企、国企)、“外出打工”和“其他”七大类职业中，学困率最高的均是外出打工和务农这两个群体，而学困率最小的则都是专业技术人员和公务员这两个群体。D县父亲不同职业群体子女学困率最高的是外出打工群体子女，为14.21%，最低的是专业技术人员，为3.6%，差异系数为0.8241；

父亲不同职业群体学困子女的获助率最高的是专业技术人员，为62.5%，最低的是公务员，为33.33%，差异系数为0.4152。母亲不同职业群体子女学困率最高的是外出打工群体子女，为13.21%，最低的是公务员，为2.94%，差异系数为0.8708；母亲不同职业群体学困子女的获助率最高的是公务员，达100%，最低的是企业员工，为38.46%，差异系数为0.6857。X县父亲不同职业群体子女学困率最高的是外出打工群体子女，为14.53%，最低的是专业技术人员，为2.44%，差异系数为1.052；父亲不同职业群体学困子女的获助率最高的是专业技术人员，为100%，最低的是企业员工，为44.83%，差异系数为0.5943。母亲不同职业群体子女学困率最高的是外出打工群体子女，为14.83%，最低的是专业技术人员，为2.56%，差异系数为1.1729；母亲不同职业群体学困子女的获助率最高的是外出务工群体子女，达60%，最低的是公务员，为0，差异系数为0.9030(见表6.51)。可见，“外出打工”者子女需要更多的学业帮助和关怀。

表6.51　　D县和X县父母不同职业子女的学困率与学困生获助率差异

关系	职业	DZ		XZ	
		学困生率	学困生获助率	学困生率	学困生获助率
父亲	公务员	0.0476	0.3333	0.0548	0.5000
	专业技术人员	0.0360	0.6250	0.0244	1.0000
	务农	0.1230	0.5364	0.1464	0.5157
父亲	自雇	0.0914	0.5556	0.0726	0.6500
	企业员工	0.0921	0.3810	0.0637	0.4483
	外出打工	0.1421	0.4400	0.1453	0.5294
	其他	0.0820	0.4000	0.1799	0.4706
母亲	公务员	0.0294	1.0000	0.0541	0.0000
	专业技术人员	0.0428	0.4615	0.0256	0.5000
	务农	0.1205	0.5135	0.1369	0.5152
	自雇	0.0903	0.5385	0.0561	0.5455
	企业员工	0.0843	0.3846	0.0458	0.4167
	外出打工	0.1321	0.5000	0.1483	0.6000
	其他	0.0417	0.3333	0.1523	0.5217

家庭经济收入水平处于上等和下等群体子女的学困率最高；经济收入水平中上等、中等和下等家庭子女获助率最高。D县家庭经济水平处于下等群体的学困率最高，为26.53%，中上等水平家庭子女学困率最低，只有5.02%，差异系数为0.9434。学困生获助率最高的群体也是经济水平处于下等的家庭，为55.26%，最低的是家庭经济水平处于上等的群体，为30%，差异系数为

0.3732。X县家庭经济水平处于下等群体的学困率最高，为20.42%，中上等水平家庭子女学困率最低，只有6.65%，差异系数为0.6381。学困生获助率最高的群体也是经济水平处于下等的家庭，比率为55.56%，最低的是家庭经济水平处于上等的群体，比率为42.86%，差异系数为0.1762(见表6.52)。可见，学困率在不同家庭收入水平群体之间的差异要比学困获助率大。

表6.52　　D县和X县不同经济收入家庭子女的学困率与学困生获助率差异

学校类别	指标	上等	中上等	中等	中下等	下等
DZ	学困生率	0.1639	0.0502	0.1038	0.1960	0.2653
	学困生获助率	0.3000	0.5000	0.5212	0.4947	0.5526
XZ	学困生率	0.1707	0.0665	0.1253	0.1632	0.2042
	学困生获助率	0.4286	0.5417	0.5362	0.5027	0.5556

3. 县域内义务教育的结果均衡状况

义务教育的结果有两类，一类是直接后果(Outputs)，指通过对学校的人财物等输入，经过学校的教育教学过程转换所达致的直接输出，包括学业成绩、按时毕业率、升学率、学生综合素质(即学生在道德品质、知识与技能、情感态度价值观，创新能力、心理健康状况、身体素质等方面的素养)等；二是间接后果(Outcomes)，指学生带着在学校所形成的综合素养走向社会后所创造的积极社会价值和影响。间接后果可以运用人力资本的私人收益和社会收益来分析，考虑到我们的调查对象还都在学校读书，其未来收益不易估测，故本报告对此不做分析。即使是直接后果，由于学生综合素质比较难于测量，因此本次报告仅运用学生升学率和学业成绩两个指标进行分析。

(1)校际均衡状况。

①普通高中升学率校际差异大。升学率是指接受某一级教育的学生能够升学继续接受高一级教育的比例，计算公式为：某教育阶段的升学率＝某级升入上一教育阶段的学生人数/该级毕业学生总数×100%。本次我们仅调查了初中升入普通高中的升学率。升学率指标能够反映教育的质量和效率，特别是在初中阶段，能够反映经过九年义务教育之后学生对进一步接受高中阶段教育的积极愿意。我们发现，凡是在九年义务教育阶段学习成绩比较好的学生，对于继续接受高中乃至大学教育都怀有较高的期待，而学业成绩不佳的学生往往对学校有仇恨心理、学习兴趣不强，经常会出现“反学校行为”，在完成九年义务教育之后，他们基本

上选择走向社会。[①] 美国哈佛大学的莫奈(Richard J. Murnane)教授及其同事的研究也证实，在美国标准化测试中取得好成绩的学生往往会继续升学。虽然学业成绩优良的直接回报是知识技能，但间接回报却是继续学习，而且教育质量对继续升学的贡献高达 1/3 甚至 1/2，其影响远远超过对个人收入的贡献。[②] 因此，在终身学习的时代，愿意继续升学学习应该是教育的最佳结果。

D 县校际平均普通高中升学率为 55.13%，升学率最高的初中达 74.92%，最低的仅有 33.85%，极差达 41.07 个百分点，校际升学率差异系数为 0.24。可以看出，D 县校际间升学率存在较大差距。X 县普通高中平均升学率为 38.02%，升学率最高的学校达 56.02%，最低的只有 12.32%，极差为 43.7 个百分点，有 55.56%的初中升学率不足 30%，可见 X 县学校教学质量之低和校际升学率差异之大(见图 6.27)。我们认为，关注教育质量的校际均衡、城乡均衡应该成为下一步的战略重点。

②学生学业成绩校际差异较大，各科成绩最高优秀率锁定在个别学校。学业成绩合格率与优秀率是指测试成绩合格与优秀的学生数占参加测评学生总数的比例。此次初中学业成绩的数据主要来自于 D 县和 X 县的中考成绩。其中，D 县的中考成绩是 2010 年的数据，考试科目有语文、数学、英语、物理、化学、思想品德和历史，语数外满分各为 120 分，物理满分 70 分，化学满分 50 分，思想品德和历史满分都是 60 分，总成绩满分是 600 分。X 县的中考成绩是 2010 年的数据，考试科目有语文、数学、英语、理化，各科成绩满分均为 150 分，总成绩满分是 600 分。小学只收集到了 D 县的 2011 年小升初的考试成绩，考试科目有语文、数学、英语，每科的满分均为 100 分，总成绩满分是 300 分。虽然不是标准化测验，但是，无论一次统一性考试的难度系数如何，学生成绩的相对位置一般还是不会有较大变动的，对于学习优秀的学生来说，在排名上处于前列的概率还是比较大，因此将中考成绩作为县域内学生学习效果比较的依据也有一定意义。

从县域整体看，D 县中考的平均成绩为 418.44 分，相当于百分制的 69.74 分，排名前 20%学生总成绩的平均分数是 569.5468 分，排名后 20%学生总成绩的平均分数是 168.2989 分，两者差值是 401.2479 分，在县域内学生个体之间的总成绩存在较大差异，差异系数为 0.3584。X 县中考的平均成绩为 371.62 分，相当于百分制的 61.94 分。排名前 20%学生总成绩的平均分数是 498.1941 分，

---

① 邬志辉：《农村义务教育质量至关重要》，《教育研究》2008 年第 3 期，第 31—33 页。

② Eric A. Hanushek. Why Quality Matters in Education. *Finance & Development*, June, 2005, pp. 15-19.

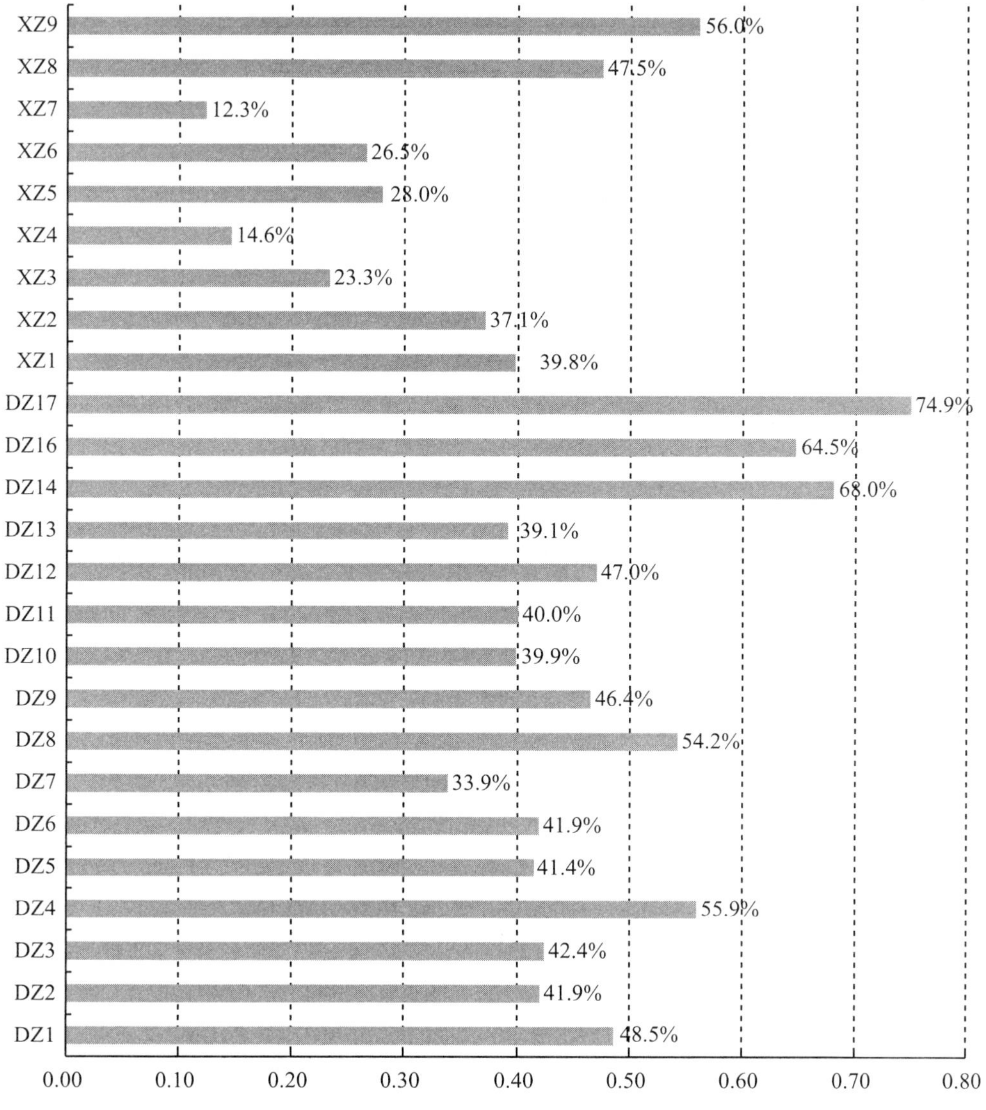

图 6.27 D 县和 X 县初中普通高中升学率的校际差异

排名后 20%学生总成绩的平均分数是 233.2596 分，两者差值为 264.9345 分，在县域内学生个体之间的总成绩存在一定差异，差异系数为 0.2539。D 县小升初考试的平均成绩为 238.94 分，相当于百分制的 79.65 分。排名前 20%学生总成绩的平均分数是 285.5446 分，排名后 20%学生的总成绩的平均分数是 166.4107 分，两者差值为 119.1339 分，在县域内学生个体之间的总成绩存在一定差异，差异系数为 0.1883(见表 6.53)。

表 6.53　　D县和X县中考成绩与D县小升初成绩的总体差异

学校类别	平均分数	差异系数	前20%平均成绩	后20%平均成绩	倍率	差值
DZ	418.4378	0.3584	569.5468	168.2989	3.3841	401.2479
XZ	371.6168	0.2539	498.1941	233.2596	2.1358	264.9345
DX	238.9379	0.1883	285.5446	166.4107	1.7159	119.1339

在总成绩上，D县中考总成绩平均分最高的学校为459.32分，最低的只有322.83分，两者相差136.49分，校际之间学生总成绩均值的差异系数为0.1026。从学校内部看，各校前20%学生和后20%学生的总成绩平均分的差值在325～468分，学校内部学生群体之间的差距非常大。X县中考总成绩平均分最高的学校为394.49分，最低的只有294.77分，两者相差99.72分，校际之间学生总成绩均值的差异系数为0.0776。从学校内部看，各校前20%学生和后20%学生总成绩平均分的差值在121～285分，学校内部不同学生群体之间差距相对较小。D县小升初考试总成绩平均分最高的学校为258.23分，最低的只有162.90分，两者相差95.33分，校际之间学生总成绩的差异系数为0.1131。从学校内部看，各校前20%学生和后20%学生的总成绩平均分的差值在36～169分，学校内部学生群体之间的差距非常大。尤其值得注意的是，D县小学后20%学生小升初考试总成绩的校际差距非常大(极差为159.68)，学校中处于后列的学生成绩的提高应该成为教育结果均衡重点关注的对象。

在分科成绩上，我们期望看到各校考试成绩的平均成绩、优秀率和不及格率状况。尽管不是标准化考试，但是由于中考和小升初考试是全县统一进行的，我们可以在校际之间进行比较。

从优秀率上看，D县各校七科成绩的校际差距均比较大(见表6.54)。语文最高的优秀率为40.43%，最低的为7.22%，极差为33.21个百分点；数学最高的优秀率为26.06%，最低的为4.65%，极差为21.41个百分点；英语最高的优秀率为52.66%，最低的为13.40%，极差高达39.26个百分点；物理最高的优秀率为34.57%，最低的为6.98%，极差为27.59个百分点；化学最高的优秀率为40%，最低的为7.5%，极差为32.5个百分点；思想品德最高的优秀率为63.29%，最低的为13.4%，极差高达49.89个百分点；历史最高的优秀率为61.52%，最低的为17.33%，极差为43.99个百分点。

从不及格率上看，D县各校七科校际的差距也比较大(见表6.54)。语文不及格率最高的为26.8%，最低的为5.85%，极差为20.95个百分点；数学不及格率最高的为57.73%，最低的为29.08%，极差为28.65个百分点；英语不及格率最高的为51.55%，最低的为20.57%，极差为30.98个百分点；物理不及格率最高的为

56.7%，最低的为33.51%，极差为23.19个百分点；化学不及格率最高的为56.7%，最低的为21.63%，极差为35.07个百分点；思想品德不及格率最高的为37.11%，最低的为13.47%，极差为23.64个百分点；历史不及格率最高的为45.36%，最低的为15.12%，极差为30.24个百分点。

从统计结果可以看出，优秀率和不及格率的最高值就分布在个别的几所学校，说明校际之间的教育质量差距明显。

表6.54　　D县中考各科成绩优秀率、平均分与不及格率的校际差距

指标	学校类别	语文	数学	英语	物理	化学	思想品德	历史
优秀率	DZ16	0.2193	0.1619	0.3340	0.2049	0.1762	0.3607	0.4672
	DZ20	0.4043	0.2606	0.5266	0.3457	0.3422	0.6329	0.6152
	DZ19	0.2286	0.2000	0.3524	0.1905	0.4000	0.4857	0.5524
	DZ3	0.1000	0.0750	0.2500	0.1375	0.0750	0.2250	0.4000
	DZ14	0.0814	0.0465	0.1628	0.0698	0.1512	0.3721	0.5465
	DZ18	0.0722	0.0515	0.1340	0.1237	0.0928	0.1340	0.1753
平均分	DZ16	90.8434	70.4795	78.5717	40.0328	27.8279	43.2807	43.0758
	DZ20	100.9019	83.2571	94.1037	48.1915	34.0230	50.4468	48.3918
	DZ19	97.0219	78.3333	80.3429	42.2381	32.8667	47.6762	47.0667
	DZ3	97.1238	71.1000	77.4250	42.5125	28.1625	41.5625	44.5500
	DZ14	89.9965	72.9069	72.7500	43.2791	30.1860	45.6744	47.6395
	DZ18	76.6959	58.1959	57.6907	35.9691	24.9794	36.5567	32.7423
不及格率	DZ16	0.1516	0.4344	0.3627	0.4918	0.4877	0.2663	0.2459
	DZ20	0.0585	0.2908	0.2057	0.3351	0.2163	0.1347	0.1862
	DZ19	0.0667	0.3428	0.4095	0.4285	0.3714	0.1619	0.1905
	DZ3	0.0625	0.4875	0.4375	0.4375	0.4625	0.3375	0.2375
	DZ14	0.1279	0.3721	0.4535	0.4186	0.4069	0.1395	0.1512
	DZ18	0.2680	0.5773	0.5155	0.5670	0.5670	0.3711	0.4536

注：我们按百分制大于等于90分为优秀，小于60分为不及格。由于D县各科目满分值不同，因此各科的优秀分和不及格分也不一样。语数外满分各为120分，物理满分70分，化学满分50分，思想品德和历史满分都是60分，因此语数外的优秀分和不及格分分别为大于等于108分和小于72分，物理优秀分和不及格分分别为大于等于63和小于42分，化学的优秀分和不及格分分别为大于等于45分以上和小于30分，思想品德和历史的优秀分和不及格分分别为大于等于54分和36分。

从优秀率上看，X县中考各科校际差距不大(见表6.55)，有11所学校语文优秀率为0，占84.62%，在2所有优秀成绩的学校中，优秀率均不足1%，这可能与考试难度大和区分度不好有关；数学优秀率的区分度较好，但各校之间差距不大。有2所学校优秀率为0，其余的学校中数学最高的优秀率为12.33%，最低的只有1.84%。英语有8所学校优秀率为0，占61.54%，在其余的5所学校中优秀率最高的为5.26%，最低的为0.29%，极差不到6个百分点。理化科也有2所学校优秀率为0，其余学校优秀率最高的达13.31%，最低的只有3.65%，极差也不到14个百分点(见表6.55)。

但是，从不及格率上看，X县校际差距比较大(见表6.55)。语文不及格率最高的为45.46%，最低的为5.36%，极差高达40.1个百分点；数学不及格率最高的为67.30%，最低的为32.39%，极差为34.91个百分点；英语不及格率最高的为91.55%，最低的为53.41%，极差达38.14个百分点；理化不及格率最高的为71.21%，最低的为21.10%，极差高达50.11个百分点。

表6.55　　X县中考各科成绩优秀率、平均分与不及格率的校际差距

指标	学校类别	语文	数学	英语	理化
优秀率	XZ9	0.0093	0.1223	0.0526	0.1331
	XZ8	0.0000	0.0348	0.0000	0.0435
	XZ13	0.0000	0.0000	0.0152	0.0000
	XZ2	0.0032	0.0698	0.0064	0.0603
	XZ1	0.0000	0.0184	0.0184	0.0917
	XZ10	0.0000	0.0497	0.0029	0.0409
	XZ5	0.0000	0.0278	0.0000	0.0556
	XZ11	0.0000	0.0704	0.0000	0.0423
	XZ3	0.0000	0.0357	0.0000	0.0000
	XZ12	0.0000	0.0000	0.0000	0.0385
	XZ6	0.0000	0.0219	0.0000	0.0365
	XZ4	0.0000	0.0667	0.0000	0.0444
	XZ7	0.0000	0.0472	0.0000	0.0660

续表

指标	学校类别	语文	数学	英语	理化
平均分	XZ9	108.4350	98.5805	84.6316	102.8452
	XZ8	102.8522	89.9652	65.8087	90.3739
	XZ13	87.3636	74.2727	57.5455	75.5909
	XZ2	106.3460	93.7524	70.9746	91.8222
	XZ1	108.5780	98.1101	81.9174	105.7523
	XZ10	108.6433	99.1023	73.1345	103.5146
	XZ5	94.2407	81.9537	59.2685	91.4907
	XZ11	104.5070	99.2676	60.4225	92.4225
	XZ3	107.3214	94.8036	68.3393	93.3571
	XZ12	101.1154	79.0962	65.1923	78.1346
	XZ6	105.8978	96.1022	69.5547	98.2408
	XZ4	101.3444	93.5667	64.0222	91.1000
	XZ7	103.6887	95.8962	72.0472	98.1981
不及格率	XZ9	0.1022	0.3591	0.5341	0.3096
	XZ8	0.1739	0.4261	0.8000	0.4957
	XZ13	0.4546	0.6515	0.8939	0.7121
	XZ2	0.0889	0.4095	0.7524	0.4508
	XZ1	0.0642	0.3303	0.5413	0.2110
	XZ10	0.0673	0.3421	0.7047	0.2602
	XZ5	0.3704	0.5648	0.8333	0.4259
	XZ11	0.0845	0.3239	0.9155	0.4507
	XZ3	0.0536	0.3571	0.7679	0.3929
	XZ12	0.1923	0.6730	0.7308	0.6923
	XZ6	0.1022	0.3796	0.7007	0.3431
	XZ4	0.2556	0.4444	0.7667	0.4333
	XZ7	0.1604	0.3585	0.6698	0.3585

注：我们按百分制中的大于等于 90 分为优秀，小于 60 分为不及格。X 县中考四科的满分均为 150 分，因此大于等于 135 分为优秀，小于 90 分为不及格。

D 县小学校际各科优秀率差距巨大。语文有 24 所学校优秀率为 0，占 57.14%，在其余的 18 所学校中，优秀率最高的达 72.87%，最低的仅有 0.88%，除 0 值以外的极差高达 71.99 个百分点。数学优秀率最高的为 91.07%，最低的是 9.72%，极差达 81.35 个百分点。英语有 7 所学校的优秀率为 0，占

16.67%，在其余的35所学校中，优秀率最高的达57.33%，最低的为1.72%，除0值以外的极差高达55.61个百分点(见表6.56)。

D县小学校际间各科的不及格率差距也非常大。语文有3所学校不及格率为0。在其余的39所学校中，不及格率最高的达56.94%，最低的为0.4%，除0值以外的极差高达56.54个百分点。数学有6所学校不及格率为0，占14.29%。在其余的36所学校中，不及格率最高的是47.22%，最低的为1.32%，除0值以外的极差为45.9个百分点。英语有3所学校不及格率为0，占7.14%。在其余的39所学校中，不及格率最高的是85.9%，最低的为1.79%，除0值以外的极差为84.11个百分点(见表6.56)。

表6.56 D县小升初考试各科成绩优秀率、平均分与不及格率的校际差距

指标	学校类别	语文	数学	英语	学校类别	语文	数学	英语
优秀率	DX43	0.6300	0.5260	0.3920	DX20	0.0154	0.3538	0.2923
	DX44	0.7287	0.5632	0.5402	DX54	0.0000	0.8298	0.1702
	DX45	0.0000	0.6615	0.1385	DX55	0.0192	0.3077	0.0000
	DX28	0.0174	0.4870	0.1304	DX56	0.0000	0.1200	0.0400
	DX27	0.1000	0.3167	0.2000	DX57	0.0000	0.3684	0.1053
	DX46	0.0000	0.4138	0.0172	DX58	0.0000	0.2258	0.0000
	DX18	0.0000	0.3839	0.0446	DX59	0.0000	0.8333	0.3333
	DX47	0.0000	0.3125	0.0625	DX60	0.0000	0.4949	0.2323
	DX48	0.0217	0.7174	0.4565	DX61	0.0000	0.1912	0.0000
	DX19	0.0492	0.4098	0.1803	DX62	0.0000	0.3774	0.0189
	DX22	0.0000	0.1304	0.0435	DX63	0.0088	0.3504	0.0619
	DX26	0.1154	0.4423	0.1154	DX64	0.0000	0.1410	0.0000
	DX21	0.0000	0.3400	0.0600	DX65	0.0241	0.7349	0.3133
	DX17	0.0000	0.4815	0.0000	DX66	0.0000	0.2000	0.0000
	DX49	0.0000	0.5455	0.0000	DX67	0.0000	0.0972	0.1528
	DX23	0.0588	0.2794	0.0441	DX68	0.1447	0.7368	0.3553
	DX50	0.0588	0.7059	0.5098	DX69	0.0000	0.3273	0.1636
	DX51	0.0541	0.5135	0.1622	DX70	0.0462	0.6308	0.3846
	DX24	0.0536	0.9107	0.3393	DX71	0.0328	0.4098	0.0328
	DX52	0.0000	0.1818	0.0303	DX72	0.0000	0.3200	0.5733
	DX53	0.0000	0.1714	0.1429	DX73	0.0000	0.4366	0.2113

续表

指标	学校类别	语文	数学	英语	学校类别	语文	数学	英语
平均分	DX43	89.7314	85.6230	77.8330	DX20	69.0769	73.4692	74.8077
	DX44	90.8411	84.5563	82.8276	DX54	77.0106	93.5000	81.4043
	DX45	76.2538	90.2154	77.6308	DX55	70.1538	80.9904	55.6731
	DX28	70.8696	85.4826	72.5565	DX56	55.8800	69.5800	48.8000
	DX27	68.7833	76.2250	68.4167	DX57	59.3947	81.3684	59.0263
	DX46	68.1293	80.2241	50.8621	DX58	68.9839	79.3710	71.1935
	DX18	73.2634	81.8973	70.7098	DX59	74.8333	91.9167	87.1389
	DX47	71.1719	82.0313	82.3438	DX60	70.0101	87.5202	80.2778
	DX48	76.9457	90.9239	83.7935	DX61	64.8309	74.3162	60.1029
	DX19	74.9098	81.8443	74.4672	DX62	69.4245	76.3679	67.1509
	DX22	70.4130	80.2826	71.8261	DX63	69.3274	82.6681	61.6239
	DX26	76.0673	78.1346	55.2788	DX64	60.0192	63.2372	39.6474
	DX21	70.9700	80.0000	57.6200	DX65	74.1024	92.0964	81.7711
	DX17	72.0185	87.6296	54.3519	DX66	63.0667	72.1000	55.2000
	DX49	76.0682	90.1136	57.8636	DX67	55.8194	58.9722	52.0000
	DX23	72.6471	77.8971	58.2868	DX68	77.9671	92.0197	82.2697
	DX50	75.5882	91.3627	87.2059	DX69	68.7000	77.1455	62.5182
	DX51	75.4459	83.6757	68.1486	DX70	76.1769	88.4538	81.9846
	DX24	77.1429	94.6161	85.2679	DX71	70.3866	80.9508	64.5328
	DX52	72.5455	71.3030	68.3485	DX72	59.9533	67.8600	56.0267
	DX53	63.1857	65.3286	55.4714	DX73	72.3944	82.9085	75.0845

续表

指标	学校类别	语文	数学	英语	学校类别	语文	数学	英语
不及格率	DX43	0.0040	0.068	0.1940	DX20	0.2308	0.2462	0.2308
	DX44	0.0092	0.0966	0.1310	DX54	0.0426	0.0000	0.0638
	DX45	0.0000	0.0154	0.0615	DX55	0.1731	0.0769	0.5769
	DX28	0.1565	0.0783	0.2087	DX56	0.5000	0.2200	0.6600
	DX27	0.2333	0.2167	0.3667	DX57	0.4737	0.0000	0.4211
	DX46	0.1724	0.1379	0.6207	DX58	0.0968	0.0645	0.1290
	DX18	0.1250	0.0982	0.1786	DX59	0.0000	0.0000	0.0000
	DX47	0.0938	0.0625	0.0000	DX60	0.1717	0.0202	0.0808
	DX48	0.0652	0.0217	0.0435	DX61	0.2500	0.1765	0.4265
	DX19	0.0820	0.0984	0.1475	DX62	0.2075	0.1887	0.2830
	DX22	0.0435	0.0435	0.1304	DX63	0.2389	0.0973	0.4425
	DX26	0.1346	0.1923	0.5769	DX64	0.4615	0.4103	0.8590
	DX21	0.1200	0.1000	0.5000	DX65	0.0843	0.0000	0.0843
	DX17	0.2222	0.0370	0.5185	DX66	0.3333	0.2667	0.5333
	DX49	0.0000	0.0000	0.4545	DX67	0.5694	0.4722	0.6250
	DX23	0.2059	0.1324	0.4853	DX68	0.1053	0.0132	0.0526
	DX50	0.0980	0.0196	0.0000	DX69	0.2182	0.1818	0.5091
	DX51	0.0811	0.0000	0.3514	DX70	0.0462	0.0615	0.1231
	DX24	0.0714	0.0179	0.0179	DX71	0.1967	0.1311	0.2787
	DX52	0.1818	0.2727	0.2424	DX72	0.4133	0.200	0.0533
	DX53	0.3143	0.4000	0.5714	DX73	0.1549	0.0845	0.1690

(2)城乡均衡状况。

①中部D县初中普通高中升学率城关镇高于乡镇，西部X县乡镇高于城关镇。D县初中升入普通高中的平均升学率为55.13%，其中城关镇初中的普通高中升学率高达66.55%，远远高于乡镇46.34%的升学率水平，高出20多个百分点，并且乡镇初中之间的升学率差异要大于城关镇初中之间的差异，两者的差异系数分别为0.19和0.11。X县则正好相反，城关镇初中考入普通高中的平均升学率为30.93%，低于乡镇中学(56.02%)25个百分点以上。但是，乡镇初中之间的差异比较大，差异系数为0.4，远远大于城关镇0.1的差异系数(见表

6.57)。需要说明的是，在X县，个别乡镇由于有自然资源，因此经济上较为发达，甚至比城关镇的经济水平还好，这就是为什么在X县城关镇初中的普通高中升学率低于乡镇初中以及乡镇初中之间升学率差距较大的原因。

表 6.57　　D县和X县初中普通高中升学率的城乡差异

	DZ		XZ	
	平均值	差异系数	平均值	差异系数
城关镇	0.6655	0.1053	0.3093	0.1170
乡镇	0.4634	0.1910	0.5602	0.3992
城乡学校总体	0.5513	0.2400	0.3802	0.4623

②城乡学生成绩差异明显，城普遍优于乡。在初中阶段，D县城关镇学生的平均总成绩为429分，乡镇的为388分，两者相差达41分，城关镇前20%学生的平均总成绩(573分)高于乡镇前20%学生的平均总成绩(548分)，城关镇后20%学生的平均总成绩(176分)也高于乡镇后20%学生的平均总成绩(149分)，且城关镇前20%学生总成绩的平均分数与后20%学生总成绩平均分数的差值(397)小于乡镇的差值(399分)，城关镇学生成绩内部差异(CV=0.3482)小于乡镇(CV=0.3801)(见表6.58)。可以看出，城关镇初中生的学业总成绩在整体上高于乡镇初中，且城乡初中生总成绩的均值差在0.05水平上存在显著性差异。通过对分科成绩进行独立样本T检验，发现城乡差异在每一门科目上都有体现，且城乡学生各科成绩的均值差在0.05水平上差异显著。

在小学阶段，D县城关镇、乡镇、村屯小学生的平均成绩呈现逐级降低的趋势。前20%学生总成绩的平均分数、后20%学生总成绩的平均分数也存在同样的趋势。城关镇小学生的平均成绩与乡镇小学生的差值(31分)大于乡镇小学生平均成绩与村小学生的差值(10分)，前20%学生总成绩的平均分数、后20%学生总成绩的平均分数也有同样的规律。城关镇、乡镇、村屯三级小学在前20%学生总成绩的平均分数与后20%学生总成绩的差值呈现逐级增大趋势，且村小学生个体差异(CV=0.2365)大于乡镇学生的个体差异(CV=0.2041)，乡镇小学生的个体差异大于城关镇学生的个体差异(CV=0.1477)(见表6.58)。这说明城关镇、乡镇、村屯小学之间存在一定的差异，且城关镇与乡镇小学之间的差异较大，相对来说乡镇小学与村屯小学之间的差异较小。城关镇、乡镇、村屯三级学校学生总成绩的均值差在0.05水平上存在显著性差异。通过对分科成绩进行单因素方差分析，发现城乡村三级小学学生成绩的差异在每一门科目上都有体现，且三个层级学校学生各科成绩的均值差在0.05水平上差异显著。

表 6.58　　D县和X县中考和小升初考试总成绩的城乡差异

		平均分数	差异系数	前20%均值	后20%均值	倍率	前后20%均值差
DZ	城关镇	429.0692	0.3482	573.4205	176.1467	3.2554	397.2738
	乡镇	388.0459	0.3801	548.2689	149.2500	3.6735	399.0189
XZ	城关镇	380.2079	0.2742	515.8182	226.3758	2.2786	289.4424
	乡镇	366.4906	0.2389	483.8043	237.3141	2.0387	246.4903
DX	城关镇	255.5311	0.1477	290.2059	191.7615	1.5134	98.4444
	乡镇	224.4111	0.2041	272.1028	150.5537	1.8073	121.5491
	村屯	214.0213	0.2365	269.6087	132.0208	2.0422	137.5878

在X县，城关镇初中生的平均总成绩是380分，乡镇为366分，两者相差14分，城关镇前20%学生总成绩的平均分数(516分)大于乡镇前20%学生的分数(484分)，城关镇后20%学生总成绩的平均分数(226分)小于乡镇后20%学生的分数(237分)，且城关镇前20%学生总成绩的平均分数与后20%学生总成绩的平均分数的差值(289分)大于乡镇的差值(246.4903)，城关镇学生成绩内部差异(CV=0.2742)大于乡镇学生的内部差异(CV=0.2389)，且城乡两级学校学生总成绩的均值差在0.05水平上存在显著性差异。通过对分科成绩进行独立样本T检验，发现城乡在语文、数学和理化科目上的差异并不显著，差异主要体现在英语方面(学生英语成绩的均值差在0.05水平上差异显著)，且英语成绩总体偏低。

五、研究发现与政策建议

从所调查的D县和X县看，当前县域内义务教育的总体均衡状况较好，在《教育规划纲要》的推动下表现出了由低位均衡向高位均衡升级和转型的意向。但同时，我们也发现了新的均衡发展困惑，这些困惑无疑是中国县域内义务教育阶段均衡发展向深度推进的新起点。

从人力资源配置均衡来看，在校际层面，教师培训率差异最为严峻，中小学教师超编与缺编现象并存，中坚教师总量较多但分布并不合理，小学高级职称教师并不少但校际分布不均衡。在城乡层面，教师超缺编现象主要存在于乡镇与村屯，中坚教师和高级职称教师呈城乡逆向分布，专任教师培训率与骨干教师比例总体呈逆向分布格局且内部不均衡。我们发现，当前县域内义务教育教师配置按照师班比与师生比的双重逻辑之间存有矛盾，按照相关规定，往往教师配置中师生比属于超编的情况，若按照师生比来看却属于缺编，因此有必要在农村教育中引入师生比与师生比相互配套区隔的标准设计，例如在班级规模30人以上时按照师生比规定标准进行教师配置，而30人以下时则应实按师生比配备教师，从而破解教师超缺编认定标准的困难问题，这本质上符合《教育规划纲要》中“根据国家标准，结合本地实际，合理确定各级各类学校办学条件、教师编制等实施标准”的内在要求。

从财力资源配置均衡来看，在校际层面，生均预算内公用经费政策虽统一但仍存在实际上的不均衡；教师人均福利津贴显著不均衡；贫困生获助率校际差异较大。在城乡层面，生均预算内公用经费总体城乡差距不大但城仍大于乡，其中城乡小学差异最为显著；教师人均福利差异大且城总体大于乡，农村家庭经济困难学生比例高但获助率较城镇低。我们建议，要逐步提高学生人均经费基本标准和学生人均财政拨款基本标准，并严格实施财政拨款监督与问责，建立城乡一体化义务教育发展机制，在财政拨款、学校建设、教师配置等方面切实向农村倾斜。

从物力资源配置均衡来看，在校际层面，生均仪器设备值、生机比、师机比、校均多媒体套数、生均教学用地、校均报刊种类等方面分布不均衡，生均图书册数分布相对均衡但大多属于低于规定标准的低水平均衡，总体来看，教学设备仪器总体利用率较好，但个别种类利用率(如美术器材)很低；在城乡层面，生均仪器设备值、报刊种类、校均多媒体套数等方面均是城优于乡，生均学校用地面积则乡优于城。值得高度关注的是，村屯学校基本无多媒体、基本没有建成校园网，总体来看，城关镇学校教学仪器设备使用率高于乡镇学校和村屯学校。

从机会均衡状况来看，择校主要发生于小学，择校总体走向是由村到镇，由镇到城，其中城关镇大班额问题较突出，村屯小学平均班额最小。显然，要切实缩小校际差距，着力解决择校问题应首先将重点放在小学阶段，并加快薄弱学校改造，着力提高师资水平，实行县(区)域内教师、校长交流制度。

从过程均衡状况来看，在校际层面，初中厌学率高于小学，生活满意度低于小学，学生学业负担总体较重，西部县(区)域学生上学距离较远，学困率校际差异明显且学校规模越小其学困率越高；在城乡层面，学生厌学率总体上由村屯到乡镇到城关镇逐级递减，乡镇学生学校生活满意度最低，城关镇初中学生负担显著高于乡镇。《教育规划纲要》中规定“要科学安排学习、生活、锻炼，保证学生睡眠时间。大力开展‘阳光体育’运动，保证学生每天锻炼一小时，不断提高学生体质健康水平”。总体来看，当前县域内中学生睡觉时间基本能保证八小时以上，但半数以上课外体育活动时间难以达到一小时，小学生睡觉时间基本能保证九小时以上，体育活动时间也基本能达到一小时以上，情况较为乐观，但应加强中学生课外体育活动时间方面的制度改进。

从结果均衡状况来看，在校际层面，普通高中升学率校际差异大、学生学业成绩校际差异较大，各科成绩最高优秀率锁定在个别学校。在城乡层面，中部D县初中普通高中升学率城关镇高于乡镇，西部X县乡镇高于城关镇、城乡学生成绩差异明显，城普遍优于乡。

结语

面对“公正与卓越”的世界教育发展主题，反思当前中国老百姓最为关心和关注的中国教育现局，我们不难发现30年来中国教育在取得瞩目成就的同时，仍存有诸多难题亟待破解，其中不仅有棘手的旧问题，更有层出不穷的新困惑，而这些新困惑的发现、预控与治理将本质上关乎未来中国教育发展的成败。本世纪以来，中国教育逐渐以“结构调整型”改革取代了“效率驱动型”改革，由此以“均衡”发展为导向的教育公正之行才逐渐走上正轨，中国县域内义务教育均衡发展事实上正是中国教育进一步加快其自身“公正与卓越”发展的新起点。在这个新起点上，全国各省各县域均在积极探索与加快改革，其中不乏一批具有典型意义的县域内义务教育均衡改革发展先锋，这是中国加快推进教育“公正与卓越”的基石，是全面推进中国教育发展的保障。如何发挥这些基石自身的能动性，同时又保障统一的执行力，这就需要中国县域内义务教育均衡发展明确一个宏观的治理思路：一是要充分重视制定相应的国家法律、政策和法规，努力体现法律规范和政策引导在中国义务教育均衡治理中的积极作用，在静态立法与动态政策之间，充分把握好均衡改革的结构、内涵、方式与层次。当前中国可考虑制定具有规范性与普遍性的政策法律，如《中国县域内义务教育均衡法》，同时还要提升各级政府动态制定政策和事实政策的能力与水平，以适应中国各县域教育发展的多元差异；二是要结合中国各地经济发展、人口结构和教育发展的现状，积极探索适合各地实情的多样化的县域内义务教育均衡治理模式，在底线均衡的基础上，形成全国义务教育发展模式的多样化，同时契合教育发展的自身规律，这样才更有利于中国县域内义务教育均衡发展整体推进。30年中国教育改革的峥嵘历程使我们不难预见中国县域内义务教育均衡发展同样会路艰且遥，但我们坚信，教育是促进个人发展、民族振兴与国家富强的大业，是人类社会生生不竭的流动血脉，其横向上事关千家万户，其纵向上涉及千秋万代，因此我们没有理由不去勇于直面这些教育难题，敢于承担历史重任与人民嘱托，我们仍旧有强烈的信心执著于以最大化的公正精神形塑国家正在茁壮成长中的公民，进而将国家公共关怀公正地播撒于千家万户，而中国县域内义务教育均衡发展只是万里长征第一步而已。

【本报告撰写人：邬志辉、李涛、凡勇昆。安晓敏、王海英参与了义务教育均衡发展指标的研究，刘善槐对本报告的数据分析给予了指导，任琳琳、周兆海、刘宾花、罗招、李红艳参与了数据统计与分析。作者单位：教育部人文社会科学重点研究基地东北师范大学农村教育研究所】

第7章 县域义务教育质量研究报告

概 要

2010年年底，我国“两基”人口覆盖率已经达到100%，完成了义务教育的全面普及，随即进入了以提升教育质量为主要任务的教育发展阶段。要想提高农村义务教育质量，对当前农村义务教育质量现实状况的充分了解以及对影响农村义务教育质量提高的因素的深入研究是开展工作的前提。本报告从教育背景、教育投入、教育过程、教育结果四个方面对农村义务教育质量状况问题进行调查研究。调查发现，教育背景和投入条件对农村义务教育质量的保障力度需要进一步加强，优质教育资源分布不均使得许多农村义务教育学校之间的实际差异非常显著；由于编制标准没有充分考虑教学实际需要，一些学校严重超编而一些学校又严重缺编；缺乏对教学过程的有效监督、指导与反馈；一部分学习者的学习兴趣低下，学习动力不足等。本报告认为，提高农村义务教育质量是一个系统工程，需要从中央到地方、从领导者到参与者的全面参与和共同努力，需要国家政府层面、地方政府层面、学校层面和学校所在社区等不同层面的努力，从自己的优势领域和特定职责出发，明确特定层级在教育工作中的切入点和职责范围，充分发挥其影响力，提高农村义务教育质量。

引 言

自提出义务教育普及概念之后，许多发达国家积极普及义务教育和延长义务教育年限，到第二次世界大战后，许多发达国家已经基本普及了义务教育，而发展中国家仍然在做着义务教育普及的努力。到2010年年底，中国的“两基”人口覆盖率达到100%，农村义务教育走向全面普及。世界银行发布的《2006年世界发展报告：公平与发展》也指出，在教育机会方面，不平等程度在世界各地一直在下降，在多数国家内部和大多数国家之间，不平等程度都在下降。① 与《2006年世界发展报告：公平与发展》相似，可以说在能不能上起学这一机会公平层面，我国的城乡教育公平已经基本实现，但是广大农村地区还不同程度地存在教育质量偏低的问题。

1990年《世界全民教育宣言》把提高教育质量纳入到实现平等的努力之中，把仅从教育机会思考教育公平拓展为从教育质量和教育机会考量教育公平，把质量包含在对教育公平的追求之内。近些年来，一些研究开始关注到教育质量与经济增长的关系、教育质量与个人收入的关系，这使提高教育质量的重要性变得非常直观和具体。世界银行高级副总裁兼首席经济学家弗朗索瓦·布吉尼翁在给《教育质量与经济增长》报告撰写的前言中指出，在解释生产率增长的跨国差异方面，学习成绩的差异比学校教育平均年限和入学率的差异作用更大。② 包括《教育质量与经济增长》报告在内的许多类似实证研究把推进教育质量公平和快速提高国家经济发展的关注统一起来，找到教育质量公平与国家经济发展效率的交集。

提高有质量的教育公平，不仅是出于公平发展，权利保障等良善的愿望，更能有效提高一个国家或地区的综合竞争力。从伦理诉求看，教育是民生的基石，教育公平是社会公平的基础；从发展诉求看，高质量的教育是中国由人力资源大国迈向人力资源强国的必要前提。教育资源的稀缺以及优质教育资源的过分集中和分布不均衡，造成优质教育资源不能充分利用；从群体间看，影响了弱势群体接受公平的有质量教育的机会；从国家立场看，影响了一个国家综合国力的提升。教育资源分布的不均衡可以从不同维度进行划分，不同的划分可以看到教育资源分布不均衡的不同方面。从城乡之维看，农村人口群体是社会群体中最大的弱势群体，农村学校是教育中最大的弱势群体，农村教育是教育中最薄弱的部分。因此，农村与农村教育发展，受到了国家的普遍重视。提高农村教育质量是教育发展的核心任务，也是未来较长一段时间内提高教育质量的难中之难，重中之重。

提高教育质量的努力不仅涉及学业成绩，而且涉及学生的全面素质；不仅涉及学生，而且涉及投入、过程、结果各个环节；不仅涉及各个环节，而且涉及这些环节展开的背景。因此，本报告将从教育的背景、投入、过程、结果四个维度

---

① The World Bank. (2005). *Equity and Development: The International Bank for Reconstruction and Development* (World Development Report 2006). Washington, DC.

② Eric A. Hanushek, Ludger Wößmann. (2007). *Education Quality and Economic Growth*. The International Bank for Reconstruction and Development/The World Bank, vii.

对农村义务教育质量状况问题进行分析，并在分析的基础上试着提出提高农村义务教育质量的建议。

一、教育背景

影响教育质量的因素是复杂和多样的，对于任何教育现象的解释都离不开也不应脱离其背后正在发挥作用的背景环境。分析农村义务教育发生的背景环境最重要的目的是更好地解释影响农村义务教育发展及教育质量提升的非义务教育阶段学校教育因素，判断农村义务教育与背景因素的关系，进而从相关层面加大对农村义务教育的改进和支持力度。

教育与社会的关系密切且相互影响。教育存在于什么样的社会背景里，影响着人们对教育的发展和教育问题的解读。对于培养什么样的人，教育有其自身的目标与价值标准，但同时教育培养出的人又不是独立于社会之外的，农村义务教育阶段传达给学生的教育价值如何在强大的社会流行的价值观冲击之下保持其正面的引导力是十分重要的。经济社会文化发展水平是教育发展的背景，但是从哪些方面，用哪些指标描述经济社会文化背景呢？国际社会经常采用人文发展指数。人文发展指数是衡量人文发展在三个方面的平均成就的综合性指标，是反映人类生活质量的三大要素指标（出生时预期寿命、受教育程度、人均实际 GDP）合成的一个复合指数，以此作为衡量人类发展的综合尺度。在这里将这三个指标纳入到农村义务教育的背景之中进行研究，并加入其他方面，以求更加全面地反映农村义务教育发展的经济社会文化背景。

背景因素中的社会经济因素是一个广受关注、内涵丰富的因素，并且应当充分考虑地区及文化之间的差异。教育是在一个相对富裕的环境中进行的还是在一个相对贫困的环境中进行的，将会影响对提升教育质量所要侧重的关键领域的决策。2009 年全民教育全球监测报告《消除不平等：治理缘何重要》综合相关研究指出，社会经济地位较低学生的分数一般比具备较有利背景学生的分数低。社会经济因素对学习的影响程度和倾斜度在各个国家之间差异巨大——这是一个关键性的因素，因为它显示了公共政策在这一领域的影响力。[①]

此外，农村义务教育发生的文化背景、家庭背景、学习者自身的教育经历和特点等因素都会对教育质量产生影响，进而对一个人的成功产生较重要的影响。与此相关的问题已有不少研究进行了有效的探讨。2005 年全民教育全球监测报告《教育质量迫在眉睫》指出，在几乎所有的教育系统中，学生的家庭背景都是非

① The EFA Global Monitoring Report Team. (2008). *EFA Global Monitoring Report* 2009: *Overcoming inequality: why governance matters* (pp. 113). UNESCO.

常重要的。而来自于更高社会经济背景的学生——他们的父母接受更高的教育，家庭拥有(包括更多的书籍在内的)更多的物质财富——往往比来自于贫苦家庭的学生表现得更好。①

背景因素对教育发展产生的影响应当是一种合力作用的结果。事实上，背景因素发挥作用的方式并不总是"隐蔽"而难以观察的，对同一地区来说，各种背景因素之间通常会有一定的关联性，有的甚至是互相影响的，通过关联性的强弱或许能分辨出来一些明显的因素，例如随着社会分化的加剧有些因素对学生发展及教育质量提高的影响比重越来越大，甚至成为了主要原因。因此应当紧密联系各地区农村义务教育发生的实际，正确评估和判断影响农村义务教育质量提升的关键领域是研究教育质量发生背景所要达到的基本目标。

(一)经济背景

社会经济的发展水平对于一个地区的教育乃至社会发展及分化都有着重要的影响。学校所在地区的经济社会发展水平，以及学生家长的收入水平对学校教育质量有重要影响。从现有的国情出发，东部、中部、西部之间，各省之间乃至省内一些地区之间的经济发展水平及产业结构等都是有着很大的差异的。因此，考察农村义务教育质量要对样本所在社会(区)的经济环境有所关注。

1. 样本县所在省人均GDP及产业结构

根据《中国统计年鉴2010》主要统计指标解释，国内生产总值(GDP)指按市场价格计算的一个国家(或地区)所有常住单位在一定时期内生产活动的最终成果。人均国内生产总值，也称作"人均GDP"，是将一个国家核算期内(通常是一年)实现的国内生产总值与这个国家的常住人口(目前使用户籍人口)相比得到的。它常被作为衡量经济发展状况的指标，它是人们了解和把握一个国家或地区的宏观经济运行状况的有效工具，是衡量人民生活水平的一个标准。

产业结构代表着一个国家或地区经济发展的水平和阶段。三大产业的划分是世界上较为常用的产业结构分类，但各国的划分不尽一致。我国的三大产业划分是：第一产业是指农业、林业、畜牧业、渔业。第二产业是指采矿业、制造业、电力、煤气及水的生产和供应业、建筑业。第三产业是指除第一、第二产业以外的其他行业。产生结构发展大致经历了这样一些特点：首先，第一产业增加值和从业人员占国民生产总值和全部劳动力的比例不断下降，之后下降幅度趋于减弱；其次，第二产业的增加值和从业人员增加占国民生产总值和全部劳动力的比例上升，之后开始下降；最后，第三产业的增加值和从业人员占国民生产总值和

① The EFA Global Monitoring Report Team. (2004). *EFA Global Monitoring Report* 2005: *The Quantity Imperative*(pp. 47). UNESCO.

全部劳动力的比例增加，特别是第二产业的增加值和从业人员增加占国民生产总值和全部劳动力的比例开始下降时，第三产业发展速度更为迅速。而第三产业的发展程度在一定程度上是衡量地区经济发展水平的重要指标。

改革开放以来，在中国经济快速、稳定发展的大背景下，A县、B县、C县三县所在H省、J省、G省经济也有了较大的发展。如表7.1所示，H省、J省、G省2010年人均国内生产总值分别为26.24千元、28.59千元、11.75千元，可以看出A县、B县、C县三县所在H省、J省、G省三省人均国内生产总值还是存在一定的差异的。同时，比较三省第一、第二、第三产业总值可以发现，A县、B县、C县三县所在H省、J省、G省三省，第一、第二、第三产业总值所占比例差异较大，产业结构发展水平差异明显。

表7.1　样本县所在省主要经济指标

经济指标	H省	J省	G省
人均国内生产总值(千元)	26.24	28.59	11.75
第一产业总值(亿元)	1 154.33	980.57	550.27
第二产业总值(亿元)	4 060.72	3 541.92	1 476.62
第三产业总值(亿元)	3 371.95	2 756.26	1 885.79
第一、第二、第三产业之比	1∶3.5∶2.9	1∶3.6∶2.8	1∶2.7∶3.4

资料来源：根据《中国统计年鉴2010》有关数据整理，http://www.stats.gov.cn。

农村义务教育的发展，县域经济背景在其中起着无可替代的作用，尤其是对于“老、少、边、穷”等经济落后地区，虽然县域政府对于教育经费的承担面临的困难会比较大，但是义务教育经济环境的改善在教育质量提升方面的作用将是显著的。解决这方面的问题，中央和省级政府要加大对财政困难县的支持力度。

2. 居民生活水平

居民生活水平是指居民在物质产品和劳务的消费过程中，对满足人们生存、发展和享受需要方面所达到的程度。人均国民收入、家庭人均生活消费支出总量和支出结构、恩格尔系数等都是反映居民生活水平的重要指标。

根据《中国统计年鉴2010》主要统计指标解释，“纯收入”是农村住户当年从各个来源得到的总收入相应地扣除所发生的费用后的收入总和。纯收入主要用于再生产投入和当年生活消费支出，也可用于储蓄和各种非义务性支出。“农民人均纯收入”是按人口平均的纯收入水平，反映的是一个地区农村居民的平均收入水平。纯收入的计算公式为：

纯收入＝总收入－税费支出－家庭经营费用支出－生产性固定资产折旧－赠送农村内部亲友支出

统计显示，2009年，A县、B县、C县三县所在H省、J省、G省三省农村居民家庭人均纯收入分别为5 206.76元、5 265.91元、3 005.41元，2010年，A县、B县、C县三县所在H省、J省、G省三省农村居民家庭人均纯收入分别为5 152元、6 362元、5 084元。可以看出，样本所在县农村居民家庭人均纯收入在不断地增长，并且省际差异比较明显(见表7.2)。

表7.2 **样本县所在省农村居民家庭人均纯收入** 单位：元

年份 地区	2008	2009	2010
H省	4 855.59	5 206.76	5 152
J省	4 932.74	5 265.91	6 362
G省	2 796.93	3 005.41	5 084
全　国	4 760.62	5 153.17	5 919

注：2010年数据由样本县教育局提供。

资料来源：根据《中国统计年鉴2010》有关数据整理，http://www.stats.gov.cn。

样本县所在省农村居民家庭总支出是指农村住户用于生产、生活和再分配的全部支出，包括家庭经营费用支出、购置生产性固定资产支出、税费支出、生活消费支出、财产性支出和转移性支出。农村居民家庭生活水平主要体现在生活消费支出总量和支出结构上。相关统计显示，2009年，A县、B县、C县三县所在H省、J省、G省农村居民家庭平均每人生活消费支出分别为4 241.27元、3 902.90元、2 421.95元，三省差异非常大。统计农村居民家庭平均每人生活消费支出构成状况发现，在消费性支出中，全国居于前三位的支出项目分别为食品、居住、交通和通讯，其所占比例分别为40.97%、20.16%、10.09%。而A县、B县、C县三县所在H省、J省、G省之间则显示出一定的差异，食品支出与居住支出在三省均居于前两位，但所占比例差异明显，H省位于第三位的支出项目为文教娱乐用品及服务，J省位于第三位的支出项目为医疗保健，而G省位于第三位的支出项目为交通和通讯，可见文教娱乐用品及服务支出、医疗保健支出、交通和通讯支出在农村居民家庭平均每人生活消费支出中所占比例各省之间有一定差异(见表7.3)。

表 7.3 **2009 年样本县所在省农村居民家庭人均生活消费支出及结构** 单位：%

		全国	H省	J省	G省
人均生活消费支出(元)		3 993.45	4 241.27	3 902.90	2 421.95
项目	食品	40.97	31.38	35.13	45.17
	衣着	5.82	8.15	7.35	5.18
	居住	20.16	22.32	18.89	24.3
	家庭设备及服务	5.13	3.8	4.31	4.76
	交通和通讯	10.09	10.08	9.12	7.23
	文教娱乐用品及服务	8.53	11.7	9.65	6.26
	医疗保健	7.2	10.24	13.11	5.5
	其他商品及服务	2.11	2.33	2.44	1.61

注：三省人均生活消费支出结构由《中国统计年鉴 2010》基本数据计算所得，http://www.stats.gov.cn。

恩格尔系数可以作为一个国家和地区穷富的重要参数。根据《中国统计年鉴2010》主要统计指标解释，恩格尔系数指食物支出金额在消费性总支出金额中所占的比例。其基本原理是消费结构会随着家庭收入变化，一般来说，在其他条件相同的情况下，恩格尔系数较高，作为家庭来说则表明收入较低，作为国家来说则表明该国较穷。反之，恩格尔系数较低，作为家庭来说则表明收入较高，作为国家来说则表明该国较富裕。计算公式为：

$$恩格尔系数=\frac{食品支出金额}{消费性总支出金额}\times 100\%$$

由表 7.4 可知，2009 年，城镇居民家庭恩格尔系数为 36.52%，低于农村居民家庭恩格尔系数近 4.5 个百分点。城镇居民收入远远高于农村居民家庭收入，且差异明显。A 县、B 县、C 县三县所在 H 省、J 省、G 省农村居民家庭恩格尔系数之间的差异则更明显，分别为 31.38%、35.13%、45.17%(见表 7.4)。

表 7.4 **2009 年城乡居民家庭恩格尔系数**

		全国	H省	J省	G省
农村	居民家庭人均纯收入(元)	5 153.17	5 206.76	5 265.91	3 005.41
	居民家庭人均食品支出(元)	1 636.04	1 331.07	1 371.12	1 093.94
	居民家庭人均消费性总支出(元)	3 993.45	4 241.27	3 902.9	2 421.95
	居民家庭恩格尔系数(%)	40.97	31.38	35.13	45.17

续表

		全国	H省	J省	G省
城镇	居民家庭人均可支配收入(元)	17 174.7	12 565.98	14 006.27	12 862.53
	居民家庭人均食品支出(元)	4 478.54	3 397.41	3 637.32	3 755.61
	居民家庭人均消费性总支出(元)	12 264.55	9 629.6	10 914.44	9 048.29
	居民家庭恩格尔系数(%)	36.52	35.28	33.33	41.51

注：本表数据根据《中国统计年鉴2010》数据整理与计算，http://www.stats.gov.cn。

专栏 7.1 家庭条件、学业成绩与家长支持学生上学

家庭条件和成绩不佳是影响学生继续上学的两个重要因素。随着家庭收入的不断增加，相对于能不能支付起孩子上学的相关费用这个意义上来看，经济因素不再成为影响家庭教育投入的直接因素，绝大多数家庭不会因为出不起学生上学的相关费用而反对孩子上学。而对学业成绩不佳的学生，则会有更多比例的家长反对孩子上学。也就是说如果学生不能通过上学改变他们的命运，家长更倾向于不支持孩子上学。家长不支持学业成绩不佳的孩子上学，其实反映出家庭非常在意孩子上学的机会成本，孩子不上学不仅可以省钱，而且还可以赚钱。这仍然可以看作处于相对贫困状态下的一种家庭教育决策，他们不是把接受义务教育看成一个孩子的成长的必经阶段，而是看成一种手段，如果看成手段，一旦觉得达不到他们预期的目标时，家长就不支持他们的孩子继续上学。当然，随着经济社会发展，家庭经济状况有所改进和家长支持孩子上学意识不断提高，但是一些家长仍然因为家庭条件和孩子学业不佳而不支持孩子上学(见图7.1)。

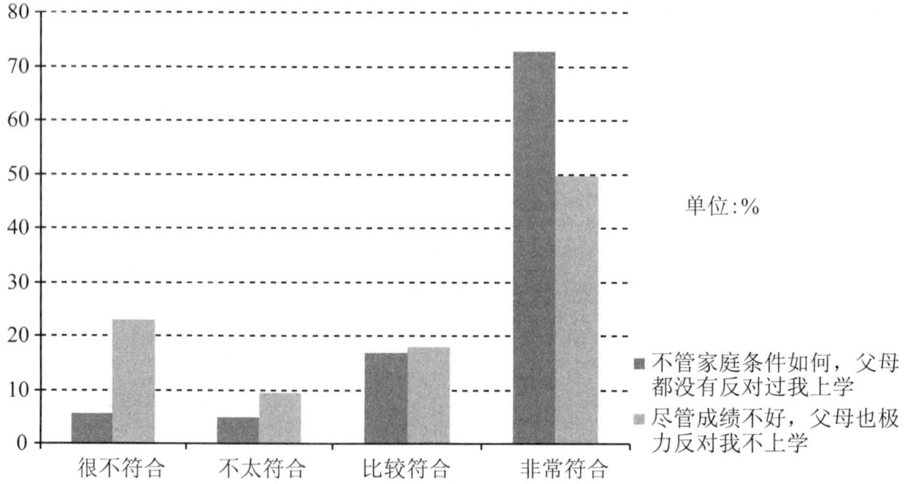

图 7.1 家庭条件、学业成绩与家长支持学生上学的倾向

第一，由于家庭条件原因而在支持子女读书中面临着较大困难的父母，H省A县、J省B县、G省C县三县有5.60%的父母反对学生上学，4.88%的父母比较反对学生上学，而支持孩子继续读书的家长所占比例为89.52%。即近90%的父母在家庭条件拮据的情况下选择继续支持孩子读书。

第二，由于学生学业成绩不佳而反对学生上学的家长，H省A县、J省B县、G省C县三县共计有22.87%，比较反对孩子上学的家长有9.50%，而67.63%的家长则表示即使学生学习成绩不佳也要坚持让孩子读书。

(二)人口背景

1. 样本县人口数及人口流动情况

就国家发展的宏观趋势来看，随着经济一体化的加速发展，城乡一体化建设脚步加快，劳动人口的流动变得快速而且频繁，将会导致教育系统的某些工作开始变得复杂起来，教育监管工作开始加强，而劳动人口流动加强的背后带来的是其子女就学及适应方面的问题。样本县所在省的农村人口数量、人口自然增长率、学龄人口数的变化、人口密度等都将对学校教育产生非常及时而明显的影响。2009年，全国总人口中有一半以上为农村人口，而样本县所在的省之间的农村人口比重则有所不同，如H省、J省农村人口所占比例均不及50%，而G省农村人口占总人口数的70.11%，远高于其他两省及全国平均水平(见表7.5)。

表7.5　　2009年全国及样本县所在省人口情况

	全国	H省	J省	G省
总人口数(万人)	133 474	3 826	2 740	3 798
农村人口(万人)	71 288	1 703	1 279	2 663
农村人口所占比重(%)	53.41	44.5	46.68	70.11

资料来源：《中国统计年鉴2010》，http://www.stats.gov.cn。外来人口数及打工人口数均为半年以上人口数，由样本县教育局提供。

外来人口数和外出打工人口数能够在一定程度上反映一个地区的人口流动状况以及社会经济发展水平。总体来看，H省A县、J省B县、G省C县三县都是外出打工人数远远高于外来人口数，相较于其他两县，J省B县外来人口数最多，居三县之首，G省C县外来人口数为三县最少，仅0.65万人。由此可以对三个样本县的经济发展程度有一个大概的印象(见图7.2)。

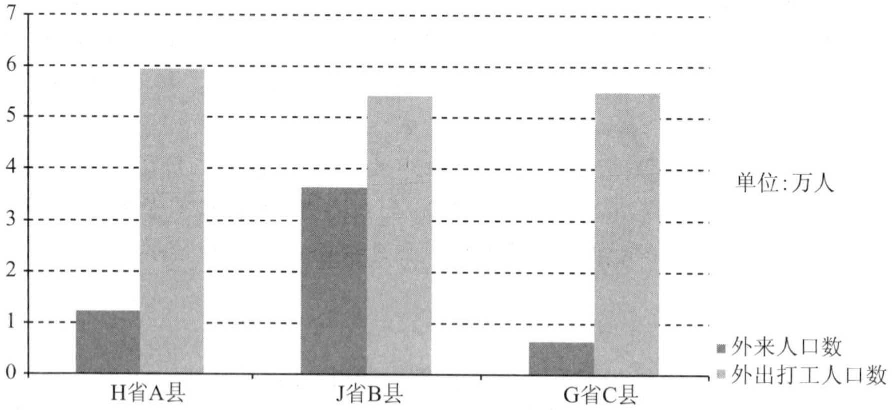

图 7.2　2011 年样本县人口构成

2. 人口平均预期寿命

人口平均预期寿命是衡量一个社会的经济发展水平及医疗卫生服务水平的指标。2000 年全国男性平均预期寿命为 69.63 岁，A 县、B 县、C 县三县所在 H 省、J 省、G 省中，H 省、J 省男性平均预期寿命高于全国水平，而 G 省则低于全国水平约 5 个百分点；全国女性平均预期寿命为 73.33 岁，A 县、B 县、C 县三县所在 H 省、J 省、G 省中，H 省、J 省女性平均预期寿命高于全国水平，而 G 省则低于全国水平近 6 个百分点。尽管如此，三省平均预期寿命较 1990 年统计数据还是呈现出不断增加的趋势。这表明人民生活水平明显提高和医疗卫生条件持续改善(见图 7.3)。

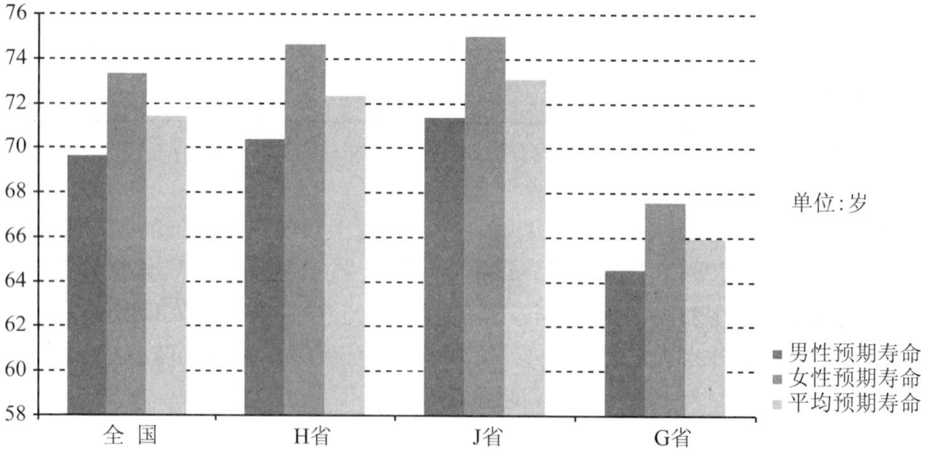

图 7.3　样本县所在省人口 2000 年平均预期寿命

注：2000 年各省人口平均预期寿命是根据各省 1990 年以来人口变动调查公布的死亡率对 2000 年人口普查死亡数据修正后计算的。原始数据根据《中国统计年鉴 2010》有关数据整理，http://www.stats.gov.cn。

(三)社会文化背景

文化对于一个地区教育发展所产生的影响虽然是潜移默化的，但具有重要意义。在众多的文化因素中，作为背景的教育观念是直接影响地区和家庭教育的。

1. 当地居民对读书的态度

家长及学生对于学习的重视程度会受到其居住范围内其他人对教育的态度的影响。当然，当地居民对读书的态度有可能会随着学生发展状况、就业率及经济发展水平等因素的改变而发生改变。但教育观念一旦形成，短时间内是不容易改变的。调查发现，三县总体来看，有10.2%的初中学生表示当地居民觉得读书没有用，28.68%的初中学生表示当地居民认为读书比较有用，而61.12%的初中学生认为在当地居民眼里读书非常有用(见图7.4)。

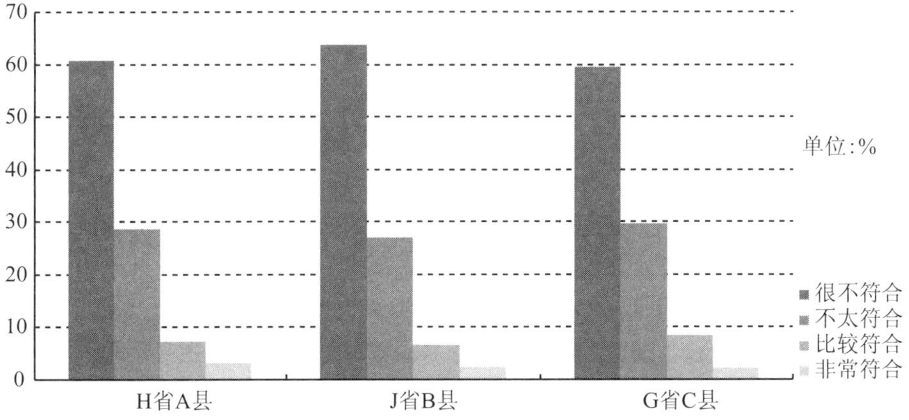

图7.4　初中学生认为当地居民觉得读书没用的程度分布

这里要对什么是“读书无用”进行简单的讨论。所谓读书“无用”，是相对读书“有用”而言的。若以“门票”和“欣赏水平”来隐喻读书所带来的“功用”的话，则读书至少会带来三种“功用”：获得“门票”的作用；提升“欣赏水平”的作用；既获取“门票”又能提升“欣赏水平”的作用。拥有了“门票”就等于有了“敲门砖”，有了获取某种资源的资格，而“欣赏水平”指的就是读书本身带来的能力的提升，知识的累积等。

现今说到“读书无用”，大多指的是因为在读书期望与“结果”之间存在差距，而对读书(或教育、知识、学习)所持有的一些否定态度和观点。因为整个社会范围内，尤其是教育在人力资源市场中所具有的筛选和分层功能，使得人们对于读书结果的期待大多都是功利性的。“读书无用”，更多是在解读大学生就业困难以及农村学生辍学等问题时的一种观点。由于高等教育的高投入及低回报所带来的不平衡，使得很多人认为“读书没用”。

因为义务教育是基础性教育，不太强调教育的分层及筛选功能，完成义务教育只能表明一个人获得了基本的与这个社会交往、沟通的能力及基本知识。例如，在义务教育阶段，我们能够学会基本的识字、计算、阅读等能力，而这些对于任何人都是很重要的。当然，在现代社会里，如果个体连义务教育阶段都没能完成，这可能会成为制约个体在某些领域内发展的“瓶颈”。那么在义务教育阶段，家长所谓的“读书有用”大多指的是“升学”，即通过读书获得到下一学段中“好学校”的入学机会。因为进入到“好学校”就意味着有更多的机会获得好的工作机会，拥有一个好的前途。也就是获得进入“好学校”的“门票”。于是对优质教育资源的争抢就在义务教育阶段结束后开始。也正是因为如此，为了获得更有含金量的“门票”，对优质教育资源的争夺开始逐渐传导至义务教育阶段，甚至是幼儿园，那句“别让孩子输在起跑线上”就是很好的证明。自然，那些认为孩子成绩不好、家庭困难、缺乏学习动机等原因的家长(包括学生本人)便会在义务教育阶段将近结束的时候可能让学生放弃继续学习的打算。

2. 大学生就业及工资状况

通过读书来改变命运依然是当前中国农村很多家长和孩子的殷切希望，也是实现农村人口阶层流动最常见的途径。长期以来，上大学找到好的工作对很多农村家长及孩子来说有着很大的吸引力，甚至是一些学生上学或家长支持学生上学的最重要动力。近年来，家庭及学校所在地区范围内学生的就业窘境及就业后收入远远低于预期的状况对正在上学的学生及其家长，尤其是那些学业表现不佳的学生及其家长产生不同程度的负面影响。在本研究的调查中，三县总体来看，近74%的初中学生表示家附近的大学生在毕业后找到了工作，与其他两县相比，H省A县中学生所处社区附近毕业后没有找到工作的大学生所占比例最高。三县中，有36%的初中学生认为大学生毕业之后的工资并不高，与其他两县相比，H省A县认为在其家附近找到工作的大学毕业生的工资不高的学生所占比例最低(见图7.5、图7.6)。

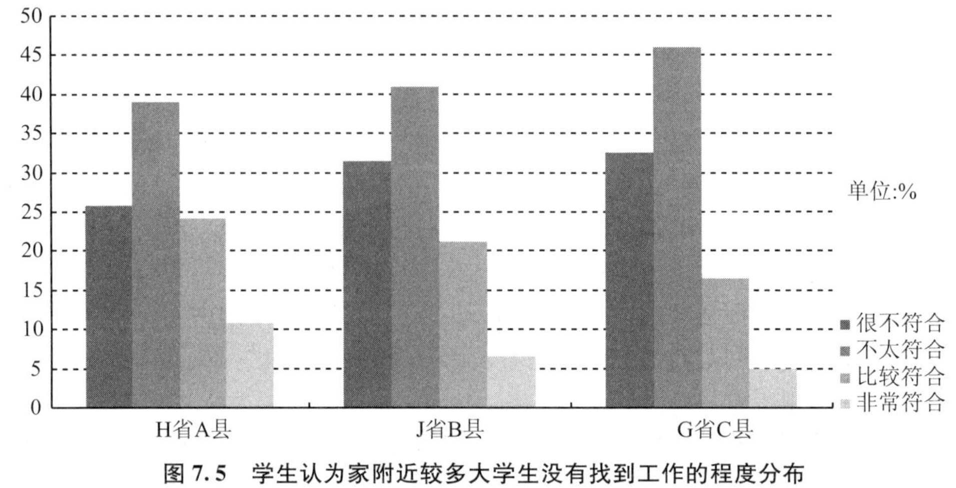

图7.5 学生认为家附近较多大学生没有找到工作的程度分布

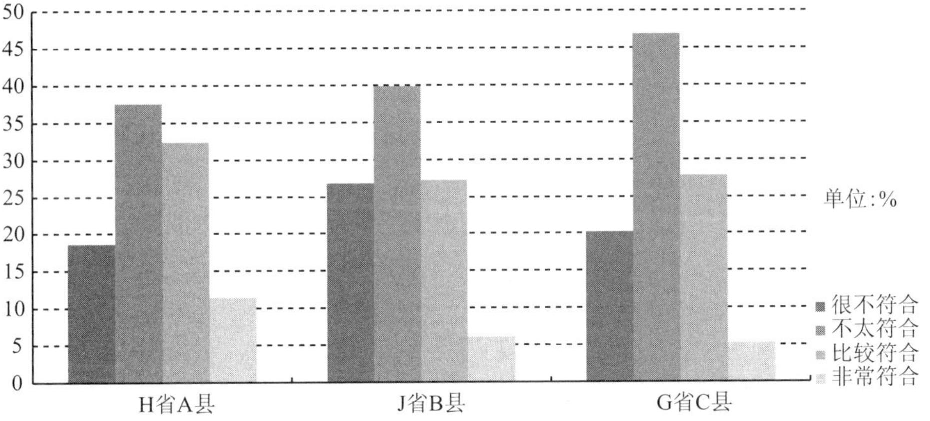

图 7.6 学生认为大学生找到的工作工资并不高的程度分布

3. 学生的同伴环境及社会交往情况

身在什么样的环境里，对学生的学习和成长来说是十分重要的。学生的学习不只是发生在课堂上，也不只是跟老师学，还来自同伴之间互相学习和影响，而且这些学习影响反过来会强化或弱化学校教育的作用。其中周围同学的学习积极性乃至与什么样的人进行交往是影响学生学习的重要外在人际环境。

调查显示，H 省 A 县、J 省 B 县、G 省 C 县三县总体来看，有 34%的初中学生认为他们周围的大部分同学不认真学习，其中 G 省 C 县有 42.4%的初中生表示其周围的大部分同学不认真学习，为三县最高；35.5%的初中学生表示他们的周围有许多辍学的学生，其中 H 省 A 县有 45.2%的初中学生表示其周围有很多辍学生，为三县最高。可以看出，虽然三县之间的情况有一定差异，但同伴的学习动机不高，周围辍学学生比例较多的初中学生所占比例依然不小(见图 7.7、图 7.8)。

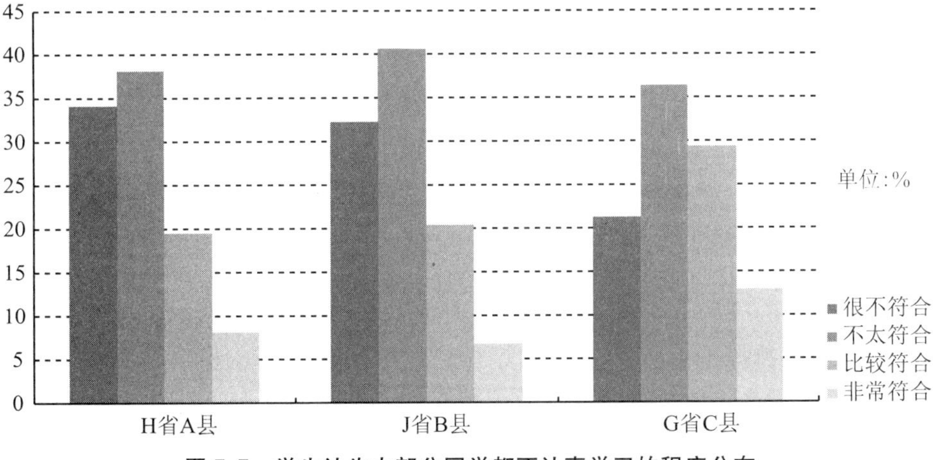

图 7.7 学生认为大部分同学都不认真学习的程度分布

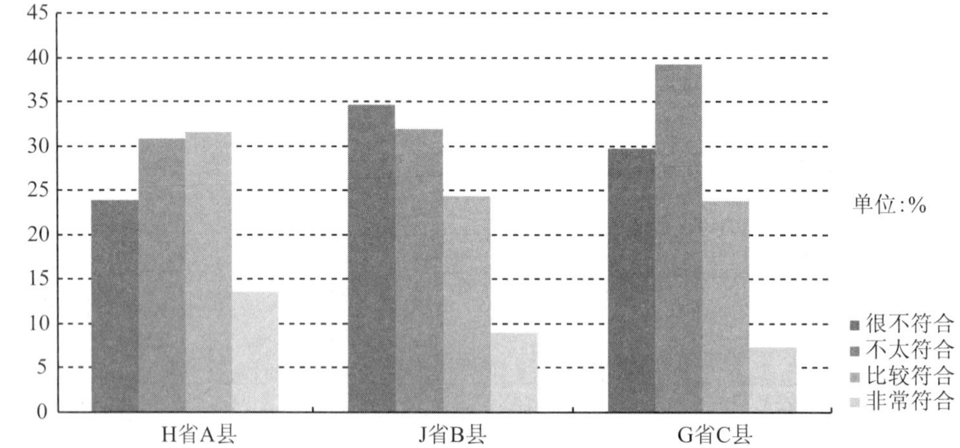

图 7.8 学生认为周围有很多同学辍学的程度分布

根据调查显示，H省A县、J省B县、G省C县三县，有13.67%的初中学生表示会经常和社会青年接触玩耍。而三县这一比例均在13%～14%，差异不是很大。86%的初中学生则表示同社会青年没有接触。虽然没有直接证据显示跟社会青年交往一定会有不良的影响，但社会青年总找在校生玩耍从而影响学生学习的可能性更大(见图7.9)。

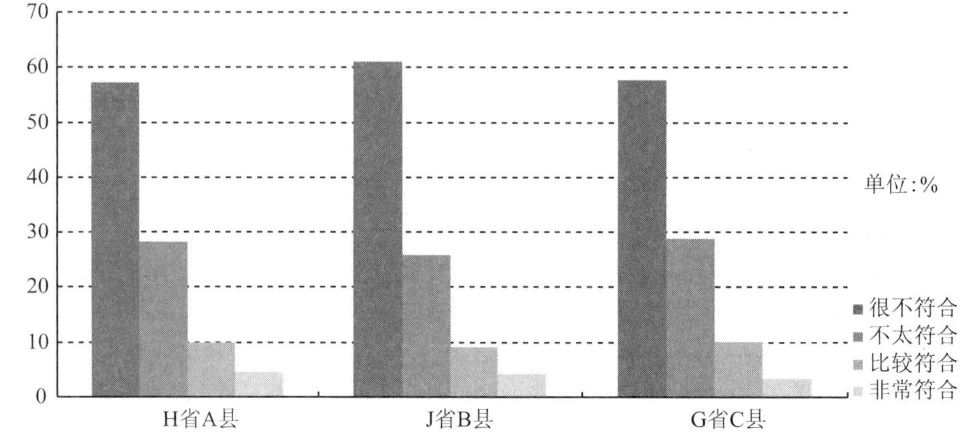

图 7.9 学生认为现在总有社会青年找其玩的程度分布

4. 社会关系

家庭社会关系对于学生学习质量的影响似乎不是很直观，但它作为家庭重要的社会资本，在学生成长过程的关键阶段往往会显示出其影响力。对于很多农村学生来说，在成长过程中父母会教给孩子一句话："孩子，爸妈没本事，你要靠自己"，于是通过读书来改变命运成为千千万万中国家长和孩子的希望。而在经济快速发展，城乡一体化迅速推开的大潮流之下，农民受土地束缚的力度越来越小，打工和挣钱的途径也越来越多，以前是"副业"的外出打工，现在对于很多家庭来说是"主业"了。这些变化在悄悄地影响着很多农村家长甚至是他们的孩子。三个样本县H省A县、J省B县、G省C县的调查数据显示，近27%的初中学生表示如果不去上学，家里有亲戚或朋友能帮他(她)们找到活干，三县这一比例均超过26%。而调查发现，那些学业表现不佳或者家庭条件较差的初中学生更有可能选择离开学校，成为"打工一族"，亲朋好友能够帮他们找到活干，可能成为他们离开校园的重要助力(见图7.10)。

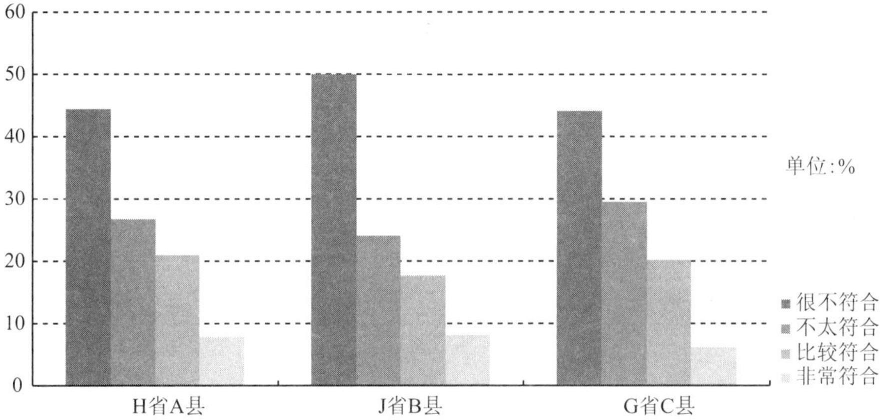

图7.10 学生认为不上学家里有亲戚或朋友能为自己找到活干的程度分布

(四)家庭背景

在影响学生学习和发展的众多因素中，学生的家庭背景十分重要。早在1966年科尔曼(Coleman)等人对美国的一份研究报告中指出，家庭背景和学校同辈群体的构成，对于教育结果和以后经济上的成功影响更大。① 家庭人口数及家庭年收入、父母的教育文化程度、教养方式、父母职业状况等都会以不同的方式影响学生。虽然家庭背景中考察得到的这些发现是当前农村义务教育难以改变的，但是作为包括学校在内的教育机构可以通过家长培训的方式，影响家长的教育观念，促使他们的教育观念变得更加积极，让他们的日常生活和行为至少在其子女发展方面与学校教育形成合力。

1. 家庭人口结构及教育情况

自计划生育以来，中国农村家庭结构发生了较大变化，从多子女家庭占主导开始向独生子女占主导的家庭过渡。调查显示，总体来看，H省A县、J省B县、G省C县三县家庭总人口数中三口之家的比例最大，其比例为35.38%，然

① The EFA Global Monitoring Report Team. (2004). *EFA Global Monitoring Report* 2005: *The Quantity Imperative*(pp. 63). UNESCO.

后分别是4人、5人的家庭，其比例分别为29.07%、20.51%。相对其他两县，G省C县农村家庭中以4口之家所占比例最大。由此可见，农村家庭的人口结构发生了一些变化，多子女的家庭逐渐减少，独生子女家庭数量不断增加。独生子女的家庭教育方式与多子女家庭的家庭教育方式必然会面临一些不同，而且对学生来说，兄弟姐妹的数量与结构对其成长产生的影响是不同的(见图7.11)。

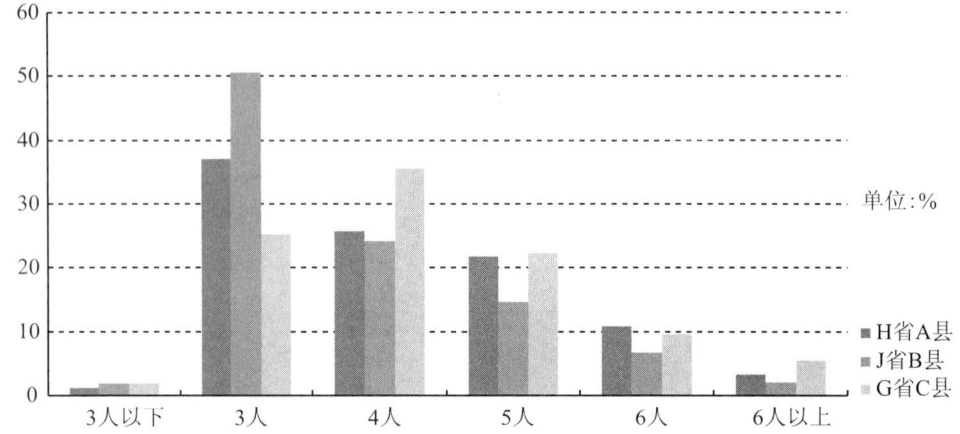

图7.11 学生家庭总人口分布

如图7.11所示，一些农村家庭依然是多子女的。而对于多子女家庭来说，供孩子读书仍然是一件比较辛苦的事情，尤其是在一些偏远地区，很多不富裕的家庭，有时会牺牲一些孩子(通常是女孩、残疾的孩子、又或者是年长的孩子及学习表现不佳的孩子等)的受教育年限来集中资源供那些在学业上看上去更有潜力的孩子。调查显示，H省A县、J省B县、G省C县三县总体来看，因为兄弟姐妹多而供不起上学的家庭约占11%，这与经济条件不利家庭所占比例的调查结果相吻合(见图7.12)。

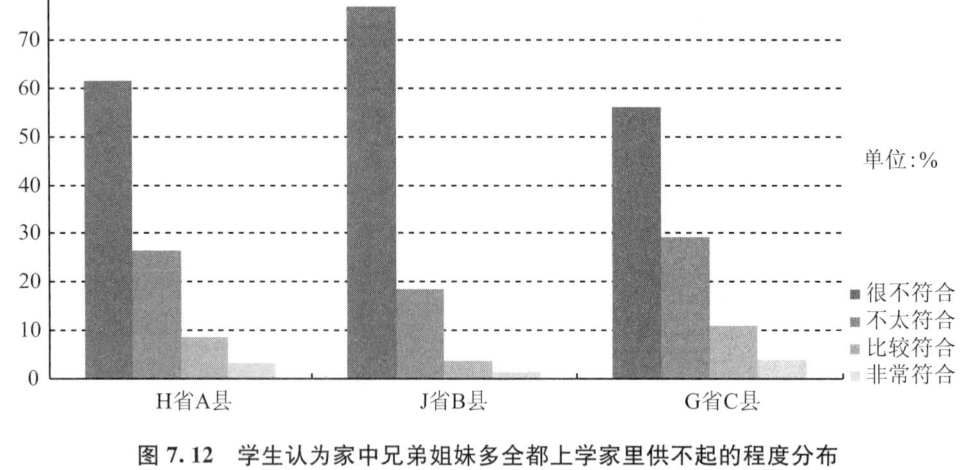

图7.12 学生认为家中兄弟姐妹多全都上学家里供不起的程度分布

2. 父母的受教育年限

在学生的家庭背景中，父母的受教育程度是重要的方面。父母的受教育程度一方面影响着父母的社会经济地位；另一方面，关系着父母对孩子可能的影响内容及影响方式。教育背景较好、收入较高的父母能够为子女提供更好的教育资源，并且可能对孩子的成长与发展有更多的规划与指导。

从H省A县、J省B县、G省C县三县总体来看，小学阶段，父亲平均受教育年限为8.49年，母亲平均受教育年限为7.95年，0.3%的小学生父亲未受过教育，1.5%的小学生母亲未受过教育；初中阶段，父亲平均受教育年限为8.08年，母亲平均受教育年限为7.45年，有0.18%的初中学生父亲未受过教育，1.24%的初中学生母亲未受过教育。无论是初中还是小学，样本所在县父母的平均受教育年限都不到9年，并且母亲的平均受教育年限较父亲平均受教育年限短0.5～0.6年，不过依然能够看出总体上三县年轻一代父母的受教育年限有所提高。

关于父母受教育年限，调查发现，无论是初中学生还是小学学生的父母，受教育年限位于前三位的均为9年、6年、12年，即父母文化程度居前三位的分别为初中、小学、高中，初中所占比例大约为30%。

此外对比三县中小学家长中受教育年限为12年以上的家长所占比例发现，父亲受教育年限在12年以上的小学生所占比例为8.8%，初中学生所占比例为5.7%；母亲受教育年限在12年以上的小学生所占比例为6.6%，初中学生母亲所占比例为4.4%。这表明农村家庭中接受12年以上教育的家长整体比例不超过10%，不过小学家长中接受过12年以上教育的家长所占比例要高于中学家长所占的比例(提升幅度在3%左右)，从纵向来看，农村家长的学历层次有所提升(见图7.13、图7.14、图7.15、图7.16)。

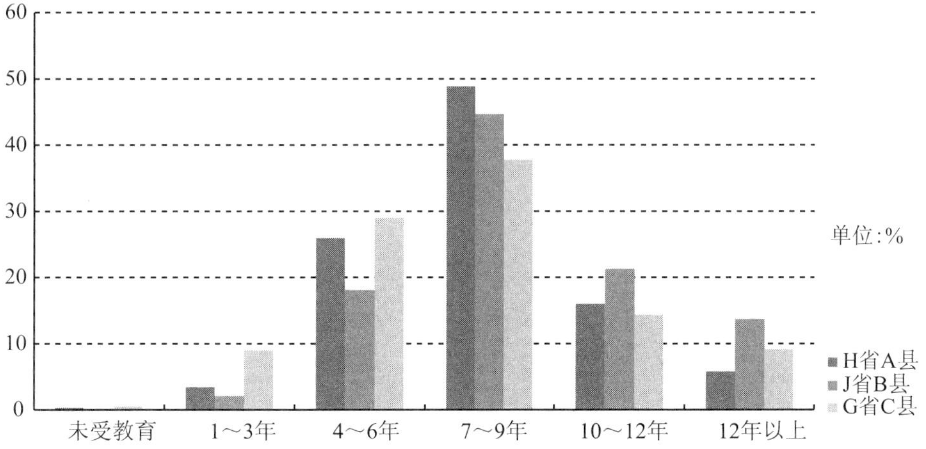

图7.13　小学生父亲受教育年限

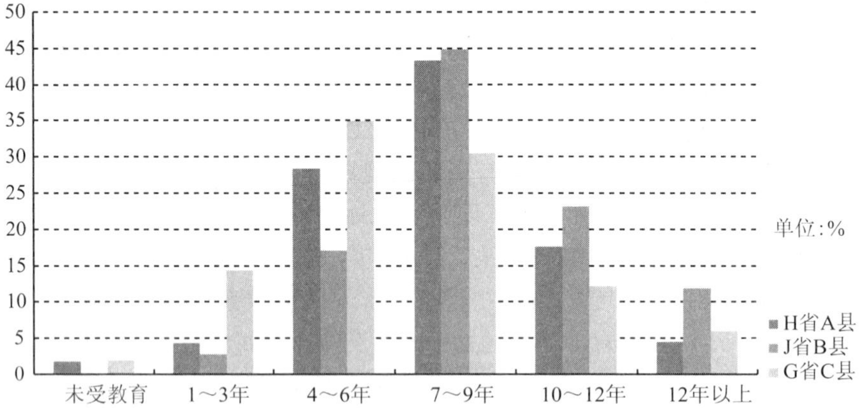

图 7.14 小学生母亲受教育年限

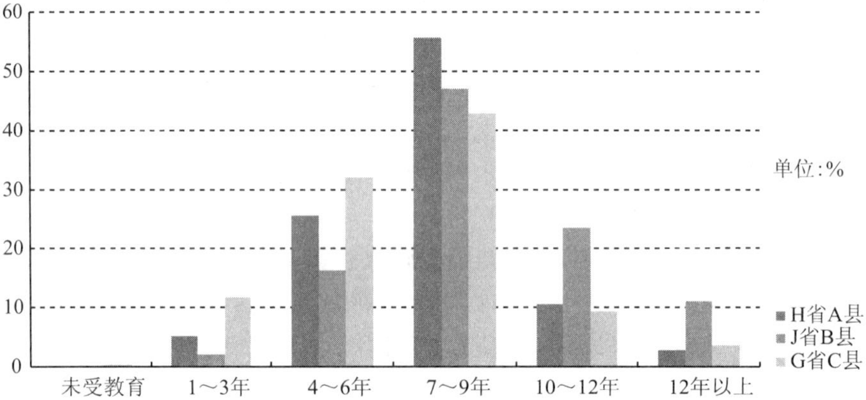

图 7.15 初中学生父亲受教育年限

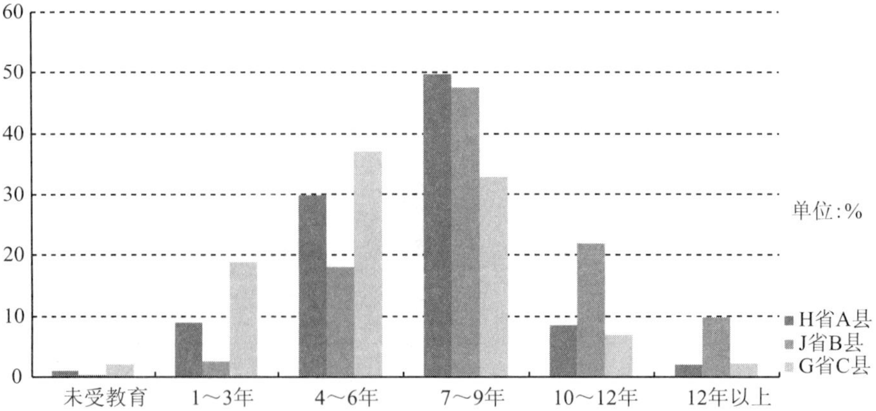

图 7.16 初中学生母亲受教育年限

识字能力是家长受教育程度的可识别标志之一。国际研究表明，母亲受教育程度与子女学业表现有着密切关系。

专栏 7.2　母亲受教育程度与子女学业表现

研究表明，成人的识字能力与普及小学教育的进步是有关联的。母亲或照顾儿童者的教育水平或识字能力可以提高儿童参与或完成小学教育的概率。家庭调查证明，母亲的识字能力常常是与学龄子女的学业有关的。一些国际研究也对母亲受教育程度与儿童学业表现之间的关系给予了关注，图 7.17 显示了在尼日尔、老挝人民民主共和国和玻利维亚三国母亲(或照顾儿童者)自报的识字水平与儿童失学风险之间的关系。在每个国家中，母亲识字能力低下时，这种风险都是最高的。在尼日尔，文盲母亲的小学学龄子女的失学率是 70%，相比之下，能够轻松阅读的母亲，她们的子女失学比例只有 30%。这其中可能涉及的因素包括提高收入水平(降低了机会成本或付得起学费)、更加认同教育的价值，以及有能力帮助儿童学习(见图 7.17)。

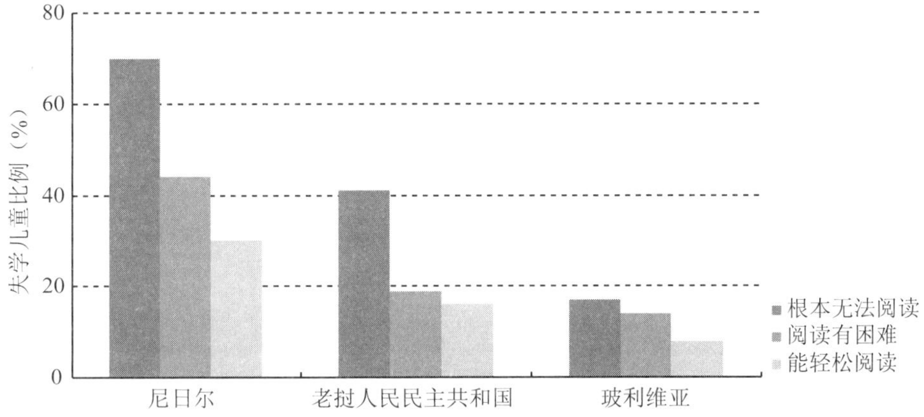

图 7.17　2000 年尼日尔、老挝人民民主共和园和玻利维亚三国母亲阅读能力与其子女失学情况

本图根据儿童基金会多指标类集调查数据库得出的计算值。

注：此图根据联合国教科文组织报告中图表模拟画出，由于报告中未给出原始数据，模拟图表可能存在一些误差。

资料来源：The EFA Global Monitoring Report Team. (2004). *EFA Global Monitoring Report* 2005: *The Quantity Imperative*. UNESCO.

通过调查发现，在农村地区，母亲的受教育年限较父亲低，接受过 12 年以上教育的母亲所占比例也低于接受过 12 年以上教育的父亲所占的比例，且父母受教育年限整体水平不高。当然，父母受教育程度想要在孩子学业表现中发挥更具体的作用，投入足够的时间和精力与孩子进行充分的互动是非常重要的保障。

3. 家庭年收入

家庭年收入是学生家庭背景中重要的指标，通常会发现，那些来自富裕家庭的孩子更容易获得充足的学习材料以及优质的学习用品，而且接受良好教育的机会更大。分等级对比H省A县、J省B县、G省C县三县中小学学生家庭年收入的情况发现，小学生家庭年收入水平要高于初中学生家庭年收入水平，小学生有6.95%的家庭年收入在5000元以下，初中生家庭年收入在5000元以下的家庭则有19.54%，小学家庭年收入在1.5万～2万元的家庭有21.43%，初中生家庭年收入在1.5万～2万元的家庭有17.49%(见图7.18、图7.19)。

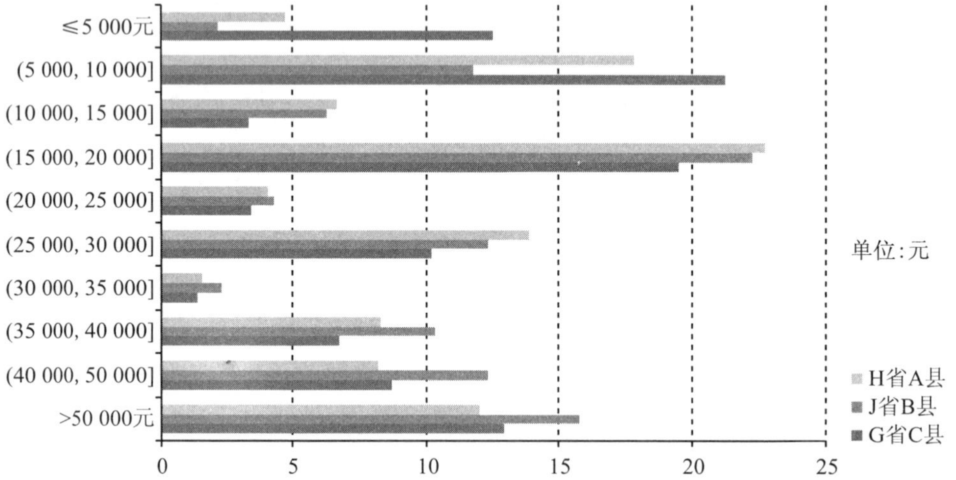

图7.18 小学生家庭年收入

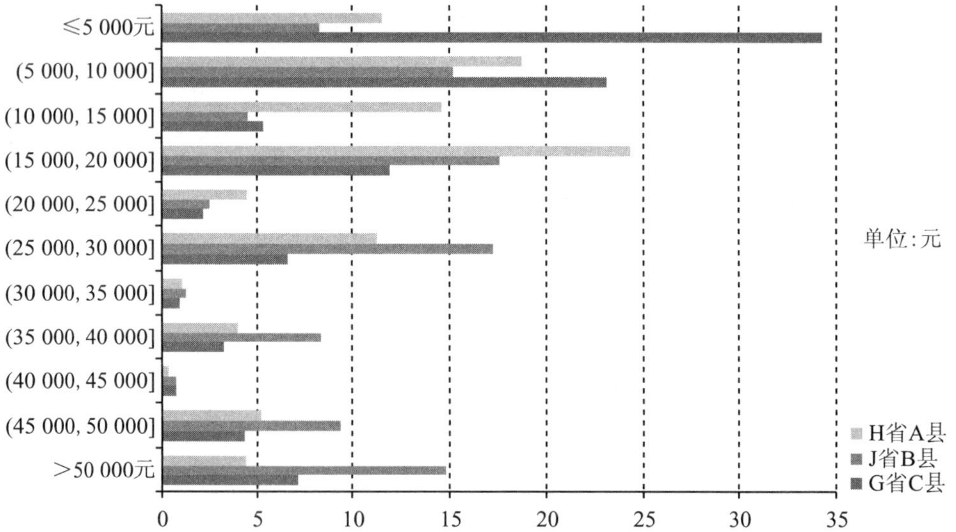

图7.19 初中学生家庭年收入

4. 父母打工状况

父母与子女的互动强度是父母影响子女的重要途径。父母是否在子女身边或时间多少决定了亲子之间交流的频率与质量，父母均外出打工，或一方长期不在家，对子女的教育与身心成长的参与度便会降低，这对于义务教育阶段的孩子，尤其是小学生将会产生较大的影响。根据2008年对Z省A县、H省B县、E省C县、N省D县、Y省E县、G省F县六县的调查发现，小学阶段，父亲外出打工的家庭比例高于母亲外出打工的家庭所占的比例，并且这六县父母均外出打工的家庭所占比例为23.58%。① 从H省A县、J省B县、G省C县三县总体来看，初中阶段，17%的孩子表示父母在外打工，没时间管孩子，三县之间有一定差异，G省C县所占比例近21%，而J省B县所占比例为12.5%(见图7.20)。

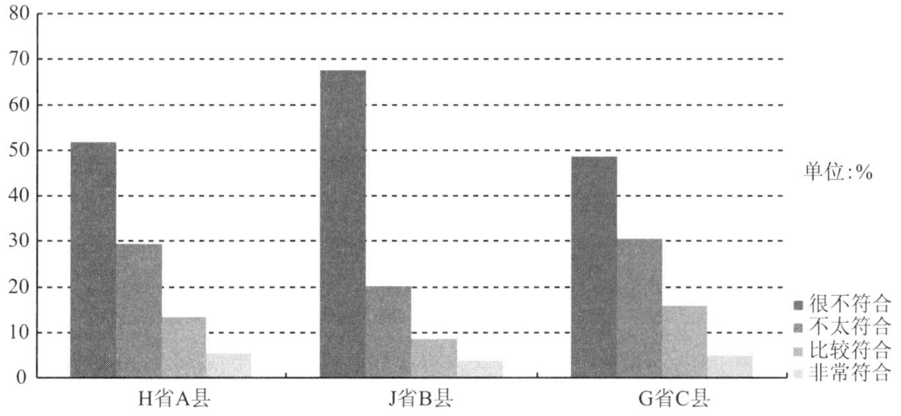

图7.20 初中学生认为父母外出打工没时间管理自己的程度分布

5. 父母的教育价值倾向及教养方式

除了经济因素，父母的教育价值倾向及教养方式对学生的学习和成长同样起着十分重要的作用，是孩子成长途中的强大外力。一方面，孩子的学习态度及社会交往方式会受到父母潜移默化的影响；另一方面，家庭教育与学校教育所传达的价值观及教育内容之间的一致性缺乏会影响甚至阻碍学生的身心成长。来自教育社会学方面的研究表明，一些学生因在家庭环境下和同龄群体中所形成的理念与学校所倡导的理念近似，因此学习一般都比较用功，且认知能力较强；而其他学生则有可能竭力逃避他们与学校在理念上的矛盾，并因此而采取逆反行为。②

① 秦玉友：《农村义务教育质量研究——基于质量标准与底线标准》，吉林人民出版社2011年版，第49页。

② The EFA Global Monitoring Report Team. (2004). *EFA Global Monitoring Report* 2005: *The Quantity Imperative* (pp. 20). UNESCO.

能够体现父母教育价值倾向的因素有很多，父母对子女受教育的重视程度、对待女孩男孩教育的性别差异等都能在一定程度上反映父母的教育价值倾向。从对样本县的调研数据来看，H省A县、J省B县、G省C三县合计，仅4.5%的初中学生表示其父母认为读书没有用。但是地区之间有一些差别，如H省A县认为读书没有用的初中学生家长为3.34%，而G省C县则有5.2%的初中学生家长认为读书没有用。调查对待子女教育方面的性别差异发现，三个样本县合计有4.8%的家长认为女生不用读太多书，其中，G省C县则有5.4%的初中学生家长认为女生不用读太多书，所占比例为三县最高(见图7.21、图7.22)。

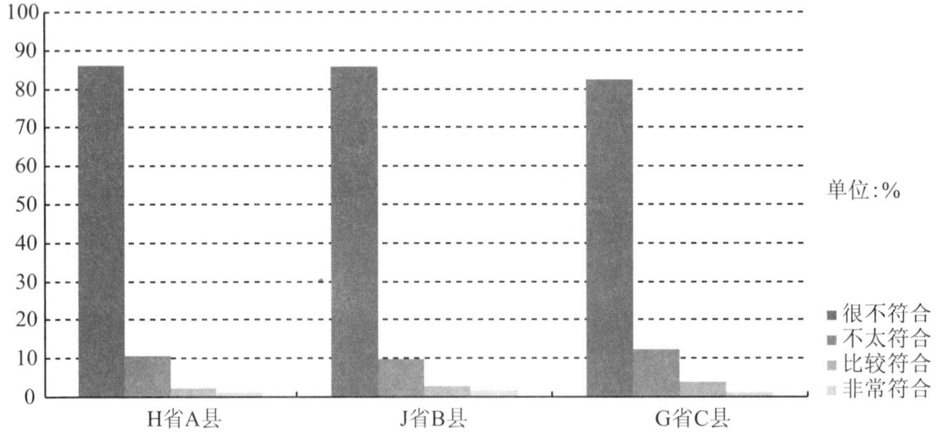

图7.21 学生父母认为读书没有用的程度分布

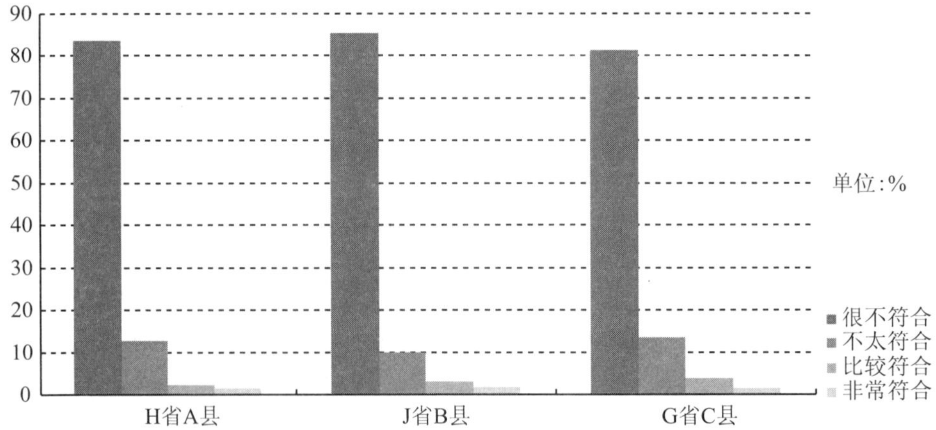

图7.22 学生父母认为女孩子读书没有用的程度分布

父母的教养方式对于孩子的性格形成及社会交往方式会产生重要的影响。父母教育方式过于严厉，孩子有可能会养成自卑、怯懦或者叛逆的性格。图7.23、7.24展示了H省A县、J省B县、G省C县三县初中学生父母的家庭教育方式状况，从三县总体来看，对于孩子管得严，稍不满意就打骂的家长所占比例为15.73%，什么事都顺着孩子的家长所占比例为21.22%。从地区差异来看，G省C县有19.43%的初中学生表示其父母对学习管得太严，稍不满意就会打骂孩子，这一比例为三县最高；而J省B县表示父母什么事都会顺着自己的初中学生比例为25%，所占比例为三县最高(见图7.23、图7.24)。

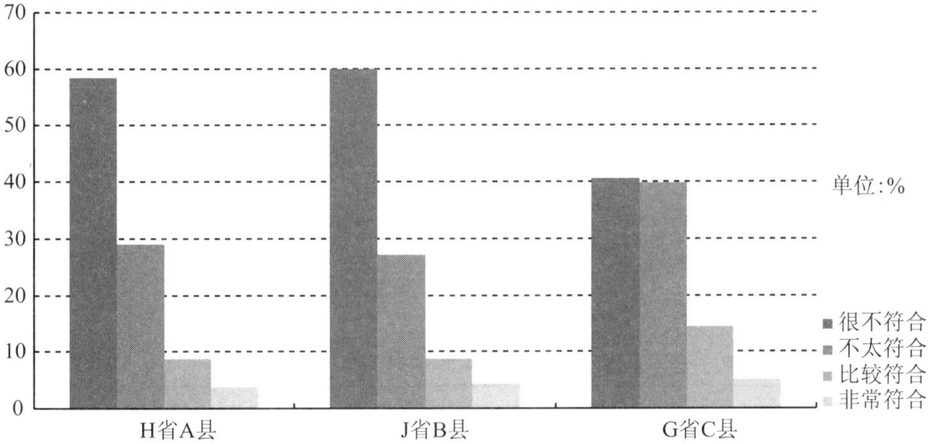

图7.23　学生认为父母对自己管教太严甚至稍有不满便打骂的程度分布

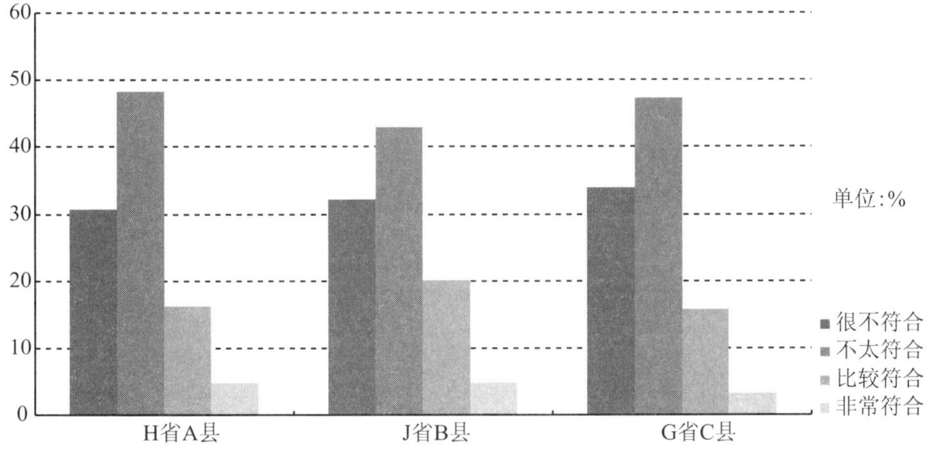

图7.24　学生认为父母什么事情都顺着自己的程度分布

(五)贫困学生比例

无论是对于国家还是家庭，社会经济背景都是十分重要的。贫困家庭送学生上学面临着更大的困难，即使义务教育阶段实行免费，还是有一部分低收入家庭的学生以牺牲学业为代价去补贴家庭收入，这种情况在义务教育阶段的后期表现更为明显。此外，贫苦家庭的学生还可能发生入学较晚、中途失学等问题。因此，在教育投入部分，对于贫困学生应当给予一定的关注。需要说明的是，贫困家庭及贫困学生在义务教育阶段中的弱势并不是必然地通过辍学表现出来，更多的是通过学生在学业上获得来自家庭的帮助的可能性、学生的入学率、升学率等表现出来，通常因为学习材料的缺乏及课后辅导的不充足导致了一部分贫困学生在学业上遇到了更大的困难。当然特定能力的学生其学业水平不一定会受到影响，换句话说，智力水平较高的学生其学业表现不会因为班级规模较大、经济条件差、没有接受额外的课业辅导等因素而受到影响。

经调查，H省A县、J省B县、G省C县三县贫困生占在校生的比例如下：在小学阶段，H省A县小学贫困生占在校生人数的7.73%，J省B县小学贫困生占在校生人数的5.64%，G省C县小学贫困生占在校生人数的16.64%，所占比例为三县最高(见表7.6)。

表7.6　　小学贫困生比例

	在校生数	贫困生数	贫困生比例/%
H省A县(61所小学)	13 247	1 024	7.73
J省B县(30所小学)	14 174	800	5.64
G省C县(52所小学)	14 197	2 362	16.64
合计	41 618	4 186	10.06

初中阶段，H省A县初中贫困生占在校生人数的27.45%，J省B县初中贫困生占在校生人数的7.54%，G省C县初中贫困生占在校生人数的23.88%(见表7.7)。

表7.7　　初中贫困生比例

	在校生数	贫困生数	贫困生比例/%
H省A县(23所中学)	11 358	3 118	27.45
J省B县(17所中学)	8 948	675	7.54
G省C县(9所中学)	9 520	2 273	23.88
合计	29 826	6 066	20.34

对比中小学发现，小学阶段，G省C县贫困生所占比例为三县最高，初中阶

段，H省A县、G省C县两县贫困生所占比例均超过20%。比起小学，初中阶段的贫困生比例明显增加。

专栏7.3 贫困学生受资助情况

考虑到对于处于经济不利地位的学生给予援助对教育质量的提高带来的影响，应当对贫困学生进行资助以便帮助其更好地进行学业。而事实上，对贫困学生进行资助不只是出于对教育质量提升的考虑，关注和解决好处于劣势学生所面临的问题，也是减小农村义务教育内部差异，推进农村义务教育公平发展目标实现的任务之一。

调查发现，对比小学，初中学生的贫困生数有所增加，受资助学生数量也有所增加。整体来看，三县小学贫困学生中受到资助学生的比例为21.55%，而初中贫困学生中受到资助学生的比例为72.67%。可以看到，依然有相当比例的贫困生没有受到资助(见表7.8、表7.9)。

表7.8 小学贫困生受资助情况

	贫困生数	爱资助人数	受资助比例/%
H省A县(61所小学)	1 024	275	26.86
J省B县(30所小学)	800	512	64.00
G省C县(52所小学)	2 362	115	4.87
合计	4 186	902	21.55

表7.9 初中贫困生受资助情况

	贫困生数	爱资助人数	受资助比例/%
H省A县(23所中学)	3 118	2 116	67.86
J省B县(17所中学)	675	403	59.70
G省C县(9所中学)	2 273	1 889	83.11
合计	6 066	4 408	72.67

二、教育投入

投入是保障农村义务教育正常运行和质量提升的必要条件。经典的投入包括人力资源(主要是教师)、物力资源(主要是办学条件)和财力资源。即师资、办学条件和教育经费。除此之外，家庭和学生也在进行教育投入。

谈论农村义务教育资源至少要考虑两层关系：第一，农村义务教育自身能够获得资源的可能性。即，向教育投资——政府对教育的公共财政政策。一些研究发现，对于初级教育系统的投入——但不是总体教育投入——影响到四五年级学生的就读率。正是专为小学提供的资源份额影响到这些学校的运营，投入教育的资源总量不够充足，因此不能产生实际效果。① 第二，合理利用教育资源，需要对教育资源调动、分配的优先领域做出决策。

对于教育投入，我们手头有两套质量"代理"(proxies)。第一个关注教师——与学生总人数相比，教师数量是多少，还有他们的任职资格怎么样。第二个关注财政资源，尤其是用于学校教育的公共教育经费支出。通常，假定低的师生比，高的教师任职资格以及较高水平的公共教育经费支出，每一个都对教育质量有好处。② 目前，政府做出了较大的努力，在确保农村中小学公用经费的同时，逐渐加强农村教师和校长的教育培训工作，制定了一系列政策来保障农村义务教育教师的数量和质量。

不可否认，教师与教育经费是教育投入中的关键领域，此外农村义务教育的办学条件也能够通过财政支持得到相应的改善，同时学习者自身的特点也应当受到足够的关注。之所以将学生列入到投入部分，是因为在农村教育中许多利益相关群体(主要是家长)把学生上学时间看成是机会成本，另外，上学对学生来讲本身也包括时间和学习强度两方面的投入。

(一)教育经费投入

2002年全民教育全球监测报告《世界在行动吗?》(*Is the World on Track?*)对世界范围内许多国家的教育支出与初等教育发展状况进行了考察，对比了当前的支出和1975～1999年初等教育入学水平，发现在撒哈拉以南非洲、南亚和西亚，额外的经费主要用于扩大入学机会，但是在拉丁美洲和加勒比海、东亚和太平洋，以及阿拉伯国家和北非，额外的资源用于更高水平上的生均经费。③ 这一国际对比研究显示了教育经费的使用倾向在不同经济背景下的国家是不同的。在发展中国家，教育经费与教育质量的更加正向的联系是非常明显的：大多数研究显示，随着教育经费，教师教育和教育设施的提高，认知成绩(用标准化测验可以测量的)会相应提高。④ 事实上，不只是国家之间，同一个国家内部经济发展水平不同的地区，教育经费投入和使用倾向也是不同的。

---

① The EFA Global Monitoring Report Team. (2004). *EFA Global Monitoring Report* 2005: *The Quantity Imperative*(pp. 62—63). UNESCO.

② The EFA Global Monitoring Report Team. (2003). *EFA Global Monitoring Report* 2003—2004: *Gender and Education for All the Leap to Equality*(pp. 96). UNESCO.

③ The EFA Global Monitoring Report Team. (2002). *EFA Global Monitoring Report* 2002: *Is the World on Track?* (pp. 19). UNESCO.

④ The EFA Global Monitoring Report Team. (2004). *EFA Global Monitoring Report* 2005: *The Quantity Imperative*(pp. 20). UNESCO.

目前，中国义务教育发展水平上存在着东中西差异，城乡差异。在东部沿海经济较发达地区的一些农村学校将额外的经费资源用于建设现代化教学楼和办公室、教师培训与发展、进一步提高生均经费水平的时候，西部地区仍然有一些农村学校的学生还在没有供暖设备的教室里上课、教师外出培训的机会缺乏、生均经费较低。近年来国家加大对农村地区义务教育发展，特别是西部农村义务教育发展的扶持力度，农村义务教育的发展状况逐渐改善。

义务教育经费投入包括两部分，除了国家义务教育经费投入，还包括学生家庭教育经费投入。国务院 2005 年 12 月 24 日《国务院关于深化农村义务教育经费保障机制改革的通知》提出"两免一补"(免学杂费、书本费，补助住宿费)政策，2007 年，免除农村义务教育学杂费，农村义务教育实现了全面免费，这意味着国家承担了更多的义务教育经费投入。在国家经费投入力度不断加大的情况下，农村义务教育阶段学生家庭特别是贫困学生家庭教育负担不断减轻。当然，仍然有一定比例的农村义务教育学生家庭需花费交通费和交纳住宿费。

1. 公用经费

依据各县公用经费总量和受教育人口测算，H 省 A 县、J 省 B 县、G 省 C 县三县小学人均公用经费分别为 471.33 元、1 191.06 元、450.77 元，初中人均公用经费分别为 719.98 元、1 387.25 元、637.76 元。对比三县所在省农村义务教育阶段中小学公用经费基准定额，三县生均公用经费均高于本省农村义务教育阶段中小学公用经费基准定额。但是县际间差异非常大，其中 G 省 C 县生均公用经费为三县最低(见表 7.10、表 7.11)。

表 7.10　　样本县小学公用经费情况

	总公用经费(万元)	教育人口(人)	人均公用经费(元/年·生)
H 省 A 县	1 191	25 269	471.33
J 省 B 县	2 498	20 973	1 191.06
G 省 C 县	800.66	17 762	450.77

注：对上表人均公用经费一栏进行了四舍五入，原始数据由样本县教育局提供。

表 7.11　　样本县初中公用经费情况

	总公用经费(万元)	教育人口(人)	人均公用经费(元/年·生)
H 省 A 县	1 066	14 806	719.98
J 省 B 县	1 633.9	11 778	1 387.25
G 省 C 县	775	12 152	637.76

注：对上表人均公用经费一栏进行了四舍五入，原始数据由样本县教育局提供。

2. 教师工资

获得教师工资待遇是教师基本权利，有竞争力的工资待遇，也是吸引更多优秀人才选择从教的经济动力。其实讨论教师工资，涉及如何理解教师工资的内涵的问题。

专栏 7.4 教师工资的多层取向

事实上谈论农村教师的工资问题是颇为棘手的。但是，当国家教育经费相对有了较大改善的情况下，分析和讨论教师工资成为了提高教师工作积极性，促进教师专业发展，提高教育质量的内在要求。下面从不同层面讨论一下教师工资内涵，以拓展对教师工资意义的理解。

第一，理解教师工资要分析工资的本质。什么是教师工资？发给教师工资多少的依据是什么？从劳动价值看，教师工资＝教师单位时间劳动力价格×教师劳动时间，这是最理论化的定义。教师作为教学活动的人力资源，教师单位时间劳动力价格由从事教师行业的劳动力素质决定。而且在学校之外的教育市场上也表现出了这个特点，优秀教师会得到更多的单位时间劳动报酬。

第二，教师工资是教师的一项权利。工资作为教师的一项权利，其作用是维持教师权利的实现。这就涉及工资要维持教师的哪些权利。一方面工资要维持教师的生存权利，生存权利的底线要求是满足教师的基本生活需要，生存权利的正常要求是教师能够过上体面的生活。当教师的工资能够满足教师的基本生活需求，应当进一步考虑教师工资对于教师生活质量提升需求的满足程度。过低的工资将可能导致教师缺勤或者不能全身心投入工作。如：少部分农村教师，特别是代课教师要为生存而亲自去农田劳动。当教师的收入不足让他们过上体面生活而又有其他赚钱机会时，作为专业人员他们可能从其他渠道赚钱弥补工资的不足；另一方面是发展权，教育要得到专业发展和全面发展必须要有一定的文化消费支持，教师专业发展的共性需求部分可以不通过工资形式发给教师，而个性需求部分可以通过工资形式发给教师。教师的全面发展是一种普遍的发展消费，与其他职业一样，要看国家的整体发展水平而定。

第三，教师工资作为吸引优秀人才从事教育的手段。从经济理性的角度上，优秀人才总会从工资水平低的阶层流向工资水平高的阶层。因此，从长远看，教师工资在各阶层和行业的相对位置决定了什么素质的人群选择当教师。社会上会如何看待一个人选择当教师。教师工资如果长期居于各阶层和行业的顶端，教师就会成为有吸引力和高竞争的行业，教师从业人群就变成了整个人口的优势群体，教师群体的素质比其他阶层和行业群体高，社会就会更加尊重这一群体，阶层和行业也会吸引更多优秀人才，从而形成良性循环。

第四，积极的工资差异是教育均衡发展手段。一个地区的经济社会文化发展水平对这个地区学校教师岗位的吸引力有较大影响。除个别情况，现实情况是发达地区比欠发达地区教师工资水平高，城市比农村高。这样一来，优秀教师和高校优秀毕业生会毫不犹豫地选择到发达地区学校和城市学校当教师。因为，没有会让他们选择欠发达地区和农村地区学校的任何“利益”依据，在市场经济条件下或市场经济思维不断深入社会各个领域的情况下，仅靠觉悟和泛道德手段欠发达地区和农村地区学校往往无法吸引到优秀教师。对欠发达地区和农村地区学校教师的积极的工资补偿政策是促进优秀教师和优秀高校毕业生选择欠发达地区和农村地区学校的“利益”依据，同时，这也超越了“钱”本身，是对这些教师对弱势群体的关注的一种积极肯定。

第五，教师工资是调动教学工作积极性的手段。如果教师工资数额相对比较合理，教师工资微观分配可能影响着教师工作的积极性。教师工资是调动教学工作积极性的手段，就是把教师精力引导到关注教育活动上来，不断提高教育质量。可以将教师工资确定一定比例，根据教师课时数量和上课质量对教师工资进行再分配。当然，这个比例不宜过大，可以通过实证研究看多大是能够调动教师积极性又不带来太多消极影响的。

从H省A县、J省B县、G省C县三县中小学教师月工资总体情况来看，有约90%的小学教师月工资在1 500～3 000元(含3 000元)，其中月工资在2 000～2 500元(含2 500元)的小学教师所占比例最大；而97%的初中教师月工资在1 000～3 000元(含3 000元)，其中月工资在1 000～1 500元(含1 500元)的初中教师所占比例最大。

从三县之间的差异看，小学教师工资表现出较大县际差异。H省A县小学有74.47%的教师月工资在1 500～2 500元(含2 500元)，此外月工资在1 000～1 500元(含1 500元)的小学教师所占比例为24.27%，高出其余两县近22个百分点。G省C县小学有87.9%的教师月工资在2 000～3 000元(含3 000元)，而月工资在2 500～3 000元(含3 000元)的小学教师有43.63%，高出其余两县近40个百分点。J省B县小学则有90%的小学教师月工资在1 500～2 500元(含2 500元)。

初中教师的月工资也保持了类似的县际差异，H省A县有81.72%的初中教师月工资在1 000～2 000元(含2 000元)，J省B县有79.3%的初中教师月工资在1 500～2 500元(含2 500元)，G省C县有84.33%的初中教师月工资在2 000～3 000元(含3 000元)(见图7.25、图7.26)。

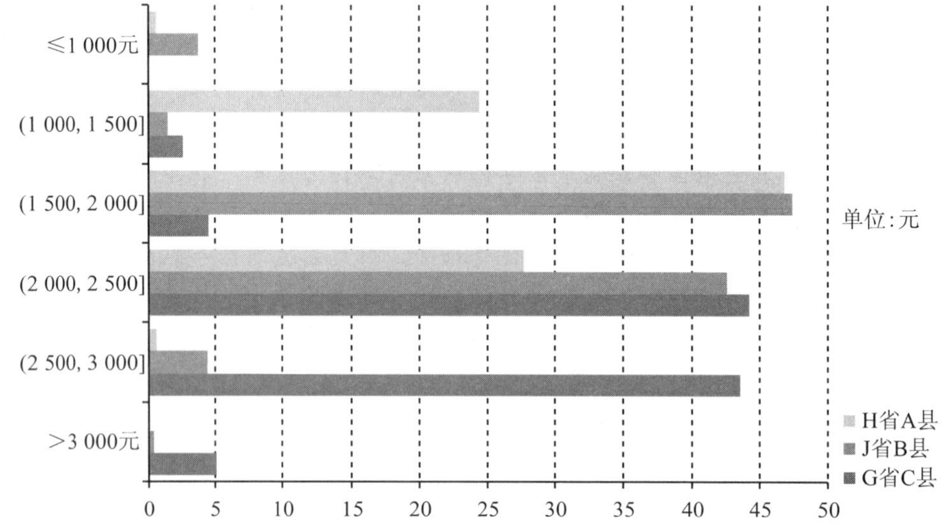

图 7.25　小学教师月工资

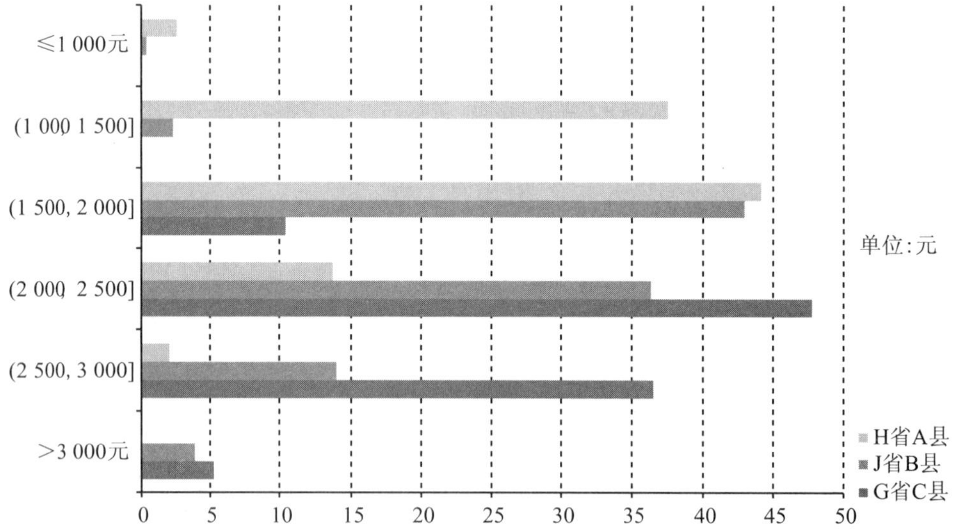

图 7.26　初中教师月工资

专栏 7.5　教师工资在教育经费中的地位

在世界上许多国家，教师工资在教育经费支出中所占的比例往往是最大的，尤其是在发展中国家。2005 年全民教育全球监测报告对于小学教师工资在目前小学教育公共支出总额中所占比例给予了关注，收集了 51 个国家的数据，经过计算，11 个国家的比例超过了 90%。并且作为比较，在提供此类数据的 20 个国家中，对教科书和其他教学材料在目前的小学教育公共支出中所占比例进行了调查，发现此类支出从伯利兹的 0.8%到摩尔多瓦共和国的 12%不等。由此可以明确看到，教师工资是国家教育经费使用中的一个中心问题。

针对教育经费的绝大部分是用来为教师支付工资的这一状况，2005 年全民教育全球监测报告认为教育经费这样分配是不合理的，应当考虑付给教师适当的工资，应当加大对教学材料等其他资源方面的投入，并且考虑对教师进行非工资性奖励等其他措施来提高教师的工作积极性。

资料来源：根据 *EFA Global Monitoring Report* 2005：*The Quantity Imperative* 相关内容整理。

3. 家庭教育经费投入

家庭的教育经费是农村义务教育经费投入的一个重要部分。对 H 省 A 县、J 省 B 县、G 省 C 县初中学生家长关于“你家所有孩子每学期上学所需花销为多少元”的情况调查显示，每学期花销 500 元以下(含 500 元)的学生所占比例最大，为 53.03%，其中，G 省 C 县所占比例为 67.63%，为三县最大。此外，每学期花销选择 500～1 000 元(含 1 000 元)的学生所占比例也很大，H 省 A 县、J 省 B 县、G 省 C 县分别为 16.46%、32.05%、18.79%(见图 7.27)。

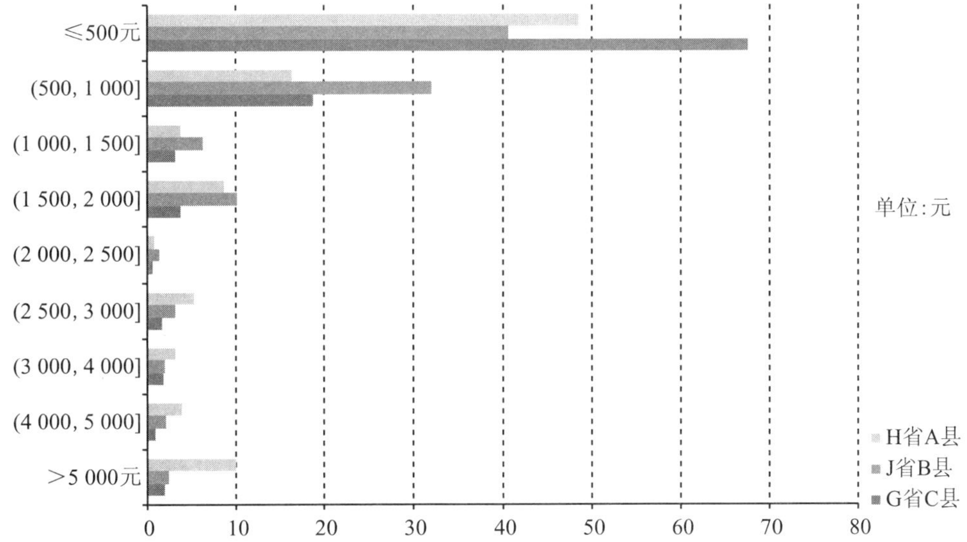

图 7.27　家中所有孩子每学期上学所需的花销

专栏7.6　农村义务教育阶段家庭交通费、伙食费与住宿费

东北师范大学农村教育研究所2008年分东中西部农村对Z省A县、H省B县、E省C县、N省D县、Y省E县、G省F县六省六县的调研发现，月均交通费在1～30元的小学生所占比例为83.67%，初中生所占比例为79.74%，月均交通费在31～60元的初中生所占比例为13.44%，小学生所占比例为9.42%；月均伙食费在50元以下、51～100元消费区间的小学生所占比例分别为45.43%、36.63%，初中生所占比例分别为42.93%、27.33%；年住宿费在1～100元的小学生所占比例为88.74%，初中生所占比例为73.90%，年住宿费在201～300元的初中生所占比例为14.65%，小学生所占比例为1.18%。

资料来源：秦玉友：《农村义务教育质量研究——基于质量标准与底线标准》，吉林人民出版社2011年版，第71—74页。

(二)办学条件

办学条件是教育活动的前提条件之一。学校只有具备了达到一定标准的办学条件，教育教学活动才能顺利开展。同时，学校办学条件在一定程度上也是吸引学生和教师的重要方面。随着农村义务教育的发展，农村学校办学条件不断改善。但是在许多农村地区，学校的办学条件落后并且优质教育资源的分布不均导致了学校之间的差异较大。尽管家庭情况变量对学生所有科目的成绩具有相似的影响，学校中各个科目的学习条件对学生的成绩也会产生不同的影响，它有时会等于或大于家庭情况的影响。① 学校对许多学生而言既是学习场所，也是生活场所。基本生活条件的保障对于许多贫困地区的学校师生来说就意味着能够在一个身心安定的环境中开展教学活动而不必担心随时陷入困境。因此学校要有基本的公共卫生条件，有正规的基础设施和其他设施，并且能够实际地满足教学及生活需要。

1. 样本县义务教育阶段学校的生活条件

据东北师范大学农村教育研究所于2008年分东中西部农村对Z省A县、H省B县、E省C县、N省D县、Y省E县、G省F县六县的调查，把学校食堂分为干净，整洁，较卫生；有些脏乱，卫生条件一般；很脏乱三个等级，六县小学总计有67.41%的学生认为学校食堂干净整洁，而六县初中有53.97%的学生认为学校食堂干净整洁。② 总体来看，中小学生对于学校食堂的评价偏低，并且初中生对学校食堂的评价比小学生对学校食堂的评价低。此外调查还发现，没有开水喝、没有地方洗澡、伙食不好等是中小学生在学校生活中遇到的主要困难。

---

① The EFA Global Monitoring Report Team. (2004). *EFA Global Monitoring Report* 2005: *The Quantity Imperative* (pp. 48). UNESCO.

② 秦玉友：《农村义务教育质量研究——基于质量标准与底线标准》，吉林人民出版社2011年版，第64、65页。

家校距离过远可能会在一定程度上给农村学生上学带来安全问题。调研发现，H 省 A 县、J 省 B 县、G 省 C 县三县总体来看，表示其父母担心学生上学路上不安全的学生所占比例三县均超过 60%(见图 7.28)。而在一些农村地区，由父母接送上学的孩子并不是很多，只有学生年纪太小或者生病、残疾的学生父母才会选择接送。随着义务教育学校布局调整的不断推进，家校间距离较大，更多

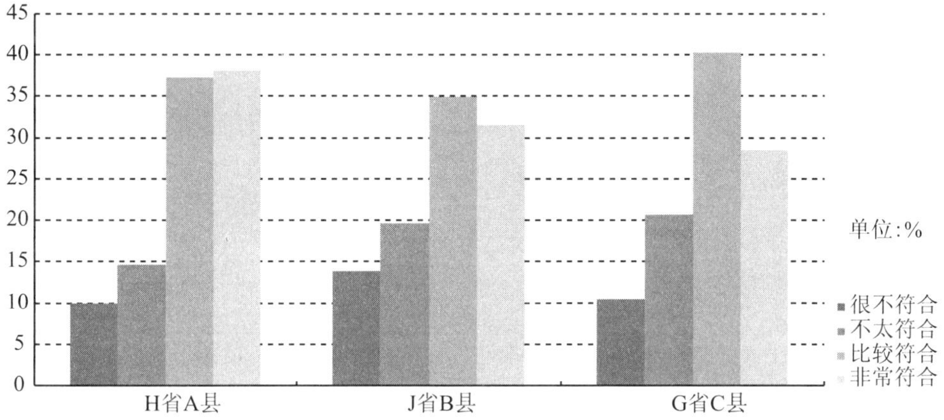

图 7.28　父母担心孩子上学路上不安全的程度分布

的学校修建了学生宿舍。寄宿学校的建立，意味着寄宿学生的绝大部分时间将在学校度过，学校实际上便成为了学生生活学习的最主要场所。如果学校的寄宿条件不能够满足学生学习和生活的需求，对学生来说则没有太大的帮助，并且可能会影响学生的学习和成长。调查发现，三县总体来看，有 66.1%的初中学生表示学校寄宿生活条件还不错，而 12.77%的初中学生表示学校寄宿生活条件非常差，父母舍不得他们受苦(见图 7.29)。

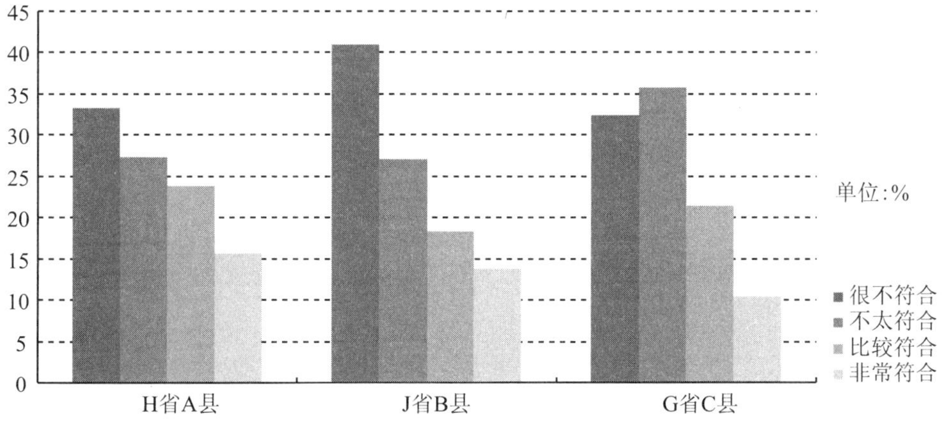

图 7.29　学生认为学校寄宿生活条件差的程度分布

校园安全是保证学生顺利学习和成长的最基本条件，三县总体来看，近25%的初中学生认为学校不安全，校外人员经常出入校园，折射出现今一些农村学校的管理及安全方面存在的隐患(见图7.30)。

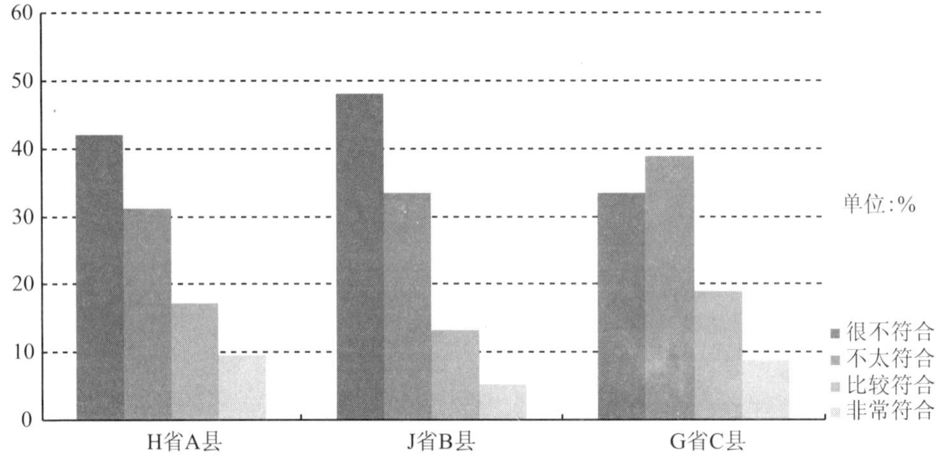

图7.30 学生认为学校不安全，校外人员经常出入校园的程度分布

2. 样本县义务教育阶段学校的教学条件及利用情况

对于义务教育阶段学校开展教学活动的必要教学条件，一般研究中会使用老三室(实验室、图书室、卫生室)和新三室(微机室、语音室、电教室)来作为代表。老三室经过多年的建设，许多学校已经基本具备，但应注意其功能发挥的情况，近些年来国家大力投入资金来改善农村学校的基本教学条件，尤其是应教育现代化的要求，国家对于新三室的建设尤其重视。

实验室建设是老三室建设中的重要一项，调查发现，从H省A县、J省B县、G省C县三县总体来看，实验室不能满足教学需要的学校所占比例三县均在50%以上。对比三县差异，H省A县、J省B县分别有75%和71.43%的学校表示实验室不能满足需要。G省C县表示实验室能够满足使用的学校所占比例为42.86%，实验室满足程度所占比例为三县最高(见图7.31)。

考察教学用实验室，不仅要关注设备数量，还应当关注教师与学生能否及时使用实验室。调查发现，J省B县、G省C县两县70%以上的学校表示实验室能够被及时利用，相比其他两县，H省A县则有66.67%的学校表示不能及时使用实验室，所占比例为三县最高(见图7.32)。

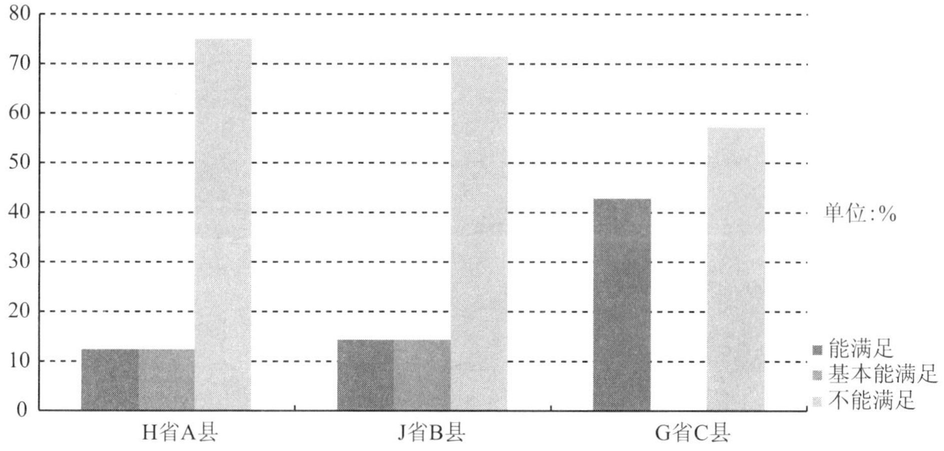

图 7.31 初中学校实验室满足使用情况的程度

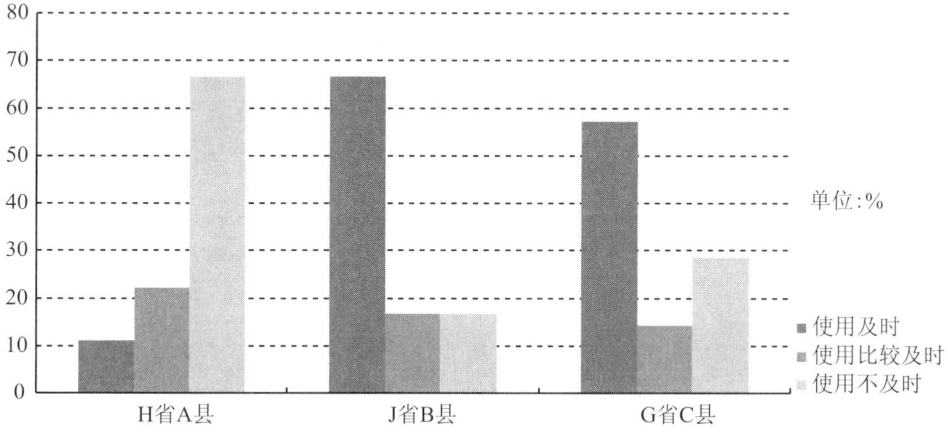

图 7.32 初中学校及时使用实验室的程度

信息技术被视为实现教育现代化的关键，有效的利用将对学生的学业发展、学习视野的开阔带来很大的帮助。建立微机室并且投入使用是新三室建设中的重要任务。目前，各地的计算机软硬件建设和使用情况不一，有些农村学校虽然配备了计算机，但是没能入网，只能进行一些简单的操作，而按照实际的教学要求来讲，有相当一部分学校的计算机数量不能满足教学需求。在一些农村地区，教师的教学工具大多以讲台、黑板、粉笔等为主，计算机教学没有成为农村教师主要教学手段的硬件条件。

调查 H 省 A 县、J 省 B 县、G 省 C 县学校计算机满足情况发现，三县计算机不能满足的学校所占比例分别为 77.78%、80%、100%，即三县绝大部分农村学校计算机的配备不能满足需要，其中G省C县调查的所有学校都表示计算机不能满足需要(见图7.33)。

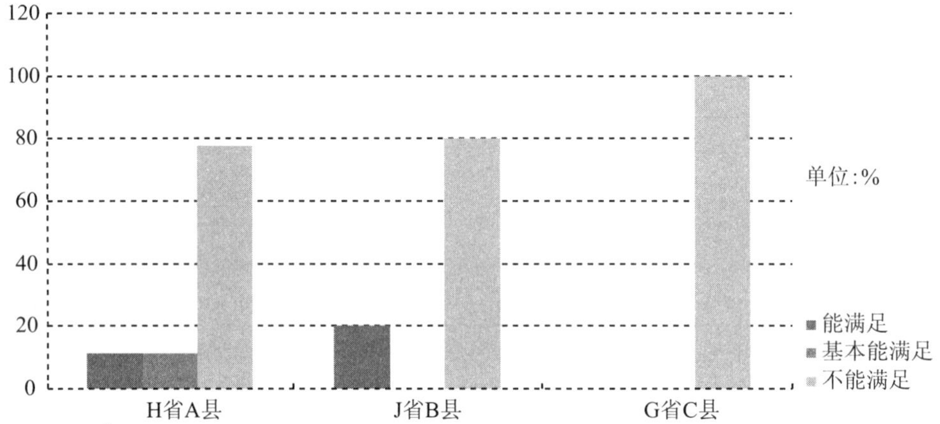

图7.33 初中学校计算机满足使用情况的程度

调查发现，H省A县、J省B县、G省C县三县能够及时使用到计算机的学校所占比例分别为30%、80%、40%，H省A县、G省C县则分别有50%和40%的学校表示还不能及时地使用到计算机(见图7.34)。

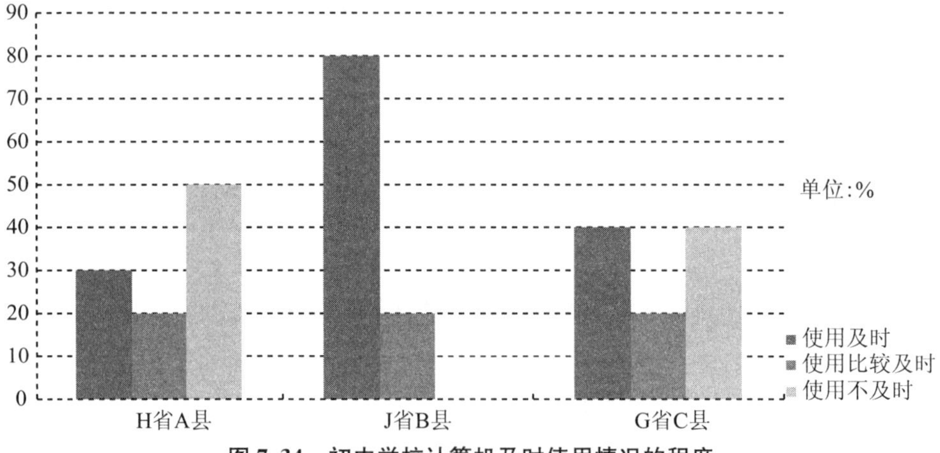

图7.34 初中学校计算机及时使用情况的程度

(三)教师

毫无疑问，教师在教育系统中扮演着十分重要的角色，是影响教育质量的核心因素。合格而充足的师资是保证教育目标顺利完成的重要保障。在保障教师数量足够的同时，教师的质量作为教育质量的判断标准也应受到足够的关注。

专栏 7.7　教师作为教育质量的判断标准

教师资格的等级水平通常被用来作为现行教育质量的判断标准。这里有两个指标：第一个是教育工作者(teaching staff)的教学成就的一般水平；第二个是能够依据国际标准有资格(经过培训)进行教学的教师的百分比。这两个指标衡量了教师资格的不同方面，用第一个来指出他们的一般学历；第二个则关注他们的教育学培训。

资料来源：EFA Global Monitoring Report 2003—2004. (2003). *Gender and Education for All: The Leap to Equality*. UNESCO.

1. 教师的数量编制状况

义务教育教师缺编特别是农村义务教育教师缺编是一个世界问题。2008 年全民教育全球监测报告《2015 年实现全民教育我们能做到吗?》(*Education for All by* 2015 *Will we make it*?)指出，到 2015 年，普及初等教育，世界各地还需要 1 800万教师。[①] 这种缺乏教师的现象在发展中国家和贫困地区更加严重，缺乏集中出现在农村地区。

农村学校教师一般根据国家规定的师生比配置，通过师生比可以了解教师配备状况。中央编办、教育部、财政部于 2001 年发布的《关于制定中小学教职工编制标准的意见》中对于我国义务教育教师编制的规定：义务教育阶段教职工与学生的比例，分城市、县镇和农村，初中分别为 1∶13.5、1∶16、1∶18；小学分别为 1∶19、1∶21、1∶23(见表 7.12)。

表 7.12　　中小学教职工编制标准[②]

学校类别		教职工与学生比
初中	城　市	1∶13.5
	县　镇	1∶16
	农　村	1∶18
小学	城　市	1∶19
	县　镇	1∶21
	农　村	1∶23

注：1.“城市”指省辖市以上大中城市市区；
　　2.“县镇”指县(市)政府所在地城区。

① The EFA Global Monitoring Report Team. 2007. *Education for All by* 2015 *Will we make it*? (pp. 8). UNESCO.

② 中央编办、教育部、财政部：《关于制定中小学教职工编制标准的意见》，2001 年 10 月 8 日。

由于城镇化和优质教育资源的分布不均，H省A县、J省B县、G省C县县城学生数量增加，乡镇学生数量也有所增加，而村屯学生数量减少。在一些农村地区，县城义务教育学校的师生比大部分都低于乡镇和村屯，而乡镇小学的师生比大部分都低于村屯。当然，在乡镇和村屯分配教师方面，一般分配村屯学校教师的权力在乡镇中心小学，村屯学校规模小、班级规模小的客观现实下需要更多教师，而实际上无法得到更多教师。从实际教学需要看，农村义务教育教师处于缺乏状态。调查发现，H省A县、J省B县两县的中小学校师生比均高于G省C县，其中G省C县初中师生比仅为1∶5.58，而H省A县、J省B县两县的初中师生比几乎是G省C县初中师生比的2倍(见表7.13、表7.14)。

表7.13　　小学师生比

	教职工数(人)	在校生数(人)	师生比
H省A县(61所小学)	1 024	13 247	1∶7.73
J省B县(30所小学)	1 520	14 174	1∶10.72
G省C县(52所小学)	959	14 197	1∶6.75

表7.14　　初中师生比

	教职工数(人)	在校生数(人)	师生比
H省A县(23所中学)	1 152	11 358	1∶10.14
J省B县(17所中学)	1 029	8 948	1∶11.50
G省C县(9所中学)	531	9 520	1∶5.58

专栏7.8　义务教育教师超缺编

东北师范大学农村教育研究所2008年分东中西部农村对Z省A县、H省B县、E省C县、N省D县、Y省E县、G省F县六县的调研显示，在现有标准下，从总体上看，农村义务教育阶段小学教师缺编的学校远大于超编的学校(见图7.35)。

Z省A县、H省B县、E省C县、N省D县、Y省E县、G省F县六县初中教师缺编的学校数量所占比例分别占21.43%、46.15%、42.86%、50.00%、16.67%、60.00%。从整体上看，六县初中教师缺编的学校所占比例也远远大于教师超编的学校所占比例。Z省A县是一个例外，Z省A县教师超编的学校所占比例远远大于教师缺编的学校所占比例。这与Z省A县经济发达，教育投入充足有一定关系(见图7.36)。

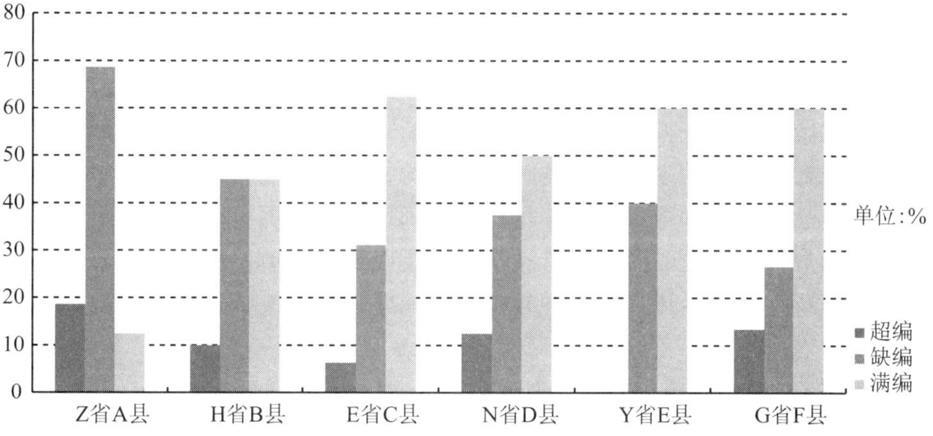

图 7.35　小学教职工编制分区域的总体状况

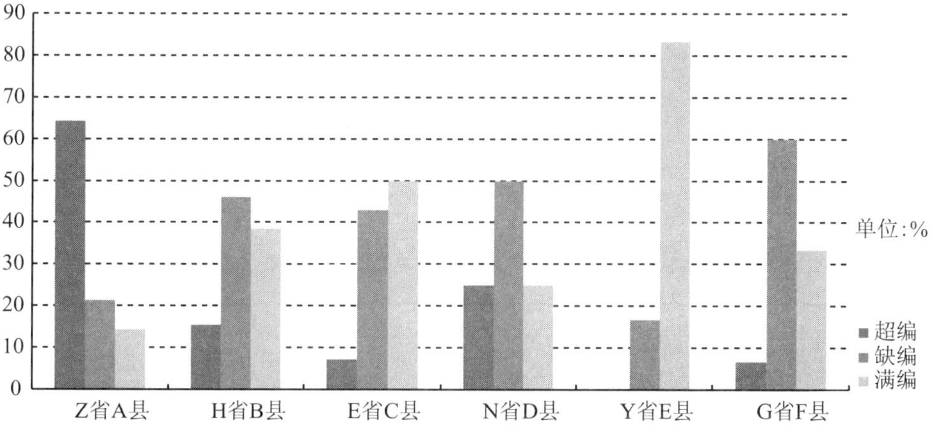

图 7.36　初中教职工编制分区域的总体状况

资料来源：秦玉友：《农村义务教育教师政策研究》，教育部人文社会科学重点研究基地重大项目最终成果(2011)，打印版。

事实上，师生比是一个平均数，它会掩盖地区间、学校之间的差异。作为发展中国家的中国，有着 56 个不同的民族及其特有的文化，广袤的国土南北、东西差异十分大。在那些社会经济地位低下的地区，交通落后，地形复杂的山区，可能需要比普通班级规模更小的班级，需要更多的教师。而往往是这些地区面临着缺乏教师的问题。以农村教学点为例，如果教学点有三个年级，每个年级一个班，每个班有 3 个学生，如果按照现有标准派 1 个教师都是超编的，但是从教学实际需要看，并不是 1 个教师所能满足的，至少也要 6 个以上的教师。于是，在教学点通常不是学科不能开齐就是一个教师带好几个年级，教好几门学科，跨年级教课现象严重，工作量繁重，影响学生学习，也影响教师的教学质量和专业发展。

面对我国农村义务教育阶段学龄人口不断减少，教学点分散，班额不断缩小等现实情况，如果沿用现今统一的师生比来配置教师可能会导致有些学校教师富余而另一些学校则教师数量严重不足。采用师班比可以更直接地反映出实际教学任务对教师数量的需要。因为通常教学大多是以班级为单位展开的，农村班级规模小，按照统一的师生比就会出现教师缺乏问题，如果按师班比分配教师，就可以适当缓解农村小规模班级的教师缺乏问题。

从调查看，2011年，H省A县、J省B县、G省C县三县小学师班比均高于2009年全国水平，H省A县、J省B县两县初中学校师班比高于2009年全国水平，而G省C县2011年初中学校师班比低于2009年全国初中学校师班比水平（见表7.15）。

表7.15 义务教育师班比

	小学	初中
全国(2009年)	2.09	3.47
H省A县(2011年)	2.18	4.55
J省B县(2011年)	2.38	4.72
G省C县(2011年)	2.16	3.18

注：2009年全国师班比由教育部网站提供的基础数据进行计算得来，结果经过四舍五入。

2. 教师资格状况及职后培训

教师资格是教师入职的基本条件，是保障中小学校引进合格师资的质量门槛，是提高教育质量的过程中必须关注的一个重要内容。教师的正式资格可以适当地反映出教师是否具备了很好利用学习资料及其学科知识的能力。其中，专任教师一定程度上就是拥有良好专业背景的教师，专任教师的学科知识至关重要。2005年全民教育全球监测报告《教育质量迫在眉睫》指出，在许多资源匮乏的教育系统，教师素质依然很低。公办小学所要求的任教资格变化无常，而且往往达不到标准。教师普遍缺乏掌握课程的能力。①

① The EFA Global Monitoring Report Team. (2004). *EFA Global Monitoring Report* 2005: *The Quantity Imperative*(pp. 21). UNESCO.

在计划经济时代，教师人才市场是非开放性的，加之师范院校毕业生缺乏，一般师范院校毕业生只要思想政治合格，专业合格，很容易到中小学去当教师。随着教育的发展，教师职业要求不断规范化。1993年《中华人民共和国教师法》第十一条对取得教师资格应当具备的相应学历做出具体规定。对取得义务教育教师资格的规定是：取得小学教师资格，应当具备中等师范学校毕业及其以上学历；取得初级中学教师、初级职业学校文化、专业课教师资格，应当具备高等师范专科学校或者其他大学专科毕业及其以上学历。1994年7月3日，《国务院关于〈中国教育改革和发展纲要〉的实施意见》提出，要有计划地对中小学的校长、教师进行培训。到本世纪末，使95%以上的小学教师和80%以上的初中教师达到国家规定的合格学历标准。①

对H省A县、J省B县、G省C县三县的小学教师最高学历的调查显示，三县总体来看，有85.91%的小学教师最高学历在大专及以上。从三县差异看，G省C县仅有9.88%的小学教师最高学历为本科，比其他两县低30个百分点以上，H省A县和G省C县各有近19%左右的小学教师最高学历为中专(见图7.37)。

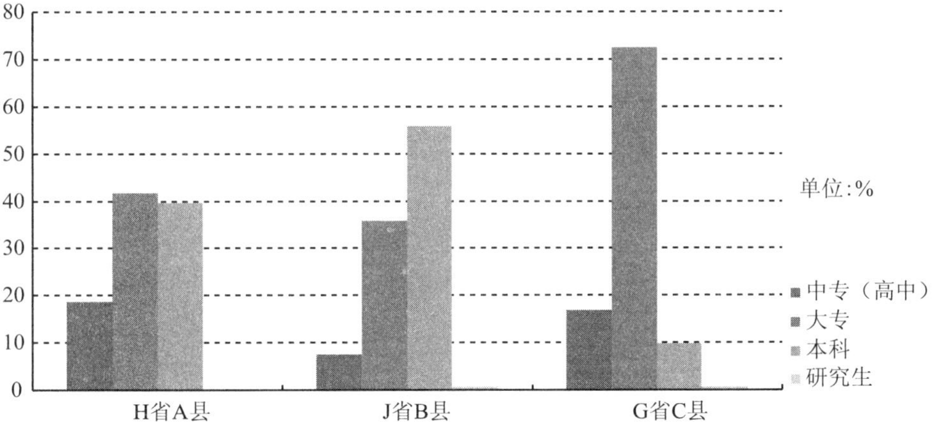

图7.37　样本县小学教师最高学历分布情况

对H省A县、J省B县、G省C县三县的初中教师最高学历的调查显示，三县共有98.58%的初中教师最高学历在大专学历及以上。三县总体来看，中小学教师最高学历为研究生的教师所占比例均不到1%(见图7.38)。

---

① 何东昌:《中华人民共和国重要教育文献(1991—1997)》，海口海南出版社1998年版，第3666页。

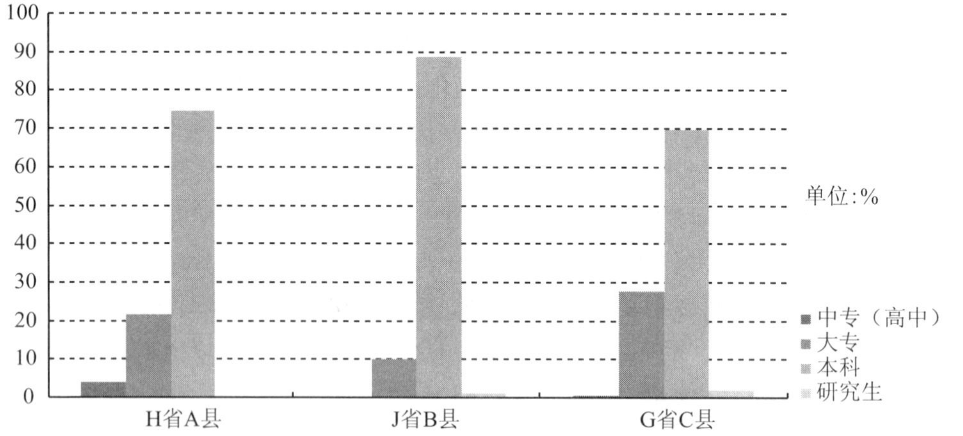

图 7.38 样本县初中教师最高学历分布情况

通过培训，不仅提高了教师学历，其他方面的素质也有了一些变化。东北师范大学农村教育研究所2008年分东中西部农村对Z省A县、H省B县、E省C县、N省D县、Y省E县、G省F县六省六县的调研结果显示，从整体看，有81.51%的农村小学教师认为通过职后培训提高了教学技能，有73.21%的农村小学教师认为拓展了专业理论知识。① 分析农村初中教师参加职后培训的效果可以看出职后培训基本达到了提高教学技能、拓展专业理论知识、提升学历水平的目标。

为实现教师素质的全面提高，教师培训可以分类推进：对于教学能力较低的教师来说，使他们能够更加胜任教学工作；对合格教师来说，按照较高质量标准对教师展开培训；对于优秀教师来说，要制定个性化培训活动使他们成为教学实践专家。

3. 教师教龄及职称结构

教师的教龄情况在一定程度上能比较宏观地反映教师队伍的年龄构成及稳定状况，理论上教师队伍的老、中、青教师比例适当是比较合理的。对H省A县、J省B县、G省C县的小学教师教龄构成情况的调查显示，15～20年(含20年)、20～25年(含25年)、25～30年(含30年)教龄的教师所占的比例基本持平。教龄在30～35年(含35年)之间的教师所占比例为11.81%，教龄在35～40年(含40年)之间的教师所占比例为2.64%，教龄在40年以上的小学教师比例极小(见图7.39)。

① 秦玉友：《农村义务教育质量研究——基于质量标准与底线标准》，吉林人民出版社2011年版，第116页。

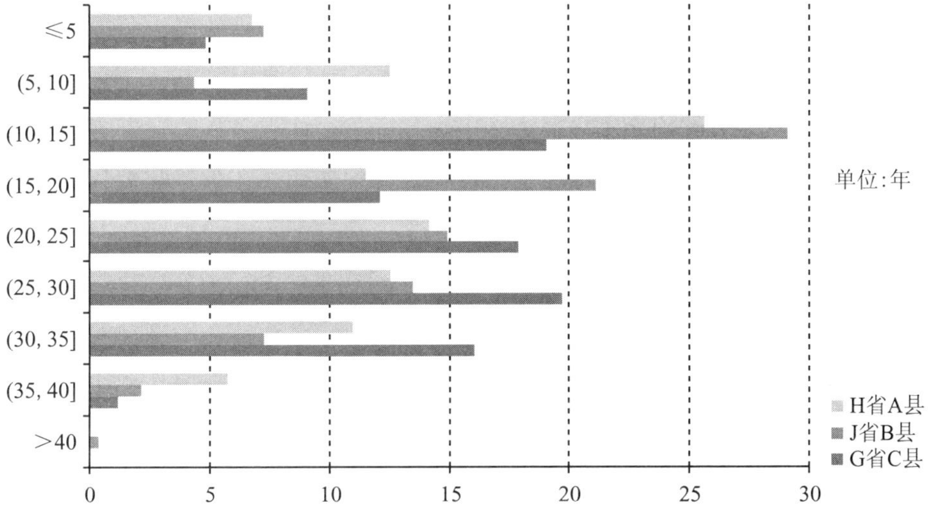

图 7.39 样本县小学教师教龄分布情况

对H省A县、J省B县、G省C县的初中教师教龄构成情况的调查显示，70%的初中教师教龄在10～30年(含30年)，7.67%的初中教师教龄在5年以内(含5年)，教龄在35～40年(含40年)的初中教师比例为2.42%，教龄在40年以上的初中教师比例极小，各县之间差异较明显。对比中小学教师教龄结构发现，中小学教师中教龄在10～15年(含15年)的教师所占比例均为最高(见图7.40)。

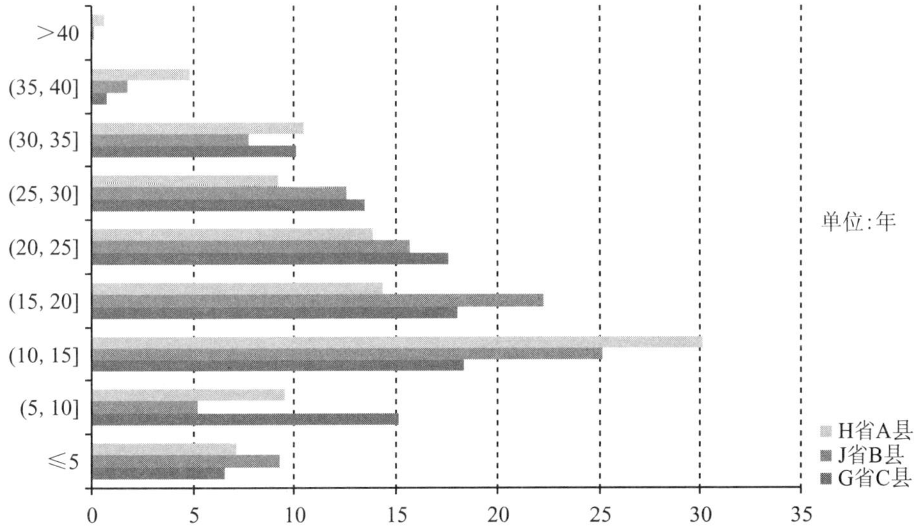

图 7.40 样本县初中教师教龄分布情况

义务教育阶段教师职称分两类，第一类是小学教师职称，从高到低分别是小教高级、小教一级、小教二级、小教三级；第二类是中学教师职称，从高到低分别是中教高级、中教一级、中教二级、中教三级。在教育实践中，往往存在工作一段时间后，小学教师到初中任教或初中教师到小学任教的情况，在九年一贯制的学校，这种情况更加普遍，因此初中学校教师中往往存在小教职称教师，小学教师中也往往存在中教职称教师。

职称结构是各级职称教师人数占教师总人数的比例。职称结构有着多重含义，它在一定程度上可以代表教师整体素质的差异、教师职称评定政策倾向、高职称教师的流向、教师的配置情况和教师的年龄分布。在县城、乡镇、村落学校封闭，教师不流动的情况下，处在县城、乡镇、村落的职称结构首先代表着教师职称评定政策倾向，如果县城、乡镇、村落的职称评定完全按照同一标准，县城、乡镇、村落的职称结构则代表着教师整体素质的差异。①

分析H省A县、J省B县、G省C县三县小学教师职称结构发现，有60.34%的小学教师职称为“小教高级”，34.16%的小学教师职称为“小教一级”。三县总计有4.19%的小学教师拥有中教职称，其中H省A县有10.06%的小学教师拥有中教职称(见图7.41)。

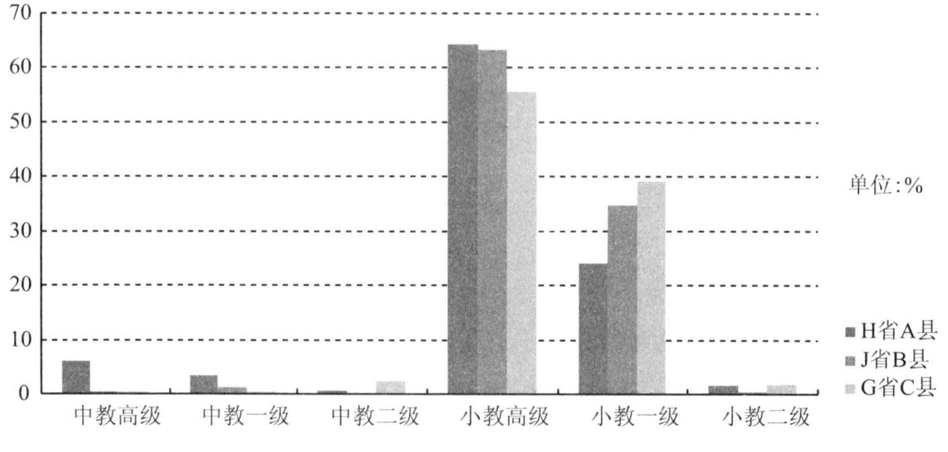

图7.41 样本县小学教师职称分布情况

分析三县初中教师的职称结构发现，24.24%的初中教师职称为“中教一级”，14.90%的初中教师职称为“中教二级”，不同于小学，三县初中有52.64%的初

① 秦玉友：《农村义务教育质量研究——基于质量标准与底线标准》，吉林人民出版社2011年版，第91、92页。

中教师职称为小教职称，其中 34.23%的初中教师职称为“小教高级”，17.76%的初中教师职称为“小教一级”(见图 7.42)。

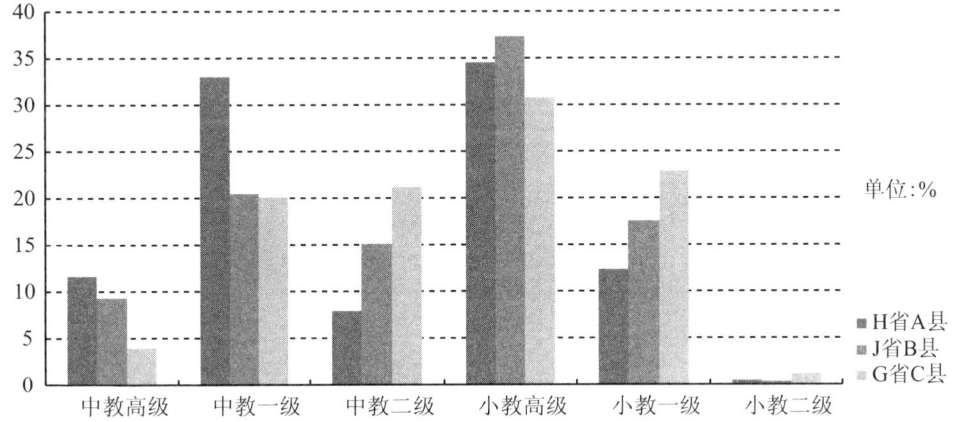

图 7.42 样本县初中教师职称分布情况

(四)时间投入

将时间作为教育投入来考虑主要有这样两种情况：第一，基于农村地区的现实情况考虑。人口密度小，家校跨度大，交通状况差，以及气候条件恶劣给许多居住在这样环境中的农村学生带来不少障碍，尤其是对于低年级学生来说，家校距离过远会增加学生自身上学的时间投入，同时也会给家庭带来一定的负担，而对于一部分学生来讲，时间投入就意味着就学机会。第二，从提高义务教育质量的角度出发，对于大部分学生来讲，在学业上所投入的时间和精力某种程度上就在影响着个体在学业上的表现。深入了解这些问题，可以为教育部门和学校选择恰当的教育发展策略和具体的学校教育策略提供数据支持，为考察教育部门和学校的努力程度提供起始数据。

对 H 省 A 县、J 省 B 县、G 省 C 县三县初中在校学生住宿情况的调查显示，三县住宿的学生所占比例分别为 31.24%、12.82%、41.23%，G 省 C 县比例最高，这与该县地处西南山区，交通不便存在重要关系。整体来看，初中住宿学生所占比例接近 1/3，大部分学生并未住宿(见图 7.43)。

对于不住宿的学生来说，上学的单程所用时间是考查学生上学时间投入的重要方面。东北师范大学农村教育研究所 2008 年分东中西部农村对 Z 省 A 县、H 省 B 县、E 省 C 县、N 省 D 县、Y 省 E 县、G 省 F 县六省六县的调研发现，六县总体来看，82.63%的小学生上学或回家的单程时间在 30 分钟以内，近 12.6%

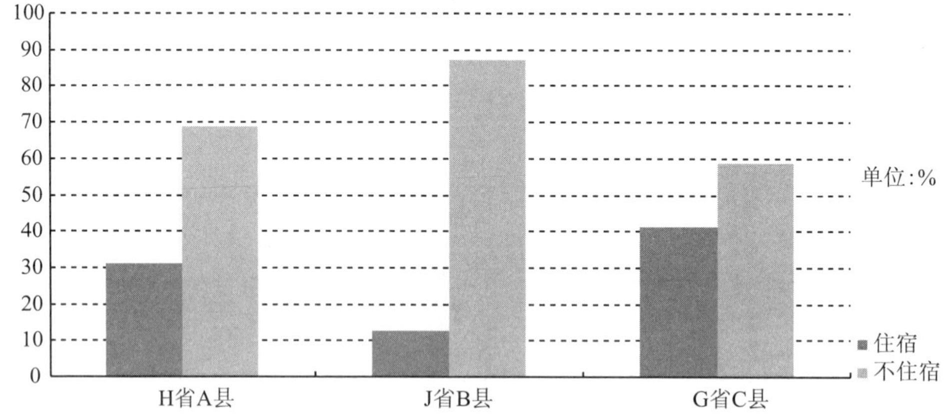

图 7.43 初中学生住宿情况

的小学生上学或回家的单程时间在 45 分钟以上。[①] 事实上，距离学校多远算合适并没有一个普遍基准。有研究指出，2 公里或步行 30 分钟的路程应视为上限。[②] 照此标准，H 省 A 县、J 省 B 县、G 省 C 县三县有 6.4%的中学生家校距离过远，Z 省 A 县、H 省 B 县、E 省 C 县、N 省 D 县、Y 省 E 县、G 省 F 县六县有 17.36%的小学生家校距离过远。

调查初中学生上学的单程时间发现，H 省 A 县、J 省 B 县、G 省 C 县三县近 80%的初中学生上学的单程时间在 20 分钟以内(含 20 分钟)，其中 48.59%的初中学生上学单程时间在 10 分钟之内(含 10 分钟)。上学单程时间在 25～30 分钟(含 30 分钟)的初中学生所占比例为 11.42%，6.4%的初中学生上学单程时间在 30 分钟以上。从三县差异来看，地区间的差异很大，G 省 C 县上学单程时间在 15 分钟(含 15 分钟)以下的学生所占比例较其他两县低近 22 个百分点，上学单程时间在 25 分钟以上的初中学生所占比例为 28.64%，较其他两县高近 17 个百分点，此外 G 省 C 县还有近 7%的学生上学单程时间超过了 50 分钟(见图 7.44)。

家校距离及家校所在地区地形决定了学生上学是否要借助交通工具及借助什么样的交通工具。从 H 省 A 县、J 省 B 县、G 省 C 县整体来看，交通方式类别比例占前三位的分别是步行，公交车以及自行车，三县所占比例分别为 79.93%、11%、5.98%。三县之间的差异显著：G 省 C 县步行的中学生比例高

---

① 秦玉友：《农村义务教育质量研究——基于质量标准与底线标准》，吉林人民出版社 2011 年版，第 78 页。

② S. Theunynck. (2009). *School Construction Strategies for Universal Primary Education in Africa: Should Communities Be Empowered To Build Their Schools?* (pp. 7). Washington, DC: The World Bank.

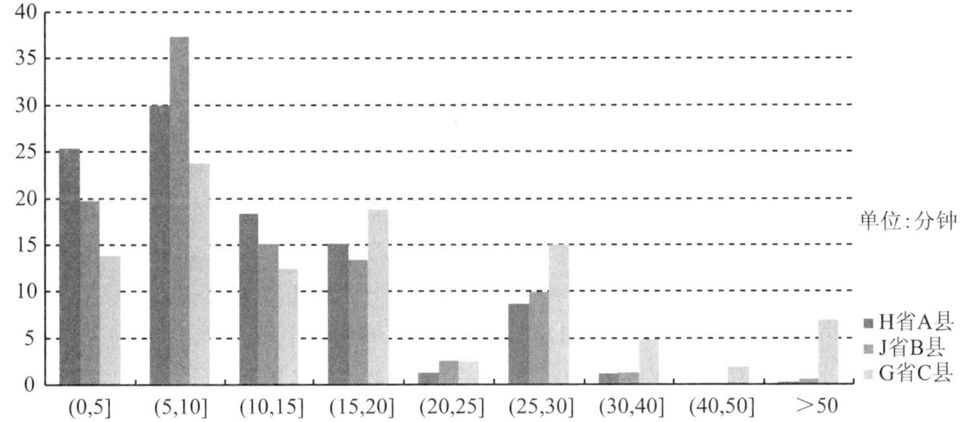

图 7.44　样本县初中学生上学路上所用时间

达 94%，远远高于其他两县所占比例，其余两县乘坐公交车上学的学生所占比例是 G 省 C 县的二倍。G 省 C 县学生用摩托车、自行车上学的学生比例不及 0.3%，且没有校车。从上表我们看到 G 省 C 县有近 13.6%的初中学生上学单程时间在 30 分钟以上，而近 94%的学生上学是以步行的方式，很少借助交通工具(见图 7.45)。

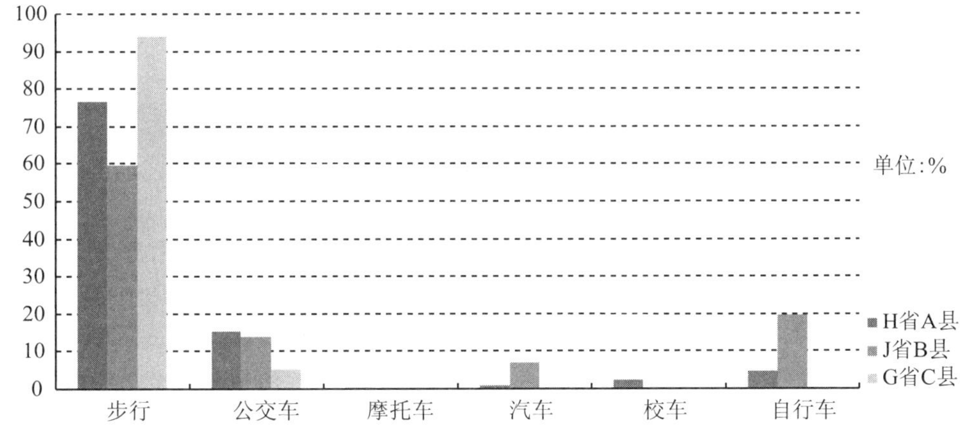

图 7.45　样本县初中学生上学交通方式

讨论义务教育质量问题，在时间投入部分还应当考虑到学生在学业上面所花费的时间与精力。国际教育成就评价协会(IEA studies)的研究进行了四十多年，目前已经涵盖 50 个国家，从调查结果中得出了这样的结论：不论是上课还是做家庭作业，实际花在特定科目上的学习时间对数学、理科和作为外语的法语成绩具有特别明显的影响。① 因此，我们对于样本县中小学生每天课后作业的时间进行了调查。

对H省A县、J省B县、G省C县三县的小学生课后作业时间进行调查发现，三县总体来看，11.49%的小学生每天课后作业时间小于半个小时，67.38%的小学生课后作业时间在0.5～1小时(含1小时)，3.22%的小学生每天课后作业时间在1～1.5小时，13.77%的小学生课后作业时间在1.5～2小时(含2小时)。约80%的小学生课后作业时间在1个小时以内。从三县差异看，H省A县、J省B县、G省C县三县小学生每天课后作业时间在1小时内的学生所占比例分别为70.19%、89.08%、82.6%。其中G省C县小学生每天课后作业时间在半小时以下的学生所占比例为三县最高，H省A县小学生每天课后作业时间在1.5～2小时的学生比例远高于其他两县(见图7.46)。

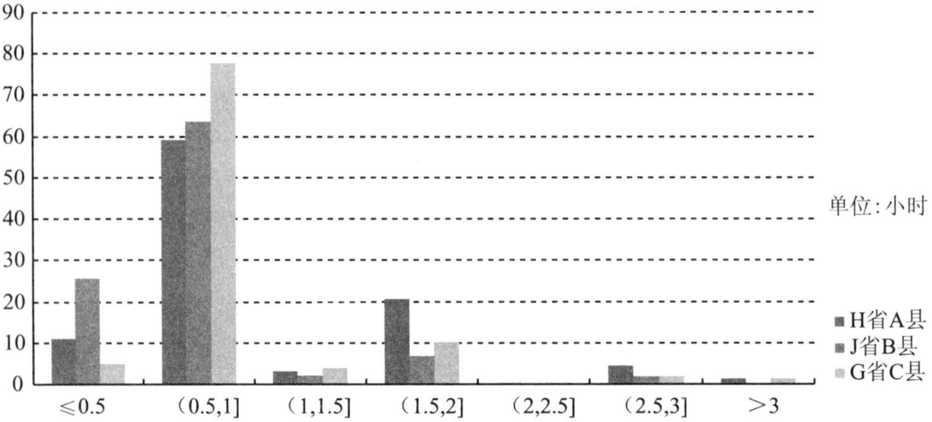

图7.46 样本县小学生每天课后作业时间

比起小学生，初中学生的课业任务明显增加，这可以从课后作业时间看出来。从H省A县、J省B县、G省C县三县总体来看，83.27%的初中学生课后作业时间在3小时以内，其中近60%的初中学生课后作业时间在1～3小时(含3小时)。相比于80%的小学生课后作业时间在1小时内，初中只有24.5%的学生表示课后作业时间在1小时内(见图7.47)。

① The EFA Global Monitoring Report Team. (2004). *EFA Global Monitoring Report* 2005: *The Quantity Imperative* (pp. 48). UNESCO.

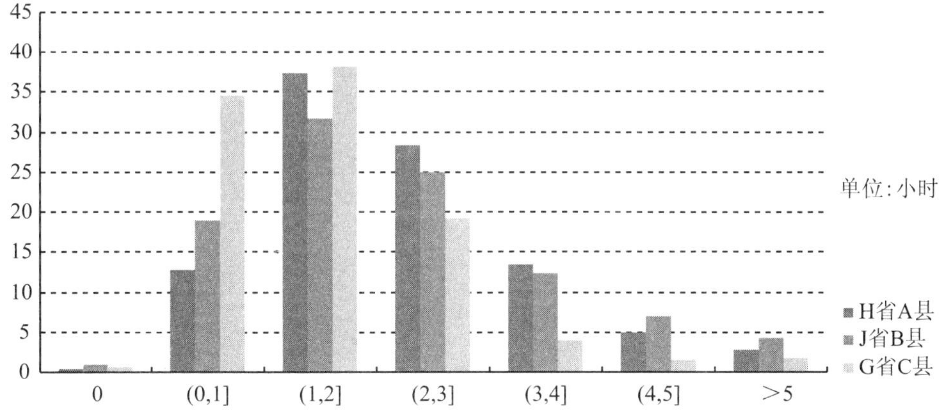

图 7.47 样本县中学生每天课后作业时间

(五)学习者的学习状态

在学习者层面，需要关注的地方有很多，而影响学生学业表现的众多因素中必须要关注学生的学习状态。调查中小学生在一天的学习活动结束后的感受可以从侧面反映出学生的学习状态。调查发现，H 省 A 县、J 省 B 县、G 省 C 县三县共计有 8.61%的小学生表示在一天的学习活动结束后感到累，49.22%的学生则表示一天的学习活动结束后感到轻松。总体来看，小学生的学习压力较小，且三县之间差异较小(见图 7.48)。

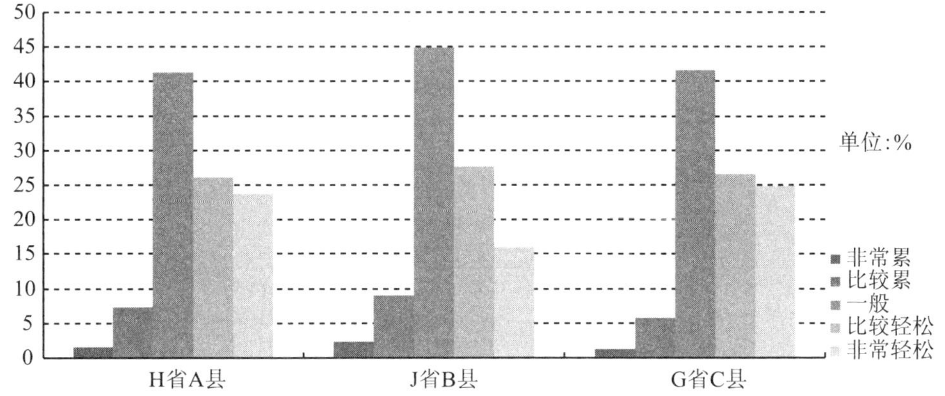

图 7.48 样本县小学生结束一天的学习活动后的劳累程度

初中阶段，三县合计有 58.86%的初中学生表示一天的学习活动结束后感觉有点疲劳，有 12.89%的学生则表示一天的学习活动结束后感到非常疲劳，另有 28.25%的初中学生表示一天的学习活动结束后没有感到疲劳(见图 7.49)。

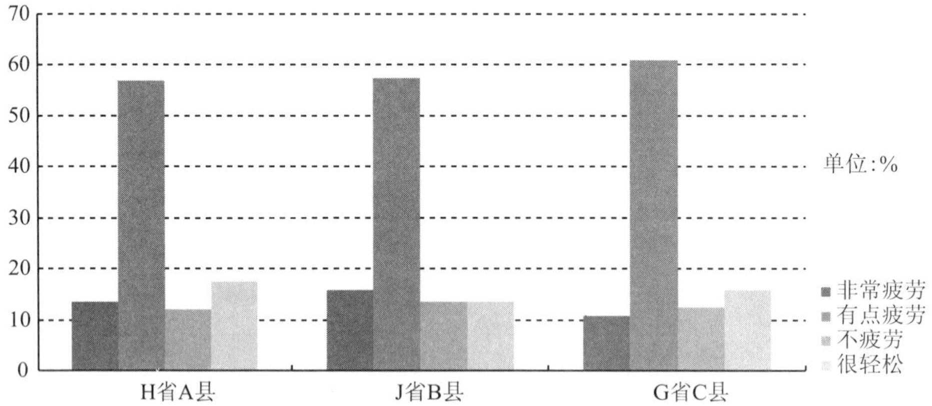

图 7.49 样本县初中学生结束一天学习活动后的劳累程度

课外活动时间能够在一定程度上反映出学生的学习状态和学习压力。调研发现，H省A县、J省B县、G省C县三县小学生的课外体育活动时间集中在0.5～1小时(含1小时)的学生占一半，其中G省C县占72.55%，为三县最高。另有23.86%的学生课外体育活动时间在1.5～2小时(含2小时)，其他两县高G省C县近9个百分点(见图7.50)。

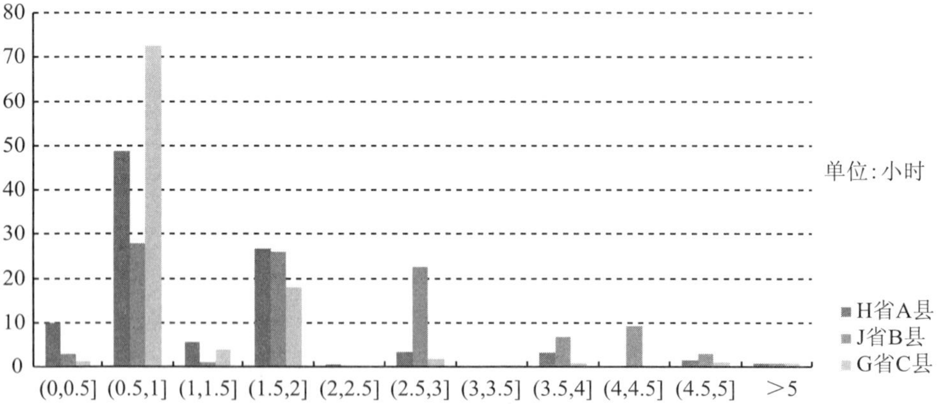

图 7.50 样本县小学生每天课外体育活动时间

调查三县初中学生课外体育活动时间发现，从H省A县、J省B县、G省C县三县整体来看，55.43%的初中学生课外体育活动时间集中在0.5～1小时(含1小时)，23.86%的初中学生课外体育活动时间集中在1.5～2小时(含2小时)(见图7.51)。

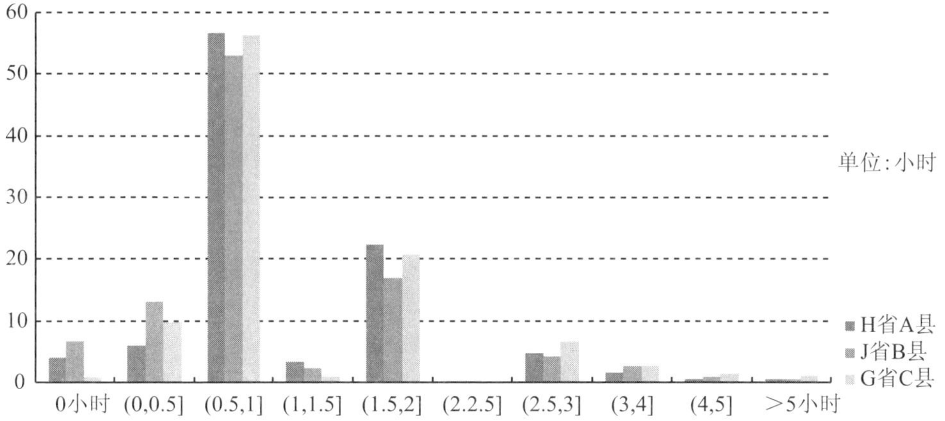

图 7.51　样本县初中学生每天课外体育活动时间

三、教育过程

人们通常会认为对于教育的投入决定了随后的产出，尽管这样的看法可能过于乐观地估计了教育的投入与产出之间的关系，但如果能够控制生产过程的各要素使其如期运作，就能够得到教育收益的最大化。因此，对于教育过程的干预和治理非常重要。

教与学的过程是教育环节中相对独立的部分，但同时它又将影响教育质量的各要素自然地联系在了一起，所有的教育投入与背景因素也都是在教与学的过程中产生效用以及体现其影响的。教与学的过程就是教育质量“生产”的过程，保障农村义务教育质量的发展必须高度关注这一过程。

研究农村义务教育发生的过程，可以了解和监控教育结果如何产生，多角度观察各种要素发挥作用的条件及其表现，通过深入检视和分析教与学的过程，对于影响教育质量各要素间的相互关系及其作用方式将有更加深入描述和解释，可以确定哪些因素更容易受到控制和改变，为决策者提供一定的参考。怎样让教师保持较高的积极性，有效的评价教师与教学，为教师专业发展提供帮助，开发难度适宜的课程，进行适当的投资以及教育资源的合理有效利用等都是这一过程中要深入思考和解决的问题。

教学过程和学生与教师对课程的感知，是影响教育过程质量的两个重要领域。教师的教学能力及教学准备、学生学习动机的强弱以及教学氛围、班级规模等都会影响教学质量。教师的课程政策与准备也影响着教育过程。

(一)班级规模

班级规模是影响教学过程展开的重要因素，决定着教学展开的形式和每个学生被关注的机会。在许多低收入国家，不少小学的班级过大（比如一位老师教60名学生），这种情况不利于有效的学习。在师生比最高的国家，仅有三分之一的小学生持续就读到五年级。① 班级规模研究的一个客观结果是会促进人们对师班比（以往关注师生比，一般从师生比看一个地方的师资是不是充分）的关注。从师班比可以看出教学活动展开时教师是否充足，教师活动是不是可以充分展开。研究显示过小的师生比对于教育成果、就业概率和教育成效具有很大的负面影响。例如，降低5名学生的师生比例就能将教育回报率提高1%。② 2005年全民教育全球监测报告《教育质量迫在眉睫》显示，所有初等教育评估数据都表明学习成绩在很大程度上与师生比成反比。③

由于班级规模的重要性，班级规模减缩成为许多发达国家教育政策议题和公众支持的流行观点，许多班级规模减缩项目从不同取向寻找班级规模减缩的证据和反思班级规模减缩。如美国田纳西州STAR项目、威斯康星SAGE项目、加利福尼亚州CSR项目、英国CSPAR项目。STAR项目的结果有力地证明，在高收入国家，班级规模影响到学生的成绩。该项目还表明，在学校教育初期阶段，缩小班级规模似乎具有长远的影响，在考试分数和接受高等教育机会方面这对减少社会不平等现象作用更大。④ 换句话说，在学校教育初期阶段，小班级规模下的教学更能够关注每个学生的表现和发展，对于促进学生的良好学业表现有着积极影响，从而有利于学生今后的发展。

缩减班级规模的相关研究同时还对班级规模减小后对于学生成绩影响的持续性进行了研究，结果显示小班级的学生，在幼儿园，班级成绩大约相差5个百分点。一年级的成绩差异扩大到8.6个百分点，在二三年级，成绩差异介于5～6个百分点之间。因此，第一年后观察到的影响，连同此后历年的影响仍很积极，但是有所减弱。最后，对于享受免费午餐的学生、黑人学生以及市区内居住的学生，这种影响有扩大的趋势，这表明属于弱势社会背景的学生从缩小班级规模中受益最大。⑤

师生比、班级规模一方面能够反映出教师的数量及分布状况；另一方面是很好

---

① The EFA Global Monitoring Report Team. (2004). *EFA Global Monitoring Report* 2005: *The Quantity Imperative* (pp. 21). UNESCO.

② The EFA Global Monitoring Report Team. (2004). *EFA Global Monitoring Report* 2005: *The Quantity Imperative* (pp. 74—75). UNESCO.

③ The EFA Global Monitoring Report Team. (2004). EFA Global Monitoring Report 2005: The Quantity Imperative(pp. 240). UNESCO.

④ The EFA Global Monitoring Report Team. (2004). *EFA Global Monitoring Report* 2005: *The Quantity Imperative* (pp. 72). UNESCO.

⑤ The EFA Global Monitoring Report Team. (2004). *EFA Global Monitoring Report* 2005: *The Quantity Imperative* (pp. 72). UNESCO.

的教育效果的衡量尺度。当然，在一个多变的大环境里，有的调研结果说明师生比与较高的学习成绩有关联，但是其他许多调研却没有显示出这样的结果。通过国际测验(PIRLS：国际阅读能力进展研究)调查师生比与学习成绩的关系发现，这两种变量之间存在着指数方程关系。在测验分数水平低的情况下，减少每位老师所教的学生人数可以对提高学习成绩起到积极影响，但是对较高成绩水平来说，增加教师人数所产生的影响却很有限。①

根据2008年全国农村地区学校班级规模方面的数据统计，25人及以下、26～35人、36～45人、46～55人、56～65人、66人及以上所占比例分别为31.74%、20.69%、20.17%、15.10%、7.52%、4.79%。如果把56人及以上算作大规模班级，那么我国县域大规模班级所占比例为12.31%。如果把26～35人及以下算成适当规模班级，适当规模班级占20.69%。如果把25人及以下算作小规模班级，小规模班级所占比例为31.74%。②

(二)教学方法

对提高教育质量来说教师的教学方法是非常重要的。通过课程改革的实施，教师应当总结经验，不断地改善和调整教学方法。调查发现，H省A县、J省B县、G省C县三县总计近67%的小学教师会不断地调整课改实施中的一些方法，而有7.14%的小学教师表示自己并没有调整课改实施中的方法。由此可见，大多数的小学教师能不断地调整课改实施中的一些方法(见图7.52)。

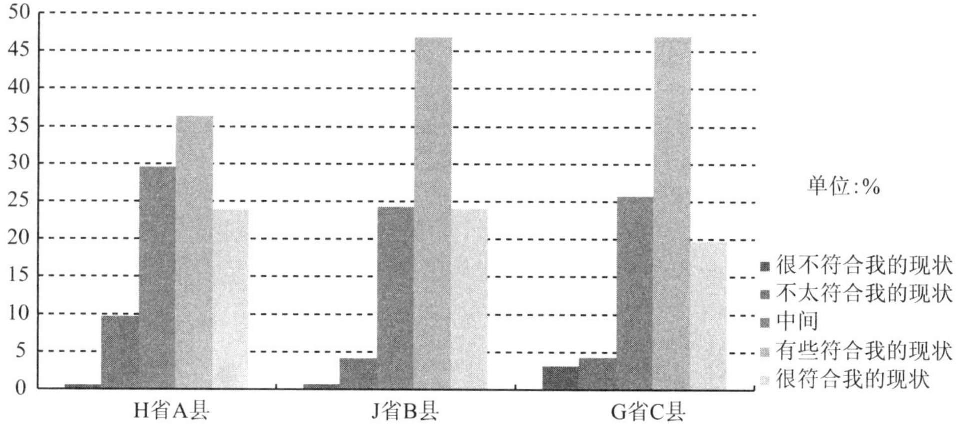

图7.52　小学教师在教学过程中调整教学方法情况的程度分布

---

① The EFA Global Monitoring Report Team. (2004). *EFA Global Monitoring Report* 2005: *The Quantity Imperative*(pp. 240). UNESCO.

② 秦玉友：《农村义务教育质量研究——基于质量标准与底线标准》，吉林人民出版社2011年版，第186页。

调查发现，H省A县、J省B县、G省C县三县表示会不断地调整教学方法的教师所占比例分别为63.59%、62.84%、66.46%。三县共计有8.26%的教师表示自己没有根据课改调整教学方法，其中H省A县这一比例为10.77%，所占比例为三县最高(见图7.53)。

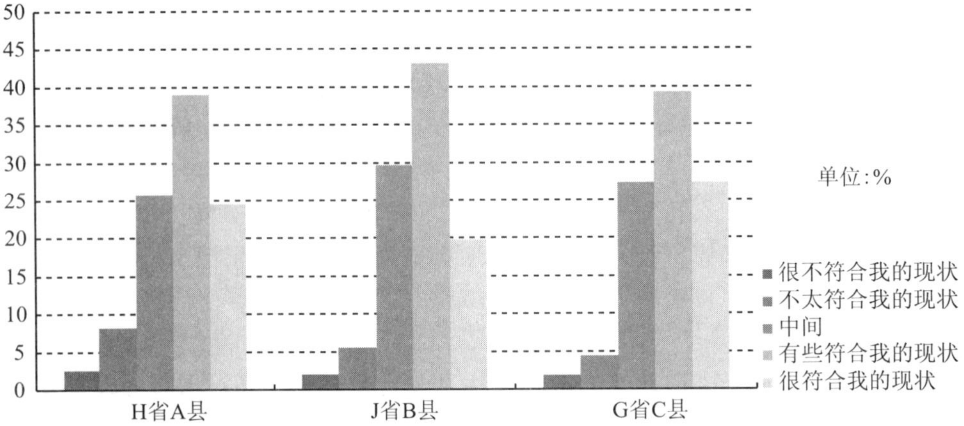

图7.53 初中教师在教学过程中调整教学方法情况的程度分布

(三)学生的受关注状况

教师的期望即学生受到教师关注的程度对于学生的学习积极性有着很大的影响。需要指出的是，当谈论到教师对于学生的期望时，应当警惕偏向于对学生先入为主地作出定论或者“贴标签”。因为如果教师对某些学生形成消极的看法，就有可能减少对他们的关注，而且也不会让他们接触比较“难学”的东西，这样会对一些学生产生负面的影响。2005年全民教育全球监测报告《教育质量迫在眉睫》指出教师对学生的期望值高有助于明显提高学生的成绩。[①] 调查显示，H省A县、J省B县、G省C县三县合计有78.17%的学生表示在课堂上能够得到教师的关注，而21.83%的初中学生表示在课堂上不太受到教师的关注，其中5.31%的学生明确表示课堂上得不到教师关注(见图7.54)。

另外，调查发现，28.01%的辍学生表示在课堂上不太受到教师的关注，其中9.57%的辍学生明确表示课堂上得不到教师关注。H省A县有31.48%的辍学生表示在课堂上不太受到教师的关注，合计高于其他两县。由此可知，辍学生在课堂学习中得不到教师关注的比例较一般同学更高一些(见图7.55)。

① The EFA Global Monitoring Report Team. (2004). *EFA Global Monitoring Report* 2005: *The Quantity Imperative* (pp. 68). UNESCO.

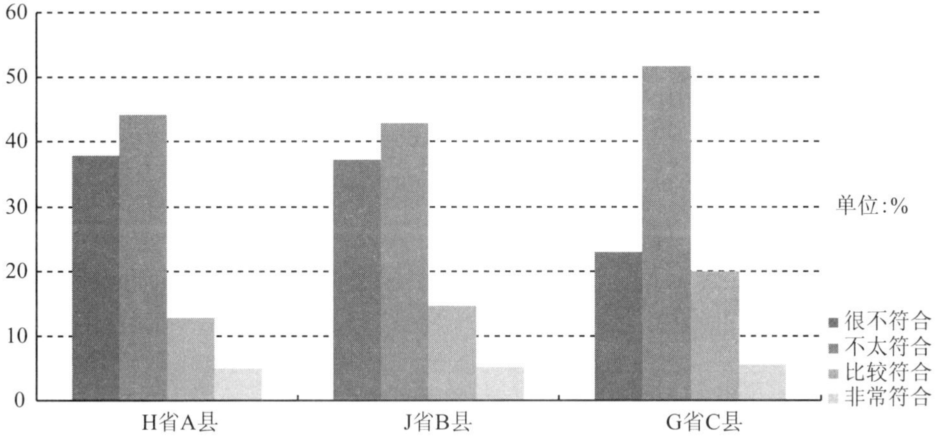

图 7.54　学生觉得在课堂上自己得不到教师关注的程度分布

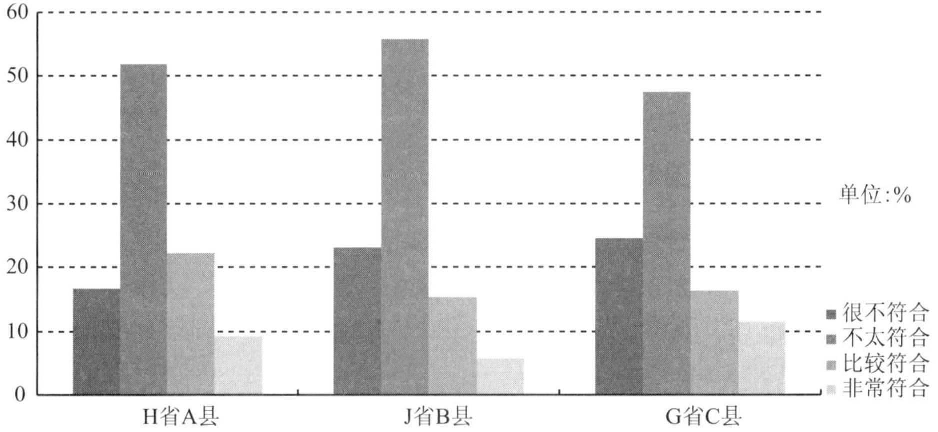

图 7.55　已辍学学生认为在课堂上自己得不到老师关注的程度分布

对学生在学习过程中遇到的困难给予及时的帮助有利于提高学生对于课程的理解程度，尤其是对于数学与自然科学类的学科来讲，积累的问题越多可能会越不利于学生对于后面知识的学习，影响学生的学习积极性及学业表现。调查学生“在学习困难时候能否得到及时地帮助”发现，H 省 A 县、J 省 B 县、G 省 C 县三县合计有 67.35%的初中生表示能在学习困难的时候得到及时的帮助，三县之间对比看，G 省 C 县有 63.46%的学生表示能在学习困难的时候得到及时的帮助，较其他两县低近 7 个百分点。总体来看，还是有相当一部分的学生在学习遇到困难时不能够及时得到解决(见图 7.56)。

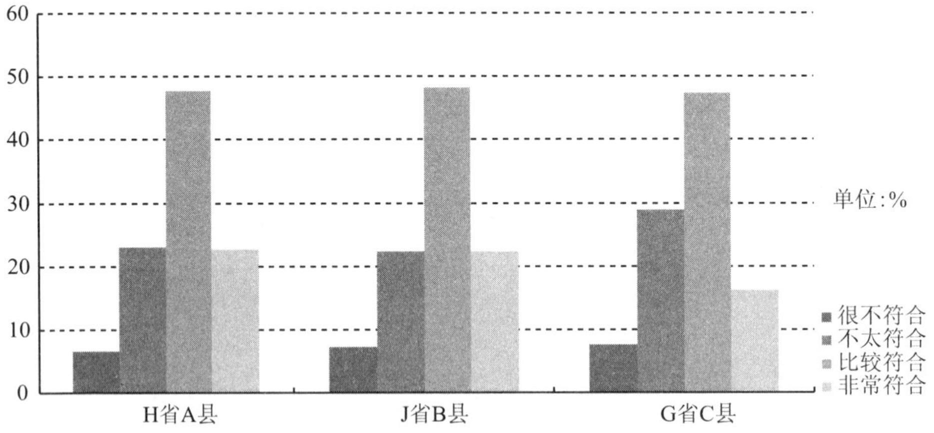

图 7.56 学生认为自己在学习困难时总能得到及时帮助的程度分布

(四)学生对课程理解程度

学生在课程学习中的表现是义务教育质量的重要指标。如果课程设计充分考虑了课程难度，那么学生感知的课程难度就可以折射出学生的学业表现和某一阶段的学习水平，即学生对课程理解的程度越高，学业水平越好。同时，学生感知的课程难度也可以表示教师对课程讲授的深入浅出的教学技巧和能力。调查显示，H省A县、J省B县、G省C县三县对体育课完全理解的初中生所占比例为46.8%，为三县最高，之后依次是音乐、美术、思想品德、历史与社会、信息技术、艺术、语文、综合实践活动、科学、数学、历史、物理、化学、地理、外语、生物，所占比例分别是39.17%、36.17%、30.58%、30.32%、28.6%、27.22%、26.59%、26.37%、23.07%、21.51%、21.09%、17.61%、17.2%、17.15%、16.24%、16.19%。对体育课完全理解的学生所占比例比对生物课完全理解的学生所占比例高30.6个百分点(见图7.57)。

分学科对比发现，大部分学生对语文课程的理解程度很高，完全理解和大部分理解的学生所占比例分别为26.59%、53.98%。这除了教师教学方法得当之外也和学生对语文的学习兴趣非常大有关。对于数学课程部分理解、理解一半左右的学生所占比例分别为：39.58%、22.82%。对比中发现，三县都是对数学课程大部分理解的学生所占比例大于完全理解的学生，说明学生对数学的理解程度不是很高。外语主要是一门语言学习课程，重在记忆和练习，学习有一定难度，近年来在我国学校教学中备受重视。在对三县初中生对外语课程的理解程度调查中显示，总体上看，完全理解和大部分理解的学生所占比例较大，分别是16.24%和32.92%，但是大部分不理解和完全不理解的学生所占比例之和为26.12%，这表示只有不到一半的学生理解了大部分外语课程，还有相当多的学生不太理解外语课程。

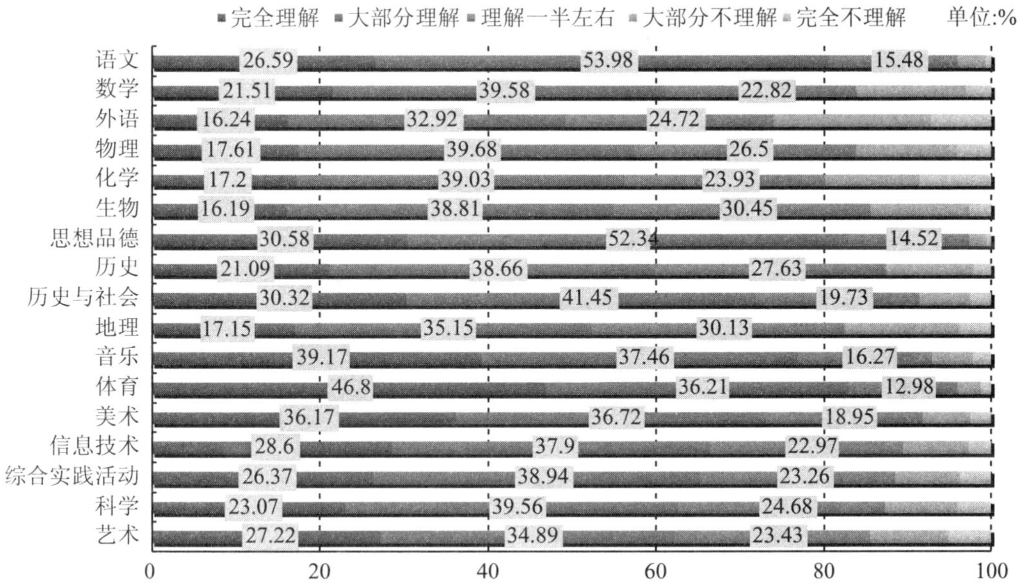

图 7.57 初中学生对各门课程的理解程度

对科学课程完全理解和大部分理解的学生所占比例之和是 62.63%，说明大部分学生对科学能够大部分理解，但理解程度不高。约 60%以上的学生对艺术课程大部分都能理解，G 省 C 县仅有 16.14%的学生表示能完全理解艺术课程，较其他两县比例过低。总体上，H 省 A 县、J 省 B 县大部分学生能理解大部分地理课程，但是 G 省 C 县只有不到一半学生理解。完全理解和大部分理解历史与社会课程的学生所占比例达到 71.77%，显示了三县大部分初中生都能较好地理解历史与社会这门课程。对化学课程大部分理解和完全理解的学生所占比例之和是 56.23%，理解一半的学生所占比例是 30.45%，说明一半以上学生理解化学课程。三县对物理课程大部分理解的学生所占比例分别是：38.51%、39.68%、40.41%，区域间差异不大。此外，三县大部分初中生都能很好地理解美术及音乐课程。

总体上，对于信息技术课程完全理解和大部分理解的学生所占比例分别是 28.6%和 37.9%，表明三县中大部分初中生对信息技术都理解得比较好。对综合实践活动课程部分理解和完全理解的学生所占比例最高，分别是 38.94%、26.37%，大部分学生能够理解综合实践课程，区域之间差异不大。

(五)课程内容贴近学生生活经验情况

对 H 省 A 县、J 省 B 县、G 省 C 县三县初中的调查显示，总体来看有 69.76%的教师在上课时都会举学生听过或者见过等贴近学生经验的例子，有 23.67%的学生表示老师课堂上举的例子多数都没有听过或者见过，6.57%的学生表示老师课堂上举的例子完全都没听过见过。三县之间有一些差异但是差异不太大(见图 7.58)。

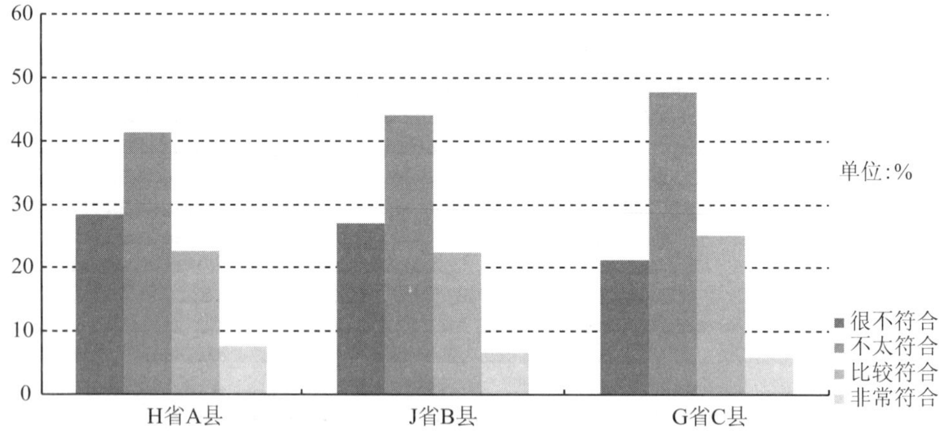

图 7.58 学生认为教师在课堂上举的例子自己多数都没听过或见过的程度分布

小学教师通常使用的课堂教学资源大多来自教科书以及参考教辅材料。事实上，教科书不可能完全贴合全国各地区各学校的地区特点和学习者自身的文化背景，因此为了让学生更好地理解课程，教师深入挖掘生活经验中的教育资源显得十分必要。

专栏 7.9 教师为使课程贴近学生生活进行的努力

教师通常使用的教学资源分为教科书、教辅材料、报纸与电视、网络、生活经验。通过对Z省A县、H省B县、E省C县、N省D县、Y省E县、G省F县六县小学教师的调查发现，绝大多数的小学教师通常使用的教学资源主要来自教科书、教辅材料，Z省A县、H省B县、E省C县、N省D县、Y省E县、G省F县六县教师通常使用的教学资源来自教科书的教师所占比例分别为89.29%、92.11%、92.81%、90.20%、94.39%、79.49%。小学教师通常使用教科书、教辅材料的同时，还挖掘生活经验中的教育资源。Z省A县、H省B县、E省C县、N省D县、Y省E县、G省F县六县小学教师通常使用的教学资源来自生活经验的教师所占比例分别为43.57%、44.74%、36.53%、47.06%、46.43%、44.87%(见图7.59)。

调查发现，绝大多数的初中教师通常使用的教学资源主要来自教科书、教辅材料，总体而言，初中教师通常使用的教学资源来自教科书、教辅材料的教师所占比例比小学稍低一些。Z省A县、H省B县、E省C县、N省D县、Y省E县、G省F县六县初中教师通常使用的教学资源来自教科书的教师所占比例分别为77.55%、84.70%、89.40%、85.00%、86.08%、82.35%。总体而言，初中教师通常使用的教学资源来自生活经验的教师所占比例比小学也稍低一些。Z省A县、H省B县、E省C县、N省D县、Y省E县、G省F县六县教师通常

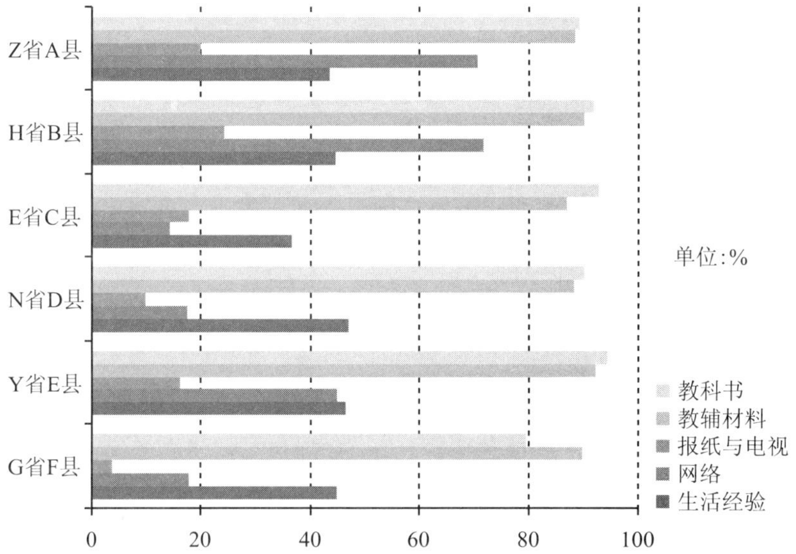

图 7.59　小学教师备课的教学资源来源

使用的教学资源来自生活经验的教师所占比例分别为 48.98%、39.89%、33.77%、35.00%、44.30%、36.47%(见图 7.60)。

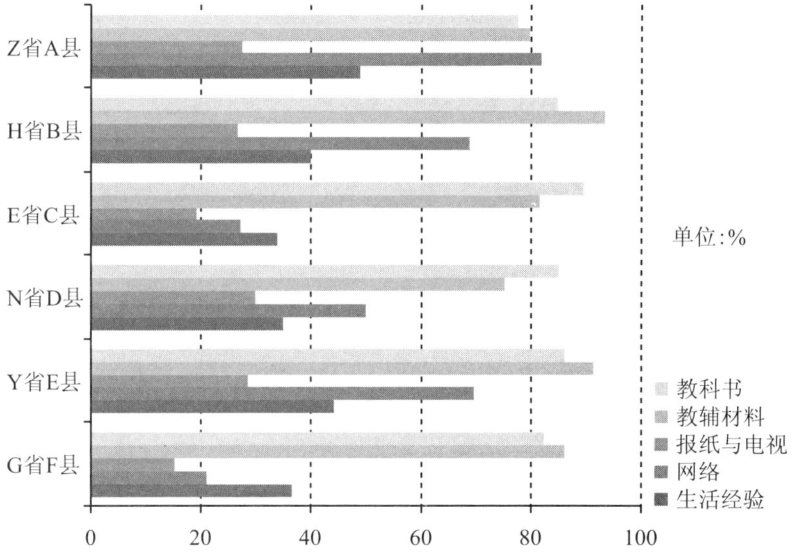

图 7.60　初中教师备课的教学资源来源

资料来源：秦玉友：《农村义务教育质量研究——基于质量标准与底线标准》，吉林人民出版社 2011 年版，第 167 页。

(六)学生对课程的兴趣强度

学生对课程感兴趣，是学生进行课程学习的内在动力，也决定着学生在课程学习和研究中可能达到的高度。调查发现，H省A县、J省B县、G省C县三县初中学生对信息技术课感兴趣的比例最高，三县总计对信息技术感兴趣的初中生所占比例为56.5%，之后依次是音乐、体育、美术、艺术、语文、数学、历史与社会、科学、化学、综合实践活动、思想品德、物理、历史、外语、地理、生物，所占比例分别是：53.95%、53.5%、48.43%、45.75%、43.49%、39.95%、39.8%、39.6%、37.63%、36.3%、35.33%、35.04%、34.07%、33.33%、29.12%、27.65%，对信息技术感兴趣的学生比例比对生物感兴趣的学生比例高达29个百分点(见图7.61)。

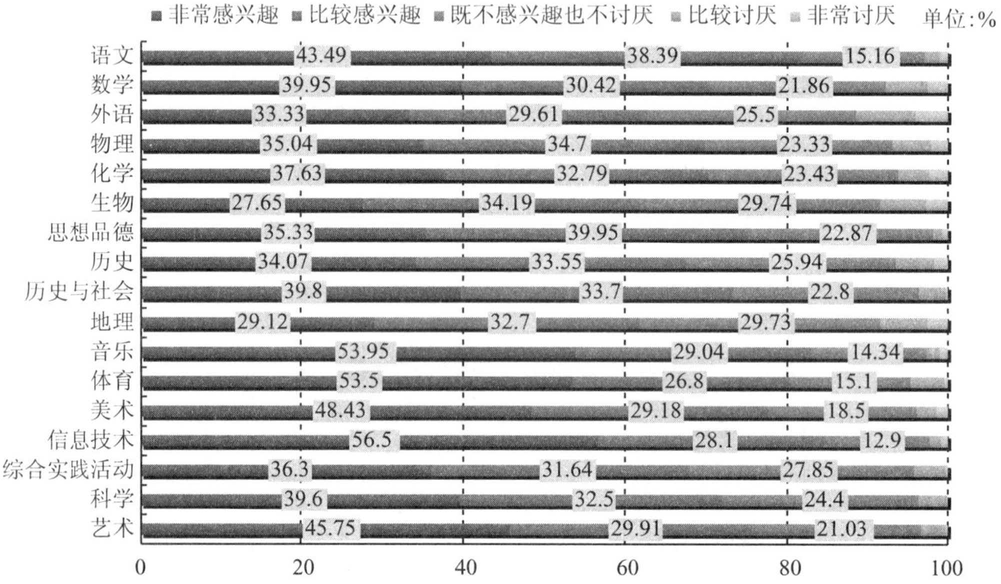

图7.61 初中学生对课程的感兴趣情况

分学科对比发现，H省A县、J省B县、G省C县三县合计有81.88%的初中学生表示自己对语文学科感兴趣，另有15.16%的初中学生表示对语文既不喜欢也不讨厌；70.37%的初中学生表示自己对数学学科感兴趣，有21.86%的初中学生表示对数学既不喜欢也不讨厌；62.94%的初中学生表示自己对外语学科感兴趣，有25.5%的初中学生表示对外语既不喜欢也不讨厌。

除了语文、数学、外语学科，H省A县、J省B县、G省C县三县合计有61.82%的初中学生表示对地理感兴趣，69.74%的初中学生表示对物理感兴趣，70.42%的初中学生表示对化学感兴趣，73.5%的初中学生表示对历史与社会学科感兴趣，75.66%的初中学生表示对艺术感兴趣，77.61%的初中学生表示对美术感兴趣，80.3%的初中学生表示对体育感兴趣。

同时对信息技术，综合实践活动等学科进行调查发现，H省A县、J省B县、G省C县三县合计有84.6%的初中学生对信息技术感兴趣，对综合实践活动感兴趣的初中学生比例则为67.94%。

据东北师范大学农村教育研究所2008年对Z省A县、H省B县、E省C县、N省D县、Y省E县、G省F县六县的调查，六县总计只有七成小学开设了信息技术课程，而在所有学科中，对信息技术感兴趣的小学生所占比例处于中间水平。此外，对于外语学科的调研发现，六县合计，在所有学科中，对外语感兴趣的小学生所占比例处于倒数第二位，在人文学科中，则居于倒数第一位。①

学生对课程感兴趣程度，除了表现出学科差异外，还表现出阶段性特征。对比对课程感兴趣的初中生和小学生所占的比例，可以发现，对课程感兴趣的初中生所占的比例远远低于小学生所占的比例。

专栏7.10 对课程感兴趣的初中生所占比例远低于小学生

小学阶段，多数学生对各学科都有较强兴趣，学生对于不同学科感兴趣的程度并不相同。调查发现，六县学生对体育课感兴趣的学生比例最高，为87.03%。之后依次是语文、数学、音乐、美术、品德、社会实践、外语、科学。对体育课感兴趣的学生比例比对科学课感兴趣的学生比例高21个百分点(见图7.62)。

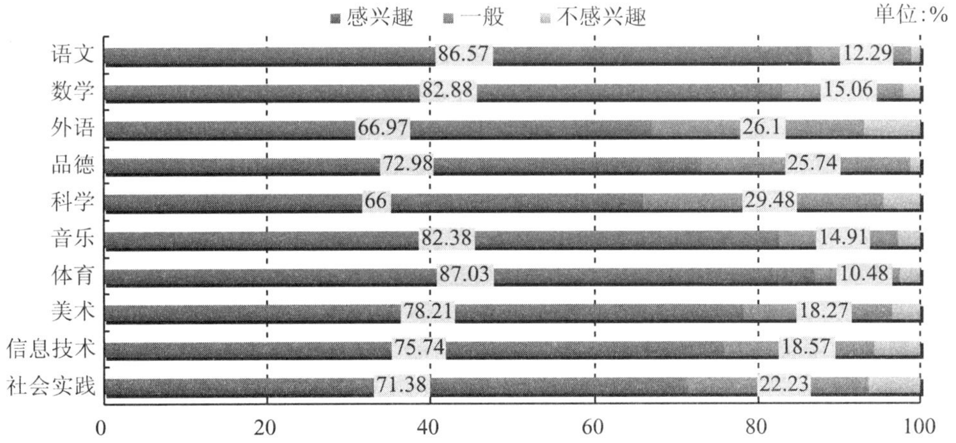

图7.62 小学生对课程的感兴趣情况

① 秦玉友：《农村义务教育质量研究——基于质量标准与底线标准》，吉林人民出版社2011年版，第177—182页。

初中阶段，课程门数增加，课程难度增大，课程进度加快，课程更加细化、逻辑化、抽象化。初中学生对课程感兴趣比例明显降低。初中生对信息技术感兴趣的比例最高，为78.49%。之后依次为信息技术、音乐、体育、语文、物理、社会实践、美术、数学、思想政治、化学、历史、外语、生物、地理。对信息技术感兴趣的学生所占比例比对地理感兴趣的学生所占比例高38个百分点(见图7.63)。

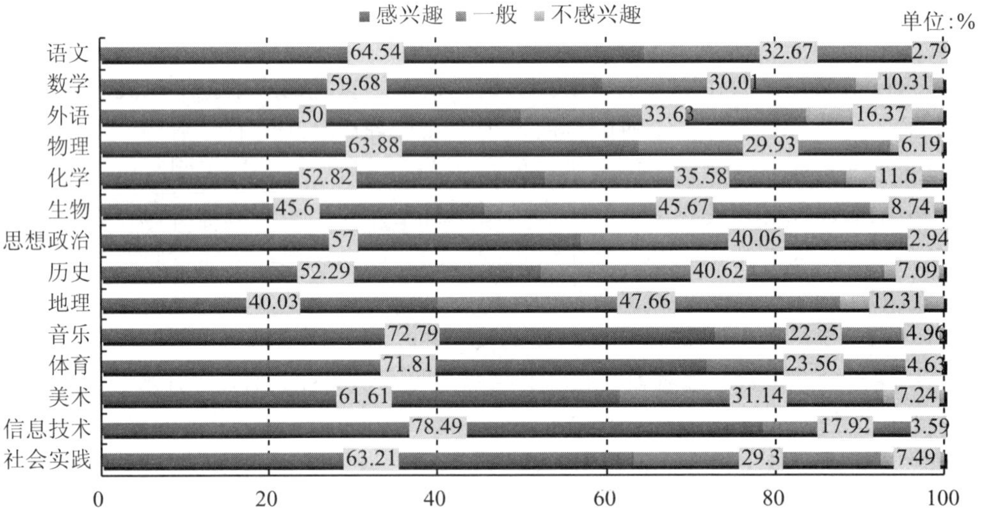

图7.63 初中学生对课程的感兴趣情况

对比中小学发现，小学生最喜欢的课程是体育课，而初中学生最喜欢的课程则是信息技术课；小学生对于语文和数学的兴趣强度在小学所有学科中排前三位，而初中学生对于语文和数学的兴趣强度则排在了音乐、体育、美术、艺术学科的后面。总体而言，对课程感兴趣的强烈程度初中生所占比例明显低于小学生。

资料来源：秦玉友：《农村义务教育质量研究——基于质量标准与底线标准》，吉林人民出版社2011年版，第171页。

(七)教师的课程理解

21世纪以来的新课程改革是对教师教学能力的一次考验，一些教师脱颖而出，同时也有一些教师表现出了对课程改革的不适应，而教师教学能力的高低将直接影响农村义务教育质量的提升。因此关注那些胜任教学有困难的义务教育教师，深入分析其不能胜任教学的原因是十分必要的。

对H省A县、J省B县、G省C县三县小学教师调查发现，整体来看，小学教师不能胜任教学的原因中，所占比例为前三位的是“课改的那些理念没有条件实施”、“课改的理念没有理解好，难以落实”、“职业倦怠，对课改不感兴趣”，其所占比例分别为54.71%、17.03%、12.83%。另外还有12.63%的小学教师由于刚入职，对工作和环境不熟悉而感到不能胜任教学(见图7.64)。

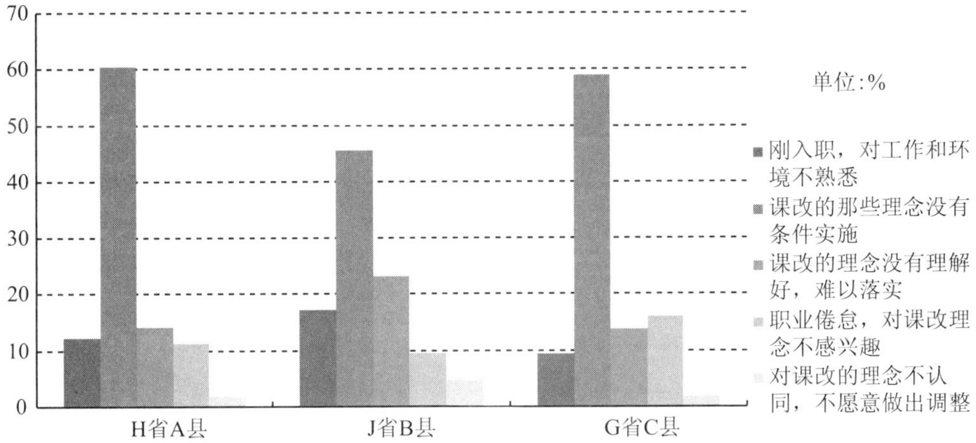

图7.64 小学教师不胜任教学的原因

对H省A县、J省B县、G省C县三县初中教师调查发现，48.96%的教师表示因为课改的那些理念没有条件实施而不能胜任教学；17.71%的教师表示如果有不胜任教学的地方是由于课改的理念没有理解好，难以落实；而4.95%的教师则对课改的理念不认同，不愿意做出调整。G省C县教师选择职业倦怠，对课改不感兴趣的教师在三县中所占的比例最大，为15.6%(见图7.65)。

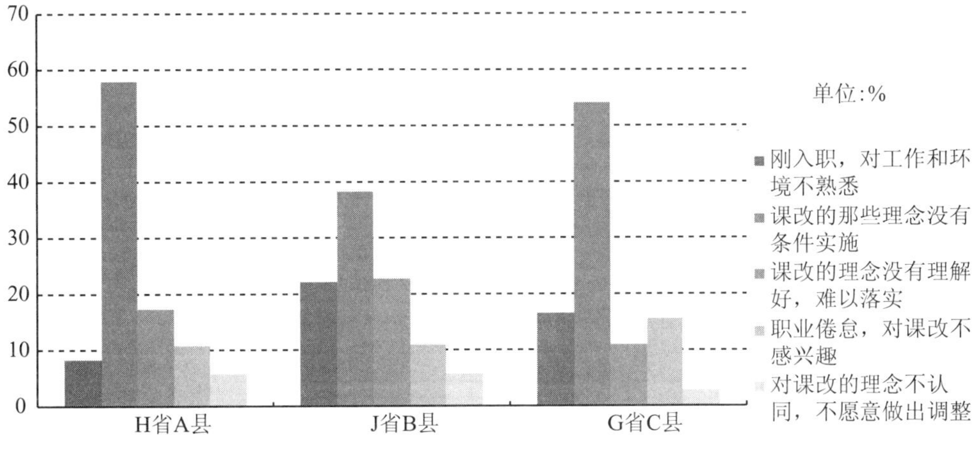

图7.65 初中教师不胜任教学的原因

(八)教师的课程准备

教师对于课程改革的相关信息和资料的掌握程度对教师进行课改实践具有很大的影响。教师花时间收集和学习课程改革的相关信息和资料可以促进对课程改革的理解。调查发现，H省A县、J省B县、G省C县三县共计有35.62%的小学教师表示会很少专门花时间去寻找怎样实施课改的信息和资料，34.83%的初中教师表示会很少专门花时间去寻找怎样实施课改的信息和资料。中小学教师的情况相对一致(见图7.66、图7.67)。

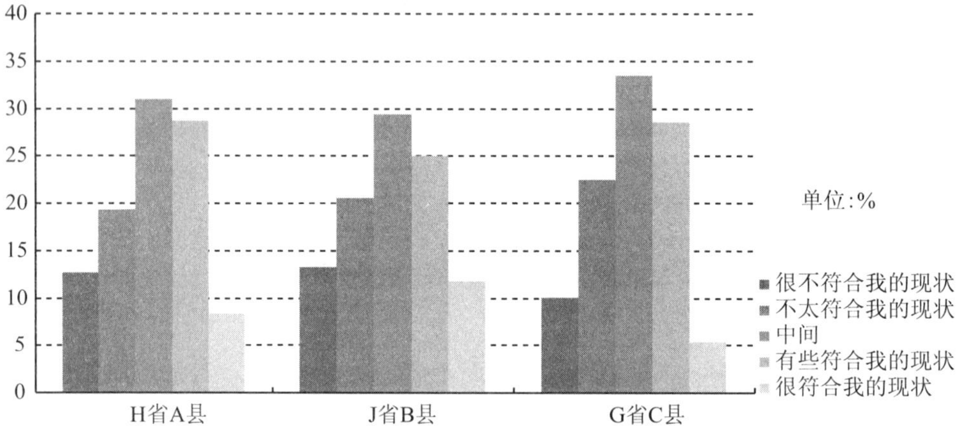

图7.66　小学教师很少专门花时间去寻找怎样实施课改信息和资料的程度分布

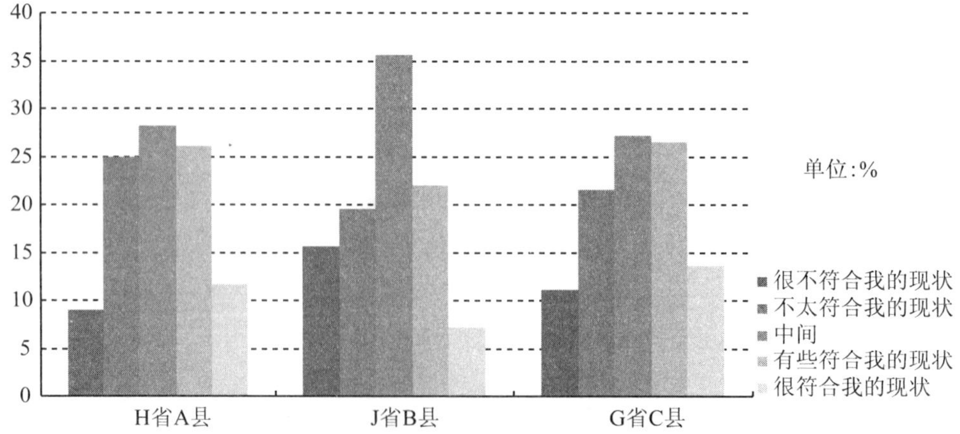

图7.67　中学教师很少专门花时间去寻找怎样实施课改信息和资料的程度分布

(九)学校管理

学校的人文环境和教师处理问题的态度对于学生的学习和生活来说有着重要

的意义。对H省A县、J省B县、G省C县三县辍学生的调查发现，三县辍学生中表示同学之间欺辱、打架斗殴现象比较多的学生所占比例分别为：51.85%、23.53%、46.67%，三县总体来看，有44.45%的辍学学生表示同学之间欺辱、打架斗殴现象比较多。虽然这一现象可能没有完全直接表现在班级或者校园里，但也能从侧面反映出学生的学习环境(见图7.68)。

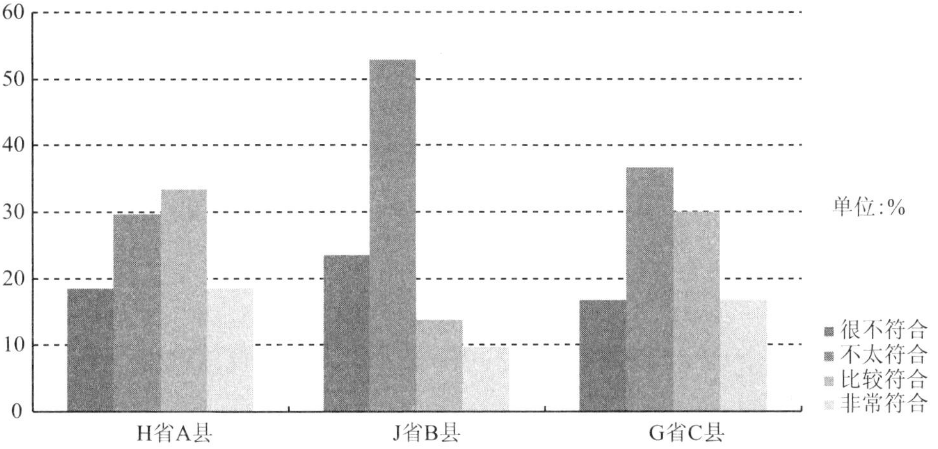

图7.68　初中辍学学生认为同学之间欺侮及打架斗殴现象多的程度分布

教师处理问题的公平性是影响学校管理效果和学生感受的重要因素。调查发现，三县总计有78.37%的学生认为教师处理问题还是比较公正的。从地区差异来看，H省A县、J省B县认为教师处理问题比较公正的学生所占比例均在80%左右，G省C县有75.57%的学生表示教师处理问题较公正(见图7.69)。

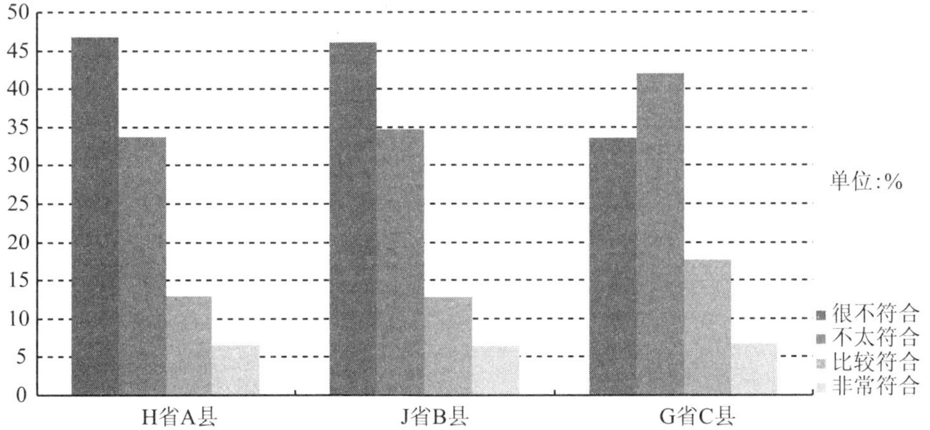

图7.69　学生认为教师处理问题不公正的程度分布

四、教育结果

学习成绩最容易体现教育结果(有时是测验分数，但更常见、更通用的是考试成绩)。事实上，对于学生发展的衡量指标中使用最广泛、衡量手段最系统的就是学生的学业成绩。有研究者(Hanushek)对1995年前美国包含376项生产函数估计的89份个人出版学术成果进行了分析，在这些研究文献中所考虑的教育成果有四分之三是考试分数。[①] 通过研究不同时期内的国际测验结果可以得出几点经验：首先，不论在何种大环境下，社会经济状况都对学业成绩起着十分重要的决定性作用；其次，用于数学、科学和语言教学的课时多少，对学习成绩影响很大；最后，在许多低收入国家，教师的性别也影响到学生的成绩。有几项研究还说明，通过改善校园氛围、加强对教师的支持、增加学校自主权和充实特别是包括教科书在内的教育资源等措施，可以部分抵消学生的社会经济背景带来的不利影响。[②]

培养德、智、体全面发展的人是我国义务教育阶段的教育目标。旨在改善以“学习成绩”为唯一标准的质量评价体系，尽管现已采用多种方法来评估学生的创造力和情感发展以及价值观、人生观和行为变化，但对于学生的价值观、社会性及身心健康发展、才智能力或其他非认知技能的发展的测评显然没有学生的学习成绩那样受到关注。虽然要部分的归因于这些发展目标本身为测评手段带来的难度，但更重要的还是各方参与者是否就这些培养目标达成共识，是否真的看重学生知情意的共同发展。即使对知情意的评价有一定难度，也不应该成为它们被忽略的理由。

(一)学习成绩与学习能力

农村学生成绩是学生层面的一个重要教育质量指标。成绩绝对值的高低与测验题目及内容的难度有关。本成绩测验对测验进行了难度分析，可以以这个难度为参照推论这些成绩所代表的学生实际学业水平。但是测算测验内容的难度大小会受很多因素的影响。因此，这里并不能完全基于难度假设进行所测验小学生和初中生及他们所在地区学生的成绩水平推论。

1. 义务教育阶段学生成绩区域与科际差异

经东北师范大学农村教育研究所2008年分东中西部农村对全国六省六县的

---

① Hanushek，E. A. (2003). The Failure of Input-based Schooling Policies，*Economic Journal*，113，64-98.

② The EFA Global Monitoring Report Team. (2004). *EFA Global Monitoring Report* 2005：*The Quantity Imperative*(pp. 20). UNESCO.

测验显示，Z省A县、H省B县、E省C县、N省D县、Y省E县、G省F县六县小学数学平均测验分数分别为41.4、39.5、30.35、29.6、38.62、17.66。六县小学数学成绩的差异较大。各县域内学生成绩的标准差较大，说明各县域内学生成绩离散程度较大，不同小学学生之间数学成绩差异明显(见表7.16)。

表7.16　小学学生数学学业成绩测验情况

省份	学生数	平均成绩	标准差
Z省A县	301	41.4	16.2
H省B县	432	39.5	13.6
E省C县	359	30.35	9.73
N省D县	384	29.6	10.56
Y省E县	441	38.62	15.93
G省F县	221	17.66	8.37
总计	2138	34.01	14.86

测验显示，Z省A县、H省B县、E省C县、N省D县、Y省E县、G省F县六县小学语文平均测验分数分别为66.2、70.47、69.7、55.4、64.39、55.34。六县小学语文成绩的差异较大。各县域内学生成绩的标准差较大，说明各县域内学生成绩离散程度较大，不同地区小学学生之间语文成绩差异明显(见表7.17)。

表7.17　小学学生语文学业成绩测验情况

省份	学生数	平均成绩	标准差
Z省A县	296	66.20	12.12
H省B县	439	70.47	11.85
E省C县	345	69.70	8.54
N省D县	363	55.41	15.90
Y省E县	448	64.39	14.59
G省F县	217	55.34	12.50
总计	2108	64.30	14.19

测验显示，Z省A县、H省B县、E省C县、N省D县、Y省E县、G省F县六县初中数学平均测验分数分别为52.08、56.91、61.85、42.68、39.84、22.39。六县初中数学成绩的差异较大。各县域内学生成绩的标准差较大，说明

各县域内学生成绩离散程度较大，不同地区初中学生之间数学成绩差异明显(见表7.18)。

表7.18 初中学生数学学业成绩测验情况

省份	学生数	平均成绩	标准差
Z省A县	434	52.08	20.92
H省B县	607	56.91	16.79
E省C县	529	61.85	18.29
N省D县	413	42.68	18.25
Y省E县	529	39.84	20.69
G省F县	191	22.39	9.58
总计	2703	49.15	21.45

测验显示，Z省A县、H省B县、E省C县、N省D县、Y省E县、G省F县六县初中语文成绩平均测验分数分别为64.3、72.02、66.42、61.81、58.03、55.83。六县初中语文成绩的差异较大。各县域内学生成绩的标准差较大，说明各县域内学生成绩离散程度较大，不同初中学生之间语文成绩差异明显(见表7.19)。

表7.19 初中学生语文学业成绩测验情况

省份	学生数	平均成绩	标准差
Z省A县	434	64.3	15.16
H省B县	595	72.02	12.07
E省C县	515	66.42	6.76
N省D县	470	61.81	19.61
Y省E县	546	58.03	19.01
G省F县	196	55.83	15.53
总计	2756	64.09	16.05

2. 义务教育阶段学生成绩府际差异

从府际维度分析，六县、乡镇和村屯小学数学平均成绩存在一定差异，六县县城、乡镇、村屯小学数学平均成绩分别为41.65、33.65、28.09。六县县城小学学生数学成绩的标准差为19.18，说明六县县城小学学生数学成绩的离散程度较大，六县县城小学数学成绩在不同学生之间的差异较大。相比之下，六县乡镇、村屯学生小学数学成绩不同学生之间的差异较小(见表7.20)。

表 7.20　　六县小学数学学生学业成绩测验情况

	学生数	平均成绩	标准差
县城	431	41.65	19.18
乡镇	1227	33.65	13.05
村屯	480	28.09	11.50
总计	2138	34.01	14.86

从府际维度分析，六县县城、乡镇和村屯小学语文成绩存在一定差异，六县县城、乡镇、村屯小学语文平均成绩分别为 68.35、64.20、60.54。六县县城村屯小学语文成绩的标准差为 16.44，说明六县村屯小学语文成绩的离散程度较大，六县村屯小学语文成绩不同学生之间的差异较大。相比之下，六县县城和乡镇小学学生语文成绩不同学生之间的差异较小(见表 7.21)。

表 7.21　　六县小学语文学生学业成绩测验情况

	学生数	平均成绩	标准差
县城	405	68.35	13.76
乡镇	1302	64.20	13.22
村屯	401	60.54	16.44
总计	2108	64.30	14.19

从府际维度分析，六县县城与乡镇初中数学成绩存在一定差异，六县县城、乡镇初中数学平均成绩分别为 55.44、47.60。六县县城、乡镇数学成绩的标准差分别为 20.15、21.48，说明六县县城、乡镇初中学生数学成绩的离散程度都较大，六县县城、乡镇初中数学成绩不同学生之间的差异较大。乡镇初中学生数学成绩的离散程度略大于县城(见表 7.22)。

表 7.22　　六县初中数学学生学业成绩测验情况

	学生数	平均成绩	标准差
县城	534	55.44	20.15
乡镇	2169	47.60	21.48
总计	2703	49.15	21.45

从府际维度分析，六县县城与乡镇初中语文成绩存在较小差异，六县县城、乡镇初中语文平均学业成绩分别为 63.45、64.27，乡镇中初中语文平均成绩比县城高出近 1 分。六县县城、乡镇初中语文成绩的标准差分别为 14.73、16.40，

说明六县县城、乡镇初中学生语文成绩的离散程度较大，六县县城、乡镇初中学生语文成绩不同学生之间的差异较大，乡镇初中学生语文成绩离散程度大于县城(见表7.23)。①

表7.23　　初中语文学生学业成绩测验情况(总计)

	学生数	平均成绩	标准差
县城	600	63.45	14.73
乡镇	2156	64.27	16.40
总计	2756	64.09	16.05

学生学习能力的发展，包括学习能力的培养和学习习惯的养成两个方面。学习能力影响着学生的学业成绩。通过对H省A县、J省B县、G省C县三县的调查发现，有53.84%的学生表示自己很难同时学好初中各门课程，其中G省C县有62.01%的学生表示自己很难同时学好初中各门课程，这一比例高出其他两县近13个百分点，为三县最高(见图7.70)。

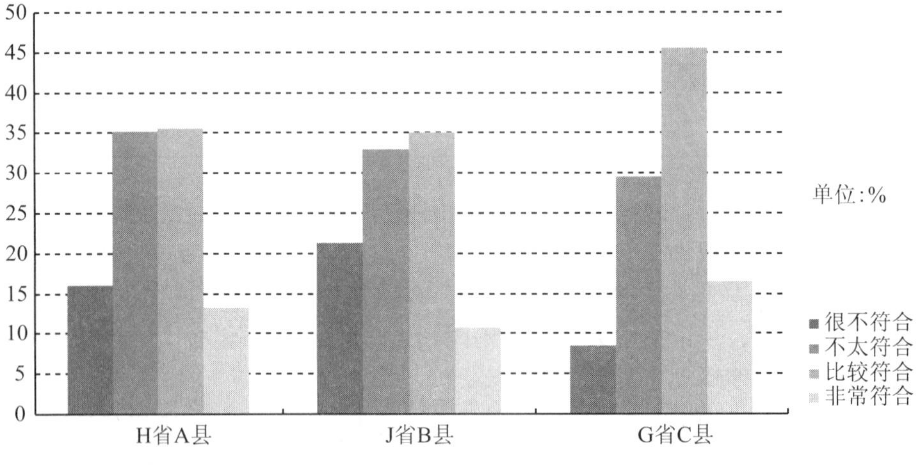

图7.70　初中学生认为自己很难同时学好各门课程的程度分布

(二)学习兴趣与学习动机

学生的学习兴趣会影响其成绩，学习兴趣浓厚容易取得好的成绩，学习兴趣缺乏则可能会成绩不理想。H省A县、J省B县、G省C县三县总计，有66.51%的初中学生表示对大部分科目都感兴趣，其中H省A县、J省B县两县

① 秦玉友:《农村义务教育质量研究——基于质量标准与底线标准》，吉林人民出版社2011年版，第141—147页。

近70%的初中学生表示对大部分科目都感兴趣，这一比例较G省C县所占比例高出近8个百分点(见图7.71)。

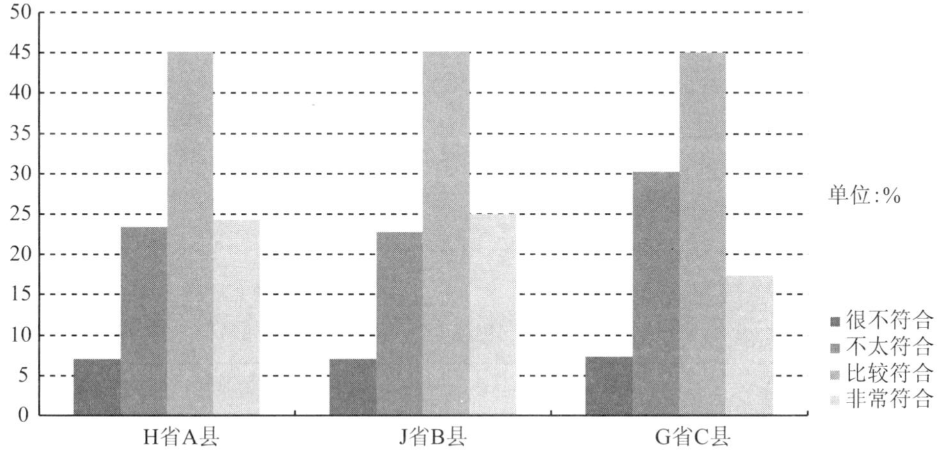

图7.71　初中学生对大部分科目都感兴趣的程度分布

学生对于想不想上学的看法能在一定程度上反映出学生的学习动机。H省A县有27.60%的初中学生表示曾经有过不想上学的想法，其中G省C县有30.30%的初中学生表示曾经有过不想上学的想法，为三县最高(见图7.72)。

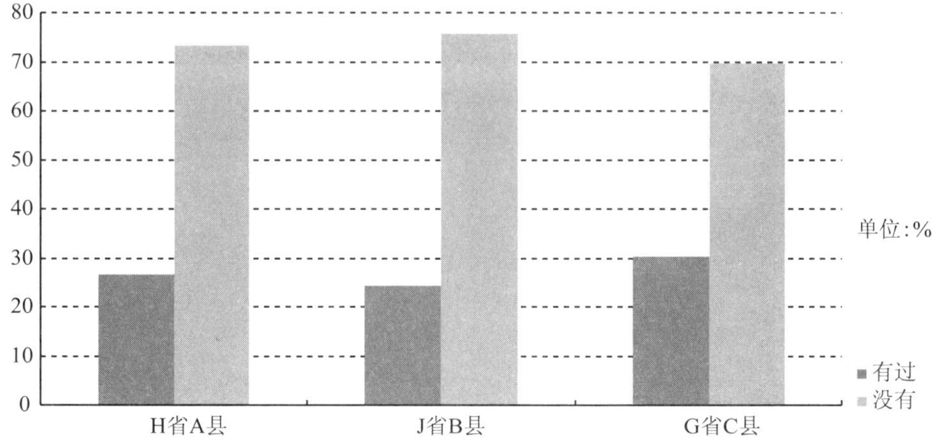

图7.72　初中学生是否有过不想上学的想法

对H省A县、J省B县、G省C县三县的学生进行不想上学的想法强烈程度的调查中发现，各县均有约13%的初中学生表示不想上学的想法非常强烈，而近86%的初中学生则表示没有不想上学的想法或者这一想法不强烈。三县之间的差异非常小(见图 7.73)。

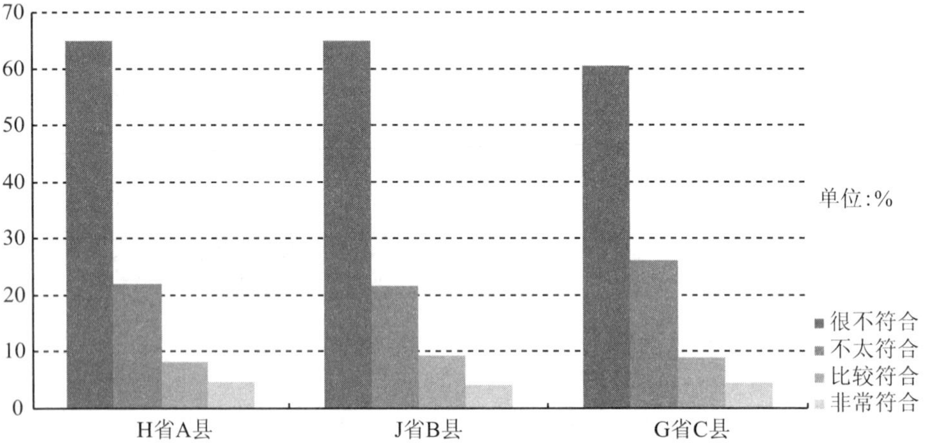

图 7.73 初中学生不想上学的想法非常强烈的程度分布

三县合计，在初中学生不想上学的众多原因中，所占比例较高的原因为“考不上想去的学校”和“对读书没兴趣”这两个原因，其所占比例分别为 39.85%、37.13%。因为家庭困难而曾经不想上学的学生有 7.35%，因为想早点找工作的学生有 5.42%，而选择读书没有用、父母不让读、身边的人都不读了、在学校受欺负、被学校处分了等原因的学生所占比例都比较小(见图 7.74)。

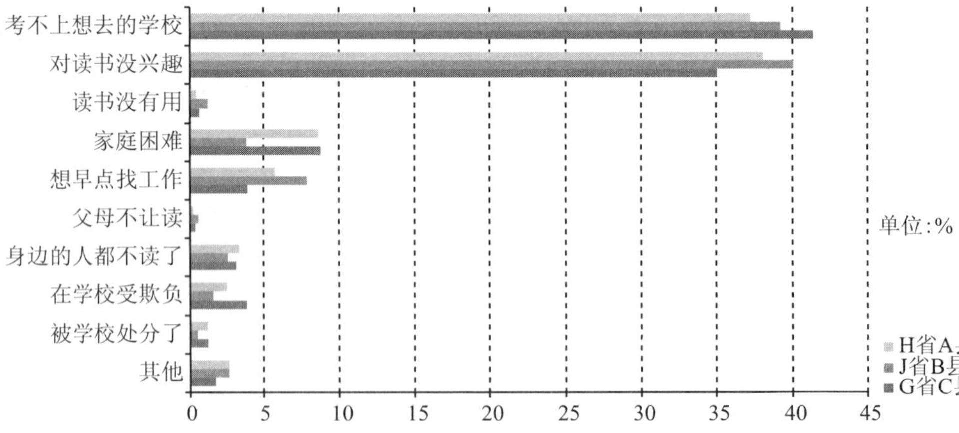

图 7.74 初中学生曾经不想上学的原因

学生的求学动机是学生学习的内在动力，直接影响着学生在学业中的努力程度以及是否能够有较好的学业表现。学生只有主动地参与到自己的学业中去，才能更好地得到全面真实主动的发展。通过回答“会不会因为一份高收入的工作而放弃现在学业"这样的问题能够在一定程度上反映出学生的求学动机。调查发现，H省A县、J省B县、G省C县三县合计有86.74%的初中学生表示不会以一份高收入的工作而放弃现在的学业，而13.26%的初中学生则表示会因为一份高收入的工作而放弃现在的学业，三县之间的差异较小(见图7.75)。

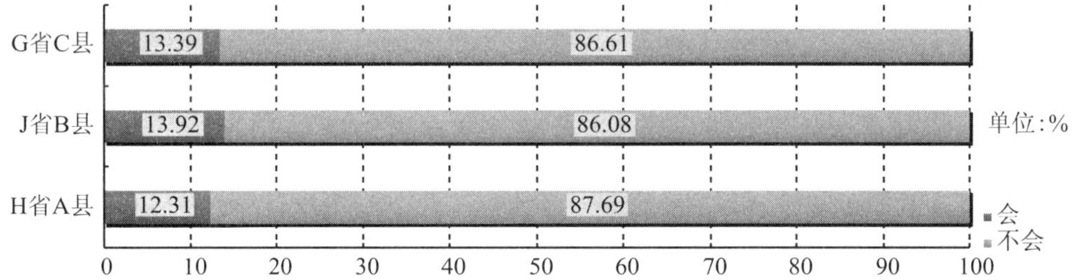

图7.75 初中学生是否会因为一份高收入的工作而放弃现在的学业

(三)学习习惯与毅力

好的学习习惯是影响学生学习效果的一个主要因素，也是学生在义务教育阶段要达成的重要教育目标。学习习惯的养成不仅需要教师和学校付出努力，家长也在其中扮演着重要的角色。而问题的关键是，家校教育价值及目标的一致性。如果双方对于学生学习习惯的要求不一致甚至完全相反，对于学生的发展通常会产生影响。通过对H省A县、J省B县、G省C县三县的调查，对于学习中遇到不懂的问题，能够想办法解决对于学生来说是很重要的，这是独立学习的重要一步，三县合计有73.04%的初中学生表示自己能够做到想办法解决学习中遇到的困难，各县这一比例均超过70%。而74.12%的初中学生表示自己总是能够按时独立完成作业，G省C县这一比例为70.17%，为三县最低(见图7.76、图7.77)。

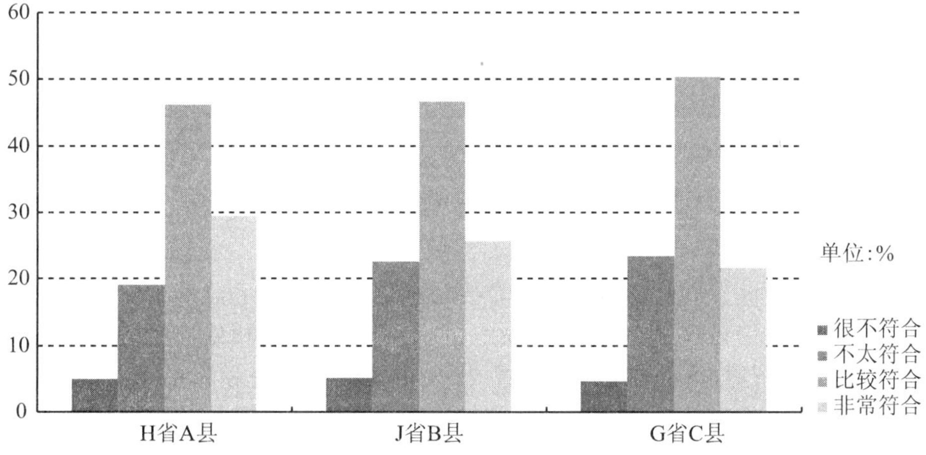

图7.76 初中学生在学习中遇到不懂的问题总是想办法解决的程度分布

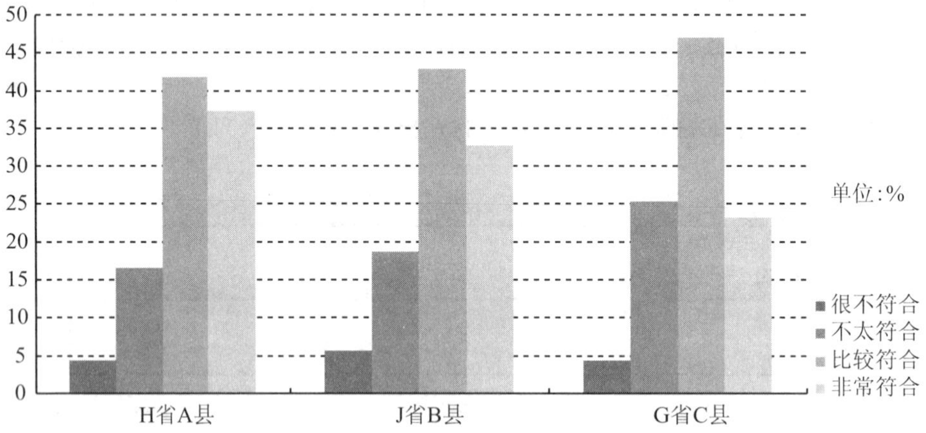

图 7.77 初中学生总是能够按时独立完成业的程度分布

毅力是学生在学习和生活中遇到困难时表现出来的稳定的持续坚持行为原则和行为倾向的特征。H省A县、J省B县、G省C县三县有14.58%的学生表示遇到困难不愿意坚持，三县之间虽略有差异但总体趋势较一致(见图7.78)。

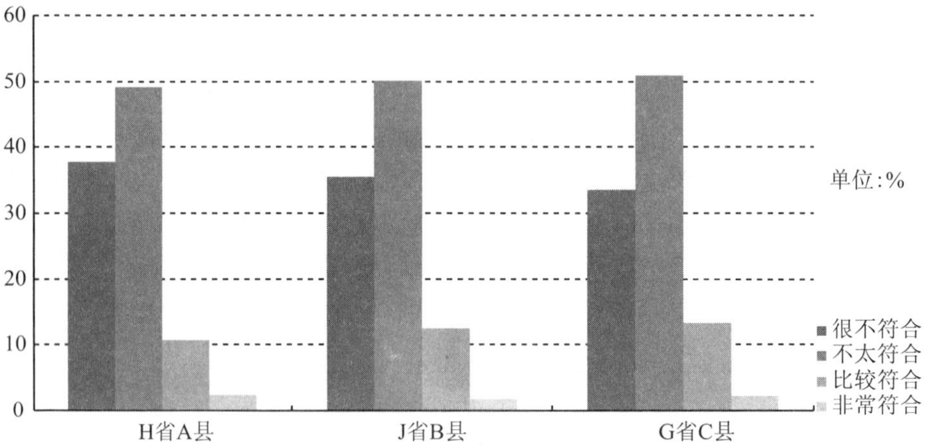

图 7.78 初中学生遇到困难就不愿意坚持的程度分布

(四)社会性发展

学生的社会性发展是学校教育的重要目标之一。事实上，学校就是一个小的“社会”，学生不仅在这里学习，更是在这里与老师、同伴相处，共同生活。学生的社会性发展，指学生在社会适应性、社会行为能力、人际关系等发面的发展，也即通常意义上学生的社会化过程。学校作为学生社会化过程的重要场域，理应对学生的社会性发展给予充分的重视。在当今教育的大背景下，我国中小学生的社会性发展在学校教育中普遍遭到冷遇，学生的社会性发展普遍不足。从某种意义上说，社会化程度越高，融入社会的成本便越小，之后在社会上获得成功的机会便越多。关注学生的社会性发展，更重要的是关注孩子的心理环境，让学生健康，积极向上的成长是教师和家长共同的心愿，也会对学生以后的发展奠定良好的基础。

1. 自信心

信心对于个体的成长有很大的影响，自信能够使人激发其身心正面的能量，在面对问题的时候则更有勇气和力量去解决。调查发现，H 省 A 县、J 省 B 县、G 省 C 县三县表示自己做事总是很有信心的初中生所占比例分别为 75.98%、70.61%、74.4%，其中 H 省 A 县认为自己做事总是很有信心的初中生所占比例为三县最高。不可忽视的是调查发现有 26.29%的初中学生表示自己在做事时没有信心(见图 7.79)。

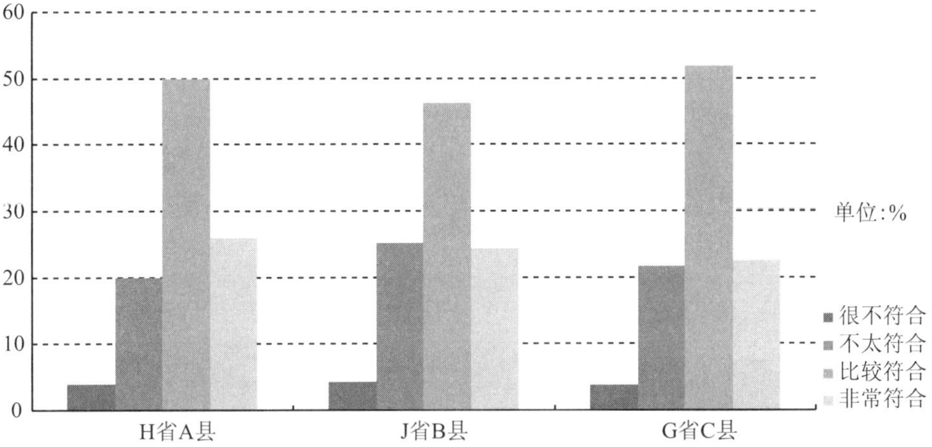

图 7.79　初中学生对自己做事总是很有信心的程度分布

2. 理性与责任

理性和责任感是个体作为社会人所必须具有的，是学生社会性发展的重要标志。当今社会，到处可以看到由于个体理性和责任感的缺失而带来的种种问题。作为培养人的重要场域，义务教育阶段学校在关注学生理性与责任感的培养方面显得非常必要。调查发现，J 省 B 县有 30.6%的初中学生表示自己做事情经常不考虑后果，这一比例为三县最高。而 H 省 A 县、J 省 B 县、G 省 C 县三县合计有 27.7%的初中学生表示自己做事情经常不考虑后果，这反映出当前有相当一部分初中生的理性与责任感缺失，应当受到关注(见图 7.80)。

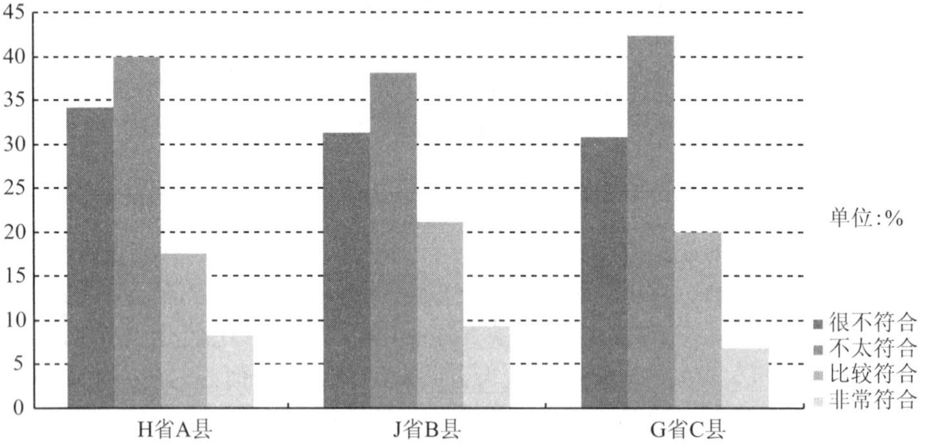

图 7.80 初中学生认为自己做事情经常不考虑后果的程度分布

3. 环境适应性

对环境的适应性是学生社会性发展的重要内容。调查发现，H 省 A 县、J 省 B 县、G 省 C 县三县中适应新环境比较容易的初中生所占比例分别为 69.57%、71.75%、70.27%。三县这一比例均在 70%左右，差异不大，但是还有一部分初中生的环境适应力较弱，三县总体来看近 30%的初中学生表示不太容易甚至很不容易适应新的环境(见图 7.81)。

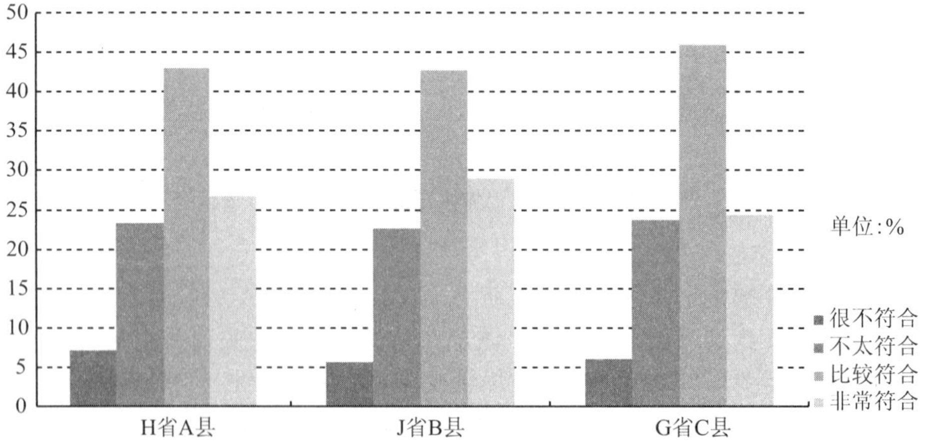

图 7.81 初中学生认为自己很容易适应新环境的程度分布

4. 同伴关系

学生的人际关系主要可以从两个角度描述，即与同伴的交往以及与成人的交往。人际关系交往带来的积极或者消极的体验对于学生积极健康心理环境的建构及人格的健全发展常常会有较大的影响。同伴关系是学生人际关系中的主要方面，对于学生的社会交往方式及社会交往心理的形成起着重要的影响作用。调查显示，H省A县、J省B县、G省C县三县中有很多朋友的初中生所占比例分别为83.17%、82.55%、80.72%，即三县整体来讲近82%的初中生有很多朋友，三县之间的差异较小(见图7.82)。

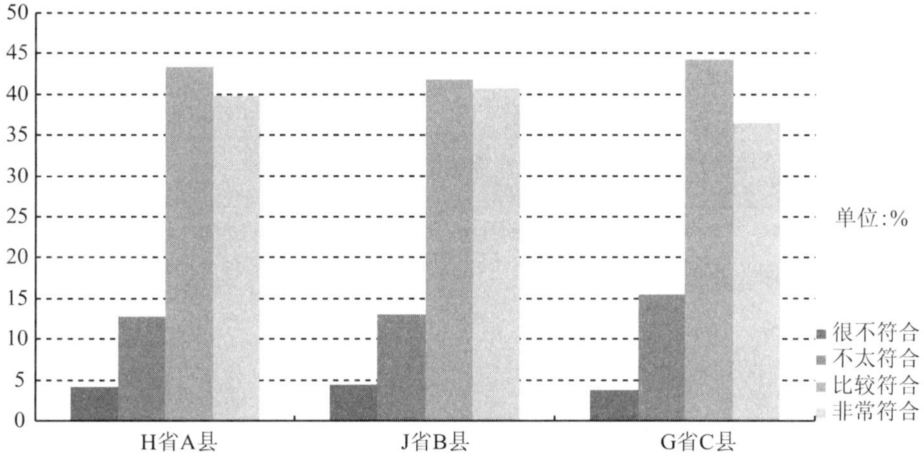

图7.82　初中学生认为自己有很多朋友的程度分布

同时，我们也考察了学生与同学关系不太好的情况，调查发现，H省A县、J省B县、G省C县三县表示自己与同学的关系不太好的初中生所占比例分别为11.48%、14.38%、19.58%。三县整体来看，有15.94%的初中生与同学的关系不太好。从三县的差异来看，G省C县有近20%的学生表示自己与同学的关系不太好，高出其他两县5%～8%(见图7.83)。

5. 师生关系

师生关系对于义务教育阶段的学生来讲具有重要的意义，良好的师生关系不仅能够营造出有利于教学的学习氛围，而且能使得学生保持较为轻松安定的心理环境。师生关系同时能够从侧面反映出学生与成人交往的情况。调查发现，H省A县、J省B县、G省C县三县表示自己和老师关系融洽的初中生所占比例分别为75.58%、79.18%、59.5%。三县之间显示出一定的差异，其中G省C县表示自己和老师关系融洽的初中生所占比例较其他两县低近16个百分点(见图7.84)。

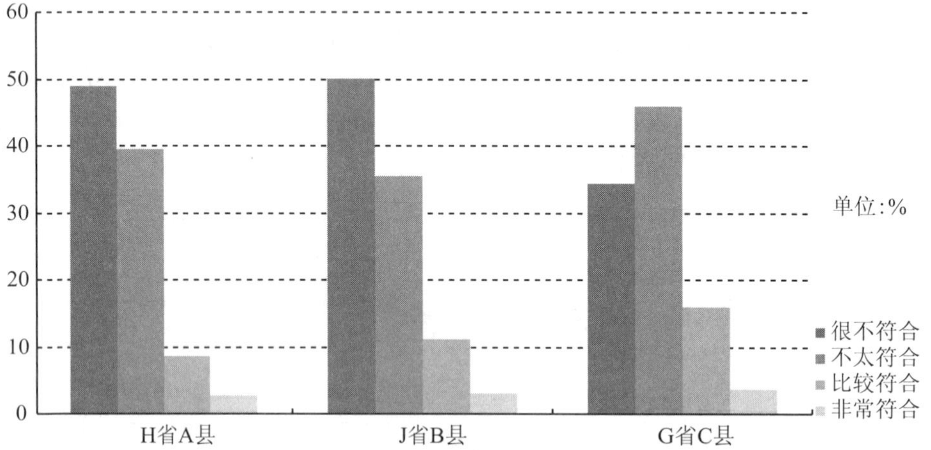

图 7.83 初中学生认为自己和同学们关系不太好的程度分布

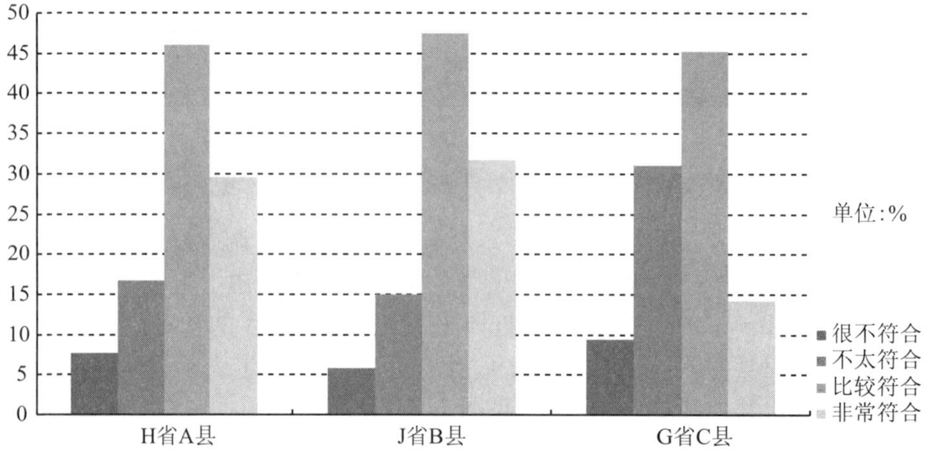

图 7.84 初中学生认为自己和老师关系融洽的程度分布

结语

在农村义务教育发展到新的历史阶段的今天，当前的农村义务教育问题是用发展的眼光和更高的发展要求来审视农村义务教育实践时发现的影响农村义务教育质量进一步改进和提高的深层问题，这些问题是深入研究农村义务教育质量问题的切入点。通过调查发现，家庭经济条件不再是家长不支持孩子上学的直接原因，但是上学作为机会成本仍然受到关注；新读书无用论在部分家长和学生中仍有市场，大学生就业难强化了他们的这种认识；大多数学校公用经费缺乏问题基本得到解决，但是部分教师工资偏低问题依然存在；按师生比计算一些地区的农村教师严重超编，而按师班比计算教师数量尚有不足；初中生与小学生对学习感兴趣比例都比较高，对学习感兴趣的学生中初中生比例低于小学生；学业成绩村屯、乡镇、县城间存在较大差异，不同区域间的学业成绩差异更为明显。提高农村义务教育质量，需要从中央到地方、从领导者到参与者的全面参与和共同努力，需要建立一个保障有力且协调一致的支持系统，需要教育过程中各参与主体协调一致的教育行动和执行力。提高农村义务教育质量涉及国家政府层面、县域层面、学校层面和学校所在社区等不同层面的努力。我们的基本思路是，不同层面有其优势领域和工作重点，应当明确特定层级在教育工作中的着力点和职责范围，充分发挥其影响力，着力解决职责范围内的核心问题。

【本报告撰写人：秦玉友、宋维玉。赵忠平负责了本报告的数据分析与处理工作，李春苹、熊颖锦、李微、赵雅婧参与了部分数据的分析。作者单位：教育部人文社会科学重点研究基地东北师范大学农村教育研究所】

第8章 西北农村地区学校布局调整研究——以甘肃省S县为个案

概　要

研究将教育人类学研究微观教育个案的长处借鉴到了教育政策研究之中，通过运用田野工作方法，对甘肃省河西地区一个县的农村学校布局调整进行了调查，主要发现：从20世纪90年代中后期开始，随着人口高峰的退去、学龄儿童锐减，原先繁荣的农村学校开始逐渐萎缩，学校布局分散、规模小、质量效益低的矛盾日益突出，农村学校布局调整具有其必然性。从布局调整选择的主要模式来看，大致可以划分为一餐走读模式、校车接送模式、一餐走读与校车接送相结合模式和寄宿制模式。调查发现，经过几年的开展农村学校布局调整取得了显著成效。但是当前进行的农村学校布局调整工作也存在一些问题，如新的上学难问题(学生上学距离变远和寄宿的低龄化等)、教育资源的巨大浪费问题、"巨型学校和巨型班级"问题、寄宿制学校的全面推广问题等。本研究着重对当前农村学校布局调整中的突破口——寄宿制中小学建设进行了探讨，发现农村寄宿制学校的建设离标准化、规范化水平还有很大的距离。同时农村地区寄宿制学校的全面推广，对于整个农村社会的发展和中小学生健康人格的养成将产生重要的影响。

一、现实问题

问题之一：城区"巨型学校"建设与农村学校校舍的闲置、荒废

20世纪90年代中后期我国开始了农村税费改革，税费改革开展之后，随着农业附加税以及集资等的废除，县乡财政收入减少。各级地方政府财政压力增大，县及县以上政府希望通过农村中小学布局调整，提高资源利用效率，减轻财政压力。于是布局调整就成为农村税费改革后政府的一种自然选择。同时，由于

计划生育政策的实施和城镇化水平的不断提高，导致中西部农村中小学生源严重不足。学校布局分散、规模小、质量低的矛盾日益突出。中国教育进入了一个由数量解决向质量提升的过渡时期，农村学校的教育质量更是成为了关乎整个国家教育质量、教育均衡发展的大事。在这一背景下，我国农村地区开始了新一轮学校布局结构的调整。

为解决农村教育发展的总体水平偏低，城乡教育发展不均衡问题，迫切需要建设一批好的农村学校，使其教育条件、师资质量都能得到大幅度改善，缩小校际间的差距，提高农村学校的教育教学质量，最大限度地满足农民群众对优质教育资源的需求，促进农村地区基础教育的发展。在中西部一些农村地区实施学校布局调整的过程中，出现了一批由地方政府主导自上而下建设而成的规模远远超过国家拟定标准①的"巨型学校"，比如在宁夏回族自治区撤并南部山区学校之后建设的学生超过万人的六盘山中学和育才中学，甘肃会宁出现的人数逾万人的中学，湖北省一些地区出现的超过五千人的中学，以及在中西部很多地区正在建设中的"巨型学校"。据《兰州晨报》报道，2008 年秋季入学时，甘肃会宁县城的小学中，一年级新生一个班的人数最多达到 90 人，一个小学学生达 5 000 余人。②目前，很多地区都把学校布局调整中农村学校数量减少和城镇学校规模扩大作为一项教育政绩在推广，认为在合并学校基础上建立起来的城区"巨型学校"能够很好整合教育资源，提高教育资源的配置效率，使有限的教育资源效益得到最大发挥，是实现均衡发展的最"经济"的方式，可以让农村学生享受到优质、全面的教育。"巨型学校"可通过扩大学校规模、提高教育资源利用率，从而降低生均成本，提高学校的运行效率，进而实现规模效益。同时，农村学生进城读书，就能和城市学生一样享受到优质教育，这样一来城乡之间教育的不公平、不均衡发展问题就可以迎刃而解了。

一方面是国家投入巨资在城镇地区兴建中心寄宿制学校；另一方面是撤并农村学校所产生的教育资源闲置状态下的巨大浪费。2000 年前后新一轮农村学校布局调整开始以来，教育行政部门将原先分散的、规模较小的中小学和教学点逐步进行撤并，把这些分散的教育资源集中到城镇新建的寄宿制中心学校，导致中西部很多地区出现了大量学校撤并后的闲置、废弃校舍，其中包括许多"希望工程"等项目的学校，产生了非常严重的教育资源浪费现象，昔日农村中小学繁荣

---

① 我国教育部于 1982 年 4 月 16 日颁发试行的《中等师范学校及城市一般中小学校舍规划面积定额(试行)》规定，完全中学的规模为 18、24、30 个班，初级中学为 18、24 个班，每班学生名额近期为 50 人，远期为 45 人；小学为 18、23 个班，每班学生名额近期为 45 人，远期为 40 人。照此规模计算，完全中学为 900～1 500 人、初中为 900～1 200 人、小学为 810～1 080 人。

② 邢剑扬：《走出山区"空壳学校"的无奈选择》，《兰州晨报》2009 年 11 月 30 日。

兴旺的景象不复存在，取而代之的是很多地区近几年建成崭新校舍的闲置、荒废。在我们调查所到的很多地方，有不少2004年、2005年新建的学校被撤并，校门紧锁、学校空无一人，操场上荒草丛生，呈现一片冷清凋敝的景象。

问题之二：寄宿制学校的全面推广

从2000年前后开始，许多地方政府进行了大规模的农村中小学学校布局调整，并将农村地区寄宿制学校建设作为工作的重点。2001年《国务院关于基础教育改革与发展的决定》中将调整农村义务教育学校布局列为一项重要工作，并指出在有需要又有条件的地方，可举办寄宿制学校。2003年9月，全国农村工作会议通过了《国务院关于进一步加强农村教育工作的决定》，提出继续推进农村中小学布局结构调整，努力改善办学条件，重点加强农村初中和边远山区、少数民族地区寄宿制学校建设，改善学校卫生设施和学生食宿条件，提高实验仪器设备和图书装备水平。2004年为实现西部地区"两基攻坚计划"的完成，在国务院领导下，教育部、国家发展和改革委员会、财政部三部委联合颁布了《西部地区农村寄宿制学校建设工程实施方案》，共同组织实施"农村寄宿制学校建设工程"。从2004年起，中央财政投入资金100亿元用四年左右的时间，帮助西部地区新建一批以农村初中为主的寄宿制学校；同时，在合理布局、科学规划的前提下，对现有条件较差的寄宿制学校和不具备寄宿条件而有必要实行寄宿制的学校加快改扩建的步伐，并重点补助未"普九"地区农村寄宿制学校建设。

当前，很多地区都以农村寄宿制学校建设作为学校布局调整的突破口，认为在合并学校基础上建立起来的"九年一贯制"农村寄宿制学校是破解农村教育难题的万应灵丹，似乎农村寄宿制学校就可以解决农村教育中存在的所有问题。的确，在农村地区建设寄宿制学校是实现全社会所吁求的教育公平的一个重要措施，但是这一措施是放之四海而皆准的真理，还是应该在不同的地方视本地实际情况进行有针对性的选择，是一个着实需要探讨的问题。追求教育资源配置方面和教学过程中的平等，主张基础教育阶段平等地让每一个儿童都进入学校，同时缩小学校的质量差别——这种要求平等地对待每一个儿童，让他们接受同样教育的主张，其实是一种"形式平等论"，力图消除差异，实现整齐划一，并不是教育公平的内在要求。机械划一的，崇尚单一性、统一性和标准化的同质性教育是不能适应个人发展的独特性和综合性的，教育公平其目的依然是实现人的全面发展，因此必须站在人的发展和国家发展的高度审视教育公平政策。"教育公平包含教育资源配置的三种合理原则，即平等原则、差异原则和补偿原则。"①我们消除差异，实现整齐划一仅仅实现了教育公平中的平等原则，只有实行对不同情况

① 褚宏启、杨海燕：《教育公平的原则及其政策含义》，《教育研究》2008年第1期，第10—16页。

不同对待时，才是更有意义的教育公平。要实现有差异的公平就必须视不同地区的具体情况，实行多样化的办学形式，而不仅仅是搞“一刀切”，在所有地区撤销教学点而推广寄宿制。

二、研究设计

面对当前各地农村学校布局调整过程中出现的问题，选取一个微观县域内学校布局调整的个案进行研究，一方面能够丰富对于学校布局调整这一教育问题在理论上的认识；另一方面对于实事求是地做好农村中小学布局调整工作，以保障农村义务教育健康发展，对当前提升农村教育质量、促进教育公平和教育均衡发展的实现具有重要意义。

当前，教育政策的制定者们以一种“一刀切”的方式进行的中西部农村地区学校布局调整，对于农村来说究竟会产生一种什么样的长期或潜在的影响，宏观的教育叙述可能没有办法做出令人信服的回答，但是人类学家提出了“小地方大社会”的逻辑，可以让个案研究给这一问题提供一种解释的方式。在一个微小社区中，如费孝通的江村、林耀华的义序村、杨懋春的台头村等，都可以看到大社会的投影和权力的运作过程。作为一个微观县域中对于农村地区学校布局调整的研究，则可以作为一种草根理论(grounded theory)为此提供答案，为宏观教育政策的制定者们提供参考。

近年来，在教育研究领域兴起的个案研究让教育理论界看到了具体微观教育实践的重要性。那种宏观的教育理论自然有它的优点，但也不免让人怀疑宏观理论在不同地方的契合性。这种宏观的教育理论概括，有时候并不适于一个地区和局部的事实，常常存在与教育事实的反差。对于目前正在全面开展的新一轮农村学校布局调整而言，本研究致力于对一个微观县域中的农村学校布局调整工作进行描述。在描述的过程中，可以反思关于教育的事实、概念和发展的看法，也可以发现微观县域中学校布局所发生教育变化的真实。本研究是在中西部农村地区学校布局调整全面开展的背景中，对甘肃省的一个县所做的个案研究，其目的就在于通过一个微观个案的研究来思考，当前正在开展的中西部农村地区学校布局调整对于农村地区教育和学校儿童的真实影响，反思验证宏观教育叙述的真实性，但更重要的是帮助教育政策实施部门实事求是地做好农村中小学布局调整工作。尝试能够用微观个案中所表达出的经验和思考指导当前的教育实践。

三、学校布局调整的必然性分析

(一)学龄人口的迅速减少，产生了尴尬的“微型学校”

农村学龄人口[①]的急剧减少，是多种力量综合影响的结果，其中最为重要的因素：一是由于我国长期执行的计划生育政策有效地控制了农村人口的增长，导致学龄人口急剧减少；二是由于农村进城务工人员增多，以家庭形式举家搬迁的增多，有相当一部分学龄人口流入了城镇地区。前者可归结为政策因素造成的农村学龄人口减少，后者可归结为城市化因素导致的农村学龄人口减少。中国的城市化进程十分迅速，在我国整体人口数量递减的趋势下，人口调控政策无论在城市或农村都具有相同的效力，那么城市化进程中的关键因素——城市人口，必然是通过农村向城镇的迁移来完成的，其结果必然带来农村学龄人口的锐减。

从S县统计局提供的资料可以看出，在1998—2008年的十多年间，S县的学龄人口锐减，尤其是小学生数量的减少非常之快，十年时间大约减少了人口高峰时期的三分之一。原先繁荣的各村小学开始逐渐萎缩，在生源持续减少的情况下，高年级如五六年级学生无法组成一个完整的教学班而被并入其他中心学校，再进一步三四年级也被合并到中心校，这些农村学校渐渐成为名副其实的“微型学校”(见图8.1)。根据S县教育局提供的数据显示，6年后，S县小学在校学生人数只有9 526人，比现在减少34 157人，初中学生人数也会随之减少。同时加上农村人口向城镇不断集中和民工潮的流动这些因素的影响。可以预见，农村小学、初中的办学规模在今后将进一步萎缩。

图8.1 教室里仅有的几个孩子

① 本文所定义的学龄儿童指的是年龄在6～14岁的少年儿童，其中6～11岁的儿童为小学适龄人口，12～14岁的儿童为初中适龄人口。

专栏 8.1 空荡荡的教室

近些年以来，在"希望工程""农村学校改造项目"等各类项目的支持下，目前我们S县的学校已基本不存在危房的问题，前几天省教育厅农村校舍安全评估小组还派兰州理工大学的技术人员刚来评估过，经过这些年的学校基础设施建设，现在你到哪一个学校去感觉都是新新的教室，但进去一看学生很少，教室空荡荡的，真是"房子新了、教室空了、学生少了"(见图 8.2)。

资料来源：2009/11/20，S县教育局办公室主任访谈记录。

专栏 8.2 农村学龄人口迅速减少

我们这所希望小学是由原来在我们这儿插队后来成为大老板的张永生捐资80多万元修建的，最多的时候学校的人数有180多个娃子哩，分为六个年级，是一所完全希望小学，近几年以来随着我们学校生源地的四坝村学龄儿童的迅速减少，现在已经只剩下三十几个孩子了。县教育局通知下学期要把三四年级合并到位奇中心小学，学校就会只剩下一二年级，几乎就没有学生了。

资料来源：2009/04/15，荣生希望小学校长访谈记录。

图 8.2 漂亮的新教室都空着

1."微型学校"的困境之一：学校财政困难

为解决好我国中西部农村地区适龄儿童的就学问题和"留得住"问题，2003年我国政府提出，争取全国农村义务教育阶段家庭经济困难学生都能享受到"两免一补"(免除学杂费、免费提供教科书和补助家庭经济困难寄宿生生活费)，努力做到不让学生因家庭经济困难而失学。2005年年底，国务院决定深化农村义务教育经费保障机制改革。从2006年春季学期开始，免除西部地区农村义务教育阶段学生学杂费，2007年春季学期扩大至全国所有农村义务教育阶段学生。同时，继续对义务教育阶段家庭经济困难学生免费提供教科书，并补助寄宿生生活费。至此我国政府开始在全国范围内实行免费义务教育，作为学校公用经费主要来源的杂费被取消。学校的公用经费也转变为国家通过预算内教育事业费定额拨付，预算内教育事业费包括预算内人员经费和公用经费。预算内人员经费主要用于教师工资，预算内公用经费主要用于学校的日常运行开支，因为预算内公用经费是按照学生的人头数目定额拨付给学校的，因此也被叫做生均公用经费。目前小学生生均公用经费数目为每人每年300元，初中生生均公用经费数目为每人每年500元，这就意味着学生数量的多少直接决定了学校公用经费的多寡。对于这些“微型学校”而言，由于学生数量很少所以生均公用经费的总数就非常少，这使得这些学校的财政困难。

在我们田野调查的过程中，曾经和S县教育局基教科的同志算过账，一所规模是50人的小学，该校一年的公用经费才是15 000元，如果学校规模超过50人还勉强能够维持日常运转，保证冬天的供暖和学校日常的简单开销，基本没有购置新的教学设施和图书的可能，不可能对学校有任何新的投入；如果规模小于50人学校日常的运转就非常困难了。小学的规模只有超过120人的时候，学校才有可能每年对自身有新的投入，学校的教学设备和图书才有可能更新。截至2008年12月底，S县全县87所农村小学，100人以下的有64所，占同类学校总数的73.6%，50人以下的小学有41所，占同类学校总数的47%，小型学校的财政基本上处于一种困顿状态，大部分小学只能勉强维持，根本谈不上发展。

2.“微型学校”的困境之二：教师负担重，教学没有激情

一般认为，学校越小教师的工作应该越轻松，因为所教班级的人数只有十余人甚至几个人，但实际上这些教师的工作量却与我们的想象有着很大的不同。其原因就在于：“麻雀虽小，五脏俱全”，课程要全部开设，课时一节也不能少。但是这种“微型学校”又不可能配备所有课程的专业教师来任教，这主要是由于“微型学校”的学生数量太少，使得教师教学技能施展范围受到了限制，使许多非常专业、优秀的教师无法在自己熟悉的课程领域里从教，哪门课程需要，教师就去教哪门课。因为一所规模大的学校，各科教师基本都是在自己的专业领域进行教学工作，而一个只有十余人的小教学点，不可能配备十余位各个学科的专业教师。一所规模大的学校可以提供各种专长的老师，而一所只有三个老师的学校不可能同时满足对科学、音乐、艺术、戏剧，还有其他基本技能以及环境等多学科教学的要求，有些课程因缺乏相应的专业教师而不得不被取消。但是，教育行政部门规定，“微型学校”的教学安排要与规模大的成建制学校一模一样，可谓是

“规定的课程与课时一个也不能少”。在这种情况下，教学点教师的教学任务量不减反增。因为在难以配备齐全各科教师但又不能不开课的情况下，只有增加已有教师的工作量，加重他们的负担。

3.“微型学校”的困境之三：教育质量低下

由于“微型学校”一般都是位于偏远的农村地区，学校的条件比较艰苦，学校规模小、班额小造成学校财政困难、教师专业成长困难，相对于城区规模较大的学校而言缺乏对教师队伍的吸引力，从而导致这些农村学校教师的流失现象严重。坚守下来的教师绝大多数都是原先的民办教师转正的，一般年龄都偏大，只有极少数年轻教师是近年毕业分来的大中专学生，对于这样一支年龄偏大、专业化程度不高的“民办教师队伍”，其教育质量可想而知，这给这些学校教育教学质量的提高带来了很大的问题。农村教育要发展就必须有一支高素质的专业化的教师队伍，而目前这些村小和教学点的教师大都是民办教师转正的，不论是其学科教学水平还是其专业化程度，相对于目前中西部农村地区基础教育发展的需求和广大农民群众及其子女对优质教育资源的需求来说，都是不能令人满意的。根据县教育局的统计，S县目前农村小学教师队伍中45岁以上有476人，占到全县小学教师的43%，老龄化问题非常严重，急需补充大量的年轻教师。由于当地财政能力有限，同时教育系统的编制已经基本满员，造成了县域内教师编制非常紧张，虽然近年来有大量的高校毕业生可以充实到教师队伍之中，但是面对目前老龄化的教师队伍现实，教育管理部门也束手无策。在访谈中，S县教育局局长表示对目前的教师老龄化问题非常忧虑。

(二)广大农民群众及其子女对优质教育资源的需求

我国各地城乡经济社会发展极不平衡，城乡二元结构矛盾突出。当前，教育发展最突出的问题之一是城乡之间、地区之间，甚至同一社区范围内的教育发展不均衡。这种不均衡一方面体现在各级各类教育的普及率上；另一方面，也是更重要的方面是教育质量的差异。目前，农村中小学虽然通过了国家的“两基”验收，办学条件有了较大幅度改善，但无论是师资水平还是教育教学质量和教学设备等方面，农村中小学都无法与城市学校相比。

随着我国农村人口出生率的下降和农村地区城市化的快速推进，家长的教育观念发生了根本性变化，从以前“政府要我读”转变为“我要读书”、“我要读好书”，农民群众及其子女对优质教育的需求也日益迫切，农村学生希望能够接受优质教育。但是由于长期以来我国不少农村地区中小学布局分散，办学条件差，学校和班级规模普遍较小，复式班过多，教师负担重，教学质量差，难以满足广大农民群众及其子女对优质教育资源的需求，加之目前政府对优质教育资源供给能力的有限性，使得政府希望通过农村学校布局结构的调整来将各地有限的教育资源集中使用，从而优化教育资源配置，避免分散办学时普遍存在的教育资源利用效率低下的问题，提高教育质量和效益。因此，在中西部一些优质教育资源短缺的地区，教育行政部门开始大力调整农村学校布局，迅速撤并那些规模小、质量低、效益差的初高中，希望通过扩大学校规模的办法将各地有限的优质教育资源集中起来，有效改善办学条件、优化师资队伍，从而促进教育教学质量的显著提高，满足广大农民群众及其子女对优质教育资源的需求。像S县这样的西部农业贫困县，也同样存在着优质教育资源稀缺的问题，农村中小学虽然通过了国家的“两基”验收，办学条件比以前有了较大幅度改善，但是与县城学校相比，在师资、教育教学质量方面相差甚远，可以毫不客气地说，当地的优质教育资源基本都集中在城区。教育质量低下的农村学校不但对于教师缺乏吸引力，同样，对于广大农民群众及其子女而言也是没有吸引力的。

(三)原先村村办学校的布局极不合理

1985年5月，《中共中央关于教育体制改革的决定》指出，县教育局开始推行以县、乡、村分级办学，县、乡两级管理为中心内容的农村教育管理体制改革，发动群众集资兴建校舍，改善办学条件，统筹和调整民办教师待遇。以此为契机国家对教育管理体制进行了改革，开始把原先国家对教育统包统管的“穷国办大教育”政策转变为分级办学、分级管理的“人民教育人民办”政策。当时的政策是县办高(职)中、乡办初中、村办小学。“再穷不能穷教育，再苦不能苦孩子”，在S县全境开始兴起了集资办学的热潮，很多农村的老百姓勒紧裤腰带省吃俭用办学校。在“人民教育人民办”的口号声中，S县如同当时中国大地上的很多地区一样催生了大量的新校舍，从而形成了村村有小学的布局状况。以S县花寨乡为例，九个村就有九所学校，尤其是在以S县三中(九年一贯制学校)为中心半径不足1公里的地面上就有四所学校，本来一所学校就可以满足周边学龄儿童上学的需要，但是在建校时完全没有对学校布点的科学统筹和规划，出现了村村有小学、乡乡有初中的局面，这种“一村一校”的学校布局状况在学龄人口高峰期的时候确实让人感到普九工作的成效，今天人口高峰退去、学龄儿童锐减时，我们才看到当时学校布局随意性所带来的问题。

四、S县学校布局调整的过程与模式

(一)S县学校布局调整的过程

第一阶段(2001—2008年)，S县新一轮农村学校布局调整工作的起始尝试阶段。从2001年起学校布局调整逐年进行，2000年全县共有138所中小学校，截至2008年12月底，全县共有中小学103所，也就是说在学校布局调整工作的起始尝试阶段撤并了35所学校。

第二阶段(2009—2011年)，S县新一轮农村学校布局调整工作的全面深化阶段。依据2008年甘肃省基础教育工作会议精神和本县的情况，S县制定了《S县学校布局调整规划》，该规划提出到2011年，S县学校将由103所减少到28所，共减少75所学校，占学校总数的70%(见图8.3)。

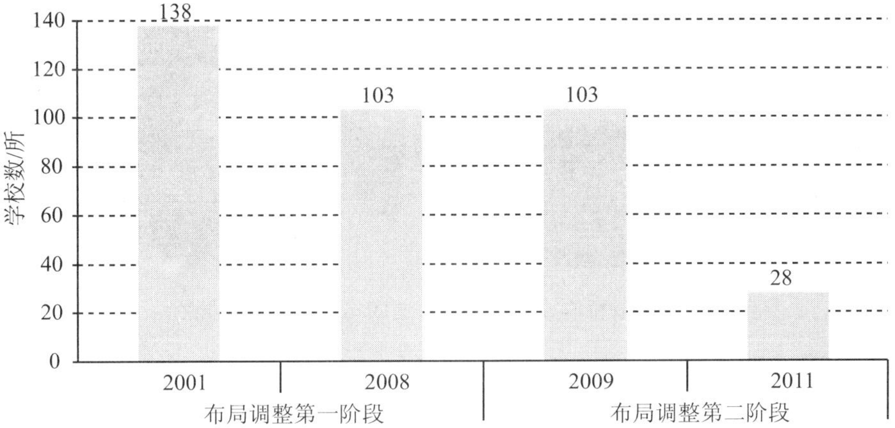

图8.3　S县二次布局调整中学校数变化

(二)S县学校布局调整的主要模式

S县学校布局调整的主要方式是政府首先将若干规模较小的初中撤并后交给中心小学，村小学生进中心校读书，村小撤并后办村屯幼儿园。从布局调整选择的主要模式来看，大致可以划分为一餐走读模式、校车接送模式、一餐走读与校车接送相结合模式和寄宿制模式四种。

1. 一餐走读模式

所有学生都不在学校住宿，早晨学生正常到校，中午在学校吃午饭并进行午休，下午放学之后按时回家。这一模式适用于交通便利、人口居住稠密且学校服务半径相对较小的地区。目前S县清泉镇的北滩丰裕小学就是采用这一模式，因为这一地区位于县城公交覆盖的区域，同时学校的服务半径相对较小。在北滩小学一餐走读模式实行以来，取得了不错的效果，受到了社会各界的好评。

2. 校车接送模式

由教育行政部门给学校配备校车对居住地较远的学生按照上学、放学时间进行接送，学校不提供学生的食宿。这一模式适用于交通便利、人口居住分散且学校服务半径相对较大的平原地区。但是，校车接送模式的问题在于校车的运行成本较高，会加重教育的财政负担。目前S县清泉镇的双桥小学是全县唯一一所实行校车接送的学校，因为双桥小学服务的地区位于交通便利、人口居住分散的平原地区，学校的服务半径为4.5公里。由于校车接送模式的运行成本较高，而且一些地方不断有校车事故出现造成政府领导对校车接送模式的恐慌，所以目前S县的校车接送模式还停留在试点阶段(见图8.4)。

图8.4 双桥学校的校车在接送四年级以下的小学生

3. 一餐走读与校车接送相结合模式

这种模式是将一餐走读模式和校车接送模式结合起来，由教育行政部门给学校配备校车，用校车对居住较远的学生按照早晨上学和下午放学时间进行接送，中午在学校吃午饭并进行午休。这种模式是在一餐走读模式和校车接送模式的基础上发展来的，因为东乐这一地区交通非常便利，同时合并之后学校的服务半径相对较大，结合家长不愿意让办寄宿制学校的现实，采用一餐走读与校车接送相结合模式在这一地区最为可行(见图8.5)。

图8.5 东乐学区漂亮的校车和干净的食堂

4. 寄宿制办学模式

这一模式适用于交通不便、人口居住分散且学校服务半径很大的山区和牧区。2008年9月在酒泉召开的甘肃省基础教育工作会议，会上提出了新一轮教育布局调整要“以撤点并校为基础，以创办寄宿制中小学为突破”的思路，加之西北农村地区特殊的山区地形地貌，所以目前寄宿制办学模式成为甘肃各地区推广的主要学校布局调整模式。

S县目前制定的《基础教育发展规划》和《学校布局调整规划》完全是按照甘肃省基础教育工作会议精神，以撤点并校为基础，以创办寄宿制中小学为突破，坚持“高中、初中阶段学校向县城集中，小学向中心乡镇集中，学前教育向中心村集中，新增教育资源向城镇集中”的规模办学思路展开的，其中尤其突出了寄宿制办学模式的作用。在S县3镇5乡的28所学校中有20所是寄宿制学校，其中寄宿制小学就达到了13所，可见创办寄宿制中小学成为整个S县学校布局调整工作的主要模式(见图8.6)。

图8.6 S县寄宿制办学的窗口——S三中

五、学校布局调整的成效与存在的问题

(一)S县学校布局调整的显著成效

1. 实现了农村学校的规模效益，学校办学条件得到改善

农村中小学布局调整不仅促进了教育资源的合理配置，而且有利于农村学校形成适度规模，提高学校的规模效益。所谓学校适度规模是指在教育的其他条件不变的情况下，学校拥有恰好可以使所有教育资源得到充分和恰当利用，并在不违背教育规律的前提下，保证培养规格、教育质量不受影响的合理限额的班级数和学生人数。因此，学校规模是判断和评价农村中小学布局是否合理的主要标准之一。因为在教育资源一定时，如果学校过多、单个学校规模较小，每所学校就无法发挥规模效益，必然导致教育资源的利用效率低下。农村中小学布局调整后，学校数量减少，每所学校可支配的教育资源大大增加，形成了规模效益，其教育资源利用效率得到整体提高。①

① 范先佐、郭清扬：《我国农村中小学布局调整的成效、问题及对策——基于中西部地区6省区的调查与分析》，《教育研究》2009年第1期，第31—38页。

2. 农村学校布局渐趋集中，教育资源得到整合

在农村学校布局调整过程中，S县教育行政部门迅速撤并那些规模小、质量低、效益差的学校，希望通过扩大学校规模的办法将分散在各地有限的优质教育资源集中起来，有效改善办学条件、优化师资队伍，从而促进教育教学质量显著提高。在农村学校数量减少的同时，县域内农村学校布局逐渐趋向合理，原先分散在各个校点的优质教育资源被整合到了在合并学校基础上建立起来的中心校，提高了教育资源的配置效率，使有限的教育资源发挥出了最大效益。这样可以让农村学生享受到和城里人一样的优质、全面教育。通过扩大学校规模、提高教育资源利用率，从而降低生均成本，提高学校的运行效率，进而实现规模效益。

3. 促进了区域内教育的均衡发展

追求义务教育的均衡发展是近年来我国政府一直致力的目标，是建设社会主义和谐社会、促进社会公平正义的重要方面。通过布局调整，教育资源的配置逐渐趋向合理，学校的规模效益和教育质量也得到了提高，区域内校际之间的差距明显缩小，城乡教育都能得到较大发展，确实促进了区域内的教育均衡发展。农村中小学布局调整以后，一些基础设施较好、教学质量较高的农村中心校，由于投入加大、资源集中，使其办学条件在当地农村学校处于一流水平，其基础设施、师资、教学仪器设备、管理水平等也朝着与城镇水平差距不大的方向发展。在这样的情况下，农村学龄儿童可就近接受高质量、高水平的教育，从长远来看，对缩小区域内、城乡之间的教育差距，对推进区域内、城乡之间的教育均衡起了积极作用。

4. 提高了农村学校的教育教学质量

教育的根本问题是教师问题，提高农村学校教育教学质量的关键在教师。没有一支数量充足、素质优良和结构合理的教师队伍，就谈不上农村基础教育质量的提高。农村中小学布局调整前，很多学校尤其是村小规模过小，部分学校只能开设语文、数学两门课程，其他的课则由语文和数学老师兼任，有些甚至是包班上课，缺少专职的英、音、体、美和计算机老师，师资呈现严重的结构性短缺，教学质量难以保证。农村中小学布局调整使一些规模较小的学校和教学点被撤并以后，各地将有限的教育资源集中使用，从而优化了教育资源配置，避免了分散办学时普遍的教师短缺问题，提高了教师队伍的整体素质，并且通过教师队伍的优化组合，使得各门学科基本上都有了专职教师，同时教师培训和交流学习的机会增加，有利于教师个人的发展和整体素质的提高。布局调整为加强农村教师之间的沟通和交流提供了契机。

(二)S县学校布局调整存在的主要问题

1. 新的上学难

由于盲目追求撤并数量和速度，造成了新的上学难。一些偏远地区的学生，

原来在本村或邻村上学，现在一些学校和教学点撤并后集中到了中心校，到教学相对集中的地方上学，学生上学普遍较远，由于寄宿能力不足，每天至少步行十多里，最远的要到几十公里外上学。学校离家太远的学生需要在学校住宿，虽然国家实行了“两免一补”的政策，但伙食费、交通费等开支超出了当地农民的承受能力。这些校点集中后的寄宿制学校由于盲目追求撤并速度，配套设施跟不上，超员及食宿难等现象严重。一些地方的学校撤并后，学校基础设施建设跟不上，导致大班额现象很严重，教学质量难以保证。在一些地方，由于住宿建设滞后，一些家长只好投亲靠友，或者干脆把孩子“寄养”在学校附近居民家。每月要交上百元的住宿费、生活费，还要给房东“小费”，增加了农村学生家长的负担。学生寄宿、一餐走读或租车接送，家长付出的成本都远远超过了义务教育免学费、书本费带来的实惠。学生寄宿还造成中小学生潜在的安全隐患。集中办学以后，安全成为百姓考虑最多的问题。小学生生活能力、自护自救能力差，非寄宿的学生，家长考虑的是孩子上学路上的安全；寄宿的学生，家长考虑的是孩子在学校的安全。同时，由于当前中西部绝大多数地区实行的主要是以建设寄宿制中心学校为突破口的撤点并校政策，低年级小学生寄宿在中心小学以后，这些刚刚入学的孩子无法在父母身边完成小学阶段的学习，从小就要经受生活上、心理上、身体上的“煎熬”，造成了普遍的家庭教育“缺席”，教育合力很难形成(见图8.7和图8.8)。

图8.7　寄宿制小学学生排队打饭

图8.8　周末租车回家的寄宿制学校小学生

专栏8.3　遥远的上学路途和寄宿增加了家长的负担

自去年秋我们三十里铺的小学合并过来以后，我的丫头和儿子就都在新河寄宿制中心小学住宿了，丫头今年五年级，儿子三年级，一顿饭基本都是两块半钱，一天吃两顿饭就是五块钱(学校没有早餐，所以学生每星期从家里带一些干粮当早餐)，这样一星期下来就是25块钱(按照五天在学校计算)，一个月大概就是120块钱左右，一年按照十个月算就是1 200块钱。现在国家政策好，不收住宿费。娃子们每周要回家，原先是我们村上的有上学娃子们的家长集体租了一个车，周末接送一次，后来学校说不安全就不让了，前一阵学校还找车接送哩，一个学生一来一回是6块钱，这样一个月的交通费大约就是30元，一年下来300元，这样总共加起来就是一个娃子一年下来光吃饭和回家就要花1 500元。

专栏8.4 寄宿的低龄化

我们娃子原来在中河小学上学，去年村里学校搬到了三中，娃子还小(上小学二年级)不会自己照看自己，他的爸爸妈妈都出去打工了，我就在学校附近租了个房子，让他爷爷在家看门务庄农，我来给小孙子做饭照看他，等过几年小孙子长大一些了我就回到村里，和他爷爷一起看门务庄农，小孙子再住到学生宿舍里去，但是现在他这么小我不照看连一口饭都吃不上，娃子太小应该让他们在村里学校念书的。

专栏8.5 撤点并校有利有弊，但一定要坚持

从2000年前后开始，农村小学适龄人口持续下降。农村城镇化水平的提高和大量农村人口向城市转移，常年在城市务工的农民，一旦能够在城市立住脚，他们就会把孩子也接到城市就读，所以学校规模是越来越小了。长期以来城乡基础教育发展不平衡，学校布局调整能够有效地解决这一问题实现城乡教育公平，农村的孩子到乡镇或县城读书，他们就会和城镇孩子一样享受到优质的教育资源，这样一来城乡之间的教育不公平、不均衡发展问题就迎刃而解了。撤点并校确实也有它的弊端，什么事情都可能有利有弊，但要看利弊大小，撤点并校利大于弊，是一件政府、学校和学生三赢的事情，因此我们一定要坚持。

2. 教育资源的巨大浪费

截至2009年年初，S县闲置的项目学校有11所，分别为：

峡口希望小学(邵逸夫基金项目投资为30万元)(见图8.9)；

马营中心小学(希望工程投资为70万元)(见图8.10)；

上河小学(灾后重建项目投资为28万元)；

中河小学(世行项目投资为30万元)；

下河小学(灾后重建投资为25万元)；

东沟小学(希望工程投资为25万元)；

西沟小学(灾后重建投资不详)；

郭泉学校(灾后重建投资为50万元)；

大口子河小学(希望工程投资为25万元)；

上河西小学(希望工程投资为24万元);

下焦湾希望小学(希望小学投资为40万元)(见图8.11);

村小学撤并后，大量教室闲置，造成资源极大浪费。

图8.9 闲置的峡口希望小学空无一人

图8.10 闲置的马营中心小学杂草丛生

图8.11 下焦湾希望小学如今大门紧锁空无一人

S县教育局制定了新的《S县学校布局调整规划》，提出到2011年当地中小学校将从103所减少至28所，也就是说要在现在学校布局的基础上撤并掉75所学校。这些即将被撤并掉的学校中有不少是2004年、2005年新建的学校(在作者走访的其他地区，甚至出现了2008年刚刚竣工的学校2009年就被撤并的现象)。如果按照《S县学校布局调整规划》来撤并学校，将会产生非常巨大的资源浪费。

一方面是撤并学校教育资源闲置状态下的巨大浪费；另一方面是国家又投入巨资在城区兴建中心寄宿制学校。布局调整前分散办学造成的教育资源浪费在布局调整后集中资源办学的过程中同样不能避免。过去“一村一校”是教育行政部门的政绩，现在撤点并校、布局调整又将成为新的政绩，期间只有10多年的时间，这关乎国家巨额财产和农民切身利益的公共政策制定，怎么能使公众相信是经过充分论证、是具有前瞻性的决策呢?公众有这样的疑虑是很自然的，大量荒废的学校和闲置的校舍说明，教育行政部门对于未来十年甚至更为长远的教育发展规划或预测是不靠谱的。经过布局调整的学校，县城和中心乡镇拔地而起的寄宿制中心学校，谁又能保证五年或十年后会不会重新来一轮布局调整。

其实，当时政府在学校布点上撒胡椒面式“一村一校”的做法确实缺乏一种科学的长远规划，人口高峰的变化其实是很容易预测的，但是由于当时县域内实行的是“分级管理、分级办学”的教育行政管理体制，导致县域内教育发展缺乏统筹，县级教育行政部门根本就没有办法规划学校的布局，学校的布局完全就是在一种无序状态之下的行为，缺乏区域教育发展规划的意识，带有很大的随意性。如果当时能够考虑到人口的变化趋势、社会经济的发展等各种影响学校布局的因素，在一种科学的区域教育发展规划的指导之下进行学校布点，就完全能够避免现在的国家教育资源的巨额浪费。同时，由于政府没有规划在先，做到对“希望工程”和各类捐赠的有序安排、有序接受，所以也就造成了后来“希望工程”和各类捐赠投资建设的盲目进行，当今天这些“希望学校”被废弃、闲置时，我们怎么能够向这些善款捐赠者交代?

3.“巨型学校”和“巨型班级”问题

农村学校布局调整的本意在于通过扩大学校规模，将分散的优质教育资源整合起来，提高农村学校的教育质量。对于居住分散的农村地区来说，通过扩大办学规模为全体儿童提供优质的教育资源，确实是提高农村教育质量的有效途径。但是当这一做法推到了极端时，就会出现新的问题。其中包括规模过大造成的学校人力、物力、财力资源使用效率降低，各项资源使用充分性和合理性下降；规模过大给学校的安全管理造成了巨大压力；学校教育教学难度加大，不利于学校教育质量提高。

规模经济理论认为，社会组织的规模扩大和收益之间变化关系不是无限递增的，现实生活中表现为先增、随后短期不变、最后递减的走向，经济学把规模扩大造成收益递减的阶段称为规模不经济阶段。本来将分散的、规模过小的中学撤并，对这些教育资源进行优化配置，使师资和生源集中，确实提高了教育资源的利用效率，实现了教育质量的提高，但是由于学校规模过大，致使这些“巨型中学”可能产生有规模但并不经济问题。尤其是班级规模过大，不能保证教育质量，也就无法达到提高教育资源利用效率的目的。同时，由于学校规模过大对学校安全管理造成了巨大压力，这些规模巨大的学校几乎都集中在城区，学校场地普遍狭小，无法满足从各处集中过来的学生的学习和生活需要，学校安全管理隐患增加，尤其是在寄宿生管理这一块更是让学校投入巨大精力，校内外学生的住宿安全、饮食安全都对学校的管理提出巨大挑战。

4.寄宿制学校的建设

(1)寄宿制学校建设对当地社区的影响。中国传统村落社区的基本人口构成主要有三个部分：即老年人、青壮年和儿童。从20世纪90年代开始，中国社会因为区域经济发展不平衡，产生了东部经济发达而西部经济落后的状况。这种区域间的比较经济利益优势引发了大规模的人口流动。数以百万计的中西部地区农民离开了自己世代生活的土地，走进了陌生的城市开始打工的生活。在劳动力输出大省的农村社区中，青壮年劳动力大量流入城市，导致农村人口的下降和农村青壮年人口比例的下降，农村剩下的留守人口大多数是老人和儿童。随着农村寄宿制学校的迅速发展，这些农村社区的儿童也被集中到建好的寄宿制学校寄宿，这样原先传统村落社区的人口学指标彻底发生了变化，原先人口构成完整的农村社区只剩下老人。这种传统村落社区人口学指标的变化也改变了历史上"乡土中国"的农村社区人口生态和文化生态，这必然导致农村社会生活和社会心理的一系列变化，对农村社会的发展产生了深远的影响。农村寄宿制学校制度使农村社区和家庭功能弱化，降低了社区和家庭对儿童的影响。

农村寄宿制学校建立之后，原先分属不同村落社区的儿童被集中到中心校寄宿，学生与社区的关联趋于淡漠，他们与所在村落的各种联系也日趋疏远，基本上不关心农村的各项相关制度和发生的事情。无论从生活方式的偏好，还是对未来理想的设计，城市文化对于这些孩子来说更加具有吸引力，他们更向往城市，这造成孩子们对于农村社区的认同感下降。同时，现在的农村中小学几乎不能向学生传授能在农村环境中有效发挥作用所需的知识、技能和思想，有些学者称为"城市中心主义"。其结局是农村中小学教育是为上大学做准备的，并没有对提高农业劳动生产率发挥作用，反而使大量有才能的青年离开农村进入城市。"从某种意义上讲，农村教育承担着为城乡培养人才的双重任务。"①遗憾的是，就目前农村教育而言到底是"离农教育"还是"为农教育"，还没有引起足够的重视。农村教育不仅仅是为了让学生离开农村进入城市，同时也是为了能够在真正意义上促进农村社会的可持续发展。

(2)农村地区寄宿制学校对乡村文化传承的影响。社会文化的变迁必然投射于教育，教育自诞生之日起，就天然地与文化有着千丝万缕的联系。在农村地区学校布局迅速调整的过程中，学生都被集中到了寄宿制学校，传统的乡村文化逐渐淡出了人们的视线，学校中的儿童因为远离自己熟识的村落社区，缺乏与传统乡村文化的接触而逐渐对本乡本土文化淡漠，乡村青壮年远离乡村外出打工，而年长者在以经济为中心的乡村生活中逐渐被边缘化。人们开始逐渐远离乡村文化。乡间的自然野趣、老人们的民间故事、过年节丰富的民间文艺活动和热闹的气氛、村民见面的熟识与亲切感都逐渐成为了一个历史的记忆，乡村社会逐渐变得疏远与陌生。

① 盛连喜：《提高农村教育质量的几点思考》，《教育研究》2008年第1期，第29—31页。

现代教育体制下学校教育已成为儿童社会化的主要途径，孩子从小就开始接受以现代文化为主体的现代学校教育，慢慢地接受了以现代性特征为主导的文化价值取向，对自己原先生活的社区文化渐渐生疏，甚至于自觉不自觉地对于传统的乡村文化产生了心理疏离，不愿接受传统的乡村文化。作为传统乡村文化主要传承人的乡村儿童，对传统乡村文化的习得，也让学生学会了一种生活和生产技能，从而为学生职业的选择提供了另一种可能。同时，对乡村传统文化的继承过程是从知晓、了解、传承到热爱的过程，也是学生从精神层面回归本乡本土的心理历程，可以增进对家乡的归属感。

农村地区现代学校尤其是寄宿制学校建立之后，把原先作为各自村落社区传统文化传承主体的儿童集中到了寄宿制学校，这就造成了乡村文化传承主体的缺位。这种文化传承主体的缺位，不但对于整个村落社区传统文化是一种灾难，同时对于这些儿童而言也是一种不幸。农村社区相对于城市而言，被认为是一种平面化的居住形式和“熟人社会”，这对于学生来说有利于学生在一个安全的心理环境中比较轻松快乐地学习，让学生有更多的时间与社区亲近，享受属于自己的童年快乐。能够参与田间地头的劳动，让学生体验到劳动的艰辛和收获的喜悦，培养吃苦耐劳、热爱劳动的精神品质。农村社区的自然生态环境和传统文化生态具有启迪学生智慧和心灵的特殊教育作用。特别是许多交通不便的偏远地区都保留了很多对于学生来说美好的自然生态，农村学生可以在日常的学习和生活中能够接近自然、亲近自然。然而，寄宿制学校的建立使学生远离了自己熟悉的社区，农村学生传统文化的根被切断了。

(3)农村寄宿制学校建设中的标准化、规范化问题。

①学生食宿和卫生健康问题。目前，国家对农村寄宿制学校的资金投入主要集中在学校教学设施的建设上。但是，对于学生的生活保障投入却普遍不足，对学生因寄宿而产生的身体健康和卫生问题较为忽视。学生由走读制变为寄宿制之后，学校相应地由教学功能转变为教学和生活功能相结合的社区，这种学校功能的转变，需要学校对学生的饮食起居、安全保障、学习活动等诸多方面全盘考虑。但是，由于目前农村寄宿制学校尚不规范，缺乏必要的质量标准，教育部门和学校并没有对学生宿舍标准作出必要的规定，对学生的安全、卫生、医疗等方面缺乏必要管理。

调查中发现，许多农村地区寄宿制学校食宿条件差，后勤配套设施无法到位，许多学校宿舍都很紧张，有的学校20多个学生挤在仅有10平方米的小房间里，十几个孩子挤在一个大通铺上，并且过道狭窄还堆满了杂物(见图8.12)。许多农村学校的厕所都离宿舍有很长一段距离，学生晚上上厕所都要跑很远的距离，致使有的学生为少上厕所干脆下午就不喝水，尽量吃水分少的食物，学校也

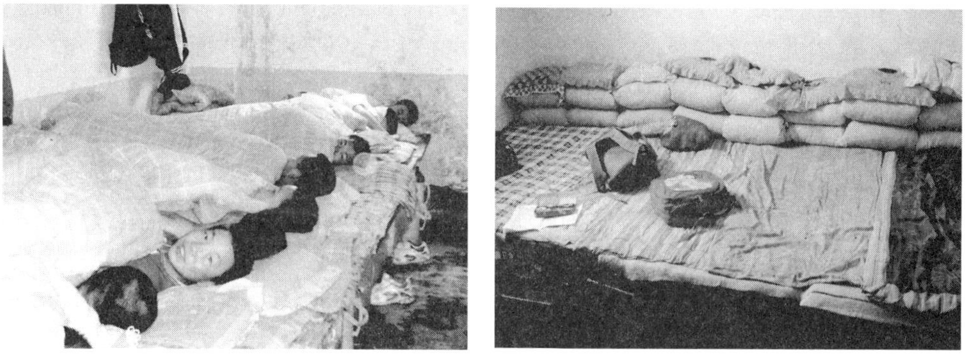

图 8.12　简陋的寄宿制学校学生宿舍

没有修建洗澡堂，学生住校期间无法洗澡，这对于处在成长发育阶段孩子的身体健康来说造成了极大的影响。由于学校寄宿条件艰苦，而且年龄很小就在学校寄宿，很多学生遇到了生活自理问题。

同时发现，贫困地区农村学生普遍营养摄入不足。目前，贫困地区农村寄宿制小学的学生，其营养素摄入量偏低的现象极为普遍，且与国家推荐的膳食营养素摄入量相差较大。许多学生的早餐都是从家里带来的干粮，几乎就没有什么营养可言。这种营养摄入不足的饮食，对于正处在生长发育关键时期的孩子来说影响无疑是巨大的。

②生活教师的缺乏。按照国家规定，小学每 50 名学生、初中每百名学生需要配备 1 位生活教师。但是，目前农村寄宿制学校生活教师不足乃至缺编是普遍存在的现实，特别是由于农村教师编制紧张，许多学校不能设置专门的生活管理教师。致使本应该由生活教师来做的工作全部集中到了班主任和任课教师身上，他们既要给学生上课，又要管理学生日常生活，管不了也管不好，同时增加了教师的工作量。在所调研的农村寄宿制学校，许多教师反映除了每天要上课以外，还要照顾学生的生活，工作实在太累了。目前在有生活教师配备的地区，由于各方面条件的限制，农村学校生活教师培训制度也没有建立起来。农村寄宿制学校生活教师基本没有接受过专业的培训，缺乏对生理、心理处于发展时期的寄宿学生进行有针对性管理和教育的基本知识，使得生活教师对寄宿制学校学生的管理处于低级的纪律管理层次。

(4)寄宿制学校环境对于儿童健康人格养成的影响。从家庭进入寄宿制学校对于儿童尤其是低年级小学生来说是一个充满了挑战的发展转折期。在此期间，儿童不仅要面对和父母家人的长期分离，还要学会适应陌生的教师、同伴和寄宿制学校各种新的物理环境。在进入寄宿制学校之后，儿童面临着一个全新的生活环境，在这里没有父母家人的日常照顾，没有自己熟悉的生活环境，一切都是全新的，在这里儿童面临着亲子分离、自我管护和社会交往各方面的压力，这些压力对于儿童健康人格的养成有重要的影响。

亲子关系与儿童社会行为的关系一直是发展心理学中一个重要的研究领域。父母一直被认为是儿童社会生活中的重要他人。大量研究表明，拥有高质量的亲子关系的儿童通常表现出比较高的社会技能和较少的问题行为。① 有研究者提出，亲子关系是造成儿童发展问题和心理病理问题的最有影响力的因素。②

在大规模的农村中小学校布局调整开始之后，把原先布点比较分散的农村学校合并，建设了一批农村寄宿制学校，使这些原先从未离开过家庭的孩子离开了自己的父母家人进入寄宿制学校学习。家庭是孩子成长的第一课堂，与父母亲子关系的断裂对于他们来说意味着什么呢？家庭教育对于他们来说基本就没有了，这样就容易造成心理与学习方面的一些问题，从而会对学生健康人格的形成产生极为不利的影响。

六、农村学校布局调整政策发展的演变过程分析

(一)学校布局的一村一校时期

“分级办学、分级管理”体制是为了适应1978年以来农村经济体制改革发展需要，是为了适应当时“分灶吃饭”和“财政包干”的财政制度的产物。“划分收支，分级包干”财政管理体制是为了刺激地方政府发展经济的积极性而设立的一种竞争性的制度安排。从这一制度的设计取向上看，体现出的是一种“效率优先”的思路，在这种财政管理体制框架中出台的“分级办学、分级管理”基础教育管理体制，同样体现出政府在公共教育政策制定上的“效率优先”思维，致使效率成为自1985年以后教育改革的一个重要价值向度。在追求效率的公共教育政策出台之后，各级地方政府总是通过中央集权国家的制度刚性把教育事权层层下卸，导致在公立学校系统内出现了“县办高中、乡镇办初中、村办小学”的分布格局，农村义务教育管理进入了“乡镇化时代”。为了“让所有适龄儿童有学上、有书读”，各地乡镇政府努力筹措资金，发动群众集资兴建校舍，改善办学条件，在一轮捐资兴学的热潮之后出现了村村有小学的局面，但是这一局面的背后却是政府“效率优先”的公共教育政策取向与广大农民群众对农村基础教育的巨额投入。

---

① Barry H. Schneider, Leslie Atkinson, Christine Tardif. Child-parent attachment and children peer relations: a quantitative review. *Developmental psychology*, 2001, 37: 86-100.

② Peter J. Lafrenière, Marc A. Provost, Diane Dubeau. From an insecure base: parent-child relations and internalizing behavior in the preschool. *Early Development and Parenting*, 1992, 1(3): 137-148.

(二)学校布局调整时期

1994年实行的“分税制”改革，其主要目的是解决中央政府财力不足的问题，在层层上收财政权力的同时，并没有压缩乡镇财政的事责范围。“分税制”造成的乡镇财政刚性支出缺口增大，直接成为了后来加重农民负担的制度性诱因。在乡村社会的利益博弈格局中，乡镇财政在财力有限的情况下，面对着机构林立、人员膨胀以及文教卫生等诸多旺盛的刚性支出需求，就必然要通过增加农民负担来维持乡镇政府所辖各个机构的正常运转，这就造成了当时农村基层政权的不稳定。在这一时期农村干群关系极为紧张，出现了很多影响社会稳定的大规模群体性事件，严重干扰了良好的经济发展环境。为了扭转这一局面，中央政府从2000年开始，先是在安徽省试点，然后在全国范围内逐步推行以减轻农民负担为政策目标的“税费改革”。这一改革的实质就是在中央政府的有效控制下，对农村社会中国家(乡镇政府)、集体(行政村)和农民三方利益结构关系进行的一次调整与重组。“税费改革”当然减轻了农民负担，但同时这也意味着乡镇财政的又一次重大“减收”。

在“税费改革”之后，乡镇财政的锐减也就从制度上造成了对农村学校教育投入的不足，同时由于教师工资上调、学校基建负债及“一费制”造成学校收入减少等因素的交互影响，这一时期的农村学校大都陷入公用经费短缺、难以正常运转的艰难困境之中。面对着“税费改革”后凸显出来的农村学校危房、拖欠教师工资和巨额教育债务问题，中央政府不得不做出应对之举。2002年，《国务院办公厅关于完善农村义务教育管理体制的通知》明确规定了省、(地级)市、县(区)、乡(镇)、行政村各方教育责任范围的同时，又明确提出了乡镇政府不再负有教育投入的责任，农村义务教育实行“以县为主”的基础教育管理体制。至此“以县为主”的农村基础教育管理体制得以正式确立，“分级管理、分级办学”的体制退出了新中国教育发展的历史舞台。

在“以县为主”的教育财政管理体制中，中央和省级政府对农村义务教育只负有规划、制定标准和督导的责任，地市级政府除了负有向特殊贫困地区的县级政府实行转移支付责任以外，基本上只发挥检查和督导功能。“县”级政府则承担了发展辖区内基础教育的主要职能。“以县为主”的农村义务教育财政管理体制为长期以来投入严重不足的农村基础教育打开了新的局面，确保了农村义务教育的投入不低于税费改革以前的水平。但是实行“以县为主”管理体制后，许多农业大县财政困难，“主”不起义务教育经费需求，致使长期存在的县级财政能力薄弱问题更加突出。为解决这一问题，中西部地区很多以农业为主的县开始通过农村学校布局调整来提高教育投资的规模效益，以减轻县级政府和教育部门的财政压力。

毫无疑问，“以县为主”的农村义务教育投入管理机制在很大程度上改善了“分级管理、分级办学”所造成的农村义务教育困境，但是由于中西部很多地区县级财政保障能力有限，基础教育经费投入给各级地方政府带来了巨大的财政压力，县及县以上政府希望通过农村中小学布局调整，提高资源利用效率，减轻财政压力，所以从2001年我国开始实行“以县为主”的教育财政和管理体制开始，各级地方政府就把学校布局调整作为应对“税费改革”后政府财政压力的一项重要公共教育政策推广。当然，减轻县级政府和教育部门的财政压力也并不是农村学校布局结构调整的唯一原因。农村学校布局结构调整是由于农村学龄人口锐减、农村学校布局分散、规模小、质量低等多方面原因共同作用的结果，但是不容质疑的是，各级政府尤其是县级政府在面对巨大财政压力的情况下，对教育规模效益的追求则是农村中小学布局调整的初始动力。因此，我国农村地区从2001年开始的新一轮学校布局结构调整这一政策明显带有追求效率的取向，依然是一种公共教育政策制定中的“效率优先、兼顾公平”思维。

（三）四个集中的开始

2005年12月，《国务院关于深化农村义务教育经费保障机制改革的通知》，正式推出了以加大中央财政转移支付力度为核心，以省级政府负责统筹和落实辖区内农村义务教育经费为抓手的“农村义务教育经费保障新机制”。在“省级统筹”体制下，农村义务教育投入的基本原则是：“明确各级责任、中央地方共担、加大财政投入、提高保障水平、分步组织实施”，最终目标则是逐步把农村义务教育全面纳入公共财政保障范围之内，从而建立起中央和地方财政“分项目、按比例”分担农村义务教育经费的财政保障机制。“省级统筹”体制，启动了农村义务教育免费的划时代进程，使我国农村基础教育的发展得到了国家财政的强力支持，真正实现了农村教育由“人民教育人民办”到“人民教育政府办”的历史性转变。

农村教育财政投入体制从“以县为主”到“省级统筹”的变化，其实质上是农村基础教育财政保障责任的上移，这对于我国农村基础教育的发展具有非常重要的意义，因为这种教育财政保障主体的上移使得农村基础教育保障能力大大加强。但是“省级统筹”政策的出台，由于义务教育经费保障责任的上移，同样也加重了省级财政的负担，这对于东部发达省份来说没有什么，然而对于中西部地区的农业大省而言却给省级财政带来了巨大的压力。在这样的背景下，中西部省份的政府希望通过扩大学校规模来降低生均成本从而提高教育规模效益，以便缓解这种财政压力。从经济学角度来看，就是希望用尽量少的劳动消耗取得尽量多的有用成果。基于这样的考虑，在中西部地区的农业大省，由所在地区的省教育厅直接牵头来推动当地的农村学校布局调整，许多地方教育行政部门在省教育厅的直接指导下提出了“一乡一中心，中学进县城”的教育发展规划，在学校布局调整的过程中通过把小学集中到乡(镇)中心校，把中学全部集中到城区的做法，扩大学校规模、提高教育资源利用率，从而降低学校的管理运行成本，提高教育的规模效益。以西部经济发展落后的甘肃省为例来说，2008 年 9 月在酒泉召开的甘肃省基础教育工作会议就提出了新一轮教育布局调整要以撤点并校为基础，以创办寄宿制中小学为突破，坚持“高中、初中阶段学校向县城集中，小学向中心乡镇集中，学前教育向中心村集中，新增教育资源向城镇集中(简称为四个集中)”的规模办学思路。在笔者的田野调查中看到，现在甘肃河西的有些县已经不办高中了，高中被搬迁至所在地级市了。① 同样还有地处西北的宁夏回族自治区，已经从 2006 年开始撤并了南部山区的所有中学，在自治区首府银川市建设几所学生人数超过万人的“巨型中学”，山区的学生全部集中在这些学校就读。② 我们可以看到，“省级统筹”的农村教育财政投入新体制实行之后，学校布局调整由原先的县域内教育行政部门根据自己的实际情况展开工作，已经发展成为一种由省级人民政府主导、自上而下、全面涉及城乡基础教育的运动。

当前发生在我国基础教育领域的农村学校布局调整，在政策取向上教育行政部门不能简单地以农村学校数量的减少和中心学校规模扩大等这样一些提高教育效率、实现规模效益的指标来衡量农村学校布局调整工作的成效，而应该把重点放在城乡教育均衡发展、农村优质教育实现上，只有做到实现城乡教育公平和追求规模效益的统一，才能保证农村地区义务教育的健康发展。因此，在农村学校布局调整过程中，不能为了减轻财政压力而扩大学校规模来降低生均成本实现教育规模效益。地方教育行政部门一定要根据本地区的实际情况，在多方调研、听取方方面面意见的基础上，科学制定符合本地区实际的学校布局调整规划，以一种内生的草根形态温和、稳妥地推进农村中小学布局调整。同时，上级主管部门也应该取消以学校数量减少和寄宿制学校建设推广等硬性评价指标，改变单纯追求教育效率的政策思路，在教育公平与教育效率之间寻求一种平衡，用教育公平与教育效率并重的思路来指导农村学校布局调整工作的健康进行。以笔者选取的田野点 S 县为例来说，学校布局调整工作就应该按照每个乡镇的人口分布(村落分布)、道路状况(交通是否便利)、自然条件(山区或平原)等方面，在充分论证的基础上制定符合本地实际情况的学校布局调整规划和调整后学校的办学模式(一餐走读模式、校车接送模式、一餐走读与校车接送相结合模式和寄宿制模式)。

---

① 甘肃省敦煌市所辖的阿克塞县县内高中搬至敦煌市，阿克塞县不办高中了。

② 从 2006 年开始，宁夏回族自治区教育厅撤并了南部山区所有中学，在银川建起了学生人数超过万人的六盘山中学和育才中学。

结语

在整个农村学校布局调整工作的开展中，扩大学校规模、提高教育资源利用率是一个必然过程。对于区域教育发展的决策者而言，关键问题不是讨论学校布局是否需要调整、学校规模是否需要扩大，而是要结合当地的实际情况制定科学的区域教育发展规划和学校布局调整规划，借鉴国内外关于学校布局调整和学校适度规模的一般性结论，慎重考虑学校布局如何调整、学校应扩大到何等规模以及如何扩大的问题，不能千校一面地走上城镇寄宿制学校盲目扩张建设的道路。同时要在农村学校布局调整这一公共教育政策的实施过程中，充分遵循教育公平与教育效率并重的原则，在规模效益与公平正义之间要有一个平衡，在理性与价值博弈的过程中能够趋利避害，解决好公平与效率之间的矛盾。

(一)关注教育效益追求中的价值取向

研究者们普遍认为，通过农村中小学布局调整取得了明显的效果，促进了教育资源的合理配置，提高了教育资源的利用效率。农村中小学布局调整之后，一些规模较小的学校和教学点被撤并以后，各地将有限的教育资源集中使用，从而优化了教育资源配置，避免了分散办学时普遍存在的教育资源利用效率低下的问题。各地农村中小学的学校规模明显扩大，每所学校可支配的教育资源大大增加，形成了规模效益。这些研究都是从经济学的视角出发的，关注的主要是效率、经济等问题，没有在真正意义上理解教育效益究竟是什么。教育作为培养人的一种活动，学校组织也有别于其他生产组织，所以理解教育效益也就不能仅仅从经济角度出发以最小化的成本追求最大的利益。学校作为培养人的机构，最小化其成本以追求利益最大化不是最终目的。我们反省义务教育的基本理念，即义务教育的目的和价值，义务教育的目的既在于促进国家和社会的发展，又在于促进个体的生存和发展。因此，脱离了教育的价值诉求去思考教育效益是没有任何意义的。一味地追求数量与效率就会丧失对于教育本体功能的关注，也就谈不上育人和促进社会发展，而是会走上“学校工厂”的歧路。

中西部地区学校布局调整确确实实提高了教育资源的利用效率，农村中小学的学校规模明显扩大，每所学校可支配的教育资源大大增加，形成了规模效益。但是“撤点并校”所产生的学校、班级规模的急剧扩大，是否在真正意义上带来了教育效益提高。提高教育效益不仅仅是降低生均成本和提高各项资源的使用效率，如何致力于学生的全面发展，如何致力于优质的教育服务才是全面提高办学效益的体现。应该正确认识、科学理解国家的农村中小学布局调整政策。农村中小学布局调整绝不等同于“撤并”或“收缩”，而是应该以促进当地农村义务教育的健康发展，保障农民子女尽可能接受到高质量的基础教育为根本出发点，科学合理地“撤”、“并”或“调”、“增”农村中小学。各地方政府必须科学、全面地理解学校布局调整政策，深刻地领会政策背后所代表的是广大农民群众及其子女教育的根本利益，并真正认识到衡量学校布局调整成功与否的关键，是各项调整工作与措施的结果都必须围绕着有利于在确保农村义务教育普及的基础上，最大程度地优化和整合农村教育资源，保障更多的农村学生能够接受到优质的学校教育。① 在追求教育效益最大化的同时，要能够关注公共教育政策实施中的价值取向。

(二)关注教育公平目标实现过程中可能引起的新的不公平现象

撤点并校、学校向城区集中，带来的直接后果是在城区出现了很多“巨型学校”和“巨型班级”，尤其是县城的高中，学生人数达五六千人、近万人的中学已不在少数。如此巨大规模的学校，给管理、学校文化营造和校风建设以及教育资源的再分配等方面都带来了新的问题。学校过于集中也为居住分散的农村学生带来了不便，不仅路途遥远，也存在着安全隐患，加重了家长和学生的负担。学生寄宿、一餐走读或租车接送，家长付出的成本都远远超过了义务教育免学费、书本费带来的实惠。经济负担的加重又成为学生失学和辍学的原因之一。

为了适应集中办学，解决上学路途遥远的问题，发展寄宿制学校成为目前西部农村地区学校布局调整所采用的普遍做法。寄宿制学校又带来了新的问题，因为大部分学校离寄宿制的标准化、规范化水平还有很大的距离，不能满足学生寄宿的基本要求，如宿舍、就餐、饮水、洗漱、卫生等条件都比较差。十几个孩子甚至几十个孩子挤在大通铺上，条件非常简陋，后勤配套设施无法到位。即使这种住宿条件还不能满足所有学生的寄宿需求，因而城镇里出现了大量的陪读者。陪读者大都是学生的爷爷或奶奶，他们在学校边上租房做饭、陪孙子上学。农村变成什么样子了！孩子父母外出打工，爷爷奶奶在学校陪孙子读书。撤点并校、集中办学迫使农村留守的老人和小孩也进入城镇，农村则是房屋上锁、田地撂荒，一片凋敝景象。

高中生寄宿不足为奇，初中生寄宿管理上难度就很大了，现在在很多地方已经开始推行小学生寄宿，六七岁的孩子就要远离父母，在学校独立生活。即使学校的物质条件、管理水平很好了，也不能替代孩子和父母的亲子关系。孩子从小学到高中度过 12 年的寄宿生活，对于他们的心理发展会产生什么样的影响，这个问题似乎教育行政部门和学校并没有长远的考虑。有专家建议应该给集中办学后的学校配备校车，接送孩子上学。确有部分学校这样做了，如果学校自己买

---

① 庞丽娟、韩小雨：《农村中小学布局调整的问题、原因和对策》，《教育学报》2005 年第 4 期，第 90—96 页。

车，车辆运营的成本太高，租用社会车辆接送孩子，车辆安全性、司机资质没有保障，营运者为了降低成本常常严重超载。也有家长合租农用车接送孩子的，挤满了孩子的敞篷农用车颠簸在崎岖的山路上，谁又为他们的安全负责呢？在发达国家我们常能在街上看到黄色的校车，车里座位的高低、安全性都是专为孩子设计的，对驾驶校车的司机有更为严格的资质要求。同时对于寄宿学生来说，也失去了和父母兄弟姐妹一起亲情融融的权利，尤其是低年级小学生由于缺乏和父母的交流与沟通，平时面对的只有老师和同学，造成了农村寄宿制学校学生亲子关系的断裂，对于正处在人格形成关键期的儿童来说，任何其他关系都没有办法替代父母与他们的亲子关系，这种与父母亲子关系的断裂对于他们来说意味着什么。农村学校布局调整过程中，撤点并校最充分的理由就是提高办学效益，最动人的表述是让农村学生和城市学生一样享受到优质的教育资源，从而促进教育均衡发展。为什么优质的教育资源不能到农村去？为什么吃亏的总是农村孩子？以公平正义为诉求的公共政策是否会引起新的不公平？本来农村学校布局调整是决策部门面对公平正义理想和资源有限的两难做出的选择，其目的就是要在公平与效率之间寻找到一个平衡，既能够提高资源的利用效率、实现规模效益，又能够实现教育公平。然而对于规模效益的过度追求，导致规模效益与公平正义的天平更多偏向了规模效益。

首先，中小学布局调整要保证方便学生就学。无论是扩大学校规模，还是优化教育资源配置，其基本前提是学生就学方便；以牺牲学生就学、降低普及程度为代价调整中小学布局、提高办学规模和效益，不符合教育事业发展的本质要求，也损害了人民群众的根本利益。其次，中小学布局调整要因地制宜，实事求是。无论是制定调整规划和方案，还是在具体实施工作中，都必须从当地经济和社会发展的实际情况出发，综合考虑人口密度、地理环境、交通状况、生活习惯等因素，认真调研，科学论证，切忌一哄而起，搞“一刀切”。《国务院关于基础教育改革与发展的决定》指出：“因地制宜调整农村义务教育学校布局，按照小学就近入学，初中相对集中，优化教育资源配置的原则，合理规划和调整学校布局。农村小学和教学点要在方便学生就近入学的前提下适当合并，在交通不便的地区仍需保留必要的教学点，防止因布局调整造成学生辍学。”无论是扩大学校规模，还是优化教育资源配置，其基本前提是学生就学方便。所以各地区学校布局调整应当根据自己的实际情况，在保证学生方便就学的前提下将教育资源配置到最能发挥其效益的程度，使教育资源得到最充分的利用。

(三)科学制定区域教育发展规划和学校建设国家标准

将某一地区的农村学校全部撤并集中到城镇，建成寄宿制中心学校的做法，事实上是一种“农村教育全部积聚到城区集中办学”策略的反映，是一种以城市教育替代农村教育的思想。这种做法会造成国家多年以来对农村基础教育建设的投资付之东流，出现了城区教育资源紧张与农村教育资源闲置并存的结构性浪费。笔者在中西部很多地区调研的过程中发现，农村学校在向城区迅速集中的过程中，一方面是国家在大规模地投资兴建城镇寄宿制中心学校；另一方面是撤并农村学校后大量闲置或废弃的中小学校舍，这种浪费现象的出现就是因为长期以来政府对区域教育的发展缺乏详细的考察和分析、未能进行科学合理的规划所造成的。农村中小学布局调整规划是国家、地区为农村中小学合理布局而做出的具有全局性、长远性和根本性的谋划与决策。因此，规划的制定与执行必须严肃、准确和科学。①

目前在新一轮农村学校布局调整过程中，地方教育行政部门一定要科学地进行区域教育发展规划。改变传统的自上而下的规划方式，当规划的草案完成之后，为了使规划能够真正达成预期的教育政策目标，能够解决教育一线工作人员所面临的实际困难和问题，应该考虑在自上而下规划草案的基础上，多方听取基层各方人员的意见，进行自下而上的微观规划，从具体现实出发使教育政策目标能够在现实中得到贯彻，使理想与实际能够结合起来。采取自上而下和自下而上相结合的规划方式来制定规划草案，就可以在无形中纳入多方意见和看法，最后由规划小组成员进行整合，形成完整的书面规划草案。这种将自上而下和自下而上相结合的规划方式，既可以使教育规划处在教育政策的框架之中，又能够与某一地区的实际情况相结合，从而使得制定的教育规划在实现政策目标的同时更具有针对性。

在当前制定区域教育发展规划时，要改变以往自上而下的规划模式，一定要做到将自上而下和自下而上两种规划方式结合起来。对于县级教育行政部门而言，甚至应该更多地采用自下而上的草根规划方式，根据县域的实际情况制定出更加符合本地实际的县域教育规划。这种自下而上的草根形态教育规划方法将以一种不同于以往的规划方法进行，根据当地情况的具体分析而创建出适应于各个县域实际情况的具体的工作目标和任务。这种分析(至少对基础教育领域)将很大程度上基于每个县基础教育发展的信息、目标及任务。在新一轮农村学校布局调整过程中，同样也应该强调自上而下和自下而上两种规划方式的结合，不能简单的根据国家学校布局调整政策制定的自上而下教育规划，生吞照搬自上而下教育规划中将目标规划简化为学校数量的减少的极端化做法。

在农村学校布局调整的时候，既要考虑人民群众接受优质教育的要求，又要

① 范先佐、郭清扬：《我国农村中小学布局调整的成效、问题及对策——基于中西部地区6省区的调查与分析》，《教育研究》2009年第1期，第31—38页。

方便学生入学，根据社区适龄学生人口、教育需求、合理布点，不给家长和学生带来过多过大的困难。更多地从教育的角度即如何提高办学质量和保护农村学生的学习权利出发考虑学校的合并，而不是单一地考虑财政困难，更不能只为了完成所谓的指标。如果没有妥善的解决办法，不应该因为某些政绩上的理由人为加快学校合并的进程或者盲目裁撤学校。对学校的合并，也不应该不经科学论证仅凭主观臆测就规定合并的数量和合并后学校的规模。目前国内对学校适度规模的研究相对缺乏，而国外对学校适度规模的研究相当全面、系统和深入。教育理论界应积极借鉴国外的研究方法和经验，加强这方面的研究，为科学地制定学校布局、学校规模、班级规模、寄宿制学校等国家标准提供依据，使学校布局调整和学校建设规模有理论和政策依据。

【本报告撰写人：白亮。作者单位：西北师范大学西北少数民族教育发展研究中心】

第9章 职业教育公益性与农村职业教育发展研究

概 要

一段时期以来，人们对职业教育的公益性问题认识不足。20世纪90年代中期之后的一段时期内，一些地方或部门职业教育的财政性经费比例逐年减少，向受教育者收取的学杂费逐年增加，职业教育公益性质开始弱化。但是随着我国职业教育发展的重要性日益凸显，及其面临的诸多困难和问题，人们开始重新探讨职业教育的公益性问题，但这也不过是近一两年的事情。研究职业教育公益性及实现形式是破解职业教育改革发展难题的关键。中央层面反复强调要大力发展职业教育，但在实际工作中却面临着地方响应不足、政策体系不全、行业企业积极性不高等诸多困惑和矛盾。综其原因，理论与实践领域对职业教育的公益性质认识不足，政府履行职责不清，公益性实现形式单一等，都有很大的关系。因此，加强职业教育公益性质及多元实现方式的研究，是现阶段职业教育发展必须解决的首要问题。本研究报告分为三个部分。第一部分从历史与现实的角度阐明职业教育公益性与职业教育发展之间的关系，突出研究职业教育公益性问题的重要性；第二部分重点阐明职业教育公益性的内涵与实现机制；第三部分对我国现阶段职业教育公益性的实现状况进行测量，并提出了提高职业教育公益性的总体思路。

一个判断：中国职业教育问题主要是农村职业教育问题

以往对农村职业教育概念的理解大多是一种狭义的理解，主要是一个地域概念，指发生在农村地区，以农村人口为对象，对各种岗位所需要的就业者进行教育和培训而进行的教育。在城乡一体化背景下，这种理解具有了片面性，《教育规划纲要》也有了加快发展面向农村的职业教育的提法，而并没有运用加快发展农村职业教育这一提法。因此，需要对农村职业教育内涵、外延进行扩展。在笔者看来，农村职业教育内涵至少可以从以下几个方面来进行理解：第一，地域概念。发生在农村的职业教育都可以称之为农村职业教育；第二，服务对象概念。在城市以农村学生为招生对象的职业学校也可纳入农村职业学校的范围，据有关统计，许多城市职业学校的农村生源比例已经达到了50%；第三，功能概念。服务于农村，为三农服务的职业教育都可以纳入到农村职业教育的范畴。这种大农村职业教育观大大拓展了农村职业教育的外延，也淡化了城市职业教育和农村职业教育的界限。事实上，这种大农村职业教育观也很难再把城市职业教育与农村职业教育截然分开，这种区分既没有必要也是徒劳的。此外，我国职业教育的实际发展状况也决定了采用这种大农村职业教育观是必要的。据统计，2010年县级及以下地区的初中毕业生占全国总毕业生数的80%还多，因此，中等职业教育的潜在生源主要集中在农村。并且城市初中毕业生升入普通高中的比例远远高于县城及以下地区的初中毕业生升入普通高中的比例，没有升入高中阶段教育(包括普通高中、职业高中、普通中专和技工学校)的初中毕业生也主要集中在农村。据《中国统计摘要2011》的统计数据显示，2010年我国初中升入各种高中阶段学校的毕业生比率为83.3%，这意味着每年还有将近300万的初中生进入不了高中。而这之中，由于城乡差异，大部分都是农村初中生，这部分初中生也需要接受一定的职业培训。所以我们说，中国中等职业教育的主体是农村中等职业教育。基于此，本研究采用这样一种大农村职业教育观，在概念的使用上没有用农村职业教育而直接用了职业教育的概念，并以此来论述中国的农村职业教育问题。但为了突出问题，在有必要也有可能分开的地方，笔者还是用了农村职业教育这一概念，如果没有特殊说明，这种使用一般是在狭义理解的意义上使用的。

一、研究背景：公益性质的衰落与职业教育发展的困境

(一)职业教育供给制度的变迁与职业教育的起伏——历史钩沉

供给原指把生活中必需的物资、财产、资料等给需要的人使用，也指按一定规格供应或作为伴随物而配给。职业教育供给是指职业教育作为一种产品，如何

生产、提供给受教育者的过程，包括管理与投入制度、学生资助制度、就业制度等。职业教育供给制度的不同，直接影响到受教育者的教育需求的变化以及教育选择的改变，对职业教育的发展起着重要的制约作用。新中国成立后，我国职业教育的供给制度经历了几个比较明显的发展阶段。

1. 公共产品阶段(新中国成立到改革开放前)

(1)管理与投入制度。新中国成立初期，为了解决国家建设所迫切需要的中级和初级技术干部问题，迫切需要发展中等技术教育。1951 年，政务院公布的《政务院关于改革学制的规定》明确规定了中等技术学校在学校系统中的地位。1952 年 3 月《中央人民政府政务院关于整顿和发展中等技术教育的指示》，要求各类各级中等技术学校应在统一的方针下，由各级人民政府教育部门与各有关业务部门分工领导。所需经费，按三级财政制度分层负责解决，中央、大行政区及省(市)人民政府的有关业务部门将技术教育经费作为建设资金的一部分列入自己的预算。1953 年，全国中等技术学校的调整整顿工作基本完成。1954 年颁布《中央人民政府政务院关于改进中等专业教育的决定》，对各类中等专业学校实行全国集中统一的教育行政体制，提出中央各有关业务部门应对所属中等专业学校实行直接领导，不再转托给下层机构。同年发布的《中等专业学校章程》规定，中等专业学校的经费，由主管业务部门拨给。

1958 年 4 月，中共中央发布的《中共中央关于高等学校和中等技术学校下放问题的意见》中提出："为了切实加强党对于高等学校和中等技术学校的领导，为了使这些学校培养出来的人才更加适合各地社会主义建设发展的需要，除少数综合大学、某些专业学院和某些中等技术学校仍旧由中央教育部或者中央有关部门直接领导以外，其他的高等学校和中等技术学校都可以下放，归各省、市、自治区领导。"同年 8 月《中国共产党中央委员会国务院关于教育事业管理权力下放问题的规定》指出："今后对教育事业的领导，必须改变过去条条为主的管理体制，根据中央集权和地方分权相结合的原则，加强地方对教育事业的领导管理。""小学、普通中学、职业中学、一般的中等专业学校和各级业余学校的设置和发展，无论公办或民办，由地方自行决定。"9 月 19 日《中共中央国务院关于教育工作的指示》再次重申了这一要求，提出"两条腿走路"的办学方针：教育部门办学与业务部门办学并举，中央办学与地方办学并举，国家办学与厂矿、企业农业合作社办学并举。在这一方针的激励下，1958 年后农村大量兴办的农业中学，城市试办的半工半读技术学校，都是依靠群众力量集体办起来的。此后开始实行以地方分权为主的教育行政体制。

1958 年教育权力下放以后，虽然促进了职业教育的发展，但也造成了教育事业发展的"大跃进"，出现了很多问题。针对这种情况，1960 年，中央文教小组提出：当前文化教育工作必须贯彻执行“调整、巩固、充实、提高”方针。教育部根据上述精神，于1961—1963年进行了全面的调整、整顿工作。经过调整整顿，教育事业有了一个比较稳定的基础，职业教育也重新走上了健康发展的轨道。一直到1966年“文化大革命”爆发，这一时期中等职业技术学校的经费来源，原则上是“谁办学，谁出钱”。中等专业学校的教育经费，是由学校主管业务部门从工交商的教育事业费中支出的；中等师范学校的教育经费，是由国家教育经费拨给的；农业中学的经费，由办学单位主要是社队自行解决。1963年9月20日教育部、劳动部、财政部颁发的《关于职业学校经费、编制的暂行规定》中规定：“中央和地方业务部门举办的职业学校(包括委托厂矿企业举办的职业学校)，所需经费，和中等技术学校一样，列入该部门的教育事业费预算；厂矿企业原有的职业学校和报请当地教育部门审核同意并经主管部门批准新办的职业学校，所需经费，由企业营业外项目开支；各省、市、自治区各级教育行政部门举办的职业学校，所需经费，列入各省、市、自治区教育经费预算。”

1966年5月，“文化大革命”开始后，全国动乱，职业学校也不例外。教育行政领导机构停止工作，大量职业学校被撤销、停办、停止招生或改为工厂，教师队伍失散，校舍被占用；教学设备、图书仪器损坏失落。1970年以后，经过整顿，职业教育开始得到恢复。1973年，《国务院批转国家计委、国务院科教组关于中等专业学校、技工学校办学几个问题的意见》。其中规定，中专、中技学校的开办、撤销等，由所属的中央各部及直属单位或省、市、自治区审批，并主管。

(2)学生资助制度。新中国成立之前，解放区的教育一直实行供给制和公费制。1952年7月8日，政务院颁布《政务院关于调整全国高等学校及中等学校学生人民助学金的通知》，提出“为积极改进青年学生健康状况，并逐步统一学生待遇标准，决定将全国高等学校及中等学校学生的公费制一律改为人民助学金制，并对原有人民助学金的标准作适当调整”。同年7月23日，教育部发出《关于调整全国各类学校教职工工资及助学金标准的通知》，明确废止了抗日战争、解放战争时期实施的全员供给制和公费制，改为“各地区、同类学校均享受一致待遇”的“人民助学金”，统一制定了助学金等级的评定方法，由此，“人民助学金”制度取代了原有全员供给制和公费制。1952年颁布的《中等技术学校暂行实施办法》中指出，中等技术学校学生的待遇，应采取人民助学金制。

人民助学金制度确立后，数次对学生的资助标准、范围、比例和对象等方面进行充实改进。1953年12月5日、12月10日，高等教育部、教育部针对产业工人考入工农速成中学或中等技术学校后的待遇问题两次发出通知，规定自1953年暑假后开始，产业工人学生一律按原工资的75%发给人民助学金；如工资的75%低于32元，按32元发给。被各产业工会全国委员会评为全国性生产劳动模范的学生，其人民助学金按原工资发给。1954年4月25日，劳动部发布的《关于技工学校暂行办法草案》第18条规定，技工学校学生生活待遇，采取人民助学金制。其待遇按中等技术学校规定标准支付；具体办法由各产业主管部门根据不同情况自行拟定。为了改变普遍发人民助学金造成的浪费状况，1963年8月，国务院批转的《教育部关于调整中等专业学校学生人民助学金问题的报告》中，将“中等技术学校人民助学金的补助比例”，“由原来的100%降低为60%～80%”。

1966年，“文化大革命”以前，中等职业学校较为系统和完善的人民助学金制度基本形成。1966年开始的“文化大革命”，扰乱了教育事业的正常发展，人民助学金制度也基本中断。直到1973年，《国务院批转国家计委、国务院科教组关于中等专业学校、技工学校办学中几个问题的意见》颁布，中等职业学校的人民助学金开始恢复。此文件指出，国家职工在校学习期间计算工龄。入学时满五年工龄的国家职工和入一年以内短训班的国家职工，工资由原单位照发，学校不再发伙食费和津贴费。入学时工龄未满五年的国家职工(包括徒工)、退伍回乡军人、民办小学教师、赤脚医生和上山下乡、回乡知识青年，由学校发给伙食费和津贴费(北京地区每人每月平均标准为17元)。伙食费(北京地区每人每月13元)普遍发给；津贴费用于学生本人在校期间学习和生活上的困难补助，补助办法各地可根据具体情况研究确定。应届初中毕业生入学，家庭经济有困难的，可享受人民助学金(北京地区助学金标准可定为12元，享受人民助学金的人数，一般比例为50%)。

(3)学生分配制度。新中国成立后相当长一段时期内，由于人才十分缺乏，中等职业教育属于“精英教育”的范畴。因此，这一时期国家对中等职业教育毕业生实行分配制，中等技术学校学生毕业后，原则上由主管业务部门分配工作。1952年3月《中央人民政府政务院关于整顿和发展中等技术教育的指示》，其中规定，各地中等技术学校毕业生的分配，应尽量先满足地方主管业务部门的需要，必要时由中央做适当的调剂。1953年7月，政务院发布《关于中等专业学校毕业生分配工作的指示》规定：中央各业务部门领导的中等专业学校的毕业生，原则上由中央各业务部门负责分配工作；由地方人民政府设立或管理的中等专业学校的毕业生，原则上由地方人民政府的有关业务部门分配工作；中等师范学校的毕业生，由地方人民政府的教育部门分配工作；技工学校的毕业生，由主管部门分配工作。1954年4月25日，劳动部发布《关于技工学校暂行办法草案》，第21条规定，技工学校的毕业生，由其产业管理部门分配工作。如系其他部门委托培训者，则由委托部门分配工作。对于考试不及格的学生，按其实际程度分配工作或继续学习，由各产业主管部门自行规定。若考试合格的毕业生有多余时，劳动部门应协助分配工作。

1958年，《中共中央关于高等学校和中等技术学校下放问题的意见》中规定，高等学校和中等技术学校的毕业生，可以采取以下的分配办法：由中央教育部和其他有关部门直接领导的学校的毕业生，原则上由中央统一分配；也可以同学校所在的地方商定分成比例，分配一部分给所在的省、市或者自治区。划归省、市或者自治区领导的学校的毕业生，原则上由省、市或者自治区分配；某些在全国为数不多的专业学校和科系的毕业生，则由中央主管部门同学校所在的地方商定分成的比例，调剂一部分给其他地方；在一个协作区内，也可以经过协作会议商定，进行调剂。高等学校和中等技术学校的毕业生，有一部分也可以分配到工厂、农村去劳动。1963年，《教育部关于改进中等专业学校招生工作和毕业生分配工作的意见》中规定，今后国家对中等专业学校毕业生，将根据需要的情况进行分配。鉴于当时调整精简的情况，通知要求对不能分配工作的毕业生，可以安置做工人，或者推荐给集体所有制单位录用。凡安置做工人的，国家需要时再择优提拔做技术工作。原由公社保送并为公社培养的各科毕业生，仍由原公社安排从事基层工作，或者参加生产。

“文化大革命”开始后，学生没有上课，怎样毕业、何时毕业都是问题。1967年、1968年中共中央等四个单位先后三次作出专门规定。如1968年6月15日发出的通知：中等专业学校、技工学校、半工(农)半读学校1967年应届毕业生，一律于1968年7月毕业，并开始分配工作。1968年11月15日，又发出通知：1968年大专院校、中等专业学校、技工学校、半工(农)半读学校毕业生，从本年11月起开始分配。1973年，《国务院批转国家计委、国务院科教组关于中等专业学校、技工学校办学中几个问题的意见》中规定，毕业生分配一般回原单位、原地区工作，非国家职工的学生毕业后，除分配到全民制的企事业单位外，也可分配到集体所有制单位，也可以上山下乡。实际执行中，大部分分配了工作，农业学校毕业生一度实行了从公社来回公社去的办法。

由于改革开放前各类技术人员缺乏，职业技术教育主要由国家和集体投资，还实行“免学费加人民助学金”的资助政策，国家负责分配工作。因此，这一时期的职业技术教育是一种由国家或集体提供的纯公共产品。

2. 准公共产品阶段(改革开放后到20世纪90年代末)

(1)管理与投入制度。1976年，“文化大革命”结束后，教育工作开始拨乱反正，恢复职业技术教育的规章制度。中央有关业务部门和地方恢复了教育行政管理机构，加强了对职业教育的领导。中等专业学校，1980年11月教育部规定：对全日制中等专业学校实行分工分级、按系统归口的管理体制。中专学校按照领导关系分为国务院部属学校和地方学校。国务院部委所属中专学校，由有关部委直接领导；省、市、自治区中专学校，由省、市、自治区领导，有关业务部门主管。技工学校，1978年2月，教育部、国家劳动总局就有关技工学校的领导问题规定：地方办的技工学校，由地方有关业务部门管理；国务院各部门办的技工学校，由国务院有关部门管理。

职业技术学校的办学经费，原则上由办学部门负责，经费来源采取多渠道的办学方法。不同种类的职业技术学校，不同的办学部门其经费来源渠道也是不一样的。1986年6月《国家教育委员会、财政部关于中等专业学校经费问题几项原则规定的通知》明确规定：中央各部门和地方有关业务部门举办的各类中专学校，其经费在各部门的有关事业费中列支；财政、计划、统计和教育部门举办的中专学校，其经费在中央和地方的教育事业费中列支；专业公司举办的中专学校，其经费在公司经费中开支；按照国家规定的条件和审批程序经过批准的厂矿、企业举办的中专学校，其经费在企业上缴国家税利之后留成项目中开支；联合举办的中专学校，其经费共同协商解决。

职业中学的经费，原由普通中学改办的，其经费开支渠道不变，即教育部门所属普通中学改办的，由教育事业费开支；原属其他部门或厂矿企业所办普通中学改办的，由其他部门有关经费或企业营业外项目列支；几个部门联合改办的，其经费由合办单位协商解决；社队办的，其经费由办学单位自行解决。

技工学校的经费，1978年财政部、国家劳动总局规定：由各级主管部门和劳动部门举办的技工学校，在有关事业费中开支；专业公司举办的技工学校，在公司经费中开支；大型企业举办的技工学校，在“营业外支出一技工学校经费”项目中开支。

除了上述学校的经费由主办部门提供外，学校基金制度、国家补助、银行贷款、勤工俭学收入等也成为补充职业学校经费来源的重要渠道。1986年召开的改革开放后的第一次全国职业教育会议就明确了职业教育实行多层次、多种形式、大家来办的方针，1991年召开的第二次全国职业教育会议又提出，要在各级政府的统筹下，发展行业、企事业单位办学和各方面联合办学，鼓励民主党派、社会团体和个人办学。1996年第三次全国职业教育会议，在办学体制上则确立了政府、行业、企事业组织和社会团体、个人的多元化办学体制。

(2)学生资助制度。1977年12月17日，教育部、财政部印发《关于普通高等学校、中等专业学校和技工学校学生实行人民助学金制度的办法》，规定：研究生、高等师范、体育和民族学院学生，以及中等师范、护士、助产、艺术、体育和采煤等专业的学生一律享受人民助学金，享受比例按100%计算。其他高等院校、中等专业学校和技工学校的学生，其助学金的享受比例按75%计算。此办法的颁布标志着我国恢复了“文化大革命”前的人民助学金制度，直到20世纪80年代初对人民助学金制度进行改革。

20世纪80年代以后，中等职业教育经历了结构改革。中等职业教育由中等专业学校、技工学校、职业高中三类职业技术学校组成的格局逐步形成。

1983年，教育部和财政部率先在高等教育领域对公费＋人民助学金的资助制度进行改革。在同年颁发的《普通高等学校本、专科学生人民助学金暂行办法》和《普通高等学校本、专科学生人民奖学金试行办法》中规定，从1983年秋季入学的新生开始实行人民助学金、人民奖学金并存的办法，并逐步缩小人民助学金的资助范围，改为以奖学金为主。1985年，《中共中央关于教育体制改革的决定》提出，要改变高等学校全部按国家计划统一招生，毕业生包分配的办法，实行国家计划招生、委托培养、自费生相结合的办法，并改革人民助学金制度。根据这一精神，中等职业教育也进行了同样的改革。国家教委1987年12月31日颁发的《编制普通中等专业学校跨省招生计划的试行办法》和1988年3月14日颁发的《普通中等专业学校招生暂行规定》，都规定了中专招生来源计划任务分为国家任务、委托培养和自费生三种，打破了过去招收学生免费＋人民助学金的招生资助制度。1991年7月20日，国家教委、国家物价局、财政部、劳动部联合发布《中等职业技术学校收取学费的暂行规定》，明确指出中等职业技术教育属非义务教育，自1991学年起，对中等专业学校(不含中师)、技工学校和职业高中新入学的学生适当收取学费，1990学年及以前学年入学的学生仍执行原规定。1996年12月16日，国家教育委员会、国家计划委员会、财政部发布《中等职业学校收费管理暂行办法》，又重申了中等职业教育属于非义务教育阶段，学校依据国家有关规定，向学生收取学费。

国家不仅逐渐对所有中等职业学校的学生开始收费，在资助体系方面，也逐渐取消了人民助学金制度。1986年，《劳动人事部、国家教育委员会关于颁发技工学校工作条例的通知》规定，技工学校按国家计划招收的学生，实行助学金和奖学金相结合的办法。1995年5月17日，《国家教委关于普通中等专业教育(不含中师)改革与发展的意见》中指出，中等专业学校的招生，现在实行的是国家任务计划与调节性计划相结合的体制。要逐步过渡到全面实行上学缴费制度。对品学兼优的学生设立奖学金。1997年12月25日，《国家教委、国家计委关于普通中等专业学校招生并轨改革的意见》，改变了国家任务计划和调节性计划(含委托培养和自费生)的计划形式，统一实行一种招生计划，并统一录取标准，学生缴费上学。

这一阶段，中等职业教育的资助状况由免费加人民助学金转变成了收费加奖学金制度。

(3)学生分配制度。“文化大革命”结束后，特别是1978年改革开放以后，毕业生的分配制度改革也开始进行。

首先是职业中学毕业生实行国家不包分配的制度。党的十一届三中全会以后，中央一再强调：干部队伍过大，中专毕业生的统包统配制度应改为不包分配的办法，技工学校也应进行同样的改革。但是由于当时有关的劳动人事制度没有相应地配套改革，劳动力市场没有形成，中专和技工学校毕业生不包分配的改革开展较慢。改革先从职业中学开始。1980年，国务院批转教育部、国家劳动总局《关于中等教育结构改革的报告》规定，职业(技术)学校、职业中学、农业中学的毕业生，国家不包分配。职业(技术)学校、职业中学的毕业生，由劳动部门(或劳动服务公司)推荐，经用人单位考核，按专业对口的原则，择优录用，也可以自由选择职业。农村职业(技术)学校、农业中学的毕业生，社队安排各种技术管理人员，择优录用。在改革毕业生的分配制度上，这些学校起了带头作用。

中等专业学校也逐渐不包分配。最开始是农业中等专业学校试办不包分配的中专班。1983年5月，《中共中央、国务院关于加强和改革农村学校教育若干问题的通知》中提出：“中等专业学校的招生和毕业生分配制度，也要参照上述精神加以改革。今年可在少数学校或专业试行招收一部分农村学生，不包分配，毕业后仍回农村从事生产劳动及各项工作。”根据这一精神，同年农牧渔业部和教育部联合作出规定：“农业中专”在为国家行政管理部门和企事业单位培养中等农业专业人才的同时，努力打开人才通往农村的路子，直接为农村专业户、重点户、地区性经济联合体和乡镇企业培养不包分配的各种专业人才。1986年3月，国家教委作出进一步规定：“从今年起，在农业中专试行哪里来哪里去的办法，从国家下达的统一招生计划指标中，确定一定比例，招收不包分配的农村青年班”，进一步扩大了不包分配的范围。为了促进和深化这项改革，1988年4月农牧渔业部、国家教委等8个部门发出《关于农业中等专业学校招收农村青年不包分配班的若干规定》，指出：不包分配不等于政府有关部门不管毕业生的从业和发挥作用，毕业生的去向，主要是回到农村直接从事生产经营或技术服务工作，确因工作需要，可在增加干部、工人的指标内，安排到全民所有制企事业单位工作。

对于其他类的中专毕业生，国家也开始实行分配制度改革。1985年国家教委发出《关于改进全国中等专业学校毕业生统一调剂工作的意见》中提出：从1985年起，对中专毕业生原则上不再由国家进行全国统一调剂，可由部门和地方本着互通有无的原则，通过协商调剂余缺。对于急需中等专业人才的单位，可以采取委托代培等方式解决。1987年12月国家教委印发的《编制普通中等专业学校跨省招生计划的试行办法》和1988年3月颁发的《普通中等专业学校招生暂行规定》，都规定了中专招生来源任务分为国家任务、委托培养和自费生三种，从而改变了过去统招统配制度。1994年3月9日，《国家教委关于印发〈关于普通中等专业学校招生与就业制度改革的意见〉的通知》，提出要改革中专毕业生统包统配的制度，逐步实现毕业生自主择业，人才走向市场的就业制度。明确规定，“随着我国社会主义市场经济体制的建立，劳务市场的不断完善，逐步实行招生面向社会，毕业生自主择业，人才走向市场。同时，要不断健全就业指导与咨询服务。今后，大部分毕业生将逐步实行在国家方针政策指导下，通过人才劳务市场，采取‘自主择业’的就业办法。目前可以选择有条件的地区和学校进行试点。”1995年5月，国家教委颁布《关于普通中等专业教育(不含中师)改革与发展的意见》，规定，中等专业学校要改变过去那种与计划经济体制相适应的单纯为全民所有制单位培养人才，“统包统配”包当干部的做法，根据招生计划形式，实行不同方式的就业。国家任务招生实行按需培养，供需见面，双向选择，择优录用；委托培养生按合同就业；自费生自主择业。随着我国社会主义市场经济体制的建立和劳动力市场的不断完善，逐步全面实行学生缴费上学，大多数毕业生在国家政策指导下进入人才市场、劳动力市场自主择业。1997年12月，国家教委、国家计委颁布《国家教委、国家计委关于普通中等专业学校招生并轨改革的意见》，最终确定，“改革毕业生就业制度。普通中等专业学校招生并轨后，实行在国家方针政策指导下，大多数毕业生在一定范围内自主择业的就业制度”。

技工学校毕业生按“三结合”方针就业。技工学校毕业生的分配历来是实行一种统包统配的制度，这种制度不利于调动学生学习和单位办学的积极性。根据中央关于改革的指示精神，1983年4月劳动人事部发出《劳动人事部关于改革技工学校毕业生分配制度等问题的意见》规定：凡1982年年底以前招收的学生，毕业时可仍按原规定的分配办法办理；凡1983年以后招收的学生，毕业时根据需要和“三结合”的就业方针，统筹安排，择优分配，不合格的不分配。根据1985年教育体制改革的精神，1986年11月劳动人事部、国家教育委员会颁发的《技工学校工作条例》规定：技工学校毕业生的分配办法，必须进一步改革。改革的方向是把国家统包统配改为按“三结合”方针就业。当前，要实行在国家计划指导下，由学校推荐、用人单位择优录用的制度，既应面向全民所有制单位，也应面向集体所有制单位。1993年9月，《劳动部关于深化技工学校教育改革的决定》中提出，技工学校自主招生，毕业生自主择业。技工学校应尽量扩大委托培训和定向培养的比例，努力做到与劳动力市场紧密结合。已同企业签订培养合同的，学生在企业实习期间应按学徒工待遇由企业发给劳保用品及生活补贴，毕业按合同规定办理。未同企业签订培养合同的，毕业后由学校推荐，用人单位择优录用或通过职业介绍所登记，自主择业。

这一时期，我国职业教育发展呈现出明显的双轨过渡特征。中等职业学校逐渐按照市场经济原则进行改革，多元化的办学格局更加明显，原来的“统招统分”逐步向自谋职业过渡，资助制度从免费＋人民助学金转变成了收费＋奖学金制度。我国职业教育的这种“双轨过渡”自20世纪80年代开始，直到90年代末才结束。

3. 准私人产品阶段(20世纪90年代末到21世纪初)

20世纪90年代后期以来，随着市场经济体制改革的深化和国家财政投入的减少，中等专业学校和技工学校在计划经济体制下享受的很多优惠政策被取消，这些政策包括学校招生靠国家计划、学生上学既转户口又享受免费＋人民助学金的资助制度、毕业生工作国家包分配等。在逐步实行缴费上学、自主择业以后，中等职业教育逐步失去了对初中毕业生的巨大吸引力。再加上同期高校扩招带来了普通高中热，导致普高在校生数猛增，中职生源数锐减。在世纪之交，我国的职业教育矛盾重重，中等职业教育出现困顿与危机。自1997年起，中等职业教育占高中阶段招生的比例不断下降，招生数出现负增长。与此同时，职业教育的社会声誉下降，被认可度降低，中等职业教育发展处于困顿之中。

虽然从2002—2005年短短几年时间里，国务院连续召开了三次全国职业教育工作会议，先后作出了《国务院关于大力推进职业教育改革与发展的决定》、《教育部等七部门关于进一步加强职业教育工作的若干意见》、《国务院关于大力发展职业教育的决定》。通过增加职业教育的入学机会，扩大职业教育的发展规模；发展有质量的职业教育；建立中等职业教育贫困家庭学生资助体系；等等，使得中职教育慢慢有所恢复，但是职业教育的发展依然面临着重重困境。

(二)农村职业教育发展的困境及根源——现实追问

我国职业教育经历了20世纪80年代到90年代前期的高速增长后，从90年代后期开始，我国的整个职业教育开始出现滑坡，集中表现在招生就业困难、办学质量低下等方面。

1. 农村职业教育的吸引力不足，招生困难

21世纪三次全国职业教育会议召开以后，党和国家更加重视职业教育工作，明确把职业教育作为我国教育工作的战略重点，推动我国职业教育改革发展取得了重大进展。2008年，全国中等职业学校招生规模达到810万人，实现了中等职业教育与普通高中招生规模大体相当的规划目标；高等职业院校招生规模达310多万人，占普通高校招生规模的一半。但是，在这些数据的背后并不能掩盖农村职业教育吸引力不足，招生困难的现状。中职招生规模的扩张很大程度上得益于国家“扩大中职招生规模”政策和相关优惠政策，高职发展则是我国高等教育大众化整体战略的结果，是满足人们高等教育需求的重要途径。如果取消中职招生的硬性规定，完全放开由市场选择，中职保持现有规模还有相当大的难度；未

来几年我国高中阶段学龄人口逐渐减少，在保证高等教育毛入学率基本稳定的情况下，高职保持目前的招生人数也有很大困难。①

事实上，选择职业教育确实是许多人一种无奈的选择。“中职招生困难确实存在”，教育部职业教育与成人教育司副司长王继平也不得不面对这样的现实。“这个困难不是今天才存在，一直都有”，王继平认为，这是人们对职业教育的偏见所致，“客气地说是二流教育，不客气地干脆说是末流教育，在人们眼中，职业教育是一种无奈的选择。”事实确实印证了王继平无奈的感叹。西安一所中职校长，这几年因为招生困难头疼不已，“分数高的、家里有钱或有权的都上普高了，中职招来的学生大都素质差一些，家里也没有各方面支持。这样的学生学校不好管理，分配到企业人家也不是特别满意，产生了一系列问题。现在每年就为了达到教育局分给中职的招生名额，学校想尽各种办法，非常难。”②

“国家出台了那么多举措和优惠政策，职业教育发展还差什么?”21世纪教育研究院此前对“职业教育魅力”展开专题调查，结果显示，50%左右的网友认为就读职业学校让人瞧不起，就业工作地位较低；近25%的网友表示，职教是“在升学竞争中被淘汰学生的最后落脚点”，是“不得已才会进入学习的地方”。职业教育的吸引力不够仍然是一个现实问题。③

2. 农村职业教育投入严重不足，缺乏制度保障

衡量职业教育战略地位是否得到落实，一个重要的标志就是职业教育经费是否得到保障，农村职业教育经费短缺问题制约着农村职业学校的发展。由于受职业教育管理体制等因素的制约，农村职业学校经费短缺问题突出，从2007—2009年的数据来看，城镇职业高中占全国职业高中经费总投入的近90%，而农村只有10%左右。④ 造成这种状况的主要原因是职业高中大部分集中在城镇，而在农村地区的职业高中相对较少。但是，一些农村职业学校经费短缺却是不争的事实。一般说来，职业教育的培养成本是普通教育的2～3倍，但职业学校的实际经费比普通中学还要低得多。与普通高中教育持续受到关注相比，中等职业教育的总体投入要少得多。据100位县市教育局局长的估算，县职业教育经费占普通高中阶段教育经费比重1/2或1/2以上的仅占3%。从30%教育费附加用于职业教育的执行情况看，仅有19%的县该经费到位，81%的县经费不到位，缺口幅度是20%～100%。经费短缺让中等职业学校捉襟见肘，不少职校实验实习设

---

① 石伟平、唐智彬：《增强职业教育吸引力：问题与对策》，《教育发展研究》2009年第13－14期，第21页。

② 丰捷：《职业教育何时走出招生困境》，《光明日报》2009年6月24日。

③ 丰捷：《职业教育何时走出招生困境》，《光明日报》2009年6月24日。

④ 根据《中国教育经费统计年鉴》(2008－2010)中相关数据计算得出。

备大多是生产一线淘汰下来的陈旧设备，甚至缺乏基本的教学、实习、实训设备，严重影响教育教学质量，不能很好地体现培养应用型人才的要求。① 农村职业学校经费短缺，导致农村职业学校办学条件差，自我发展能力弱，教学质量不高，社会影响和吸引力不大，为经济和社会服务的能力不强，不能有效发挥职业教育的特色。

3. 专业设置不合理，师资实践技能缺乏，人才培养水平低，教育质量差

当前，我国正处于加速实现工业化的发展阶段，现代制造业发展很快，对一线工程技术人才的需求越来越大。但相关专业规模却发展缓慢，导致近年来国家应用技术人才的严重短缺，出现了所谓的"技工荒"等现象。这与许多职业学校的专业设置不合理，与劳动力市场连接不够紧密有很大关系。而且，农村职业学校教师队伍总体上数量不足，学历达标率偏低，素质不高，尤其缺乏实践技能。按照 2006 年全国教育事业发展统计公报，2006 年职业高中专任教师学历达标率仅为 71.89%。许多职业学校的文化课教师的比例普遍偏大，专业课教师缺乏。教师的知识结构与职业教育所要求的知识结构不相适应，缺乏必要的工作实践能力和专业实践技能。职业教育教师参与继续教育机会少、层次低、培训形式单一、培训内容与教育教学实际脱离，追求学历达标，忽视内在质量。②

同时，由于一些地方的农村职业教育办学指导思想不够明确，办学方向出现偏差。导致一些农村职业学校的发展脱离经济和社会实际，教学内容不能反映现实需求，实训基地的设备和生产管理水平落后，办学实力和自我发展能力都很弱。再加上办学经费、师资、教学设备等方面的制约，教育教学质量普遍不高，造成毕业生就业困难，为经济和社会发展服务的能力不强，严重损害了农村职业学校的声誉。

4. 毕业生就业率相对偏低，就业质量不高

在就业方面，由于信息、成本等方面的原因，农村职业学校学生在就业方面处于劣势，低端就业比例偏高。我国富余劳动力很多，有效就业岗位相对不足，加上社会在用人方面存在着"重学历，轻能力"的倾向，职业学校毕业生就业困难。农村职业教育毕业生就业率相对偏低，就业质量不高，影响了人们对职业教育的选择。调研显示，农村职业教育质量不高、市场反应迟钝与毕业生去向不理想形成不良循环，使学生和学生家长对职业教育信心不足。人们对职业教育的有效需求没有被激发，学生与家长接受不同类型教育的态度结构不利于职业教育的

---

① 郑红梅、鞠杰：《新时期我国农村职业教育发展困境与对策》，《宁波职业技术学院学报》2011 年第 1 期，第 6 页。

② 于伟、张力跃、李伯玲：《我国农村职业教育发展的困境与对策》，《东北师大学报：哲学社会科学版》2006 年第 4 期，第 116－124 页。

发展。此种情况已经严重影响了我国职业教育的发展。①

二、职业教育公益性的理论研究

(一)职业教育公益性的内涵

作为教育体系的一个重要组成部分，探讨职业教育公益性需要从探讨教育的公益性入手。

1. 教育公益概念的争议

在20世纪80年代之前，我国长期实行计划经济体制，对社会一切领域的控制与调整主要靠超经济的政治体制，教育领域亦是如此。在这种体制下，市场力量受到压制，利益主体趋向单一化，由国家(政府)代表人民统一行使权力并分配利益，并强调绝对的公平。这时，包括教育在内的一切产品都由国家统一提供给人民，人民接受的基本是免费的教育，传统的教育公益性观念就是在此种情况下产生的。

这时，人们多是从教育的提供方式来理解教育的公益性的，学者们在探讨教育的公益性问题时也对此进行了总结。杨晓霞较全面地对教育公益性的传统理解进行了概括，她认为传统上对教育公益性的理解应包括：①符合社会公共利益；②不以营利为目的；③由国家举办；④追求平等；⑤强调非经济价值取向。② 我国的有关法律和其他一些学者的观点也从不同方面印证了以上概括。从实质上来看，他们都是从公共产品的角度来解读教育的公益性的，反映了公共产品的特点。

20世纪80年代之后，伴随着我国改革开放的不断深入，社会从计划经济向社会主义市场经济体制过渡，从原来单一的政治力量当中逐渐分化出独立的经济力量。经济的运行靠的是市场的自发作用，这也就是我们通常所说的市场经济。在市场经济中，个人被假设为“经济人”，个人决策的出发点就是私人利益，每个人都寻求个人利益的最大化。调整这一领域运行的是建立在等价交换、公平竞争基础上的市场经济规则，而不是超经济的政治力量。在计划经济时代，我国的教育领域处于封闭的、与市场无涉的状态，随着社会的大变迁，教育已不得不直面市场。我国教育体制的改革，尤其是办学体制的改革，就是要形成一个既有利于政府进行统筹管理，又能调动各种社会力量参与办学积极性的新型体制。这一新

① 于伟、张力跃、李伯玲：《我国农村职业教育发展的困境与对策》，《东北师大学报：哲学社会科学版》2006年第4期，第118页。

② 杨晓霞：《论教育公益性与产业性关系的理论基础及现实意义》，华中师范大学2003年硕士学位论文，第2—4页。

型体制允许通过市场来向社会提供教育服务，并允许除政府之外的其他教育举办者获取一定的回报，即营利。这一状况的出现与传统对教育公益性的理解产生了冲突。因为传统上是从公共产品的角度来理解教育的公益性的，公共产品是由国家来统一提供给全体公民的，并不以营利为目的。教育公益性与营利性的矛盾由此产生。

营利性教育的出现，使人们原来所持的教育公益性观念受到严重挑战，并且从法律的规定来看，我国也坚守教育的公益性。而在现实当中，我国又存在为数不少的营利性教育，这使得我国的法律处于一种尴尬的境地。这要求教育理论界对此做出回应，化解教育公益性与营利性之间的矛盾。许多学者为此对教育公益性的内涵进行了重新界定，以使教育的公益性与营利性不相冲突。与传统上从教育的提供方式来理解教育的公益性不同，这些学者采取了一种与传统教育公益性的理解完全不同的思路，他们从教育外部性的视角来看教育的公益性问题。由于营利性指向的是教育的提供方式，而教育的外部性指向的是教育的结果，通过教育提供方式与结果的分离，达到了化解教育的公益性与营利性之间矛盾的目的。从根本来说，无论诸多学者对教育公益性与营利性之间矛盾冲突解决的论述如何不同，但似乎都可以概括为，用市场这种手段(允许教育营利)来提供具有很强正外部性的教育，从而达到了社会公益。我们可以借用劳凯声的概念，把以上所有解决教育公益性与营利性之间矛盾的观点概括为一句话——市场化公益行为。①

可见，以往对教育公益性的理解遵循的是两套完全不同的逻辑。一套逻辑是从教育的客观属性出发，即从客观方面来理解教育的公益性的，这种理解不看教育的提供形式，也不看是什么年代的教育，只要教育存在，其公益性就存在，至少从逻辑上可以得出这样的结论，这种理解是从教育的结果，即从教育本身所具有的外部性角度出发的；另一套逻辑是从教育的社会属性出发来理解教育的公益性的，是从教育的提供形式来考虑的。如果由政府或其他组织和个人无偿提供或低于成本提供教育，那么这种教育就是公益性质的，反之就不具有公益性。我们可以把教育公益性的这两种逻辑作进一步的概括，第一套逻辑我们可以概括为：因为教育具有巨大的社会功能，并具有相当的正外部性，所以教育具有很强的公益性，为了维护教育的这种公益性，政府必须保证每个公民的受教育权。但是，采用市场化的运作方式，只要保证教育质量，同样可以达到和政府一样的教育公益。这就是市场化公益的逻辑，它以手段和目的的方式达到了教育的营利性和教育的公益性的统一；第二套逻辑我们可以概括为，因为教育具有巨大的社会功能，并且具有相当的外部性，而且教育对于促进社会阶层之间的流动，对于促进

① 劳凯声：《面临挑战的教育公益性》，《教育研究》2003年第2期，第3—9页。

社会公平具有重大的调节作用，而市场是无力完成这一使命的，所以必须由国家来保障每个公民的受教育权，给全体国民提供免费或半免费的教育，正是由于国家的提供而使教育具有了公益性，在这里教育的公益性和营利性是互不相容的，它们之间是根本对立的关系。从这两种逻辑来看，公办教育和营利性民办教育的公益性是不一样的，公办教育遵循的是第二套逻辑，营利性民办教育遵循的是第一套逻辑。也就是说，公办教育与营利性民办教育的公益性是不一样的，它们是两种不同的公益，这难免会使人产生迷惑，也容易引起人们对教育公益性的争论。因此，需要重新审视教育的公益性问题，对教育的公益性进行重新解读。

2. 对公益概念的探讨

公益是公共利益的简称，它是人们常用而又不能明确把握的概念。该概念具有极大的抽象性和不确定性，在历史上这一概念的内涵一直处于流变当中，目前国内外也尚未就这一概念的确切含义达成一致。要澄清教育公益性的概念，必须首先对公益概念进行界定。从构词方式上来看，公益，即公共利益，它由“公共”和“利益”两部分组成。人们之所以会对公益的概念产生分歧，来源于人们对“公共”和“利益”两个概念把握的不明确性。如果我们能明确把握“公共”和“利益”两个概念的外延和内涵，我们就能明确把握公益的概念，许多与此相关的问题就会迎刃而解。

(1)“公共”的概念。公共是相对于个别而言的，据哈贝马斯(Juergen Habermas)之研究，直到17世纪中叶，英国才开始使用“公共”(Public)一词，当时，其含义通常用“世界”或“人类”来替代“公共”；法语中的“公共”一词最早是用来描绘格林字典中所说的“公众”，而“公众”一词在德国18世纪才开始出现，并从柏林传播开来。[①]《牛津现代高级英汉双解词典》对“公共”的解释是，Public意味着“公众的、与公众有关的”，或者是“为公众的、公用的、公共的(尤指由中央或地方政府提供的)”。由此可见，近代以来所出现的“公共”一词，迄今为止含义是基本稳定的，与“公众”或“人类”等事务有关。

那么，“公众”应如何来理解，应如何确定公众的范围呢？从以往的文献来看，一般有两种办法。第一种是根据地域标准，这是由德国学者路索尔德(Leuthold)在1884年发表的《公共利益与行政法的公共诉讼》一文中提出的，他认为公益是一个相关空间内关系大多数人的利益。而居于少数人之利益，则称为个别利益，是必须屈服于大多数人之平均利益之下；[②] 第二种是根据人数标准，

---

① [德]哈贝马斯：《公共领域的结构转型》，曹卫东、王晓钰、刘北城、宋伟杰译，学林出版社1999年版，第24页。

② 陈新民：《德国公法学基础理论》上册，山东人民出版社2001年版，第184页。

是由德国学者纽曼(Neumann)提出的，他认为公益是一个不确定多数人的利益。只要大多数的不确定数目的利益人存在，即属公益。它强调的是数量上的特征。① 可以说，这两种观点都有一定的道理，但并非完美，分别存在着一定的缺陷。比如，路索尔德过度以区域作为利益主体归属所在的标准，忽略了即使是属于其他区域的人民，亦可越区而受到利益(例如越区使用交通设施、文教设施等)，因此，区域界定实际上无法完全阻绝利益的赋予，地域论也就不能满足对公共概念的解释，公共的范围就不限于区域内的大多数人了。② 纽曼的观点虽然是德国流行的通说，但是，也存在着明显的缺陷。因为它忽略了某些占少数比例的穷人的需要，因为他们本身就处于社会的弱势地位，根据罗尔斯倡导的“差别原则”，必须对这些弱势集团进行补偿，以纠正历史的不公正。所以，“公共”的概念应该考虑到对最弱势群体之利益的特别关照，让社会全体成员从社会整体繁荣与进步中普遍受惠，而不把某些人特别是最弱势群体排除在外。而纽曼把公益定义为不确定多数人的利益，显然没有考虑到这一点。我们需要综合地域说和人数说来对公益的概念进行考察。

(2)利益。德国学者认为，“利益”在拉丁语中的含义是在场、有份，是指主体对客体(其他人、事物或者关系)的参与(实在关联性)。利益表现为某个特定的(精神或者物质)客体对主体具有意义，并且为主体自己或者其他评价者直接认同、合理地假定或者承认对有关主体的存在有价值(有用、必要、值得追求)。③ 耶林内克(W. Jellinek)认为，利益是一种离不开主体对客体之间所存在的某种关系的价值形成，是被主体所获得或肯定的积极的价值。如此，利益即和主体的价值(感觉)产生密切的关联。价值被认为有无存在，可直接形成利益的感觉，这一切，又必须系于利益者(即主体)之有无兴趣的感觉。④ 从众多学者对利益概念的论述来看，利益就是主体对自身与客体关系的一种价值判断。它具有以下特性：第一，客观性。即客体对主体的意义或价值是真实存在的，是客观的，是不以人的意志为转移的。第二，主观性。即客体的意义必须是被主体所感受到或被主体所认定的。第三，可变性。即客体对主体的意义或价值是可变的，受当时社会条件和主体认识能力的影响。根据利益的这几个特性，纽曼将其分为主观的利益和客观的利益，主观的利益是团体内各个成员之直接的利益；而客观的利益则相反，不再是存在成员的利益，而是超乎个人利益所具有之重大意义的事务、目的

① 陈新民：《德国公法学基础理论》上册，山东人民出版社2001年版，第186页。

② 陈新民：《德国公法学基础理论》上册，山东人民出版社2001年版，第85页。

③ [德]汉斯·J·沃尔夫、奥托·巴霍夫、罗尔夫·施托贝尔：《行政法》第一卷，高家伟译，商务印书馆2002年版，第324页。

④ 陈新民：《德国公法学基础理论》上册，山东人民出版社2001年版，第182—183页。

及目标。质言之，利益可有个人直接享有和其他目的所享有两种。[1] 沃尔夫(Hans J. Wolff)也据此将利益分为主观的事实性利益和客观确定的现实利益。[2] 实际上，这两种分类都看到了利益的主观性和客观性。其中，所谓主观的利益，强调的是利益的主观性，是主体本身所感受到的或所认为存在的利益；所谓客观的利益，强调的是利益的客观性，是指主体本身可能没有感受到或认为不存在，但实际上存在并对主体有意义的利益。这两种分类分别对应于本文后边所指的直接公益和间接公益。

通过对“公共”和“利益”的分析，我们可以看到，公共利益是针对某一共同体内(共同体可以是国家、社会、某一个小的集体，但通常是指一个国家)的多数人而言的，客体对该共同体内的大多数人有意义，即客体对共同体内的大多数人具有价值或是能带来好处，并且这种价值或好处还是非排他性的，如果客体对某一共同体内的大多数人是有意义的，但是却要个人来付费消费的话，那么，客体对共同体内大多数人的这种意义还称不上公益。基于这样的思路，我把公益理解为“个体或组织有价值的行为(产品或服务)无排他性地为共同体内的大多数而非少数成员享有，而自身没有获得相应补偿”。需要特别指出的是，为了让社会全体成员从社会整体繁荣与进步中普遍受惠，而不把某些人特别是最弱势群体排除在外，我们还需要把对这些弱势集团所进行的补偿也纳入到公共利益的范围之内，我们不妨把这类特殊的公共利益称之为“补偿公益”。“补偿公益”对于特定的集团来说同样是无偿性和非排他性的。

3. *教育公益性及职业教育公益性*

如前所述，公益是指个体或组织有价值的行为(产品或服务)无排他性地为某一共同体内(通常指一国之内)的大多数而非少数成员所享有，而自身没有获得相应补偿。个体或组织的这种行为就是公益性行为，它所提供的产品或服务也就具有公益性。如果把我们对公益的概念迁移到教育上来的话，那么，教育的公益性就是指个人或组织所提供的教育及教育收益能使国内大多数甚至全体公民无偿享有(无排他性地享有)。从大教育观的视角出发，我们把教育看成一个从提供到产生结果的动态过程，它的整个过程应该大致包括教育的提供与教育的结果两部分。相应地，也就产生了与教育的提供、教育的结果相关的两方面的公益性问题。以往对教育公益性问题的探讨及争论主要集中在这两个方面，也即所谓的教育的公益性和教育的营利性矛盾的争论上。全面地对教育公益性的理解应该包括

---

① 陈新民：《德国公法学基础理论》上册，山东人民出版社2001年版，第185页。

② [德]汉斯·J·沃尔夫、奥托·巴霍夫、罗尔夫·施托贝尔：《行政法》第一卷，高家伟译，商务印书馆2002年版，第32页。

两方面，而以往对教育公益性理解的两套逻辑只不过是各自抓住了教育公益性的一个侧面，并加以夸张放大，把片面的对教育公益性的理解当成了整个教育公益性的内涵，并以教育公益性的一个侧面来攻击它的另一个侧面，冲突的原因就在于此。

我们可以根据教育公益性的两个方面，即与教育的提供相关的公益性、与教育的结果相关的公益性，把教育的公益性分为直接公益和间接公益。直接公益又分为慈善公益和制度公益。慈善公益是指个人或组织纯粹以公益为目的向公共集体提供产品或服务，如公民个人的捐资办学行为，这是来自社会领域的公益行为；制度公益特指国家以强制形式无排他性地向全体社会成员提供的产品、服务，这是来自政府领域的公益行为，制度公益包括补偿公益。间接公益是指由于正外部性的存在，而使得每个人都可以从某项产品或服务中受益，但是间接公益并不是营利组织的专利，它是由产品或服务的正外部性决定的，和产品或服务的提供形式无关，但与提供的产品或服务的质量有关。而直接公益与产品或服务的正外部性无关，只与产品或服务的提供形式有关。可见，直接公益和间接公益并不必然出现在同一产品或服务当中，有一些纯公共产品，比如国防，就同时具备这两种性质的公益；而对于接种某种传染病疫苗来说，如果由国家免费接种，则不仅具有间接公益，而且还具备直接公益，如果由市场提供，接种者个人掏腰包则它就只具备间接公益。这两类公益形式都符合笔者对公益性所下的定义，这样，它们就统一在了一个公益性概念之下。

根据笔者对教育公益性所下的定义，教育的总公益量应该等于直接公益加间接公益。可以用公式表示为：教育的总公益量=直接公益+间接公益。

对于公立学校来说，如果其经费完全由国家提供，学生接受的是一种完全免费的教育，并且在教育过程当中，学校教学质量较高，平等地对待每一名学生，使每一名学生都能获得较为充分的发展。那么，我们就可以认为公立学校同时具有直接公益、间接公益两种形式的公益，即具有100%的教育公益。

而对于“投资办学”的民办教育来说，它们是以营利为目的的。投资人向特定的人群提供教育服务，接受教育者通过缴纳“服务费”来购买教育服务。投资人与受教育者之间的关系是一种“买卖”关系，遵循的是一种等价交换原则，这类教育把不付费者排除在外，使教育具有了排他性。因此，营利性民办教育不具备直接公益。如果其能保证教育质量，公平地对待每一位学生，它们就具备过程公益和间接公益。但是，正如劳凯声所分析的，市场经济的基本特征是以追求利润为直接目的，资本的寻利性导致生产者和经营者往往会自发地倾向于以自身利益作为出发点和归宿，通过市场运作的规则，实现自己的私益，当各种利益发生冲突的时候，他们一般都是从自身的利益出发去考虑自己的行为，如果在教育领域引进市场机制，允许教育营利，从而使教育变成一个有利可图的领域。而教育从根本上说是培养人的一种社会活动，从根本上说不是为了谋求经济利益，获得利润，而是为了造福他人、社会乃至整个人类，是从文化、精神、体质、社会诸方面开发人的潜能，为人类社会的生存和发展创造各种基本条件。正是对教育的两种不同的价值取向，形成了教育公益性和资本寻利性的悖论。由于这个原因，市场对教育的介入必须是有条件的，如果不注意运用法律等手段规范这些学校的办学行为，极有可能出现办学者置学校的办学质量于不顾而一味追求自身利益最大化的短视行为。那样，不仅不能产生教育的直接公益，教育的间接公益也会受到损害。

可见，公办教育与营利性民办教育的公益性不是两种不同的公益，而是同一公益的不同方面。但是，教育由政府来提供和由市场来提供，其对公益性侧重的角度或者说是方面是不一样的。一般来说，由政府提供的公立教育，其公益性应体现在整个教育过程当中，即与教育的提供相关的公益性问题与教育的结果相关的公益性问题都应该包括在内；而由市场提供的民办营利性教育，其公益性主要体现在与教育的结果相关的公益性问题上，它很少体现与教育的提供相关的公益性问题。这就是公办教育的公益性与营利性民办教育的公益性的区别。

职业教育作为教育体系的一个组成部分，其必然符合一般意义上教育公益性的内涵，也包括直接公益和间接公益。但是作为教育的一个特殊组成部分，职业教育是使受教育者获得某种职业或生产劳动所需要的职业知识、技能和职业道德等的教育，其特殊性就在于它的职业性，以直接就业为主要目标。而教育公益性的实现，尤其是间接公益的实现恰恰是通过就业来实现的。对于其他类型的教育来讲，比如普通高中教育来讲，其直接目的并非为了到某种特定的行业就业，而类似于一种通识教育。因此，并不能以普通高中毕业后是否对口就业来作为评价其公益性是否实现的标志。无论升学还是就业，只要毕业，我们就说间接公益得到了实现。但是，职业教育却不一样，正是由于职业教育的这种职业属性，决定了其学校的毕业生是否对口就业或对口升学作为它间接公益是否实现的标志。

(二)职业教育公益性的实现机制及公益量的最大化

通过上述分析我们可以知道，职业教育的直接公益是由政府或个人的免费提供来实现的，间接公益是通过其毕业生是否对口就业(对口升学)来实现的。在确定了职业教育的公益性以及如何实现其公益性之后，我们接下来思考的问题就应该是如何使职业教育公益性的程度最大化，也就是职业教育公益量的最大化问题。在解决这个问题之前，我们最关键的是要找到影响职业教育公益量的关键因素，即职业教育公益量由什么决定。如前文所述，职业教育公益性包括两个方面——直接公益和间接公益。因此，职业教育公益量由什么决定的问题就变为职业教育的直接公益和间接公益分别由什么决定的问题。

职业教育从提供到产生结果的整个过程我们可以这样表示：

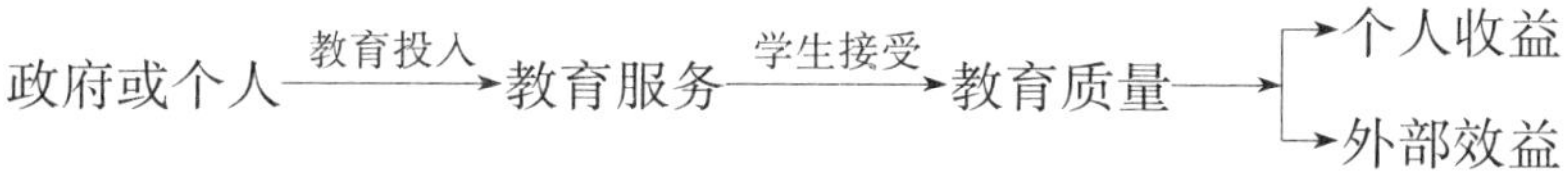

从上图中我们可以看到，政府或个人通过一定的职业教育投入生产出一定的教育服务，如果这种教育服务对于大多说人来说是无排他性的(免费的)享有，并产生一定的教育质量，那么就同时产生了职业教育的直接公益。学生接受职业教育并产生一定的教育质量之后，身心发生变化，各方面的素质得到提高，最终以劳动力的形式显现出来。学生在社会活动(包括工作、交往等活动)中，由于接受职业教育而产生一定的个人收益和外部效益，外部效益就是职业教育的间接公益。

职业教育的直接公益是指免费的教育服务，从表面上看，职业教育的直接公益量由教育服务的价值量所决定，但是，由于同等质量的教育服务对于同等资质(情商、智商等各方面相同)的学生来说，所得到的教育质量也是一定的，因此，职业教育的直接公益量由教育服务的价值量决定就转化为由教育质量决定。考虑到教育效率①的不同，不仅不同的教育投入产生教育服务的质量不同，对于不同的学校来说，即使相同的教育投入所产生的教育服务的质量也会有很大差别。因此，虽然教育服务由职业教育投入产生，但是职业教育的直接公益量却不由政府或个人直接投入职业教育的人财物的价值量所决定，而由产生一定教育服务所需要实际消耗的劳动价值量所决定，即由在社会平均教育效率下所需要消耗的劳动价值量所决定(我们可以称为社会必要劳动价值量)。所以，我们可以得出这样的结论，职业教育的直接公益量由产生一定教育质量所需要消耗的社会必要劳动价值量决定，再简化一些就是职业教育的直接公益量由教育质量决定。

对于职业教育的间接公益来说，它指职业教育的外部效益。它的数量由学生接受一定质量职业教育后所产生的外部效益量所决定，因此，学生接受职业教育后所得到的教育质量越高，代表学生所发生的身心变化越大，获得的职业技能越高，意味着他们对口就业的可能性越大，所产生的外部效益也就越大。所以说，职业教育的间接公益量由教育的外部效益量决定同样也转化为由教育质量所决定。这样，上图就可以简化为：

① 教育效率也称为教育投资效率、教育资源利用效率、教育投资内部效益等，指教育资源消耗与教育直接产出成果的比较，简言之，为教育投入与直接产出之比。一般而言，教育直接成本用教育投入资金表示，教育服务为直接产出，在学生数量一定的情况下，可以用学生所获得的教育质量来表示。如果单位教育投资产出的成果多，质量高，表明教育效率高；反之，则表明教育效率低。或者单位教育成果所费教育投资少，表明教育效率高；反之，则表明教育效率低。

政府或个人 —教育投入→ 职业教育质量 → 外部效益

职业教育质量就成为决定职业教育直接公益量和间接公益量即职业教育公益总量的中介变量，通过操纵这个变量就可以操纵整个职业教育公益量的大小。因此，一切可以提高职业教育质量的方法和措施都可以看成是提高职业教育公益量的方法和措施。提高职业教育质量的方法很多，如师资、管理、政策等，但最终都可以归结两个方面。一是，在教育效率一定的情况下加大职业教育投入；二是，在教育投入一定的前提下提高职业教育效率，当然二者结合更能提高职业教育质量。所以说，一切加大职业教育投入力度和提高职业教育效率的政策措施都可以认为是提高职业教育公益量的途径。

三、农村职业教育公益性程度的实现状况及提升思路

(一)农村职业教育公益性程度的实现状况

根据职业教育公益性概念的定义及其实现过程我们可知，职业教育公益性的实现是由政府的公共供给所决定的。其指标包括政府投入状况、受惠人群、资助体系、对口就业情况及就业质量等几个方面。

1. 职业教育经费投入状况

一切公益产品都主要是由政府主导提供的。因此，政府是维护社会公益的主要机构，应当承担起提供包括职业教育在内的大部分公共物品。职业教育尤其是中等职业教育主要是由政府投资供给的一项公益产品，由政府投资提供免费的职业教育，是职业教育公益性的最大体现。因此，政府对职业教育的投入状况就成为衡量职业教育公益性程度的核心指标。

(1)职业教育经费增长状况。职业教育的经费保障机制是职业教育发展的前提条件。职业教育是一种成本较高的教育(一般认为比普通教育高 2～3 倍)，要确保职业教育的质量和成效，必须投入大量的经费。

从 2004 年以来，一直到 2009 年，我国中等职业教育经费平均以每年 20%的速度递增，超过了普通高中教育每年 14%的增长速度，也超过了教育总经费平均每年 18%的增幅，职业教育经费的增长速度很快，这反映了国家对中等职业教育的重视程度大大增加(见表 9.1)。

表 9.1　　中等职业教育经费占教育经费比例

年份	教育经费(千元)	普通高中教育经费(千元)	中等职业教育经费(千元)	普通高中教育经费占教育经费的比例(%)	中等职业教育经费占教育经费的比例(%)
2004	724 259 892	90 837 840	47 308 504	13.50	7.03

续表

年份	教育经费（千元）	普通高中教育经费（千元）	中等职业教育经费（千元）	普通高中教育经费占教育经费的比例（%）	中等职业教育经费占教育经费的比例（%）
2005	841 883 905	108 760 560	56 871 501	12.92	6.76
2006	981 530 865	111 819 760	65 176 086	11.39	6.64
2007	1 214 806 630	139 350 441	85 179 826	11.47	7.01
2008	1 450 073 742	160 223 558	104 924 351	11.05	7.24
2009	1 650 270 650	177 944 346	119 886 746	10.78	7.26
平均增长率（%）	18	14	20		

数据来源：《中国教育经费统计年鉴》(2007－2010)。2004 年，2005 年数据来自《中国统计年鉴》(2006－2007)。

但从中等职业教育经费占教育经费的比例来看，其增幅一直不太明显，2009 年与 2004 年相比没有太大变化。而且，从教育经费的绝对数量上来看，中等职业教育经费还远远低于普通高中教育的经费，这与国家大力倡导职业教育发展的背景是不相称的(见图 9.1)。

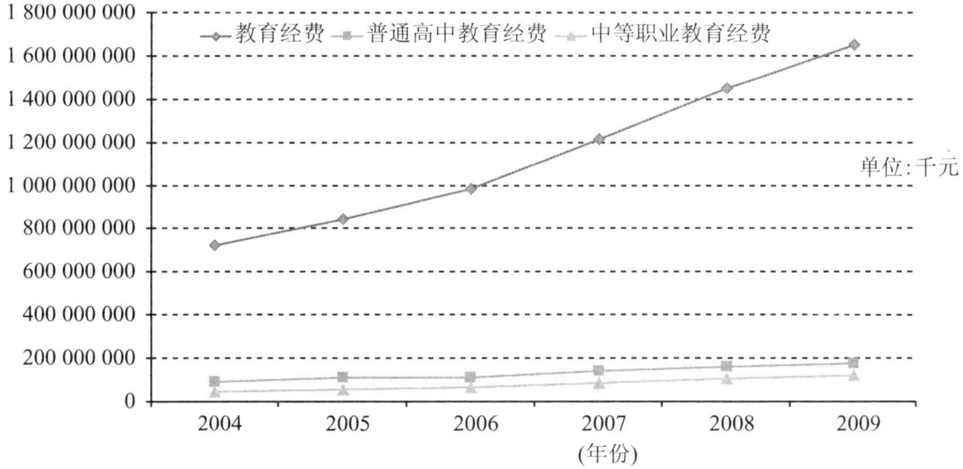

图 9.1　我国中等职业教育经费投入情况

对于农村职业教育来说，其投入总量与增长速度与城镇相比还存在很大差距。从 2007—2009 年的数据来看城镇职业高中占全国职业高中经费总投入的近 90%，而农村只有 10%左右(见表 9.2)。造成这种状况的主要原因是职业高中大部分集中在城镇，而在农村地区的职业高中相对较少。这也说明了城镇职业高中容纳了大量的农村学生。这更加印证了笔者在开始的论断，相当一部分在城镇的职业学校也应该纳入农村职业教育的范围，我们也需要用大农村职业教育观来发展农村职业教育。

表 9.2　　城镇职业高中与农村职业高中投入状况比较

年份	总计(千元)	城镇(千元)	农村(千元)	城镇所占比例(%)	农村所占比例(%)
2007	34 793 131	30 866 494	3 926 637	88.71	11.29
2008	43 425 754	37 828 581	5 597 173	87.11	12.89
2009	47 082 365	41 120 776	5 961 589	87.34	12.66

数据来源：《中国教育经费统计年鉴》2008 年版，2009 年版，2010 年版。

同样，如表 9.3 所示，从 2005 年开始，我国教育总经费的年均增长率达到了 18.32%，而同期我国高职高专学校经费的年均增长率达到了 25.57%，不仅超过了教育总经费的增长速度，也大大高于高等本科学校 14.33%的增长速度。这反映了我国对高职高专教育重视的不断增强。

表 9.3　　高职高专学校经费占教育经费比例

年份	教育经费(千元)	高等本科学校经费(千元)	高职高专学校经费(千元)	高等本科学校经费占教育经费的比例(%)	高职高专学校经费占教育经费的比例(%)
2005	841 883 905	217 970 056	37 053 652	25.89	4.40
2006	981 530 865	244 978 321	48 909 364	24.96	4.98
2007	1 214 806 630	300 260 837	63 157 675	24.72	5.20
2008	1 450 073 742	340 744 720	80 278 973	23.50	5.54
2009	1 650 270 650	372 389 067	92 111 827	22.57	5.58
平均增长率(%)	18.32	14.33	25.57		

数据来源：《中国教育经费统计年鉴》2006 年版，2007 年版，2008 年版，2009 年版，2010 年版。

但是，从绝对总量上来看，高职高专教育经费占教育经费的比例一直维持在 5.50%左右，远远低于高等本科学校经费占教育经费 20%以上的比例。在社会转型背景下，这种不均衡是不正常的，严重影响了高等职业教育的发展(见图 9.2)。

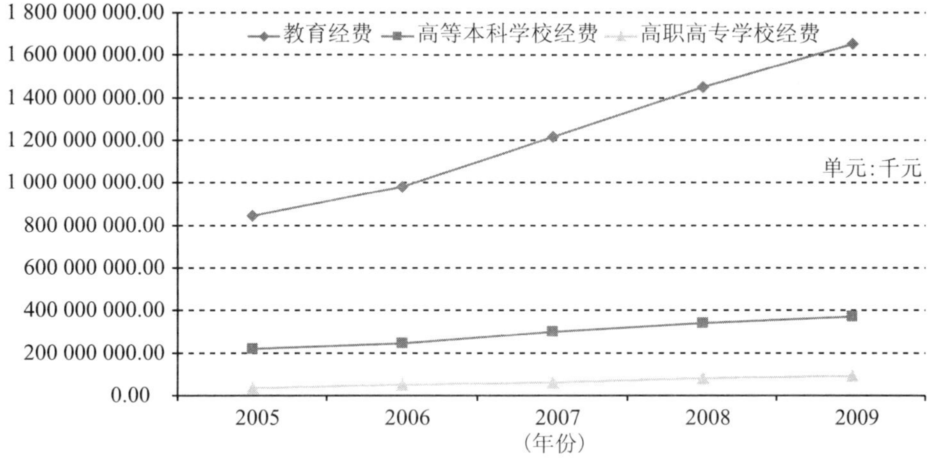

图 9.2　我国高职高专教育经费投入情况

(2)政府投入状况。职业教育经费来源包括国家财政性教育经费，民办学校中举办者投入，社会捐赠经费，事业收入及其他教育经费。我国 2009 年职业学校的经费来源如表 9.4 所示。

表 9.4　　2009 年我国职业教育经费收入情况统计　　单位：千元

来源	中等职业教育	高职高专学校
国家财政性教育经费	81 418 480	39 697 137
民办学校中举办者投入	1 278 707	1 766 755
社会捐赠	389 497	293 307
事业收入	33 515 436(含学杂费 27 781 559)	46 398 892
其他收入	3 284 626	3 955 736
合计	119 886 746	92 111 827
国家财政性教育经费所占比例(%)	67.91	43.10

数据来源：《中国教育经费统计年鉴 2010》。

国家举办职业教育，这是职业教育公益性的最大体现。从表 9.4 可以看出，中等职业教育国家财政拨款占到其总经费的 67.91%，高职高专学校国家财政拨款占到其总经费的 43.10%。所以说，政府财政拨款在整个职业教育投入中所占的比例还是偏低的。这大大影响了职业教育公益性的实现程度。

2. 受惠人群

前文所述，公益是指个体或组织有价值的行为(产品或服务)无排他性地为某一共同体内(通常指一国之内)的大多数而非少数成员所享有。国家也提出职业教育要"惠及大众、面向人人"。因此，受惠人群多少就成为衡量职业教育公益性的重要指标。

(1)中等职业学校惠及人群。近30年来，中等职业学校招生人数变化如表9.5所示。数据显示，近30年来我国中等职业教育发展迅速，招生人数和在校生人数一路上升，其中中等职业学校招生数增长幅度高达339.04%，在校生人数增幅高达324.87%。

表9.5　　1980—2009年四类中等职业学校招生数和在校生数的变化

	年份	招生数(万人)	在校生数(万人)
中等专业学校	1980	46.76	124.34
	1985	66.83	157.11
	2000	132.59	489.52
	2005	241.13	629.77
	2009	311.71	840.43
职业高中	1980	24.06	31.92
	1985	98.49	184.34
	2000	150.39	414.56
	2005	248.21	582.43
	2009	313.17	778.42
技工学校	1980	33.13	70.04
	1985	35.54	74.17
	2000	50.38	140.10
	2005	118.37	275.30
	2009	156.75	415.32
成人中专学校	1980	152.22	449.40
	1985	—	—
	2000	53.39	169.26
	2005	47.95	112.55
	2009	86.89	160.99
总数	1980	256.17	675.7
	2009	868.52	2 195.16
增长率(%)		339.04	324.87

资料来源：中华人民共和国教育部：《中国教育统计年鉴2009》，人民教育出版社2010年版。

此外，2008年，全国中等职业学校招生规模达到810万人，实现了中等职业教育与普通高中招生规模大体相当的规划目标。2009年，中等职业学校招生规模继续扩大，在招生规模上已经超过了普通高中的招生规模。除了招生人数的不断增加，近几年，中等职业教育的招生对象也发生了结构性变化。中等职业学校招收应届初中毕业生的绝对量在上升，但在生源总量中所占比重有所下降，招收的非应届初中毕业生所占比重不断提高。据统计，2009年复转军人、返乡农民工、农村管理和农业从业人员等已经超过10%。[①]

(2)高等职业学校惠及人群。据中国高等职业教育2009年度报告显示，2009年，全国高等职业教育招生数达313.4万人，比1998年的43万人增长了6.3倍；2002年开始超过了本科招生规模；在校生数达964.8万人，比1999年增长了8.2倍。[②] 高等职业教育快速的生源增长大大增加了职业教育的惠及人群，提升了职业教育的公益性。

虽然各级职业教育的受惠人群越来越广，但是，由于种种原因，社会上对职业教育认可度并不高，职业学校的生源也一直是困扰职业教育发展的一大难题。尽管近几年在国家政策的刺激下，职业学校招生人数较前几年有所增加，中等职业教育的招生对象发生了结构性变化，但职业学校的招生对象仍然局限于应届、往届毕业生，返乡农民工、进城务工人员、退役士兵、下岗失业人员、生产服务一线员工等很少有接受职业教育和职业培训的机会。据统计，2009年复转军人、返乡农民工、农村管理和农业从业人员占全部接受职业教育总人数的10%，很多社会人员仍然没有机会接受职业教育和职业培训。职业教育公益性强调职业教育是面向人人的，但无论是在政策上还是实践上都没有完全对社会人员开放。[③]因此，职业教育在受惠人群这一公益指标上还有很大的提升可能。

3. 资助体系

资助体系是保证学生尤其是弱势群体能够完成学业的重要保证。我国历史上中等职业教育发展的一个很好的经验就是建立了完善的人民助学金制度，保证了相当一部分人的就学机会。近年来，面临着职业教育滑坡的局面，党和国家不断改进完善职业学校学生的助学和奖学制度。2005年《国务院关于大力发展职业教育的决定》提出，建立职业教育贫困家庭学生助学制度。此后，相关文件接连出台。2006年，《财政部教育部关于完善中等职业教育贫困家庭学生资助体系的若

① 张丹萍：《转型期我国职业教育公益性的实施现状》，《职业技术教育》2011年第19期，第46－50页。

② 教育部高等教育司. 中国高等职业教育2009年度报告. http://www.doc88.com/，2011年2月28日。

③ 张丹萍：《转型期我国职业教育公益性的实施现状》，《职业技术教育》2011年第19期，第49页。

干意见》和《财政部教育部关于印发〈中等职业教育国家助学金管理暂行办法〉的通知》。2007年出台《国务院关于建立健全普通本科高校、高等职业学校和中等职业学校家庭经济困难学生资助政策体系的意见》，对于中等职业学校，国家助学金资助所有全日制在校农村学生和城市家庭经济困难学生。资助标准为每生每年1500元，国家资助两年，第三年实行学生工学结合、顶岗实习。2009年，《财政部国家发展改革委员会教育部人力资源社会保障部关于中等职业学校农村家庭经济困难学生和涉农专业学生免学费工作的意见》，提出逐步实行中等职业教育免费，从2009年秋季学期起，对中等职业学校农村家庭经济困难学生和涉农专业学生免学费。2010年7月29日颁布的《教育规划纲要》，又进一步提出，逐步实行中等职业教育免费制度，完善家庭经济困难学生资助政策。2010年12月22日，温家宝总理主持召开国务院常务会议，决定扩大大中专学校家庭经济困难学生资助范围、提高资助标准。其中，中等职业教育将扩大免学费范围，440万城乡中等职业学校家庭困难学生和涉农专业学生享受这一政策，占在校生总数的22%。据统计，从2006年到2009年4月，各级财政共安排资金约400亿元用于资助家庭经济困难学生接受中等职业教育。其中，中央财政安排专项资金180多亿元，地方财政安排专项资金约220亿元。中等职业学校学生受资助面达到90%。高等职业院校学生享受国家奖学金、助学金和助学贷款，受资助面超过20%。①

国家资助体系的不断健全大大减轻了职业学校学生的经济负担，对于增强职业教育的吸引力，促进职业教育发展、改善民生，起到了重要作用，在很大程度上体现了职业教育的公益性。但是，职业教育公益性的表现之一就是由政府免费提供，虽然国家提出了逐步实行中等职业教育免费制度，但是到目前为止还没有完全实现。2009年中等职业教育学杂费收入达277.82亿元，占中等职业教育总投入1 198.87亿元的23.17%，比例还很大，离完全免费还有很大的距离。

4. 对口就业(升学)情况及就业质量

对口就业情况是衡量职业教育公益性实现程度的重要指标，单从就业率情况来看，从2001年开始，我国中等职业教育的平均就业率从85.45%一直提升到2010年的96.65%。特别是从2005年以后，平均就业率一直稳定在95%以上(见表9.6)。这种情况既反映了我国经济社会发展对中等职业教育培养的人才的强劲需求，也与教育行政部门和职业学校坚持以就业为导向，不断深化教育教学改革，努力加强职业指导工作分不开。

① 国务院关于职业教育改革与发展情况的报告，www.chinanews.com/gn/news/2009/04-22/1659160.shtml，2012-09-21.

表 9.6 中国历年中等职业学校毕业生就业率

年份	毕业学生数(万人)	就业学生数(万人)	平均就业率(%)
2001	—	—	85.4
2002	—	—	94.6
2003	—	—	92.3
2004	—	—	94.3
2005	—	—	95.35
2006	364.25	348.25	95.6
2007	526.96	506.35	96.08
2008	589.15	564.24	95.77
2009	608.68	584.27	95.99
2010	659.05	636.4	96.65

资料来源：根据教育部历年发布的全国中等职业学校毕业生就业情况整理而成。

但是，衡量职业教育公益性程度的指标并非是就业率，而是对口就业率。因为，对于职业教育来说，其培养目标就有着很强的职业指向性，如果就业的专业对口率不高，意味着职业学校的专业设置不合理或者是教育质量不高，对教育资源来说是一种很大的浪费。由于缺乏系统的数据，我们不能把历年中等职业教育的专业对口率与就业率一一对应来比较。但是据教育部的抽样调查显示，2004年中等职业学校的就业对口率不到50%，而2009年的对口就业的情况有大幅度的提高，接近80%。① 2010年的抽样调查结果显示这一数据为75.79%。②

另外一些数据可能更能说明问题。根据《2007年全国职业院校学生就业质量报告》调查显示，专业对口(包括“专业非常对口”与“专业对口，但不完全一样”两项指标)比例在20%～30%。中职毕业生有近六成比例认为“专业完全不对口”，而认为“专业不对口，但有部分关联”比例为15%。另外的一些调查也支持了这一结果③，如表9.7所示。

表 9.7 浙南山区中职毕业生专业对口就业率 单位：%

	机电类	电类	计算机类	会计	文秘	幼师艺术	旅游服务
2005	49.4	49.6	20.2	50.7	32.4	32	60

① 教育部2010年5月26日第5次新闻发布会公布数字。

② 教育部2011年6月21日关于全国职业院校技能大赛工作等有关情况新闻通气会公布数字。

③ 曾木连：《浙南山区中职毕业生专业对口就业状况调查与分析》，《中国校外教育(理论)》2008年第11期，第125页。

续表

	机电类	电类	计算机类	会计	文秘	幼师艺术	旅游服务
2006	50	50.2	19.4	51.1	34.4	42	62
2007	50.8	50.6	20	50	38	50	60

此外，有些学校个别专业的对口就业率更是少得可怜，如有些学校的计算机网络专业的对口就业率只有20%左右①，中职财会专业毕业生能对口就业的不到10%。②

就业质量不高也是衡量职业教育公益性的重要指标。根据抽样调查表明，2009年中职毕业生就业质量还不太高，起薪偏低，10%的毕业生月薪不足1 000元、45%为1 000～1 500元、1 500～2 000元月薪的毕业生占24%、2 000元以上的不到10%。③ 2010年中职学校，74.53%的就业学生起薪在1 000～2 000元，9.78%的学生起薪低于1 000元，47.58%的学生起薪介于1 000元到1 500元(含)之间，26.95%的学生起薪介于1 500元到2 000元(含)之间，15.78%的学生起薪高于2 000元。④

职业教育的对口就业率相对不高，就业质量低下，成为制约其公益性尤其是间接公益实现的最大瓶颈，也严重损害了职业教育的声誉和社会认可度。因此，需要国家和社会各界在提高职业教育就业质量、保障对口就业方面继续努力。

(二)提升我国职业教育公益性的总体思路

如前所述，职业教育的直接公益由政府或个人的免费提供来决定，免费提供就需要保证充足的投入；间接公益由毕业学生的对口就业率及其就业质量来决定，而对口就业率及其就业质量的提升主要由职业教育的质量来决定。由职业教育公益性的实现机制可知，一切加大教育投入力度和提高教育效率的政策措施都可以认为是提高教育质量的途径，同时也是提高教育公益量的途径。因此，要想实现教育公益性并保障量的最大化，必须采取一定的措施，建立一定的机制、体制来提高教育投入水平或提高教育效率。

1. 如何提高职业教育投入水平

职业教育投入从根本上来说就是经费投入。影响职业教育经费投入水平的因素很多，但是对于国家投入来说，根本因素有两个：一是国家的经济能力以及由

---

① 林玉泉：《中职计算机网络专业毕业生对口就业难的原因及对策》，《职业教育研究》2009年第11期，第64页。

② 黄丽金：《应对中职财会专业学生对口就业难的几点想法》，《中等职业教育》2011年第1期，第45页。

③ 董洪亮：《2009年全国中等职业学校毕业生就业情况公布》，《人民日报》2010年5月27日。

④ 教育部2011年6月21日关于全国职业院校技能大赛工作等有关情况新闻通气会公布数字。

此决定的政府财政收入状况；二是政府财政收入在各个部门的分配比例，即政府投入职业教育部门经费意愿的高低。前者是决定国家职业教育经费投入的客观因素，与国家的经济发展水平有关；后者是决定国家职业教育经费投入的主观因素，与政府是否重视职业教育发展有关。在一定时期或某一个阶段内，经济发展水平是相对确定的，但政府意愿往往是不确定的。所以，在一国经济发展水平相对确定的情况下要想提高政府的职业教育投入意愿，必须依赖于一定的制度设计，即通过职业教育经费投入的体制和机制建设，形成职业教育经费保障体系。

但是，从新中国成立到现在的相当长一段时期里，我国缺乏对职业教育经费保障体系的系统研究。从已有的研究和实践来看，我们把主要精力放在了职业教育经费投入体制的完善上，忽视了保障机制的建构。在研究当中，我们往往对投入体制与投入机制的各自功能认识不清，甚至把二者混为一谈，严重影响了职业教育经费保障体系的建构。职业教育经费投入体制与投入机制之间到底是一种什么样的关系？它们在整个经费保障体系当中分别处于什么样的地位？这是首先必须理清的问题。

体制与机制都和制度有关。要弄清职业教育经费投入体制与机制之间的联系和区别，就需要对体制、机制、制度三个词的含义进行辨析。按照《辞海》的解释，“体制”是指国家机关、企事业单位在机构设置、领导隶属关系和管理权限划分等方面的体系、制度、方法、形式等的总称。① “机制”原指机器的构造和工作原理，泛指一个工作系统的组织或部分之间的相互作用的过程和方式。② 制度是要求大家共同遵守的办事规程或行动准则。③ 可见，体制和机制两个词的中心语和使用范围是不一样的，“体制”指的是有关组织形式的制度，限于上下级之间有层级关系的国家机关、企事业单位，是一个静态的概念；而“机制”指的是有机体的构造、功能和相互关系，泛指一个工作系统的组织或部分之间相互作用的过程和方式，是一个动态的概念。机制通过制度系统内部各组成要素按照一定的相互作用方式实现其特定的功能，它常常表现为为了达成某一目标而制度化了的工作方法，并且这套方法并不是单一的，需要依靠多种方式、方法来起作用。例如，建立起各种工作机制的同时，还应有相应的激励机制、动力机制和监督机制来共同保证工作的落实、推动、纠错、评价等。

但是，“体制”和“机制”又有着密切的联系。一方面，一定的“机制”总是在一定的“体制”之下开展的，没有了“体制”，“机制”也就失去了依托；另一方面，“体制”又以一定的工作“机制”为灵魂，没有了“机制”作保障，“体制”的运行也就

① 辞海编辑委员会编：《辞海》，上海辞书出版社 2002 年版，第 1658 页。
② 中国社会科学院语言研究所词典编辑室编：《现代汉语词典》，商务印书馆 2005 年版，第 628 页。
③ 辞海编辑委员会编：《辞海》，上海辞书出版社 2002 年版，第 2197 页。

缺乏了动力，变成一堆僵死的东西。当然，“体制”和“机制”都以“制度”为基础，以“制度”为载体，都表现为各种形式的制度。

从以上对体制、机制、制度三个词的辨析我们可以看出，职业教育经费投入体制是一种组织制度，是在发展职业教育事业过程中，政府、社会和个人之间以及各级政府机构之间与职业教育机构所形成的在财力分配上的责权关系及其在此基础上所形成的组织体系。它包括政府投入的内部关系以及政府投入与外部投入的关系。政府投入与外部投入的关系的调整在职业教育的供给当中，政府、社会和个人各自扮演着什么角色，担负着什么样的投入责任。政府投入的内部关系又包括各级政府之间的关系和职业教育经费投入与其他投入之间的关系两部分。各级政府之间的关系是调整职业教育经费的投入责任在各级政府之间的划分问题，如中央政府与地方政府，以及各地方政府之间的关系。职业教育经费投入与其他投入之间的关系是调整职业教育经费投入在国家的整个财政投入当中处于一个什么样的地位，可以用职业教育经费占整个国家财政投入的比重来表示，代表着国家对职业教育投入的重视程度。如果要实现职业教育的直接公益，职业教育经费必须主要由国家承担，所以职业教育经费投入体制调整的主要是各级政府机构与职业教育机构所形成的在财力分配上的责权关系。

职业教育经费投入机制指的是在发展教育事业中，各投资主体在筹措职业教育经费过程中所采取的组织、管理和协调方式，即组织运行方式。与投入体制不同，它不是一个静态的模式，而是一种动态的运行过程。从职业教育经费投入体制和机制的定义中我们可以看出，职业教育经费投入体制解决的是经费由谁来拿的问题，而投入机制解决的是在一定的体制下，通过一定的激励和监督手段让各投资主体如何来拿的问题。它们共同构成了我国职业教育经费的保障体系。要提高我国职业教育经费的投入水平，最大限度地实现职业教育公益，必须围绕职业教育经费的投入体制和投入机制，建立完善的职业教育经费保障体系。

2. 如何提高教育效率

对于教育的直接产品——教育服务来说，直接提供职业教育服务的机构是学校。学校提供职业教育服务类似于电影院、演唱会等所提供的娱乐服务，具有“效用可分性”的加和特征，即接收的学生越多，需要的教师就越多，校舍就越大，因而成本也就越高；另外，在达到一定规模后，教育成本逐渐降低，当学生群体扩大到一定数量时边际成本又开始上升，而且继续扩大到某一数量时，其边际成本变得非常大甚至是无穷大。① 所以，教育具有竞争性。从排他性的角度来

① 郭垒：《公共物品抑或私人物品——关于教育社会定位的一个理论困境及分析》，《国家教育行政学院学报》2005年第2期，第44页。

说，学校在技术上完全有能力将教育的消费者(如不付费者)排除在学校或教室之外，这也和电影院、演唱会等的运行规则是相似的。从这个意义上说，职业教育的直接消费具有私人产品的性质。公共经济学权威阿特金森和斯蒂格利茨就是从教育的直接消费特点出发，把教育看成是“公共供应的私人产品”的。所以说，学校完全有可能像电影院、演唱会那样进行商业化运作，尤其是在知识经济的大背景下，教育越来越成为一种生存性消费，以文化、知识为核心的人力资本对一个人的经济和社会地位起着越来越重要的作用，一个没有文化知识的人将很难在社会上立足。所以，随着经济的发展、科学技术的进步，人们会越来越重视自己及其后代的教育问题，可以预见的是，未来人们对教育的需求会越来越旺盛。在这种背景下，也为学校进行市场化运作提供了理论上的可能。

教育服务的这种直接消费特征，决定了由学校提供的职业教育服务由市场来运作是有效率的，能够达到职业教育资源的有效配置。但是，职业教育直接公益实现的前提是政府提供，它遵循的是免费性、公平性原则，而由政府提供职业教育服务这种私人产品又会产生效率低下的问题，使有限的职业教育资源得不到很好的利用，以致造成职业教育资源的浪费。这就出现了职业教育公益量最大化与政府低效之间的矛盾。

从市场角度来讲，由它来提供职业教育服务是有效率的，可以达到以最少的职业教育投入获得最大的教育产出。但是，从职业教育直接公益产生的根源来看，直接公益产生的根源在政府(还有少量个人)，而不在市场，所以，由市场来提供职业教育服务虽然能提高教育资源的利用效率，但是却使得职业教育不再具有直接公益。这又产生了第二对矛盾，即市场非公益与市场高效之间的矛盾。

这样，悖论出现了。一方面职业教育的直接公益主要由政府提供产生，职业教育公益量的最大化需要提高政府教育效率，而政府存在着教育效率低下的问题；另一方面由市场来提供职业教育服务是有效率的，但是市场提供却与职业教育的直接公益绝缘。公益与政府联系在一起，效率与市场联系在一起，政府公益与市场效率似乎变成鱼与熊掌不可兼得的关系。但是，职业教育公益量的最大化却又需要二者之间的搭配，这又要求化解教育公益与市场效率之间的悖论。

政府生产与政府提供理论为化解二者之间的矛盾提供了可能。这种理论认为，政府提供公益性产品的形式有两种：一种由政府提供并直接生产；另一种由政府提供，而让社会和市场力量进行生产。

在原有的以官僚制为基本组织架构的大政府模式中，公益物品一般来说都是由政府自己来生产的，我们把这种生产方式称之为直接生产方式，在这种生产方式中，政府既是提供者，也是生产者，而政府的这种双重身份运行的结果就是各国政府规模的日益膨胀以及公共服务的高成本和低效率。现在人们日益认识到，公共产品或服务的生产者绝非只有政府一家，其他非政府公共组织、社区，甚至是私人企业和个人在一定的制度安排下，也可以成为公共服务的生产者。特别是在20世纪80年代以来的新公共管理理论的影响下，人们越来越不相信具有天然垄断地位的政府，而更希望通过一定的制度安排由其他非政府组织来承担公共服务的生产任务。而大量的事实也已证明，很多公共服务如垃圾清运、道路维护、公共广场的维护以及公共交通服务等由非政府组织承担生产任务，比由政府自己承担更有效率。①

随着公共产品或服务的生产由政府直接生产的单一生产模式走向多元主体竞争合作的多元生产模式，政府在公共服务中的角色定位也发生了很大变化：即政府主要是提供者而不是生产者。有了这种定位，就为我们化解政府职业教育公益和市场效率的悖论提供了前提，我们可以采取由政府提供，由市场生产的方式来促进各学校之间的竞争，从而降低职业教育服务的成本，提高教育效率，使政府可以利用有限的职业教育资源获得最大的职业教育产出，使最大多数人获得尽可能高的职业教育服务。这样就可以实现既能保证职业教育的公益性，又能实现职业教育公益量的最大化。

结语

从新中国成立后我国职业教育发展的历史来看，人们对职业教育产品属性的认识和供给形式的变化直接影响到其发展速度的快慢。近几年，随着政府在财政投入、学生资助、保障就业等方面对职业教育给予了越来越强有力的支持，职业教育尤其是中等职业教育正在成为一种惠及人人的公益事业。但是职业教育公益性质的实现程度并不高，如何更有效的实现依然是一个很重要的课题。政府生产与政府提供理论为我们解决公益物品的高效实现问题提供了很好的理论基础，但还有很多具体问题需要解决。欣喜的是，不管是在理论上还是在实践上我国都在进行着可贵的探索，对职业教育公益性质的大讨论，对政府主导、行业指导、企业参与、办学机制的建立，对工学结合、校企合作、顶岗实习的人才培养模式的构建等，都体现着政府和社会各界各方面的智慧和努力。相信随着职业教育改革的不断深入，社会各界各方面的共同参与，在不久的将来，职业教育包括农村职业教育一定会成为面向人人、惠及人人的公益事业。

【本报告撰写人：杨卫安。作者单位：教育部人文社会科学重点研究基地东北师范大学农村教育研究所】

① 井敏：《政府在公共服务中的角色定位：生产者还是提供者?》，《学习时报》2006年11月20日。

参考文献

[1] 白彦茹：《浅谈国外中小学教师的在职培训》，《外国教育研究》1994 年第 1 期。
[2] 步社民：《学前教育的“市场化之伤”——以浙江省部分区域为例》，《教育发展研究》2008 年第 20 期。
[3] 陈帆波、许治：《十大教育项目纳入全省“十二五”规划》，《中国教育报》2010 年 12 月18 日。
[4] 陈俊旺：《教育要求规范幼儿园办园行为》，《湖北日报》2007 年 7 月 4 日。
[5] 陈新民：《德国公法学基础理论上册》，山东人民出版社 2001 年版。
[6] 成刚：《省域义务教育师资均衡研究》，《教育学术月刊》2008 年第 7 期。
[7] 程斯辉、汪睿：《论高中教育的复杂性及其对高中教育改革的要求》，《教育学报》2011 年第 2 期。
[8] 褚宏启：《教育制度改革与城乡教育一体化——打破城乡教育二元结构的制度瓶颈》，《教育研究》2010 年第 11 期。
[9] 丁海东：《当前我国幼儿园课程编制主导原则与教材文本特点分析及其实施建议》，《学前教育研究》2010 年第 9 期。
[10] 丁克贤、王嘉毅：《西北少数民族地区代课教师现状调查与政策建议——以甘肃省临夏州积石山县为个案》，《西北成人教育学报》2008 年第 1 期。
[11] 董洪亮：《2009 年全国中等职业学校毕业生就业情况公布》，《人民日报》2010 年 5 月27 日。
[12] 董涛：《课堂教学中的 PCK 研究》，华东师范大学 2008 年博士学位论文。
[13] 杜丽静：《农村幼儿也需要享受优质的学前教育——以浙江安吉县农村幼教发展为例》，《幼儿教育：教育科学》2010 年第 7/8 期。

［14］范国睿：《促进高中教育多样化发展》，《教育发展研究》2010 年第 24 期。
［15］范先佐、郭清扬：《我国农村中小学布局调整的成效、问题及对策——基于中西部地区 6 省区的调查与分析》，《教育研究》2009 年第 1 期。
［16］丰捷：《职业教育何时走出招生困境》，《光明日报》2009 年 6 月 24 日。
［17］冯大鸣：《美国以问题为中心的教师培训模式》，《中小学教师培训》2002 年第 1 期。
［18］冯建军：《高中教育公平的哲学基础》，《教育科学研究》2011 年第 2 期。
［19］高耀彬：《推动普通高中多样化有特色发展》，《中国教育报》2011 年 5 月 31 日。
［20］管培俊：《精心筹划 精心组织 确保“国培计划”顺利实施——在“国培计划”实施准备工作会议上的讲话》，《中小学教师培训》2011 年第 8 期。
［21］郭垒：《公共物品抑或私人物品——关于教育社会定位的一个理论困境及分析》，《国家教育行政学院学报》2005 年第 2 期。
［22］国家统计局人口和就业统计司、人力资源和社会保障部规划财务司：《中国劳动统计年鉴 2005》，中国统计出版社 2006 年版。
［23］国家统计局人口和就业统计司、人力资源和社会保障部规划财务司：《中国劳动统计年鉴 2006》，中国统计出版社 2007 年版。
［24］国家统计局人口和就业统计司、人力资源和社会保障部规划财务司：《中国劳动统计年鉴 2007》，中国统计出版社 2008 年版。
［25］国家统计局人口和就业统计司、人力资源和社会保障部规划财务司：《中国劳动统计年鉴 2008》，中国统计出版社 2009 年版。
［26］国家统计局人口和就业统计司、人力资源和社会保障部规划财务司：《中国劳动统计年鉴 2009》，中国统计出版社 2010 年版。
［27］［德］哈贝马斯：《公共领域的结构转型》，曹卫东、王晓钰、刘北城、宋伟杰译，学林出版社 1999 年版。
［28］韩小雨、庞丽娟、谢云丽：《中小学教师编制标准和编制管理制度研究——基于全国及部分省区现行相关政策的分析》，《教育发展研究》2010 年第 8 期。
［29］［德］汉斯·J·沃尔夫、奥托·巴霍夫、罗尔夫·施托贝尔：《行政法》（第一卷），高家伟译，商务印书馆 2002 年版。
［30］郝大海：《社会调查研究方法》，中国人民大学出版社 2009 年版。
［31］黄丽金：《应对中职财会专业学生对口就业难的几点想法》，《中等职业教育（理论）》2011 年第 1 期。
［32］黄宁生、金茂秋：《发挥优势 整合资源 协同培训 提高实效——以“国培计

划"海南省农村骨干教师培训为例》,《中小学教师培训》2011年第5期。
[33] 黄勤雁:《"研培结合"模式在"国培计划"实施中的实践与探索》,《中小学教师培训》2011年第6期。
[34] 黄晓萌:《免费师范生遭遇"就业难"》,《中国经济时报》2010年12月17日。
[35] 霍益萍:《试论我国普通高中转型发展中的几个根本问题》,《教育理论与实践》2009年第3期。
[36] [美]吉纳・E・霍尔、雪莱・M・霍德:《实施变革:模式、原则与困境》,吴晓玲译,浙江教育出版社2004年版。
[37] 托斯顿・胡森、纳维尔、波斯特尔斯威特:《简明国际教育百科全书・课程》,江山野译,教育科学出版社1991年版。
[38] 江夏、郑慧俐:《学前教育谁埋单——教育专家"聚议"幼教成本分担》,《中国教师报》2011年4月20日。
[39] 姜荣华:《课程实施程度的评价工具研究》,东北师范大学2008年博士学位论文。
[40] 姜英敏:《"高中平准化"时代的落幕——韩国高中多样化改革浅析》,《比较教育研究》2010年第6期。
[41] 姜英敏:《韩国的教师资格制度》,《比较教育研究》1998年第1期。
[42] 蒋作斌:《论省域教育协调发展》,《教育研究》2006年第10期。
[43] 教育部财务司、国家统计局社会和科技统计司:《中国教育经费统计年鉴2007》,中国统计出版社2008年版。
[44] 教育部财务司、国家统计局社会和科技统计司:《中国教育经费统计年鉴2008》,中国统计出版社2009年版。
[45] 教育部财务司、国家统计局社会和科技统计司:《中国教育经费统计年鉴2009》,中国统计出版社2010年版。
[46] 教育部师范教育司、全国教师教育课程资源专家委员会:《"国培计划"典型案例集》,高等教育出版社2011年版。
[47] 解艳华:《农村学前教育的"洛南模式"——陕西省洛南探索破解"无园上"、"师资缺"等难题》,《人民政协报》2011年4月27日。
[48] 靳希斌、劳凯声:《中国民办教师问题研究》,北京师范大学出版社2004年版。
[49] 井敏:《政府在公共服务中的角色定位:生产者还是提供者?》,《学习时报》2006年11月20日。
[50] 柯春晖:《城乡统筹发展中的教育政策取向和政策制定》,《教育研究》2011年第4期。

[51] 赖红英:《推动普通高中多样化特色化发展》,《中国教育报》,2010年3月28日。
[52] 劳凯声:《面临挑战的教育公益性》,《教育研究》2003年第2期。
[53] 雷万鹏、陈贵宝:《论农村代课教师的分流政策》,《华中师范大学学报:人文社会科学版》2008年第1期。
[54] 雷万鹏:《义务教育学校布局:影响因素与政策选择》,《华中师范大学学报:人文社会科学版》2010年第5期。
[55] 李红婷、罗先华:《由"民办"向"公办"回归——对湖南农村学前教育政策转向的分析与建议》,《学前教育研究》2008年第12期。
[56] 李瑾瑜:《"国培计划":基于政策理解与专业实践的行动策略》,《中小学教师培训》2011年第7期。
[57] 李景鹏:《论制度与机制》,《天津社会科学》2010年第3期。
[58] 李孔珍:《对义务教育均衡发展评价的思考》,《教育发展研究》2010年第9期。
[59] 李琼、倪玉菁:《西方不同路向的教师知识研究述评》,《比较教育研究》2006年第5期。
[60] 李琼:《教师专业发展的知识基础》,北京师范大学出版社2009年版。
[61] 李涛、邬志辉、邓泽军:《中国统筹城乡教育综合改革:统筹什么?改革什么?——〈国家中长期教育改革和发展规划纲要(2010—2020年)〉视阈下的"城乡治理论"建构》,《西南大学学报:社会科学版》2011年第3期。
[62] 李子建、尹弘飚:《后现代视野中的课程实施》,《华东师范大学学报:教育科学版》2003年第1期。
[63] 梁文艳、杜育红:《省际间义务教育不均衡问题的实证研究——基于生均经费的分析指标》,《教育科学》2008年第4期。
[64] 林玉泉:《中职计算机网络专业毕业生对口就业难的原因及对策》,《职业教育研究》2009年第11期。
[65] 刘光余:《论我国县域义务教育均衡发展的取向、范式与路径》,《教育理论与实践》2011年第9期。
[66] 刘海滨、王智超:《免费师范生就业中的政策障碍及对策思考》,《国家教育行政学院学报》2011年第5期。
[67] 刘钧燕:《国外教师质量和教师激励的研究综述》,《外国教育研究》2007年第10期。
[68] 刘善槐、史宁中:《农村小规模学校学生学业成绩问题研究——以西南某县为例》,《中国教育学刊》2011年第4期。

[69] 刘善槐、张源源：《谈进城务工人员随迁子女义务教育后的升学困境与破解思路》，《教育探索》2010 年第 11 期。
[70] 刘天娥：《发展农村学前教育：意义、问题与对策》，《中国发展》2011 年第 1 期。
[71] 刘小蕊、庞丽娟、沙莉：《美国联邦学前教育投入的特点及其对我国的启示》，《学前教育研究》2007 年第 3 期。
[72] 柳海民、娜仁高娃、王澍：《布局调整：全面提高农村基础教育质量的有效路径》，《东北师大学报：哲学社会科学版》2008 年第 1 期。
[73] 罗国立、储祖旺：《不同的"起跑线"——我国幼儿教育事业城乡发展不均衡探析》，《上海教育科研》2008 年第 9 期。
[74] [美]马里斯·特雷莎·西尼斯卡尔科：《世界教师队伍统计概览》，丰继平、郝丽平译，华东师范大学出版社 2007 年版。
[75] 马延伟、马云鹏：《课程改革实施中校长角色的转变》，《宁夏教育》2003 年第 1 期。
[76] 孟丹丹：《北京"山寨幼儿园"数量多过正规园》，《联合早报》2010 年 8 月 21 日。
[77] 莫丽娟、袁桂林：《普通高中多样化发展动因研究》，《当代教育科学》2011 年第 8 期。
[78] 庞丽娟、韩小雨：《我国农村代课教师：现实状况及政策建议》，《教育发展研究》2007 年第 4 期。
[79] 庞丽娟、夏婧、张霞：《世界主要国家和地区学前教育免费政策：特点及启示》，《比较教育研究》2010 年第 10 期。
[80] 庞丽娟：《中国教育改革 30 年》学前教育卷，北京师范大学出版社 2009 年版。
[81] 钱诚：《南京五大行动推进普通高中多样化发展，将侧重建设四类模式高中》，《江苏教育报》2011 年 3 月 24 日。
[82] 秦玉友、孙颖：《学校布局调整：追求与限度》，《教育研究》2011 年第 6 期。
[83] 秦玉友：《农村义务教育质量研究——基于质量标准与底线标准》，吉林人民出版社 2011 年版。
[84] 曲奕、何威：《"四项对接"效果好——东北师范大学做好首届免费师范生就业工作纪实》，《吉林日报》2010 年 12 月 6 日。
[85] [美]罗伯特·W·麦克米金：《教育发展的激励理论》，武向荣译，北京师范大学出版社 2008 年版。
[86] 商艳光、刘倩、刘玉洲：《西北欠发达地区代课教师生存状况调查报告——

基于对通渭、华池、天祝三地的调查》，《民办教育研究》2008年第5期。
[87] 申继亮、王凯荣：《论教师的教学能力》，《北京师范大学学报：人文社会科学版》2000年第1期。
[88] 申继亮：《关于我国普通高中教育发展的思考》，《教育发展研究》2010年第6期。
[89] 沈卫莉、王利萍：《绍兴市区无证幼儿园已经取缔22家》，《绍兴晚报》2007年3月15日。
[90] 沈有禄、谯欣怡：《基础教育均衡发展：我们真的需要一个均衡发展指数吗?》，《教育科学》2009年第6期。
[91] 石人炳：《国外关于学校布局调整的研究及启示》，《比较教育研究》2004年第12期。
[92] 石伟平、唐智彬：《增强职业教育吸引力：问题与对策》，《教育发展研究》2009年第13—14期。
[93] 汤寒锋、唐章静：《全市将普及高中和学前教育》，《重庆晚报》2011年3月2日。
[94] 陶西平：《万类霜天竞自由——普通高中多样化发展的走向》，《中小学管理》2011年第9期。
[95] 万明钢、白亮：《"规模效益"抑或"公平正义"——农村学校布局调整中"巨型学校"现象思考》，《教育研究》2010年第4期。
[96] 王海英：《"幼儿园教师现象"的社会学分析》，《幼儿教育：教育科学》2009年第3期。
[97] 王海英：《身份、去身份化和再身份化——幼儿园教师身份的变迁和重构》，《幼儿教育：教育科学》2009年第10期。
[98] 王健敏：《加强乡镇中心幼儿园建设，促进农村幼教事业发展的对策研究》，《幼儿教育：教育科学版》2006年第5期。
[99] 王杰：《贫困地区农村幼儿教师专业成长的现状、问题及对策——以甘肃农村幼儿教师为例》，《学前教育研究》2009年第1期。
[100] 王善迈：《教育公平的分析框架和评价指标》，《北京师范大学学报：社会科学版》2008年第3期。
[101] 王蔚：《上海公办幼儿园成本财政承担七成》，《新民晚报》2010年12月14日。
[102] 王艳玲：《教师应该具备哪些知识——近年20来美国教学"知识基础"研究述评》，《外国中小学教育》2009年第8期。
[103] 温家宝：《教育大计 教师为本》，《人民教育》2009年第22期。

[104] 邬志辉、史宁中：《农村学校布局调整的十年走势与政策议题》，《教育研究》2011 年第 7 期。
[105] 邬志辉：《论教育实践的品性》，《高等教育研究》2007 年第 6 期。
[106] 邬志辉：《农村义务教育经费保障新机制》，北京大学出版社 2008 年版。
[107] 邬志辉：《农村义务教育质量至关重要》，《教育研究》2008 年第 3 期。
[108] 吴中伦、陈万明：《中国教育人力资本非均衡性的测度分析》，《现代教育管理》2010 年第 3 期。
[109] 熊春文：《“文字上移”：20 世纪 90 年代末以来中国乡村教育的新趋向》，《社会学研究》2009 年第 5 期。
[110] 杨东平：《中国教育公平的理想与现实》，北京大学出版社 2006 年版。
[111] 杨莉君、陈思：《农村幼儿教师专业发展途径的现状与建议——以湖南省 C 县为例》，《湖南师范大学教育科学学报》2010 年第 6 期。
[112] 杨莉君、周玲：《农村幼儿教师生存状态的研究——以中部四省部分农村幼儿教师为例》，《教师教育研究》2010 年第 5 期。
[113] 姚继军：《教育均衡发展综合测度的原则和方法》，《教育科学》2008 年第 3 期。
[114] 叶平枝：《从蒙台梭利的儿童观论学前教育的重要价值》，《学前教育研究》2011 年第 6 期。
[115] 尤基守：《高中多样化的政策与策略》，《教育科学研究》2011 年第 2 期。
[116] 于伟、张力跃、李伯玲：《我国农村职业教育发展的困境与对策》，《东北师大学报：哲学社会科学版》2006 年第 4 期。
[117] 于伟：《现代性与教育》，北京师范大学出版社 2006 年版。
[118] 余新：《有效教师培训的七个关键环节——以“国培计划——培训者研修项目”培训管理研修班为例》，《教育研究》2010 年第 2 期。
[119] 余颖、夏杨、董柳：《全省普及学前至高中 15 年教育》，《羊城晚报》2011 年 1 月 23 日。
[120] 袁振国：《中国教育政策评论 2001》，教育科学出版社 2001 年版。
[121] 曾木连：《浙南山区中职毕业生专业对口就业状况调查与分析》，《中国校外教育：理论》2008 年第 11 期。
[122] 翟博：《教育均衡发展：理论、指标及测算方法》，《教育研究》2006 年第 3 期。
[123] 翟博：《教育均衡发展指数构建及其运用——中国基础教育均衡发展实证分析》，《国家教育行政学院学报》2007 年第 11 期。
[124] 翟博：《中国基础教育发展实证分析》，《教育研究》2007 年第 7 期。

[125] 张长征、郇志坚、李怀祖：《中国教育公平程度实证研究：1978—2004——基于教育基尼系数的测算与分析》，《清华大学教育研究》2006年第2期。

[126] 张朝、于宗富：《农村学前教育的困境与出路》，《教育发展研究》2009年第24期。

[127] 张晨：《推动普通高中特色化发展》，《中国教育报》2010年1月26日。

[128] 张丹萍：《转型期我国职业教育公益性的实施现状》，《职业技术教育》2011年第19期。

[129] 张力：《推动普通高中多样化发展的政策要点》，《人民教育》2011年第1期。

[130] 张燕：《四环游戏小组的故事：面向流动儿童的非正规学前教育探索》，北京师范大学出版社2008年版。

[131] 章仙踪：《促进普通高中多样化有特色发展》，《中国教育报》2009年12月5日。

[132] 郑磊：《义务教育经费分配使用的公平性研究——北京与上海的比较分析》，《教育发展研究》2006年第2期。

[133] 郑挺谊：《农村教师专业发展的困境与出路》，《中国农村教育》2008年第11期。

[134] 中华人民共和国教育部：《中国教育统计年鉴2005》，人民教育出版社2005年版。

[135] 中华人民共和国教育部：《中国教育统计年鉴2006》，人民教育出版社2006年版。

[136] 中华人民共和国教育部：《中国教育统计年鉴2007》，人民教育出版社2007年版。

[137] 中华人民共和国教育部：《中国教育统计年鉴2008》，人民教育出版社2008年版。

[138] 中华人民共和国教育部：《中国教育统计年鉴2009》，人民教育出版社2009年版。

[139] 中华人民共和国教育部：《中国教育统计年鉴2010》，人民教育出版社2010年版。

[140] 中华人民共和国国家统计局：《中国统计年鉴2005》，中国统计出版社2006年版。

[141] 中华人民共和国国家统计局：《中国统计年鉴2006》，中国统计出版社2007年版。

[142] 中华人民共和国国家统计局：《中国统计年鉴 2007》，中国统计出版社 2008 年版。

[143] 中华人民共和国国家统计局：《中国统计年鉴 2008》，中国统计出版社 2009 年版。

[144] 中华人民共和国国家统计局：《中国统计年鉴 2009》，中国统计出版社 2010 年版。

[145] 中华人民共和国国家统计局：《中国统计年鉴 2010》，中国统计出版社 2011 年版。

[146] 中西部地区农村中小学合理布局结构研究课题组：《我国农村中小学布局调整的背景、目的和成效——基于中西部地区 6 省区 38 个县市 177 个乡镇的调查与分析》，《华中师范大学学报：人文社会科学版》2008 年第 4 期。

[147] 中央教育科学研究所课题组. 田慧生；吴霓；张宁娟；李晓强：《进城务工农民随迁子女教育状况调研报告》，《教育研究》2008 年第 4 期。

[148] 周雪光：《组织社会学十讲》，社会科学文献出版社 2003 年版。

[149] 朱旭东：《论"国培计划"的价值》，《教师教育研究》2010 年第 6 期。

[150] 狄多华：《不能仅靠教育良心维持我们的教育，朱永新委员：为代课教师提供最低工资保障》，《中国青年报(两会特刊)》2006 年 3 月 5 日。

[151] Darling-Hammond, L. (1999). *Teacher Quality and Student Achievement: A Review of State Policy Evidence*. Seattle: Center for the Study of Teaching and Policy. University of Washington.

[152] Eric A. Hanushek. (2005). Why Quality Matters in Education. *Finance & Development*, 42(2). Retrieved from http://www. imf. org/external/pubs/ft/fandd/2005/06/hanushek/htm.

[153] Grossman, P. L. (1994). *Teacher Knowledge*. In T. Husen, & T. N. Postlethwaite(Eds.), *The International Encyclopedia of Education (2nd edition)*. Oxford: Pergamon Press.

[154] Hanushek, E., Kain, J., & Rivkin, S. XT (2005). *Teachers, Schools, and Academic Achievement*. (*Econometrica*), 73(2), 57-59.

[155] Leithwood, K., Jantzi, D., &Earl, L. (2004). Strategic leadership for large-scale reform: The case of england's national literacy and numeracy strategy. *School Leadership & Management*, 24(1), 57-59.

[156] McNeil, J. D. (1998). *Curriculum: the teacher's initiative*(*2nd edition*). New Jerset: Prentice Hall.

[157] Ogwang, T. (1994). Economic Development and Income Inequality: A

Nonparametric Investigation of Kuznets' U-curve Hypothesis. *Journal of Quantitative Economics*, 10, 139—153.

[158] Preston, J., & Green, A. (2004). *Educational Inequality and Social Cohesion: A Time Series Analysis*. World Bank Working Paper, washington, D. C.: The word Bank, 2004.

[159] Ram, R. (1990). Educational Expansion and Schooling Inequality: International Evidence and Some Implications. *The Review of Economics and Statistics*, 72(2), 266-274.

[160] Sahn, D. E., & Younger, S. D. (2007). *Decomposing World Education Inequality*. World Bank Working Paper, Washinton, D. C.: The world Bank, August 2007.

[161] Sanders, W., & J. Rivers. (1996). *Cumulative and Residual Effects of Teachers on Future Student Academic Achievement*. Knoxville: University of Tennessee Value-Added Research and Assessment Center. Retrieved from, http://www. heartland. org/pdf/21803.

[162] Seymour Martin Lipset, & Bendix Reinhaard. (1991). *Social Mobility in Industrial Society*. Berkeley: University of California Press.

[163] Shulman, Lee. S. (1987). Knowledge and Teaching: Foundations of New Reform. *Harvard Educational Review*, 57(1), 1—21.

[164] The EFA Global Monitoring Report Team. (2002). *EFA Global Monitoring Report* 2002: *Is The World on Track?*, UNESCO. Retrieved from http: //www. vnesco. org/new/en/education/themes/efa global monitoring report.

[165] The EFA Global Monitoring Report Team. (2003). *EFA Global Monitoring Report* 2003—2004: *The Leap to Equality*. UNESCO. Retrieved from http://www. vnesco. org/new/en/education/themes/efa global monitoring report.

[166] The EFA Global Monitoring Report Team. (2004). *EFA Global Monitoring Report* 2005: *The Quality Imperative*. UNESCO. Retrieved from http://www. vnesco. org/new/en/education/themes/efa global monitoring report.

[167] The EFA Global Monitoring Report Team. (2005). *EFA Global Monitoring Report* 2006: *Literacy for Life*. UNESCO. Retrieved from http:// www. vnesco. org/new/en/education/themes/efa global monitoring report.

[168] The EFA Global Monitoring Report Team. (2006). *EFA Global Monitoring Report 2007: Early Childhood Care and Education.* UNESCO. Retrieved from http://www. vnesco. org/new/en/education/themes/efa global monitoring report.

[169] The EFA Global Monitoring Report Team. (2007). *EFA Global Monitoring Report 2008: By 2015 Will We Make It?* UNESCO. Retrieved from http://www. vnesco. org/new/en/education/themes/efa global monitoring report.

[170] The EFA Global Monitoring Report Team. (2008). *EFA Global Monitoring Report 2009: Overcoming Inequality: Why Governance Matters.* UNESCO. Retrieved from http://www. vnesco. org/new/en/education/themes/efa global monitoring report.

[171] The EFA Global Monitoring Report Team. (2010). *EFA Global Monitoring Report 2010: Reaching The Marginalized.* UNESCO. Retrieved from http://www. vnesco. org/new/en/education/themes/efa global monitoring report.

[172] The EFA Global Monitoring Report Team. (2011). *EFA Global Monitoring Report 2011: The Hidden Crisis: Armed Conflict and Education.* UNESCO. Retrieved from http://www. vnesco. org/new/en/education/themes/efa global monitoring report.

[173] Thomas V., Wang, Y., & Fan, X. (2000). *Measuring Education Inequality: Gini Coefficients of Education.* World Bank Working Paper, washington, D. C.: The world Bank, 2000.

后 记

一年紧张而辛苦的忙碌终于有了呈现在读者面前的这本厚厚的年度报告。在此，我首先要感谢教育部社会科学司的领导，没有你们的信任和支持，就不可能有这份报告。其次，本报告是集体智慧的结晶，也是认真钻研的结果。所以，我还要向每一个分报告研究团队表示感谢，没有你们的辛劳付出就不可能有这份厚重的年度报告的问世。记得在2011年春季学期之初，我们就组织了五个年度进展报告研究团队，他们先是每一周，后是每两周一次报告各自的研究进展，几乎每一次的报告都变成了一次学术研讨，这似乎已经成了我们的习惯。后来，我们又组织了多个专题研究报告团队，他们开发研究工具、对调研人员进行培训、实地开展调查研究、编码与录入数据、对数据进行整理和分析、研讨各专题的发现与结论、最后撰写与润色，等等。这样往往复复的工作一持续就是一整年，你们辛苦了！再次，我要向全身心参与后期统稿、校对、制图、作表、翻译等各项工作的人员表示感谢。其中，李伯玲负责了第一章、第五章、第九章的统稿校对，秦玉友负责了第二章一二五节、第七章的统稿校对，邬志辉负责了第二章三四节、第三章、第四章、第六章、第八章的统稿校对。博士生任琳琳、赵忠平负责了整个报告的图表与专栏制作、参考文献整理，孙颖博士参与了报告英文目录的翻译与审校工作。邬志辉设计了报告的版式，最终定稿。复次，我要感谢一年多来支持我们的合作单位，如西北师范大学西北少数民族教育发展研究中心、吉林省职业教育研究中心、东北师范大学学生就业指导服务中心、东北师范大学教育学部，以及积极配合我们调研的各市县教育局、各学校的领导和老师们。同时，我还要感谢东北师范大学校长史宁中教授、副校长柳海民教授、校长助理暨社会科学处处长刘建军教授的鼎力支持，没有东北师范大学这个强大的后盾，我们是不可能这么顺利完成这份报告的。

再见了，难忘的 2011 年！欢迎你，崭新的 2012 年！让我们共同期待吧!!

邬志辉　谨识
二〇一二年元月